U0540916

天喜文化

从声音到文字，分裂人类智慧

相忘于江湖

庄子与战国时代

张远山 著

天地出版社 | TIANDI PRESS

图书在版编目（CIP）数据

相忘于江湖：庄子与战国时代 / 张远山著.
—成都：天地出版社，2020.2
ISBN 978-7-5455-5313-0

Ⅰ.①相… Ⅱ.①张… Ⅲ.①庄周（约前369—前286）—传记 Ⅳ.①B223.5

中国版本图书馆CIP数据核字（2019）第245924号

XIANGWANG YU JIANGHU: ZHUANGZI YU ZHANGUO SHIDAI

相忘于江湖：庄子与战国时代

出 品 人	陈小雨　杨　政
作　　者	张远山
责任编辑	王业云　王子文　李　栋
封面设计	桃　子
责任印制	董建臣

出版发行	天地出版社
	（成都市槐树街2号　邮政编码：610014）
	（北京市方庄芳群园3区3号　邮政编码：100078）
网　　址	http://www.tiandiph.com
电子邮箱	tianditg@163.com
经　　销	新华文轩出版传媒股份有限公司

印　　刷	北京文昌阁彩色印刷有限责任公司
版　　次	2020年2月第1版
印　　次	2020年3月第2次印刷
开　　本	710mm×1000mm　1/16
印　　张	38.5
字　　数	587千字
定　　价	108.00元
书　　号	ISBN 978-7-5455-5313-0

版权所有◆违者必究

咨询电话：（028）87734639（总编室）
购书热线：（010）67693207（营销中心）

本版图书凡印刷、装订错误，可及时向我社营销中心调换

目　录

余世存序　大年生存史观中的个人 //I

吴励生序　正本清源，天道绝对 //VII

楔子　庄前略史 //001

引子　楚父宋母（前381—前370）

　一　楚悼王崩吴起死楚，宋休公殁庄全逃宋 //007
　二　周封田齐宋后摄政，戴骧相宋庄全居蒙 //011
　三　白圭使宋戴骧亲楚，田和聘贤子綦逃名 //015
　四　田齐伐燕三晋共救，戴骧用术固位专权 //019
　五　赵伐中山魏救同宗，九方卜幸子綦祈福 //023
　六　季真使宋越王再弑，子綦治生梱子被劫 //027
　七　田午弑君子綦悲子，韩哀灭郑御寇避寇 //031
　八　史儋叛周作谶媚秦，聂政刺韩由相及君 //036
　九　宋桓成丁耽溺宫帏，轮扁论孔教诲田午 //041
　十　徐无鬼讽谏魏武侯，楚庄全娶妻宋猗韦 //045
　十一　魏武伐楚赵成攻秦，狗猛酒酸子綦解惑 //049
　十二　魏武侯死戴骧玩火，楚肃王崩庄母怀胎 //053

第一部　弃儒学道（前369—前351）

　　一　烈王崩周田午弑主，赵韩迁晋庄周生宋 //059
　　二　宋桓嘉孝郑缓骤贵，显王立威赵韩伐周 //062
　　三　赵韩劫王周分二国，栎阳雨金秦祭五帝 //066
　　四　苏宫落成蔡姬娱民，杨朱过宋子綦会友 //071
　　五　魏惠伐宋攻取仪台，孟轲慕孔庄周敬墨 //076
　　六　秦献效戎恢复斩首，庄全述祖抱愧范蠡 //081
　　七　宋桓有为兼用儒墨，庄周学弈初闻阴阳 //086
　　八　郑缓役人遣弟学墨，庄全适人命子习儒 //090
　　九　赵韩伐秦魏迁大梁，庄读《诗经》质疑君臣 //095
　　十　戴驩罢相剔成专权，庄读《尚书》质疑本末 //101
　　十一　商鞅入秦进言三道，庄习礼乐得闻真君 //105
　　十二　商鞅变法剔成亲魏，庄读《春秋》质疑圣贤 //109
　　十三　助魏伐韩宋取黄池，庄读《周易》质疑泰否 //113
　　十四　四国朝魏孙膑归齐，转师子綦庄闻九阶 //118
　　十五　齐威振作邹忌变法，田襄死宋墨家移秦 //123
　　十六　助魏伐赵宋桓骑墙，庄读《归藏》领悟泰道 //127
　　十七　桂陵胜魏齐威称王，庄读《老子》得闻舌教 //131
　　十八　襄陵胜齐魏惠止败，悔斥散木匠石改宗 //136
　　十九　魏赵和解韩昭变法，欲为文木曹商易师 //141

第二部　娶妻为吏（前350—前340）

　　二十　秦废井田宋桓黜儒，庄周成丁再闻泰否 //149
　　二一　秦迁咸阳韩姬弑夫，孟轲休妻庄周娶妇 //155
　　二二　秦增口赋韩昭朝秦，子綦丧我庄闻三籁 //160
　　二三　晋室绝祀剔成变法，漆园入官庄周为吏 //164
　　二四　赵肃朝周咸阳冬花，曹商败家庄周慰友 //169

二五　五国谋齐淳于止伐，剔成擅刑子綦见微 //172

二六　商鞅陷魏魏称夏王，华子谏韩韩识轻重 //177

二七　亲附强魏剔成囚君，贬斥牺牲子綦悲宋 //182

二八　秦储朝周魏惠伐赵，庖丁解牛宋桓悟道 //186

二九　马陵决战齐再胜魏，兔死狗烹范蠡先知 //191

三十　商鞅诈友败魏封君，剔成篡宋子綦尽年 //195

第三部　辞吏拒相（前339—前331）

三一　惠施相魏志在偃兵，庄周钓鱼心寄鸿鹄 //201

三二　孝公死秦商鞅车裂，戴偃逐兄庄周辞吏 //205

三三　不害死韩君偃养虎，庄周羡技庖丁慕道 //209

三四　宋社崩坏周鼎沉水，魏初朝齐杨朱悲歧 //213

三五　魏再朝齐君偃行仁，戴盈相宋庄周拒聘 //219

三六　魏三朝齐徐州相王，曹商扮孝庄周劝友 //223

三七　楚威伐齐犀首相秦，庄周葬父骷髅托梦 //229

三八　齐威攻魏淳于谏止，楚威伐越庄周劝阻 //235

三九　君偃市恩司马刖足，楚威聘贤庄周辞相 //240

第四部　循德达道（前330—前322）

四十　张仪入秦犀首返魏，庄子斥秦蔺且拜师 //247

四一　秦攻河东魏伐楚丧，孟轲游齐戴盈访庄 //253

四二　张仪相秦孟轲仕宋，君偃称王庄子斥贤 //259

四三　张仪诈魏宋王易辙，庄子斥君朝三暮四 //264

四四　孟轲丧母离宋归邹，曹商献玉庄斥卞和 //268

四五　秦惠称王齐魏伐赵，雕陵射鹊庄子悟道 //273

四六　孟轲仕滕恢复井田，庄子游魏讽谏惠施 //278

四七　五国相王三强结盟，庄子讽魏蜗角争雄 //284
四八　张仪相魏惠施逃楚，射稽合道庄子斥术 //291

第五部　庄惠初游（前321—前305）

四九　惠施返宋庄子弃鱼，庄惠辩用天人两行 //303
五十　滕文问责孟轲至魏，庄惠辩儒孔子改宗 //309
五一　伐齐大败魏惠愤死，不知鱼乐惠施返魏 //315
五二　犀首合纵五国伐秦，秦宋结盟曹商骄庄 //322
五三　宋王动武燕哙让国，庄子访友木雁两难 //329
五四　墨家助秦伐灭巴蜀，宋王骄横强夺民妻 //334
五五　张仪连横秦魏攻韩，孟轲恶禅齐宣伐燕 //341
五六　齐宣灭燕谋于孟轲，乐毅存燕败于张仪 //346
五七　张仪使楚怀王受骗，秦楚将战宋钘偃兵 //353
五八　楚怀伐秦九国混战，燕昭复国孟轲离齐 //360
五九　蜀相叛乱秦惠早夭，天下饥荒庄子借粮 //369
六十　金蝉脱壳张仪归魏，示弱保民卫侯贬号 //375
六一　秦武休兵乐毅谏赵，颜斶斥齐庄子讽宋 //382
六二　秦窥周鼎甘茂伐韩，宋杀唐鞅庄子斥奸 //389
六三　秦武入周举鼎暴死，赵武变法胡服骑射 //394
六四　秦昭篡位甘茂逃齐，楚怀灭越齐宣谋秦 //402
六五　秦平内乱赵伐中山，大梁盛会施龙辩名 //409

第六部　庄惠再游（前304—前295）

六六　燕昭招贤谋报齐仇，惠施归宋与庄为邻 //419
六七　孟尝伐楚宋王射天，庄子言鸡惠施闻道 //424
六八　苏秦易主离齐仕燕，庄子丧妻鼓盆而歌 //429
六九　四国伐楚宋取淮北，赵破中山苏秦使齐 //434

目录

七十　太子死韩列强争储，惠施殁宋庄子悼友 //439
七一　秦劫楚怀赵禅幼主，屈原见放庄子著书 //445
七二　孟尝返齐三国伐秦，仇赫相宋庄子疑赵 //453
七三　纵横待赵齐湣听竽，魏牟隐楚东郭问道 //458
七四　赵灭中山五国破秦，宋并滕国庄子怜民 //462
七五　主父饿死孟尝伐燕，苏秦相燕庄子哀宋 //468

第七部　宋灭庄殁（前294—前286）

七六　田甲乱齐孟尝罢相，鲲鱼化鹏逍遥南溟 //479
七七　白起屠韩楚宋伐薛，天道真宰齐一万物 //485
七八　苏秦重齐屈原自沉，丧我存吾养生有主 //491
七九　秦再伐魏孟尝借兵，免刑全生至人间世 //497
八十　孟尝使诈借秦伐齐，不事王侯德充之符 //502
八一　孟尝技穷魏韩朝赵，葆德日进宗师天道 //509
八二　秦王僭帝齐湣伐宋，息黥补劓因应伪帝 //514
八三　五国谋秦齐再伐宋，悲民疾苦庄哀为臣 //523
八四　齐湣灭宋康王死魏，复归鸿蒙庄子化蝶 //536

尾声　蔺魏弘庄（前285—前282）

一　苏秦谋齐诈立三帝，蔺且释庄撰文五篇 //545
二　乐毅破齐苏秦车裂，魏牟慕庄师事蔺且 //551
三　李兑诛赵孟尝死薛，魏牟改宗尽弃方术 //559
四　公孙偃兵游说赵燕，魏牟弘庄编纂《庄子》 //565

煞尾　庄后略史 //571

后记　知人论世，鉴往知来 //575

余世存序
大年生存史观中的个人

远山先生的态度是严肃的，也是个人的。他不仓促草率，不是研读三年五年即宣布发现即推出产品，他是"准备半生，写作八年"，厚积薄发。因此，他的写作每一个字都经过心思长久的注视，都是心血之作。

这部作品是一个异数。它既是文学，也是历史，更是哲学。这里有一个人的思想史，一个人的生活态度，一个人的知识学问。这部作品也恢复了汉语的尊严。

若干年后看，张远山先生的《相忘于江湖：庄子与战国时代》[①]可能是当代汉语写作中的一件大事。但在今天，这部著作是以报摊图书的样式出现，而市场江湖的存在又非时髦、流行，因为它印着"纪念庄子逝世2300周年"的庄严广告[②]。这几乎是庄子"材与不材"的散木象征，又是鲁迅的横站意象。

历史上有很多人格、精神、产品……被掩没的现象。陶渊明在其当时人眼里，只是二三流的诗人，《诗品》的作者把他列为中品；六七百年后，到了宋代，陶渊明才真正跻身一流诗人的序列。直到今天，墨子这样的思想家、冯梦龙这样的作家仍是被大大低估的人物。历史的接受之路并不平直，而是曲成万物。指望一个时代的主流知识界或市井文化给民族历史巨大的精神个体以公正的待遇，本身并不公正。因为这些精神个体之阔大多与民族集体意识的惰性、狭隘形成反差。

[①] 编者注：原文"《庄子传》"，为本书初版时主书名，现改为与本版一致的书名全称。下同，不另注。
[②] 编者注：指初版封面及其广告语。

对我们中国文化这样一个丰沛的存在而言，老子、庄子一类的道家学派人物的被低估也是一个重大的历史事实，它反证中国文化在最近的两千年间为儒法等精神趣味绑架。中国精神至今未能走出秦汉之制的阴影，而超迈三代，将五六千年的文明史"清一"、"汇通"，催生出日新又新的文明。

出于对庄子的兴趣、发现，张远山花费了二十多年的时间从事他的"庄子工程"。自2008年起，《庄子奥义》、《庄子复原本注译》先后问世，最近的成果，则是这部《相忘于江湖：庄子与战国时代》。这样的工作本身即是当代社会的奇观。在当代社会流行成功流行小康等等的"镀金时代"，远山先生以一己之力，以自由作家之身，寂寞地为庄子作注、平反、作传，既是时代的奇观，也是我们汉语世界真正的安慰。

《相忘于江湖：庄子与战国时代》以编年史体和章回体来写历史和人物，逐年叙述战国史事和庄子生平。从中可见作者的功力之深厚，传统叙事在他笔下得心应手，而人物风貌亦旧亦新，跟我们相通。未来的研究者，将会比较这部作品跟司马迁人物纪传的关系，将会比较作者语言风格跟金庸小说风格的区别。

这部作品的创新显而易见。战国时代变迁与庄子一个人的人生轨迹，时代的风云与历史人物们的表现，新的变化与思想家们的应对，以及人物的悲欢离合的细节……栩栩如生。它还原了战国时代，使《易经》、《尚书》、《诗经》、《道德经》、《论语》、《春秋》、《国语》、《战国策》、《孟子》、《庄子》等经典文献鲜活起来，经典真正还原为历史叙事。

作品里叙写了不少人的丑陋、罪恶，也写了不少人的思考，读来令人拍案。由于秦国吞并巴蜀，有了粮草接济，东方战争的形态发生变化，不必春耕秋战，而能连年久战了。由于春秋以来的战争加剧，到战国动辄"斩首"上万，中国最优秀的思想家们在对人性的思考中不再停留在孔子"乱臣贼子"阶段，而开始质疑人性本身的善恶。而像匡章那样的人开始不臣天子、不友诸侯，后来为了保家卫国，一步步走入庙堂，前后判若两人，也成为当时人思考的对象，说明"庙堂争权夺利毫无底线，乃是逆淘汰的大染缸"……这些现象都为作者捕捉到，并写进了作品。

历史的发展当然重要，但在作者笔下，它已经更多地属于背景，真正烘托的，是时代一流人物们的生活和思考。甚至儒墨的争竞也多属于背景，作者着力叙述的，是以庄子为代表的道家人物们的生活和思考。在孟子的义利之辨外，在墨家巨子的变异之外，道家人物冷眼旁观世道人心，而活出了尊严。这个尊严，即是书中一再称赞的"真德"。在时代社会的热闹之外，作者高扬了人的尊严。

这种尊严，是还原，又是追认。即在春秋战国泥沙俱下中，在人命如草芥中，在处处有篡改、歪曲中，庄子们葆全了人性的真。在君臣父子快成为天经地义的罗网里，庄子们活出了自由，自适其适，活出了尊严。这一尊严在后来两千年大盗、乡愿合谋的中国生活中，尤其珍贵，它让我们看到，中国人求做奴隶而不得以及暂时做稳了奴隶位置的两种生存中，仍有第三种生存，有人性的真实美好。

这种尊严感，无疑更是对当下生活的态度。

显然，《相忘于江湖：庄子与战国时代》跟当下的戏说历史著作判然有别，也跟知识界的影射写作判然有别。戏说历史者在市井求利，影射写作者在主流求名。无论是证明儒教宪政主义，还是证明道家自由主义，都不过是挟自以为是的"知识正确"去裁剪先人著作。更不用说，那些借古人名头说事的历史小说、通俗历史，他们都以今人之心去轻薄古人。

远山先生的态度是严肃的，也是个人的。他不仓促草率，不是研读三年五年即宣布发现即推出产品，他是"准备半生，写作八年"，厚积薄发。因此，他的写作每一个字都经过心思长久的注视，都是心血之作。在写作上的严肃和尊严，当代人中，大概只有少数人可与之相提并论。

在分科分工的当代，这部作品是一个异数。它既是文学，也是历史，更是哲学。这里有一个人的思想史，一个人的生活态度，一个人的知识学问。这部作品也恢复了汉语的尊严。在理性主义的眼里，中国早期君主的重要讲稿《尚书》实在"诘屈聱牙"，记录历史的《春秋》不过是"断烂朝报"，即使群经之首的《易经》，也是要么晦涩，要么托命一如游戏……先秦在不少人眼里，既无古希腊人的理性，又无古罗马人的法治精神。至于高居庙堂的儒学伪道，即使当下占据知识界主流的学术，充斥市井的文艺，更是跟西方的理性、自由和个体本位大异其趣。但张远山的作品，则向我们表明，以庄子为代表的中国思想家，在先秦所抵达的成就足以证明，汉语自有风骨、理性和关怀。

如作者《后记》所说，庄子主张"至知忘知，自知无知"，"吾生有涯，知也无涯"，略同于苏格拉底的"认识你自己"，"我只知道自己一无所知"。庄子主张"自适其适，以德为循"，反对"适人之适，役人之役"，略同于尼采的"不要跟随我，跟随你自己"。作者感叹："隐于江湖的庄学真道，却与欧西古今大哲莫逆于心。"

从两千年来的儒学氛围中走出来并不容易，自五四新文化运动"打倒孔家店"开始，孔子被请回诸子行列。但对孔子和诸子的解读经历了反复。可见，我们民族要冲破大盗和乡愿的罗网，仍任重道远。两千年间，我们中国人一直活在伦理本位、儒家本位、王权本位、官吏本位的"差序格局"里，个人本位一直属于个案存在。甚至百年间的现代化转型，我们也是在儒家本位、革命本位、阶级本位等罗网中沉浮，这种迷失影响到我们的文史哲学思考，影响到我们官产学精英的存在状态。

我们今天知道，一个共同体的个体存在状态与其整体相关，在相当大的程度上，二者异质同构。是以中国人规模之巨，百年来千年来能称得上独立个体的人屈指可数。庄子说："无知众人，因其无名无功而自卑，不敢因循内德，自适其适，而是迎合外境，适人之适，以便求取功名。适人而无技，必定无功无名，仍为无知众人。适人而有技，必有小功小名，于是成为小知。适人而有术，必有大功大名，于是成为大知。小知之学技，大知之学术，都是老聃所言'为学者日益'，因而自矜其知，自矜功名，对下则自得而役人，对上则自卑而适人，仍是终身迎合外境而适人役人，不能尽其所受乎天，只能亏生、迫生，乃至受刑早夭。"将庄子这段话跟百年来中国的现代化转型做参照，可知大部分人抽离了现代化的真精神，即自由的、尊严的精神，即"真德"，而落入到各类现代说辞中去了。

而改革开放三十年来，我们众多的汉语作品，都是求名求利的，少有明心见性之作，少有安慰、关怀和激励。《白鹿原》乃至莫言的作品只是半部杰作，它们多停在革命反思和故事本位中，尚未反思到个人本位；《拯救与逍遥》只是青春意气，它并未夯实人的价值。这类反思和意气，难以跟庄子们对匡章的同情理解和批评相提并论。

张远山的工作是少数例外之一。如果我们知道，张远山、庄子等人的生存，在汉语里被称为"至知"，只不过是"道术为天下裂"前的自然状态，是现代性最为平实的自由精神；甚至儒生们称道的圣贤，也只是现代性最为健康的公民人格……我们大概能理解，两千年来、百年来我国的世道人心跟文明之间的距离，我们国人的人生跟自由自尊人生的距离。两千年来，在人生中及格的国人学人屈指可数。

庄子、远山等人的努力正大，然而对这个积重难返的共同体来说，仍不足以撼动它固有的轨迹。这也是远山的"庄子工程"在当下被边缘化的原因之一。这样说，丝毫不减远山和庄子们的意义。事实上，在今天中国人迈向新生之旅中，远山们的工作已经成为火把、明灯，成为我们生存可信赖的营养和财富。

远山自承他的愿心是"颠覆秦火汉黜伪造的历史谎言"、"治疗庙堂伪道导致的民族内伤"、"接续江湖真道传承的先秦元气"……这是一种大时间观。市井文化多失去跟天地精神相往来的通泰、美好。用庄子的语言，这是一种"小年生存史观"。但远山的工作是"大年"大时间观照下的个体安顿，这一工作如燃灯，如报春的燕子，是贞下起元的先声，他传达的是春天的消息，是元气淋漓的自由人生。

以此贺远山的《相忘于江湖：庄子与战国时代》问世！

作者简介：

余世存，1969年生，学者，作家，代表作《非常道》、《类人孩》、《老子传》、《大民小国》、《家世》等。

吴励生序
正本清源，天道绝对

我曾经在评论《庄子奥义》时直指出张氏（远山）之学术精神与章氏（炳麟）一脉相承，现在必须进一步指出其在"自坚其说"方面，比之章氏甚至有过之而无不及。

无论是"发明真相"还是"自坚其说"，无论是庄学义理阐发还是张氏义理的进一步发扬，无论是"天道绝对"的终极建构还是"人间秩序"的终极解构，笔者均可负责任地说，张氏"新庄学工程"三书不仅集中国文史哲之大成，而且确实为中华学术发展建立了一个全新的研究典范。换句话说，张氏不仅是我们这个时代不可多得的大学者，更是当代中国"新庄学"研究之第一人，一如《齐物论》（张氏复原本第八章）中所说："万世之后而一遇知其解者，是旦暮遇之也。"

坦率地说，张远山的"庄学三书"（《庄子奥义》、《庄子复原本注译》、《相忘于江湖：庄子与战国时代》[①]）一开始就抓住了中国哲学的制高点，这个制高点就是"天道绝对"。许多学者谈论西方的"逻各斯"传统和中国的"道论"传统时，却不能意识西方的逻各斯传统在不同时期造就了无数的大师级人物，而中国的"道论"传统其实却在不断地萎缩，直至最后只能感叹"一代不如一代"。

若论根本原因，恐怕就是"道术将为天下裂"。问题在于，"道术将为天下裂"究竟是"哲学的突破"还是"思想的倒退"呢？这在当下中国学界其实纠结重重：一方面我们不断欢呼先秦"百家争鸣"的思想局面，另一方面又要继续去论证

---

① 编者注：原文"《庄子传》"，为本书初版时主书名，现改为与本版一致的书名全称。下同，不另注。

"三代之治"尤其是西周的"公天下"的合理性。后者如果真的那么合理，所谓"政教合一"的王官之学乃至当下的体制化学术，我们就没有什么好抱怨的；如果是前者确实值得欢呼，就像许多学者或根据雅斯贝尔斯或帕森斯或韦伯等所论证的那样，那是思想轴心时代所出现的一场精神觉醒运动，这才是后辈学者取之不尽的思想资源。我想同意后者的应该占多数。

然而，不管是"道术将为天下裂"抑或"哲学的突破"，均关系到中国哲学和中国思想发展的根本。因此何为"真道"，就不仅仍是困惑中国学界的问题，而且是个需要不断重思的问题。估计张远山一开始也便是由于困惑，之后为了正本清源，张氏之决绝，上下求索之壁立千仞，迥异于当下诸多学人的浅尝辄止而又喋喋不休。当然，即便张氏本人，对"天道绝对"的认知，也不是一步到位，而是移步换形，并步步为营，从《庄子奥义》到《庄子复原本注译》（三册）循序渐进，直至眼下的《相忘于江湖：庄子与战国时代》出版，其"无待之待"的"遥达"终臻完备。

1

在《庄子奥义》里，张氏对"逍遥游"的"逍遥"二字的解释，基本还是出于"自由"的认知：心灵的自由，基于对"道"的体悟；身体的自由，则是对"道"的顺从。并指出（庄子）"逍遥"对（老子）"无为"的重大突破，就是"无待"（蕴涵"无蔽"）。这一点跟晚清以降学者乃至当代陈鼓应对"逍遥"的理解距离其实不远，后者甚至干脆以为："《逍遥游》提供了一个心灵世界——一个广阔无边的心灵世界；提供了一个辽阔无比的精神空间。"（《老庄新论》）也即"精神"由大解放而得到大自由。特别醒目的倒是，张远山一开始即突出强调了"道"的至高地位，而这又是他跟所有解庄者逐渐拉开距离的最突出标志。这很重要，其意味着并非仅为精神自由，更是一种精神实体。另外需要特别指出，对所有解庄者所据郭象版庄子的谬解之断然拒斥，是熟悉张氏"新庄学"的人都一目了然的（比如说这可能跟他最早阅读流行的郭象版"庄子"对其精神的扭曲和智慧的侮辱有关，也可能跟现世实存的秩序与内在的生存感受密切相关），但是，能够真正把握到他的理论内发动力即由此生发，并确实意识到由此产生的颠覆力量和勇气，可能需要对他"新庄学工程"的深入解读方能领会得到。如："'逍遥'是庄学核心名相，因此冠名'内七篇'之首。郭象谬解'逍遥'为'自得'，'自得'谬说贯穿郭注始终。唐人成玄英以降，治庄者喋喋不休地蹈袭'自得'谬说，连局部驳斥郭象者也无例外。然而庄子从未说过'自得'，而是一再重言'不自得'。"因为得（德）乃"道"所分施，所以"至德不德"，等等。

假如说《庄子奥义》奠定了张氏"新庄学"义理的基础和框架，《庄子复原本注译》则对"新庄学"义理做详尽而全面的阐释和进一步拓深。尤为重要的是，"天道绝对"的理念得到了进一步贯彻，并逐步体现在复原注译的每一篇的"题解"和"附录"之中。仍以"逍遥游"解读为例，在复原本里其甚至开宗明义："'逍'训消隐，意为自'逍'己德。'德'为'道'施，故宜永葆。'德'低于'道'，不可自矜，不可外荡外显，而当自'逍'。……'遥'，训趋赴，意为'遥'达彼道。'遥'达彼道，信仰天道，以客观天道为宇宙至高存在，永不自矜尽知天道。天道只能不断趋近，不能终极达致，因为'无极之外复无极'。"这样，把"逍遥"解释为"自由"就被进一步解释为对"天道绝对"的认知，不仅如此，他甚至把严复当年还有点朦胧的意识（"一切世间所可言者，止于对待。若真宰，则绝对者也"）明晰化乃至体系化了。颇有意味的是，历来以为庄子哲学具有解构性特征——比如陈鼓应以为"逍遥游"还有重估价值的意义，其明显受到尼采观念的影响；庞朴则说：儒家理论都是建构性的，而道家的观点都是解构性的。儒家想尽一切办法来进行建构，而道家却一个劲儿地消解儒家构筑的东西（《中国文化十一讲》）——在张氏力图体系化的重新解释当中，倒具有相当程度的建构性了。

这实在是种理论倒转，而且这种倒转的气魄表面上看来似乎有点不可思议，但其精神内核和理论深层却是为了把"天道绝对"彻底地彰显出来。甚至还不仅仅是理论勇气的问题，更是学术功力能否胜任的问题。假如我们对当年章太炎与胡适关于治经治子之间的纠结争论还有印象，一定记得章氏的治经治子经过校勘训诂这一最初门径后必须各有所主的主张，所谓治经乃"客观之学"治子是"主观之学",后者讲求的是"自坚其说"云云。我曾经在评论《庄子奥义》时直指出张氏(远山)之学术精神与章氏(炳麟)一脉相承,现在必须进一步指出其在"自坚其说"方面,比之章氏甚至有过之而无不及。

诸如"庄学四境"(无知、小知、大知、至知——对"道"的体悟之有无和程度)、"庄学三义"(顺应天道、因循内德、因应外境)、"道术九阶"(外天下—外物—外生—朝彻—见独—无古今—入于不死不生—撄宁—撄而后成)、"庄学至人"(践履三义、抵达至境、成道九阶)等等,其间术语、概念、范畴均来自张氏的全新创作。这种创作肯定不是为了创作而创作,而是通过对庄子文本的细读归纳出来的,最典型的是《庄子奥义》中"余论一"所展示的"庄学奥义的全息结构",不仅可以让人领会到文本细读的功夫,而且其归纳之全面之细致确实让人叹为观止。如他为了归纳的方便,甚至绘制出十几张图表:除了"内七篇"的篇名结构表和单篇结构表之外,"庄学四境的动植象征系统"、"庄学四境的排行隐喻系统"、"'内七篇'角色四境表"、"寓言六式(除了'内七篇'寓言表,六式是:'结构一:四境俱全的完整式。5例'、'结构二:专明一境的特别式。7例'、'结构三:基本式、完整式减去无知。15例'、'变式一,基本式减去小知。11例'、'变式二,基本式减去大知。5例'、'变式三,基本式减去至知')"等,最后干脆把"内七篇"庄学义理用一幅"南溟吊诡图"做立体展示。而所有这些图示和展示,并非毫无根据的猜想,最有力的根据就是庄门弟子为"内七篇"所撰的一篇序(《杂篇·寓言》)和一篇跋(《杂篇·天下》)。

"寓言"篇中说:"寓言十九,重言十七,卮言日出,和以天倪。始卒若环,莫得其伦,是谓天钧。""天下"篇中说:"以天下为沉浊,不可与庄语;以卮言为蔓延,以重言为真,以寓言为广。"张氏的重新解释以及相关图表制作便是以此为根据,并由此出发也由此复归的。也就是说,"新庄学"的重新解释,首先必须彻底面对的是"庄学三言",张氏概括的是其既对庄学之敌构成"拼图障碍",同时又为"庄学之友"所设的"拼图提示",他说:"晦藏其旨的寓言,暗示支离其言的卮言之奥义。支离其言的卮言,点破晦藏其旨的寓言之奥义。变文转辞的重言,确证卮言的支离之义,确证寓言的晦藏之旨。"张氏在"庄学三言"的破解上所花的巨大心力,历代解庄者确实少有人能比。与此同时,为了颠覆"郭

（象）注成（玄英）疏"千百年来形成的"旧庄学"话语的重重障蔽，也即把被"郭注成疏"完全颠倒了的庄学真貌与话语真相重新颠倒过来，更是特别严峻考验了张氏的校勘训诂的传统国学功夫和功力，而《庄子复原本注译》三册，便集中体现了张氏这种国人荒疏已久而他居然驾轻就熟的功夫与能力。

现在可以顺便回答我写《庄子奥义》评论时一些朋友提出的对张氏的两个疑问。一是如何证明庄子本人所作只有"内七篇"呢，二是张氏其实延续的仍是"古史辨"遗绪。要说张氏有"疑经谤圣"的"嫌疑"，其实只知其一不知其二，"自晚清今文学家提出了'新学伪经'的说法以后，许多古书像《左传》、《周礼》甚至于《史记》、《汉书》都有了刘歆作伪和窜入的嫌疑……"（《顾颉刚经典文存》），在发明真相方面，张氏似乎确实形似，比如他自己也说，"古史辨"把《列子》伪书"捉拿归案"，他把郭象版《庄子》作伪"捉拿归案"等等。然而，张氏并没有像顾颉刚那样刻意强调史学的时代性问题，比如不同年代和时期的孔子形象等，更多强调的只是"层累的造伪"问题，其不但反对用治经的方法治子，而且治史的方法也是用来进一步完善其"自坚其说"。因此他的治学风格乃至行文风格，确实酷似章太炎及其弟子（比如周氏兄弟，我不知余世存先生说其行文风格跟金庸也有联系根据何在，请参见《大年生存史观的个人——读张远山〈相忘于江湖：庄子与战国时代〉》），清峻通脱，说理透彻，乃至壁立千仞的学术精神。至于庄子本人著作仅有"内七篇"，晚清以降所分歧者大多是对庄学义理的解释，对"内七篇"本身似乎争论不多（用张氏说法则是："内七篇"之外，士大夫们既不熟悉也不重视），即便流行一时的当代道家研究专家陈鼓应，在《老庄新论》中所解读的庄子也一样是"内七篇"，当年章太炎的《齐物论释》甚至特别突出的还只是庄子所作"内七篇"中之一篇。张氏之重视庄学义理已无须强调，颇有意味的是，他指出："旧庄学倾力考订讹误，饾饤训诂个别字词，目的仅仅是加固儒学曲说，强化郭象义理，无不越考证越糊涂，越训诂越遮蔽。歧义纷出的旧庄学，添乱作用大于学术价值，把庄学越埋越深，使阅读越来越难"，即便值得一提的民国学人刘文典和台湾学人王叔岷两位考订大家，他们的考订以及解释也不能使张氏满意，理由就是"颇具儒学成心，因此文字考订疏漏尚多"、"均不明庄学真义"等，闻一多、关锋、陈鼓应的考订情形道理相同，"根本原因是没想到郭象竟敢篡改《庄子》——然而，为了彰显庄学真貌和真义，张氏甚至进入更大范围的校勘训诂，不用说《庄子复原本注译》的版本考订即已完全回答了有朋友关于"内七篇"的疑问，比如张氏在该著序言一开始就说："庄子所撰'内七篇'，仅有庄殁以前史实，无一庄殁以后史实。弟子蔺且、再传弟子魏牟等撰'外篇二十二'多有庄殁以后事实，无一魏殁以后史实。"而新近出版的《相忘于江湖：庄子与战国时代》更是以编年史的方式，进一步坐实了种种论证。

这就涉及整个浩大的张氏"新庄学工程"。在《庄子奥义》的绪论（二）中，张氏即已指出："若不恢复原文并纠正错误断句，就难以用不合'内七篇'义理来驳诘其曲解。但要纠正一处篡改或误断，牵涉极繁，论证更难。即有知者，面对积非成是、积重难返的权威谬见，也视为畏途。"事实的确如此，光是《庄子复原本注译》的巨大工程，不知得让当下多少英雄气短？！因为难度，也因为广度和深度，很难全面呈现张氏考订的精准独到的学术风采，这里仅举其对郭象版、魏牟版和刘安版庄子本的异同考订校勘为例，也暂且不论其考证结果的石破天惊，如"成书于西晋的郭象版删改本，是今日唯一的《庄子》传本。本书复原的早于郭象版的两种庄子版本：成书于战国的魏牟版初始本，此前无人知其存在；成书于西汉的刘安版大全本，此前无人确知编纂者"，就说他的版本考证的"泰山不移"。

庄子再传弟子魏牟是重中之重，除了排比史料，考辨正误，梳理魏牟生平之外（《庄子复原本注译》绪论一），魏牟版《庄子》张氏的史料根据是："魏牟以后的战国末年，钞引《庄子》初始本最多的是《荀子》、《韩非子》、《吕览》。刘安以前的西汉初年，钞引《庄子》初始本最多的是贾谊二赋、《韩诗外传》。先秦三子、汉初二子钞引之例，是考定《庄子》初始本之成书时间及篇目构成的基本依据。"之后他例举先秦三子和汉初二子的各自文本，与《庄子》初始文本的若干思想比照分析，或明斥（荀子）、隐斥（韩非）或明钞、暗引、化用（吕不韦等以及贾谊、韩婴）的史实，以及庄前史实和庄后史实、魏前史实和魏后史实等等，"通过综合考量所涉不同史实、著录庄事庄言、文本结构差异、有无寓言卮言、有无动植物、仿拟内篇水准、偏离内篇义理等等各项（详见各篇校注）……"，得出"外篇二十二"可分三组的结论，第一组五篇：《寓言》、《山木》、《达生》、《至乐》、《曹商》，当属弟子蔺且所撰；第二组十三篇：《秋水》、《田子方》、《知北游》、《庚桑楚》、《徐无鬼》、《管仲》、《则阳》、《外物》、《让王》、《盗跖》、《列御寇》、《天下》、《惠施》，当属再传弟子魏牟所撰；第三组四篇：《宇泰定》、《胠箧》、《天地》、《天运》，当属其他弟子、再传弟子所撰。

魏牟版初始本《庄子》确实具有正本清源的意义，之后的刘安版大全本篇目考，就为郭象版的删改本《庄子》找到了直接证据。"刘安版《庄子》大全本，全部保留魏牟版《庄子》初始本。对于魏牟版'内篇七'，不增不减。对于魏牟版'外篇二十二'，则增补慕庄后学所撰、符合刘安特殊政治意图的六篇《骈拇》、《马蹄》、《刻意》、《缮性》、《在宥》、《天道》，变成刘安版'外篇二十八'。又创设魏牟版没有的'杂篇'，收入慕庄后学所撰《说剑》、《渔父》等十四篇，新增刘安版'杂篇十四'。"由于刘安的特殊政治身份，张氏破除历史迷雾，去除政治话语和学术话语障蔽，如"稍后于刘安的司马迁《史记·老子韩非列传》曰：'庄子著书十余万言。'稍后于司马迁的刘向《别录》、刘歆《七略》曰：'《庄子》五十二篇，宋之蒙人。'司马迁、刘向父子均曾寓目刘安编纂的《庄子》大全本、刘安撰著《淮南子》，未必不知《庄子》五十二篇之'解说三'又见《淮南子外篇》，未必不知'解说三'必为刘安所撰。或许因为刘安被汉武帝诬以谋反而自杀，导致刘安编纂《庄子》大全本成了不宜提及的政治禁忌，因此司马迁才不得不含糊其辞曰'庄子著书十余万言'，刘向父子才不得不含糊其辞曰'《庄子》五十二篇，宋之蒙人（庄周撰著）。'"而相关话语障蔽一得破解，"内外杂"篇划分始于何时何人（西汉刘向？东汉班固？魏晋司马彪？西晋郭象？西汉淮南王？！）的问题也就得到有力的回答。张氏的考订之细密，论证之详尽，还可参阅其《余论:〈庄子〉佚文概览》以及附录六篇中的分类参照表，当然最重要的体现还是具体的复原本（魏牟版初始本和刘安版新增外篇六篇和杂篇十四篇以及"解说"三篇）在中国"庄学研究史"基础上的"校注"（包括校勘）、"辨析"和"今译"，尤其是每篇的"题解"以及"附论"，鞭辟入里而又提纲挈领，真的不由你不击节。

也许就像庞朴所说的那样，用汉学的方法来解决宋学的问题："我们可以通过音韵、训诂、文字等考据方法，来分析典籍文献，进而为研究心性、天道、政治、经济等义理内容打下坚实的基础……"所不同者，即如上述指出的"客观之学"之发明真相与"主观之学"之自坚其说，庞朴厚积薄发所从事的基本是前者，张氏厚积厚发所坚持的则是后者，当代中国有此学术功夫者仅寥寥数人矣！

2

现在我们可以进一步讨论张氏义理阐释的体系性倒转的"自坚其说"问题。也许需要重新强调张氏解读庄子的一对关键词：庙堂与江湖。其既可能出于庄子本人对生存秩序的最高理想，也可能出于庄子哲学在中华2132年的君主专制史里的变相流传以及"庙堂话语"的重重覆盖，张氏由此给了自己比"古史辨"更为艰巨的任务：还庄子话语真相和庄子精神的本来面目，并对庄子义理做出重新解释。这里无需重复张氏关于庄子在三国两晋南北朝四百年间的流布篡改以及唐宋以降治庄后儒们的层累造伪的考察，乃至被神仙家们拼凑加工《列子》、歪曲利用《老子》、《庄子》成为专制庙堂服务的工具的过程，而单就"庄学四境"的重新发明，即已完全颠覆了郭象义理，笔者关心的是："庄学四境"的建构与解构，张氏究竟如何通过"周而复始"而又能够"螺旋式"上升的？

首先必须承认，张氏庄子解读的"庄学四境"创造性空前。尤其是他提出（庄子）在远离"造化初境"之后，"文化"分为"顺道文化"和"悖道文化"两部分，并进而解释对顺道文化的哲学建构（无知↗小知↗大知↗至知）和悖道文化的哲学解构（无知↘小知↘大知↗无知），他说："庄子常常在建构某一名相的顺道文化之时，也同时解构这一名相的悖道文化，而且通常侧重解构，偶尔侧重建构，建构之后也必立刻解构。如《逍遥游》初述'大知'寓言是建构，重述时以'无极之外复无极'解构，所以主角必须同为鲲鹏，内容也基本相同；而'小知'寓言都是解构，初述、重述的主角无须相同……"有关道家思想的"至知/无知"的终极表达式，更是其独具慧眼的发现："'内七篇'从未在某个局部清晰完整地使用过终极表达式，而是把终极表达式的前件'至知'和后件'无知'，支离分开在上下文甚至前后篇……只有透彻理解庄学四境，尤其是透彻理解庄学至境，再联系上下文乃至前后篇，方能知其晦藏，窥其奥义，否则就会被局部字面骗过。晦藏终极思想的终极表达，正是庄子的终极晦藏。"而对"浑沌死"的解读，恐怕就不仅仅是庄子义理本身，而是张氏义理的进一步发挥了："'浑沌'就是造化初境，倏、忽（喻时间）为'浑沌'凿出七窍，意味着人类脱离动物界后，开始了打破造化初境之后永无止境的文化过程。造化初境'浑沌'是一切人类文化（包括庄学）得以展开的终极起点。"

以此为转折点，张氏进一步发明了一系列概念来阐述它。"全部庄学，均属造化初境之后，主张超越性复归造化初境的'文化'。不理解'浑沌'寓言，就不可能读通'内七篇'，连一字一词的正确理解都不可能，遑论每句每篇。"因此他声辩庄子从未主张人类文化简单退回造化初境（就像《老子》那样的"小国寡民"倾向），有人攻击庄子反对文化发展和社会进步，是受郭象误导所致。因此，文化小境、文化大境、文化至境以及顺道的或悖道的文化小境、文化大境云云，都是基于造化初境而言并以此为检测标准："文化小境、文化大境无论顺道、悖道，都必须通过文化反思剔除悖道成分，转为顺道的文化小境、文化大境。顺道的文化小境、文化大境，必须通过文化反思致无其知、知其无知，继续超越性地顺道前行，抵达'至知/无知'的文化至境。倘若没有文化反思，压制文化反思，文化小境、文化大境就会自居尽窥天道之全部，从而以悖道自居顺道，最终以伪道僭代真道，把整个社会置于伪道统治一切的悖道绝境之中。"因此，张氏指出"造化初境"的"无知"之"无"训"没有"，"文化至境"的"无知"之"无"，训"致无"。这就是说，"造化初境"是一种原始的理想状态，即"虚无"与"道"的地方，是开始的开始，也即《说文解字》解释的"通于元者，虚无道也"，不然就无所谓"超越性回归造化初境的'文化'"。

因为超越性的关系，每一次的超越性回归，势必就有不同开始的开始，然后才能构成"螺旋式"上升，而从张氏义理来看，他的"开始的开始"主要通过"文化反思"，冀望这种反思既能让悖道文化走上顺道文化的轨道，又能让顺道文化沿着"致无其知"的轨道向文化至境跃进。但由什么来保证，也即在什么情况下由何人来保证这种反思的正当性和可能性，张氏似乎缺乏必要的论证。以"远离庙堂、逍遥江湖的间世异人"陶渊明、李笠翁、金圣叹、曹雪芹和"身在庙堂、心在江湖的文化巨人"司马迁、嵇叔夜、阮嗣宗、李太白、苏东坡等以及"百行诸业的无数能工巧匠、江湖豪杰"为例,只能说明他们创造了"绚烂璀璨的中国古典文化",以及后轴心时代的文化巨人不断地从庄子那里得到丰富的精神养料,而庄子精神也同时得到不断发扬光大,却无法证明悖道文化何时得到反思并矫正、顺道文化是否可以得以"致无"跃进。

能够证明的只有:"一个民族选择怎样的独特哲学,按照怎样的独特思想范式建构其文化,决定了民族文化的形态、特质和标高。幸运的是,古典中国的江湖顺道文化选择了庄学作为范式。然而不幸的是,古典中国的庙堂悖道文化选择了儒学作为范式。由于儒学得到专制庙堂力挺,庄学在与其长期博弈中,表面上始终处于下风,尽管实际情形正好相反。"(而这,也是张氏核心概念"庙堂/江湖"的由来,也是他的义理核心力主江湖顺道文化贬斥庙堂悖道文化的由来)另外能够证明的是,西晋嵇康阮籍到东晋陶渊明,到唐代李太白,到宋代苏东坡,到明代刘伯温,到清代金圣叹,到民国章太炎,到当下的张远山,一代又一代的遗风,总有相传的传人,"嵇康被诛是庄学奥义被庙堂终极敌视的标志性事件……像嵇康一样公开被诛的金圣叹,竟敢冒天下之大不韪,极赞《庄子》是'天下第一奇书'。"幸运的只是,而今张氏彻底弘扬"新庄学",不仅无需再"冒天下之大不韪",除了能让人深切感受到:"古典中国文化巨人,无不洞悉庄学奥义,无不视《庄子》为至爱秘笈,因为《庄子》是专制时代渴望自由的士子唯一的灵魂圣地和精神氧吧。除了《庄子》,找不到另外一部曾被所有大诗人、大画家引用过的先秦子书。因此士子们宁作违心之论,也不愿专制庙堂剿灭《庄子》。直言《庄子》之实质,必被他们视为可耻的告密。这一中国文化的最大秘密,竟然被他们无比默契地集体保守了两千年之久。"就是"愿意真心诚意感谢郭象",尽管"一千七百年来,郭象蒙骗、愚弄了无数读庄者、治庄者、爱庄者、批庄者",然而"因为郭象的篡改曲解,无意之中为很难躲过专制庙堂剿灭的《庄子》涂上一层完美保护色,护送它安全穿越了漫长的中华帝国史"。

然而,张氏义理内部存在某种程度上的紧张,由于对庄学义理的杰出解释,如"'游'意为'乘物以游心'(《人间世》)。身形游于六合之内,'乘物'保身,自'逍'己德,是为庄学俗谛;德心游于六合之外,'游心'葆德,'遥'达彼道,是为庄学真谛。真俗二谛圆融,笃守天道'环中'(《齐物论》),'缘督以为经'

(《养生主》),是为庄学'间世'义理。"其为道顺序乃先明"庄学四境",兼明"庄学三义"(庄学宗旨"顺应天道"、庄学真谛"因循内德",庄学俗谛"因应外境"),也即《逍遥游》之后"六篇"广泛运用"庄学四境",逐一展开"庄学三义"。其间庄学真谛之排斥所有"成心"的"寓诸庸"状态和庄学俗谛之"心斋"的"坐忘"境界,显然是庄学义理的重要核心(而"道术九阶"和"庄学至人"则是张氏义理的重要发挥),因为社会现实和历史现实的双重残酷与无道,修心悟道,因应外境无疑是一种极为高妙的人生哲学。与此同时,"天道绝对"的绝对精神,更多时候是(也只能是)一种"精神实体",却很难是(也不可能是)一种"物质(比如国家或者世界)实体"。这样一来,张氏义理的文化反思的实体化,就只能是在"文化巨人"以及"能工巧匠"、"江湖豪杰"(如艺术的、哲学的领域)上头用心,却难以在主观精神(如个体精神的、心理现象的领域)和客观精神(如社会的、政治的领域)等众多领域努力,从而"庙堂"就永远可能是"庙堂","江湖"也永远可能就是"江湖"。如果这样,那就意味着惨重而严酷的现实和历史只能永远地恶性循环下去。事实上,"庙堂"与"江湖"的二元对立是中国人生存的巨大悲剧,如何寻找现代的(对立统一)破解方案显然还需要我们加倍努力。当然,从张氏义理本身的角度讲也许并不重要。

重要的是,张氏对庄子"浑沌"寓言的理解和解释,确实关涉到了"道术将为天下裂"的内涵关键。比如余英时就曾说道:"《应帝王》说到'浑沌'凿'七窍',结果是'日凿一窍,七日而'浑沌'死。'七窍'便是《天下》篇的'耳目鼻口','道术裂'和'浑沌死'之间的关系显然可见。'道术为天下裂'的论断在汉代已被普遍接受……所谓'官师治教分'是说东周以下,王官不再能垄断学术,'以吏为师'的老传统已断裂了。从此学术思想便落在'私门'之手,因而出现了'私门之著述'。诸子时代便是这样开始的。"(《综述中国思想史上的四次突破》)这里的焦点显然在于,"浑沌"究竟是"道之用未亏"之时的"真道"还是"官师治教不分"的"道术"?张氏义理指的是前者,余英时所指则可能是后者。吴稼祥在《公天下》一书中又从另一角度提出问题,即老子所说"大道废,有仁义"和孔子所说"今大道既隐,天下为家"的"大道",是否为一回事?他说回答是肯定的:"孔子和老子在'人道'的实体含义上有共识。这个共识就是：'大道'是天下为公，政治实践是禅让。禅让不行了，大道怎么样了呢？孔子的回答是'隐'，老子的回答是'废'。"这与张氏义理又大相径庭，尽管"天下为公"的理念在章太炎以及孙中山那里均倍受重视，但在张远山那里根本就不是禅让不禅让的问题，而是"人道假君假宰僭代天道真君真宰"的问题，因此具有宇宙论根源的"天道"应该具有绝对律令性质，还不仅仅是陈鼓应所说"中国传统哲学的主要概念和范畴，多渊源于道家"的问题，而是"道术"究竟为"以人合天"还是"以天合人"的问题。而这，又恰是章太炎特别重视庄子"齐物论"思想的原因，其当年对严复、梁启超等不同的现代性方案所由展开的激烈批判，根据就是这个"天下为公"的"公"。

具体说，章太炎当年对"公理观"的激烈抵制，借用汪晖的解释："'公理'是存在的，但它不是宇宙的原理或先验规则，而是人的观念建构，即把事物建构成为一定的认知体系中的存在，'公理'不是物的本性，而是人的创造——不是人类的共识，而是个人的学说。因此，'公理'的创制过程并不是'公'的展现，而是'私'的曲折的表象。"(《中国现代思想的兴起》)其间我们很容易就看到"齐物论"思想的具体发挥。因此，张氏的《庄子复原本注译》，就不仅仅是解释学意义上的正本清源，更是在我们的精神源头追问意义上的正本清源。张氏义理对"齐物论"的解释大要有三：一是"万物无不禀道而生，物德之质齐一于道。故曰'天地与我并生，万物与我为一……'"；二是"每物之德由道分施，物德之量天生不齐。故曰'自其异者视之，肝胆胡越也'"；三是"物德之量天生不齐，无须人为予以剪齐。故曰'吹万不同'"。我所说的精神源头意义上的正本清源则指："《逍遥游》破'倚待'而明'逍遥'之旨，《齐物论》破'对待'而明'齐物'之旨。欲明'齐物'之旨，必须先明天道是万物的终极驱使者，如此方能不对待外物，继而不倚待外物，进而'独待彼道'。"意义并非停留在把郭象之篡改、妄断、反注，把"地籁"、"天籁"混淆为一，庄义"齐物/论"反转为"郭义"齐/物论等重新颠倒过来，而是在庄学研究史上第一次彻底地彰显出了"天道绝对"的"独待彼道"。如果光是强调"造化初境"之"公"（比如"自然之公"是宇宙的本性云云）显然是不够的，当然章氏"'私'的曲折的表象"还跟"齐物论"中的因是因非"则莫若以明"思想有关，按张氏义理解释则是：

(《齐物论》)"全文十一章。上篇四章，阐明庄学俗谛'然于然，不然于不然'，贬斥拔高一己相对之是为万物绝对之是的人道。下篇七章，阐明庄学真谛'然不然，不然然'，达至超越每物相对之是的天道。通篇阐明'自然'天道、'名教'人道之'两行'。"也许章氏毕竟是晚清大儒，对儒墨是非以及"天道绝对"的强调还不能达致张氏之如此彻底。

　　与此紧密相关的问题，仍然是"道术将为天下裂"。因为"因是因非"或者"因非因是"，章氏意义上的"'私'的曲折表象"就成为必然（比如说古时的儒墨，当下的"新左派"与"自由派"等等），问题在于何种意义之"公"才具有真正的价值？更何况，余英时意义上的"私门之著述"和张远山意义上的"后世之学者，不幸不见天地之纯，古人之大体"的"道术将为天下裂"的不同理解，本来就是"倒退的"和"进步的"中国历史哲学的双重纠结。因此《相忘于江湖：庄子与战国时代》的新近出版，不仅宣告张氏"新庄学"主体工程已经完成，更是彻底呈现了张氏义理思想："庄学三义'顺应天道，因循内德，因应外境'，集古今道学之大成。庄学宗旨'顺应天道'，为古今道术共有之宗旨。庄学真谛'因循内德'，为古今道术共有之'内圣'。庄学俗谛'因应外境'，为古今道术共有之'外王'。庄周道术，终古不废；传之大年，后世大幸。"这样，正本清源的意义就不仅是双重的，而且是立体的。

3

　　也许应该指出，《相忘于江湖：庄子与战国时代》甚至采用比司马迁更为彻底的编年的方法（例如："前369年，岁在壬子。庄周一岁。宋桓侯十二年。周烈王七年（卒）。秦献公十六年。楚宣王元年。魏惠王元年（晋桓公二十年，卒）。韩懿侯六年。赵成侯六年。田齐桓公七年（姜齐幽公六年）。燕桓公四年。鲁恭公十四年。卫成侯三年。越王初无余之四年。中山桓公三十四年。"），除了考证的详尽之外，在记录方法上甚至带有明显的后现代倾向的超写实的美学风格，因此与司马迁不时还带有点"激情"（如"太史公曰"等）的夹叙夹议拉开很大距离，文字简洁冷峻有时到了"酷"的程度。与冯梦龙《东周列国志》在叙事风格上也距离甚远，冯氏所做是长篇历史题材小说，其实却仍是历史演义：历史的成分虽多文学性却较弱。《相忘于江湖：庄子与战国时代》有点相反，表面上看是人物传记，却在在体现了信史的追求，又由于清峻的文字和现代的纪实风格，反而体现出了很强的文学性。

也就是说，《相忘于江湖：庄子与战国时代》本身有着很高的文本价值和精神张力，其不仅形象地呈现庄子思想的形成过程，更是与诸子百家（包括老聃、范蠡、列子、杨朱、子华子等道家人物，孔子、子夏、孟轲、荀况等儒家人物，墨子、孟胜、田襄子、宋钘、惠施、公孙龙等墨家人物等）的思想互动，与王侯将相、诸子百家立体互动，全景呈现战国中期波澜壮阔、血雨腥风的百年历史。或者用张氏自己的概括性话语说："天道循环之轮，转入铁血战国。老聃之徒不事王侯，隐居天下。孔子之徒臣事王侯，游仕天下。墨子之徒狙击王侯，游侠天下。"士阶层的变化不仅是"道术将为天下裂"的结果，同时可能也是部分原因。也许我们应该慨叹，中国思想以及哲学几乎一开始就特别宿命地跟政治以及"动荡"勾连在了一起，以至而今研究中国思想的人几乎无法忽视中国传统政治的特有性质。所不同者，战国"游士"经过汉代三四百年的发展变成"士大夫"阶层，又经过唐宋科举，这个阶层的精神逐渐固化、格式化乃至板结化，直到民国以后知识分子阶层又出现了松动，之后不久又开始板结。大道不仅早已"隐"去而且确实已"废"太久。准确说，《相忘于江湖：庄子与战国时代》有条不紊展开的战国中期百年史，实即为大道既"隐"且"废"的"道术将为天下裂"的具体过程。不仅"古之道术"确实仅留残片，尤其是士子们或游走于王侯将相之间，或生存在极其严酷的社会环境和政治环境之中，"大道之行"越来越成为遥远的梦想。更有王侯将相以及士子们的各种野心，或征伐、或称霸、或变法图强乃至争夺"天下"，于是各色人等演绎出了许许多多的历史故事，并且随着王朝更替循环还要不断演绎下去，出现更多的历史人物，可惜的是历史舞台以及中心始终照旧：帝王将相以及才子佳人。尤其是膨胀的欲望和野心、膨胀的个人和权力，使得中国历史和生存现实始终严峻而惨酷，张氏深入于庄子当年的历史语境和现实语境，显然完全跟庄子当时的感同身受相一致，从而穿透了历史和生存的双重真相,乃至穿透了两千多年中华帝国史的重重迷雾。

不然他难以如此信心满满,根本用不着虚构,也根本用不着讲故事,只须把当年的历史事实和相关事件真实地考辨和推演出来(尤其是颠覆《史记》、《战国策》等权威史书的错讹纪年与史实,并一改其仅有历时性缺乏共时性的历史叙事),文本性就不可思议地获得了巨大张力。也许最具魅力的仍然是考辨,如:以"合纵"对抗张仪之"连横"的是公孙衍,并非苏秦。前309年张仪在母邦魏国寿终,前284年齐缗王车裂苏秦,张仪年长苏秦至少30岁。1973年长沙马王堆出土《战国纵横家书》,始明《史记》、《战国策》误采苏秦讹史,误以为苏秦为"合纵"创始人。又如(商代)《归藏》典籍:1993年,湖北王家台秦墓出土了《归藏竹简》,包括六十四卦及其卦名。至今二十年,仍未整理出版,遑论深入研究,致使重大考古发掘迟迟没有兑现重大价值。国人仍把《周易》视为中华真道的至高宝典,不知《周易》实为中华伪道的终极根据,不知《周易》打开了两千年庙堂黑暗的潘多拉之盒。另外如东周王朝分裂为西周、东周二公国,在秦灭六国之前先后被秦伐灭;赵武灵王伐灭的魏属中山与被学界误认的魏文侯伐灭以后复国的白狄中山,等等,处处体现出张氏杰出的真相发明和史料发掘功夫。用他自己在"后记"中的话说:"每章前半为战国纪,按时间先后叙述一年中的天下各国史事,略作合理连缀,揭破天下互动的共时性横向关联。百章之间,略做因果勾连,揭破战国进程历时性纵向逻辑。每章后半为庄子传,按时间先后叙述庄子与诸子、诸侯互动的相关史迹……"这大致可以理解为他对自己的文本性特点的概括,我想另一个"共时性横向关联"需要特别提请注意,他说庄子生平史料仅二十余条,植入相关之年仅够四分之一章节,其余章节中大量纪实则是"立足道家立场,根据其他史料,虚拟庄子与其本师子綦,友人庖丁、弟子蔺且等人的对话,评议天下时事,抉发先秦秘史,演绎庄学义理,揭破庄子与诸君与痞士的互动……",则可以说明其真相发明和史料发掘的目的是为其文本服务的。

暂且不论那些如"合纵连横"(如:"诸侯时而合纵,时而连横,时而亲秦,时而叛秦,都是相互利用。比如孟尝君合纵伐楚,允许秦国加入,只是利用秦国,并非亲秦。孟尝君入秦为相,仅是假装亲秦,所以返齐以后,立刻发动合纵伐秦。

如今赵武灵王结秦连宋，连宋仅是手段，结秦才是目的。不过结秦可能也是假象，意在避免齐、魏腾出手来，阻止赵国伐灭中山。"）以及"苏秦为燕反间十八年"等惊人故事，即便如"斩首计功"、"五国相王"、"胡服骑射"、"宋国称王"以及走马灯似的"篡位擅权"等历史事件和细节，以及"儒分为八"、"墨离为三"，以及孟子与滕文公（儒家的不合时宜，用吴稼祥的话说越来越成为功能学派）、苏秦与《鬼谷子》（苏秦四十岁，"发愤研读《太公阴符经》，详加揣摩。撰著《鬼谷子》，伪托其师所著，自高身价。"）、稷下学宫与《管子》（"稷下祭酒淳于髡，组织稷下学士集体编纂了《管子》。各家各派的稷下学士，分领专题，撰写专章。借用管仲名义，总论治国之道。以黄帝、老子之道为经，以儒墨百家之学为纬，世称'黄老之学'"）和惠施与大梁盛会（中国名学之源头）、魏牟与公孙龙为友之后慕庄师事蔺且并弘庄等众多士人公案真相，均为文本的张力提供了历史纪实与叙事层面上的重要精神元素。这当中自然还包括在《庄子奥义》和《庄子复原本注译》中即已基本坐实了的庄子的"内七篇"、弟子蔺且所撰"五篇"以及再传弟子魏牟所撰"十三篇"的相关钩沉，以及"游刃有余"的庖丁、"得手应心"的轮扁、"不失毫茫"的钩匠、"运斤成风"的匠石之嫡派传人等诸多"以技进道"的古史传说的形象展示。这就是说，《相忘于江湖：庄子与战国时代》不仅还原了庄子思想的生成背景和过程，而且在历史纪实和高度真实的层面上，进一步立体地丰富了张氏"自坚其说"的内涵。

另外还须提及，除了曹商者流典型痞士以及王侯将相之外，儒墨百家士子或为天下所裹挟无所不用其极（如准痞士商鞅、张仪、苏秦等），或为天下大势所困（如惠施、公孙龙、孟轲等）、所思（如庄氏一脉师徒们）、所裂……总之，所谓"战国纵横百年纪"即为天下陷入万劫不复之大纪实。而这，既是对"道术将为天下裂"的正本清源，更是对当下中国学界喋喋不休的所谓"新战国理念"的最大正本清源，同时也是张氏考订为魏牟所撰的"天下篇"（"《天下》被先于刘安的《韩诗外传》钞引，必在魏牟版'外篇'。文风张扬夸诞，意旨鲜明辛辣，撰者当为先崇名家、后宗道家、杂学极广的魏牟"）所蕴涵的内在诊断。当下"新战国理念"鼓吹者其实所缺的便是此"准确诊断"，大多时候却是出于对（美）"帝国主义"的警惕而诉诸所谓"民族主义"立场，对"古之道术有在于是者，某某闻其风而悦之"根本无所用心,对"道术将为天下裂"(如"'方术'三章论列'百家众技'的三家代表性'方术',阐明矫正儒家的墨家,矫正墨家的宋钘、尹文,矫正宋钘、尹文的彭蒙、田骈、慎到,无不有闻'内圣外王'的'古之道术'残片,从而'各得一察'地矫正其他'方术'之不足,但均不知'内圣外王'的古之'道术'大全,未能阻止'道术将为天下裂'的可悲趋势"),更无起码觉悟。尽管"古之道术大全"在当下的中国发展乃至世界情势的发展下是否仍具建构作用让人心存犹疑:一如《相忘于江湖:庄子与战国时代》中所反复提到,老子之道不同于孔子之道(虽然孔子之徒不同于子夏之徒,晚年孔子已部分地领悟泰道,可惜得其真传者颜回早殁),也不同于墨子之道,周礼也不同于夏礼和商礼,于是,老庄真道的"天道循环"的绝对性在这里又得到了进一步确认,也即回到跟老庄一脉相承的所谓伏羲泰道的("天柔地刚、君柔臣刚")《归藏》(商代)和《连山》(夏代)——但是,即便真的能够把被颠倒两千多年的泰道和否术完全颠倒过来,我们又该当如何保证这不是另一种(几乎)无法实现的"乌托邦"呢?也就是说,如果忽略"人"的主体性意义和制度创造的双重因素(也即既趋近于"自然本性"之"公",也要依赖不同主体互动之间产生的"人之本性"发展与创造之"公",尤其是"正义"之公),其实我们并没有办法保证生存秩序和社会秩序的合理性和正当性的。

显然,作为终极解构者,庄子以及后学是不大可能相信整体秩序型构的合理性和合法性的,哪怕并非都暴戾专横到了跟庄子生活年代相伴始终的宋君偃那样的程度,那些打天下坐天下的王侯将相们又可能给天下人带来怎样的"天下"呢?因此早在《庄子奥义》中张氏即说:"称'王'诸侯无不变法。变法的实质是实行富国强兵、拓展疆土的军国主义,因此六国称'王'之后,逐鹿中原的血腥战争更趋白热化。交战双方兵力,合计常近百万,死伤数万乃至数十万,在同时期全球视野内绝无仅有。直到两千年后冷兵器时代终结,高效率杀伤武器问世,记录才被打破。这对理解'内七篇'尤其是《德充符》中充满刑余、肢残之人,至关重要。"庄学义理本身确实穿透力惊人,也即穿透中华帝国史两千多年始终魅力不减,尤其是智慧的发展确实达到人类的最高峰,以至而今亦步亦趋于西方后现代理论的诸多中国学人,假借西方虚假的理论成为本土"登堂入室"的"敲门砖",不说数典忘祖全然不知庄子是人类最早也是迄今最大的解构主义者,起码也在庄子的"庙堂/江湖"的解构语境中完成了他们的自我解构。从这个意义上讲,笔者无法认同余世存先生关于"张远山被边缘化"的说法,张氏义理本来就是对庄学义理的发扬光大,其理论的最大魅力本来就是"以边缘解构中心",如果"回归中心"岂不成了更为讽刺的自我解构了吗?

如前所述,"庙堂与江湖"是张氏义理对庄学义理的归纳和进一步阐发,这种二元对立确实需要重新发现"统一"的可能性。"道术将为天下裂",既确实是悲剧,但也可能真为"哲学的突破",问题在于全新的理论动力,也即新轴心时代的思想,必须对"天道绝对"的价值做出全新的体认。此也即笔者强调的《相忘于江湖:庄子与战国时代》具有双重正本清源意义的根本理由。与此同时,张氏所说的"郭注小年,庄学大年"的"小年"究竟是多久,"大年"又是多长,毕竟又是件让人惆怅的事情。文化反思而今恐怕不能也无法只局限于"精神实体",而在哲学第一性(以及创造性和积极性)上也即社会政治实践层面上无所作为。但不管怎样,无论是"发明真相"还是"自坚其说",无论是庄学义理阐发还是张氏义理的进一步发扬,无论是"天道绝对"的终极建构还是"人间秩序"的终极解构,笔者均可负责任地说,张氏"新庄学工程"三书不仅集中国文史哲之大成,而且确实为中华学术发展建立了一个全新的研究典范。换句话说,张氏不仅是我们这个时代不可多得的大学者,更是当代中国"新庄学"研究之第一人,一如《齐物论》(张氏复原本第八章)中所说:"万世之后而一遇知其解者,是旦暮遇之也。"张氏曾不断地自豪宣称如"庄子与我,相视而笑"、"庄殁两千三百年,张远山完成《庄子奥义》、《庄子复原本注译》、《庄子传》,庄学重出江湖"等等,在笔者看来,确实当之无愧。

作者简介:

吴励生,1957年生,冰心文学馆特聘研究员,复旦大学社会科学高等研究院兼职研究员,《社会科学论坛》杂志学术编委。代表作《学术批评与学术共同体》、《思想中国》等。

楔子
庄前略史

泰初之时，鸿蒙未开。南海之帝叫儵，北海之帝叫忽，中央之帝叫浑沌。

儵、忽时常相遇于浑沌之地，浑沌款待甚厚。

儵、忽商议报答浑沌厚德："他人都有七窍用来视听食息，浑沌偏偏没有，我们为他凿开七窍吧。"

儵、忽每天为浑沌凿开一窍。七天凿开七窍，浑沌死。

儵忽之间，过了十二个上古大年：容成氏、大庭氏、伯皇氏、中央氏、栗陆氏、骊畜氏、赫胥氏、尊卢氏、祝融氏、伏羲氏、神农氏、轩辕氏。其时华夏民族平等自由，没有君主，没有臣民。

儵忽之间，过了三个中古小年：夏代、商代、周代。其时华夏民族不再平等自由，有了君主，有了臣民。

儵忽之间，过了五个近古瞬间：齐桓公、晋文公、秦穆公、吴王阖闾、越王勾践。其时人间秩序剧烈震荡，君主日益尊贵，臣民日益卑贱。

春秋（前770—前481）末年，道家祖师老聃（约前570—约前480）坚守君柔臣刚的伏羲泰道，儒家祖师孔丘（前551—前479）鼓吹君尊臣卑的尧舜否术。

战国（前481—前221）初年，墨家祖师墨翟（前480—前390）践行君圣臣贤的大禹之道。

天道循环之轮，转入铁血战国。

老聃之徒不事王侯，隐居天下。

孔子之徒臣事王侯，游仕天下。

墨子之徒狙击王侯，游侠天下。

孔子死后二十六年（前453），魏、韩、赵三家分晋，魏国最强。

孔子晚年弟子、卫人子夏（前507—前420）离鲁至魏，臣事魏文侯。

魏文侯（前445—前396在位）师从子夏，任命子夏弟子李悝（前455—前395）为相，在战国初期率先变法。

李悝主持魏国变法，颁布《法经》。废除以礼治国，实行以法治国；废除宗室贵族世袭卿相，开启平民贤士出任官吏；废除西周井田制，扩大亩制，计亩征税，奖励百姓开荒，穷尽地力；实行平籴法，官府于丰年平价收粮，于灾年平价放粮。

李悝相魏十年（前412—前403），变法大成。

魏文侯任命白狄中山人乐羊为将，用了三年（前408—前406）伐灭白狄中山，使之变成魏属中山。

乐羊镇守魏属中山，吴起继任魏将。

卫人吴起（前440—前381），少年丧父，受到乡邻欺辱，扬言必为卿相，报仇雪恨。

乡邻笑其大言。

吴起夜入乡邻之室，杀死三十多人，逃离卫国，临行发誓："不为卿相，决不返国！"

离卫至鲁，师从曾参之孙曾西学儒。其间母亲死去，由于尚未成为卿相，吴起不奔母丧。曾西怒其不孝，逐出师门。

不久齐国征伐鲁国，吴起自荐求将。

鲁元公因为吴起之妻是齐人，不敢任用。

吴起于是杀死妻子，成为鲁将，三战皆胜，大败齐军。

鲁人认为吴起杀妻求将，不仁不义。

鲁元公迫于众议，罢免吴起。

吴起离鲁至魏，师从子夏，被魏文侯任命为大将。吴起训练武卒二十万，创建了第一支平民化的职业军队。西伐秦国，攻取河西之地七百里，迫使秦国退守函谷关（今河南灵宝东北）。魏国崛起，成为中原最强。

天下最强的楚国，被迫停止北进中原，转攻为守，修筑了防御魏国南侵的方城（今河南南召县、叶县、方城县、泌阳县、唐河县一线）。

李悝变法、吴起练兵以前，战事起于争端，师出必定有名，旨在解决争端。宗室贵族才是武士，交战使用兵车。兵车百十乘，武士千百人。战事规模小，时间短，仪式性极重，杀戮性极轻。交战数日，死伤百十。胜负一分，双方解兵。负者屈服，争端即止。

李悝变法、吴起练兵以后，战事无关争端，师出无须有名，旨在开疆拓土。贵族武士乘坐兵车，平民百姓充当步卒。兵车千百乘，步卒数十万。征伐规模大，时间长，仪式性极轻，杀戮性极重。交战经年，死伤万千。胜负虽分，仍不解兵。胜者得地，明年续攻。败者失地，图谋收复。攻城略地的全民战争旷日持久，连年不断。邻国不灭，永不休战。

魏文侯死后，魏武侯听信王错谗言，不命吴起为相。

吴起离魏至楚（前383），楚悼王任为宛邑（今河南南阳）太守。

吴起治宛一年，宛邑大治，楚悼王任为相国（前382），仿效魏国，实行变法。

吴起主持楚国变法，仿效李悝变法。加强中央集权，削弱贵族势力；捐除不急之官，奖励战斗之士，建立了第二支平民化的职业军队；奖励百姓开荒，穷尽地力；不许贵族住在郢都，迁往边地垦荒；封君传至三世，封地即予收回。

吴起相楚一年，变法小成。南平百越，西伐弱秦，北击强魏，战无不胜。楚国重新北进中原。

引子
楚父宋母（前381—前370）

一　楚悼王崩吴起死楚，宋休公殁庄全逃宋

前381年，岁在庚子。庄前十二年。宋休公二十六年（卒）。

周安王二十一年。秦献公四年。楚悼王二十一年（卒）。魏武侯十五年（晋桓公八年）。韩文侯六年。赵敬侯六年。田齐太公二十年（姜齐康公二十年）。燕简公三十五年。鲁恭公二年。卫声公二年。郑君乙十五年。越王翳三十一年。中山桓公二十二年。

魏文侯变法以后，遵循君柔臣刚的泰道：以上事下，礼贤下士；以强事弱，友爱韩、赵。韩烈侯、赵烈侯均尊魏文侯为三晋盟主。

魏武侯继位以后，奉行君尊臣卑的否术，居上慢下，傲视贤士；恃强凌弱，驱遣韩、赵。韩文侯仍然尊魏，赵敬侯不再尊魏。

魏武侯大怒。前年（前383）伐赵，攻取兔台（今地不详）。去年（前382）伐赵，攻取刚平（今河南清丰）。魏、赵反目成仇。

今年，赵敬侯得知吴起离魏相楚，邀约楚悼王共同伐魏。

楚悼王乐于推助三晋内战，吴起痛恨魏武侯弃用，于是欣然助赵伐魏。

赵军伐魏，楚军助阵，攻取了棘蒲（今河北魏县南）。

正在此时，楚悼王熊疑死了，在位二十一年（前401—前381）。

太子熊臧继位，即楚肃王。

楚悼王丧礼，阳城君举手为号，七十余家宗室贵族同时箭射吴起。

吴起处变不惊，大叫："看我如何用兵！"

纵身扑向楚悼王尸身。

吴起被射成刺猬，楚悼王尸身被射成豪猪。

楚肃王大怒。车裂吴起之尸，平息宗室贵族不满。严惩叛乱贵族，株连三族。通缉阳城君，收回其封地阳城（今河南登封）。

阳城君逃出郢都（今湖北江陵），不敢再回阳城，亡命天涯。

楚军兵临阳城。

墨家巨子孟胜召集属下墨者："我与阳城君，论私谊是师友，论公义是君臣。阳城君把守卫阳城的重任托付给我，我将与阳城共存亡！"

弟子徐弱说："如果有益于阳城君，夫子不妨赴死。既然无益于阳城君，夫子赴死不利于光大墨子之道。"

孟胜说："墨子之道，言必信，行必果。我如果违背诺言，今后天下诸侯寻求严师、贤友、良臣，必定不再信托墨者，而将信托儒者。我之赴死，乃是践行墨子之道。我将把巨子之位，传给宋国墨者大贤田襄子，必能光大墨子之道！"

徐弱说："既然如此，弟子愿意先死，为夫子开路。"

言毕拔剑自刎，以激励其他墨者。

孟胜弟子三人，从楚至宋，把巨子之位传给田襄子，准备返回阳城。

田襄子制止："如今我是巨子，命令你们留在宋国！"

三人说："孟胜还在阳城，我们不能听命夫子！"

三人仍然返回阳城，与孟胜同死。

楚军攻破阳城，墨家第二代巨子孟胜（前420—前381），与其属下一百八十位墨者，全体战死。事在墨子（前480—前390）死后九年。

晨曦薄雾之中，鸡鸣四起，郢都城门开启。

年轻的楚国士人庄全，携带家财细软和经史图籍，出了郢都北门，沿着夏路走向中原。

走出十里，天已大亮。

庄全驻足，回望远在天际的郢都，告别故乡。

楚人把中原称为诸夏，把通往中原之路称为夏路。周幽王烽火戏诸侯，犬戎攻破镐京（今陕西西安西北），伐灭西周朝（前1046—前771）。周平王东迁洛阳（今河南洛阳），开启王权衰落的东周朝（前770—前256）。六十六年后（前704），楚武王（前740—前690）率先叛周称王，开启了春秋时代（前722—前481）的诸侯争霸。此后二百余年，楚国持续北进中原，伐灭邓、英、夔、江、六、蓼、庸、舒、唐、顿、胡、陈、蔡、莒、杞等中原弱小诸侯，夏路不断向北延长。直到战国初期，魏国变法崛起，楚国不再北进，夏路止于方城一线。

庄全走出方城，到达楚国北部边邑息县（今河南息县），拜访世交屈宜臼。

屈宜臼喜出望外："多年不见，为何今日有兴出游？"

庄全黯然神伤："大王严惩参与叛乱的七十余家宗室，包括庄氏。我受到株连，准备前往中原暂避，顺道与你话别。"

屈宜臼说："七十余家宗室，也有屈氏，恐怕我也难免受到株连。何况前年吴起担任宛邑太守时，即来息县见我。我鄙夷其为人，知其必乱楚国，未予理睬。去年吴起升任楚相，又来息县见我，要我支持变法。我痛斥变法违背天道，楚国不需要吴起这种名为贤人的奸人。"

庄全说："既然如此，你也应该暂避。"

屈宜臼说："今日已晚，明日同行。"

次日一早，屈宜臼问："你打算去哪里？"

庄全说："宋国很少卷入诸侯乱战，一直保持中立。我想去宋国。"

屈宜臼说："宋国是殷商遗邦，遭到天下鄙视。中原三晋，魏、赵反目，互伐不休。我想去韩国。"

二人同行，到达十字路口。

屈宜臼说："但愿肃王尽快大赦，你我就能返国相见。"言毕继续北行，前往韩都宜阳（今河南宜阳）。

庄全折而东行，前往宋都商丘（今河南商丘），独自吟诵自幼熟读的《卫风·河广》：

谁谓河广？一苇航之。
谁谓宋远？跂予望之。
谁谓河广？曾不容刀。
谁谓宋远？曾不崇朝。

庄周生前十二年，其父庄全逃楚奔宋。

庄全一到宋都商丘，在位二十六年（前406—前381）的宋休公田死了。十一岁的太子辟兵继位，即宋桓公。

二　周封田齐宋后摄政，戴驩相宋庄全居蒙

前380年，岁在辛丑。庄前十一年。宋桓侯元年。

周安王二十二年。秦献公五年。楚肃王元年。魏武侯十六年（晋桓公九年）。韩文侯七年。赵敬侯七年。田齐太公二十一年（封侯。姜齐康公二十一年）。燕简公三十六年。鲁恭公三年。卫声公三年。郑君乙十六年。越王翳三十二年。中山桓公二十三年。

年初，周安王被迫册封齐相田和为诸侯。

二十五年前（前405），齐国大夫田会发动叛乱，与齐相田悼子争夺田氏宗长。魏文侯、韩景侯、赵烈侯联合出兵，帮助田悼子平定叛乱，诛杀田会。次年（前404），田悼子报答三晋，胁迫齐宣公出面，请求周威烈王册封三晋为诸侯。齐宣公被迫服从田悼子。次年（前403），周威烈王被迫服从齐宣公（实为服从田悼子），在三家分晋（前453）之后五十年，册封乱臣魏文侯、韩景侯、赵烈侯为诸侯。次年（前402），周威烈王死，周安王继位。次年（前401），齐宣公死，齐康公继位。田悼子死，田和继任齐相。

田成子、田襄子、田庄子、田悼子、田和，田氏世袭齐相，已经五世。

七年前（前387），齐相田和尚未封侯，已把齐康公逐出齐都营丘，迁至海滨。

今年，魏武侯请求周安王册封田和为侯，报答田悼子当年胁迫齐宣公为三晋请封。

周安王被迫服从魏武侯，在田氏代齐（前481）之后百年，册封乱臣田和为侯。

田和受封为侯，即田侯和。

田侯和为了显示田齐取代姜齐,立刻把姜齐太公受封以后沿用六百余年的齐都营丘,改名临淄(今山东淄博),然后胁迫郑君乙叛魏亲齐。

魏武侯大怒,与韩文侯共同伐齐,攻至桑丘(今山东兖州西北)。

宋桓公十二岁,服丧已毕,正式即位。此时尚未成年,不能亲政。太后摄政,戴骦相宋。

宋桓公,名辟兵。辟通避。宋休公为太子取名辟兵,意在避免兵祸。作为商代遗邦,面对环伺在侧的姬姓周室诸侯和异姓功臣诸侯,春秋争霸以降,宋国竭力避免卷入诸侯乱战。

庄周生前十一年,庄全离开宋都商丘,卜居距离商丘不远的蒙邑(今安徽蒙城)。

蒙邑在蒙泽旁边,蒙山脚下,是宋国宗室后裔聚居之地。蒙泽又名孟泽、孟诸,是历代宋君狩猎之地。

庄全从蒙邑南门入城,先在曹氏旅店暂住,等待楚肃王大赦。

店主曹夏,得知庄全避祸至宋,加以劝慰:"一百多年前,宋景公伐灭曹国。我们曹国后裔,四世居宋,已是宋人。你若一直居宋,子孙将来也是宋人。其实无论住在哪个诸侯国,臣民都要纳税完粮。"

庄全说:"是啊!《小雅·北山》有言:'普天之下,莫非王土。率土之滨,莫非王臣。'天下一家,你我都是周天子的臣民。"

庄全在曹氏旅店对面,购置一处院落。又在南门外面,买地三十亩,开垦园圃。种植橘树、桃树、梨树、山楂树等果树,楸树、柏树、桑树等材木。

蒙邑人不知园圃主人姓名,仅知是荆楚人,于是称主人为荆氏,称园圃为荆园。

庄全每天步出南门,来到荆园,经营园圃。

休憩之时,举目南眺,聊解乡愁。

劳作之余,回到城里。独居清闲,常去兼营酒食的曹氏旅店吃饭喝酒,向各国客商打听楚国消息，向蒙邑酒客了解宋民风俗。

楚国不属中原，而属南蛮。宋国虽属中原，却是商代遗邦。楚、宋两国均有浓郁古风，异于诸夏各国。

宋国民风，淳厚古朴，闲易好正。

庄全非常喜欢，逐渐安心客居。

一日，庄全又至曹氏旅店。

曹夏说："有位齐国客商说，周安王已经册封田和为侯。姜太公的封国，已经名存实亡。"

庄全说："田成子弑杀齐简公以后，这是迟早之事！"

曹夏说："愿闻其详。"

庄全说："一百年前（前481），田成子弑杀齐简公，孔子劝说鲁哀公征讨，鲁哀公自身难保，不从其请。孔子愤而绝笔《春秋》，两年后（前479）含恨而死。此后田氏世袭齐相五世，齐平公、齐宣公、齐康公均为田氏傀儡。不过齐平公、齐宣公仍然住在齐都营丘。七年前（前387），齐康公被田和赶出营丘，迁至海滨，田和已成齐国的实际君主。如今田和封侯，齐国正式易主，尽管国号不变，但是姜齐变成了田齐，营丘改名为临淄。"

曹夏说："如此看来，不论周安王是否册封田氏为侯，田氏代齐已是事实。"

庄全说："事实是一回事，名分是另一回事！孔子有言：'名不正则言不顺，言不顺则事不成。'周威烈王册封三晋为诸侯，就是正式承认三家乱臣分晋。周安王册封田氏为侯，就是正式承认田氏乱臣篡齐。册封乱臣贼子为诸侯，就是鼓励犯上作乱。春秋时代，尽管王权渐衰，但是周天子从不册封乱臣贼子为诸侯。战国以来，周天子两次被迫册封乱臣贼子为诸侯，成了听命于乱臣贼子的傀儡，天下也就成了乱臣贼子的天下！"

曹夏说："难怪魏武侯刚为田齐请封成功，立刻又与韩文侯共伐田齐。"

庄全说："西周时期王权鼎盛，礼乐征伐自天子出。春秋时代王权渐衰，礼乐征伐自诸侯出。如今王权式微，礼乐征伐自大夫出。礼崩乐坏至此，周祚即将告终！"

曹夏说:"幸好春秋以来,我们宋国多出仁君,很少卷入诸侯乱战。今年即位的宋桓公,也是一位仁君。"

庄全说:"是啊!我之所以离楚至宋,正是因为宋国多出仁君,很少卷入诸侯乱战。"

三　白圭使宋戴驩亲楚，田和聘贤子綦逃名

前379年，岁在壬寅。庄前十年。宋桓侯二年。

周安王二十三年。秦献公六年。楚肃王二年。魏武侯十七年（晋桓公十年）。韩文侯八年。赵敬侯八年。田齐太公二十二年（卒。姜齐康公二十二年）。燕简公三十七年。鲁恭公四年。卫声公四年。郑君乙十七年。越王翳三十三年（迁都吴邑）。中山桓公二十四年。

去年魏武侯邀约韩文侯、赵敬侯共同伐齐，韩文侯从命，赵敬侯抗命。
今年赵敬侯伐魏，攻取了黄邑（今河南内黄）。

魏武侯大怒，问策白圭："先君在位之时，韩、赵听命。寡人即位以来，韩文侯听命，赵敬侯抗命。长此以往，寡人难以称霸中原，遑论争霸天下。"

白圭说："春秋中期，晋文公（前636—前628在位）以后，中原晋国最强，四裔楚国最强，晋、楚争霸天下两百余年。宋国处于晋、楚之间，一向亲晋，多次主持晋、楚弭兵大会。三家分晋以来，中原变成魏国最强，四裔仍是楚国最强，于是变成魏、楚争霸天下。宋国处于魏、楚之间，一向亲魏。如今赵敬侯不奉主公为三晋盟主，去年田和封侯以后，又与主公争霸中原。主公不如与宋结盟，让宋国牵制北面的赵国、东面的田齐、南面的楚国。我愿使宋，劝说宋相戴驩延续春秋传统，重新与魏结盟。"

魏武侯听从其言，命其使宋。

白圭从魏都安邑（今山西夏县）来到宋都商丘，拜见戴驩："宋桓公一旦成年，就会亲政，相国必将归政。如今宋桓公年少，渴望名誉，相国不如请求魏

武侯遣使至宋，赞扬宋桓公事母至孝。太后就会长期摄政，相国就能长期执政。"

戴骦闻言心动，重赏白圭。

白圭归魏复命。

魏武侯大喜，然而等了很久，宋使没来。

戴骦原已准备派遣公孙顾使魏，实施白圭之策。

公孙顾谏阻："正用白圭之策，必将收效甚微。唯有反用其策，才能收效甚巨。"

戴骦不解："如何反用其策？"

公孙顾说："当年晋、楚争霸，晋强而楚弱，宋国才会亲晋。三家分晋以后，魏国最强，所以魏、楚继续争霸，但是魏国仅有三分之一晋地，已经变成楚强而魏弱，宋国应该转而亲楚。何况宋国亲魏已久，假如正用白圭之策，继续亲魏，仅是锦上添花，魏武侯必将视为当然，不会全力支持相国。唯有反用白圭之策，转而亲楚，才是雪中送炭，楚肃王必将全力支持相国。"

戴骦听从其言，命其不再使魏，转而使楚。

公孙顾使楚。

楚肃王喜出望外，尽从其请，遣使至宋，祝贺宋太后寿辰，赞扬宋桓公大孝。

太后大悦，不再亲理朝政，听凭戴骦专权。

从此以后，戴骦每年都以宋桓公名义，为太后寿辰举行盛大庆典，强化宋桓公的孝子形象。楚肃王也年年遣使，祝贺宋太后寿辰，赞扬宋桓公大孝，巩固楚、宋联盟。

宋桓公的大孝之名，播于天下。为名所劫，事母愈恭。

田侯和为了显示开国气象，刻意礼贤下士，收揽人心。

田齐群臣进言："《周易》有言：'大君有命，开国承家，小人勿用。'主公受封开国，应该重用君子，不能重用小人。"

田侯和于是亲往泰山，拜见老聃之徒子綦，重金聘为国师。

三 白圭使宋戴驩亲楚，田和聘贤子綦逃名

齐人子綦，不满田齐取代姜齐，隐居泰山多年，拒见田和。

田侯和执礼愈恭，坚请一见。

子綦只好接见田和，但是拒绝担任国师。

田侯和不悦，回到临淄，群臣三次祝贺。

田侯和大怒："寡人亲自礼聘子綦，竟然遭到拒绝，你们为何三次祝贺？"

群臣说："主公去年得到周王册封，乃是凭借外在的国力；主公今年得到子綦接见，乃是凭借内在的贤德。赢得周王之心，仅有封赏；赢得民众之心，可有天下。子綦是名闻天下的老聃之徒，一向拒见任何诸侯。主公是得到子綦接见的唯一诸侯，必为天下唯一贤君，可喜可贺！"

田侯和转怒为喜，自居天下唯一贤君，欲与魏、楚争霸天下，首先南伐越国。

齐国地处山东半岛，东临大海，西邻鲁国，北隔渤海与燕相望，南为九夷吴越之地。当年周武王把助周灭商的第一功臣姜太公分封于齐，又把周室嫡系周公、召公分封于鲁、燕，正是为了利用地理限制，预防齐国坐大。春秋中期，周室衰弱，齐桓公以管仲为相，九合诸侯，一匡天下，成为春秋第一霸，主张尊王攘夷，而不开疆拓土，既是因为周礼尚未彻底崩坏，也是因为齐国地理天然受限。晋文公继起，成为春秋第二霸，晋国处于中原，地理不受限制，于是四面拓土，伐灭众多诸侯，结果疆土太大，尾大不掉，六卿瓜分六军，晋室衰弱。魏氏、韩氏、赵氏伐灭范氏、中行氏、知氏，三家分晋。秦穆公、吴王阖闾、越王勾践继起称霸，无不大力拓土。

当年越王勾践（前496—前464在位）北灭吴国（前473），顺势北进，把越都从会稽（今浙江绍兴）北迁琅邪（今山东胶南，前468），进霸中原。经过越王鹿郢（前464—前459在位）、不寿（前458—前449在位）、朱句（前448—前412在位）三世，越国渐弱，田齐渐强。

如今田侯和开国图霸，无法向东拓土，不便向西、向北拓土，于是南伐越国。

越王翳畏惧田齐，立刻把越都南迁吴邑（今江苏苏州）。

田侯和离去以后，子綦隐几而坐，仰天而嘘。

弟子颜成子游问:"夫子为何异于往常,形骸如同槁木,德心如同死灰?"

子綦说:"我必事先外荡真德,田和才会知道我;我必事先卖弄有道,田和才会收买我。如果我不外荡真德,田和怎能知道我?如果我不卖弄有道,田和怎会收买我?唉!我悲哀于自丧真德的人,我又悲哀于悲哀他人的人,我又悲哀于悲哀他人之悲哀的人。今后我将更加远离庙堂,所以形骸如同槁木,德心如同死灰。"

庄周生前十年,子綦为了避免再受田侯和搅扰,离开齐地泰山,移居宋国蒙邑,住在南门,与曹氏旅店为邻,与庄全的院落隔街相望。又在南门之外买地百亩,开垦园圃。

蒙邑人不知园主姓名,仅知是齐人,于是称为齐园。

齐园不种别物,专种漆树。齐、漆音近,蒙邑人又称齐园为漆园。

子綦的漆园,与庄全的荆园相邻,但是大了三倍。因为子綦一家人口众多,除了弟子颜成子游,还有八个儿子。

庄全在荆园劳作,很少见到子綦,时常见到子綦的子弟出入漆园,种植漆树,割取漆液。

蒙邑人也很少见到子綦,因其住在南门,称为南郭子綦。

田侯和去年封侯代齐,今年伐越拓地,正在志得意满,突然死去。在位二十二年(前401—前379),前二十年是姜齐之相,后二年是田齐之君。

太子田剡继位,即田侯剡。

子綦移居蒙邑不久,得知田和死讯。

子游问:"田和已死,夫子是否打算返齐?"

子綦说:"田和虽死,田氏篡齐已成定局。我已不想返齐,唯愿终老于宋。"

四　田齐伐燕三晋共救，戴驩用术固位专权

前378年，岁在癸卯。庄前九年。宋桓侯三年。

周安王二十四年。秦献公七年。楚肃王三年。魏武侯十八年（晋桓公十一年）。韩文侯九年。赵敬侯九年。田侯剡元年（姜齐康公二十三年）。燕简公三十八年。鲁恭公五年。卫声公五年。郑君乙十八年。越王翳三十四年。中山桓公二十五年。

田侯剡服丧已毕，正式即位。继续开疆拓土，转而北伐燕国。

魏武侯对田侯和伐越已经不满，对田侯剡伐燕更为震怒，遂邀约韩文侯、赵敬侯伐齐救燕。

韩文侯仍然从命。

赵敬侯与燕结盟，又不愿东邻田齐崛起，于是不再抗命。

三晋联军伐齐救燕，攻至齐地灵丘（今山东高唐南）。

楚肃王对中原乱战幸灾乐祸，作壁上观。

宋相戴驩亲楚，与楚同进退，也不愿介入中原乱战，只想大权独揽，唯恐属下欺瞒自己。

一日傍晚，戴驩盼咐心腹："听说傍晚时分，常有马车停在李太史门前。你去那里守候，看看有何情况。"

心腹复命："没有看见马车，但是看见有人捧着漆盒，进了李太史家，稍后出门，手上漆盒没了。"

次日，戴驩质问李太史："昨晚的漆盒，是怎么回事？"

李太史大惊，如实坦白："有人送礼请托。愿受相国责罚！"

从此以后，大臣们不敢对戴骊有所隐瞒。

一日清早，戴骊吩咐少庶子："你去南门集市，看看有无异样。"

少庶子复命："一切如常，毫无异样。"

戴骊问："你看见了什么？"

少庶子说："南门内外非常热闹，挤满赶集的牛车。"

戴骊于是申斥南门小吏："南门内外，为何牛屎很多？"

南门小吏大惊，赶紧认错："是我失职。立刻派人清扫！"

从此以后，小吏们不敢对戴骊有所隐瞒。

庄周生前九年，戴骊专权于宋。

一日，庄全又至曹氏旅店。

曹夏说："连日大雨，我家围墙淋坏倒塌。我儿子说，不修好围墙会招来窃贼。我没在意。昨天晚上，果然来了窃贼。你说我儿子聪不聪明？"

庄全说："确实聪明！"

曹夏又说："我疑心，窃贼可能是隔壁齐国老头的儿子。"

庄全问："窃贼一般不偷邻居。你为何怀疑？"

曹夏说："昨天早上，老头告诉我，不修好围墙会招来窃贼，愿意让他儿子帮我修补围墙。"

庄全问："南郭先生好意提醒，热心帮忙，你为何反倒怀疑？"

曹夏说："因为他预知会有窃贼。"

庄全问："如果南郭先生想让儿子做贼，何必事先提醒你？"

曹夏说："听说老头足智多谋，事先提醒，或许是想看我有无防备。见我不当回事，就让儿子来了。今天早上，老头见了我，样子鬼鬼祟祟。我问他是否知情，老头转身离去，显然心里有鬼。"

庄全大笑："南郭先生被你当面侮辱，不理你算是很客气了。换了别人，没准会让儿子打你一顿！"

曹夏不再自信："莫非是我疑神疑鬼？"

四　田齐伐燕三晋共救，戴骥用术固位专权

次日，庄全走到对街，拜访子綦："曹家失窃，先生既有先见之明，又有古道热肠，特来拜识。"

子綦说："我好意提醒，没想到反被怀疑。"

庄全笑了："我们楚国也有这种人。有个人丢了一把斧子，疑心是邻居所偷，不久在门后找到。疑心邻居之时，他越看邻居越像小偷；找到斧子以后，他越看邻居越不像小偷。"

子綦也笑："我们齐国也有这种事。我的朋友淳于髡有个邻居，灶口笔直，还把柴禾堆在灶旁，淳于髡提醒邻居当心失火，建议改弯灶口，挪开柴堆。邻居不听，后来灶火果然引燃柴堆。街坊都来救火，总算损失不大。那人杀羊备酒，感谢街坊，但是不谢淳于髡。"

庄全说："看来到处都有这种人这种事！"

子綦说："当今天下，无不鄙视根本，重视细末！对待身体病患，邦国乱政，同样如此。良医治病于未发，明君防乱于将生。庸医昏君疏忽于杜绝兆萌，勤快于病乱已成，所以先谋之臣少有嘉赏，救难之士常获荣宠。"

庄全说："先生之言，令我获益非浅！"

一日，庄全又问子綦："先生年事已高，家人又多，为何离齐居宋？"

子綦说："逃名。"

庄全说："我是避祸，乃是人情之常。先生逃名，殊非人情之常。孔子有言：'君子疾没世而名不称焉。'"

子綦说："人各有志。孔子之徒好名，老聃之徒逃名。"

庄全问："先生既来宋国，为何不居商丘，却来蒙邑？"

子綦说："我原先住在泰山，乃因泰山之名取自《归藏》泰卦。如今我移居蒙邑，仍因蒙邑之名取自《归藏》蒙卦。"

庄全说："我在楚国，自幼师从馯臂子弓学儒，读过《周易》，但没读过《归藏》。"

子綦大惊："你师从楚人馯臂子弓，竟没读过《归藏》？"

庄全问："先生为何如此吃惊？"

子綦说:"孔子五十四岁周游列国,在宋得到《归藏》,六十八岁返鲁。在鲁最后五年,完成《春秋》,同时研究《周易》。不明《周易》之义,于是参考《归藏》。孔子七十三岁死去,子贡、曾参先后成为弟子领袖,于是子夏携带《周易》、《归藏》至魏。子夏易学,传于楚人馯臂子弓。你身为馯臂子弓弟子,竟然只读过《周易》,没读过《归藏》,岂非怪事?"

庄全说:"我第一次听说孔子、子夏读过《归藏》,馯臂子弓从未说过。不知《归藏》、《周易》有何不同?"

子綦说:"我来宋国之前,也没读过《归藏》,仅知周室、宋国、魏国藏有《归藏》。所以离齐至宋,先往商丘寻访《归藏》,果然被我找到。但我研究《归藏》时日未久,尚不清楚《归藏》、《周易》的差异,以及商道、周道的差异。"

庄全说:"先生既在商丘得到《归藏》,为何不居商丘,却来蒙邑?"

子綦说:"我在商丘看见一棵大树,十分奇异,千乘之车,也可隐没庇荫其下。我想此树必有异材。仰头看它的细枝,弯曲不能做成栋梁。低头看它的大根,剖开不能做成棺椁。舔其树叶,口烂而舌伤。嗅其气味,使人狂醉三日不醒。我由此领悟,此树乃是不材之木,所以能够如此硕大。自古神人,因此不愿成材。我既然不愿受到齐君撄扰,也不愿受到宋君撄扰,所以卜居蒙邑。"

庄全说:"先生的识见行事,真是大异凡俗!"

子綦问:"你又为何不居商丘,也来蒙邑?"

庄全说:"庄氏、屈氏都有人参与叛乱,我住在郢都受到株连,屈宜臼住在息县没受株连。可见住在国都,易被乱政波及,遭遇池鱼之殃。"

子綦问:"屈宜臼不是也离楚往韩了吗?"

庄全说:"他不是受到叛乱株连,而是曾经痛斥吴起,反对变法,担心受到楚肃王追究。"

子綦赞叹:"世人大多治于已乱,你和屈宜臼却能治于未乱,十分难得!"

五　赵伐中山魏救同宗，九方卜幸子綦祈福

前377年，岁在甲辰。庄前八年。宋桓侯四年。

周安王二十五年。秦献公八年。楚肃王四年。魏武侯十九年（晋桓公十二年）。韩文侯十年（卒）。赵敬侯十年。田侯剡二年（姜齐康公二十四年）。燕简公三十九年。鲁恭公六年。卫声公六年。郑君乙十九年。越王翳三十五年。中山桓公二十六年。

蜀国伐楚，攻取了兹方（今湖北松滋）。
楚肃王修筑了扞关（今湖北宜昌），预防蜀国侵袭。

赵敬侯首伐中山，战于房子（今河北高邑）。
魏武侯驰救中山，赵军退兵。

庄全请教子綦："赵敬侯为何伐中山？魏武侯为何救中山？"
子綦说："说来话长。东周王室衰弱，诸侯忙于争霸。东匈奴鲜虞部落的白狄支族，趁乱南侵中原，在黄河北岸的太行山地区，建立中山国。山地易守难攻，而且不宜农耕，周边诸侯无意争夺。白狄中山得以嵌入晋国东部，立国二百余年。晋国仅在中山胡骑出境劫掠之时，才予击退。三家分晋（前453）以后，中山不与魏、韩接壤，嵌入赵国东部，导致赵国南部本土与北部代郡之间，仅有羊肠小道相连。赵国一直把白狄中山视为心腹大患，然而无法伐灭。魏文侯变法强国以后，用了三年（前408—前406）伐灭白狄中山，使之变成魏属中山，至今已有二十九年。白狄中山，定都于顾邑（今河北定县）。魏属中山，迁都至灵寿（今河北平山）。"

庄全问："魏国、中山既然不接壤，魏文侯如何统治中山？"

子綦说："魏文侯先封长子魏击为中山国君，即中山武公（前405—403在位）。三年后（前403）周威烈王册封三晋为诸侯，魏文侯召回魏击，立为太子，改封幼子魏挚为中山国君。魏挚就是如今的中山桓公，即位已有二十六年。魏击就是如今的魏武侯，即位已有十九年。"

庄全大惊："原来魏武侯与中山武公竟是一人，又与中山桓公是兄弟！"

子綦说："白狄中山尽管变成了魏属中山，仍是赵国的心腹大患。魏文侯团结三晋，赵烈侯暂时隐忍不发，没有征伐中山。魏武侯称霸中原，欺压韩、赵，赵敬侯不再隐忍，于是四年前趁着吴起离魏相楚，与楚悼王共同伐魏，前年又单独伐魏攻取黄邑，今年又首伐中山，魏武侯当然要救中山。赵敬侯首伐中山，无功而返，肯定不会罢休。赵、魏必将因为中山而长期敌对。"

庄全说："子夏有言：'学而优则仕。'先生对天下大事了如指掌，竟不出仕，实在是太浪费了。"

子綦笑了："你是子夏之徒，我不是子夏之徒。孔子之徒为学，必欲治国平天下。老聃之徒为道，仅求自治其身。"

相士九方歆，游说天下诸侯，来到宋国，晋见宋桓公，为其相面。

宋桓公苦于太后摄政，戴骦专权，没有良策，面色忧虑。

九方歆说："齐国高士子綦，今居宋国蒙邑。君侯宜于礼敬，必定大吉。"

宋桓公听从其言，与九方歆同往蒙邑。

车驾到达蒙邑南门，集市林立，人头攒动，仪仗执事高呼"回避"。

南门小吏拦住执事，禀报宋桓公："执事冲犯主公名讳，简直疯了！"

宋桓公沉吟半晌，命令回宫。

九方歆问："君侯已到城门，为何不见子綦就要返回？"

宋桓公说："你说此行大吉，小吏却说执事冲犯寡人名讳，大为不吉。"

九方歆说："不许冲犯名讳，乃是周礼，并非殷礼。无知小吏习染周礼，不知殷礼，不足为怪。君侯身为宋君，何必拘泥周礼？"

宋桓公说："周礼重视名讳，殷礼重视吉凶。当年宋潜公在蒙泽打猎，被南宫万弑杀，可见蒙邑确实不吉。你代寡人拜见子綦，聘为国师。"

即命车驾返回商丘。

九方歅后悔以吉凶逢迎宋桓公，又因吉凶而出现波折，只好独自拜见子綦："我为宋桓公相面，宋桓公得知先生居宋，特地前来拜见，已到南门，因有急事返回，命我礼聘先生为国师。"

子綦问："令祖九方皋师从伯乐，擅长相马。先生为何改为相人？"

九方歅说："相马之值，富仅千金。相人之值，富可敌国。"

子綦问："相马之术和相人之术，有何不同？"

九方歅说："相马之术，仅相其命，不相其运。相人之术，既相其命，又相其运。命由天定，运由人移，所以相人主要不是相其先天之命，而是相其后天之运。先生之运，我不敢言。愿为先生的儿子相面，看看谁有福运。"

子綦叫来八个儿子，站在九方歅面前。

九方歅说："先生幼子南郭梱，最有福运。"

子綦问："有何福运？"

九方歅说："将与国君同案共食，终其一生。"

子綦顿时老泪纵横："梱儿从不害人，为何遭此厄运？"

九方歅大为诧异："庶民能与国君同案共食，福泽惠及三族，何况父母？先生为此哭泣，岂非拒绝福运？看来儿子有福，父亲无福！"

子綦说："与国君同案共食，仅是人运之幸，并非天命之福。酒肉只能供养口鼻，不能葆养德心。假如我从不放牧，母羊却从房子西南角跑出来，从不打猎，鹌鹑却从房子东南角跑出来，你不觉得奇怪？我的儿子遨游天地之间，从天空获得快乐，从大地获得食物，从不算计，从不作怪，从不接受外物缨扰，从不向往人运之幸，梱儿为何竟与国君同案共食？凡有怪异征兆，必定先有怪异行为。民众顺命无过而遭遇上天降灾，必是人君悖道而行，阴阳运行失调。我不是为梱儿遭遇上天降灾而流泪，而是为万民生逢悖道之世而流泪。"

九方歅为宋桓公礼聘子綦失败，不敢回商丘复命。转道前往郑国，又去游说郑君乙。

庄周生前八年，子綦拒绝宋桓公礼聘。

曹氏旅店的酒客，议论纷纷。

一人问："宋桓公驾临蒙邑，已经到了南门，为何突然返回商丘？"

一人答："听说宋桓公打算礼聘南郭先生为国师，因有急事而赶回商丘，另派使者转达其意。南郭先生没有接受礼聘！"

曹夏将信将疑："齐国老头有何异能，宋桓公竟然聘为国师，老头竟然拒绝？"

从此以后，蒙邑人尊敬子綦，不称南郭子綦，改称南伯子綦。

宋桓公等了很久，不见九方歅复命，却等来了报丧的韩国使者。

韩文侯死了，在位十年（前386—前377）。

太子继位，即韩哀侯。

韩哀侯任命叔父韩傀为相。

六 季真使宋越王再弑，子綦治生梱子被劫

前376年，岁在乙巳。庄前七年。宋桓侯五年。

周安王二十六年（卒）。秦献公九年。楚肃王五年。魏武侯二十年（晋桓公十三年）。韩哀侯元年。赵敬侯十一年。田侯剡三年（姜齐康公二十五年）。燕简公四十年。鲁恭公七年。卫声公七年。郑君乙二十年。越王翳三十六年（弑，诸咎篡位三月被弑）。中山桓公二十七年。

赵敬侯再次征伐中山，战于中人（今河北唐县）。
魏武侯再次驰救中山，赵军再次退兵。

魏武侯命令季真："寡人三年前派遣白圭使宋，劝说宋桓公亲魏，以便牵制楚、赵、齐，结果戴驩反而亲楚。如今赵敬侯一伐再伐中山，寡人一救再救中山，不是长久之计。你可再次使宋，劝说宋桓公叛楚亲魏。"
季真奉命使宋。离开安邑之前，叔父季梁告诫："你先去拜见戴驩，最好连续拜见三次。如果戴驩以礼相待，才可晋见宋桓公，否则必有危险。"

季真到达商丘，拜见戴驩："相国执政以来，宋境国泰民安，宋民真是有福！"
戴驩大悦，言谈甚欢。
次日，季真再次拜见戴驩："如今魏国强盛，楚国衰弱，相国不该亲楚，应该亲魏，否则必将有祸。"
戴驩不悦，表情冷淡。
季真告辞："相国为了固位专权，无视宋国安危，恐怕难以长久！"
遂不再晋见宋桓公，径直返魏复命："戴驩仍然拒绝亲魏！"

魏武侯大怒戴骔，忙于对付楚、赵、齐，暂时无暇伐宋。

年中，周安王姬骄死了，在位二十六年（前401—前376）。

太子姬喜继位，即周烈王。

天下诸侯亲赴洛阳，吊唁周安王，朝觐周烈王。按照周公制定的周礼，诸侯根据封爵先后和爵秩高低，论资排辈，依次排班。

鲁恭公、卫声公、宋桓公等西周旧封诸侯，国力微弱，疆土狭小，由于先封而爵高，排班在前。

魏武侯、韩哀侯、赵敬侯、田侯剡等东周新封诸侯，国力强盛，疆土广大，由于后封而爵低，排班在后。

新兴列强大为不满，从此不再亲赴洛阳吊唁、朝觐。

三年前，越王翳迫于田齐征伐，把越都从琅玡南迁吴邑，激化内部矛盾，引发宗室内乱。

今年，越国连续发生宫廷政变。

七月，越王翳被太子诸咎弑杀，在位三十六年（前411—前376）。

诸咎弑父篡位，即越王诸咎。

十月，越王诸咎被越国贵族弑杀。在位三月（前376），不计入越国纪年。

越国贵族另立越王翳次子、诸咎之弟孚错枝，即越王孚错枝。

庄周生前七年，越国两次弑君，宋民安居乐业。

庄全请教子綦："我的荆园，税率是二十税一，获利不多。先生的漆园，税率是二十税五，为何获利很多？"

子綦说："范蠡助越灭吴以后，居于宋国定陶。定陶处于天下之中，而且水陆交汇，汇通天下万物，税率是天下之最，获利也是天下之最。范蠡运用老聃之道，无为而无不为，富甲天下。"

庄全问："老聃之道如何用于经商？如何无为而无不为？"

子綦说："范蠡之时，税率低于现在，不易明白。不如以今人白圭为例，更易明白。魏人白圭，经商仿效范蠡，同样富甲天下。魏武侯于是重用白圭，继续推行李悝的穷尽地力之术。所以魏武侯之时，又比魏文侯之时更加富强。白圭仕魏之前，主要经营五谷、丝绸、漆料。五谷为食，丝绸为衣，漆料为用，均为民生不可或缺之物。五谷丰收之年，白圭低价收购五谷囤积，高价卖出丝绸、漆料。五谷歉收之年，白圭低价收购丝绸、漆料囤积，高价卖出五谷。三者轮转，年年均获巨利。三者获利不同，税率因而不同。五谷获利一倍，税率是十税一。丝绸获利二倍，税率是十税二。漆料获利五至十倍，税率是二十税五。"

庄全问："既然如此，先生为何仅仅经营漆园，而不经营五谷、丝绸？"

子綦说："五谷丰歉，常受旱涝影响。丝绸之物，违背老聃之教'不贵难得之货'。我的漆园所产漆料，一半卖给定陶商家，获利五倍，一半贩运天下各国，获利十倍，虽然课税最重，仍可衣食无忧，还能周济亲友。你的荆园所产果木，获利二倍，虽然课税较轻，但是一遇旱涝，就易亏本。"

庄全大为佩服："原来老聃之道不仅可以治国，同样可以治生。"

子綦分遣八子，前往天下各国贩漆，七子先后返回。

颜成子游带着子綦幼子南郭梱，前往燕国贩漆，最后独自归宋。

子游说："我们在燕国卖掉漆料，然后返宋，未出燕境，遇到打劫的盗贼。我被打昏，醒来以后，没有找到南郭梱。"

南郭梱的妻儿大哭。

庄全听到哭声，走到对街探询，劝慰子綦："或许南郭梱确如九方歅所言，另有奇遇，受到燕简公重用，竟与国君同食？"

子綦说："祸福倚伏，妄猜无益。"

半年以后，南郭梱从齐国派人返回宋国，送来一信：燕国盗贼把他掳至齐国，原拟把他卖身为奴。怕他逃跑，刖其一足，卖给了姜齐康公。姜齐康公为他装了假腿，命他入侍后宫。

庄全劝慰子綦："《左传》曾说，当年齐景公滥用刑罚，很多齐人都被刖足，结果假腿涨价，鞋子跌价。齐国假腿，因而成为天下最为精良的假腿。南郭装了齐国假腿,必能行走自如。"

子綦说:"即使装了假腿行走自如,但是梱儿入侍后宫,已成宦官,必定已被阉割。"

十一年前,姜齐康公被田侯和逐出营丘(临淄),迁至海滨,仅食一邑,从此不思振作,沉溺酒色乐舞。

南郭梱被阉入宫,为姜齐康公创编了一套乐舞。

姜齐康公问:"这一乐舞,有何来历?"

南郭梱说:"这一乐舞,名叫万舞,取自《诗经》。《邶风·简兮》有言:'简兮简兮,方将万舞。'《商颂·那》有言:'庸鼓有斁,万舞有奕。'《周颂·閟宫》有言:'万舞洋洋,孝孙有庆。'"

姜齐康公一闻"孝孙有庆",想起姜太公辅佐周武王开创王业,管仲辅佐齐桓公开创霸业,羞愧于祖宗基业败于己手,悲从中来,随着万舞节拍,吟诵《邶风·简兮》:

> 简兮简兮,方将万舞。
> 日之方中,在前上处。
> 硕人俣俣,公庭万舞。
> 有力如虎,执辔如组。
> 左手执籥,右手秉翟。
> 赫如渥赭,公言锡爵。
> 山有榛,隰有苓。
> 云谁之思?西方美人。
> 彼美人兮,西方之人兮。

姜齐康公重赏南郭梱,命其执掌后宫。

从此以后,南郭梱与姜齐康公同案共食,餐餐有肉。

七　田午弑君子綦悲子，韩哀灭郑御寇避寇

前375年，岁在丙午。庄前六年。宋桓侯六年。

周烈王元年。秦献公十年。楚肃王六年。魏武侯二十一年（晋桓公十四年）。韩哀侯二年（灭郑）。赵敬侯十二年。田侯剡四年（弑）＝田齐桓公元年（姜齐康公二十六年，弑）。燕简公四十一年。鲁恭公八年。卫声公八年。郑君乙二十一年（灭）。越王孚错枝元年。中山桓公二十八年。

田侯剡及其太子田喜，被庶弟田午弑杀。在位四年（前378—前375），实计三年。

田午弑兄篡位，当年改元。不再称侯，僭称为公，即田齐桓公。

田午不承兄统，把田侯剡从田齐世系中抹去。直承父统，把田侯和追称为田齐太公。

姜齐康公姜贷，也被田午弑杀，在位二十六年（前400—前375）。

田午不敢让姜齐绝祀，又让姜齐康公的太子继位，即姜齐幽公。

姜齐幽公不敢反抗田午，迁怒于南郭梱，以助长父君沉溺乐舞的罪名，予以诛杀。

南郭梱受刑之前，派人送信至宋。

子綦叹息不已，但无悲色。

庄全大感诧异："三年前九方歅预言，南郭梱将与国君同案共食，食肉终生，先生为此流泪。如今南郭梱被姜齐幽公诛杀，先生为何竟无悲色？"

子綦说："我们老聃之徒认为，人生有四种境界：全生，亏生，早夭，迫生。

身心俱全，谓之全生。身体不全，谓之亏生。心灵不全，谓之迫生。梱儿先被燕国盗贼刖足，已经亏生。后被姜齐康公阉割，沦为迫生。早夭乃是迫生的解脱，并不可悲。与其迫生，不如早夭。"

太后摄政，戴驩专权。

宋桓公无事可做，迷恋各种技艺。

一个木匠晋见宋桓公："我有木刻奇技，能在荆棘的刺尖，雕刻一只背着小猴的母猴。"

宋桓公赏赐三乘马车，命其雕刻。

过了一月，宋桓公问及。

木匠说："已经大体刻成，还要细细打磨。不过主公必须斋戒三月，禁绝酒肉女色，才能观看，否则必将不吉。"

又过一月，宋桓公又问。

木匠说："主公斋戒仅有一月，此时观看，仍然不吉。"

又过一月，宋桓公又问。

木匠说："主公斋戒仅有二月，此时观看，仍然不吉。"

又过一月，宋桓公又问。

木匠说："主公斋戒三月，是否停过一天？否则仍然不吉。"

宋桓公默然。

戴驩大怒："此人明知主公不能斋戒三月，才敢欺骗主公！"

宋桓公醒悟，命令木匠："不论吉凶，寡人都要观看！"

木匠说："既然如此，我去取来！"

出门立刻逃走，不知所终。

魏武侯不满足于仅为中原最强，渴望取代楚国，成为天下最强。愤怒于楚国迫使宋国叛魏，于是伐楚，攻打榆关（今河南舞阳）。

韩哀侯趁着魏、楚交战，请示晋桓公而得允准，尽遣倾国之兵，一举伐灭郑国。

郑君乙在位二十一年（前395—前375），身死国灭，郑国绝祀。

韩哀侯又请示晋桓公而得允准，把韩都从宜阳迁至郑都，改名新郑（今河南新郑）。

庄周生前六年，韩哀侯灭郑迁都，郑民散于天下。

郑国老儒裘氏，带着弟子郑缓，逃到宋国，暂住曹氏旅店。

曹夏问："老先生为何出门远行？"

裘氏叹息："韩哀侯伐灭郑国，诛杀郑君乙，灭绝郑祀。礼崩乐坏，莫此为甚！"

曹夏十分诧异："三家分晋已久，至今不敢灭绝晋祀。田氏篡齐已久，至今不敢灭绝姜祀。韩哀侯灭郑之后，为何立刻灭绝郑祀？假如当年周武王灭商之后，立刻灭绝商祀，哪里还有我们宋国？"

一位韩国客商为韩哀侯辩护："韩哀侯伐灭郑国，迁都新郑，无不请示晋桓公，全都获得允准。"

曹夏更为奇怪："二十八年前（前403），周威烈王已封三晋为诸侯。如今韩哀侯灭郑迁都，为何还要请示晋桓公？"

庄全说："三晋之中，韩国最弱。韩君虽已封为诸侯，仍然尊重三晋宗主晋君，以此牵制魏、赵。"

裘氏大怒："韩哀侯为何仅仅尊重三晋宗主晋君，却不尊重天下共主周王？东周王室倚重郑国，一如西周王室倚重鲁国。其他诸侯都不敢灭郑，韩哀侯却敢灭郑，岂非不把周天子放在眼里？"

庄全劝解："东周王室倚重郑国，乃是东周初年的老黄历。诸侯兼并弱国数百年，西周初年册封的五十五个姬姓诸侯国，早已所剩无几。如今天下七雄，韩国疆域最小，国力最弱，韩哀侯灭郑，正是为了与列强争雄。"

曹夏问："此话怎讲？"

庄全说："秦国处于中原之西，可向西戎拓地。魏、赵、燕处于中原之北，可向北狄、东胡拓地。齐国处于中原之东，可向东夷拓地。楚国处于中原之南，可向南蛮拓地。韩国处于周室四围，居于天下之中，四邻皆强，除了伐灭郑国，无法拓地。"

曹夏说："韩国仅是七雄之中最弱，还能伐灭郑国与列强争雄。我们宋国也居天下之中，又比韩国更弱，岂非只能听凭列强宰割？"

庄全说："当今天下，楚、魏、赵、韩、齐、燕、秦七雄，都是万乘之国。宋、鲁、卫、越、中山五国，都是千乘之国。滕、邹等等十来个小国，则是百乘之国。鲁国亲齐，卫、越亲魏，中山与魏同宗，可保暂时无忧。宋国是殷商遗邦，四邻都是万乘之国，处境确实最为凶险！"

曹夏大为发愁："魏、楚争霸，宋国原先亲魏，免于战事多年。如今改为亲楚，恐怕凶多吉少。"

子綦感叹："郑人列子已有七十多岁，不知如今去了哪里。"

庄全问："列子是何许人？"

子綦说："列子名叫列御寇，师从老聃弟子关尹，身处乱世，自求天命之福，拒绝人运之幸。"

庄全说："愿闻其详。"

子綦娓娓道来——

郑君乙（前395—前375在位）之父郑繻公（前422—前396在位），受制于郑相驷子阳，一如宋桓公受制于宋相戴骥。

郑人列子隐而不仕，家境贫困，妻儿面有饥色。

门客向驷子阳进言："列御寇是有道之人，住在相公之国，竟然如此贫困，莫非相公不好贤士？"

驷子阳于是命人送粮给列子。

列子坚辞不受。

列子之妻心怀怨望，捶胸顿足："我听说，成为有道之人的妻儿，都能安逸享乐。如今我们母子，竟然面有饥色。相国仰慕先生而送来粮食，先生竟然拒绝。我们母子，为何如此命苦？"

列子说："驷子阳不了解我，如今听信他人之言笼络于我，将来也会听信他人之言加罪于我。"

不久郑繻公诛杀了泗子阳,株连党羽。列子未受牵连。

庄全问:"列子为何能有先见之明?"

子綦说:"列子未必预知泗子阳及其党羽的下场,仅是认为近名必定近刑,趋利必将趋祸,所以逃名逃利,防患未然。"

庄全问:"列子将会如何应对亡国之祸?"

子綦说:"楚灭陈后,老聃西行入秦,不知所终。韩灭郑后,列子大概也会不知所终。"

庄全感叹:"如今王纲解纽,诸侯争霸,小人当道,何处才是乐土?"

八　史儋叛周作谶媚秦，聂政刺韩由相及君

前374年，岁在丁未。庄前五年。宋桓侯七年。

周烈王二年。秦献公十一年。楚肃王七年。魏武侯二十二年（晋桓公十五年）。韩哀侯三年（弑）＝韩懿侯元年。赵敬侯十三年（卒）＝赵成侯元年。田齐桓公二年（姜齐幽公元年）。燕简公四十二年。鲁恭公九年。卫声公九年。越王孚错枝二年。中山桓公二十九年。

周烈王即位两年，碌碌无为，不敢申斥伐灭郑国的韩哀侯。

周太史儋失望至极，携带周室独有的图书典籍，离开周都洛阳，前往秦都栎阳（今陕西临潼），晋见秦献公。

秦献公喜出望外："太史为何离开王都，光临敝国？"

太史儋说："我夜观天象，推算历数，特来告知：起初周与秦合，后来周与秦分。分五百年而复合，合十七年而霸王出。"

秦献公问："此言何意？"

太史儋说："'起初周与秦合'，就是秦室始祖非子以降，秦为西周附庸。'后来周与秦分'，就是秦国开国之君秦襄公以降，秦为东周诸侯。'分五百年而复合'，就是东周成为秦国附庸。'合十七年而霸王出'，将来事至即明，天机不可预泄。"

秦献公雄心大起，命令史官把太史儋的谶语著于《秦记》，传诸后世，砥砺子孙。

太子嬴渠梁（秦孝公）时年八岁，铭记太史儋谶语。

此后六世秦君，均以太史儋谶语自励，直到秦昭王伐灭东周，秦始皇伐灭六国。

庄周生前五年，太史儋叛周仕秦。

庄全请教子綦："东周王室衰微，东周史官不断携带图书典籍，出奔诸侯求仕。有奔晋求仕者，有奔鲁求仕者，有奔楚求仕者，但是从无奔秦求仕者。为何太史儋奔秦求仕？"

子綦说："当年老聃失望于东周，并未寄望于秦国，所以至秦而隐。太史儋不仅失望于东周，而且寄望于秦国，所以奔秦求仕，造作谶语，诣媚秦献公。这是春秋与战国的重大不同，中原文明已失信心，中原士人已失底气。"

庄全问："老聃与太史儋，相差百年有余，为何世人视为一人？"

子綦说："世人妄传老聃是长生不死的仙人。其实世上无人不死，仙话均属鬼话。老聃亲传弟子、再传弟子都已死了，何况老聃？老聃晚年至秦，死于秦国，其友秦佚曾经吊丧。"

庄全问："先生为何如此熟悉老聃之事？"

子綦说："老聃弟子范蠡助越灭吴，随后离越至齐，躬耕海滨。齐国欲聘范蠡为相，范蠡又离齐至宋，居于定陶。范蠡居齐之时，文子师从范蠡。后来我又师从文子。"

庄全失惊："先生常常言及老聃、关尹、范蠡、列御寇、杨朱，我原先以为先生博学多识，仅是泛泛言及。没想到先生竟是老聃传人！"

子綦淡淡一笑："我们老聃之徒，不重师人，只重师天。"

庄全欲言又止，似有难言之隐。

赵敬侯赵章死了，在位十三年（前386—前374），实计十二年。
太子赵种继位，即赵成侯。当年改元。
庶弟赵胜叛乱争位，事败被诛。

韩哀侯被刺身亡，在位三年（前376—前374），实计二年。
刺客当场自杀，身份不明。
太子韩若山继位，即韩懿侯。当年改元。

庄全请教子綦："各国易君，为何既有翌年改元，也有当年改元？"

子綦说："父君死后，子君通常本年服丧，翌年改元。翌年改元之弊，就是父君如果死于上半年，下半年之事记于父君末年，容易误解为发生于父君生前，所以父君如果死于年初，子君常常当年改元。假如后君篡弑前君，不承前君统绪，不为前君服丧，也会当年改元。当年改元同样有弊，前君末年、后君元年实为一年，常常离为二年。一君误多一年，数君误多数年，纪年就会淆乱，史事就有误差。依君纪年，实非良法。"

庄全问："如何纪年，方为良法？"

子綦说："三代以前无君，伏羲画八卦，叠为六十四卦，以象一年四季的天道循环。又以十天干纪日，十二地支纪月，配成六十甲子，用于纪年。甲子纪年，无关君主生死，才是纪年良法。可惜三代以降，天道隐微，人道僭妄，天下无不依君纪年。如今行之既久，积非成是，终于积重难返。"

庄全听到子綦主张无君，大惊失色，不敢接口。

宋桓公无事可做，仍然沉迷各种技艺。

一个宋国玉匠晋见宋桓公："我有雕玉绝技，能用玉石雕出树叶，混在真树叶里，无人能辨真假。"

宋桓公问："寡人观看之前，是否需要斋戒？"

玉匠说："主公无须斋戒。"

宋桓公觉得此人不是骗子，赏赐五乘马车，命其雕刻。

过了三月，宋桓公问及。

玉匠说："雕刻很费时日。"

过了半年，宋桓公又问。

玉匠说："人工欲夺天工，主公不能着急。"

宋桓公忘了此事，再也不问。

玉匠一直安享供养。

庄全挂念客居韩国的屈宜臼，年初得知韩哀侯被刺身亡，刺客身份不明，一直挂念此事。年底，一位齐国客商来到曹氏旅店，告知详情——

韩相韩傀专权拔扈，与大夫严遂为敌，准备诛杀严遂。

严遂离韩奔齐，寻访勇士，决意为国除奸。

齐人说："行侠仗义的齐国勇士，首推聂政。如今躲避仇家追杀，举家迁居魏国轵邑（今河南济源），屠狗为业。"

严遂离齐至魏，拜识居于轵邑深井里的聂政，献上百金，为聂母祝寿。

聂政问："先生是否有事？"

严遂说："我遍访天下勇士，欲除巨奸大恶。齐人多称足下高义，如今初识足下，不敢有请！"

聂政说："老母尚在，不敢以身许人，不能接受重金。"

严遂再拜而去，居于卫国。

两年以后，聂母死去。

聂政辞别姐姐："我是一介市井匹夫，严遂折节下交，以百金为老母贺寿。我虽不受其金，严遂实为我的知己。如今老母天年已终，我当为知己者所用。"

离魏至卫，拜见严遂："当初老母尚在，不敢以身许人。如今老母不幸已死，愿为先生效命。"

严遂说："韩哀侯的叔父韩傀，相韩以后，欺君虐民，灭郑绝祀，罪不可赦。我曾派遣多人行刺，因其侍卫众多，均告失败。如今幸得足下不弃，最好多带助手，确保成功。"

聂政说："人多必争得失，争功必定泄密，行刺必将失败。"

独自离卫至韩，到达新郑。

韩哀侯正与群臣在东孟宫宴饮，宫门内外站满侍卫。

聂政如入无人之境，闯入宫门，挺剑直取韩傀。

韩傀转身抱住韩哀侯，大声呼救。

聂政一剑刺死韩傀，兼及韩哀侯。

太子太傅许异，飞脚踢昏太子，自己倒地装死。

宫内侍卫围攻聂政，都被聂政杀死。

宫外侍卫奔入宫中，继续围攻聂政。

聂政难以脱身，举剑自刺脸面，自挖双目，自剖其腹，出肠而死。

太子韩若山继位为韩懿侯，任命许异为相，把刺客尸体挂于市井，悬赏千金征询识者，无人能识。

聂政姐姐闻讯，辞别邻居："刺客必是吾弟聂政。自残面目，必是不愿连累于我。我岂能苟且偷生，埋没吾弟英名！"

前往新郑，抚尸痛哭，大声宣布："刺客乃是吾弟，居于魏国轵邑深井里的齐人聂政！受严遂所托，替天行道，只想刺杀奸相韩傀，不慎误伤韩哀侯！"

言毕自刭而死。

九　宋桓成丁耽溺宫帏，轮扁论孔教诲田午

前373年，岁在戊申。庄前四年。宋桓侯八年。

周烈王三年。秦献公十二年。楚肃王八年。魏武侯二十三年（晋桓公十六年）。韩懿侯二年。赵成侯二年。田齐桓公三年（姜齐幽公二年）。燕简公四十三年（卒）。鲁恭公十年。卫声公十年。越王孚错枝三年（弑）。中山桓公三十年。

田齐封侯之前，世袭齐相五世，专擅齐政百年，然而名不正言不顺，不敢开疆拓土。封侯以后，取代姜齐已获周王承认，于是征越伐燕，侵鲁攻卫，开疆拓土，争霸中原。

魏武侯不能容忍田齐与魏争霸中原，以田午弑杀田侯剡、姜齐康公为罪名，邀约赵、燕共同伐齐。

赵成侯拒绝从命，燕简公欣然从命。

魏、燕联合伐齐。

魏军从西向东伐齐，攻至博陵（今山东茌平）。

燕军从北向南伐齐，攻至林营（今地不详）。

鲁恭公趁机收复了齐侵鲁地阳关（今河南鲁山）。

燕简公因为弱燕战胜强齐，喜极而死，在位四十三年（前415—前373）。

太子继位，即燕桓公。

庄周生前四年，六月盛夏，中原大雪。

庄仝请教子綦："六月下雪，以前是否有过？"

子綦说："自古未闻。"

庄全问："吉凶如何？"

子綦说："以天观之，是天心寒彻。以人观之，是人心寒彻。以世观之，是君子道消，小人道长。以易观之，是泰道日消，否术日长。"

庄全问："孔子推崇周公之礼，整顿君臣纲纪，明辨君子小人。如今孔子之徒遍布天下，诸侯无不礼贤下士，重用孔子之徒，为何竟会君子道消，小人道长，君臣纲纪更加混乱？"

子綦说："一是时移世易，周公之礼已经不合当今时势。二是各国君主虽然声称遵循孔子之道，各国卿相虽然大都自称孔子之徒，也都愿意重用君子，远离小人，但是仍然不能挽救周公之礼，无法重整君臣纲纪。"

庄全问："是何缘故？"

子綦说："不妨以你熟知的吴起为例。吴起师从曾西、子夏，正是孔子之徒，劝说鲁元公、魏文侯、楚悼王重用君子，远离小人，正是自居君子。曾西、王错、屈宜臼也是孔子之徒，同样自居君子，认为吴起是小人，所以劝说鲁元公、魏武侯、楚悼王重用君子，远离小人。鲁元公、魏文侯、楚悼王重用吴起之时，当然是把吴起视为君子。鲁元公、魏武侯弃用吴起、楚肃王车裂吴起之时，又把吴起视为小人。难道吴起受到重用之时是君子，不受重用之时却变成了小人？可见判别君子、小人的标准，并非永恒不变的天道，而是不断改变的人道。所谓孔子之徒遍布天下，实为吴起之流遍布天下。"

庄全大为疑惑："如此说来，孔子之道莫非无益于天下？"

子綦说："我的朋友轮扁从齐国来信，说起他对田午进言，可以回答你的问题。"

庄全说："愿闻其详。"

子綦娓娓道来——

田齐桓公田午，近年征越伐燕，侵鲁攻卫，开疆拓土，欲霸中原，需要大量兵车。齐国大匠轮扁，受命制造兵车的车轮。

轮扁在殿堂之下凿制车轮，看见田午在殿堂之上读书，放下锤子、凿子，走上殿堂:"主公所读,是何人之书?"

田午说:"圣人孔子之书。"

轮扁问:"孔子还在吗?"

田午说:"早已死了。"

轮扁说:"那么主公所读之书,岂非古人的糟粕?"

田午大怒:"寡人读书,轮匠哪有资格妄议?说得通则罢,说不通处死!"

轮扁说:"我是轮匠,只能以凿制车轮来看此事。凿制车轮,榫眼太松就爽滑不固,榫眼太紧就滞涩难入。如何做到榫眼不松不紧,只能得之于手,领悟于心,口不能言。我不能晓谕儿子,儿子不能传我之技,所以我年届七十,仍然自己动手凿制车轮。古人及其不可言传的论道之意,都已死了。那么主公所读之书,岂非古人的糟粕?"

子綦又说:"田午听了轮扁之言,鉴于今年魏、燕、鲁共同伐齐,明白了孔子之道难以解决现实难题,于是在临淄北门设立稷下学宫,招纳各国才士。轮扁劝我返齐,出任稷下学士。用我毕生所学,教化天下士人。"

庄全问:"先生是否打算返齐?"

子綦摇头:"轮扁对孔子之道的批评,合于老聃之道。但是田午设立稷下学宫,招纳天下才士,意在富国强兵,并非欲行老聃之道。"

庄全问:"我听老师说,孔子曾经问礼于老聃,所以老聃之道不异于孔子之道。为何轮扁对孔子之道的批评,竟然合于老聃之道?"

子綦说:"轮扁之言,合于《老子》之言'执今之道,以御今之有'。"

庄全惊问:"我读过《老子》,记得是'执古之道',为何先生说是'执今之道'?"

子綦说:"你读的《老子》,已被主张法古的儒生改过了。《老子》原文是'执今之道',因为道体古今不变,万世永存。但是古今时势不同,古今外境不同,因而道体的显现之用,古今也有不同。古之道体的显现之用,与古之时势外境相应。今之道体的显现之用,与今之时势外境相应。主张'执古之道',就会泥古不化,囿于古之道体的显现之用,不知今之道体的显现之用。"

宋桓公二十岁，冠礼以后，本应亲政，却被孝子之名所劫，不敢提出亲政。

太后说："你迷恋无用之技，容易上当受骗，怎能治理国家！"

宋桓公只好听凭太后继续摄政，听任戴骥继续专权，仅仅主持春秋大祭、太后寿辰庆典。纳了许多姬妾，沉湎于宫帏之乐。

四年前，越国太子诸咎弑杀其父越王翳，篡位自立。三个月后，越国贵族又弑杀越王诸咎，改立越王翳次子孚错枝为越王。

越王孚错枝，今年又被越国贵族弑杀，在位三年（前375—前373）。

大夫寺区平定了叛乱，欲立越王翳第三子王子搜为越王。

王子搜鉴于四年之中父兄三次被弑，不愿为王，逃进深山，躲入开采丹砂的洞穴。

寺区找到山洞，在洞口燃烧艾草，把拒绝继位的王子搜熏出山洞。

王子搜被迫继位，即越王初无余之。

庄全请教子綦："宋人对宋桓公评价不一，有人说是仁孝之君，有人说是无为之君。先生如何看待？"

子綦说："宋桓公尚未亲政，不易判断。亲政以后依然仁孝，才是仁孝之君。亲政以后依然无为，才是无为之君。"

庄全又问："有人说王子搜拒绝为君，必为仁义之君。先生如何看待？"

子綦说："王子搜并非厌恶为君，仅是厌恶为君导致的祸患。王子搜可谓不肯以国伤生的智者，符合《老子》之言：'贵以身为天下，若可寄天下；爱以身为天下，若可托天下。'王子搜不愿为君，所以越人更愿奉他为君。渴望为君的愚人，大多仅见为君之富贵，不知为君之祸患，必定以国伤生，必定不配为君。世上愚人太多，智者太少，所以老聃之徒或主张虚君，或主张无君。"

庄全又闻子綦主张无君，不再吃惊。

十　徐无鬼讽谏魏武侯，楚庄全娶妻宋狶韦

前 372 年，岁在己酉。庄前三年。宋桓侯九年。

周烈王四年。秦献公十三年。楚肃王九年。魏武侯二十四年（晋桓公十七年）。韩懿侯三年。赵成侯三年。田齐桓公四年（姜齐幽公三年）。燕桓公元年。鲁恭公十一年。卫声公十一年（卒）。越王初无余之元年。中山桓公三十一年。

老聃之徒徐无鬼，不满魏武侯穷兵黩武，一直隐居缙山（今山西平定）。今年前往安邑，经由大夫女商引见，晋见魏武侯。

魏武侯大悦："寡人礼聘先生，先生一再拒绝！如今是否隐居山林太久，身心疲病，才肯来见寡人？"

徐无鬼说："君侯征伐天下，一心图霸，必定身心疲病，我特来慰劳君侯。为何君侯反倒慰劳我？"

魏武侯十分诧异："此话怎讲？"

徐无鬼说："君侯若是放纵自己的嗜欲，助长自己的好恶，身心就会大病。君侯若是节制自己的嗜欲，摈除自己的好恶，身心就会小病。"

魏武侯不悦，昂首看着天上。

徐无鬼于是转换话题："我想告诉君侯，我如何相狗。下品之狗，吃饱就能满足，德性如同狸猫。中品之狗，昂首看着天上，德性非常自负。上品之狗，从来不露凶相，德性非常谦逊。"

魏武侯不明其意。

徐无鬼又说："我之相狗，又不如我之相马。国马经过训练，行走之时，笔直如绳，弯曲如钩，方者中矩，圆者中规。然而经过训练的国马，不如天然成材的天下马。天下马心怀忧虑，若有亡失，貌似不善奔跑，但是一旦奔跑，立

刻超逸绝尘，瞬间不知所往。"

魏武侯大笑，忘了不快。

徐无鬼告辞而出。

女商问徐无鬼："先生有何言说，引得主公大笑？我常对主公进言，谈到治国，就说《诗》、《书》、《礼》、《乐》。谈到打仗，就说《金版》、《六韬》，主公从来不笑。我还立过无数大功，主公也未对我启齿一笑。"

徐无鬼说："我只是说了如何相狗，如何相马。"

女商更为迷惑："我谈论主公最有兴趣的治国打仗，主公从来不笑。先生谈论主公毫无兴趣的相狗相马，主公为何大笑？"

徐无鬼说："你是否知道越国逃亡者心情如何变化？离乡数日，遇见相知的朋友，就会喜悦；离乡十天半月，遇见相识的同乡，就会喜悦；离乡一年，遇见像人的猿猴，就会喜悦。这是因为离乡越久，思乡越深。逃入荒漠之人，行走于野草丛生、鼬鼠出没的小径，跟跄于空旷的原野，只要听到行人的跫跫足音就会喜悦，何况听到兄弟亲戚的咳唾言笑？很久以来，魏武侯听到的都是假人假言，却听不到真人真言！"

卫声公眼见鲁恭公去年趁着魏、燕伐齐，收复了齐侵鲁地阳关，今年也出兵收复了齐侵卫地薛陵（今山东甄城北）。

卫声公姬训因为弱卫小胜强齐，喜极而死，在位十一年（前382—前372）。

太子姬不逝继位，即卫成公。

赵成侯久已不满卫国亲魏敌赵，采纳赵相大成午之策，趁着卫国易君治丧，出兵伐卫，攻取了七十三个乡邑。

卫成公面临亡国，向魏求救。

魏武侯立刻伐赵，在蔺邑（今山西柳林）击败赵军。

徐无鬼再次晋见魏武侯。

魏武侯旧话重提:"先生隐居山林,食用橡栗,饱餐葱韭,摈弃寡人很久了!如今是想念酒肉了呢,还是打算辅佐寡人?"

徐无鬼也旧话重提:"不敢享用君侯的酒肉,特来慰劳君侯疲病的身心。"

魏武侯再次不悦:"此言何意?"

徐无鬼不再转换话题:"天地养育万物,一视同仁。登临高位者,不可自矜尊贵;居处下位者,不必自惭贫贱。君侯身为万乘之主,劳苦一国民众,供养一己耳目口鼻,心神必定不安。人之心神,必定喜好和谐,厌恶奸邪;君侯心有奸邪,已成大病,所以特来慰劳。"

魏武侯辩解:"寡人非常爱护民众,一直准备为了仁义而罢兵。"

徐无鬼说:"君侯爱护民众,正是残害民众的开始。君侯为了仁义而罢兵,正是导致战争的根源。君侯如此作为,必定失败。凡是既成之善,都是作恶的工具。君侯声称为了仁义,近于虚伪。凡有形迹,必定导致伪形;凡有小成,必定导致自矜;凡有变更,必定导致外战。君侯只有不在谯楼之间陈列鹤行兵阵,不在祭坛之宫检阅步卒车兵;不藏逆天之心,不用智巧胜人,不用谋略胜人,不用战争胜人,才是真正的仁义。诛杀别国士民,兼并别国土地,用于奉养一己私欲,满足一己心神,这种战争,善在何处?胜在何处?君侯不如停止有为,修复胸中诚意,顺应天地实情,不再撄扰民众,民众就已脱离死地,何须为了仁义而罢兵?"

魏武侯听从其言,撤回救卫之兵,不再逼迫赵国归还侵卫之地。

卫国被赵攻取大部分国土,得魏之救免于亡国,从此沦为魏国附庸。

玉匠花了三年时间,终于雕成一片假树叶,混在真树叶里,请宋桓公找出来。

宋桓公找不出来。

玉匠取出假树叶献上。

宋桓公惊叹不已,重赏玉匠。

玉匠领赏告退。

宋桓公请来太后,让她从树叶堆里找出假树叶。

太后找不出来。

宋桓公取出假树叶，太后惊叹不已，赞赏宋桓公没有白等三年。

宋桓公召来戴骥，也让他从树叶堆里找出假树叶。

戴骥也找不出来。

宋桓公十分得意。

戴骥说："主公找出来，让我见识一下。"

宋桓公找了半天，没有找到，急出一头大汗。

戴骥说："主公恐怕又被骗了！"

宋桓公说："刚才还在，寡人和太后均亲眼所见！"

戴骥说："现在怎么没了？"

宋桓公大窘，派人去找玉匠，玉匠已经逃走。

宋桓公弄巧成拙，仍然不敢提出亲政。

庄周生前三年，庄全娶妻。

庄全客居宋国十年，没有盼到楚肃王大赦，放弃返楚之念，迎娶猗韦氏之女。

娶妻以后，庄全乡愁大减。男耕女织，夫妇恩爱，时常共读《诗经》。

猗韦氏问："《诗经》十五国风，为何多言齐女、宋女美貌？"

庄全说："周礼规定，同姓不婚。所以中原姬姓诸侯，多娶齐女、宋女。"

猗韦氏问："楚、秦也非姬姓，为何中原诸侯少娶楚女、秦女？"

庄全说："楚是南蛮，秦是西戎，又少美女。齐、宋均在中原，又多美女。"

猗韦氏问："孔子有言：'未闻好德如好色者。'你是好德，还是好色？"

庄全笑了："好色不碍好德，何必有所偏废？"

一边击掌，一边吟诵《陈风·衡门》：

岂其食鱼，必河之鲤？

岂其娶妻，必宋之子？

十一　魏武伐楚赵成攻秦，狗猛酒酸子綦解惑

前371年，岁在庚戌。庄前二年。宋桓侯十年。

周烈王五年。秦献公十四年。楚肃王十年。魏武侯二十五年（晋桓公十八年）。韩懿侯四年。赵成侯四年。田齐桓公五年（姜齐幽公四年）。燕桓公二年。鲁恭公十二年。卫成侯元年。越王初无余之二年。中山桓公三十二年。

魏武侯再次伐楚，攻取了鲁阳（今河南鲁山）。
赵成侯去年伐卫，今年转而伐秦，在高安（今地不详）击败秦军。
秦献公前败于魏，今败于赵，深感耻辱，誓报三晋侵秦之仇。

宋桓公召见戴剔成："寡人无事可做，先生有何建议？"
戴剔成说："主公姬妾众多，宫殿狭小，不妨建造新宫。"
宋桓公听从其言，得到太后允准，任命戴剔成为司城，负责建造新宫。
戴骥十分明白，宋桓公重用戴剔成，意在分己之权，好在戴剔成与己同宗，为己提拔，一向依附自己，于是热心支持建造新宫，举荐匠石担任大匠。

匠石师从齐国大匠轮扁，尽得其传，学成返宋，担任宋国大匠，带领工人建造新宫，挖出一块美玉。
匠石将之献给戴剔成："这是稀世珍宝！君子才配拥有，小人不配拥有。"
戴剔成说："你把美玉视为珍宝，我把不受美玉视为珍宝。"
命令匠石把美玉献给太后。
太后大悦。
戴剔成廉洁奉公，深受宋民爱戴。

宋国定陶有个富商，名叫监止。

一日闲逛，路过一家古玩铺，看中一块璞玉。

店主开价百金。

监止取过璞玉，知道开价偏低。于是不动声色，手持美玉，翻来覆去挑剔瑕疵，要求降价。

旁边一人争买："我愿出百金。"

店主伸手索回璞玉。

监止佯装失手，璞玉跌在地上，碎成几块。

店主要求赔偿百金。

监止赔付百金，带回碎玉，分别琢磨加工，转手卖出千金。

监止长袖善舞，深受宋民羡慕。

宋国定陶有个富商，把女儿嫁给卫国士人。

送嫁之时，富商教导女儿："你掌管夫家钱财，必须多藏私蓄。"

女儿不解："何必如此？"

富商说："卫风多淫，士人多妾，恩爱难以长久。你多藏私蓄，万一丈夫把你休了，再嫁之时就有丰厚嫁妆，别人必将争相娶你。"

女儿嫁到卫国夫家，遵循其父教导，常把私蓄送回宋国父家。

夫家发现此事，把她休了，遣回宋国。

富商先见之明，深受宋民敬佩。

宋国有个农夫，原本家境富裕，一天在田间耕地，在一棵树桩旁边，捡到一只撞死的兔子。

从此以后，农夫不再耕地，天天守在树桩旁边，等待兔子撞死。

等了很久，没有等到兔子，变得一贫如洗。

宋人守株待兔，成为天下笑谈。

庄周生前二年，宋国民风大变。

十一　魏武伐楚赵成攻秦，狗猛酒酸子綦解惑

曹夏请教庄全："小店一向门庭若市，酒客众多，近来门庭冷落，酒客稀少，藏酒全都变酸，先生是否明白原因？"

庄全说："我也不明白！"

曹夏说："南伯无所不知，你可否替我问问？"

庄全奇怪："你与南伯为邻，为何自己不问？"

曹夏嗫嚅："我曾怀疑南伯的儿子是窃贼，担心南伯见怪。"

庄全说："事隔多年，南伯怎会计较？既然如此，我代你去问。"

立刻走到隔壁院落，回来告诉曹夏："南伯说，你店里新养一条恶狗，吓得酒客不敢来了。"

曹夏恍然大悟，杀了恶狗，倒掉酸酒，另进新酒。

曹氏旅店迅速恢复了往日的酒客盈门。

庄全请教子綦："我初来宋国之时，宋国民风淳正。如今宋国民风大变，究竟是何原因？"

子綦说："宋人原本淳朴敦厚，近来浇薄势利，乃是因为戴骊为了固位专权，热衷用术，于是上行下效，民风大变。"

庄全说："宋人擅长经商，商贾用术几百年，民风仍然淳朴。为何戴骊用术十年，民风迅速败坏？"

子綦说："周武王伐灭殷商，殷商贵族沦为平民，因为不会耕稼，只好从事货卖，结果多成富人。天下遂称贾人为商人，宋国定陶遂成天下第一商都。但是宗室贵族可以因贵而富，商贾富族不能因富而贵。商贾之业仍是贱业，商贾富族仍是贱民。宗法制度之下，民众无不仰慕宗室贵族，无不鄙视商贾富族，所以商贾富族用术数百年，宋国民风仍然淳朴敦厚。戴骊用术十年，宗室贵族、宋国上下竞相仿效，宋国民风迅速趋于诈伪。"

庄全问："我还是不明白，为何商贾用术不会败坏民风，宗室用术就会败坏民风？"

子綦说："商贾没有逆天行术的权势，想要经商致富，必须凭借顺应天道的人术，所以人术愈精，天道愈尊。宗室拥有逆天行术的权势，想要争权致贵，

必须凭借违背天道的人术,所以人术愈精,天道愈卑。顺应天道的人术,谓之泰道;违背天道的人术,谓之否术。民众遵循泰道,不会丧失真德而趋于诈伪;民众奉行否术,必将丧失真德而趋于诈伪。"

庄全问:"先生又说泰道、否术,可否详论?"

子綦说:"我研究《归藏》与《周易》的差别,仅有数年,理解不深,心得有限。大体而言,《归藏》专崇泰道,《周易》专崇否术。泰道用柔,否术用刚。"

庄全仍然一头雾水。

十二　魏武侯死戴驩玩火，楚肃王崩庄母怀胎

前370年，岁在辛亥。庄前一年。宋桓侯十一年。

周烈王六年。秦献公十五年。楚肃王十一年（卒）。魏武侯二十六年（卒。晋桓公十九年）。韩懿侯五年。赵成侯五年。田齐桓公六年（姜齐幽公五年）。燕桓公三年。鲁恭公十三年。卫成侯二年。越王初无余之三年。中山桓公三十三年。

田午篡位以后，征越伐燕，侵鲁攻卫，意在开疆拓地，不料遭到魏、燕征伐，弱小的鲁、卫也趁机收复失地，于是亲往洛阳朝觐周烈王。以此昭告天下，田齐已非乱臣贼子，乃是周室正封诸侯。

周烈王即位六年，天下诸侯均不来朝。突然得到田午朝觐，受宠若惊，隆重接待。

田午正在得意，不料激起了不愿再受周王约束的天下诸侯更大不满。

赵成侯三年前拒绝与魏武侯共同伐齐，如今因为田午朝觐周烈王，立刻伐齐，攻取了甄邑（今山东甄城）。

正在此时，魏武侯魏击死了，在位二十六年（前395—前370）。

三十一岁的太子魏罃继位，即魏惠侯。三十六年后叛周称王，史称魏惠王。

中山桓公魏挚离开灵寿（今河北平山），亲赴安邑（今山西夏县），吊唁兄长魏击，朝拜侄子魏罃。

魏挚被魏文侯封为中山国君，已有三十三年，第二次回到自幼所居的安邑。第一次是二十六年前，魏挚回到安邑，吊唁父君，朝拜兄长，首次见到五岁的侄子魏罃。

如今魏挚拜于阶下，内心忐忑，不知兄长魏击死后，侄子魏䓨能否继续帮助中山抵御赵国威胁。

魏惠侯看见魏挚既是自己叔父，又是中山国君，仍然拜在自己脚下，顿时雄心大起。立志光大父祖之业，取代日薄西山的东周王朝，让天下诸侯全都拜在自己脚下。

魏惠侯在魏国西部的安邑刚刚继位，庶弟公中缓在魏国东部的邺城（今河北磁县）起兵争位。

戴骦命令公孙颀："我用你之策，一再拒绝叛楚亲魏。幸而魏武侯忙于征伐齐、赵，驰救中山，一直没空伐宋。魏惠侯继位，年轻气盛，很有可能伐宋。如今公中缓起兵争位，正是削弱魏国的良机。但是弱宋不能直接挑战强魏，你可游说赵成侯、韩懿侯支持公中缓，促使魏国内乱。"

公孙颀奉命，先到邯郸，游说赵成侯："公中缓与魏惠侯争位，魏惠侯得到王错支持，据有从安邑到上党的魏国西部，实力强大。公中缓仅有从邺城到大梁的魏国东部，处于劣势。君侯若与韩懿侯共同出兵支持公中缓，把魏国一分为二，赵国就能取代魏国，成为中原霸主。"

赵成侯问："韩懿侯是否愿意支持公中缓？"

公孙颀说："我愿使韩，劝说韩懿侯追随君侯。"

公孙颀又往新郑，游说韩懿侯："赵成侯派我使韩，邀约君侯共同出兵支持公中缓，把魏国一分为二，韩、赵从此不必听命于魏。"

韩懿侯欣然同意。

赵成侯、韩懿侯亲自领兵支持公中缓，在浊泽（今河南长葛）击败魏军，杀死王错，包围了魏惠侯。

赵成侯说："不如杀死魏惠侯，让公中缓在魏国西部为君，赵、韩瓜分魏国东部。"

韩懿侯说："杀死魏惠侯，天下必定谴责我们暴虐。瓜分魏国东部，天下必定谴责我们贪婪。不如让魏惠侯在魏国西部为君，让公中缓在魏国东部为君。强魏一分为二，其弱一如宋、卫，我们从此不必听命于魏。"

赵成侯不同意。

韩懿侯半夜撤兵。

魏惠侯趁机突破浊泽之围，躲过杀身之祸，免于分国之患。

庄周生前一年，魏武侯死后二子争位。

庄全请教子綦："赵成侯、韩懿侯为何介入魏国争位之战？"

子綦说："魏武侯凭借魏文侯的霸业，欺压韩、赵。韩国被迫屈服，赵国不肯屈服。如今武侯死去，公中缓与魏惠侯争位，赵成侯打算趁机削弱魏国，然后伐灭中山，韩懿侯打算趁机削弱魏国，不再依附魏国。"

庄全问："戴驩又为何离间三晋，派遣公孙颀游说赵、韩支持公中缓？"

子綦说："魏国横亘中原，两头大，中间小，西部又远远大于东部，东西部之间仅有上党一线相连，西部与秦相邻，东部与赵、韩、宋相邻。赵国在魏国东部之北，韩国在魏国东部之南，宋国在魏国东部之东。戴驩为了专权于宋，叛魏亲楚，担心魏国报复，所以用术玩火，离间三晋，试图趁机削弱魏国。由于赵、韩异心，戴驩不仅没能消除魏国威胁，反而得罪魏国更深。魏国一旦结束内乱，必将报复宋国！我们客居宋国，看来安稳日子不多了！"

庄全喃喃自语："但愿楚肃王早日大赦，我可以早日返楚。"

正在此时，楚肃王死了。在位十一年（前380—前370），无子。

其弟熊良夫继位，即楚宣王。

昭奚恤相楚。

戴驩派遣公孙颀使楚，吊唁楚肃王，朝拜楚宣王，延续楚、宋之盟，希望凭借强楚，抵御强魏报复。

庄全得知楚肃王死讯，失望至极，告诉身怀六甲的猗韦氏："我客居宋国十一年，天天盼着楚肃王大赦，可以带你返楚。没想到楚肃王全死没有大赦！"

狶韦氏问:"居楚居宋,有何分别?"

庄全说:"怎么没有分别?若能回到楚国,儿子生下来就是楚人。若是留在宋国,儿子生下来就是宋人。"

狶韦氏说:"楚国是南蛮,宋国是诸夏,居楚不如居宋。"

庄全说:"如今天下乱战,诸侯敢于征伐弱宋,不敢征伐强楚。儿子如果居楚,可以免于战祸。"

狶韦氏说:"这倒有理!但你怎么知道一定是生儿子?生儿生女,由不得你我。"

庄全说:"不管生儿生女,我都希望他们免于战祸。"

狶韦氏说:"尽管楚强宋弱,但是究竟居楚能免战祸,还是居宋能免战祸,同样由不得你我。"

庄全夫妇处于忧虑之中,但是想到即将为人父母,又充满期待和喜悦。

第一部
弃儒学道（前369—前351）

一　烈王崩周田午叱主，赵韩迁晋庄周生宋

前369年，岁在壬子。庄周一岁。宋桓侯十二年。

周烈王七年（卒）。秦献公十六年。楚宣王元年。魏惠王元年（晋桓公二十年，卒）。韩懿侯六年。赵成侯六年。田齐桓公七年（姜齐幽公六年）。燕桓公四年。鲁恭公十四年。卫成侯三年。越王初无余之四年。中山桓公三十四年。

年初，中原发生异事：太阳渐被黑物蚕食，直至吞没。白昼如同黑夜。
古人不知日食原理，视为天狗吞日。
天下惶惶不可终日，不知有何大祸。

不久，周烈王姬喜死了，在位七年（前375—前369），无子。
庶弟姬扁继位，即周显王。

天下诸侯恍然大悟，天狗吞日乃是周烈王死亡的预兆，庆幸祸事与己无关。
周王名义上仍是天下共主，诸侯表面上仍须遵守周礼。诸侯纷纷遣使至周，吊唁周烈王，朝觐周显王。
田齐使者，到达洛阳最晚。
周显王大怒，诛杀田齐使者。遣使至齐，痛斥田午："天崩地裂，天子下席。东藩之臣田午不敬天子，使者迟到，已予诛杀！田午必须亲至洛阳谢罪！"
田午大怒，遣使至周，叱骂周显王："周烈王无子，你才侥幸继位。你的生母，并非周安王的王后，仅是周安王的婢女！你怎敢诛杀寡人使者？"
周显王本想重振天子威仪，结果反遭侮辱，勃然大怒，命令天下诸侯伐齐。
田午去年朝觐周烈王，今年叱骂周显王，前恭后倨，非礼之至，沦为天下

笑柄。

魏惠侯在平阳（今山西临汾）击败公中缓的叛军和支持公中缓的赵军，诛杀公中缓，任命公叔痤为相。随即得知宋太后死讯，于是准备伐宋。

公叔痤谏阻："宋太后死去，楚国遣使吊丧。主公刚刚平定叛乱，不宜违背礼义，趁丧伐宋！"

魏惠侯说："宋国叛魏亲楚，父君派遣白圭、季真两次使宋，戴骥一再抗命，如今又唆使赵成侯、韩懿侯支持公中缓叛乱。寡人若不伐宋，怎能号令天下？"

公叔痤说："自古两国交战，无不闻丧罢兵。伐丧违背礼义，必定不祥。宋太后既死，宋桓公必将亲政，未必继续亲楚。主公不妨暂缓伐宋，静观其变。"

魏惠侯听从其言，暂不伐宋，转而伐韩，在马陵（今河南范县）击败韩军。然后移师伐赵，在怀邑（今河南武陟）击败赵军。

赵成侯、韩懿侯胁迫晋桓公："魏惠侯征伐韩、赵，破坏三晋团结，主公应予申斥！"

晋桓公不敢招惹强魏，拒绝从命。

赵成侯、韩懿侯大怒，把晋桓公逐出晋都曲沃（今山西闻喜），迁至屯留（今山西长治）。

晋桓公姬颀不能守护先君宗庙，痛心疾首，不久病死于屯留，在位二十年（前388—前369）。

赵成侯为了牵制魏国，不愿灭绝晋祀，于是另立晋桓公太子，即晋悼公。

韩懿侯则把女儿韩姬，嫁给晋悼公，立为正夫人。

戴骥上朝，献策宋桓公："主公孝名，闻于天下，应该奉行孔子之教，为太后服丧三年。"

宋桓公不敢触怒戴骥，以免招致变故，只好继续扮演孝子，缓图长久之计。

戴骥为了预防宋桓公除丧以后亲政，大力培植党羽，除了重用同宗戴剔成，又提拔同宗戴盈、戴不胜。太后死后，宋桓公服丧，戴骥不再受太后掣肘，专权更甚。

戴驩及其重用的戴氏同宗，均为宋戴公（前799—前766）后裔，以谥为姓。戴氏专擅宋政，业已数世。

年末，秦国发生异事：桃树本应春天开花，竟然花期提前数月，冬天开花。

秦献公认为，这是阳气聚于秦国的征兆，视为花瑞。命令史官著于《秦记》，举国庆贺。

庄周生于宋国蒙邑，一岁。

时为战国中期，父为楚人，母为宋人。

道家祖师老聃，儒家祖师孔丘，已死百余年。墨家祖师墨翟，已死二十多年。

魏人杨朱，二十七岁。

卫人商鞅，鲁人尸佼，楚人许行，二十二岁。

郑人申不害，齐人邹忌、田忌，十七岁。

宋人惠施，魏人张仪、子华子，齐人孙膑，十二岁。

魏人公孙衍，七岁。

邹人孟轲，四岁。

二　宋桓嘉孝郑缓骡贵，显王立威赵韩伐周

前368年，岁在癸丑。庄周二岁。宋桓侯十三年。

周显王元年。秦献公十七年。楚宣王二年。魏惠王二年（晋悼公元年）。韩懿侯七年。赵成侯七年。田齐桓公八年（姜齐幽公七年）。燕桓公五年。鲁恭公十五年。卫成侯四年。越王初无余之五年。中山桓公三十五年。

赵成侯遣使至魏，晋见魏惠侯："田午弑兄篡位八年，弑杀齐康公，辱骂周显王，征伐诸侯，嚣张拔扈。田氏崛起，不利三晋。魏、赵应该借用周显王之命，共同伐齐！"

魏惠侯尽管不满赵成侯支持公中缓，仍很乐意与赵联手遏制田齐。

赵、魏借用周显王之命，共同伐齐，攻破了齐国防御三晋的西部长城。

田午被迫求和，赵、魏退兵。

魏军既退，齐将田寿怒而伐魏，围攻魏国东部重镇观泽（今河南清丰）。

魏都安邑远在魏国西部，观泽守军迟迟等不到援军，开城投降齐国。

魏惠侯鞭长莫及，只好把观泽割让给齐国。

赵成侯又遣使至韩，晋见韩懿侯："周显王去年即位，妄想重振天子威仪，诛杀田齐使者，命令诸侯伐齐，嚣张拔扈。韩、赵应该共同伐周，不许周显王继续自居天下共主。"

韩懿侯早已不满东周王朝盘踞于韩国腹心，十分乐意与赵共同削弱周室。

赵、韩共同伐周，围攻洛阳。

周显王没能重振天子威仪，反而招来赵、韩征伐。从此认清形势，再也不

敢逞威。

宋桓公继续为母服丧，仍未亲政。除了主持春秋大祭，接见各国使者，沉迷无用之技，耽溺宫帏之乐，又开始迷恋乐舞，尤其迷恋郑卫乐舞。

宋桓公逐渐发现，戴氏党羽并非铁板一块。戴剔成忠于戴骢，戴盈忠于宋桓公，戴不胜不偏不倚。

为免戴骢疑忌，宋桓公不敢召见戴盈、戴不胜，只能以询问新宫建造进度的名义，不断召见戴骢最为倚重的戴剔成。

宋桓公告诉戴剔成："相国治国有方，国泰民安。寡人为母服丧，不必理政。唯愿宋民尽孝父母，尽忠国君。"

戴剔成心领神会，宋桓公是以自己的大孝，暗示戴骢的不忠，于是献策："主公以身作则，为母尽孝，深受宋民爱戴，不妨下令表彰孝子，宋国必能大治。"

宋桓公假装糊涂："表彰孝子，为何就能大治？"

戴剔成说："圣人有言：忠臣必出孝子之门。只有父慈子孝，才能君仁臣忠。只有孝敬父母，才能忠于国君。"

宋桓公听从其言，命令各地官员举荐孝子，予以表彰。

戴骢深知宋桓公意在借势行棋，仍然不动声色，热心支持。

大儒裘氏的弟子郑缓，被蒙邑县令举荐为孝子，得到宋桓公重用，爵为官师，主持太学。

曹氏旅店的酒客，议论纷纷。

一人问："郑缓原是郑国人，为何得到宋桓公重用？"

庄全说："七年前韩哀侯灭郑，郑缓之父死于战乱。郑缓追随其师裘氏，逃到蒙邑，为父服丧六年，被人视为孝子。"

另一人问："我们宋国，从国君到庶民，一向只为父母服丧一年。宋桓公是天下闻名的大孝子，也只为太后服丧三年。郑国的习俗，为何与宋国如此不同？"

曹夏说："并非郑、宋习俗不同，而是孔子之徒主张厚葬久丧。我们墨子之徒，一向反对厚葬久丧，主张薄葬短丧。其实孔子仅仅主张服丧三年，所以孔子死后，弟子大多服丧三年，唯有子贡服丧六年。郑缓仿效子贡，倾其家财，也为其父服丧六年，遭到众人嘲笑。去年郑缓服丧期满，大事操办除丧之礼，惊动了县令。恰好今年宋桓公表彰孝子，郑缓得到县令举荐。"

有人不以为然："子贡、郑缓家财万贯，才能服丧六年。庶民久丧，废耕废织，不能治家，怎能称为孝子？国君久丧，废礼废事，不能治国，怎能称为仁君？"

有人艳羡郑缓："郑缓败家久丧，貌似愚蠢，但是如今爵为官师，骤然富贵，不仅补回全部损失，而且大赚一笔，确实非常聪明！"

庄周二岁，牙牙学语。

豨韦氏告诉庄周："爸爸是楚国人，楚国庄氏是楚庄王后裔，正如鲁国三桓是鲁桓公后裔，宋国戴氏是宋戴公后裔。妈妈是宋国人，宋国豨韦氏，比宋国还要久远。早在殷商时代，就有豕韦氏，豨、豕都是猪。猪是初民最早驯化的动物，列于六畜之首。你整天吃了又睡，睡了又吃，就像一头小猪猡，猡猡猡猡。"

一边说，一边用嘴直拱小庄周。

小庄周听不懂妈妈的话，却被妈妈拱得咯咯笑个不停。

庄全抱着小庄周，去见子綦："去年田午叱骂周显王，今年赵成侯、韩懿侯征伐洛阳。先生如何看待？"

子綦说："东周王室虽然权威尽失，但是诸侯叱骂周王，征伐周都，均属史无前例。东周王朝，恐怕已经时日无多。"

庄全忧心忡忡："王朝更替，必将天下大乱。"

子綦接过小庄周，抱在手里，喜爱之极，顺口念诵《老子》："含德之厚者，比于赤子。"

庄全说："先生如此喜爱庄周，莫非看出庄周身负异禀？"

子綦说："婴儿的先天真德，大同小异。人之大异，在于后天能否葆守真德，不在先天真德厚薄。若能长葆先天真德，则薄者若厚。若是丧失先天真德，则厚者若薄。所以《老子》有言：'恒德不离，复归于婴儿。'"

庄全说："先生精通《归藏》、《周易》，可否为庄周占上一卦，看看他一生吉凶如何？"

子綦说："《归藏》仅仅昭示天命，从不卜筮人运。《周易》仅仅卜筮人运，然而遮蔽天命。如果不知天命，卜筮再精，仍难预知人运之吉凶。一旦领悟天命，无须卜筮，就能预知人运之吉凶。"

庄全大为失望，看着无忧无虑的儿子，充满忧虑。

三　赵韩劫王周分二国，栎阳雨金秦祭五帝

前367年，岁在甲寅。庄周三岁。宋桓侯十四年。

周显王二年（周分为二）。秦献公十八年。楚宣王三年。魏惠王三年（晋悼公二年）。韩懿侯八年。赵成侯八年。田齐桓公九年（姜齐幽公八年）。燕桓公六年。鲁恭公十六年。卫成侯五年。越王初无余之六年。中山桓公三十六年。

西周威公姬竈死了，在位四十八年（前414—前367）。

太子姬朝继位，即西周惠公。

庶弟姬根发动叛乱，与兄争位，导致西周威公九个月不得安葬。

赵成侯、韩懿侯出兵支持姬根，迫使周显王把王都洛阳（今河南洛阳）和仅剩的辖地巩县（今河南巩义市），全部封给姬根，称东周国。

姬根成为东周国开国之君，即东周惠公。

庄全请教子綦："东周朝与东周国，究竟是何关系？"

子綦说："说来话长。七十二年前，周定王姬介（前468—前441在位）死后，太子姬去疾继位，即周哀王。三个月后，周哀王之弟姬叔弑兄篡位，即周思王。五个月后，周思王之弟姬嵬又弑兄篡位，即周考王（前440—前426在位）。周考王担心幼弟姬揭也想弑兄篡位，于是把洛阳西面的河南之地封给姬揭。东周朝之下，从此多出一个西周国。姬揭是西周国开国之君，即西周桓公（前439—前415在位）。西周桓公姬揭死后，太子姬竈继位，即西周威公。如今西周威公姬竈死了，太子姬朝继位为西周惠公，庶弟姬根争位，得到赵成侯、韩懿侯支持，周显王被迫把所有辖地封给姬根。姬根成了东周国开国之君，即东周惠公。东周朝之下，从此又多出一个东周国。"

庄全问:"赵成侯、韩懿侯既然支持西周国二子争位,应该废黜太子姬朝,让庶子姬根继位为西周国君,为何强迫周显王把所有辖地封给姬根,另立一个东周国?"

子綮说:"赵成侯、韩懿侯不想继续听命魏国,于是前年趁着魏武侯二子争位,打算分魏为二,由于意见不合而失败。赵成侯、韩懿侯不想继续尊奉晋君为三晋宗主,于是前年把晋君迁至屯留。赵成侯、韩懿侯不想继续尊奉周王为天下共主,于是去年围攻王都洛阳,今年趁着西周国二子争位,把东周王朝分为两个公国。"

庄全感叹:"周显王继位以后,试图重振天子威仪,结果先被田午辱骂,后被赵成侯、韩懿侯征伐,如今又被赵成侯、韩懿侯剥夺所有辖地,沦为独守王宫的孤家寡人,变成了寄居东周国的房客,再无'普天之下,莫非王土;率土之滨,莫非王臣'的威仪。东周王朝已经名存实亡!"

子綮说:"晋国太史屠黍,很多年前就已预见今日之变。"

庄全说:"愿闻其详。"

子綮细说原委——

晋幽公十五年(前414,西周威公元年),晋国太史屠黍离开晋国,出奔西周国。

西周威公刚刚即位,请教屠黍:"当今天下诸侯,哪个最先亡国?"

屠黍说:"晋国。"

西周威公问:"是何缘故?"

屠黍说:"晋幽公骄奢淫佚,毫无德义。我先进言:'日月星辰的运行混乱,这是天象在对主公示警!'晋幽公说:'这与寡人何干?'我又进言:'如今大臣多行不义,百姓都有怨气,这是人事在对主公示警!'晋幽公又说:'这与寡人何干?'我再进言:'如今主公不用贤良,邻国不服,这是外境在对主公示警!'晋幽公又说:'这与寡人何干?'晋幽公违背天时地利人和,无视亡国先兆,所以晋国最先灭亡。"

三年以后(前411,西周威公四年,晋幽公十八年),晋幽公半夜出宫,与妇人淫乱，被其秦国夫人嬴氏弑杀。魏文侯趁机以戡乱为名，另立晋烈公。晋国从此名存实亡。

西周威公又请教屠黍："接下来，哪个诸侯最先亡国？"

屠黍说："白狄中山。"

西周威公问："是何缘故？"

屠黍说："天地生人，必须上下有序，男女有别，这是人类异于禽兽之处。白狄中山的胡人风俗，君臣不分上下，男女也无分别，以昼为夜，以夜继日，无休无止，纵情享乐，歌舞好悲。君主不知其恶，乃是亡国之征，所以白狄中山必将最先灭亡。"

三年以后（前408，西周威公七年，魏文侯十六年），魏文侯命令乐羊征伐白狄中山，三年后伐灭。

西周威公又请教屠黍："接下来，哪个诸侯最先亡国？"

屠黍不答。

西周威公再问。

屠黍说："君侯之国！"

西周威公大为恐惧，寻访贤人，拜义莳、田邑为卿相，命史骐、赵骈为谏臣，去除苛刻法令三十九条。再次请教屠黍："寡人如此作为，能否免于亡国？"

屠黍说："国家即将兴盛，上天就会赐予圣贤之士和谏诤之士。国家即将灭亡，上天就会降予祸乱之人和谄谀之人。君侯能知戒惧，终君之身可免亡国！"

子綦说："今年西周威公死去，果然二子争位，东周王朝分裂为二公国。"

庄全大惊："屠黍为何能够未卜先知，预言一再应验？"

子綦说："屠黍与老聃一样，都是太史。殷商以来，太史执掌天文历法和人事卜筮。《归藏》用于天文历法，天道循环，不占即知循环。龟卜用于卜筮人事，人道吉凶，卜筮乃知吉凶。天道循环，超越人道交替。周人仅知《周易》可以卜筮人道吉凶，不知《归藏》可以预知天道循环。"

三 赵韩劫王周分二国，栎阳雨金秦祭五帝

秦都栎阳，下了一场陨石雨，陨石里面含有金属。

群臣拜贺："七年前周太史儋预言秦必代周，此后多有祥瑞相应。前年地出花瑞，预兆秦国阳气大盛。今年天降金瑞，预兆秦国以金为兵。主公只要祭祀白帝，必能以金为兵，击败中原诸侯。"

秦献公大喜，于是建造畦畤，祭祀白帝。

庄全请教子綦："中原诸侯无不祭祀黄帝，秦君为何独祭白帝？"

子綦说："商代信仰五帝教，以五行、五方、五色配五帝：东方木，配青帝；西方金，配白帝；南方火，配赤帝；北方水，配黑帝；中央土，配黄帝。周灭商后，废除商代五帝教，确立周代一神教，独祭东方青帝，改名东皇泰一，奉为唯一天帝。西周王室强大，诸侯无不放弃商代五帝教，改信周代一神教。但是周天子独享在东岳泰山祭祀泰一天帝的特权，诸侯不得僭祭。诸侯只能在国中立坛，祭祀中央黄帝，以示臣服居于天下之中的周天子。秦君迟至东周始封诸侯，其时东周王室已弱，所以秦君没有改信周代一神教，仍然信仰商代五帝教。秦人居于中原之西，所以独祭西方白帝。"

庄全问："秦人既然信仰商代五帝教，应该明白商王独享祭祀五帝的特权，诸侯不得僭祭，怎能僭祭白帝？"

子綦说："秦襄公护送周平王东迁洛阳，因功封为诸侯，成为秦国开国之君，立都犬丘，即在犬丘建造西畤，僭祭白帝。随后秦文公迁都秦邑，又在秦邑另建鄜畤，继续僭祭白帝。后来秦德公迁都雍城，秦宣公不满足于仅仅僭祭白帝，除了在雍城另建武畤以僭祭白帝，又增建密畤以僭祭青帝，又增建好畤以僭祭黑帝。后来秦灵公迁都泾阳，又在吴阳增建上畤以僭祭赤帝，增建下畤以僭祭黄帝。从此秦人同时僭祭五帝，显露代周为王之志。秦献公迁都栎阳以后，先有周太史儋作谶媚秦，后有今年栎阳雨金，于是又在栎阳另建畦畤以僭祭白帝。历代秦君僭祭的白帝，仅是五帝之一，其位低于中央黄帝，更低于东皇泰一。如今秦献公僭祭的白帝，已经高居另外四帝之上，再次显露代周为王之志。"

庄全问："东周礼崩乐坏，诸侯违背周礼，孔子之徒无不贬斥。为何秦国违

背周礼僭祭五帝，孔子之徒从不贬斥？"

子綦说："孔子之徒仅仅在乎中原诸侯违背周礼，并不在乎僻处西鄙的秦国违背周礼。"

庄全看着蹒跚学步的庄周，充满忧虑。

庄周三岁，吮着手指，浑然不知世事险恶。

四　苏宫落成蔡姬娱民，杨朱过宋子綦会友

前366年，岁在乙卯。庄周四岁。宋桓侯十五年。

周显王三年。秦献公十九年。楚宣王四年。魏惠王四年（晋悼公三年）。韩懿侯九年。赵成侯九年。田齐桓公十年（姜齐幽公九年）。燕桓公七年。鲁恭公十七年。卫成侯六年。越王初无余之七年。中山桓公三十七年。

年初，春汛大发。黄河龙门之水，泛红三天，然后恢复原样。

魏惠侯在与秦相邻的魏国边邑武堵（今陕西华县）修筑城墙。又往韩邑宅阳（今河南荥阳东南）会见韩懿侯，随后魏、韩联合伐秦，在秦邑洛阴（今陕西大荔）被秦军击败。

赵成侯伐齐，战于阿邑（今山东阳谷）。

今年是西周惠公元年，也是东周惠公元年。

西周惠公姬朝，东周惠公姬根，均为西周威公姬竈之子，去年争位，分周为二。为了争夺正统，谥号都是惠公。

东周国开国以后，一直与西周国敌对。

宋桓公二十六岁，为母服丧三年已毕。即位十五年，终于亲政。

戴驩再无理由继续专权，被迫归政。

戴剔成上朝，献策宋桓公："主公亲政，气象一新，恰好新宫建成，可为新宫取一嘉名，必定大吉大利。"

宋桓公说："寡人沉睡已久，如今苏醒，可名苏宫。"

宋桓公亲自主持苏宫落成典礼，命令宠姬蔡姬表演歌舞，允许宋国臣民观赏。

其时风靡天下的郑卫之音，好作悲歌，因为悲歌感人至深，催人泪下。天下诸侯，无不以悲求乐。然而蔡姬的歌舞，不作悲歌。观者闻之，均无悲色，无不欢悦。

宋桓公处境已悲，不欲以悲求乐，认为蔡姬的欢歌乐舞大吉大利，于是重赏蔡姬。

庄全请教子綦："孔子迷恋西周雅乐，聆听以后三月不知肉味，痛恨郑卫之音，斥为亡国之音，担心郑卫之音取代西周雅乐，声称最为厌恶紫之夺朱。但是韩哀侯灭郑、赵成侯残卫以后，郑卫乐工流散天下，郑卫之音反而彻底取代了西周雅乐，是何原因？"

子綦说："我讲个故事，你就会明白。"——

魏文侯请教国师子夏："寡人在庙堂之上，冠服端正，正襟危坐，聆听西周之乐，为何越听越疲倦，昏昏欲睡？寡人在寝宫之中，便服去冠，随意而坐，欣赏郑卫之乐，为何越听越兴奋，不知疲倦？"

子夏说："主公在庙堂之上所听西周古乐，进退有序，乐音和正；始奏以文，终奏以武；文武之道，一张一弛；文则治民，武则治乱；先之以正，归之于雅。君子聆听西周古乐，可以遵循古道，修身齐家，平治天下。主公在寝宫之中所听郑卫新音，进退无序，乐音奸滥；始奏沉溺，终奏不止；倡优子女之术，不知君臣父子。聆听郑卫新音，不能遵循古道，不能修身齐家，平治天下。主公问的是乐，好的是音。乐、音固然相近，实质大为不同。"

魏文侯问："有何不同？"

子夏说："圣人立父子，正君臣，确立纲纪。纲纪既正，天下大定。天下大定，然后正六律，和五声，弦歌《雅》、《颂》。《大雅·文王之什》有言：'莫其德音，其德克明。克明克类，克长克君，王此大邦。克顺克比，比于文王，其德靡悔。既受帝祉，施于孙子。'可见有德之音才配称乐，无德之音不配称乐！主公喜欢无德之音,怎能成为有德之君?"

魏文侯问:"无德之音,从何而来?"

子夏说:"郑音好滥淫志,宋音燕女溺志,卫音趋数烦志,齐音傲僻骄志。四国之音,无不淫于色,害于德,所以不可用于庙堂之上,不可作为祭祀之乐。"

庄全问:"既然郑宋卫齐之音,无不淫于色,害于德,子夏为何不斥宋齐之音,仅斥郑卫之音?"

子綦说:"宋国是商代遗邦,齐国与周室异姓,郑、卫则与周室同姓,所以子夏无须贬斥宋齐之乐,仅斥郑卫之乐为靡靡之音、亡国之音,以此警告东周诸侯,殷鉴不远。"

庄全恍然大悟:"原来如此!"

子綦又说:"其实郑、卫、齐之乐,都受宋乐影响,而宋乐正是商乐。孔子、子夏反对郑卫之乐,实为反对商宋之乐。"

庄全大奇:"所言何据?"

子綦说:"殷商崇信鬼神,乐舞本为娱神,所以殷商乐舞热烈欢快,使人听了不知疲倦。周人崇信人文,乐舞不再娱神,转而成为人礼秩序,所以西周乐舞清雅恭敬,使人听了昏昏欲睡。但是西周人乐仅合人道,商宋天乐合于天道,所以东周诸侯在庙堂之上,不得不听合于人道的西周雅乐,在寝宫之中,喜欢听合于天道的东周新乐。而郑、卫、齐与宋相邻,所谓东周新乐、郑卫之音,实为商宋古乐。由于商亡于周,所以孔子把受到商宋古乐影响的郑卫之乐,视为亡国之音。否则当时郑卫未亡,怎能把郑卫之乐称为亡国之音?"

庄全大为信服:"我学儒之时,老师从未说过这些。"

魏人杨朱三十岁,带着十五岁的弟子子华子,来到蒙邑,住在曹氏旅店。

杨朱拜见子綦:"我师从老聃弟子庚桑楚,久闻先生是文子弟子,隐居泰山,传承泰道,一直无缘拜识。如今得知先生移居宋国,特来拜访。"

子綦说:"听说庚桑楚学成老聃之道以后,住在畏垒山,辞退骄矜的使女和自得的男仆,留下不骄矜的使女和不自得的男仆。三年以后,畏垒地区大获丰收。

真是神人之功啊！"

杨朱说："夫子住在蒙邑十多年，宋民也深受夫子熏陶。"

子綦说："我哪有如此德行？"

杨朱说："隔壁曹氏旅店的店主曹夏，有妾二人，一丑一美。曹夏宠爱丑妾，冷落美妾。我十分奇怪，问其原因。曹夏说：'美妾自矜其美而骄纵，所以我不视为美。丑妾自惭其丑而谦和，所以我不视为丑。'我告诫弟子：'行贤而无自贤之心，何往不受爱戴？'曹夏有此见识，岂非夫子熏陶所致？"

子綦说："与我无关。老聃之徒自知无知，如同曹夏的丑妾自知其丑，所以不敢骄矜自得。孔子之徒自矜其知，如同曹夏的美妾自矜其美，所以骄矜自得。当今君主一如曹夏，尽管不喜欢骄矜自得者，自己仍是骄矜自得者。"

杨朱说："先生之言，深得老聃之道精髓。说来惭愧，当年我师从庚桑楚，学成以后归魏，践行老聃之道，薄有微名，又往畏垒山面见庚桑楚。一路上我骄矜自得，旅店主人和客人都把我视为大人物。我一到旅店，店主立刻出门迎接。我一入旅店，男主人铺设坐席，女主人递巾送梳。客人避席侧身，烤火者避开灶旁，让我靠近灶口烤火取暖。我离开旅店，店主又送出很远。庚桑楚下山接我，在桥上与我相遇，仰天叹气：'原先以为你可以教诲，如今始知你不可教诲！'我不敢答话，跟随庚桑楚回到畏垒山，才敢请教：'请问夫子，弟子错在哪里？'庚桑楚说：'你神态傲慢，目光骄矜，谁愿与你共处？老聃有言，大白当如有污，盛德当如不足。你如此骄矜自得，岂是老聃之徒！'我羞愧变色，敬受教诲，返魏途中不再骄矜自得，不再被旅店主客视为大人物。店主不迎不送，客人与我争抢坐席。"

子綦说："知雄守雌，负阴抱阳，正是泰道精髓。庚桑楚得到老聃真传，先生又得庚桑楚真传，必能大弘泰道！"

杨朱离去以后，子綦向庄全提及杨朱在曹氏旅店的见闻。

庄全大为佩服："曹夏宠爱丑妾，冷落美妾，我虽然知道，却熟视无睹。杨朱一见，即有真知灼见，道行果然高深！"

子綦说："道在万物，无处不可悟道。"

四 苏宫落成蔡姬娱民，杨朱过宋子綦会友

庄全问："我有一事不明。世人无不喜欢被人视为大人物，老聃之徒为何不愿被人视为大人物？"

子綦说："被人视为大人物，久而久之必将缺乏自知，自视高人一等，自矜无所不知，不能自知无知，必将违背天道。《老子》有言：'知不知，上；不知知，病。圣人病病，是以不病。'老聃之徒，无不自知无知，反对强不知以为知。一旦强不知以为知，必定心无所容，坚执伪德，鼓吹伪道。只有自知无知，才能虚空其心，葆全真德，容受真道。"

庄周四岁，趴在地上，瞪大眼睛看着一只缓缓爬行的蜗牛。

五　魏惠伐宋攻取仪台，孟轲慕孔庄周敬墨

前365年，岁在丙辰。庄周五岁。宋桓侯十六年。

周显王四年。秦献公二十年。楚宣王五年。魏惠王五年（晋悼公四年）。韩懿侯十年。赵成侯十年。田齐桓公十一年（姜齐幽公十年）。燕桓公八年。鲁恭公十八年。卫成侯七年。越王初无余之八年。中山桓公三十八年。

魏惠侯召见公叔痤："四年前宋太后死去，相国谏阻寡人伐宋。宋桓公亲政四年，仍然亲楚，寡人已经失去耐心。"

公叔痤说："既然如此，我愿领兵伐宋！"

公叔痤领兵伐宋，攻取了仪台（今河南虞城）。

宋桓公询问群臣："寡人幼年即位，母后摄政，相国执政，不知当初为何改亲魏为亲楚，导致如今魏惠侯伐宋？"

戴骧辩解："春秋中期以后，晋、楚争霸天下，由于晋强楚弱，所以宋国亲晋敌楚较为有利。三家分晋以后，魏、楚争霸天下，由于魏国仅有三分之一晋地，变成楚强魏弱，所以宋国亲楚敌魏更为有利。"

宋桓公说："三家分晋之初，魏国仅有三分之一晋地。魏文侯变法以后，拓地千里，难道还是魏弱楚强？"

戴骧继续辩解："楚国方圆五千里，魏文侯拓地千里，仍然不过方圆两千里。何况乐羊伐灭的中山，不属魏国本土。吴起伐取的秦国河西七百里地，仅在魏国西部。魏都安邑远在强大的魏国西部，仅有弱小的魏国东部与宋相邻。宋国如果继续亲魏敌楚，一旦楚、齐、赵、韩伐宋，魏军远水救不了近火。所以我禀明太后，改为亲楚敌魏。"

宋桓公转问群臣："相国之言，是否有理？"

戴盈、戴不胜面面相觑，都不说话。

戴剔成打破僵局："相国之言，确有道理。"

宋桓公明白群臣不敢反对戴骥，只好说："亲楚虽有道理，但是相国不该派遣公孙颀游说赵、韩，支持公中缓争位。否则宋国即使亲楚，魏惠侯也未必伐宋。现在有何良策？"

戴骥再次辩解："我派遣公孙颀游说赵、韩支持公中缓，意在削弱魏国，但又避免与魏国公开敌对。如今魏军来伐，可以向楚求救。"

戴剔成提出异议："楚宣王即位五年，十分软弱，仅知守住方城一线，不再兵出方城与魏争霸。向楚求救不但请不来救兵，反而更加激怒魏惠侯。不如诛杀公孙颀，向魏惠侯谢罪！"

宋桓公问戴骥："相国以为如何？"

戴骥感激戴剔成帮助自己度过了危机，立刻赞成："司城之策甚好！"

宋桓公提拔戴剔成担任右师，执掌兵权，领兵抵御魏军。诛杀公孙颀，派遣戴不胜使魏求和。

戴不胜出使魏都安邑，晋见魏惠侯："公孙颀内欺宋君，外结诸侯，未奉君命，擅自游说赵、韩乱魏，得罪君侯。敝国之君已经诛杀公孙颀，恳请君侯息怒退兵！"

魏惠侯大悦，命令公叔痤停止伐宋，移师伐韩，在浍邑（今山西侯马）击败韩军。

赵成侯不满魏惠侯征伐宋、韩，于是攻打亲魏的卫国，夺取了甄邑（今山东甄城）。

魏惠侯大怒，命令公叔痤停止伐韩，准备伐赵。

邹人孟轲八岁，与寡母相依为命。

孟轲三岁丧父，家境贫寒。孟母迁居城外，近于墓地。

孟轲见人丧葬，嬉游其间，助人挖掘墓穴。

孟母说："此地不宜吾子成长！"迁居城内，近于集市。

孟轲见人货卖，嬉游其间，助人吆喝买卖。

孟母说："此地不宜吾子成长！"迁居学宫之旁。

孟轲见人读书，嬉游其间，模仿儒生的进退揖让。

孟母大悦，教导孟轲："孔子两岁丧父，以君为父，践行周公之道。生前得到诸侯礼敬，死后被鲁哀公称为尼父！你三岁丧父，也应以君为父，读孔子之书，做孔子之徒，行孔子之道。"

孟轲从此终身敬慕孔子，师从孔子之孙孔伋的门人学儒。

庄周五岁，魏惠侯伐宋。

庄周首次遭遇战争，询问庄全："魏国为何攻打宋国？"

庄全说："你还太小，我无法让你明白。跟我去见南伯，让他告诉你！"

庄全带着庄周，去见子綦："我当年离楚至宋，乃是因为宋国很少卷入诸侯乱战。客居宋国十七年，魏、韩、赵、燕、齐、楚、秦不断交战，宋国一直未曾卷入，魏惠侯为何伐宋？"

子綦说："宋国处于天下之中，乃是四战之地，很难免于征伐。何况戴骊相宋十几年，为了固位专权而叛魏亲楚，早已触怒魏武侯。魏武侯死后，戴骊又命公孙颀唆使韩、赵支持公中缓与魏惠侯争位，更加激怒魏惠侯，终于招来魏伐。"

曹夏过来通报消息："宋桓公已经诛杀公孙颀，向魏惠侯谢罪，魏军已退。"

子綦说："看来戴骊为了自保，抛出死党公孙颀做替罪羊。"

曹夏感叹："假如墨子在世，魏惠侯必定不敢伐宋！"

庄周问："墨子是谁？"

庄全说："墨子是宋国先贤，墨家祖师，曾经制止楚惠王伐宋。"

庄周说："我要听墨子的故事！"

庄全缓缓道来——

八十年前（前444），你高祖父之时，楚惠王（前488—前432在位）为了与晋争霸，重金礼聘鲁国大匠公输般（前507—前430），建造进攻城池的云梯，准备征伐亲晋敌楚的宋国。

宋国大贤墨子（前480—前390），当时三十七岁，已经创立墨家组织，总部设在宋国，任命弟子禽滑釐为墨子弟子的首领——巨子。

墨子得知楚国准备伐宋，步行十天十夜，从商丘赶到郢都，拜见公输般。

公输般问："先生见我何事？"

墨子说："宋国有个罪人，我想请先生杀了他！"

公输般不悦。

墨子说："愿以十金相谢！"

公输般说："我信守道义，从不杀人！"

墨子起身，拜了两拜："那么先生为何替楚惠王建造云梯，准备伐宋？难道先生信守的道义，不许杀死一个有罪之人，允许杀死众多无罪之人？"

公输般起身，拜了两拜："先生言之有理！但是楚惠王已经决定伐宋。"

墨子问："先生能否把我引见给楚惠王？"

公输般说："可以。"

墨子晋见楚惠王："有人自己原有好车，却偷窃邻人的破车；自己原有华服，却偷窃邻人的破衣；自己原有梁肉，却偷窃邻人的糟糠。大王以为如何？"

楚惠王说："那人不守道义，必有偷窃之病。"

墨子说："楚国方圆五千里，如同好车、华服、梁肉。宋国方圆五百里，如同破车、破衣、糠糟。大王却要伐宋，岂非与那人相同？"

楚惠王说："先生言之有理！但是公输般已经造好了伐宋的云梯。"

墨子说："大王伐宋，有违道义。虽有云梯，仍难取胜。"

楚惠王面露不信。

公输般面露自负。

墨子解下腰带，围成一圈，当做城墙，手持玉版，当做器械，与公输般演练攻守。

公输般的攻城战术变换九次，都被墨子的守城战术击败。

墨子说："你的攻城战术已经穷尽，我的守城战术远未穷尽。"

公输般微笑："我还有最后一招，但不想说。"

墨子也微笑："我知道你的最后一招，也不想说。"

楚惠王问："你们打什么哑谜？"

墨子说："公输先生以为，只要杀了我，就能攻破宋国。其实杀了我也没用，我的弟子禽滑釐，率领三百墨者，手持守城器械，正在商丘等待楚军。"

公输般无言以对。

楚惠王放弃伐宋。

庄周拍手大叫："墨子真是大英雄！"

子綦说："后面还有一件小事。墨子自楚返宋，回到商丘，恰逢下雨，想在城门里面避雨。城门小吏关上城门，不让墨子避雨。"

庄周问："为什么？"

子綦说："因为守城士兵不知道墨子是大英雄，救了宋国，也救了城门小吏。你想想，俗人不能防止众人得病，但能医治众人之病。圣人能够防止众人得病，所以无须医治众人之病。众人是感谢俗人，还是感谢圣人？"

庄周说："众人感谢俗人，因为众人不知圣人。"

子綦笑了："你比很多大人还要明白！"

六　秦献效戎恢复斩首，庄全述祖抱愧范蠡

前364年，岁在丁巳。庄周六岁。宋桓侯十七年。

周显王五年。秦献公二十一年。楚宣王六年。魏惠王六年（晋悼公五年）。韩懿侯十一年。赵成侯十一年。田齐桓公十二年（姜齐幽公十一年）。燕桓公九年。鲁恭公十九年。卫成侯八年。越王初无余之九年。中山桓公三十九年。

秦献公召见章蟜："魏惠侯凭借父祖两代之威，即位以后连伐韩、赵、宋、秦。寡人决定先发制人，命你领兵伐魏。但是吴起训练武卒以后，秦军长期败于魏军。没有非常手段，难以战胜强魏。你领兵伐魏，杀敌之后，立刻斩首！"

章蟜奉命伐魏，在石门（今山西运城）击败魏军，斩首六万。

赵成侯、韩懿侯尽管不满魏惠侯，得知秦军效法西戎，斩敌之首，无不大怒，立刻联合救魏。

章蟜不敢与三晋联军交战，凯旋栎阳。

秦献公大喜，命令史官把这一历史上首次斩首记录，著于《秦记》。用六万魏军之首，垒成一座首冢，纪念这一历史性胜利。

周显王不满三晋伐周、分周，苦于无力惩戒，于是遣使至秦，祝贺秦献公大胜三晋，赐予黼黻之服。

宋桓公去年借助魏国伐宋，采纳戴剔成之策，诛杀戴驩死党公孙颀。

戴驩党羽受到重创，迅速分化，纷纷投靠戴剔成。

戴驩年老体衰，权势日削，众叛亲离，失去了楚宣王支持。

庄周六岁，秦军首次胜魏，斩首六万。

庄全带着庄周，郑重拜见子綦，拜了两拜。

子綦深感意外："你我相识多年，何必拘于俗礼？"

庄全说："我有一件心事，久愧于心，一直不敢说出。"

子綦更加诧异："我不记得你曾对不住我。"

庄全说："不是我对不住先生，而是我的曾祖父庄生，曾经对不住先生的师祖范蠡。"

子綦大笑："我知道此事，也曾猜想你是庄生之后。此事早已过去，你为何久愧于心？"

庄全陷入回忆，说起那段往事——

范蠡是楚国宛邑人，我的朋友屈宜臼是楚国息县人。息县属宛邑管辖，范蠡乃是屈宜臼的同乡前辈。我家不仅与息县的屈氏是世交，也与宛邑的范氏是世交。我的曾祖父庄生，年轻之时是范蠡的至交好友。

后来范蠡离楚至越，助越灭吴，然后离越至齐，隐居海滨。父子治产数年，富甲齐国。齐人闻其贤名，聘其为相。范蠡不愿相齐，尽散其财而去，移居宋国定陶。定陶处于天下之中，是水陆交汇的天下第一商都。范蠡隐居定陶，应时转物，获取什一之利，富甲天下。天下皆称陶朱公。

范蠡共有三子，长子生于楚，次子生于越，幼子生于陶。

范蠡居陶之时，已经年老，老大掌管家事。

老二返楚祭祖，因事与人相争，误伤人命，被捕下狱，即将受刑。

范蠡说："杀人应该偿命，但是千金之子不能死于市井。"

即命幼子携带千金，往楚救兄。

范大请命往楚救弟，范蠡不允。

范大说："我是长兄，二弟有难，父亲不让我去，却让三弟去，是我不肖。"

打算自杀。

范妻劝说范蠡："老三未必能救老二，何必逼得老大先死？"

范蠡无奈，改命范大往楚救弟，郑重嘱咐："你一到郢都，先去拜见我的至友庄生。庄生廉洁正直，被楚惠王聘为国师。你只须交出千金，然后听命庄生，

六　秦献效戎恢复斩首，庄全述祖抱愧范蠡

切勿自作主张！"

范大唯恐千金不够，另带私蓄百金，前往郢都。

庄生住在郢都郊外，家境贫困，门外长满野草。

范大拜见庄生，交出千金。

庄生说："你快返回定陶，不要留在郢都！老二一旦获释，不要打听原因！"

范大辞去。

庄生嘱咐妻子："范蠡为救次子，让长子送来千金，不可挪用。事成以后，我再派人送到定陶，还给范蠡。"

庄妻问："为何不让范大直接带回千金，却要如此费事？"

庄生说："范蠡如果亲来，自然不必费此周折。范大不了解我，若不留下千金，不信我能救范二，就会转托他人，坏我大事。"

范大没有返回定陶，又入郢都。以私蓄百金，贿赂楚惠王近臣。希望双管齐下，确保万无一失。

庄生进城入宫，晋见楚惠王："我夜观星象，发现客星入犯楚国星野，不利于楚。"

楚惠王问："寡人应该怎么做，才能免除灾祸？"

庄生说："唯有推行德政。"

楚惠王说："国师请回，寡人明白了！"

立刻下令封存三钱之府。

近臣通报范大："大王听我之言，决定大赦。你弟弟误伤人命，并非死罪，也在大赦之列。"

范大问："怎能肯定必定大赦？"

近臣说："大王每次大赦之前，都要封存三钱之府。昨晚已经下令封存了三钱之府。"

范大又往郢都郊外，重访庄生。

庄生惊问："你为何不回定陶？"

范大说："二弟获救之前，我不敢离开。听说楚惠王即将大赦，特来辞别先生！"

庄生说:"既然如此,千金分毫未动,都在屋里。你取走吧!"

范大径直入屋,取走千金。

庄生大怒,又去晋见楚惠王:"大王欲行大赦,意在修德免祸,造福楚民。如今市井传言,都说富人陶朱公之子杀人获罪,重金贿赂大王左右,大王因此大赦,免其一死。"

楚惠王大怒:"寡人固然德薄,怎会为了一个富人之子而听信左右,妄施政令?今天先诛陶朱公之子,明天再行大赦!"

庄全说:"庄生没能救出范二,愧对范蠡,很快抱憾而死。几年前,我得知先生是范蠡再传弟子,不敢提起此事。但是心里一直不安,今天特来谢罪!"

子綦说:"我曾猜想庄生是你同宗,没想到竟是曾祖,实在失敬!庄生为此抱愧,你也为此不安,乃因你们不知后事。"

庄全惊问:"后事如何?"

子綦陷入回忆之中——

范大带着范二遗体回到定陶,范氏亲友无不痛哭,唯有范蠡大笑。

范妻大为生气:"老二死了,你为何不哭反笑?"

范蠡说:"我早已知道,老三救兄必成,老大救弟必败。"

范妻问:"同样是救,为何结果不同?"

范蠡说:"老大生在楚国,长于贫穷之中,过于吝惜钱财,所以救弟必败。老三生在定陶,长于富裕之中,一向轻视钱财,所以救兄必成。"

范妻问:"庄生是你至友,也不贪图千金,为何竟对老大取走千金动怒,又让老二重新入死?"

范蠡说:"庄生运转天机,老大不明,众人不知,你也如此。我深知庄生不会为了老二一人,淆乱楚国法律,所以让老大听命庄生,不可妄作主张。庄生劝说楚惠王大赦,乃是贤臣之正道,救出众多楚国犯人,顺便惠及老二。老大不听我言,不遵庄生之命,妄作主张,又去贿赂佞臣。如此一来,楚人必将相信,老二是获救于佞臣之邪术,众多楚国犯人顺便获救,仅是掩盖邪术的幌子。从此以后，邪术必将遮蔽正道，楚国法律将因一人之私而动摇。庄生宁愿负我所托，让老二服罪，也不愿让自己所行正道，反而推助了邪术。"

范妻恍然大悟。

范大羞愧无地。

庄全大惊："庄生反复提及抱愧范蠡，从未说过为何动怒。我们庄生后人，一直不理解庄生，没想到范蠡如此理解庄生。"

子綦笑了："庄生、范蠡均为老聃之徒，自然心意相通。"

庄全长揖再拜："我压在心头多年的石头，如今终于落地。但我仍有一疑，楚国庄氏是楚庄王后裔，人数众多，先生为何猜想庄生是我先祖？"

子綦指指听得入迷的庄周："因为庄周如此颖悟！"

七　宋桓有为兼用儒墨，庄周学弈初闻阴阳

前363年，岁在戊午。庄周七岁。宋桓侯十八年。

周显王六年。秦献公二十二年。楚宣王七年。魏惠王七年（晋悼公六年）。韩懿侯十二年（卒）。赵成侯十二年。田齐桓公十三年（姜齐幽公十二年）。燕桓公十年。鲁恭公二十年。卫成侯九年。越王初无余之十年。中山桓公四十年。

韩懿侯韩若山死了，在位十二年（前374—前363）。
太子韩武继位，即韩昭侯。
许异继续相韩。

秦献公召见章蟜："去年伐魏大胜，由于赵成侯、韩懿侯救魏，未竟全功。如今韩懿侯死去，正是伐魏良机。"
章蟜奉命再次伐魏，进攻魏国西部重镇少梁（今陕西韩城）。
韩昭侯正在为父治丧，无暇救魏。
赵成侯再次救魏，章蟜再次退兵。

宋桓公分化戴驩党羽以后，宋相戴驩与右师戴剔成的暗斗，趋于明朗。
宋桓公召见戴盈、戴不胜："前年魏惠侯伐宋，寡人诛杀公孙颀，终于化险为夷。如今寡人应该如何作为，才能免于诸侯征伐？"
戴盈是孔子之徒，于是献策："魏文侯师从孔子弟子子夏，子夏死后又师从子夏弟子田子方、段干木，重用子夏弟子李悝、吴起，得以富国强兵，称霸中原。此后天下诸侯无不仿效魏文侯，重用孔子之徒。孔子先祖乃是宋人，所以孔子创立的儒学，实为商宋之道。主公想要避免诸侯征伐，必须富国强兵，重用孔

子之徒。"

戴不胜是墨子之徒，于是献策："孔子虽是宋人后裔，却推崇周公制定的周礼，所以孔子创立的儒学，实为西周之道，并非商宋之道。宋人墨子创立的墨学，才是商宋之道。如今周王昏弱，周分为二，周礼崩坏，周道式微，周室诸侯无不背弃周道，重用墨子之徒。当今墨家巨子田襄子也是宋人，墨家总部设在宋国，弟子众多，势力强大。主公想要避免诸侯征伐，想要富国强兵，不应重用孔子之徒，而应重用墨子之徒。"

宋桓公兼采戴盈、戴不胜之言，重用大儒裘氏的弟子郑缓、墨家巨子田襄子的弟子惠盎。

庄周七岁，庄全不愿让儿子荒嬉无度，教以围棋。

棋枰对角，各置黑白二子。

父子对弈，庄周执黑先行。

子綦踱到对街，旁观棋局，微笑不语。

一局终了，庄全邀请子綦："庄周长棋很快，我已负多胜少。先生可否指点庄周一二？"

子綦毫不推辞，把对角两枚白子，换成黑子。

庄周大不服气："父亲与我分先，我已胜多负少。先生为何让我四子？"

子綦说："我先问你，棋枰为何预置四子？"

庄周搔搔头："父亲只说必须预置四枚座子，没说原因。"

子綦指指棋枰中心："这一点位，有无专名？"

庄周说："专名天元。"

子綦又问："座子之位，天元之位，有无总名？"

庄周说："总名星位。"

子綦又问："这五个点位，为何既有专名，又有总名？"

庄周又搔搔头："父亲也没说过。"

子綦又问："其他点位，有无专名、总名？"

庄周说："没有。"

子綦又问："为何少数点位既有专名，又有总名，多数点位既无专名，又无总名？"

庄周回答不出，转头看看父亲。

庄全说："先生的问题，问得十分奇怪。"

子綦说："万物之名，均有来历。围棋同样如此。"

庄周大为兴奋："父亲说过围棋的来历，相传为圣君唐尧发明。但我不明白，唐尧既然是圣君，应该忙于治国平天下，为何发明围棋？父亲说，唐尧的儿子丹朱不贤，荒嬉无度，所以唐尧发明围棋教导丹朱。我更不明白了，丹朱既然荒嬉无度，教他围棋岂非更加荒嬉无度？父亲说，他也不明白。"

子綦笑了："唐尧为了教导丹朱而发明围棋，不是希望丹朱沉迷游戏，而是希望丹朱领悟天道。"

庄周十分奇怪："下棋怎能领悟天道？"

子綦说："先说棋枰。唐尧发明的棋枰，纵横仅有九路。九是最大阳数，九九八十一个点位，对应的是所有星辰。五个重要点位，对应五个重要星辰，所以称为星位。棋枰中心的点位，对应的是永居天中、作为万物之元的北极星，所以称为天元。所有棋子围绕天元，对应的是所有星辰围绕北极星。纵横九路围成六十四格，一格对应一卦，就是伏羲六十四卦。伏羲六十四卦，乃是演示天文历法，亦即太阳围绕北极星旋转一年的轨道。太阳运行一年之道，即为天行之道。行棋之前预置的四枚座子，对应的是一年四季。每季的中心春分、夏至、秋分、冬至，对应的是泰、乾、否、坤四卦。其余六十卦，每卦六爻，合计三百六十爻，对应的是一年三百六十天。每季三个月九十天，对应的是十五卦九十爻。每个月三十天，对应的是五卦三十爻。"

庄周瞪大了眼睛，庄全也闻所未闻。

子綦又说："再说棋子。棋子分为黑白，乃寓阴阳。无论天上星辰，还是世间万物，均为浑沌一气化生。天道主宰浑沌一气，浑沌一气分判，分出阴阳二气。阴阳二气相交，衍生天地万物。天道无生无死，无始无终，循环往复，永恒不变。道生万物，无不有生有死，有始有终；气聚则生，气散则死，死后化为别物，所以生物有生死，死物有成毁，但是阴阳二气永无生死，循环往复，永恒变化。

棋子之行，对应的是元气之行。每子四气，气紧则危，气宽则安。生物必有二眼，死物必无二眼，棋之生死亦然。其余种种，不必赘述。行棋次序，执白先下，执黑后下，因为白为阳气，动而先行，黑为阴气，静而后应。"

庄周问："丹朱学棋以后，是否领悟了天道？"

子綦说："丹朱只把围棋当作游戏，没有领悟天道，唐尧只好禅位虞舜。九路棋枰变化太少，后人为了增加趣味，扩为纵横十九路，共计三百六十一点。扩大棋枰并非任意，中心一点天元，仍然对应北极；其余三百六十点，仍然对应一年三百六十天。但是棋枰扩大以后，后人不再明白唐尧发明围棋之意，乃是演示伏羲六十四卦，后人更不明白伏羲始画六十四卦之意，乃是演示天道天命，于是把伏羲六十四卦降格为卜筮人运的工具。后人又尊阳卑阴，认为先下者为卑，后下者为尊，于是把行棋次序，改为黑子先下，白子后下。这就把阳气先行，阴气后应，变成了阴气先行，阳气后应，违背了阴阳运行的根本原理。"

庄周问："如此说来，学棋就是学道？"

子綦说："正是。棋道隐寓太阳一年四季循环往复的天道。对应春分的泰卦，坤阴居上，乾阳处下，用柔，主生；对应秋分的否卦，乾阳居上，坤阴处下，用刚，主死。下棋者行泰用柔，其气必宽，气宽则生。下棋者行否用刚，其气必紧，气尽则死。"

庄周大为高兴："那我以后天天下棋，就能领悟天道了。"

子綦说："天天下棋，必将荒嬉无度。棋戏为技，从属于道。以道御技，技无不精。以技废道，技入魔道。学技仅是学道的辅助。技若不精，道必空疏。道为首，技为足，无首不知方向，无足不能近道。有技无道，方向必错，就会背道而驰。有道无技，方向虽对，仍然难以近道。"

言毕拍下一子，置于天元。

八　郑缓役人遣弟学墨，庄全适人命子习儒

前362年，岁在己未。庄周八岁。宋桓侯十九年。

周显王七年。秦献公二十三年。楚宣王八年。魏惠王八年（晋悼公七年）。韩昭侯元年。赵成侯十三年。田齐桓公十四年（姜齐幽公十三年）。燕桓公十一年（卒）。鲁恭公二十一年。卫成侯十年。越王初无余之十一年。中山桓公四十一年。

魏惠侯召见公叔痤："八年前赵成侯、韩懿侯支持公中缓叛乱，寡人一直耿耿于怀。如今宋桓公已经臣服，韩懿侯已经死去，寡人必须惩罚赵成侯！"

公叔痤谏阻："秦献公两度伐魏，赵成侯两度救魏，主公为何还要伐赵？"

魏惠侯不听，强命公叔痤为主将，巴宁、爨襄为副将，领兵伐赵。

公叔痤无奈，只好奉命伐赵。

韩昭侯服满除丧，正式即位。

许异上朝进言："魏惠侯比魏武侯更加横霸，不念赵成侯两度救魏击秦之恩，仍然不忘旧仇而伐赵。主公应该发兵救赵！"

韩昭侯听从其言，发兵救赵。

魏军在浍邑（今山西侯马）大败赵、韩联军，俘获赵将乐祚，攻取赵邑皮牢（今山西翼城）、列人（今河北肥乡）、肥邑（今河北藁城）。

魏国东境，逼近赵都邯郸。

魏惠侯大悦，亲自郊迎公叔痤，赏赐一百万亩良田。

公叔痤拒绝受赏："魏军强大，乃是吴起当年训练武卒之功。战胜赵、韩，

乃是巴宁、爨襄之功。我无尺寸之功！"

魏惠侯说："《老子》有言：'圣人无积，尽以为人，己愈有；既以与人，己愈多。'相国具有长者之风，既为寡人战胜强敌，又不忘前圣今贤之功，应该增加赏赐！"

增加赏赐公叔痤四十万亩良田，又赏赐巴宁、爨襄各十万亩良田，赏赐吴起后人二十万亩良田。

秦献公召见庶长国："寡人曾命章蟜两次伐魏，均因赵、韩救魏而被迫退兵。如今魏惠侯伐赵，韩昭侯救赵，魏军大败赵、韩。你可领兵再次伐魏，赵、韩必将不再救魏。"

庶长国奉命伐魏，再次围攻少梁（今陕西韩城）。

赵成侯、韩昭侯果然不再救魏。

魏惠侯命令公叔痤救援少梁。

魏军武卒原本长胜秦军，如今畏惧斩首，临阵溃逃，公叔痤兵败被俘。

魏惠侯为了保住少梁，不得不把少梁东南的繁庞（今陕西韩城东南）割让给秦国。

秦献公不敢逼魏过甚，于是撤围少梁，释放公叔痤。

公叔痤获释归魏，病重将死。

魏惠侯亲往相府探视："相国病危，已经不可讳言。何人可以继任为相？"

公叔痤说："我的门客商鞅，今年二十九岁。尽管年少，又是卫人，却是旷世奇才，可以继我为相。"

魏惠侯默然，起身告辞。

公叔痤又说："主公不用商鞅，最好立刻诛杀。否则商鞅转仕诸侯，必定不利魏国。"

魏惠侯佯装答应，出了相府，告诉左右："相国先劝寡人重用商鞅，后劝寡人诛杀商鞅，真是老糊涂了！"

公叔痤叫来商鞅："我先举荐你继我为相，主公没有答应。我又劝说主公杀你，主公已经答应。我是先公后私。你可速离安邑，逃回卫国！"

商鞅说："主公既然不听先生之言用我，又怎能听先生之言杀我？"

公叔痤死后，魏惠侯果然不用不杀商鞅，任命白圭为相。

商鞅继续留在安邑，与公子魏卬为友，研究李悝《法经》，学习富国强兵之术。

燕桓公死了，在位十一年（前372—前362）。

太子继位，即燕文公。

田齐桓公田午弑兄篡位，至今十四年，反对势力仍然强大。

田午肃清反对势力，清洗宗室群臣。弑杀了嫡母，即其父田侯和的正夫人，其兄田侯剡的生母。

宋桓公兼用儒墨，重用大儒裘氏的弟子郑缓，墨家巨子田襄子的弟子惠盎。

宋国士人闻风而动，不是师从裘氏学儒，就是师从田襄子学墨。

郑缓也命其弟郑翟，师从田襄子学墨。

郑翟不解："你学儒受到宋桓公重用，为何让我学墨？"

郑缓说："宋桓公兼用儒墨，乃因儒术以文治心，墨术以刑治身。惠盎学墨，受到重用，又命其弟惠施学墨。万一宋桓公改变国策，或者后一宋君改变国策，重儒不重墨，惠氏兄弟必将同时失宠。我学儒，你学墨，无论宋君是重儒不重墨，还是重墨不重儒，必有一人当令，均可光大郑氏门楣。"

郑翟大为折服，于是师从田襄子学墨。

惠盎之弟惠施，今年十九岁，天资卓绝，远胜其兄，是墨家巨子田襄子的杰出弟子。

庄周八岁，到了发蒙年龄。

庄全请教子綦："我不知庄周是应该学儒，还是应该学墨。"

子綦问："为何犹豫不决？"

庄全说:"我生于楚国,自幼学儒,所以想让庄周学儒。但是庄周生在宋国,宋国乃是墨家母邦,所以又想让庄周学墨。"

子綦问:"我一直奇怪,庄生乃是老聃之徒,范蠡之友,你为何自幼学儒?"

庄全说:"曾祖未能救出范蠡之子,抱愧而死。祖父认为老聃之道无用,于是让父亲学儒,我也如此。如今我客居宋国,入其国,随其俗。宋桓公兼用儒墨,所以庄周学儒也可,学墨也可。"

子綦问:"倘若宋桓公改变政策,或者下一位宋君改变宋桓公之策,既不重墨,也不重儒,岂非学儒也不可,学墨也不可?"

庄全说:"儒墨乃是当今两大显学,学儒学墨,均可安身立命。"

子綦说:"依凭外境,趋赴显学,干禄固然不难,但是无关安身立命。唯有因循真德,才能安身立命。"

庄全猛然醒悟:"先生言之有理!我暂时居宋,不该依凭外境,让庄周学墨,仍应因循真德,让庄周学儒。"

言毕兴冲冲而去。

子綦看着庄全背影,不禁失笑:"父亲的真德,岂是儿子的真德?"

庄周按照父命,师从裘氏学儒,先读《论语》。

裘氏教导庄周:"天下士人,大多学儒。宋国士人,大多学墨。当今天下,共有三道,除了孔子之道、墨子之道,另有老子之道。老子之道是狷者之道,无为退守,其弊在于不及。墨子之道是狂者之道,有为进取,其弊在于太过。孔子有言:'过犹不及。'孔子之道是叩其两端、允执厥中的中道,既非不及,亦非太过,完全无弊。士人学儒,必能安身立命!"

庄周回家,转告庄全。

庄全带着庄周,又去请教子綦:"先生以为裘氏之言如何?"

子綦微笑:"老聃之道,无为无不为。无为是退守,无不为是进取,实为中道,并无不及之弊。墨子之道,阳刚有余,确有太过之弊。孔子之道,阴柔有余,也有小过之弊。儒墨共同之过,乃是坚执有为人道,泯灭无为天道。"

庄全问:"儒书《易传》有言:'天行健,君子以自强不息。'先生以为也有小过吗？倘若人生无为，怎能自强不息？"

子綦说："《易传》为子夏之徒所撰，多悖道术。不过《易传》此言，略有道术遗意。"

庄全问："先生既然认为孔子之道小过，《易传》多悖道术，为何又认为《易传》此言仍有道术遗意？"

子綦说："因为第一句主张无为，第二句主张无不为，合于老聃之道。"

庄全大惑不解："恕我愚钝，两句似乎都是主张有为，均非主张无为。"

子綦说："你自幼学儒，所以把第一句误读为'天，行健'，以为与第二句'君子以自强不息'相同，都是主张有为。其实第一句读做'天行，健'。'天行'之义，就是无为天道之运行。'健'之义，就是无为天道之运行强健。第二句'君子以自强不息'之义，才是君子有为而自强不息。两句意为：无为天道运行强健，永恒不息；君子首先遵循天道而无为，其次自强不息而无不为。"

庄全大惊："先生尽管言之成理，我仍有一疑：天道运行强健而永恒不息，怎能视为无为？"

子綦说："天道运行强健而永恒不息，不为尧存，不为桀亡，不偏一人，不偏一物，正是无为。天道唯有无为，才能运行强健，永恒不息。天道唯有无不为，才能造化天地，繁衍万物。所以天地万物均应仿效天道之无为，亦即顺应天道而无为。天地万物又应仿效天道之无不为，亦即因循内德而无不为。因为物德禀自天道，因循内德而无不为，正是顺应天道而无为。唯有首先顺应无为天道，领悟'天行，健'，然后才能因循无不为的物德，'君子以自强不息'。尧舜的有为，桀纣的妄为，均属悖道丧德，程度尽管有异，本质并无不同。"

庄全说："先生把圣王尧舜，与恶君桀纣等量齐观，似乎难以服人。"

子綦微微一笑，不再多言。

庄周听了，不知父亲和子綦谁是谁非。

九　赵韩伐秦魏迁大梁，庄读《诗经》质疑君臣

前361年，岁在庚申。庄周九岁。宋桓侯二十年。

周显王八年。秦献公二十四年＝秦孝公元年。楚宣王九年。魏惠王九年（晋悼公八年）。韩昭侯二年。赵成侯十四年。田齐桓公十五年（姜齐幽公十四年）。燕文公元年。鲁恭公二十二年。卫成侯十一年。越王初无余之十二年（弑）。中山桓公四十二年。

年初，赵成侯、韩昭侯为了阻止秦军凭借斩首之威危及中原，联合伐秦。

秦献公嬴师隰，刚刚开始图强，即遭赵、韩共伐，忧急而死。在位二十四年（前384—前361），实计二十三年。

二十一岁的太子嬴渠梁继位，即秦孝公。当年改元。

四月甲寅（初三），魏惠侯把魏都从西部的安邑（今山西夏县），迁至东部的大梁（今河南开封）。

宋桓公急召群臣问策："魏惠侯为何迁都大梁？"

戴剔成说："秦献公连年伐魏，赵、韩无不救魏。去年魏惠侯击败赵、韩，秦献公趁机伐魏，赵、韩不再救魏。魏惠侯无力独自抗秦，于是避秦东迁。"

戴骥不同意："迁都乃是大事，并非想迁就迁。三年前秦献公第一次伐魏，赵、韩救魏。去年秦献公第三次伐魏，赵、韩不救魏，魏惠侯怎么可能今年避秦迁都？九年前魏惠侯即位以后，就已开始建筑大梁城、大梁宫、夹林、兰台，筹备迁都。"

宋桓公问："魏惠侯如果并非避秦，为何迁都？"

戴驩说:"为了争霸天下,代周为王!大梁宫的规格,不仅僭越周礼规定的诸侯宫殿规格,而且超过了洛阳王宫的规格。三家分晋以后,赵国在北,韩国在南,魏国居中。魏文侯东灭中山,西伐秦国,攻取河西七百里地,秦国退守函谷关以西。其时三晋团结,魏国东部处于韩、赵之间,十分安全,所以魏文侯定都安邑,重点防范秦国。但是秦简公、秦惠公、秦出公时期,秦国内乱不止,对魏毫无威胁。秦献公平定内乱以后,仍然无力收复河西七百里地。魏武侯不再满足于仅为三晋盟主,试图称霸中原,导致三晋离心。韩国原与洛阳相邻,拥有控制周王的地理优势。赵敬侯把赵都从晋阳(今山西太原)南迁邯郸(今河北邯郸),正是为了靠近洛阳,与韩国争夺对周王的控制权。近年赵、韩先伐周,后分周,都是为了控制周王。魏惠侯不愿赵、韩捷足先登,安邑又离洛阳太远,难以与韩、赵争夺对周王的控制权。况且田齐封侯以后,与魏争霸中原,不断征伐魏国东部。因此魏惠侯即位之初,为了控制周王,争霸天下,代周为王,即已决定东迁大梁。"

宋桓公说:"相国言之有理!但是相国曾说,当年亲楚敌魏,乃因魏都安邑处于靠近秦国的魏国西部,不在靠近宋国的魏国东部。四年前魏都远在安邑,魏惠侯尚且伐宋,寡人诛杀公孙颀,魏兵始退。如今魏惠侯东迁大梁,与宋近在咫尺,宋国继续亲楚敌魏,岂非将成魏惠侯首伐之国?"

戴驩诚惶诚恐:"彼一时,此一时。我没料到今日之变。"

戴剔成打圆场:"相国当年亲楚,固有当年之宜。如今形势不同,自应调整国策。"

宋桓公问:"右师以为,应该如何调整?"

戴剔成说:"魏为中原霸主,楚为天下霸主,均为宋之强邻。相国长期亲楚,容易招来魏伐。主公如果立刻亲魏,又易招来楚伐。魏惠侯东迁大梁,并非针对宋国,而是针对赵、韩、齐、楚。主公不妨先看赵、韩反应,再看齐、楚反应,然后根据诸侯动向,调整国策。"

宋桓公听从戴剔成,静观诸侯如何因应魏都东迁。

魏惠侯东迁大梁,采纳白圭之策,区别对待赵、韩。

对长期敌魏的赵成侯示好，把以前伐赵所侵的榆次（今山西榆次）、阳邑（今山西太谷），还给赵国。

对近年叛魏亲赵的韩昭侯强硬，立刻伐韩，攻取了泫氏（今山西高平），改名高平。

韩昭侯采纳许息之策，亲往巫沙（今河南荥阳北）朝拜魏惠侯。

魏惠侯大悦，停止伐韩。

庄周九岁，继续师从裘氏学儒。

裘氏说："去年发蒙识字，已读《论语》，今年开读六经。孔子有言：'不学《诗》，无以言。'先读《诗经》，浏览十五《国风》，重点研读《雅》、《颂》。"

庄周有疑："《小雅·北山》说：'普天之下，莫非王土；率土之滨，莫非王臣。'天下之土，为何全都属王？天下之人，为何生而为臣？"

裘氏说："一贯三才谓之王，君王主宰天地人三才，所以孔子有言：'君子有三畏：畏天命，畏大人，畏圣人之言。'大人尚须敬畏，何况君王？"

庄周仍然有疑："同样是人，为何有人天生是主宰臣民的君王，有人天生是被君王主宰的臣民？为何臣民必须敬畏君王，君王不必敬畏臣民？"

裘氏大怒："胡言乱语，大逆不道！"

庄周受到训斥，回家又问庄全。

庄全说："孔子不言天道，仅言人道，老聃兼言天道、人道。裘氏是孔子之徒，所以仅提孔子之言，不提老聃之言，难怪你会有疑。裘氏若是提及老聃之言，你就不会有疑。《老子》同样有言：'人之所畏，亦不可以不畏。'又说：'道大，天大，地大，王亦大。域中有四大，而王居其一焉。人法地，地法天，天法道，道法自然。'你看，道、天、地、王，合称四大。既然人人敬道、敬天、敬地，当然应该人人敬王。"

庄周说："《老子》之言，仍很可疑。既然前面说'王亦大''王居其一'，为何后面不说'王法地'，却说'人法地'？"

庄全被问住了，只好带着庄周去问子綦。

子綦告诉庄全:"我对你说过,你读的是《老子》伪本。《老子》原文,前一句是:'人之所畏,亦不可以不畏人。'意为,既然臣民敬畏侯王,那么侯王也不能不敬畏臣民。后一句是:'道大,天大,地大,人亦大。域中有四大,而人居其一焉。人法地,地法天,天法道,道法自然。'意为,道生万物,无不尊贵。侯王如果自居尊贵,臣民如果自居卑贱,全都违背天地之道。"

庄全大惊:"为何《老子》会有伪本?"

子綦说:"孔子之徒,尤其是子夏之徒,鼓吹君尊臣卑的否术,反对君柔臣刚的泰道,所以把《老子》原文'亦不可以不畏人'改成'亦不可以不畏'。删去一字,其义立刻反转,变成了:既然人人敬畏君王,那么我也不能不敬畏君王。又把《老子》原文'人亦大''人居其一',改成'王亦大''王居其一'。老聃原义是人人都与道、天、地一样尊贵,篡改二字,其义立刻反转,变成了:只有君王才与道、天、地一样尊贵,其他人都天生卑贱。《老子》伪本,完全违背老聃原义!"

庄全没想到一向平和的子綦,竟然如此激愤,惊愕得说不出话。

子綦摸摸庄周的脑袋,笑了:"你竟然无师自通,看出《老子》伪本不通,真是异才!"

年底,越国又发生了近年以来的第四次弑君。

十余年前,越王翳及其长子越王诸咎、次子越王孚错枝,四年之内连续被弑。越王翳的三子王子搜不愿为王,被大夫寺区逼迫而继位,即越王初无余之。

初无余之另有一弟,即越王翳的幼子王子豫。

初无余之也有四子,长子立为太子。

王子豫眼看三位兄长相继为王,也想继兄为王,于是向初无余之进谗:"太子似有仿效诸咎之心,大王不可不防!"

初无余之听信其谗,诛杀长子,改立次子为太子。

王子豫又进谗。初无余之又诛杀次子,改立三子为太子。

王子豫又进谗。初无余之又诛杀三子,改立幼子无颛为太子。

王子豫又进谗。初无余之将信将疑,不忍诛杀仅存的幼子。

大夫寺区已死，其弟寺忠执掌兵权，献策太子无颛："大王轻信王子豫，已诛太子三兄。太子危在旦夕！"

无颛大恐，命令寺忠攻破王宫，诛杀了王子豫，弑杀了初无余之。

初无余之临死叹息："寡人不听王子豫之言，不忍诛杀幼子，终于难逃弑杀之祸！"

初无余之被弑，在位十二年（前372—前361），神主牌位入于太庙，死称莽安。

无颛弑父篡位，即越王无颛。

裘氏大怒："越人连弑四君，成何体统！"

庄周问："被弑的越王，为王之前名叫王子搜，为王之后名叫初无余之，被弑之后名叫莽安。一王为何三名？"

裘氏说："越人是断发文身的南蛮，一王三名不合周礼，乃是毫无道理的蛮风夷俗！"

庄周不敢再问，回家又问庄全："裘氏不告诉我一王为何三名，只说一王三名不合周礼。"

庄全说："裘氏精通周礼，所言一定不错。"

庄周说："但我更想知道一王为何三名，南伯一定愿意告诉我。"

言毕奔向对街。

庄全也想知道，跟着走到对街。

子綦大笑："你凡事都要追问究竟，难怪裘氏不喜欢你！越国王子，全都有名有字，这与中原相同。比如越王翳四子，各有其名，即诸咎、孚错枝、搜、豫；又各有其字，即伯、仲、叔、季。越国王子一旦成为越王，另有生称、死称，这与中原不同。比如越王勾践，生称是勾践，死称是菼执。越王不寿，生称是不寿，死称是盲姑。王子搜，其名为搜，其字为叔，成为越王以后，生称是初无余之，死称是莽安。如今的越王，同样有名有字，但是不让外人知道，目前仅知生称是无颛，死后当然另有死称。"

庄周问："越王的名字，为何不让外人知道？"

子綦说:"这是初民萨满教遗风。萨满教认为,他人死后为鬼,祖先死后成神。巫蛊诅咒之术,就是借助鬼神之力,诅咒仇人致病致死。欲施巫蛊诅咒,先须制作人偶,上书仇人之名。初民认为,不书仇人之名,鬼神无法准确施害,诅咒必定无效。为了预防仇家施以巫蛊诅咒,避免孩童夭折,孩童均以排行为字,暂不取名。成丁以后,才会取名,但是仅为长辈亲友所知。平辈亲友虽知其名,仍然仅称其字,称名即为不敬。庶民的排行是老大、老二、老三、老四,士人的排行是伯、仲、叔、季,其意相同。排行天下通用,无法施以巫蛊诅咒。"

庄周又问:"越国王子为王之后,为何另有生称、死称?"

子綦说:"仍是初民萨满教遗风。萨满教认为,君王生前为王,当用生称替代其名,以防巫蛊诅咒。君王死后成神,当用死称替代生称,以便庇佑子孙。商代多神教,与初民萨满教略有不同,就是区分君王、臣民,臣民死后为鬼,商王死后成神,所以商王死后无不称帝。周代一神教,又与商代多神教大为不同,首先区分人王、天帝,人死无不为鬼,不再成神,所以周王死后不再称帝,各有专用死称,即按周公制定的谥法,选取专用谥号;其次区分君王、臣民,臣民死后为鬼,采用通用死称,父死称考,母死称妣。假如臣民没有子嗣,无人称其考妣,就是孤魂野鬼。越人僻处南鄙,仍奉初民萨满教,不奉中原的商代多神教和周代一神教,所以越王死后成神,既不称帝,也不称谥,各有专用死称。"

庄周拍手大笑:"南伯真是无所不知!"

子綦肃然正色:"宇宙广大,天道无极,没人无所不知!唯有自知无知,方能略多其知。"

庄全大为惊骇:"先生为何如此了解蛮风夷俗?"

子綦说:"蛮风夷俗,仅是异于中原如今通行的周礼,但是多与中原曾经通行的夏礼、商礼相关。道家出于史官,熟知三代之礼,所以孔子曾向老聃问礼。儒家专崇周礼,把夏礼、商礼视为非礼,乃是囿于一方一隅之陋,自矜一时一地之知。万物尽管殊理,天下其实同道。"

十　戴驩罢相剔成专权，庄读《尚书》质疑本末

前360年，岁在辛酉。庄周十岁。宋桓侯二十一年。

周显王九年。秦孝公二年。楚宣王十年。魏惠王十年（晋悼公九年）。韩昭侯三年。赵成侯十五年。田齐桓公十六年（姜齐幽公十五年）。燕文公二年。鲁恭公二十三年。卫成侯十二年。越王无颛元年。中山桓公四十三年。

魏惠侯去年东迁大梁，归还了以前侵赵之地。
今年魏惠侯伐齐，赵成侯助魏伐齐。

东周惠公姬根死了，在位七年（前366—前360）。
太子姬杰继位，即昭文君，东周国第二代国君。

秦孝公二十二岁，举行冠礼，身佩宝剑。
周显王遣使观礼，希望秦国扶助周室。
秦孝公得到周显王支持，雄心勃勃，决心继承父志，恢复秦穆公霸业，收复被魏侵夺的河西七百里地。于是颁布招贤令："从前秦穆公修德行武，东平晋乱，以黄河为界；西霸戎狄，辟地千里；被周天子尊为霸主，中原诸侯来贺，为后世开立基业，非常光荣美好。不幸秦厉公、秦躁公、秦简公、秦出公祸乱国政，内忧不断，无暇抵御魏国征伐，失去河西七百里地。从此秦国受到山东诸侯鄙视，羞耻莫此为甚！先君秦献公即位以后，迁都栎阳，重修秦穆公政令，镇守安抚边境，东伐魏国，决心收复秦穆公故土。寡人每每念及先君未能实现其志，常感痛心。从今以后，无论是外国客卿，还是本国群臣，只要能够讲献奇计，富强秦国，寡人必将拜为卿相，裂土分封。"

随即出兵，东围魏国的陕城（今河南三门峡西），北斩义渠的獂王。

庄全请教子綦："秦孝公为何招贤？"

子綦说："魏惠侯东迁大梁，试图称霸中原，争霸天下，对秦国减轻了压力。秦孝公年轻气盛，雄心勃勃，抓住这一机会，准备收复被魏攻取的河西七百里地。"

庄全问："秦孝公能否实现目标？"

子綦说："这要看中原士人是否应召入秦。秦人乃是西戎，仅有宗室贵族，没有士人阶层。秦孝公招贤，希望中原士人入秦。但是孔子有言：'夷狄之有君，不如诸夏之无也。'中原士人多为孔子之徒，严于夷夏大防，恐怕不愿降志辱身，求仕夷秦。"

果如子綦所言，秦孝公颁布招贤令一年，中原士人无一应召。

宋桓公经过多年韬光养晦，兼用儒墨，巧妙借用魏国伐宋、迁都等外力，分化戴驩党羽，剪除戴驩死党，逐步瓦解了盘根错节的戴驩势力。今年在戴剔成、戴盈、戴不胜等重臣支持之下，终于罢免了专权二十年（前380—前361）的戴驩，任命深受宋民爱戴、素有清廉之名的戴剔成为相。

戴剔成相宋，立刻抄没戴驩家产，把商丘东门的戴驩宅第，转赐给宋桓公宠臣郑缓，又提拔郑缓之弟郑翟。

宋桓公大悦。

郑缓学儒大贵，郑翟学墨大贵。兄弟并显于朝，河润九里，泽及三族。

庄周十岁，匡章、尹文生于齐国，宋钘生于宋国。

庄周继续师从裘氏学儒，开读《尚书》。

庄全要求庄周："《尚书》之中，《周书》最为重要，必须细读。"

狶韦氏说："我们宋国是殷商遗邦，应该细读《商书》。"

庄周说："《商书》、《周书》全是教训，没有故事，我不喜欢。《虞夏书》都是故事，我还比较喜欢。但我更喜欢父亲藏书里的故事书。"

十 戴驩罢相剔成专权，庄读《尚书》质疑本末

庄全问："你读了我的藏书？"

庄周说："快要读完了。"

庄全问："喜欢什么书？"

庄周说："最喜欢《山海经》和《齐谐》。那些鸟首蛇身的鬼怪故事，夸父逐日，精卫填海，后羿射日，嫦娥奔月，都很好玩。刑天以乳为目，以脐为口，更加好玩。是否天下到处都有鬼神？"

庄全说："除了天帝，别无鬼神！"

狶韦氏说："鬼神遍布天下，各有其名。既有其名，必有其实。"

庄周大为兴奋："有些什么鬼神？"

狶韦氏说："江河之鬼，名为罔象。丘陵之鬼，名为峷。山岭之鬼，名为夔。"

庄周说："《山海经》提到了夔，只说一足，没说是山岭之鬼。还有什么鬼神？"

狶韦氏继续说："旷野之鬼，名为彷徨。湖泽之鬼，名为委蛇。湿地之鬼，名为履。灶台之鬼，名为髻。厕所之鬼，名为雷霆。东北屋之鬼，名为倍阿、鲑蠪。西北屋之鬼，名为泆阳。"

庄全打断狶韦氏："这些都是宋人承自殷商的萨满教迷信，知之无益。孔子虽是宋人后裔，却不喜欢商人崇鬼，所以鄙弃商道，尊崇周道，主张'敬鬼神而远之'，平生'不语怪力乱神'。"

狶韦氏说："自古相传，怎能说是迷信？"

庄周问："孔子既然不信鬼神，为何主张'祭神如神在'？"

庄全说："孔子认为，三代之礼既有因袭，又有损益。祭祀鬼神，有利于约束人心，淳厚风俗。"

庄周读毕《尚书》，请教裘氏："夫子曾说，君主为本，臣民为末。为何《虞夏书·五子之歌》记载大禹之言，却说'民惟邦本，本固邦宁'？"

裘氏说："人必以首为本，以足为末。民若无君，如人无首。《虞夏书》、《尚书》不可尽信，唯有《周书》可信。所谓尽信《书》不如无《书》，即指《虞夏书》、《商书》而言。"

庄周未解疑惑，回家又问庄全。

庄全回答不出。

庄周去问子綦，庄全又跟随而去。

庄周问："孔子推崇尧舜，不推崇大禹。墨子反对儒家，既推崇尧舜，更推崇大禹，是否与大禹所言'民惟邦本，本固邦宁'有关？"

子綦说："正是。孔子之徒传习《诗》、《书》、《礼》、《乐》，不管《诗》、《书》、《礼》、《乐》原义，而是随意解释，任意取舍。《诗》、《书》、《礼》、《乐》的个别语句合于孔子之言，孔子之徒就寻章摘句，视为依据。《诗》、《书》、《礼》、《乐》的许多语句不合孔子之言，孔子之徒就说，尽信《书》不如无《书》。"

庄全说："庄周之疑，我也从小就有，老师也像裘氏一样回答。如今庄周问起，我才发现老师并未说服我，只是我相信老师，不再追究。先生认为，究竟是大禹之道'民惟邦本，本固邦宁'正确，还是孔子之道'君主为本，臣民为末'正确？"

子綦说："大禹之言正确。"

庄全问："先生有无依据？"

子綦说："本末之言，取义于树。树之本在下，树之末在上。本即树根，可以喻下、喻足、喻民，怎能喻上、喻首、喻君？末即树梢，可以喻上、喻首、喻君，怎能喻下、喻足、喻民？大禹之言和墨子之道，取义正确，均未颠倒本末。孔子之道，取义错误，颠倒本末！"

庄全大惊："先生之言，真是前所未闻！那么老聃之道，以何为本，以何为末？"

子綦说："《老子》明言：'贵以贱为本，高以下为基。'君王尽管居上为首，然而属末不属本。臣民尽管居下为足，然而属本不属末。老聃之道，承续《归藏》泰道，主张君柔臣刚，因而以民为本，以君为末。孔子之道，承续《周易》否术，主张君尊臣卑，因而以君为本，以民为末。"

庄全震惊至极，喃喃自语："看来我自幼所学所信的孔子之道，确有许多可疑不通之处。"

十一　商鞅入秦进言三道，庄习礼乐得闻真君

前359年，岁在壬戌。庄周十一岁。宋桓侯二十二年。

周显王十年。秦孝公三年。楚宣王十一年。魏惠王十一年（晋悼公十年）。韩昭侯四年。赵成侯十六年。田齐桓公十七年（姜齐幽公十六年）。燕文公三年。鲁恭公二十四年。卫成侯十三年。越王无颛二年。中山桓公四十四年。

魏惠侯东迁大梁，试图称霸中原，争霸天下，首要目标是贬黜三晋宗主晋君，确立魏国的三晋盟主地位。

韩昭侯去年朝拜魏惠侯，今年奉魏惠侯之命，攻取了晋悼公的食邑屯留（今山西长治），及其周边之地尚子（今山西长子）、涅邑（今山西武乡）。

魏惠侯、韩昭侯又邀约赵成侯，把晋悼公迁至端氏（今山西沁水）。

三晋从此不再奉晋君为宗主。

卫人商鞅，鉴于弱卫依附强魏，在卫难以施展抱负，于是离卫至魏，投靠魏相公叔痤。

三年前，魏惠侯不听公叔痤之言，不用、不杀商鞅。两年前，魏惠侯东迁大梁，魏卬、商鞅随之同往大梁。去年秦孝公招贤，商鞅并未马上入秦：一是魏惠侯东迁，称霸中原，争霸天下，正是用人之际；二是中原士人均有夷夏大防，或者出仕母邦，或者出仕诸夏，绝不出仕四夷。

商鞅在大梁苦等两年，魏惠侯仍不用他。今年三十二岁，携带李悝《法经》，前往栎阳，投靠秦孝公宠臣景监。

秦孝公二十三岁，正在苦恼招贤一年无人应召入秦，立刻召见商鞅。

第一次召见，听得昏昏欲睡，斥责景监举荐不当。

第二次召见，仍然听不进去，又斥景监举荐不当。

第三次召见，终于大悦，长谈数日，不知厌倦。

景监问商鞅："先生第三次进言，为何让主公如此欢喜？"

商鞅说："我第一次进言帝道，第二次进言王道，主公无不厌闻。第三次进言霸道，主公终于大悦。但是仅行霸道，难以胜过商周。必须由霸而王，由王而帝，才能胜过商周。"

庄全请教子綦："先生认为中原士人多有夷夏大防，不会应召入秦。为何商鞅应召入秦？"

子綦感叹："先是太史儋离周仕秦，如今商鞅又离魏仕秦，说明中原士人正在失去操守，又说明子夏之徒异于孔子之徒。"

庄全问："士人游说君主，总是仅言自己崇信之道，为何商鞅依次进言三道？"

子綦说："商鞅第一次进言的帝道，乃是墨子之道。第二次进言的王道，乃是孔子之道，都不是商鞅崇信之道。第三次进言的霸道，乃是子夏、李悝之道，才是商鞅崇信之道。"

庄全问："商鞅是李悝弟子，李悝是子夏弟子，子夏是孔子弟子。为何商鞅不先言子夏、李悝之道，也不先言孔子之道，反而先言墨子之道？"

子綦说："商鞅求仕夷狄之君，已经失去操守，所以只想投秦孝公所好。"

庄全问："为何先言墨子之道，就能投秦孝公所好？"

子綦说："墨子之道，就是五帝之道，商代之道。秦人信仰商代五帝教，所以商鞅猜想秦孝公可能喜欢墨子的帝道。"

庄全问："秦孝公为何不喜欢墨子的帝道？"

子綦说："孔子的王道，就是三王之道，君位世袭，卿相世禄。墨子反对孔子的王道，主张帝道，就是五帝之道，君位禅圣，卿相让贤。如今卿相世禄已经打破，但是君位世袭尚未打破，所以天下诸侯大都喜欢孔子之徒，不喜欢墨子之徒。商鞅欲投秦孝公所好，进言墨子的帝道失败，只好改言孔子的王道。"

庄全问："秦孝公为何又不喜欢孔子的王道？"

子綦说:"孔子的王道,主张尊王,即尊周王。如今中原诸侯尚且不尊周王,何况秦孝公?商鞅进言孔子的王道又失败,只好改言子夏、李悝的霸道,又做出重大修改,所以秦孝公大悦。"

庄全问:"愿闻其详。"

子綦说:"子夏、李悝的霸道,就是五霸之道。五霸之道创于管仲,要义是尊王攘夷。尊王就是尊周王,攘夷就是攘四夷。孔子认为,管仲的霸道,其利是尊王攘夷,其弊是礼乐征伐从诸侯出,所以五霸尊王攘夷,结果是诸侯越来越强,周王越来越弱。孔子有见于霸道之弊,子夏、李悝则有见于霸道之利,于是改造了管仲的霸道,一是继续尊王攘夷,二是变革王法。魏文侯师从子夏,重用李悝,变法图强,既放大霸道之利,更放大霸道之弊,结果是诸侯更强,周王更弱。商鞅又改造了子夏、李悝的霸道,不再尊周王,而是尊国君,不再攘四夷,而是仕夷秦,所以秦孝公大悦。"

庄周十一岁,继续师从裘氏学儒,阅读《礼》、《乐》,研习礼、乐。

裘氏说:"孔子开创儒家,士人必学的礼、乐、射、御、书、数,称为六艺,属于实践范畴。君子必学的《诗》、《书》、《礼》、《乐》、《易》、《春秋》,称为六经,属于理论范畴。六艺之礼、乐,与六经之《礼》、《乐》相辅相成。礼教、乐教是孔子之道的核心。孔子有言:'君子立于礼,成于乐。君子和而不同。'《礼记·乐记》有言:'乐者,天地之和也;礼者,天地之序也。乐者为同,礼者为异。'君子学乐,就能与人相和。君子学礼,就能与人不同。"

庄周学习礼、乐以后,要求学习射、御、书、数。

裘氏说:"六艺之中,礼、乐为本,是道;射、御、书、数为末,是技。君子宜学礼、乐之道,小人才学射、御、书、数之技。"

庄周说:"我已学了《周颂》、《大雅》、《小雅》之乐,还想学习《商颂》之乐。"

裘氏不许。

庄周问:"我们是宋人,为何只学周代之乐,不学商代之乐?"

裘氏说:"你母亲是宋人,你父亲是楚人,你虽然生在宋国,仍是楚人。郑国虽亡,我仍是郑人。无论郑人、楚人、宋人,都是周王之臣。儒门乐教,限于周代之乐。宋国虽是殷商遗邦，但是周王仅仅特许宋君演奏《商颂》之乐，宋国士人作为周王之臣，不得研习《商颂》之乐。"

庄周十分失望，请求父亲为他另择乐师，学习《商颂》之乐。

庄全、豨韦氏从其所愿，让庄周师从鲁遽，学习《商颂》之乐，又学习弹琴、鼓瑟、吹箫、击缶。

庄周精力旺盛，好学不倦，又师从宋国名医文挚，学习医术。

庄周问子綦："我师从裘氏学儒，裘氏说，必须明白人之君臣。我师从鲁遽学乐，鲁遽说，必须明白音之君臣。我师从文挚学医，文挚说，必须明白药之君臣。为何天地万物皆有君臣？"

子綦说："众人之君，众音之君，众药之君，仅是主宰一类的假君，并非主宰万类的真君。假君服从真君，才是真道。假君遮蔽真君，就是伪道。"

庄周问："什么是主宰万类的真君？"

子綦说："独立而不改，周行而不殆的天道！"

十二　商鞅变法剔成亲魏，庄读《春秋》质疑圣贤

前358年，岁在癸亥。庄周十二岁。宋桓侯二十三年。

周显王十一年。秦孝公四年。楚宣王十二年。魏惠王十二年（晋悼公十一年）。韩昭侯五年。赵成侯十七年。田齐桓公十八年（卒。姜齐幽公十七年）。燕文公四年。鲁恭公二十五年。卫成侯十四年。越王无颛三年。中山桓公四十五年。

魏惠侯去年成功废黜了晋悼公的三晋宗主地位，赵国成了阻止魏国成为三晋盟主的最后障碍。于是邀请赵成侯在魏地葛孽（今河北肥乡）会见。

赵成侯赴会，与魏惠侯分庭抗礼。

魏惠侯明白赵成侯不愿事魏，缓图收赵之策。

商鞅得到秦孝公重用，主持变法。精心准备一年，参考李悝《法经》，制定了秦国新法。

群臣上朝，纷纷反对商鞅新法。

甘龙说："圣人不易民而教，智者不变法而治。"

商鞅说："这是世俗之言！庶民安于旧俗，学者溺于成见。三王不同礼，照样称王。五霸不同法，照样称霸。"

杜挚说："若无百倍之利，不可变法；若无十倍之功，不改器具。效法古人，必无过错。遵循旧礼，必无邪祟。"

商鞅说："治理百姓，其道不一。只要便利国家，不必效法古人。因此汤、武不循古人而称王，夏、商不改旧礼而灭亡。反对古人，不可非议；遵循旧礼，不足推崇。"

秦孝公不顾群臣反对，下达变法令，命令商鞅颁布新法。

商鞅为了显示法出必行，先在栎阳南门放了一棵三丈高的树木，张榜公告："搬至北门，重赏十金！"

栎阳民众全都不信，三天无人应命。

商鞅更改公告："搬至北门，重赏五十金！"

一个秦民将信将疑，把树木从南门搬到北门。

商鞅发放赏金，颁布新法。

其一，尊君强国，废礼崇法。废除"刑不上大夫，礼不下庶人"之旧礼，实行"王子犯法，与庶民同罪"之新法。有功必赏，有罪必罚。法律面前，人人平等。

其二，废除贵族制度，另立二十等爵。宗室若无军功，不赐爵位。

其三，尊卑、爵秩、等级不同，田地数量、宅第规格、衣冠服饰、奴仆多寡相应不同。

其四，全体秦民，均为编户齐民。伍户为保，什保为甲，保甲连坐。保甲之内，一人犯法，不告奸者腰斩。告奸者，与杀敌者同赏。匿奸者，与降敌者同罚。

其五，崇本抑末。以商为末，重其利税；以农为本，轻其赋役。奴婢勤于耕织而富，恢复庶民身份。庶民从事商业而贫，收监罚为奴婢。

其六，奖励开荒。家有二子，必须分家，另行开垦荒地。不分家者，赋役加倍。

其七，耕战治国。全体农夫，兼为士兵。耕时为农，战时为兵。

其八，奖励公战，严禁私斗。凡有私斗，依法严惩。

其九，重赏军功，无功不封。斩敌一首，晋爵一级。

中原诸侯得知秦国变法，反应强烈。

韩昭侯立刻伐秦，在西山（今陕西陈仓）被秦军击败。

魏惠侯任命龙贾为河西守将，在秦、魏边境修筑防秦长城。

楚宣王在方城之外，挖掘护城河，引入黄河之水。

十二 商鞅变法剔成亲魏，庄读《春秋》质疑圣贤

田齐桓公田午死了。二十二岁弑兄篡位，在位十八年（前375—前358），终年三十九岁（前396—前358）。

太子田因齐继位，即齐威公。五年后叛周称王，史称齐威王。

戴剔成放弃亲楚，转而亲魏。

魏惠侯大悦。

戴剔成鉴于戴驩重用同宗而败，罢黜戴盈、戴不胜，迎合宋桓公，继续重用儒墨，奖励忠孝。

宋桓公大悦。

戴剔成外得魏惠侯支持，内得宋桓公信任，专权甚于戴驩。

庄周十二岁，继续师从裘氏学儒，开读《春秋》。

裘氏说："孔子所著《春秋》，字字精妙，不过十分难懂。必须参考《左传》、《公羊传》、《谷梁传》，才能读懂。"

庄周问："晋灵公被弑，《春秋》说'赵盾弑其君'，《左传》却说'赵穿弑其君'。究竟是《春秋》对，还是《左传》对？"

裘氏说："都对！《左传》'赵穿弑其君'是质实之论，《春秋》'赵盾弑其君'是诛心之论，乃是最为精妙的春秋笔法，褒扬忠臣孝子，贬斥乱臣贼子。《春秋》既成，乱臣贼子无不畏惧！"

庄周大为不解："假如没有《左传》，无法知道弑杀晋灵公的并非赵盾，而是赵穿。为了褒贬而遮蔽史实，弑君者逃脱了罪责，乱臣贼子岂非更加无所畏惧？"

裘氏被问住了。

庄周又问："齐庄公被弑，《春秋》说'崔杼弑其君'，《左传》也说'崔杼弑其君'。孔子为何不再使用春秋笔法？"

裘氏大为生气："两书不同，你有疑问。两书相同，你也有疑问！学问学问，先学后问。学好之前，不许乱问！"

庄周说："我想知道，如果没有《左传》，如何分辨孔子在何处用了春秋笔法，在何处没用春秋笔法。"

裘氏大怒:"你对孔子毫无敬意,岂是孔子之徒?"

庄周回家,又问庄全:"良史应该秉笔直书,先明史实,再加褒贬。孔子著《春秋》,多用曲笔。史实不明,褒贬何用?"

庄全又被问住。

庄周去问子綦。

子綦笑了:"《春秋》多用曲笔,意在避讳。《公羊传》明言:'为尊者讳,为亲者讳,为贤者讳。'"

庄周问:"如果不为尊者讳,尊者是否不再尊?如果不为亲者讳,亲者是否不再亲?如果不为贤者讳,贤者是否不再贤?"

子綦大笑:"正是!《老子》有言:'天下多忌讳,而民弥叛。'"

庄周又问:"既然'为尊者讳',那么赵盾尊于赵穿,为何讳赵穿而诬赵盾?赵盾、崔杼地位相当,为何诬赵盾而不诬崔杼?"

子綦说:"按照《周易》否术,君绝对尊,臣绝对卑。赵盾是臣,与赵穿相比是相对尊者,与晋灵公相比是绝对卑者。至于相对尊、相对卑的不同臣子,为何有人要讳要诬,有人不讳不诬,恐怕孔子也回答不了。"

曹夏丑妾的儿子曹商,已经六岁,成了庄周的玩伴。

庄周喜欢带着曹商,在南门外面的荆园、漆园,捉虫子,挖蚯蚓,玩蝈蝈,斗蟋蟀,追蝴蝶。

二人玩够回家,走进蒙邑南门,看见众人围观各种卖艺者,有耍拳者,斗鸡者,卖药者。尤以围观耍猴者最多,热闹非凡。

猴子戴着帽子,穿着衣服,在耍猴艺人的指挥下,摇摇摆摆,直立行走,样子非常滑稽。

围观众人,轰然叫好。

曹商说:"我不愿做围观的众人,愿做耍猴的艺人。"

庄周说:"我不愿做耍猴的艺人,更不愿做被耍的猴子。"

十三　助魏伐韩宋取黄池，庄读《周易》质疑泰否

前357年，岁在甲子。庄周十三岁。宋桓侯二十四年。

周显王十二年。秦孝公五年。楚宣王十三年。魏惠王十三年（晋悼公十二年）。韩昭侯六年。赵成侯十八年。齐威王元年（姜齐幽公十八年，弑，灭）。燕文公五年。鲁恭公二十六年。卫成侯十五年。越王无颛四年。中山桓公四十六年。

魏惠侯无法收服赵成侯，准备先收服韩昭侯，于是邀约戴剔成共同伐韩。

戴剔成在魏惠侯出兵之前，亲自领兵伐韩，攻取了黄池（今河南封丘）。

魏惠侯随即命令大将庞涓伐韩，攻取了朱邑（今地不详），又围攻宅阳（今河南荥阳东南）。

韩昭侯听从许异，派遣其弟许息使魏，献地平丘（今河南封丘）、户牖（今河南兰考）、首垣（今河南长垣东北），作为大梁屏障。

魏惠侯大悦，命令庞涓解围宅阳，又要求韩昭侯割让枳道（今陕西咸阳东北）、郑鹿（今河南浚县）。

韩昭侯被迫同意，再次前往巫沙朝拜魏惠侯。

魏惠侯大悦："魏、韩一向亲善，只因赵成侯一直与寡人为敌，君侯父子受其蛊惑，才与寡人不睦。君侯既愿重新亲魏，不如联络中原诸侯，明年同至大梁，与寡人结盟。"

韩昭侯领命而归，派遣许异联络中原诸侯。

许异出使宋、鲁、卫、赵，邀约明年赴魏结盟。

宋桓公、鲁恭公、卫成公慑于魏威，不敢不从。
赵成侯断然拒绝。

魏惠侯得报，亲往赵地鄗邑（今河北柏乡），会见赵成侯，邀其明年赴魏，参加中原诸侯结盟。
赵成侯断然拒绝。
魏惠侯大怒而归。

赵孟献策赵成侯："主公一再得罪魏惠侯。魏惠侯一旦与中原诸侯结盟，必将首先伐赵，不可不防。"
赵成侯于是派遣赵孟使齐，参加齐威公即位典礼，准备联齐抗魏。

齐威公服满除丧，正式即位。立刻弑杀姜齐幽公，不再另立姜齐新君。
姜齐幽公在位十八年（前374—前357）被弑，姜齐绝祀。
齐威公灭绝姜齐，志得意满，不治国事。沉湎女乐，迷恋猜谜，酷好赛马，常为长夜之饮。

商鞅颁行新法一年，废除贵族特权，改变民众习俗，颠覆秦国传统，激起上层贵族、下层民众普遍不满。
众多宗室贵族，反对新法。
上千秦国民众，从各地来到栎阳，上书秦孝公，抱怨新法不便。
秦孝公不予理睬。

庄周十三岁，继续师从裘氏学儒，开读《周易》。
裘氏说："《周易》历经三圣。伏羲观天察地，始画八卦。文王叠为六十四卦，演为《周易》。孔子撰著《易传》，明其德义。"
庄周说："我读了《周易》、《易传》，有疑之处很多。"
裘氏皱眉："别人都没疑问，你怎么老有疑问？说来听听！"

十三　助魏伐韩宋取黄池，庄读《周易》质疑泰否

庄周问："夫子曾说，《周易》首卦为乾，代表天和君，次卦为坤，代表地和臣。《易传·系辞》也说：'天尊地卑，乾坤定矣。卑高以陈，贵贱位矣。是故法象莫大乎天地。'是不是说，首乾次坤的卦序，法象于天尊地卑？君尊臣卑的周礼，也法象于天尊地卑？"

裘氏大为嘉许："你悟性不错！这又有何疑问？"

庄周说："疑问不在乾、坤二卦的卦序、卦义，而在泰、否二卦的卦象、卦义。否卦的卦象是上乾下坤，正是法象于天尊地卑，取义为君尊臣卑，为何是最凶之卦？泰卦的卦象是上坤下乾，明明是颠倒乾坤，天地易位，取象于地尊天卑，取义为臣尊君卑，为何是最吉之卦？这是《周易》、《易传》的最大疑问！"

裘氏大为意外，张大嘴巴，半天说不出话。

庄周等了半天，没有得到回答，只好改问："还有一个小疑问。《易传·序卦》解释了《周易》六十四卦如此排序的理由，我常常无法理解。比如说，小畜在前，大畜在后，可以理解。但是大过在前，小过在后，无法理解。"

裘氏勃然大怒："你不能体悟圣人之道，老是钻牛角尖，岂是弟子本分！"

庄周又被训斥，回家又问庄全。

庄全仍然回答不出。

庄周又去问子綦，庄全再次跟去。

子綦大笑："庄周啊庄周，你如此疑经谤圣，难怪裘氏生气。你的疑问，不但裘氏不能解答，周文王、孔子也不能解答！"

庄周说："先生能否解答？"

子綦说："不用我来解答，伏羲早已解答。孔子之徒无不妄言：'《周易》历经三圣。伏羲观天察地，始画八卦。文王叠为六十四卦，演为《周易》。孔子撰著《易传》，明其德义。'其实句句皆错！伏羲不仅始画八卦，而且始叠六十四卦卦象，始排六十四卦卦序，始定六十四卦卦名，始明六十四卦卦义。所以夏代《连山》、商代《归藏》都有六十四卦卦象，卦序、卦名、卦义相沿不变。周文王把《连山》、《归藏》演为《周易》，保留六十四卦的卦象、卦名，重排六十四卦的卦序，重定六十四卦的卦义。但是从伏羲画卦到《连山》、《归藏》，

卦象、卦名与卦序、卦义原本互相关联。周文王重排的卦序，重定的卦义，都与保留的卦象、卦名互相脱节，产生了严重矛盾。孔子无法弥补消除周文王造成的脱节矛盾，只能零零碎碎观其德义。孔子死后，子夏之徒又把孔子的零碎德义加以系统化，撰著《易传》，勉强弥补、竭力消除周文王造成的脱节矛盾，根本无法成功，才有你的这些疑问。"

庄周说："《连山》、《归藏》是否没有这些疑问？"

子綦说："《连山》独藏周室，我没见过。《归藏》不仅藏于周室，而且传于宋国，我在齐之时也没见过。当年孔子周游列国至宋，得到《归藏》，却没明白《归藏》、《周易》的根本差异，所以没有领悟《归藏》真道，仍然坚持《周易》伪道。我离齐至宋，得到《归藏》，研究十几年，虽未完全弄懂，不过大体明白了《周易》与《归藏》的基本差异，可以解答你的两个疑问。"

庄周大为兴奋："快说快说！为何天地易位的泰卦最吉，天地正位的否卦最凶？"

子綦说："世人根据《周易》、《易传》，认为乾为天，坤为地，这是根本错误，彻底违背伏羲画卦、命卦的初义！因为根据《归藏》，伏羲画卦、命卦的初义，乃是坤为天，乾为地。因此泰卦才是天地正位，所以最吉。否卦则是天地易位，所以最凶。"

庄周大奇："《周易》、《易传》对乾坤的解释，与伏羲、《归藏》对乾坤的解释，为何正好相反？"

子綦说："因为《周易》最前两卦的卦序，与《归藏》最前两卦的卦序，正好相反。其它各卦的卦序，也完全不同。《归藏》首卦为坤，次卦为乾。周文王重排卦序，《周易》变成了首卦为乾，次卦为坤。周文王又重定卦义，变成乾为天，坤为地。然而周文王又保留了泰卦、否卦的卦象、卦名，于是乾、坤二卦的卦序、卦义，与泰、否二卦的卦象、卦名，产生了脱节，发生了矛盾。所以说，《归藏》忠于伏羲的泰道，《周易》、《易传》背叛了伏羲的泰道，鼓吹否术。"

庄周拍手："最大的疑问解决了，那么其它种种小疑问，也就不存在了。是不是周文王重排了卦序，才会发生大过在前、小过在后的怪事？"

子綦笑了："正是。《归藏》不仅小畜在前，大畜在后，同样小过在前，大过在后。"

庄全忍不住插嘴："先生能否解释，伏羲为何以坤为天，以乾为地？"

子綦说："因为坤为柔，天亦为柔。乾为刚，地亦为刚。天尊地卑仅是天地表象，天柔地刚才是天地本质，表象属外而随时可变，本质属内而永恒不变，所以天尊地卑并非天地之道，天柔地刚才是天地之道。泰卦上坤下乾，取象于天柔地刚的天地本质，取义为君柔臣刚，既是天地之道，也是君臣之道，所以最吉。否卦上乾下坤，取象于天尊地卑的天地表象，既违背天地之道，也违背君臣之道，所以最凶。《易传·系辞》所谓'天尊地卑，乾坤定矣'，乃是颠倒乾坤、违背泰道的一派胡言，如今却成了悖道君臣奉行否术的理论根据。"

庄全带着庄周回家，陷入痛苦之中。

庄周说："我师从裘氏学儒六年，学的都是错误知识。我不想继续师从裘氏，想要转师南伯。"

庄全说："我也在想此事。我糊涂半生，若非南伯点醒，余生也会糊涂到底，但愿你不再像我一样糊涂。我现在的心情，就像丑如厉鬼之人，半夜生了儿子，急急忙忙举火观看，唯恐儿子长得像自己。"

十四　四国朝魏孙膑归齐，转师子綦庄闻九阶

前356年，岁在乙丑。庄周十四岁。宋桓侯二十五年。

周显王十三年。秦孝公六年。楚宣王十四年。魏惠王十四年（晋悼公十三年）。韩昭侯七年。赵成侯十九年。齐威王二年。燕文公六年。鲁恭公二十七年。卫成侯十六年。越王无颛五年。中山桓公四十七年。

年初，韩昭侯率领鲁恭公、宋桓公、卫成公，共赴大梁，参加大梁宫的岁首朝会，朝拜魏惠侯。

魏相白圭主持了四国朝魏的隆重典礼。

进入战国百余年以后，魏惠侯成功组建了第一个诸侯联盟。

鲁、宋、卫是西周旧封诸侯，国君称公。魏、韩是战国新封诸侯，国君称侯。十四年前，天下诸侯吊唁周安王，朝觐周显王，按照封爵先后和爵秩高低依次排班，鲁公、宋公、卫公在前，魏侯、韩侯在后。如今鲁恭公、宋桓公、卫成公朝拜魏惠侯，颠倒尊卑，不合礼仪。为了合于礼仪，鲁恭公、宋桓公、卫成公被迫贬号为"侯"。魏、韩同封同爵，韩昭侯无须贬号。

魏惠侯看见原本与己平起平坐的四位诸侯拜在自己脚下，大为得意，在范台设宴庆祝。

白圭邀请鲁恭侯："君侯是周公后裔，爵位最高，地位最尊，敬请祝酒！"

鲁恭侯起身避席，致祝酒辞："从前仪狄作酒，献给大禹，大禹饮酒，觉之甘美，于是疏远仪狄，戒酒不饮，警告说：'后世必有贪恋美酒而亡国者。'从前齐桓公半夜饥饿，易牙烹调五味进献，齐桓公贪食过饱，数日不饿，警告说：'后世必有贪恋美味而亡国者。'从前晋文公宠爱美人南威，三日不听朝，于是疏远南威，戒除美色，警告说：'后世必有贪恋美色而亡国者。'从前楚庄王登上强台，

十四　四国朝魏孙膑归齐，转师子綦庄闻九阶

眺望崩山，左为长江，右为洞庭，游玩彷徨，乐而忘死，于是发誓不再登临强台，警告说：'后世必有贪恋高台美池而亡国者。'如今君侯的酒尊、美酒胜过仪狄所作；君侯的食簋、美味胜过易牙所烹；君侯左抱美人白台，右揽美人闾须，美色胜过南威；君侯前为夹林，后为兰台，享乐胜过强台。拥有其中之一，业已足以亡国。君侯兼有四者，怎能不知戒惧？"

鲁恭侯虽然被迫朝魏贬号，仍然恪守周礼，婉言讽谏。

魏惠侯僭窃天子威仪，胁迫四国朝魏，迫使鲁公、宋公、卫公贬号为"侯"，名不正言不顺，闻言大惭，只好称谢嘉言。

魏惠侯成为五国盟主，命令庞涓筹备大举伐赵。

魏人庞涓，齐人孙膑，师出同门，共学兵法。学成以后，各归母邦。

庞涓明白孙膑远胜自己，又是孙武后人，家传《孙子兵法》，为免将来魏、齐交战，自己败给孙膑，就把孙膑骗到魏国，膑其双膝。

孙膑躲入齐国使者的马车，逃回齐国，成了齐将田忌的门客。

田忌请教孙膑："主公喜欢玩乐，最爱与我赛马。我的军马，对阵主公的御马，分为上马、中马、下马，总是三阵全败。先生既学兵法，有无妙计让我反败为胜？"

孙膑说："此事甚易。将军可用下马对阵主公的上马，先败头阵。再用上马对阵中马，中马对阵下马，就能连胜两阵。"

田忌依计而行，首次胜出。

齐威公大惊，得知计出孙膑，遂拜为国师。

赵成侯明白魏伐在即，采纳大成午之策，先往燕都蓟城（今北京），与燕文公会盟。又邀宋桓侯同往齐国平陆（今山东平阴），与齐威公会盟。

宋桓侯准备赴会。

戴剔成谏阻："赵成侯邀请主公参与赵、齐会盟，意在破坏魏、宋之盟。主公如果赴会，必将得罪魏惠侯。"

宋桓侯不听，前往平陆，与赵、齐结盟。

戴剟成内心大怒，隐忍不发。

商鞅三十五岁。变法三年，执法公平无私，罚罪不畏权贵，赏功不偏亲近。
秦国上下一心，气象一新。
秦孝公二十六岁，生太子嬴驷。任命公孙贾为太子太师，嬴虔为太子太傅。

庄周十四岁，不再师从裘氏学儒，转师子綦学道。
子綦说："入我之门，学习老聃之道，必须丧忘儒门六经。"
庄周问："学习老聃之道，应读何书？"
子綦说："《归藏》、《老子》、《文子》。"
曹夏带着儿子曹商，来见子綦："曹商今年八岁，到了发蒙年龄，恳请南伯也收为弟子，得闻《归藏》绝学。"
子綦笑了："我看着庄周、曹商长大，二人同玩同学，正可互相切磋。"

宋桓公朝拜魏惠侯，贬号为"侯"，宋人忿忿不平。
庄周问子綦："魏惠侯强迫四国朝魏，有何图谋？"
子綦说："魏、赵、韩分晋为三，摆脱了三晋宗主晋君的束缚。赵、韩分周为二，三晋又摆脱了天下共主周王的束缚。三晋之中，魏国最强，赵国次强，韩国最弱。魏、赵先争三晋盟主，后争天下共主，韩国夹在魏、赵之间，骑墙摇摆。韩昭侯担心魏伐，被迫朝魏。赵成侯不惧魏伐，不肯朝魏。四国朝魏以后，魏惠侯必将首伐赵国。三晋内战，必将波及中原，祸及天下。魏惠侯奉行否术，鄙弃泰道，恃强凌弱，必有后祸。鲁、卫、宋遵循泰道，朝魏贬号，以弱事强，必有后福。"

庄周问："为何魏惠侯奉行的是否术，鲁、卫、宋遵循的是泰道？"
子綦说："《老子》有言：'大邦者，下流也，天下之牝。天下之交也，牝恒以静胜牡，为其静也，故宜为下。大邦以下小邦，则取小邦。小邦以下大邦，则取于大邦。'魏惠侯身为大邦之君，宜处下流，却处上流；宜下小邦，却欺凌小邦。违背泰道，必有后祸。鲁、卫、宋朝魏贬号，乃是小邦以下大邦，遵循泰道，必有后福。"

子綦弟子颜成子游，督导庄周、曹商学道。

曹商问子游："师兄从师多年，可否告知夫子之道的要义？"

子游说："夫子之道，难以言说。我从师以后，一年由文返野，二年因循内德，三年与道相通，四年与物齐同，五年众人来亲，六年鬼神来舍，七年天然有成，八年不知死生，九年达道大妙。"

庄周问："何为一年由文返野？"

子游说："儒墨之道，无不趋文。墨家反儒，其文略少。老聃之道，则是由文返野。"

庄周问："何为二年因循内德？"

子游说："德为道施，因循内德，就是顺应天道。"

庄周问："何为三年与道相通？"

子游说："德为道之一端，循德进道，就能与道相通。"

庄周问："何为四年与物齐同？"

子游说："万物均为天道所生，表象不齐，本质齐同。"

庄周问："何为五年众人来亲？"

子游说："不悟万物本质齐同，必定坚执自我，于是众人不亲。既悟万物本质齐同，必能丧忘我执，于是众人来亲。"

庄周问："何为六年鬼神来舍？"

子游说："天地万物均为一气所化，表象同者为同类，表象异者为异类。领悟同类的本质相同，必将众人来亲。领悟异类的本质亦同，必将鬼神来舍。"

庄周问："何为七年天然有成？"

子游说："顺应天道，因循内德，必能天然有成。"

庄周问："何为八年不知死生？"

子游说："物之始终，人之生死，均为万物表象；囿于万物表象，无法勘破生死大惑。气之聚散，终而复始，死而复生，才是万物本质；领悟万物本质，就能勘破生死大惑。"

庄周问:"何为九年达道大妙?"

子游说:"天道无始无终,无生无死,无古无今,遍在永在,永恒循环;万物为道所生,为道主宰,有始有终,有生有死,旧终新始,旧死新生,终而复始,始而复终,永恒循环。有此彻悟,至乐大妙!"

庄周受教,醍醐灌顶。

曹商闻言,莫名其妙。

十五　齐威振作邹忌变法，田襄死宋墨家移秦

前355年，岁在丙寅。庄周十五岁。宋桓侯二十六年。

周显王十四年。秦孝公七年。楚宣王十五年。魏惠王十五年（晋悼公十四年）。韩昭侯八年。赵成侯二十年。齐威王三年。燕文公七年。鲁恭侯二十八年（卒）。卫成侯十七年。越王无颛六年。中山桓公四十八年。

齐威公即位三年，沉湎酒色，热衷赛马，常游稷下学宫，与稷下学士猜谜。国事委托于卿相，百官荒乱，诸侯侵边，国家危在旦夕，群臣无人敢谏。

一日，齐威公又至稷下学宫，与稷下学士饮酒猜谜。

稷下祭酒淳于髡出谜："齐有大鸟，三年不飞不鸣。这是何鸟？"

齐威公沉吟半晌，已明其意，慷慨作答："此鸟不飞则已，一飞冲天；不鸣则已，一鸣惊人。"

立刻召见齐国境内七十二位县令，考核功过。奖赏能吏即墨大夫，封赏万户。烹杀贪官阿邑大夫。

田齐桓公创立的稷下学宫，为齐威公的发愤图强，储备了充足人才。

一天之内，淳于髡举荐了七个稷下学士。

稷下学士邹忌，弹琴进谏齐威公。

三个月后，齐威公任命邹忌为相，实行变法。任命田忌为将，整顿军备。

周边诸侯闻知，纷纷归还侵地。

鲁恭侯姬奋，去年朝魏贬号，讽谏魏惠侯，归鲁以后悲愤而病。今年病死，在位二十八年（前382—前355）。

太子姬屯继位，恢复称"公"，即鲁康公。

魏惠侯去年成功举行四国朝魏，今年继续筹备伐赵，做了五件事。

一是抚赵。送给赵成侯很多檀木。赵成侯用之建造了檀台。

二是会秦。亲往秦地杜平（今陕西澄城），会见秦孝公。秦孝公变法初成，不愿与魏为敌。

三是试齐。亲往齐地，陪同齐威公打猎。齐威公讽刺魏惠侯重物不重人，不欢而散。

四是伐宋。任命二十一岁的公孙衍为将，攻取了黄池（宋侵韩地）。

五是嘉韩。把黄池还给韩国，嘉奖韩昭侯组织四国朝魏。

宋桓侯问戴剔成："戴骦亲楚敌魏二十年，魏惠侯仅仅伐宋一次。寡人采纳相国之策，转而亲魏敌楚，前年助魏伐韩，去年朝魏贬号，今年魏惠侯为何伐宋？"

戴剔成说："主公去年朝魏以后，不听我的劝阻，又往平陆与赵、齐会盟。魏惠侯认为主公亲魏之心不诚，所以伐宋。好在魏军仅仅攻取了我前年助魏伐韩攻取的韩地黄池，没有征伐宋国本土。"

宋桓侯说："寡人不该不听相国劝阻，又与赵、齐会盟！如今又该如何？"

戴剔成说："重新夺回黄池！"

宋桓侯大惊："这样岂非又将激怒魏惠侯？"

戴剔成说："魏惠侯伐取黄池，意在警告主公，把黄池还给韩国，意在奖励韩昭侯，两大意图均已实现。魏惠侯不愿与宋交恶，又在准备伐赵，不会再次伐宋。假如不夺回黄池，将来诸侯都敢随便伐宋，必将后患无穷。"

宋桓侯将信将疑，姑从其言。

戴剔成再次领兵，重新夺回了黄池。

魏惠侯果然不再伐宋，也不许韩昭侯报复宋国，一心一意准备伐赵。

从此以后，宋桓侯对戴剔成言听计从。

田襄子死了。三十岁继任墨家巨子，在位二十七年（前381—前355），终年五十六岁（前410—前355）。

十五　齐威振作邹忌变法，田襄死宋墨家移秦

宋桓侯听从戴剔成之言，亲临丧礼。

庄周十五岁，曹商九岁，继续师从子綦学道。

曹夏是田襄子弟子，带着曹商，前往商丘参加田襄子丧礼。

子綦敬仰墨子，让庄周随行前往观礼。

曹夏告诉庄周、曹商："主持丧礼的惠盎，是田襄子的大弟子。站在惠盎旁边的司仪，是惠盎之弟惠施，田襄子的杰出弟子，今年二十六岁，年轻有为。站在惠施旁边的，是郑缓之弟郑翟，田襄子的关门弟子。"

庄周说："久闻惠施贤名，果然英气勃发，不同凡响。田襄子的丧礼如此隆重，棺木为何如此简陋？"

曹夏说："宋桓侯、戴剔成为了笼络墨家，出资筹办了这次隆重丧礼，违背了墨家宗旨。周礼规定：天子的棺椁七重，诸侯的棺椁五重，大夫的棺椁三重，士人的棺椁二重。墨子反对周礼的宗法差等，更反对儒家的厚葬久丧，主张从天子到庶民，一律有棺无椁，棺木只用桐木，厚度只可三寸。田襄子身为墨家巨子，当然恪守墨子之道。田襄子一直拒绝宋桓侯、戴剔成笼络，临死之前，已把巨子之位传给了秦国墨者腹䵍。"

庄周问："墨家主张传贤，惠施如此之贤，田襄子为何不把巨子之位传给惠施？"

曹夏说："戴骦仅求专权，却不好战，所以相宋二十年，未与诸侯动兵。宋国不主动挑衅，加上墨家总部又在宋国，诸侯就不会轻易伐宋。戴剔成不仅专权，而且好战，相宋至今六年，已与韩、魏多次动兵。田襄子认为戴剔成好战嗜杀，违背兼爱非攻的墨子之道，不愿再把墨家总部设在宋国。"

庄周回到蒙邑，请教子綦："田襄子为何不把墨家总部移至中原别国，却要移至中原各国鄙视的秦国？"

子綦说："中原各国实行'礼不下庶人，刑不上大夫'，符合主张礼治的孔子之道，不合主张法治的墨子之道。秦国没有儒士，商鞅变法以后，全体秦民均为编户齐民，实行'王子犯法，与庶民同罪'，符合主张法治的墨子之道，不合

主张礼治的孔子之道。"

庄周问:"墨子之道与孔子之道为何如此对立?"

子綦说:"墨子年轻之时,赴鲁学儒,返宋以后创立墨家,反对儒家的一切主张。儒家推崇三王之道,尤其是周道,主张君位世袭,卿相世禄,所以反对乱臣贼子。墨家推崇五帝之道,尤其是尧、舜、禹之道,主张君位禅圣,卿相让贤,所以巨子之位只传贤人,不传弟子。巨子所居之国,都是儒者较少的非姬姓之国,而不是儒者较多的姬姓诸侯之国,所以墨子、禽滑釐、田襄子居宋,孟胜居楚,腹䵍居秦。墨家推崇的禅让制,确实胜于儒家推崇的世袭制。"

庄周问:"墨家后任巨子,均由前任巨子一人指定,怎能保证必为圣贤?"

子綦大为嘉许:"前任巨子指定后任巨子,确实难以保证选贤,也有可能变成选恶。幸而目前为止,历任墨家巨子都是大贤。"

庄周又问:"墨家总部移至秦国,会对墨家、秦国有何影响?"

子綦说:"墨家尚武,主守,意在非攻偃兵。秦国尚武,主攻,意在开疆拓土。两者狭路相逢,或是墨家改变秦国,或是秦国剿灭墨家,或是墨家变质,为秦所用。"

十六　助魏伐赵宋桓骑墙，庄读《归藏》领悟泰道

前354年，岁在丁卯。庄周十六岁。宋桓侯二十七年。

周显王十五年。秦孝公八年。楚宣王十六年。魏惠王十六年（晋悼公十五年）。韩昭侯九年。赵成侯二十一年。齐威王四年。燕文公八年。鲁康公元年。卫成侯十八年。越王无颛七年。中山桓公四十九年。

赵成侯拒绝朝魏，明白魏伐在即。今年先发制人，征伐朝魏四国中最弱的卫国，攻取了漆富邱（今河南长垣西南）。

魏惠侯新仇旧恨齐上心头，决意伐赵。又以盟主身份，要求韩昭侯、宋桓侯助魏伐赵。

魏人季梁，正在齐国稷下游学，得知魏惠侯即将伐赵，急忙返回大梁，进谏魏惠侯："我离齐返魏，路过太行山，看见有人驾车北行，想去楚国。我问为何北行？他说马很优良。我说马再优良，北行无法抵达楚国。他又说路费充足。我说路费再充足，北行仍然无法抵达楚国。他又说御者擅长驾车。我说御者再擅长驾车，北行仍然无法抵达楚国。这人其它条件越好，距离楚国越远。主公迁都大梁，志在代周为王，只能以仁义取天下。假如仅因赵成侯拒绝朝魏，就凭国土广大，兵卒精锐，予以征伐，希望广地尊名，那么征伐越多，距离称王越远，正如北行无法抵达楚国！"

魏惠侯不听。

宋桓侯不愿助魏伐赵，假装答应魏惠侯，急派惠盎使赵。

惠盎到达邯郸，晋见赵成侯："魏惠侯欲伐贵国，向宋征兵。魏国兵强权重，

宋桓侯不敢不从，但又不愿背叛平陆之盟，请求君侯指示一条两全之策！"

赵成侯说："寡人想不出两全之策，只能告诉先生，宋国如果助魏伐赵，就会削弱赵国，增强魏国，必将不利宋国。"

惠盎说："君侯不妨指定一座边邑，宋军将会围而不攻。"

赵成侯大悦，指定一座边邑。

魏惠侯大喜，以为宋国已经助魏伐赵，命令庞涓率领十万魏军，围攻邯郸。

韩昭侯出兵助魏伐赵。

齐威公趁着魏、韩、宋伐赵，命令田忌伐燕，在洵邑（今河北廊坊三河）被燕军击败。

秦孝公趁着魏、韩、宋伐赵，命令公孙壮伐魏，在元里（今陕西澄城）击败魏军，乘胜攻取少梁（今陕西韩城）。然后移师伐韩，攻打焦城（今河南焦作），未能攻克。

庄周十六岁，曹商十岁，继续师从子綦学道。

曹商说："夫子说《老子》之道就是《归藏》之道，但是弟子看不出《老子》与《归藏》有何关系。"

子綦说："《归藏》之道，在于泰、否二卦。《老子》之道，就是崇尚天柔地刚、君柔臣刚的泰道，贬斥天尊地卑、君尊臣卑的否术。"

曹商问："为何《老子》从不提及泰道、否术？"

子綦说："《归藏》是商书，商亡于周。老聃所处春秋末年，周王虽已衰弱，仍是天下共主，老聃身为东周史官，不能直接崇殷斥周，只能隐晦其言，所以其言恍兮惚兮，其旨隐晦难明。"

庄周问："《周易》承自《归藏》，为何《归藏》崇尚泰道，《周易》推崇否术？"

子綦说："周文王志在代商为王，唯有颠覆《归藏》泰道，才能以《周易》否术灭商。周武王继承周文王之志，以《周易》否术灭商。周公继承周文王之志，

十六　助魏伐赵宋桓骑墙，庄读《归藏》领悟泰道

以《周易》否术制礼。老聃认为，西周之所以灭亡，东周之所以衰微，就是因为《周易》否术遮蔽了《归藏》泰道，所以《老子》五千文，字字褒扬《归藏》泰道，句句贬斥《周易》否术。"

庄周问："《归藏》卦序与《周易》卦序，有何本质不同？"

子綦说："《归藏》卦序，始于坤、乾，终于比、剥。《周易》卦序，始于乾、坤，终于既济、未济。这是表面不同。《归藏》观天地，辨柔刚，定历法，象天道，从坤、乾到比、剥，六十四卦前后相连，首尾循环，演示的是天道大循环，柔刚大循环，四季大循环。《周易》转用于正君臣，明尊卑，占吉凶，象人道，把六十四卦分成两卦一组的三十二组，每组演示的都是人道的不同小循环，阴阳的不同小循环，吉凶的不同小循环。"

庄周问："《归藏》的六十四卦大循环，为何优于《周易》的两卦小循环？"

子綦说："《归藏》最前的坤、乾二卦，是道生万物之元素；泰、否二卦，是坤、乾之组合；四卦又对应于冬至、夏至、春分、秋分。另外六十卦，每卦六爻，每爻对应一天，三百六十爻，对应于一年三百六十天。前三十卦是春夏二季的天道运行半圆，对应于上半年六个月一百八十天，从冬至到夏至的阳复过程；前后两卦的卦象变动，都是阳爻主动变位，阴爻被动变位。后三十卦是秋冬二季的天道运行半圆，对应下半年六个月一百八十天，从夏至到冬至的阴剥过程；前后两卦的卦象变动，都是阴爻主动变位，阳爻被动变位。阴剥既尽，阳复又始，阳复阴剥永恒循环。阳复谓之归，阴剥谓之藏，故名《归藏》。伏羲画卦制历，夏、商承之，《连山》就是夏历，《归藏》就是商历，都以六十四卦的大循环，表征一年四季阳复阴剥的历法，演示永恒天道的无尽循环。然而《周易》并非周历，抛弃六十四卦的大循环，改为两卦一组的小循环，表征两卦十二爻阴阳消长的占筮，演示短暂人道的偶然吉凶。《连山》、《归藏》的天道大用，于是降为《周易》的人道小用。"

曹商问："殷商不是也用龟卜占筮人道吉凶吗？"

子綦说："殷商用《归藏》演示天道运行，其用至大；另以龟卜占筮人道吉凶，其用至小。周人不再用龟卜占筮人道吉凶，改用《周易》占筮人道吉凶，遮蔽了《归藏》的天道运行，用大于小，违背天道，有何吉凶可言？人道之大吉，常为天道之大凶。"

曹商问:"殷商用龟卜占筮人道吉凶,周人用《周易》占筮人道吉凶,似乎半斤八两,老聃为何推崇殷商,贬斥西周?"

子綦说:"《归藏》演示的天道运行,永恒不变,观每卦居于六十四卦大循环之何处,意在顺应天道。《周易》占筮的人道吉凶,无时不变,观每爻居于两卦小循环之何处,意在趋吉避凶。老聃有言:'明于天道循环,无须占筮即知人道吉凶。'"

庄周问:"《老子》褒扬《归藏》泰道,贬斥《周易》否术,夫子可否举例言之?"

子綦说:"《老子》所言'负阴抱阳',正是上坤下乾的泰卦,合于《归藏》首坤次乾的卦序。《易传·系辞》所言'天尊地卑',正是上乾下坤的否卦,合于《周易》首乾次坤的卦序。所以《老子》的宗旨是褒扬《归藏》泰道,《易传》的宗旨是鼓吹《周易》否术。"

庄周问:"孔子是否明白《归藏》与《周易》不同?"

子綦说:"明白!孔子五十四岁周游列国,在宋国得到了《归藏》,从此开始'五十以学易'。孔子明知《周易》否术违背《归藏》泰道,仍然宣布'吾从周'。孔子六十八岁归鲁,传其易学于子夏。孔子死后,子夏带着《周易》、《归藏》至魏,仍然不取《归藏》泰道,仅取《周易》否术。魏文侯师从子夏,以子夏弟子李悝为相,于是鄙弃泰道,奉行否术,率先变法。无论是魏国李悝变法,还是楚国吴起变法,秦国商鞅变法,齐国邹忌变法,各国变法都是鄙弃泰道,奉行否术。所以如今子夏之徒遍布天下,帮助诸侯变法,泰道日益隐微,否术日益猖獗,诸侯日益无道,天下日益乱战,正是阴剥将尽之象。"

庄周问:"阴剥将尽,岂非阳复将至?"

子綦说:"确实如此!天地之道,永恒不替。复尽则剥,剥尽则复。泰极则否,否极则泰。行泰则生,行否则死。死又复生,终又复始。旧终新始,循环无尽。但是阴剥阳复的天道大循环,乃是万世大年,超出了人生小年。今人处于否术猖獗、阴剥将尽之世,也许不能亲见阳复新始、否极泰来。即便如此,仍当领悟天地之道,深根宁极而待,决不推助否术。"

庄周受教,勤而行之。

曹商闻言,若存若亡。

十七　桂陵胜魏齐威称王，庄读《老子》得闻舌教

前353年，岁在戊辰。庄周十七岁。宋桓侯二十八年。

周显王十六年。秦孝公九年。楚宣王十七年。魏惠王十七年（晋悼公十六年）。韩昭侯十年。赵成侯二十二年。齐威王五年（称王）。燕文公九年。鲁康公二年。卫成侯十九年。越王无颛八年。中山桓公五十年。

庞涓统帅十万魏军，得到韩军配合，去年秋天开始围攻邯郸，延至今年，仍未攻破。

魏惠侯亲往韩地中阳（今山西吕梁），会见韩昭侯，共商破赵之策。

庞涓求胜心切，掘开漳水堤岸，水淹邯郸。

邯郸城墙，四面浸水，岌岌可危。

邯郸城内，房屋久浸倒塌。粮草已尽，赵民易子而食。

赵成侯急向楚、齐求救。

鹿弭皮奉命使楚求救，楚宣王问策群臣。

楚相昭奚恤说："不如不救赵国！魏军如果获胜，必定大割赵地。赵成侯必定不听，又将与魏再战。魏、赵两败俱伤，有利于楚。"

楚将景舍说："昭奚恤之策，不够明智！魏惠侯伐赵，最为担心楚军趁机袭魏。大王不救赵，赵成侯就会投降魏国，然后与魏惠侯共谋伐楚，怎能有利于楚？大王不如少出救兵，假装救赵。赵国以为楚军来救，必将坚守。魏国发现楚国救兵不多，不足为虑，必将继续攻赵。等到魏、赵两败俱伤，大王再约齐、秦共同伐魏，魏国必破！"

楚宣王采纳景舍之策，命其率领少量楚军，假装救赵。

赵使至齐求救，齐威公犹豫不决。

齐相邹忌，与门客公孙闬商议："魏国强于齐国，主公犹豫是否救赵击魏，我该如何进言？"

公孙闬说："田忌自恃宗室身份，不满相国身为布衣而位居其上。相国不如主张救赵，主公必命田忌为将。田忌如果获胜，功劳归于相国；田忌如果战败，或者战死，则无人再与相国争权。"

齐将田忌，与门客孙膑商议："魏国强于齐国，主公犹豫是否救赵击魏，我该如何进言？"

孙膑说："魏国固然强于齐国，庞涓却非良将，远远不如吴起。将军不如主张救赵，必能击败庞涓。"

次日上朝，邹忌劝说齐威公救赵，田忌附议。

齐威公决意救赵，转问孙膑："国师能出奇计，让田忌的弱马，战胜寡人的强马。如果担任救赵主将，必能以弱胜强，战胜强魏。"

孙膑说："我是刑余之人，担任主将有损国威，又让庞涓有所防备。"

齐威公于是任命田忌为主将，孙膑为军师，救赵击魏。

田忌领兵出征，打算直奔邯郸。

孙膑阻止："魏军围攻邯郸，锐卒穷竭于外，老弱疲弊于内。不如直奔大梁，迫使庞涓回救大梁。将军既解邯郸之围，又能以逸待劳，中途袭击魏军，必定大胜。"

田忌听从其计，奔袭大梁。

七月，庞涓攻破邯郸，得知齐军偷袭大梁，于是留下少量魏军驻守邯郸，亲领大军回救大梁。

孙膑在桂陵（今河南长垣）设伏，大破魏军，生擒庞涓。

十七　桂陵胜魏齐威称王，庄读《老子》得闻舌教

齐威公大喜，齐国击败魏国，已成中原最强，于是叛周称王，史称齐威王。邹忌决策有功，赐封下邳（今江苏邳州），封号成侯。

景舍率领楚军假装救赵，一直缓进观望。此时趁着齐军大破魏军，立刻攻取了睢水、濊水之间的魏地。

商鞅趁着齐军在魏国东部大破魏军，亲率秦军围攻魏国西部的旧都安邑。

韩昭侯趁着诸强与魏混战，出兵征伐东周国，攻取了巩县周边的高都（今河南洛阳西南）、利邑（今地不详）、陵观（今地不详）、廪丘（今地不详）。

昭奚恤上朝，献策楚宣王："春秋初年楚武王称王至今，历代楚王志在代周，决不容忍其他诸侯称王，吴称王则伐吴，越称王则伐越。魏国从魏文侯以来，称霸中原三世，然而忌惮强楚而不敢称王。如今齐威公一胜魏国，立刻称王，大王不可不伐！"

楚宣王不愿与魏、齐同时敌对，不采其策，听任齐威公称王而不伐。

庄周十七岁，曹商十一岁，继续师从子綦学道，研读《老子》。

庄周说："经过夫子解说，意旨恍惚的《老子》不再难以理解，确实每字每句都是阐发《归藏》泰道，贬斥《周易》否术。不仅'负阴抱阳'是阐发泰道，'知雄守雌''知白守黑''柔弱胜刚强'亦然。但是弟子仍有一疑：老聃处于春秋末年，殷商灭亡已有五百多年，老聃从何得闻《归藏》泰道？"

子綦说："殷商灭亡虽久，《归藏》泰道却未湮灭。一是周朝太史仍然执掌《连山》、《归藏》、《周易》三易；二是宋国仍然传承《归藏》，所以孔子和我都至宋得见；三是宋国以外的殷商遗民，仍然传承伏羲泰道，比如老聃之师常枞。"

庄周说："愿闻常枞之事。"

子綦缓缓道来——

宋人常枞，原名商容，乃是殷商遗民，出仕齐桓公。

管仲辅佐齐桓公称霸以后，派遣年轻的商容使宋，缔结齐、宋之盟。

管仲、齐桓公死后，商容改名常枞，隐居宋国，直到晚年。

年轻的陈人老聃，得知常枞传承古之道术，于是离陈至宋，师从常枞。

后来常枞将死，老聃问："夫子有何教诲？"

常枞张开嘴巴："我的牙齿还在吗？"

老聃说："不在。"

常枞问："我的舌头还在吗？"

老聃说："还在。"

常枞问："是何缘故？"

老聃说："舌头长存，乃因其柔。牙齿早亡，乃因其刚。"

常枞说："天地之道，已尽于此。"

庄周恍然大悟："舌柔而长存，齿刚而早亡，正是天柔地刚、君柔臣刚的《归藏》泰道，异于天尊地卑、君尊臣卑的《周易》否术。《老子》主张'柔弱胜刚强'，原来得之于常枞舌教。"

子綦笑了："正是。"

曹商说："常枞舌教，似乎不通。常枞老病而死，牙齿已经掉光，才会传其舌教。老聃晚年著书，牙齿也已掉光，才说'柔弱胜刚强'。盗墓者掘到的墓主尸骸，常常没有舌头，只剩牙齿。因为墓主死时，只要还没老到牙齿掉光，死后就会舌头烂掉，牙齿长存，岂非'刚强胜柔弱'？"

子綦笑了："《老子》之言，可以回答你的疑问：'其生也柔弱，其死也坚强。万物之生也柔脆，其死也枯槁。故曰：坚强者，死之徒也；柔弱者，生之徒也。'遵循柔弱胜刚强的泰道，就能尽其天年，活到牙齿掉光。奉行刚强胜柔弱的否术，就会中道夭亡，死后留着牙齿。"

曹商说："舌头不能咬人，只能被咬。牙齿不会被咬，但可以咬人。我虽不想咬人，但也不想被咬。"

子綦问："中道早夭而死，牙齿还能咬人吗？"

曹商说："泰、否都是伏羲六十四卦之一，怎能认定伏羲是褒扬泰道，贬斥否术，而非相反？"

子綦说:"伏羲褒扬泰道,贬斥否术,其证不仅见于《归藏》卦象、卦序、卦义,还有诸多旁证。比如伏羲把天帝命名为泰一,把东岳命名为泰山。所以后人把伏羲奉为泰道始祖,称为泰皇。"

曹商问:"五方以中为尊。伏羲不把中岳命名为泰山,却把东岳命名为泰山,是否说明伏羲并不遵崇泰道?"

子綦说:"伏羲之时的先民,崇拜太阳,尊天贵东,因为东方是日出之方,东岳是日出之山。太阳循环运行之道,正是天地万物循环运行之道,谓之天行之道,简称天道。太阳每天东升西降,昼夜循环无尽,乃是一日之泰道。太阳每年北归南藏,四季循环无尽,则是一年之泰道。所以伏羲把天帝命名为泰一,把东岳命名为泰山。伏羲神农时代,华夏之民都在东岳祭祀太阳,祭祀天帝,祭祀泰道。黄帝尧舜以来,华夏之君都以人道遮蔽天道,不再尊天贵东,变成尊君贵中。五方以中为尊,乃是《周易》否术。五方以东为尊,才是《归藏》泰道。"

曹商又问:"《归藏》、《周易》无不承自伏羲六十四卦,为何《归藏》泰道才是伏羲真道,《周易》否术不是伏羲真道?"

子綦说:"天道循环运行,固然有泰有否,小年、中年、大年皆然。一年四季是小年的泰否循环,春夏行泰,秋冬行否。百年人生是中年的泰否循环,少壮行泰,老病行否。千年朝代是大年的泰否循环,初盛行泰,衰亡行否。人力不能影响四季的泰否循环,既不能使之行泰而延长,也不能使之行否而缩短。但是人力可以影响人生的泰否循环,或者遵循泰道而长寿,或者奉行否术而早夭。人力也能影响朝代的泰否循环,或者遵循泰道而长祚,或者奉行否术而早亡。遵循泰道,必将人尽天年,朝代昌盛,国泰民安;奉行否术,必将短命夭折,亡国灭家,国否民痡。世人目光短浅,大多奉行刚强胜柔弱的否术,不愿遵循柔弱胜刚强的泰道。"

曹商闻言,面红耳赤。

十八　襄陵胜齐魏惠止败，悔斥散木匠石改宗

前352年，岁在己巳。庄周十八岁。宋桓侯二十九年。

周显王十七年。秦孝公十年。楚宣王十八年。魏惠王十八年（晋悼公十七年）。韩昭侯十一年。赵成侯二十三年。齐威王六年。燕文公十年。鲁康公三年。卫成侯二十年。越王无颛九年。中山桓公五十一年。

商鞅亲率秦军攻打魏国旧都安邑，从去年延至今年。

安邑守军苦等东部援军不至，开城投降秦军。

商鞅变法七年，成效卓著。乡邑大治，家给人足。道不拾遗，山无盗贼。秦民勇于公战，怯于私斗。

七年前反对新法的宗室、大臣，转而称赞新法。

秦孝公大悦。

商鞅说："这些宗室和大臣，以前批评新法，现在称赞新法，都是妄议国法，动摇教化！孔子有言：'天下有道，则庶民不议。'所以国法只可服从，不许议论。"

秦孝公听从其言，把称赞新法的宗室迁至边邑，把称赞新法的大臣全部贬官。

秦国臣民从此战战兢兢，对于商鞅之法，绝对服从，不敢议论。

魏军去年虽在桂陵败于齐军，仍然占领赵都邯郸。

赵成侯逃出邯郸，恳请齐威王助其复国。

齐威王于是继续伐魏，又命宋、卫出兵助伐。

十八　襄陵胜齐魏惠止败，悔斥散木匠石改宗

宋、卫鉴于魏国新败，齐势正盛，于是叛魏亲齐。

宋将景敔奉戴剔成之命，卫将公孙仓奉卫成侯之命，领兵助齐伐魏。

田忌、孙膑统帅齐、赵、宋、卫四国联军，在襄陵（今河南睢县）围攻魏军。

魏惠侯陷入危难，请求韩昭侯增援。

韩昭侯召见许异："魏惠侯四面临敌，东与齐战，南与楚战，西与秦战，北与赵战。寡人是否应该救魏？"

许异说："宋、卫已经叛魏亲齐，主公也应叛魏亲齐。"

韩昭侯犹豫不决，又召见申不害："魏惠侯东迁大梁以来，寡人采纳许异之策，叛赵亲魏十年。魏惠侯去年桂陵大败，庞涓被俘，如今又被四国联军围于襄陵。寡人应该继续亲魏，还是像宋、卫一样叛魏亲齐？"

申不害三十四岁，原为郑国京人，韩灭郑后仕韩。明白事关社稷安危，不敢妄言，借口推托："容我深思熟虑，然后答复主公。"

告退出来，劝说赵卓、韩晁："魏国大败于齐，主公面临重大抉择。先生身为人臣，又是一国辩士，理应尽忠进言。"

二人于是向韩昭侯进言，赵卓主张继续亲魏，韩晁主张叛魏亲齐。

申不害在旁观察，已知韩昭侯心意，于是上朝进言："如今魏国与诸侯大战，必将互相削弱。诸侯为了削弱魏国，必将争相亲韩。主公不如继续亲魏，暂时屈于一人之下，必能弱魏强韩，居于万人之上。"

韩昭侯听从申不害，出兵救魏。

魏军得到韩军增援，反败为胜，在襄陵击败齐、赵、宋、卫四国联军。

齐威王认为魏国仍然强大，于是释放庞涓归魏。委托楚将景舍代齐使魏，与魏休兵。

韩昭侯罢免许异，改命申不害为相。

宋桓侯责备戴剔成："相国去年助魏伐赵，结果魏军被齐军击败于桂陵。相国今年助齐伐魏，结果齐军被魏军击败于襄陵。相国为何总是站在失败一方？"

戴剔成面有惭色，暗生异心。

齐威王与魏休兵，命令齐国大匠轮扁建造王宫，规模必须超过大梁宫。

轮扁邀请弟子匠石，往齐助建王宫。

匠石带领弟子往齐，路过鲁都曲阜，看见一棵充当社木的栎树。树冠之大，可以遮蔽数千头牛；树干之粗，需要百臂才能合围；树冠之高可比山峰，十仞以上始有旁枝。可造舟船的旁枝，多达数十。

树下围观膜拜的鲁人，多如集市。

匠石头也不回，行路不止。

弟子驻足饱看，然后追上匠石："我手执斧斤，追随夫子至今，从未见过如此完美的木材。夫子为何行路不止，不肯一观？"

匠石说："那是散木！做成舟船，必定沉没。做成棺椁，必定腐烂。做成器具，必定速朽。做成门户，必渗树脂。做成梁柱，必生蛀虫。这种不材之木，毫无用处，所以如此长寿。"

匠石住在客店，半夜做梦——

栎树说："你鄙视我是毫无用处的散木？那些楂树、梨树、橘树、柚树，都是文木，但是果实一旦成熟，就被摘掉，受尽侮辱，枝干一旦长成，大枝被砍，小枝被折。文木虽有用处，却是自苦其生，自招斧斤，所以中途夭亡，不能终其天年。渴求有用之人，同样如此。不为世俗所用，正是我的大用。你我均为天道所生，你怎能把我视为供你砍伐之物？你这自蹈死地的散人，怎能明白散木？"

匠石惊醒，与弟子参详此梦。

弟子问："栎树既然渴望无用，为何要做社木？"

匠石说："栎树只是寄身庙堂，任凭不了解它的世人诟病诋毁。若不寄身庙堂，怎能逃脱斧斤之祸？散木意在葆全德心，文木意在保全富贵。你我用文木的观点毁誉散木，岂非南辕北辙？"

匠石到达临淄，面见轮扁，求教栎树托梦之事。

轮扁说："南郭子綦是老聃之徒，你归宋以后，可以向他请教。"

十八　襄陵胜齐魏惠止败，悔斥散木匠石改宗

庄周十八岁，曹商十二岁，继续师从子綦学道。

匠石返回宋国，到蒙邑拜见子綦。

子綦问："轮扁还在制作车轮吗？"

匠石说："吾师已经九十多岁，做不动车轮了。他说生命之轮总会停转，天道之轮不会停转。"

子綦含笑点头。

匠石又说："吾师命我向先生请教栎树托梦之事。"

子綦说："梦由心生。栎树托梦，实为你之自悟。你已明白，可以把文木雕琢成器，不能把人类雕琢成器。《老子》有言：'朴散则为器。'文木一旦成器，必失其朴。"

匠石说："我曾读过《老子》，知道'朴散则为器'，明白老聃反对成器，但我不太明白，老聃既然反对成器，为何又主张'大器晚成'？难道过早成器不好，晚些成器就好？难道成为小器不好，成为大器就好？"

子綦说："你与很多人一样，读的也是《老子》伪本！《老子》原文是'大器免成'，被人改成了'大器晚成'。改过以后，就与前一句'大方无隅'，后两句'大音希声，大象无形'，变得前后不通。老聃主张'免成器'，并非主张'晚成器'，更非主张'成大器'。"

匠石惊问："为何有人要改《老子》原文？"

子綦说："因为有人愿意成器，更想成为大器，以便受到诸侯重用，所以改'免'为'晚'。《老子》明确反对成器，怎么可能主张'大器晚成'？"

匠石问："恕我愚钝，请问《老子》哪句话，明确反对成器？"

子綦说："'使有什佰人之器而不用'！《老子》教诲君主，即使有人在十人、百人之中堪称贤才，也不可重用。至于在千人、万人之中堪称贤才，当然更不可重用，此即《老子》所言'不尚贤，使民不争'。孔子之徒自居圣贤，渴望受到君主重用，于是删掉'人'字，改成'使有什佰之器而不用'。《老子》真义'不用成器之人'，于是变成伪义'不用成器之物'。"

匠石惊呼："难怪《老子》如此难懂，原来关键文字都被改过了！"

子綦说："《老子》说'吾言甚易知'，若非有人妄改，怎会如此难懂？《老子》

三次言器，命义无不贯通。'朴散则为器'，阐明守朴至关重要，成器即为降格。'大器免成'，告诫众人要做散木，不要做文木，否则必成小器。'使有什佰人之器而不用'，告诫王侯不可重用那些自诩胜过十人百人千人万人的成器之人。《老子》仅仅反对人们成为被君主使用之器，从未反对人们使用增进福利之器。"

匠石说："感谢先生指教，不仅使我明白了散木之大用，而且使我明白了《老子》之真义。"

子綦笑了："与我无关，实为你之自悟！"

庄周受教，陷入沉思。

曹商闻之，不以为然。

十九　魏赵和解韩昭变法，欲为文木曹商易师

前351年，岁在庚午。庄周十九岁。宋桓侯三十年。

周显王十八年。秦孝公十一年。楚宣王十九年。魏惠王十九年（晋悼公十八年）。韩昭侯十二年。赵成侯二十四年。齐威王七年。燕文公十一年。鲁康公四年。卫成侯二十一年。越王无颛十年。中山桓公五十二年。

魏惠侯去年与齐威王和解，今年又亲往邯郸，在漳水岸边与赵成侯达成和解，把邯郸归还赵国。

赵成侯感激齐威王救赵，使赵免于亡国，把女儿赵姬献给齐威王。

赵姬之母嘱咐女儿："你事奉齐威王，千万不可为善！"

赵姬不解："不为善，难道为恶？"

赵母说："为善尚且不可，怎能为恶！"

赵姬问："为何既不可为恶，又不可为善？"

赵母说："《老子》有言：'天下皆知美之为美，斯恶已；皆知善之为善，斯不善已。'齐威王沉湎酒色，后妃众多。王后牟辛最得宠幸，与王后争宠的嫔妃，都没好下场。你新入齐宫，如果为恶，必被齐威王厌恶冷落；如果为善，必被王后嫔妃嫉恨加害。"

赵姬至齐，谨遵母教，既不为恶，也不为善。得到齐威王宠爱，后妃也不嫉恨，生子田辟疆。

大成午献策赵成侯："魏惠侯东迁大梁之前，韩昭侯一直亲赵敌魏。魏惠侯东迁大梁以后，韩昭侯采纳许异之策，叛赵亲魏。如今韩昭侯罢免许异，改命甲父害为相，主公既然与魏和解，也应与韩和解。"

赵成侯听从其言，命其使韩。

大成午到达新郑，拜见申不害："先生相韩而支持鄙人，鄙人相赵而支持先生，那么先生和鄙人的权势，都将两倍于现在。"

申不害大悦，献策韩昭侯："魏、赵和解，有利于三晋团结，尤其有利于韩国。因为魏、赵强于韩国，魏胜赵则魏更强，赵胜魏则赵更强，都不利于韩国。如今魏、赵和解，主公应该亲魏友赵。即使魏、赵再战，主公也应该保持中立，不介入魏、赵之战。"

韩昭侯听从其言，召见大成午，与赵和解，从此亲魏友赵。

申不害再次献策："韩国亲魏友赵，仍为三晋最弱。主公只有仿效魏、楚、秦、齐，实行变法，才能富国强兵。"

韩昭侯听从其言，命其主持变法。

申不害变法以后，韩昭侯不遵新法，兼用旧法，随意变更法令。

申不害进谏："新法颁布以来，主公常常听从左右近臣的请托，随意赏赐无功之人，任意提拔无才之人；常常接受宗室贵戚的求情，随意赦免有罪之人，任意进行法外施恩。无功之人受赏，有罪之人免罚，怎能变法成功，富国强兵？"

韩昭侯说："旧法行之已久，突然变更法度，臣民一时难以适应，相国不宜操之过急。"

申不害说："变法的宗旨，就是废除'礼不下庶人，刑不上大夫'的礼治，实行'王子犯法，与庶民同罪'的法治。治国之道，在于依法治国，因能授官，因功加赏，因罪施罚。"

韩昭侯说："相国言之有理，寡人不再随意变更法令！"

不久，申不害为堂兄谋求官职。

韩昭侯不允。

申不害不悦。

韩昭侯说："相国曾经教导寡人因能授官，如今却请求寡人授予令兄官职。

寡人不允，相国竟然不悦。寡人是应该听从相国的请托，违背相国教导寡人的治国之道呢，还是应该拒绝相国的请托，遵守相国教导寡人的治国之道呢？"

申不害大为羞愧，避席请罪："主公果然是我期盼已久的明君！"

韩昭侯、申不害都不能依法治国，变法收效甚微，仍为三晋最弱。

庄周十九岁，曹商十三岁，继续师从子綦学道。

庄周、曹商在荆园玩耍，用弹弓射鸟。

曹商问庄全："先生为何不种其它树木，只种橘树、桃树、梨树、山楂树、楸树、柏树、桑树？"

庄全说："这些树木，或是果实可口，或是容易成材，都能卖钱。其它树木，或是果实不可口，或是不易成材，不能卖钱。正如有些人能够成材，可以为卿为相，高官厚禄；有些人不能成材，只能为农为商，终生贫贱。"

曹商问："既然树木应该成材，为何人类不该成材？"

庄全问："谁说人类不该成材？"

曹商说："南伯说，成材的文木，必遭斧斤之祸，丧失真德；不成材的散木，才能免于斧斤之祸，永葆真德。"

庄全说："我自幼学习孔子之道，不能完全理解老聃之道。你有疑问，不该问我，该问南伯。"

曹商鼓起勇气，去问子綦："夫子说人应该仿效散木，不应该仿效文木，那么庄周家的荆园，夫子家的漆园，为何不种散木，全种文木？"

子綦说："道生万物，本无贵贱，树木如此，人类亦然。人类按照自己的需求，把树木分出贵贱，贵木称为文木，贱木称为散木。文木对人有用，散木对人无用，所以人类可以种植人类需要的文木，但是人类自己不能变成他人需要的文木。"

曹商问："为何有此区别？"

子綦说："谋生仅是人生起点，而非人生终点。人类可以为了谋生而种植文木，不能为了谋生而让自己变成文木。文木对人类有用，却对文木有害。散木对人类无用，却对散木有益。文木长到双手合围以上，就被寻求拴猴木桩的耍猴人砍伐。长到三围四围，又被寻求高大名贵栋梁的木匠砍伐。长到七围八围，又被寻求棺椁厚板的贵人富商之家砍伐。不能终其天年，只能中途夭于斧斤，这是文木成材的祸患。不仅植物如此，动物、人类同样如此。黄河两岸的诸侯国，每年都要祭祀河神，把牛、猪、人投入黄河献祭，但是不能献祭白额的牛、高鼻的猪、残疾的人。因为巫祝们认为，献祭不材的牛、猪、人，必将惹怒河神，不能禳解灾祸，反而招来不祥。但是对于不能用于献祭的牛、猪、人而言，因为不材而免于成为祭品，实为大祥。所以众人目光短浅，才会愿意成材。神人目光高远，坚决不愿成材！"

庄周问："把树木分为文木、散木，把人类分为君子、小人，是否相同？"

子綦说："既有相同之处，也有不同之处。把树木分为文木、散木，根据的是对全体人类有用无用。把人类分为君子、小人，根据的是对君主有用无用。君主根据统治的需要，把臣民分出贵贱，贵者称为君子，贱者称为小人。君子对君主有用，但对君子有害，因为君子必须为了富贵而迎合君主，不断丧失真德，最终成为假人。小人对君主无用，却对小人有益，因为小人不必为了富贵而迎合君主，可以长葆真德，最终成为真人。追求富贵而渴望成材的人们，多数未能富贵，因而有失无得；少数能够富贵，仍然得不偿失。然而世人常常要到晚年，才会明白有失无得，才会明白得不偿失，悔之已晚。人生方向一错，必将虚度一生。"

庄周说："夫子之言透彻至极，为何世人不能明白？"

子綦说："《老子》有言：'吾言甚易知，甚易行。天下莫能知，莫能行。'如今儒墨之道蛊惑天下，老聃之道无人问津。世人皆知有用之用，不知无用之用，都把谋生视为唯一目标，都把富贵视为至高理想，于是盲目成器成材，付出巨大代价而不自知。"

曹商回家，告诉曹夏："南伯传授的《归藏》之道，常枞之道，老聃之道，全都教人无为退守，成为无用的散木，被咬的舌头。这是小人的失败之道，而非君子的成功之道。当今天下，没有君主愿意践行老聃之道，所以孔子之道、墨子之道成了两大显学。"

曹夏说:"没想到南伯的老聃之道,竟是教人无用!如果不是田襄子死后墨家总部移至秦国,我原想让你学墨。好在如今宋桓侯兼重儒墨,裘氏弟子郑缓身为国师,富贵至极,河润九里,泽及三族,你不如转事裘氏学儒。"

曹商大为欢喜:"做人不求富贵,更有何求?"

从此不再师从子綦学道,转而师从裘氏学儒,成了郑缓的师弟。

第二部
娶妻为吏（前350—前340）

二十　秦废井田宋桓黜儒，庄周成丁再闻泰否

前350年，岁在辛未。庄周二十岁。宋桓侯三十一年。

周显王十九年。秦孝公十二年。楚宣王二十年。魏惠王二十年（晋悼公十九年）。韩昭侯十三年。赵成侯二十五年（卒）。齐威王八年。燕文公十二年。鲁康公五年。卫成侯二十二年。越王无颛十一年。中山桓公五十三年（卒）。

魏惠侯与齐、赵和解，获得喘息。今年怒而伐秦，一举收复魏地安邑（今山西夏县）、少梁（今陕西韩城），进围秦地定阳（今陕西延安）。

秦孝公发现魏势复振，在彤邑（今陕西华县）会见魏惠侯，与魏罢兵。

齐威王不愿魏势复振，准备再次伐魏。

淳于髡进谏："韩子卢是天下最快的猎狗，东郭逡是天下最狡的兔子。韩子卢追逐东郭逡，绕山三圈，翻山五座，结果一起累死。有个农夫路过，毫不费力捡了便宜。如今齐、魏久战，必将国疲民贫，成为韩子卢、东郭逡。秦、楚必将毫不费力捡到便宜，成为那个农夫！"

齐威王听从其言，放弃伐魏，在齐国西疆加固防魏长城。

商鞅献策秦孝公："主公变法十年，业已大成，诸侯再也不敢轻视秦国。但是主公想要战胜诸侯，尚须废除井田制，扩大亩制，穷尽地力，竭尽民力。"

秦孝公问："为何必须如此？"

商鞅说："古人种地，使用人耕，耕锄之具又是木器，而且水利不兴，亩制宜小，所以周制以百步为亩，百亩一夫。今人种地，改用牛耕，耕锄之具改用铁器，而且水利大兴，亩制宜大，所以秦制应以二百四十步为亩，百亩一夫。"

秦孝公问："为何扩大一倍有余？"

商鞅说："春秋末年，晋国最强，乃因六卿无不废除井田制，实行新亩制。但是六卿的新亩制各有不同，因而其后兴亡不同。"

秦孝公说："愿闻其详。"

商鞅说："当年吴王阖闾曾问孙武：'晋国六卿，谁先灭亡？'孙武说：'范氏、中行氏先亡，知氏次之，韩氏、魏氏又次之，赵氏最后。'吴王阖闾问其理由。孙武说：'范氏、中行氏以一百六十步为亩，知氏以一百八十步为亩，韩氏、魏氏以二百步为亩。五卿虽然亩制渐大，但是均未尽其民力，又把什一税增为伍一税，因而百姓贫穷，公室富有，君主骄矜，群臣奢靡，养士众多，尚功好战，必将依次而亡。赵氏以二百四十步为亩，亩制最大，尽其民力，又不改什一税，因而百姓富有，公室贫穷，君主节俭，群臣收敛，养士甚少，藏富于民，必将国家强固。'后来果如孙武预言，范氏、中行氏先亡，知氏次之。"

秦孝公说："但是如今并非亩制最大、税赋最轻的赵国最强，而是亩制次大、税赋最重的魏国最强。秦国为何不仿效魏国亩制，反而仿效赵国亩制？"

商鞅说："魏文侯任用李悝变法，尽管亩制次大，税赋最重，但是穷尽地力，竭尽民力，亩产高于赵国。魏民交纳税赋以后，所获仍然多于赵民，因此魏国暂时比赵国富强。赵国没有变法，虽然亩制最大，税赋最轻，但是未尽地力，未竭民力，亩产低于魏国。赵民交纳税赋以后，所获仍然少于魏民，因此暂时没有魏国富强，不过仍比亩制、税赋与魏相同的韩国富强。赵国一旦出现明君贤相，实行变法，必将比魏国更为富强，魏、韩仍将先赵而亡。所以主公应该仿效赵国亩制。"

秦孝公心悦诚服，下令废除井田制，采用新亩制，开通阡陌，划定田界。把秦国所有乡邑，合并为三十一县。确立郡县制，本土设县，拓土设郡。宗室贵族不再成为裂土之封君，只能拥有食税之爵秩。县令、郡守、封邑长官，均由国君任命。

商鞅又说："为了避免宗室贵族阻挠亩制、官制改革，同时为了便于东进中原，主公不如放弃先君的临时国都栎阳，但也不能重新西迁旧都雍城，可把国都东迁至渭城。"

秦孝公听从其言，在渭城修建城墙和宫殿。

赵成侯赵种死了，在位二十五年（前374—前350）。赵成侯与魏争强失败，导致邯郸被魏攻陷，尽管去年魏惠侯迫于齐、楚压力而主动归还，今年仍然忧愤而死。

太子赵语继位，即赵肃侯。

赵肃侯继承父志，誓报魏惠侯伐赵破都之仇。

大成午继续相赵。

中山桓公魏挚死了，在位五十三年（前402—前350）。

太子继位，即中山成公，魏属中山第二代国君。

魏惠侯遣使前往灵寿，吊唁叔父之死，祝贺堂弟继位。

中山是魏之属国，并非周封诸侯，天下诸侯不吊不贺。

宋桓侯问策戴剔成："如今魏国由盛转衰，秦、齐变法崛起。天下局势，已从魏、楚争霸，变成魏、齐、楚、秦争霸。宋国夹在四强之间，如何自保？"

戴剔成说："若要自保，唯有富国强兵。若要富国强兵，唯有变法。当今诸侯变法，秦国最为成功。主公若想变法，唯有效法秦国。"

宋桓侯问："如何效法秦国？"

戴剔成说："魏、楚、秦、齐、韩无不变法，秦国之所以变法最为成功，主要原因是罢黜儒者，重用墨者，所以田襄子死后，墨家由宋移秦。主公效法秦国，也应贬黜儒者，重用墨者。"

宋桓侯说："诸侯竞相变法，乃是为了争霸。寡人不想争霸，所以不愿变法。不过相国言之有理，如今天下争霸，儒者无用，墨者有用。其实寡人当初重儒崇孝，仅为暗示戴骊不忠。如今戴骊已死，寡人决定不再兼用儒墨，改为罢黜儒者，重用墨者。希望墨家总部重回宋国，使诸侯不敢伐宋。"

戴剔成大喜，罢免儒者郑缓，重用墨者惠盎、郑翟，又礼聘惠盎之弟惠施。

惠施三十一岁，贤名更著，仍然拒绝出仕。

郑缓当初让弟弟郑翟学墨，意在左右逢源，如今事到临头，难以接受罢黜，愤而自杀。

曹商去年转师裘氏学儒，今年宋桓侯黜儒，郑缓自杀，大受打击。

庄周二十岁，苏秦生于东周国都洛阳郊外，慎到生于赵国，兒说生于宋国，詹何生于楚国，田骈生于齐国。

庄周成丁，协助庄全经营荆园。

庄周问子綦："宋桓侯亲政之初兼重儒墨，如今为何改为黜儒重墨？"

子綦说："儒家保守，墨家进取。宋桓侯亲政之初，恪守《归藏》泰道，只想保国安民，不愿卷入诸侯混战，以守为主，所以兼用儒墨。如今宋桓侯信任戴剔成，戴剔成信奉《周易》否术，不断卷入诸侯混战，转守为攻，所以改为黜儒重墨。宋国未来，其祸非小。"

庄周问："弟子尚有一事不明。夫子曾说，孔子死后，子夏携带《归藏》、《周易》至魏，为魏文侯师，所以魏文侯尚知崇尚《归藏》泰道，魏武侯才转而信奉《周易》否术，那么孔子、子夏是否并不完全否定《归藏》泰道？"

子綦说："是的。周文王演《周易》，既把《归藏》首坤次乾，改成《周易》首乾次坤，又保留泰、否卦名，就是以否术为主，以泰道为辅，既知天尊地卑仅为天地表象，又知天柔地刚乃是天地本质。孔子推崇文、武之道，一张一弛，也是以否术为主，以泰道为辅，既主张君尊臣卑，也主张君柔臣刚，只不过把君柔臣刚转述为君仁臣忠而已。孔子之徒所撰《礼记》，仍有泰道残迹。《礼记·乐记》所言：'地气上齐，天气下降；阴阳相摩，天地相荡，鼓之以雷霆，奋之以风雨，动之以四时，暖之以日月，而百化兴焉。'正是阐释泰道。天质为坤，坤气为阴，阴气下行，所以说'天气下降'。地质为乾，乾气为阳，阳气上行，所以说'地气上齐'。天之阴气下行，地之阳气上行，所以说'阴阳相摩，大地相荡'。泰道造化万物，所以说'百化兴焉'。"

庄周说："《礼记》仅仅褒扬泰道，却不贬斥否术。《文子》不仅褒扬泰道，而且贬斥否术。《文子·上德》所言：'天气下，地气上；阴阳交通，万物齐同；君子用事，小人消亡，天地之道也。'乃是褒扬泰道。《文子·上德》所言：'天气不下，地气不上；阴阳不通，万物不昌；小人得势，君子消亡，五谷不植，道德内藏。'乃是贬斥否术。"

子綦笑了："正是。《归藏》、《老子》、《文子》，都是褒扬泰道，贬斥否术。《周易》、《易传》、《礼记》，都是否术为主，泰道为辅。孔子死后，孔子之徒教化天下，于是天下君主大多否术为主，泰道为辅。魏文侯师从子夏，正是否术为主，泰道为辅。子夏死后，子夏之徒教化天下，于是天下君主大多抛弃泰道，专用否术。魏武侯师从子夏之徒，正是抛弃泰道，专用否术。"

庄周问："子夏之徒，为何异于孔子之徒？"

子綦说："儒门尽管未悟天道，但是孔子之徒多为君子儒，子夏之徒多为小人儒。孔子晚年，已经发现子夏有小人儒的倾向，所以告诫子夏：'汝为君子儒，勿为小人儒。'如今子夏之徒遍布天下，多为吴起、商鞅那样专用否术的小人儒，鲜有田子方、段干木那样崇尚泰道的君子儒。"

庄周问："田子方、段干木如何崇尚泰道？"

子綦说："我讲个故事，你就会明白。"——

魏武侯魏击还是太子之时，乘车出行，遇见田子方，于是下车行礼。

田子方没有还礼。

魏击不悦："究竟是富贵者可以骄人，还是贫贱者可以骄人？"

田子方说："贫贱者可以骄人，富贵者不可以骄人。诸侯骄人，就会灭国。大夫骄人，就会亡家。至于贫贱者，其行不合于君，其言不用于君，可以移居楚国、越国，如同解脱上吊之绳，何必与富贵者一样以礼下人？"

魏击大怒而去。

庄周说："如此看来，从伏羲到《归藏》，君、臣大都尊崇泰道，贬斥否术。从西周到东周，君、臣大都否术为主，泰道为辅。从春秋到战国，君、臣大都抛弃泰道，强化否术。君、臣为何如此同步？"

子綦说："因为君、臣互动，互相推助，因果循环。君主即位以前，必须从师学道，学习显学，这是臣子影响君主。君主即位以后，必定以显学治理国家，这是君主影响臣子。西周以降，天下显学渐变，君、臣也随之渐变，于是互相推助，因果循环。战国以来，儒墨成为两大显学，虽然主张相反，但都抛弃泰道，强化否术。天下诸侯尊奉儒墨，于是泰道日隐，否术日显。"

二一　秦迁咸阳韩姬弑夫，孟轲休妻庄周娶妇

前349年，岁在壬申。庄周二十一岁。宋桓侯三十二年。

周显王二十年。秦孝公十三年。楚宣王二十一年。魏惠王二十一年（晋悼公二十年，弑）。韩昭侯十四年。赵肃侯元年。齐威王九年。燕文公十三年。鲁康公六年。卫成侯二十三年。越王无颛十二年。中山成公元年。

渭水之滨的渭城，去年修筑城墙，建造宫殿，今年建成。
秦孝公放弃旧都栎阳（今陕西临潼），迁都渭城，改名咸阳（今陕西西安）。

子綦感叹："天下浩劫将至！"
庄周问："夫子何出此言？"
子綦说："秦人立国至今，国都六迁，咸阳是第七都。秦襄公八年（前770），护送周平王东迁洛阳有功，始封诸侯，建都犬丘，历八年，襄公、文公二君。秦文公四年（前762），迁都秦邑，历四十八年，文公、宪公二君。秦宪公二年（前714），迁都平阳，历三十七年，宪公、前出公、武公三君。秦德公元年（前677），迁都雍城，历二百五十五年，德公、宣公、成公、穆公、康公、共公、桓公、景公、哀公、前惠公、悼公、厉共公、躁公、怀公、灵公十五君。秦灵公三年（前422），迁都泾阳，历三十九年，灵公、简公、后惠公、后出公、献公五君。秦献公二年（前383），迁都栎阳，历三十四年，献公、孝公二君。今年是秦孝公十三年（前349），秦孝公采纳商鞅之策，把秦都迁至咸阳，天下必有浩劫！"
庄周说："各国迁都乃是常事，近年就有越王翳从琅玡迁至吴邑，韩哀侯从宜阳迁至新郑，魏惠侯从安邑迁至大梁。为何秦国迁都，天下必有浩劫？"

子綦说:"商鞅乃是子夏之徒,把秦国新都渭城,改名为咸阳,正是取象于六爻皆阳的乾卦,取义于强化君尊臣卑的子夏否术。万物无不负阴抱阳,物无纯阴,亦无纯阳。秦国迁都咸阳以后,秦君必将纯阳极尊,秦民必将纯阴极卑,秦军必将有进无退,天下必将大祸临头。《周易》尽管鼓吹否术,仍知乾卦上九对应天帝,乾卦九五对应天子。天子只可居于九五,'飞龙在天',如果僭居上九,就会'亢龙有悔'。咸阳必为秦兴之都,亦将成为秦亡之都。其兴也勃,其亡也忽。"

二十年前,赵成侯立晋悼公于屯留(今山西长治),韩懿侯把女儿韩姬嫁给晋悼公。

十年前,韩昭侯奉魏惠侯之命,攻取屯留,把晋悼公迁至端氏(今山西沁水)。

今年,韩昭侯又奉魏惠侯之命,指使妹妹韩姬,弑杀夫君晋悼公。

晋悼公在位二十年(前368—前349),被夫人韩姬弑于端氏。

魏惠侯不愿再立晋君,决意灭绝晋祀。

赵肃侯服满除丧,正式即位。年轻气盛,大怒于魏惠侯、韩昭侯,决意延续晋祀。

于是出兵端氏,护送晋悼公的太子姬俱酒,前往已被韩国吞并十年的屯留,强行立为晋君,即晋静公。

魏惠侯国力大损,不愿与赵重新开战,只好暂时隐忍。

韩昭侯亲魏友赵,不愿卷入魏、赵矛盾,静观其变。

曹商转师裘氏学儒,已有三年,回家直呼母名。

曹母十分诧异:"你学儒三年,为何不知礼仪,直呼母名?"

曹商说:"贤如尧舜,尚可直呼其名。大如天地,也可直呼其名。母亲之贤,不如尧舜,母亲之大,不如天地,自然可以直呼母名。"

曹母说:"如果你能践行学到的所有知识,可以直呼母名。如果你不能践行

二一　秦迁咸阳韩姬弑夫，孟轲休妻庄周娶妇

学到的所有知识，不能直称母名。"

曹夏问："你学儒以后，为何仅仅直呼母名，却不直呼父名？"

曹商说："《周易》卦序首乾次坤，《易传》主张'天尊地卑'。天尊地卑，君尊臣卑，父尊母卑，男尊女卑，乃是天经地义。所以父尊必须讳名，母卑不必讳名。"

曹夏大悦："孔子之道，果然胜于老聃之道！"

孟轲二十四岁，娶妻多年。

外出归来，进屋看见妻子岔开双腿踞坐，衣衫穿戴不整。

孟轲大为生气，告诉孟母："我回家进屋，媳妇竟然岔开双腿踞坐，衣衫穿戴不整。如此不知礼仪，我要休了她！"

孟母说："《礼经》有言：'将入门，问孰存。将上堂，声必扬。将入户，视必下。'都是为了使人有所准备。你不明夫妇之道，自己不知礼仪，为何反而责备媳妇不知礼仪？"

孟轲羞愧自己一知半解，打消了休妻之念。

庄周二十一岁，邹衍生于齐国。

庄全夫妇作主，为庄周娶妻钟离氏。

庄全教导庄周："西周初年，封伯益之后于钟离（今安徽凤阳）。春秋时期，楚国伐灭钟离国。钟离氏散于天下，或居齐国，或居宋国。如今我们客居宋国，与钟离氏联姻，同为天下沦落人，你要善待媳妇。"

庄周谨受父教。

庄周请教子綦："《归藏》是否涉及夫妇之道？"

子綦说："天道无所不包，遍及万物。《归藏》咸卦，就是夫妇之道。"

庄周说："当年裘氏教我《周易》，也说咸卦是夫妇之道。"

子綦问："裘氏如何解说咸卦？"

庄周说："裘氏说，《周易》上经，首乾次坤，专明天地之道；《周易》下经，

首咸次恒，专明夫妇之道。天地之道和夫妇之道，均为君臣之道的依据。因为《易传·序卦》有言：'有天地，然后有万物；有万物，然后有男女；有男女，然后有夫妇；有夫妇，然后有父子；有父子，然后有君臣；有君臣，然后有上下；有上下，然后礼仪有所错。夫妇之道，不可以不久也，故受之以恒。'裘氏又说，咸卦上兑下艮，根据《易传·说卦》，兑为少女，艮为少男，所以是夫妇之道。我问，既然夫妇之道是君臣之道的依据，夫尊妇卑是君尊臣卑的依据，那么演示夫妇之道的咸卦，为何妇居上，夫居下？裘氏又被我问住，又骂我疑经谤圣。"

子綦说："当年裘氏回答不了你的疑问，你老来问我。我怎么不记得你问过此事？"

庄周不禁害羞："我先问父亲，父亲说我年纪还小，不宜过早了解夫妇之道。"

子綦笑了："《周易》所言咸卦演示夫妇之道，承自《归藏》。但是子夏之徒所撰《易传》认为兑为少女，艮为少男，就经不住你这一问。咸卦上兑下艮，并非妇居上，夫居下。兑为阴卦，并非少女。艮为阳卦，也非少男。咸卦演示的夫妇之道，乃是夫居上而柔，妇居下而刚。卦名寓有二义：咸通感，意为感知天道；咸训遍，意为天道遍在万物，也在夫妇。夫柔妇刚，一如君柔臣刚，无不植根于天柔地刚。"

庄周问："原来孔子之徒鼓吹《周易》否术，是从天尊地卑的否卦，推衍出君尊臣卑、父尊子卑、夫尊妇卑、男尊女卑，难怪孔子之徒全都贱视妇女。老聃之徒遵循《归藏》泰道，是从天柔地刚的泰卦，推衍出君柔臣刚、父柔子刚、夫柔妇刚、男柔女刚，难怪老聃之徒从不贱视妇女。"

子綦说："是啊！伏羲泰道，首先突破了天地表象，抉发了天地本质：天居阳位，泰道以柔弱阳；地居阴位，泰道以刚强阴；从而天地相交，万物得生。其次突破了君臣表象，抉发了君臣本质：君居阳位，泰道以柔弱阳；臣居阴位，泰道以刚强阴；从而君臣相交，百姓得生。再次突破了父子表象，抉发了父子本质：父居阳位，泰道以柔弱阳；子居阴位，泰道以刚强阴；从而父子相交，子孙得生。最后突破了夫妇表象，抉发了夫妇本质：夫居阳位，泰道以柔弱阳；妇居阴位，泰道以刚强阴；从而夫妇相交，人类得生。所以《老子》如此阐释《归藏》泰道：'万物负阴而抱阳，冲气以为和。'"

庄周遵循子綦教导的夫妇之道，与钟离氏极其恩爱。

空闲之时，夫妇常常共读《诗经》。

或如《关雎》："关关雎鸠，在河之洲。窈窕淑女，君子好逑。"

或如《桃夭》："桃之夭夭，灼灼其华。之子于归，宜其室家。"

或如《硕人》："手如柔荑，肤如凝脂。领如蝤蛴，齿如瓠犀。螓首蛾眉，巧笑倩兮，美目盼兮。"

或如《女曰鸡鸣》："宜言饮酒，与子偕老。琴瑟在御，莫不静好。"

或如《击鼓》："死生契阔，与子成悦。执子之手，与子偕老。"

一日，庄周吟诵《裳裳者华》："左之左之，君子宜之；右之右之，君子有之；维其有之，是以似之。"

然后笑嘻嘻问："这是一个谜语。你猜猜看！"

钟离氏想了半天："我猜不出，快说谜底。"

庄周不肯说。

钟离氏急得挠庄周痒痒："说不说？"

庄周逃来逃去，被钟离氏捉住，大挠特挠。

庄周笑得喘不过气："你已知道谜底，为何还要我说？"

钟离氏大为诧异："我何曾知道？"

庄周边喘边说："挠痒痒。"

钟离氏愣了一下，顿时笑靥如花。

二二　秦增口赋韩昭朝秦，子綦丧我庄闻三籁

前348年，岁在癸酉。庄周二十二岁。宋桓侯三十三年。

周显王二十一年。秦孝公十四年。楚宣王二十二年。魏惠王二十二年（晋静公元年）。韩昭侯十五年。赵肃侯二年。齐威王十年。燕文公十四年。鲁康公七年。卫成侯二十四年。越王无颛十三年。中山成公二年。

商鞅前年废除井田制，推行大亩制，今年又在什一税之上，另增口赋。每户按照人口，缴纳人头税。

秦孝公问："相国曾说晋国五卿亩制较小，又在田税之上另增口赋，所以民贫国富而先亡。赵国亩制最大，不在田税之上另增口赋，所以民富国贫而后亡。秦国既然效法赵国大亩制，为何又效法五卿另加口赋？"

商鞅说："赵国后亡，仍然是亡。如今魏强赵弱，可见赵国虽然民富，国贫仍是大弊。主公之志，并非民富国贫，而是富国强兵。采用大亩制，是取赵国之长。另增口赋，是取魏国之长。秦国兼取赵、魏之长，必能代周为王。"

秦孝公心悦诚服，尽从商鞅之策，颁布法令：秦民二男以上不分户者，口赋加倍，鼓励分户，奖励垦荒，增加国库收入，准备东进中原。

申不害向韩昭侯献策："十三年前魏惠侯东迁大梁，称霸中原，争霸天下。主公最先朝拜魏惠侯，所以后来魏惠侯只伐赵，不伐韩。如今秦孝公东迁咸阳，欲进中原，欲霸天下，主公也应最先朝拜秦孝公，那么秦军如果东进，也将只伐魏，不伐韩。"

韩昭侯听从其言，前往咸阳朝拜秦孝公。

韩昭侯是商鞅变法以后至秦的第一位中原诸侯。一入咸阳，震惊于全城洁净如洗。因为商鞅之法规定：倾倒炉灰于户外，弃置药渣于路中，均予斩首。

韩昭侯再也不敢轻视秦国，恭恭敬敬朝拜秦孝公。

秦孝公大悦，重赏商鞅。

此后络绎至秦的中原诸侯、使者，无不震惊于咸阳一尘不染，似非人间，全都不再轻视秦国。

魏惠侯五十三岁，邀请赵肃侯在魏邑阴晋（今陕西华阴东）会见，希望与赵和解。

赵肃侯赴会，与魏惠侯分庭抗礼，比赵成侯更为强硬。

魏惠侯难以容忍年轻的赵肃侯如此挑衅，又生伐赵之心。

曹商鉴于宋桓侯黜儒重墨，认为继续学儒难以富贵，于是不再师从裘氏。听说齐国的国氏富甲天下，于是离宋往齐，请求国氏传授致富之术。

国氏说："我擅长为盗。我以盗为业之后，一年不贫，二年足食，三年大富，足以救济乡邻。"

曹商归宋，翻墙凿壁，入室偷盗。很快被官府拘捕，连累曹夏抄没一半家产。

曹商认为国氏欺骗了自己，又往齐国，质问国氏："你说为盗可以致富，为何我为盗反而致贫？"

国氏说："你之为盗，异于我之为盗。我的盗窃之术，乃是师法范蠡。当年范蠡离越至齐，正是凭借此术，富甲齐国。"

曹商问："愿闻范蠡致富之术。"

国氏说："天有其时，地有其利，人有其力。范蠡致富之术，就是盗天之时，窃地之利，尽人之力。盗窃春雨的滋润，有助于禾苗生长；盗窃土地的肥沃，有助于种植五谷；盗窃泥土，可以筑墙；盗窃树木，可以建屋；尽力于山，可以盗获禽兽；尽力于水，可以盗获鱼鳖。五谷、土木、禽兽、鱼鳖，都是天地所生，原本非我所有。我自食其力，盗之于天，无灾而致富。你盗窃的金玉珍宝，谷帛财货，却是他人的积蓄私藏，并非天地公产，你不肯自食其力，盗之于人，获罪而致贫，怎能怨我？"

曹商认为国氏仍在欺骗自己，回到蒙邑，来见子綦："国氏骗我，说范蠡致富之术就是盗窃之术。夫子是范蠡再传弟子，我师从夫子数年，夫子为何也像国氏一样，不肯传授范蠡之术？"

子綦说："国氏所言不错！不仅人的财富是盗窃于天地，人的生命也是盗窃于天地。人的生命，乃是阴阳合和而成。"

曹商大为生气，认为子綦同样欺骗自己，不肯传授范蠡致富之术。

庄周二十二岁，长子出生。

庄周请求子綦："夫子可否为我儿子赐名？"

子綦说："你父亲学儒，取义于孔子之言'吾从周'，为你取名为周。你既名周，儿子不妨名遍。那样的话，你们父子之名，均寓天道周遍之义。"

庄周大为欢喜："夫子不仅赐我儿子嘉名，又以老聃之道为我重新释名，我无须再为父亲为我所取之名懊恼了。"

子綦带着子游、庄周，一起游玩蒙山。

子綦问："你们说说，此山为何名为蒙山？"

子游说："弟子猜想，蒙泽、蒙山、蒙邑之名，大概都是取之于蒙卦。夫子当年隐居的泰山，乃是取义于泰卦，小隐隐于山。如今隐居的蒙邑，则是取义于蒙卦，大隐隐于市。"

庄周说："师兄言之有理！蒙卦第五爻为阴爻，是君位之爻，意为君主居上而用柔。第二爻为阳爻，是民位之爻，意为臣民居下而用刚。合于君柔民刚的《归藏》泰道。"

子綦笑了："你们都已深明泰道。庄周的颖悟，又胜于子游，对《归藏》的理解，已经胜过我了！"

子綦从蒙山回来，心情愉快。

子游问:"夫子今日,为何异于往日?"

子綦说:"今日出游,吾丧我。"

子游问:"何为吾丧我?"

子綦说:"吾是不与外物对待的德心,我是与外物对待的身形。"

子游说:"弟子还是不明白。"

子綦说:"看来今日出游,你仅闻人籁,未闻地籁。虽闻地籁,未悟天籁。"

子游问:"何为地籁?"

子綦说:"今日出游蒙山,你没看见山丘林木、百围大树的万千窍穴吗?万窍之形,无一相同,或像鼻子,或像嘴巴,或像耳朵,或像方柱,或像圆圈,或像碓臼,或像深池,或像浅坑。今日出游蒙山,你没听见那些窍穴发出的万千地籁吗?大地呼吐气息,形成了风,风吹万窍,万窍就会发声。万窍之声,无一相同,或如飞瀑下泻,或如泉水上涌,或如喝叱,或如嘘吸,或如呼喊,或如哭号,或如欢笑,或如切齿。万千窍穴各据不同物德,发出不同之声,既无主次,也无是非,既无君臣,也无尊卑,然而众声相和。小风小和,大风大和。风过之后,万千窍穴复归虚寂,只有树枝轻轻摇摆,树叶微微颤动。"

子游问:"弟子明白了,地籁就是万窍所发之声,人籁就是排箫所吹之乐。那么何为天籁?"

子綦说:"你要自己领悟!何种至高存在,驱使天地万物各据不同物德,发出不同之声?"

子游说:"弟子不明。"

庄周问:"夫子所言至高存在,莫非就是天籁?"

子綦说:"说说理由。"

庄周说:"天籁看不见,听不到,摸不着,正是《老子》所言'视之不见名曰微,听之不闻名曰希,搏之不得名曰夷'的天道。人类只能听见万千不同的人籁、地籁,不能听见驱使人籁、地籁万千不同的天籁。人类只能看见物德不同的天地万物,不能看见赋予天地万物不同物德的天道。天道、天籁并非具体之物,所以无法指实,只能领悟。"

子綦笑了:"你已尽得老聃之道。"

二三　晋室绝祀剔成变法，漆园入官庄周为吏

前347年，岁在甲戌。庄周二十三岁。宋桓侯三十四年。

周显王二十二年。秦孝公十五年。楚宣王二十三年。魏惠王二十三年（晋静公二年卒，灭）。韩昭侯十六年。赵肃侯三年。齐威王十一年。燕文公十五年。鲁康公八年。卫成侯二十五年。越王无颛十四年。中山成公三年。

赵成侯庶子赵范，发动叛乱，与赵肃侯争位。
魏惠侯欲报赵成侯支持公中缓之仇，出兵支持赵范。
赵范在魏军支持之下，袭击邯郸，兵败被诛。
魏、赵和解数年之后，重新敌对。

晋静公姬俱酒，死于屯留（今山西长治）。在位两年（前248—前247），无子。
魏惠侯不愿再被晋君牵制，不肯再立晋君。
赵肃侯怒于魏惠侯支持赵范争位，继续牵制魏国称霸，又在屯留另立晋出公的后裔声氏。
魏惠侯大怒，出兵屯留，拘捕声氏，囚禁在铜鞮（今山西沁县）。
晋国至此绝祀，事在魏、韩、赵三家分晋（前453）之后一百零六年（前347）。

赵姬既不为恶，也不为善，日益得到齐威王专宠，遭到王后牟辛嫉恨。
齐威王怒杀牟辛，改立赵姬为王后。
赵姬之子田辟疆五岁，立为太子。
齐、赵之盟，更加牢固。

二三　晋室绝祀剔成变法，漆园入官庄周为吏

卫人司马熹，鉴于弱卫依附强魏，在卫难以施展抱负，于是离卫至宋，投靠宋相戴剔成。

戴剔成问："百年以来，卫国积弱，才士大多仕于列强。子夏仕于魏国，吴起仕于魏、楚，商鞅仕于魏、秦。先生为何不仕列强，而仕弱宋？"

司马熹说："吴起、商鞅先仕诸夏之强魏，后仕四夷之楚、秦，为我不取。子夏仅仕诸夏，不仕四夷，为我仰慕。子夏仕于魏文侯之前，魏国不强。子夏仕于魏文侯之后，魏国始为中原最强，天下始知子夏贤于孔子。如今天下孔子之徒，实为子夏之徒。相国若有魏文侯之志，我愿仿效子夏，辅佐相国，使弱宋变成强宋。"

戴剔成大悦："我素有此志，敬请先生赐教！"

司马熹说："相国先是助魏伐赵，结果魏国败于桂陵，后又助齐伐魏，结果齐国败于襄陵，宋桓侯为此责备相国。如今天下各国变法图强，秦国最为成功，相国只要效法秦国，必能迅速富国强兵。"

戴剔成说："先生果然高见，与我不谋而合。我曾劝说主公效法秦国实行变法，主公只想守土保民，不求拓土强国。今得先生之助，必能富国强兵，与诸侯争强。"

于是礼聘司马熹为国师，不顾宋桓侯反对，全面效法秦国，提高税率，大肆征兵。

庄周二十三岁，面临征兵。

庄全的荆园，子綦的漆园，面临加税。荆园的税率，从原先的二十税一，增至十税一。漆园的税率，从原先的二十税五，增至十税五。

子綦决定转让漆园，但是无人问津，最后被官府低价收购。

庄周问子綦："漆税已经最重，为何戴剔成又提高漆税？"

子綦说："远古之民不知用火，仅有石器。燧人氏用火烧土，才有陶器。此后又有竹器、木器、玉器、铜器、铁器。玉器用于祭神，铜器用于庙堂，铁器用于征战。民生日用，多为陶器、竹器、木器。宋国定陶处于天下之中，流通天下陶、竹、木器。陶器用途大于竹、木器，定陶由此得名，税收天下第一。

但是陶器容易破碎，尚无良法根除此弊。竹器、木器容易朽坏，涂漆即可根除此弊。因此漆器逐渐取代陶器，成为贵族、平民共同使用的最大日用品。别物之税，或是二十税一，或是十税一。唯有漆税最高，是二十税五。用漆历史，已很久远。《尚书·禹贡》记载，兖州、豫州均有'贡漆'之职。《唐风·山有枢》言及'山有漆'，《秦风·车邻》言及'阪有漆'。宋国漆业尤盛，漆器天下闻名，蒙邑乃是漆业重镇，所以我离齐至宋，客居蒙邑，经营漆园为生。戴剔成加重漆税，一是想把宋国漆业收为官办，以便专得其利；二是利用定陶之便，搜括天下漆业之利，以便富国强兵。戴剔成原本好战，如今又效法秦国，富国强兵，宋国必将卷入诸侯混战，不再是安居之地。"

庄周说："夫子是否打算归齐？"

子綦说："我已老了，你们年轻人应该预作打算。"

子綦不愿儿孙为戴剔成打仗，遂让家人返回齐国，自己仍与子游留在蒙邑。

庄全与庄周商量："楚宣王至今没有大赦，我们仍然不能归楚。如今税率加重一倍，荆园只能勉强维持。我最为担心的并非税率加重，而是你面临征兵。除非你出仕为官，才能免服兵役。"

庄周说："为官为吏，都能免服兵役。如今戴剔成专权，好战嗜杀，我不愿为官，宁愿为吏。蒙邑的私营漆园，大多已经收为官办。县令正在招聘漆园吏，我若应聘，既能免服兵役，又能小补荆园加税的损失。"

庄全、狶韦氏、钟离氏无不赞成。

蒙邑县令招聘漆园吏，一是管理收为官办的各处漆园，二是向仍然私营的各处漆园征收漆税。应聘者必须熟悉漆业，避免私营漆园瞒报产量，偷逃漆税。

庄周时常出入子綦的漆园，熟悉漆业，前去应聘，顺利成为漆园吏。

庄周前往蒙邑城外一处漆园收税，结识了园主支离疏。

庄周早已知道此人，因为支离疏先天残疾，上身在腰部下折，脸颊埋于肚脐以下，肩膀高于头顶，发髻上指天空，五脏脉管居上，双腿与肋部平行。

支离疏每次进城采办物品，都会受到蒙邑民众围观嘲笑。围观支离疏的人数，多于围观斗鸡、耍猴的人数。

庄周幼年，常与曹商钻入人群，观看支离疏的奇特身形。

曹商捡起石子，尾随在后，等到支离疏转过街头，就扔向高高拱起的驼背。

支离疏对围观习以为常，对嘲笑置若罔闻，对戏弄毫无反应。

如今庄周了解到，支离疏虽然身体畸形，但是持针缝衣，足以糊口保身；扬糠簸谷，足以养亲十人。由于身形残疾，支离疏免服一切官役，包括兵役。

庄周敬佩支离疏，于是向县令进言："宋桓侯表彰孝子，因为支离疏身体残疾，却能上养父母，下养子女，曾经予以奖励。宋桓侯每年赈济病残，都要救济支离疏三钟粟和十捆柴。如今支离疏种植的两亩漆树，也应免收漆税。"

县令听从其言，免除支离疏漆税。

庄周又往蒙山征收漆税，看见有人在蒙泽岸边漂洗麻絮。

庄周问漂絮者："你冬天在冷水里漂洗麻絮，为何双手不会龟裂？"

漂絮者说："我有祖传药膏，涂在手上，就能避免龟裂。"

庄周赞叹："一项祖传绝技，就能常保子孙衣食！"

漂絮者说："一百多年前，有个吴人愿出百金，购买配制药膏的秘方。曾祖父召集家人商议：'漂洗麻絮，一年仅得数金。卖掉秘方，就能得到百金，又无任何损失。'于是卖了秘方。当时吴王夫差正与越王勾践交战，吴、越都是水乡，打仗水陆并进。冬天水战之弊，就是士兵手足容易龟裂。那个吴人购得秘方，进献吴王夫差，率领涂了药膏的吴军，冬天与越人水战，大败越人，成了封君。越王勾践和越相范蠡，入吴为质。"

庄周问："令曾祖是否后悔卖掉秘方？"

漂絮者说："是的。曾祖后悔我家的祖传秘方被人用于杀戮。"

庄周问："你们既知秘方可以获取富贵，为何世世安于漂洗麻絮？"

漂絮者说："后来勾践采用范蠡之策，卧薪尝胆二十年，伐灭吴国，诛杀夫差。凭借秘方成为封君的那个吴人，也被勾践灭族。范蠡功成身退，成为天下首富。文种不听范蠡规劝，不肯功成身退，接替范蠡成为相国，不久也被勾践灭族。可见助吴败越成为封君，助越灭吴成为相国，都有灭族之祸。我们没有范蠡的智慧，宁愿世世安于漂洗麻絮。我家祖训：秘方可以获取富贵，富贵可以带来灭族。不求富贵可以免于灭族，自食其力可以世世不绝！"

庄周肃然起敬："请问先生贵姓？"

漂絮者说："免贵，我叫子桑。"

庄周把子桑之事，告诉子綦："看来宋国颇多顺道循德、不求富贵的天民。"

子綦说："老聃晚年居于宋国沛邑，遗泽传于宋人。子桑一家，或许没有范蠡的安邦定国才能，但有范蠡的全生免祸智慧，足证老子之道胜于任何祖传秘方。祖传秘方既能为人造福，也能为人招祸。老子之道只会造福万世，不会遗祸世人。"

二四　赵肃朝周咸阳冬花，曹商败家庄周慰友

前346年，岁在乙亥。庄周二十四岁。宋桓侯三十五年。

周显王二十三年。秦孝公十六年。楚宣王二十四年。魏惠王二十四年。韩昭侯十七年。赵肃侯四年。齐威王十二年。燕文公十六年。鲁康公九年（卒）。卫成侯二十六年。越王无颛十五年。中山成公四年。

周显王寄居东周国二十年，天下诸侯从不朝觐，不再承认周天子是天下共主。
年初，赵肃侯前往洛阳，朝觐周显王。
赵肃侯去年欲立声氏为晋君，希望保留晋君，遏制魏惠侯称霸，结果被魏惠侯挫败。于是今年赵肃侯朝觐周显王，希望借尊崇周天子，遏制魏惠侯称霸，结果毫无作用。

年中，鲁康公姬屯死了，在位九年（前354—前346）。
太子姬匽继位，即鲁景公。

十二月，秦都咸阳发生异事：桃树、李树提前开花。
商鞅率领群臣祝贺："天降吉兆，敬贺主公迁都。"
秦孝公问："桃树、李树应该二月开花，十二月开花乃是节气不正，有何可贺？"
商鞅说："秦献公十一年，周太史儋入秦，预言秦必代周。秦献公十二年，周室阳气衰竭，于是中原六月下雪。秦献公十六年，秦国阳气大盛，于是桃树冬天开花。秦献公十七年，韩、赵伐周。秦献公十八年，韩、赵分周为二，周王已无寸土，于是天降金瑞于栎阳，秦献公建造畦畤祭祀白帝，决意东进中原。如今主公富国强兵，迁都咸阳，秦国阳气极盛，于是天降花瑞于咸阳，桃树、李树冬天

开花。周室居东，属阳而阴。秦国居西，属阴而阳。天命已显，秦必代周！"

秦孝公大悦，亲往旧都栎阳的畦畤，隆重祭祀白帝，立誓东进中原，代周为王。

曹商愤怒于子綦不肯传授范蠡致富之术，又去请教裘氏："子贡经商致富，凭借什么法术？"

裘氏说："子贡是孔子弟子，当然是凭借孔子之道致富！"

曹商问："子贡经营什么货物？"

裘氏说："孔子有言：'君子喻于义，小人喻于利。'孔子之徒不言利，没人说过子贡经营什么货物。子夏有言：'学而优则仕，利在其中焉。'只要学成孔子之道，出仕为官，何愁不能富贵？"

曹商说："但是如今宋桓侯用戴剔成之策，黜儒用墨，师兄郑缓一度受到重用，如今也已自杀。弟子不能学而优则仕，怎样才能富贵？"

裘氏说："遭遇据乱之世，孔子之徒只能慎独待变。若说经商，宋国的奇货是章甫冠。孔子是宋人后裔，所以戴章甫冠。孔门弟子无论是否宋人，都戴章甫冠。如今孔子之徒遍布天下，章甫冠却是宋国特产。你想经商致富，不如把宋国的章甫冠，贩运到四夷，不仅奇货可居，又能推广孔子之道。自古以来，都是用夏变夷，从未有过用夷变夏。"

曹商回家，告诉曹夏："裘氏说，子贡致富之术，就是贩运章甫冠。如今四夷之中，越国离宋国最近，贩运章甫冠到越国，必可致富。"

曹夏正愁税赋加重，曹氏旅店难以维持，于是倾其家财，支持曹商。

曹商把章甫冠贩运越国，不料越人断发文身，根本没人购买。

曹商又把章甫冠运回宋国，仍然卖不出去。因为如今戴剔成黜儒用墨，宋人不爱儒者的文士装束，竞相仿效墨者的武士装束。

庄周二十四岁，曹商经商败家。

庄周顾念旧情，劝慰曹商："百里不同风，千里不同俗。夷夏风俗不同，不可强求一律。我讲个故事，你就会明白。"——

二四　赵肃朝周咸阳冬花，曹商败家庄周慰友

越王无颛为了测交，曾派使者出使楚、齐、魏三强，各献一枝梅花。

楚宣王、齐威王视为挑衅侮辱，拒绝接见越使。

越使诸发奉命使魏。

韩子向魏惠侯进言："进献国君一枝梅花，乃是挑衅侮辱。主公不能接见，我出去羞辱越使！"

韩子出来，斥责诸发："主公有命：越使必须戴冠，才予接见！"

诸发说："越国虽是蛮夷，仍是天子正封诸侯。不能处于诸夏，只能处于海边，乃是诸夏抵御外蕃的屏障。由于蛟龙与越人争地，所以越人断发文身，模仿龙子，以避水神。贵国之君怎能不尊重越国风俗，要求越使戴冠晋见？假如贵国使者出使越国，越王要求魏使断发文身晋见，是否妥当？如果妥当，我愿借冠晋见；如果不妥，希望不要强迫我们改变风俗。"

魏惠侯大为惭愧，驱逐韩子，接见诸发。

越王无颛从此敌视楚、齐，亲善魏国。

庄周又说："南伯曾说，老聃之道异于孔子之道，致富之术同样如此。范蠡运用老聃之道经商，不依诸侯之门，根据市场需求，转运民生所需之物，无论诸侯好恶如何，都能获利。子贡运用孔子之道经商，依傍诸侯之门，根据诸侯需求，转运无关民生之物，一旦诸侯好恶转变，就不能获利。所以范蠡成为天下首富，子贡不能成为天下首富。如今白圭效法范蠡之术，同样成了天下首富。"

曹夏说："南伯之道果然高于裘氏之道！怪我一时糊涂，让曹商转师裘氏。"

曹商愤然说："南伯偏心，从前传你老聃之道，不肯传我。如今又传你范蠡之术，仍然不肯传我。你得了便宜又卖乖，见我经商失败，竟然又来嘲笑。你我道不同不相为谋，我虽然一时受挫，但不后悔转师裘氏，将来一定出将入相，大富大贵。我若不能胜你，誓不为人！"

庄周见曹商不识好歹，转身离去。

二五　五国谋齐淳于止伐，剔成擅刑子綦见微

前345年，岁在丙子。庄周二十五岁。宋桓侯三十六年。

周显王二十四年。秦孝公十七年。楚宣王二十五年。魏惠王二十五年。韩昭侯十八年。赵肃侯五年。齐威王十三年。燕文公十七年。鲁景公元年。卫成侯二十七年。越王无颛十六年。中山成公五年。

楚宣王问昭奚恤："魏惠侯邀请寡人在魏地晋阳（今山西太原）会盟，寡人是否应该屈尊赴会？"

昭奚恤说："魏文侯变法强国以后，一直是魏国与楚争霸天下。齐威公败魏称王以后，变成了齐国与楚争霸天下。大王不如屈尊赴会，联合魏惠侯共同伐齐，避免更多诸侯称王！"

楚宣王听从其言，前往晋阳赴会。

楚宣王怒于齐威公称王，魏惠侯怒于齐威公败魏，双方一拍即合，决定联合伐齐，邀请其他诸侯加盟。

韩昭侯听从申不害，积极加盟。

宋桓侯听从戴剔成，被迫加盟。

卫成侯见风使舵，跟风加盟。

楚、魏、韩、宋、卫五国联军，共谋伐齐。

齐威王大惊，问策群臣："谁能替寡人分忧，阻止诸侯伐齐？"

邹忌、田忌不敢说话，淳于髡仰天大笑。

齐威王再问，淳于髡再次大笑。

齐威王又问，淳于髡仍然大笑。

齐威王不悦："先生为何把国事视为儿戏？"

淳于髡说："我不敢把国事视为儿戏，而是想起了我的邻居。他供了一碗饭，一壶酒，三条鲋鱼，恭敬祝祷：'敬请神灵，恩赐嘉禾丰收，让我装满百车，传给后人，多多有余！'我笑他给鬼神的东西太少，求鬼神的东西太多。"

齐威王即拜淳于髡为上卿，赐以千金，马车百乘，命其使赵求救。

淳于髡使赵，晋见赵肃侯："魏惠侯攻破邯郸，齐威王围魏救赵，迫使魏惠侯归还邯郸，君侯先君含恨而死。齐威王不仅围魏救赵，又立君侯之妹为王后，立君侯外甥为太子，厚待赵国，远胜其他诸侯。如今魏惠侯欲报齐仇，策动诸侯伐齐。君侯如果不救齐，魏惠侯破齐以后，必将再次伐赵。君侯如果救齐，既能长保赵、齐之盟，又能报复魏惠侯破赵之仇。"

赵肃侯听从其言，发兵救齐。

正在此时，魏国绛邑（今山西翼城）发生地震，土地下陷。魏惠侯视为不祥之兆，担心再次败于齐、赵，于是退出伐齐。

韩昭侯、宋桓侯、卫成侯追随魏惠侯，也退出伐齐。

楚宣王不愿独战齐、赵，只好放弃伐齐。

秦国宗室不满商鞅，因为一旦触犯商鞅之法，无不受到商鞅严惩。

宗室不敢向秦孝公叫屈，于是挑唆太子嬴驷："商鞅凭借主公信任，不仅加刑于宗室，甚至扬言'王子犯法，与庶民同罪'，分明是向太子示威！"

嬴驷年仅十二岁，禁不住挑唆，决意挑战商鞅。

出宫游玩，故意半夜回宫，触犯宵禁之法。

秦孝公大怒，严厉申斥太子。

商鞅说："新法推行至今，下层民众无不守法。上层宗室虽多不满，但已不敢轻易犯法。如今山东诸侯，再也不敢轻视秦国。太子被人唆使犯法，假如主公不能依法处置，新法必将动摇，霸业必将难成。如今太子年幼，不宜施刑。主公必须依法严惩太子太傅嬴虔、太子太师公孙贾，责其教导无力！"

秦孝公听从其言，对嬴虔、公孙贾施以黥刑，刺字于面。

太子太傅嬴虔无罪而受刑，不肯服罪。

秦孝公震怒，又对嬴虔施以劓刑，割去鼻子。

嬴驷受到父君申斥，师、傅又被治罪，颜面尽失，痛恨商鞅。

秦民震恐，从此无人再敢以身试法。秦国大治。

庄周二十五岁，商鞅黥劓太子师、傅。

庄周问："秦国落后而野蛮，中原先进而文明。为何秦国变法，反而胜过中原各国变法？"

子綦说："野蛮落后既有大弊，也有小利。文明先进既有大利，也有小弊。中原各国变法，初期往往颇有成效，然而不出数年，往往法令废弛，执法不严，至少对宗室权贵法外施恩。唯有秦国变法，不对权贵法外施恩，不因年久稍有废弛。中原各国君主变法，常常用人而疑。唯有秦孝公变法，能够用人不疑。主持变法的中原各国卿相，常常为了固位专权而结党营私，自坏法度。唯有商鞅能够秉公执法，从不结党营私，徇私枉法。所以秦国变法臻于大成，中原各国变法止于小成。变法各国，代周为王者必为秦国。虎狼之秦，已经黥劓秦民，还将黥劓天下。不仅黥劓天下人的身形，还将黥劓天下人的德心。"

庄周问："为何民众仅仅害怕身形受到黥劓，却不害怕德心遭到黥劓？"

子綦说："身形受到黥劓，乃是直接伤害，又被他人鄙视。德心遭到黥劓，却是潜移默化，他人浑然不知。其实身形受到黥劓，仅是亏身，未必丧德。德心遭到黥劓，却是亏心，必定丧德。亏身而葆德，尚有可能全生。亏心而丧德，决无可能全生。孔子之道，墨子之道，无不黥劓天下德心。唯有老聃之道，能对德心息黥补劓。"

庄周问："《老子》所言：'圣人之在天下，歙歙焉为天下浑其心。'是否息黥补劓之意？"

子綦说："正是。不过伪道黥劓德心容易，真道息补德心困难。上士最易息补，中士天人交战，下士无法息补。所以《老子》有言：'上士闻道，勤而行之。中士闻道，若存若亡。下士闻道大笑之，不笑不足以为道。'"

戴剞成效法秦国变法，加重税赋，大肆征兵。仅过一年，已经初见成效。

二五　五国谋齐淳于止伐，剔成擅刑子綦见微

国库税收大增，宋国兵力大强。

宋桓侯不再反对变法，接受戴剔成举荐，任命司马熹为右师。

戴剔成听从司马熹，献策宋桓侯："国家平安或危险，百姓顺从或叛乱，在于赏罚是否公平恰当。赏罚公平，必将贤人得进，奸人止步。赏罚不当，必将贤人不进，奸人不止。奸邪之人为了争夺爵禄，必将朋比周党，欺骗蒙蔽主公，所以赏罚不可不慎。"

宋桓侯说："相国言之有理！"

戴剔成又说："奖赏赐与，人人喜好，可由主公主持颁行。刑罚诛戮，人人厌恶，可由我来负责实施。那样宋民必将爱戴主公，厌恶于我。主公既得治国之实，又享仁君之名。"

宋桓侯大悦："相国背负恶名，寡人赢得善名，天下诸侯再也不敢轻视宋国！"

从此以后，宋桓侯专掌赏赐，戴剔成专掌刑罚。

庶民犯法，大臣犯禁，来向宋桓侯求情。

宋桓侯说："别问寡人，去问相国！"

戴剔成实行严刑峻法，轻罪重罚，顺之者昌，逆之者亡。于是大臣畏惧，民众依附。

庄周问子綦："宋桓侯专掌赏赐，宋民无不爱戴。戴剔成专掌刑罚，宋民无不畏惧。戴剔成为何甘受恶名？"

子綦说："当年戴驩用术固位，野心不大，没有弑君篡位之心。如今戴剔成效法田成子之术，野心大于戴驩，必有弑君篡位之心。"

庄周说："愿闻田成子之术。"

子綦说："齐景公之时，大夫田乞执掌赋税，大斗出贷，小斗收回，赢得齐民爱戴。齐景公死后，晏孺子继位。田乞凭借齐民爱戴，废黜晏孺子，另立齐悼公，自任齐相。田乞死后，其子田成子继任齐相。齐臣不满田氏世袭齐相，发动叛乱，弑杀齐悼公，另立齐简公，罢免田成子。于是田成子重施田乞故技，再次大斗出贷，小斗收回，重新赢得齐民爱戴。四年以后，田成子凭借齐民爱戴，弑杀齐简公，另立齐平公，复任齐相，献策齐平公：'臣民喜欢仁君，厌恶暴君。

主公专掌赏赐，由我专掌刑罚。'五年以后，齐国臣民无不畏惧且依附于田成子。于是田成子尽诛姜齐宗室公族，割取齐地大半，作为自己封地，齐平公仅剩少量食邑。此后百年，田氏世袭齐相五世。三十三年前，周安王册封田和为诸侯，田齐正式取代姜齐。十年前，齐威王弑杀姜齐幽公，姜齐绝祀。"

庄周问："为何戴剔成不效法田成子专权以前的行仁之术，仅仅效法田成子专权以后的擅刑之术？"

子綦说："齐国田氏之祖田完，原为陈国大夫，获罪以后离陈奔齐，与齐异宗，没有根基，只有先行仁德，才能收揽民心，立稳根基。但是田乞仅仅行仁，未能擅刑，只能相齐，不能代齐。田成子吸取教训，先行仁而相齐，后擅刑而代齐。宋国戴氏，则是宋戴公后裔，与宋同宗，素有根基，久专宋政，无须行仁收揽民心，仅需擅刑威服臣民。田氏、戴氏处势不同，根基有异，因而所用之术也有小异。田氏代齐是先行仁，后擅刑。戴氏若想代宋，就会先擅刑，后行仁。无论行仁在先在后，均非真心为民，仅为收揽民心。君主制度的最大弊端，就是只为君，不为民。无论仁君、暴君，均为悖道之君。"

庄周问："田氏代齐以后，夫子离齐至宋。假如戴氏代宋，夫子又将如何因应？"

子綦说："我已天年将终，准备终老于宋。你还年轻，必须善于因应。无论居宋还是返楚，只要以道处之，必无危殆。"

二六　商鞅陷魏魏称夏王，华子谏韩韩识轻重

前344年，岁在丁丑。庄周二十六岁。宋桓侯三十七年。

周显王二十五年。秦孝公十八年。楚宣王二十六年。魏惠王二十六年。韩昭侯十九年。赵肃侯六年。齐威王十四年。燕文公十八年。鲁景公二年。卫成侯二十八年。越王无颛十七年。中山成公六年。

魏惠侯问策魏相白圭："四国朝魏以后，寡人伐赵，遭遇桂陵大败，秦、楚趁机伐魏。幸而韩昭侯支持寡人，寡人抗齐，获得襄陵小胜，转危为安，收复安邑、少梁。如今寡人四面临敌，如何重振霸业？"

白圭说："主公不如双管齐下。一是举行逢泽之会，让韩昭侯率领泗上十二诸侯朝魏，重建亲魏联盟。二是举行孟津之会，由主公率领泗上十二诸侯朝觐周显王，挟天子以令诸侯。"

魏惠侯听从其言，命其使韩。

白圭至韩，转达魏惠侯之命。

韩昭侯问策群臣。

房喜说："主公可以朝拜魏惠侯，但是不能朝觐周显王。"

韩昭侯问："这是为何？"

房喜说："主公一向亲魏，朝魏无可厚非。但是二十多年前，韩懿侯与赵成侯共同伐周、分周，已为天下所骂。主公如果反而朝周、尊周，必为天下所笑。何况列强都想代周为王，不愿再尊周王。只有弱国欲免列强征伐，才愿尊奉周王。魏惠侯朝周，其意并非尊周，而是挟天子以令诸侯。列强必定愤怒，但又未必敢于伐魏。主公如果随魏朝周，列强就有可能伐韩。只要主公和列强都不朝周，

魏惠侯仅仅率领泗上十二小国朝周，不可能重振周王权威。"

韩昭侯转问申不害："相国以为如何？"

申不害说："房喜言之有理！但是魏惠侯把朝魏、朝周连在一起，主公一旦朝魏，很难中途退出不再朝周。主公如果不愿朝周，索性这次也不朝魏，以免与泗上十二诸侯并列，大损国威。魏惠侯打算通过新的会盟，重新称霸中原，争霸天下，必将再次遭到楚、齐、秦、赵征伐。主公置身事外，可免列强伐韩。"

韩昭侯听从其言，拒绝白圭："先君伐周、分周，寡人如果朝周，是对先君不孝！"

白圭使韩失败，转而使宋。

宋桓侯问策群臣。

戴剔成说："十二年前四国朝魏，韩国是强魏第一盟友。如今韩国拒绝朝魏，宋国在泗上十二诸侯中最强，可以取代韩国，成为强魏第一盟友，乃是宋国图强崛起的良机。"

宋桓侯听从其言，答应朝魏。

白圭使宋成功，归魏复命。

魏惠侯大悦，先举行逢泽（今河南开封南）之会，再举行孟津（今河南孟津）之会。

逢泽之会，由宋桓侯率领泗上十二诸侯朝魏。泗上十二诸侯，都是泗水、淮水流域的弱小诸侯，即宋、卫、邹、鲁、滕、薛、郳、莒、费、郯、任、邳。宋国最强，鲁、卫次之。朝魏诸侯的数量，三倍于四国朝魏，但是魏氏联盟的实力，大不如前。

孟津之会，由魏惠侯率领泗上十二诸侯朝周。二十四年前韩、赵分周为二，周显王寄居东周国，王宫之外已无寸土，诸侯久不朝觐。如今魏惠侯率领众多诸侯朝觐，周显王受宠若惊，于是册封魏惠侯为伯（霸）。

魏惠侯虽已失去称霸实力，然而得到周显王册封的"霸主"虚名，仍然沾沾自喜。

二六　商鞅陷魏魏称夏王，华子谏韩韩识轻重

商鞅献策秦孝公："魏惠侯迁都大梁，举行四国朝魏，然后伐赵图霸，结果桂陵大败于齐。随后襄陵小胜于齐，元气小复。如今先举行逢泽之会朝魏，再举行孟津之会朝周，意在重新图霸。周显王册封魏惠侯为伯，不利于秦。我愿使魏，劝说魏惠侯称王，楚宣王必将怒而伐魏。"

秦孝公大喜，命其使魏。

商鞅到达大梁，晋见魏惠侯："君侯如今功盖四海，令行天下，但是亲魏诸侯，不是弱如宋、卫，就是小如邹、鲁。君侯鞭策驱使这些弱小诸侯，难以代周为王。不如北面联燕，东面伐齐，赵肃侯必将听命于君侯。然后西面联秦，南面伐楚，韩昭侯必将听命于君侯。君侯如果先称夏王，再伐齐、楚二王，必将代周为王！"

魏惠侯大悦，想起自己十八年前不听公叔痤临终举荐，导致秦孝公重用商鞅而富国强兵，于是听从商鞅之言，扩建宫殿，制作丹衣，建立九旗，旗标七星，乘坐夏车，自称夏王。

魏惠侯怒于韩昭侯拒绝朝魏，准备伐韩。

子华子进谏："主公征伐一向亲魏的韩国，诸侯必将寒心，将来谁还愿意亲魏？"

魏惠侯不听。

庞涓奉命伐韩，在马陵（今河南范县）击败韩军。

子华子离魏至韩，晋见韩昭侯："吾师杨朱，命我晋见君侯。"

韩昭侯说："杨朱弘扬老聃之道，寡人仰慕已久。先生既是杨朱弟子，又是魏人，今有一言请教：寡人一向亲魏，魏惠侯为何伐韩？"

子华子说："十二年前大梁之会，四国朝魏，赵国拒绝朝魏，因而招致魏伐。今年逢泽之会，泗上十二诸侯朝魏，君侯拒绝朝魏，因而招致魏伐。"

韩昭侯说："寡人不愿贻羞父君，所以不愿朝周。寡人又羞与泗上十二诸侯并列，所以这次不愿朝魏。魏惠侯不念寡人一向亲魏，立刻伐韩，岂非过

于霸道？"

子华子说："吾师杨朱虽是魏人，但是仅知弘扬老聃之道，决不偏袒母邦。《老子》有言：'唯兵者，非君子之器也，不祥之器也。'今有一言，献于君侯。"

韩昭侯说："敬请赐教！"

子华子说："如果天下人书写铭文，呈上君侯：'左手取铭，就砍右手；右手取铭，就砍左手。但是取铭之人，必能拥有天下。'君侯是否取铭？"

韩昭侯说："寡人不取。"

子华子说："如此看来，两臂重于天下，身形又重于两臂。韩国比天下远为轻微，如今魏、韩所争之地，又比韩国远为轻微，君侯何故忧愁身形，伤害己生，忧虑失去所争之地？"

韩昭侯说："教诲寡人者众多，从未得闻如此之言。"

于是采纳子华子之策，不愿扩大战事，割让马陵给魏。

魏惠侯只想薄惩韩昭侯，不愿与韩交恶，于是见好就收，命令庞涓退兵。

赵肃侯欲伐中山，由于齐威王支持中山，于是怒而伐齐，攻取了高唐（今山东高唐）。

齐威王怒于赵肃侯忘恩负义，鉴于魏惠侯重新图霸，赵国可以遏制魏国，暂时隐忍不发。

庄周二十六岁，宋桓侯率领泗上十二诸侯朝魏，魏惠侯率领泗上十二诸侯朝周。

庄周问："魏惠侯既然朝觐周显王，为何又僭称夏王？"

子綦说："东周以降，列强都想代周为王。南蛮楚国率先叛周称王，激起中原诸侯尊王攘夷，就是尊周王，攘楚夷。田氏并非西周诸侯，篡弑姜齐而成为东周诸侯，已经名不正言不顺，胜魏以后一不作二不休，于是率先在中原叛周称王。魏国原为西周诸侯，《诗经》也有《魏风》，春秋时期被晋伐灭，后裔成为晋国六卿之一。后来魏、韩、赵三家分晋，魏国重新成为东周诸侯。魏惠侯凭借父祖两代之强，东迁大梁，意在代周为王，结果桂陵之战大败于齐，受到

二六　商鞅陷魏魏称夏王，华子谏韩韩识轻重

重创。这次重振旗鼓，先朝觐周王，再自称夏王，意在挟天子以令诸侯，凌驾于楚、齐二王之上。由于刚刚朝觐了周显王，不便直接称王，所以暂称夏王。"

庄周问："魏惠侯暂称夏王，与楚、吴、越、齐直接称王有何不同？"

子綦说："夏王可有三义。其一，夏指朝代。夏、商、周三王，周王尚在洛阳，商王遗邦也在宋国，唯有夏王遗邦杞国，百年之前已经绝祀。自称夏王，表示远承夏代之王，无意于代周为王。其二，夏指诸夏，亦即中原。自称夏王，表示仅为中原之王，无意于冒犯不属中原的楚王、越王。其三，夏指夏季。自称夏王，表示仅为夏季之王，无意于冒犯属于中原的齐王。总之，魏惠侯不满足于称霸，而想称王，但又不愿与朝觐周王抵牾，也不敢触怒天下霸主楚王和中原新霸主齐王，所以加一夏字，混淆视听，留有退路，犹抱琵琶半遮面，以观天下反应。魏惠侯自以为得计，其实已经树敌于天下。由于韩国这次拒绝朝魏，宋国成为朝魏的泗上十二诸侯之首，诸侯一旦伐魏，必将波及宋国。"

庄周又问："子华子是何人，为何能够阻止韩、魏交战？"

子綦说："子华子是杨朱弟子，杨朱是庚桑楚弟子，庚桑楚是老聃弟子。杨朱是当代影响最大的老聃之徒，弟子众多。二十二年前，杨朱曾来蒙邑见我，子华子随行，年仅十五岁，当时你只有四岁。"

庄周听了，十分敬佩杨朱、子华子。

二七　亲附强魏剔成囚君，贬斥牺牲子綦悲宋

前343年，岁在戊寅。庄周二十七岁。宋桓侯三十八年。

周显王二十六年。秦孝公十九年。楚宣王二十七年。魏惠王二十七年。韩昭侯二十年。赵肃侯七年。齐威王十五年。燕文公十九年。鲁景公三年。卫成侯二十九年（卒）。越王无颛十八年（卒）。中山成公七年（相魏）。

魏惠侯遣使至韩，晋见韩昭侯："君侯应该遵循孔子教导'兴灭国，继绝世'，重立郑君，恢复郑祀，必能赢得天下赞誉。"

韩昭侯问策群臣："魏惠侯不满寡人拒绝朝魏，去年伐取马陵，今年又来刁难，要求寡人重立郑君，如何是好？"

公子韩食我说："我愿使魏，劝说魏惠侯收回成命。"

韩食我使魏，晋见魏惠侯："君侯要求敝国重立郑君，敝国不敢抗命，只是担心君侯为难。"

魏惠侯问："寡人有何为难？"

韩食我说："四年前，晋静公死于屯留，无子。赵肃侯又在屯留立晋出公的后裔声氏为晋君。君侯却出兵屯留，拘捕声氏，囚禁在铜鞮，导致晋室绝祀。如果敝国按照君侯要求重立郑君，赵肃侯就会要求君侯重立晋君，君侯岂不为难？"

魏惠侯大为尴尬："寡人不再要求韩昭侯重立郑君，公子不必再言！"

卫成侯姬遬死了，在位二十九年（前371—前343），无子。

魏惠侯亲往卫国，立卫国宗室公孙南劲为君，即卫平侯。

二七 亲附强魏剔成囚君，贬斥牺牲子綦悲宋

宋桓侯专掌赏赐，戴剔成专掌刑罚，仅过一年，宋国臣民已经仅知戴剔成，不知宋桓侯。

戴剔成得到魏惠侯支持，采纳司马熹之策，把四十九岁的宋桓侯，囚禁于苏宫猪圈。

宋桓侯终于明白，戴剔成乃是伪装清廉，假装忠诚，比戴驩野心更大。然而权柄早已尽移，毫无还手之力。

魏惠侯僭称夏王以后，横霸更甚，予取予夺，俨然君临天下。去年伐韩取地，今年另立卫君，又支持戴剔成囚君乱宋。

赵肃侯大怒，命令公子赵刻伐魏，攻取了首垣（今河南长垣东北，十四年前许息所献韩地）。

戴剔成囚禁宋桓侯以后，清洗忠于宋桓侯的旧臣，提拔依附自己的新臣，继续重用墨者惠盎、郑翟，再次礼聘惠施出仕。

惠施三十八岁，一直鄙视戴剔成而拒绝出仕。如今戴剔成囚禁宋桓侯，更加不愿出仕。正在此时，得知魏相死了，于是乘船前往魏国。

惠施上船之时，心有所思，一脚踩空，坠入河中，被船夫救起。

船夫问："你急急忙忙，想去哪里？"

惠施说："听说魏相死了，我要去做魏相。"

船夫说："你笨手笨脚掉进河里，差点淹死。何德何能，竟想成为魏相？"

惠施说："我的水性确实不如你，至于安定国家，保卫社稷，那么你与我相比，就像刚刚出生尚未睁眼的小狗！"

惠施到达大梁，始知传闻有误，魏相白圭没死，仅是罢相。于是晋见魏惠侯，劝其遵循墨子之道，与天下偃兵。

魏惠侯厌闻偃兵，然而赏识惠施之才，聘为客卿，任命中山成公为相。

魏惠侯去年僭称夏王，今年任命中山国君担任魏相，凌驾于诸侯之上，代周为王之志已明。

周显王后悔册封魏惠侯为伯（霸），决意借秦制魏，于是转封秦孝公为伯（霸）。

按照周礼，诸侯的顶级名号为伯（霸），意为诸侯之长，职责是辅佐周王，维护周礼的宗法等级。

商鞅变法十五年，秦孝公实现了第一个目标：由侯而霸。

越王无颛死了，在位十八年（前360—前343）。神主牌位入于太庙，死称菼蠋卯。

太子无疆继位，即越王无疆。

楚宣王问宠臣江乙："先兄（楚肃王）在位十一年，魏武侯还敢与楚争霸天下，多次伐楚。寡人即位二十多年，魏惠侯再也不敢伐楚。寡人听说，这是因为畏惧昭奚恤。"

江乙说："我讲个故事，大王就会明白。老虎任意捕食百兽，逮到一只狐狸。狐狸说：'天帝封我为百兽之王，你若吃我，就是违抗天帝！'老虎问：'百兽之王是我，怎么是你？'狐狸说：'你若不信，不妨跟在我后面，看看百兽见了我，谁敢不逃。'老虎跟在狐狸后面，百兽果然纷纷逃跑。老虎不知百兽是畏惧自己，以为是畏惧狐狸。如今楚国方圆五千里，甲兵百万，诸侯畏惧昭奚恤，实为畏惧大王。"

楚宣王大悦，更加宠信江乙，听凭昭奚恤专权。

庄周二十七岁，中山成公相魏。

庄周问："一国之君，担任异国之相，此前从无先例。魏惠侯为何首开此例？"

子綦说："其意有二。其一，魏惠侯举行逢泽之会、孟津之会，意在重新称霸中原，争霸天下，挟天子以令诸侯，率领附从诸侯伐齐报仇。其二，魏惠侯僭称夏王，意在凌驾于诸侯之上，所以不愿再命布衣士人为相，改命中山成公为相。"

二七　亲附强魏剔成囚君，贬斥牺牲子綦悲宋

庄周问："中山成公身为中山国君，为何甘愿屈尊相魏？"

子綦说："魏国是中山的宗主国，中山成公是魏惠侯的堂弟，屈尊相魏，是想借助魏国，抵御赵国威胁。"

庄周说："夫子去年说，戴剔成仿效田成子，必有篡弑之心，今年即已应验。"

子綦说："田成子专掌刑罚五年，弑杀齐简公。戴剔成专掌刑罚一年，即已囚禁宋桓侯，恐怕不出五年，就会弑君。"

庄周说："戴剔成把宋桓侯囚禁于猪圈，辱君甚于弑君。士人尚且可杀不可辱！"

子綦说："说到猪圈，我想起一个故事。祭祀官戴着黑色礼冠，来到猪圈，诱骗即将充当牺牲的猪：'你何必害怕成为牺牲？我将豢养你三个月，然后戒色七天，素斋三天，再把你隆重诛杀，放在雕花案板之上，下垫洁白茅草。你能享有如此哀荣，何必害怕成为牺牲？'祭祀官认为，猪吃着糟糠，囚于樊笼，死后供于雕花案板，乃是因其愚蠢而受骗，自愿充当牺牲。自己吃着膏粱，役于庙堂，死后葬入雕花棺椁，乃是因其聪明而富贵，并未成为牺牲。"

庄周说："祭祀官缺乏自知，其实与猪一样，也是牺牲，只是囚禁的樊笼不同罢了。"

子綦说："儒墨之徒，都与祭祀官一样，自诩比猪聪明，比猪成功，比猪荣耀，其实远不如猪。猪虽愚蠢，仍须他人巧言诱骗，才会无奈充当牺牲；人虽聪明，无须他人巧言诱骗，就会自愿充当牺牲。"

庄周说："弟子受教！人应自知愚蠢，不能自居聪明，否则必将聪明反被聪明误。"

二八　秦储朝周魏惠伐赵，庖丁解牛宋桓悟道

前342年，岁在己卯。庄周二十八岁。宋桓侯三十九年。

周显王二十七年。秦孝公二十年。楚宣王二十八年。魏惠王二十八年。韩昭侯二十一年。赵肃侯八年。齐威王十六年。燕文公二十年。鲁景公四年。卫平侯元年。越王无疆元年。中山成公八年。

年初，西戎、北狄九十二小国的国君，齐聚咸阳，朝拜秦孝公，祝贺秦国被周显王册封为伯（霸）。

秦孝公大喜，派遣十五岁的太子嬴驷，率领九十二个戎狄国君前往洛阳，朝觐周显王。声势与规模，远远超过了两年前魏惠侯率领泗上十二诸侯朝觐周显王。

周显王喜出望外，更加信赖秦孝公。

中山成公去年相魏，今年献策魏惠侯："当年四国朝魏，赵成侯尽管拒绝朝魏，但还不敢阻止韩昭侯朝魏。去年逢泽之会，赵肃侯不仅拒绝朝魏，而且阻止韩昭侯朝魏。赵肃侯不敬主公，远远超过赵成侯。主公欲绝晋祀，赵肃侯欲续晋祀；主公伐韩，赵肃侯救韩伐魏，攻取了垣邑（今山西垣曲）。主公若不伐赵，怎能号令天下？"

魏惠侯不满赵肃侯已久，于是听从中山成公之言，命令庞涓率领十万大军再次伐赵，第二次围攻邯郸。

赵肃侯向韩昭侯求救。

韩昭侯命令孔夜领兵救赵。

魏惠侯大怒，又命穰疵伐韩，在南梁（今山西井坪）与孔夜交战。

赵、韩又向齐国求救。

齐威王问策群臣："寡人是否该救赵、韩？"

邹忌不愿田忌再次立功，于是反对："魏惠侯重新崛起，赵肃侯又曾伐齐，大王不如不救。"

田忌说："赵、韩一旦战败，必将朝魏不朝齐，大王不如早救。"

孙膑说："如果早救，魏军未疲，齐军就会代替赵、韩承受魏军兵锋。魏惠侯志在代周为王，已有伐灭赵、韩之心。赵、韩苦战将亡，必将东向朝齐。大王不如承诺相救，但是缓出救兵，既能获得重利，又可赢得尊名。"

齐威王采纳孙膑之策，承诺援救赵、韩。

赵、韩凭借齐威王承诺，力敌魏军，五战不胜，双方力疲。

齐威王即命田忌为主将，田盼为副将，孙膑为军师，驰救赵、韩，西击魏军。

田忌听从孙膑之计，故意延缓进军，途中先灭莒国（两年前朝魏的泗上十二诸侯之一）。

魏惠侯得知齐军出救赵、韩，已灭莒国，鉴于桂陵之战大败于齐，担心庞涓再次轻敌而重蹈覆辙，又命太子魏申率领十万大军增援，欲与齐军决一死战。

太子魏申领兵东行，途经宋国外黄（今河南民权），拜见老聃之徒徐尚，请教胜齐之策。

徐尚问："我有百战百胜之策，太子是否愿闻？"

魏申说："愿闻。"

徐尚说："太子迎战齐军，即使大胜，夺回莒国，其富仍是有魏，其贵仍是为君。一旦战败，必将不再有魏，不能为君。唯有不战而还，才是百战百胜之策。"

魏申说："感谢先生教诲，我即刻退兵。"

徐尚说："太子虽想退兵，恐怕难以如愿！因为众多将士都想凭借战功，谋取富贵。"

魏申辞出，下令西行返回大梁。

御者说："太子领兵出征，不战而还，等于战败，不如继续东行。"

魏申被迫东行，增援庞涓。

宋桓侯被戴剔成囚禁于苏宫猪圈，成为傀儡，每年仍然主持春秋大祭。

各国祭祀，分为大祭、小祭。平时小祭，谓之少牢，以牺猪、牺羊祭祀鬼神。春秋大祭，谓之太牢，加用牺牛。牛为农耕之具，民间私祭禁止屠牛，只可屠猪、屠羊，宫廷公祭方可屠牛。

宋人崇信鬼神，最重祭祀，屠牛之技冠绝天下。如今宋国宫廷的屠牛者，名叫庖丁，屠牛之技远胜前辈，谓之解牛。

大祭之前，宋桓侯观看庖丁解牛。

庖丁手之所触，肩之所靠，足之所踏，膝之所顶，无不合于音律，动作合于《桑林》祭舞，运刀合于《经首》节奏。

宋桓侯问："人之技艺，怎能达到如此境界？"

庖丁放下刀说："我之所好，乃是天道，超越了人技。我学习解牛之初，看见的乃是全牛。三年之后，不再看见全牛。时至今日，我仅凭心神相遇，不用肉眼观看。感官知止，心神欲行。我依照牛体的天然肌理，批开大缝隙，直入大空档，因循牛体的固有构造。我的刀，连关节、经络、筋腱、软骨也不会碰到，何况大骨？普通庖人用刀砍骨，必须一月一换刀。优秀庖人用刀割肉，必须一年一换刀。我的刀用了十九年，解牛数千头，刀刃仍像刚在磨刀石上磨过一样锋利。牛体关节都有空隙，然而刀刃没有厚度。没有厚度的刀刃，进入必有空隙的牛体，小缝隙也游刃有余。尽管如此，凡是遇到筋腱骨肉纠结之处，我仍然怵惕戒惧，目光凝止，放慢动作，运刀轻微，直到牛体分解，如土堕地。我提刀而立，四顾外境，踌躇自适，善刀而藏。"

宋桓侯说："太美妙了！寡人听闻庖丁之言，领悟了养生之主。"

庄周二十八岁，受县令差遣，前往商丘上交蒙邑漆税。

庄周返回蒙邑，告诉子綦："我在商丘，结识了庖丁。庖丁告诉我，如今宋桓侯被戴剔成囚禁，唯一乐事是观看庖丁解牛。夫子曾言，有道不废技，无技不成道。庖丁是否已经由技进道？"

二八　秦储朝周魏惠伐赵，庖丁解牛宋桓悟道　　　　　　　　　　　　　　189

子綦赞叹："庖丁虽是匠人，却已由技进道。庖丁所说'善刀而藏'，合于老聃之言'光而不耀'。"

庄周问："为何领悟养生之主，就能由技进道？"

子綦说："养生分为养身和养心，养身仅是养生之次，养心才是养生之主。"

庄周问："领悟养心是养生之主，是否已经领悟天道？"

子綦说："没有。我讲个故事，你就会明白。"——

庚桑楚师从老聃，学成以后，住在北方畏垒山。

南荣趎慕名拜见庚桑楚："我年岁已经很大，应该怎样努力，才能悟道？"

庚桑楚说："保全你的身形，葆养你的德心，不要把你的思虑用于钻营。三年以后，或许能够悟道。"

南荣趎说："我闻道太迟，听了先生教导，仅仅到达耳朵，无法进入心灵。"

庚桑子说："我已词穷。土蜂不能驯化豆虫，只能驯化桑虫。越鸡不能孵化鹅蛋，鲁鸡却能孵化鹅蛋。鲁鸡和越鸡，物德之质并无不同，但是鲁鸡能够孵化鹅蛋，越鸡不能孵化鹅蛋，乃因物德之量不同，才之小大有异。我德薄才小，不足以教化你。你不如南行拜见老聃，或许能够悟道。"

南荣趎携带干粮，南行七天七夜，到达老聃客居的宋国沛邑。

老聃问："你从庚桑楚那里来？"

南荣趎说："是。"

老聃问："你为何带来这么多人？"

南荣趎吃惊回头。

老聃问："你不明白我的话？"

南荣趎惭愧叹息："我不知如何回答，更加不敢提问。"

老聃说："你盲从众人，已经丧失真德。如今虽想复归真德，然而不得其门而入！"

南荣趎说："病人若能自言病情，说明尚未大病。我不能自言病情，说明已经大病。假如我乍闻大道，喝下猛药，必将加重病情。不敢请教大道，愿闻养生之经。"

老聃说:"你想明白养生之经?你能持守真德而不再丧失吗?你能无须卜筮而预知吉凶吗?你能止于外境危殆而不受利禄诱惑吗?你能止于内德极限而不再自矜其知吗?你能舍弃众人而反求己心吗?你能自逍己德吗?你能致无己知吗?你能如同婴儿吗?婴儿整天啼号,然而不嗄不哑,是因为真德醇和。婴儿整天握拳,然而手不拳曲,是因为真德淳厚。婴儿整天视物,然而眼睛不眨,是因为不惑外境。养生之经,就是出行不知何往,居家不知何为,与物推移,同其沉浮。"

南荣趎问:"至人之德,是否仅止于此?"

老聃说:"不是。这不过是坚冰刚刚融化。你能否做到呢?至人的身形,像众人一样,从大地获得食物,从天空获得快乐。但是至人的德心,不被人事、外物、利禄、祸害撄扰,不像众人那样作怪,不像众人那样算计,不像众人那样有为。至人的养生之经,就是自逍己德而往,致无己知而来。"

南荣趎问:"领悟养生之经,是否抵达至境?"

老聃说:"远未抵达至境。人类的有限物德,难以尽知无限天道。探索天道,永无止境!"

庄周说:"弟子谨记!人类的有限物德,难以尽知无限天道。探索天道,永无止境!"

二九　马陵决战齐再胜魏，兔死狗烹范蠡先知

前341年，岁在庚辰。庄周二十九岁。宋桓侯四十年。

周显王二十八年。秦孝公二十一年。楚宣王二十九年。魏惠王二十九年。韩昭侯二十二年。赵肃侯九年。齐威王十七年。燕文公二十一年。鲁景公五年。卫平侯二年。越王无疆二年。中山成公九年（罢魏相）。

庞涓、穰疵去年伐赵、伐韩，太子魏申增援，延至今年。

齐军去年驰救赵、韩，故意进兵缓慢，等待双方力疲。

五月，田忌采纳孙膑之策，兵分两路。自己率领五都之兵，西渡济水，直奔大梁。田盼率领少量齐军，佯攻魏邑平阳（今山西临汾西南）。

庞涓得知齐军动向，留下少量魏军继续围攻邯郸，亲领魏军主力回救大梁，欲与齐军决战，一雪桂陵之耻。

田忌问策孙膑："魏申的十万援军，已与庞涓的十万魏军会师。魏惠侯这次派出倾国之兵，志在必胜。我军仅有十万，以少击众，如何取胜？"

孙膑微笑："十二年前，已经用过围魏救赵之计。假如重施故计，再袭大梁，庞涓必定有备，必须另出奇计。"

田忌问："军师有何奇计？"

孙膑说："魏国武卒，一向自负悍勇，轻视齐军胆怯。吾祖《孙子兵法》有言：'善战者，因其势而利导之。'将军因势利导，可用减灶之计。我军第一天埋锅十万，第二天埋锅五万，第三天埋锅三万，制造逃兵假相，庞涓必将轻敌急进！"

田忌心悦诚服，依计而行。

庞涓正在发愁步兵拖累车兵，行军速度缓慢。发现齐军锅灶数量逐日减少，

大喜过望："齐军果然胆怯，进入魏境三天，逃兵已经过半。这次孙膑必败！"

立刻甩开步兵，亲领车兵急追。日暮时分，赶到马陵（今河南范县）。

齐军以逸待劳，设伏马陵。万箭齐发，射死庞涓，击破魏军车兵。

乘胜迎击魏军步兵，杀死太子魏申。

田忌尽灭二十万魏军主力，准备班师。

孙膑问："将军能否做一件大事？"

田忌问："军师何意？"

孙膑说："邹忌凭借桂陵大捷，封为成侯，不知感激将军，反而更加忌恨将军。如今将军再次取得马陵大捷，必将更遭忌恨。若不预加防范，必有不测之祸。"

田忌问："如何预加防范？"

孙膑说："将军暂不解兵，直入临淄雍门。如今临淄守军均为老弱，将军之兵必能一以当十，十以当百，百以当千。将军兵谏大王，要求罢免邹忌。"

田忌大惊："如此岂非叛乱？无须邹忌陷害，我已从功臣变为罪臣！"

孙膑说："将军不听我言，必定难以返齐。"

田忌不听，解散其兵，各归五都。

孙膑已报庞涓之仇，不愿卷入将相之争，夜遁而去，不知所终。

遗著《孙膑兵法》，汉后亡佚两千年，1972年在山东临沂银雀山汉墓出土。

邹忌得到马陵捷报，忌恨田忌再建奇功，又与门客公孙闬商议对策。

公孙闬奉命前往临淄东市，找到卦师，献上十金："大将军田忌三战三胜，威震天下，如今想做一件大事，欲知吉凶如何。"

卦师大惊，不敢不卜。

公孙闬威胁卦师："不可泄秘，否则将有灭门之祸！"

邹忌禀报齐威王："市井盛传，有人将要叛乱。"

齐威王惊问："叛乱者是谁？"

邹忌说："传言含糊，难以判定。叛乱者举事之前，必定问卜。大王只要尽

二九　马陵决战齐再胜魏，兔死狗烹范蠡先知

捕临淄卦师，必可得实。"

齐威王下令拘捕全城卦师，严刑拷问。

东市卦师招认："田忌曾命属下向我问卜，似乎欲谋大事。卜得大吉！"

齐威王命令所有城门悬起吊桥，不许田忌进入临淄。

田忌闻讯，逃往楚国。

九月，商鞅趁着魏军惨败于马陵，伐魏西部。

十月，赵肃侯击败围攻邯郸的魏军，乘胜伐魏北部。

魏惠侯以倾国之兵再围邯郸，又被齐军击败，主力尽灭，大将庞涓、太子魏申皆死。以宋为首的泗上弱小诸侯，再次叛魏附齐。于是魏惠侯迁怒中山成公，罢免其相，又把兵败马陵、侥幸生还的穰疵，贬为西部边关守将。

中山成公被罢魏相，返回中山国都灵寿。

中山成公明白，魏国两败于齐，已经急剧衰弱，况且自己得罪了魏惠侯，今后抵御赵国威胁，再难依赖魏国。想起乐羊先奉祖父魏文侯之命，伐灭白狄中山，后得父亲中山桓公重用，终生镇守魏属中山，因而魏属中山长期免于赵国征伐。于是任命乐羊后裔乐池为相，乐池之弟乐毅为将。

庄周二十九岁，魏惠侯惨败于马陵。

庄周问："十五年前魏惠侯举行四国朝魏，随后第一次伐赵邯郸，被齐威王大败于桂陵。三年前魏惠侯又举行逢泽之会，随后第二次伐赵邯郸，如今又被齐威王大败于马陵。魏惠侯为何不吸取教训？"

子綦说："魏文侯为了称霸中原，以否术为主，以泰道为辅，团结韩、赵。魏武侯为了争霸天下，抛弃泰道，专用否术，激起赵国反抗。魏惠侯为了代周为王，进一步抛弃泰道，强化否术，又激起韩国反抗。因此魏惠侯第一次围攻邯郸，韩昭侯助魏伐赵。魏惠侯第二次围攻邯郸，韩昭侯助赵击魏。魏惠侯的中原霸主地位，已被礼贤下士的齐威王取代。《老子》有言：'不以兵强天下，其事好还。兵强则不胜。'"

庄周问:"齐国取代魏国成为中原霸主,将对天下局势有何影响?"

子綦说:"魏惠侯两次伐赵,原为三晋内战。齐威王两次救赵,楚、秦两次卷入,三晋内战扩散为天下大战。齐威王称霸中原以后,必将与楚、秦争霸天下。天下大战必将更加激烈,天下诸侯必将进一步抛弃泰道,强化否术。"

庄周问:"如今君主都用否术,民众应该如何因应?"

子綦说:"老聃全力弘扬泰道,但是对于如何因应否术,除了隐遁,别无良策。你当用心于此,光大老聃之道。"

庄周问:"吴起助魏称霸,魏武侯为何要杀吴起?田忌助齐称霸,齐威王为何要杀田忌?"

子綦说:"功高震主,必为主忌。当年范蠡助越灭吴,帮助越王勾践称霸中原,立刻离越往齐,临行劝告文种:'狡兔死,走狗烹;飞鸟尽,良弓藏;敌国破,谋臣亡。'文种不听,被越王勾践灭族。孙膑功成身退,正是效法范蠡。"

庄周问:"吴起、田忌为何不逃往别国,都逃往楚国?"

子綦说:"吴起、田忌如果逃到弱国,弱国畏惧魏、齐征伐,就会诛杀吴起、田忌。春秋以来,中原霸主尽管不断更替,但是天下霸主始终是楚国。中原弃臣、叛臣,逃到楚国最为安全。"

庄周问:"那么范蠡、孙膑为何不逃往楚国?"

子綦说:"吴起、田忌仅是逃避诛杀,并非逃避富贵,所以不愿隐姓埋名,仍想求仕楚国。范蠡、孙膑不仅逃避诛杀,而且逃避富贵,所以隐姓埋名,不知所终。"

年底,秦国又发生异事:一匹母马生出怪胎,其形如同人之婴儿。

庄周问子綦:"为何马会生人?"

子綦说:"天道如何造化万物,尚难尽知。《老子》有言:'道可道,非恒道。名可名,非恒名。'其义有二。其一,西周以降,《周易》否术盛行,被痞士奉为真道,故曰'道可道,非恒道'。其二,《归藏》泰道虽是真道,然而仅是天道之一端,并非天道之全部。人类能知天道之存在,难知天道之全部,所知天道之局部,只能恍惚言之,故曰'名可名,非恒名'。《老子》虽然扬泰抑否,仍然认为道不可知,道不可言。人类虽能领悟道生万物,但是尚未领悟道生万物的具体理路。"

三十　商鞅诈友败魏封君，剔成篡宋子綦尽年

前340年，岁在辛巳。庄周三十岁。宋桓侯四十一年＝宋剔成君元年。

周显王二十九年。秦孝公二十二年。楚宣王三十年（卒）。魏惠王三十年。韩昭侯二十三年。赵肃侯十年。齐威王十八年。燕文公二十二年。鲁景公六年。卫平侯三年。越王无疆三年。中山成公十年。

齐威王继续伐魏东部。

赵肃侯继续伐魏北部。

商鞅献策秦孝公："秦、魏互为心腹之患，不是魏国兼并秦国，就是秦国兼并魏国。去年齐军在马陵尽灭魏军主力，泗上诸侯都已叛魏附齐。今年齐、赵继续伐魏，主公应该趁此良机，一举破魏，东进中原，威服诸侯，进一步由霸而王。"

秦孝公大喜，命令商鞅继续伐魏西部。

魏国大将庞涓已死，魏惠侯分命三位魏将，迎战三面来犯之敌。

公子魏卬，领兵迎战秦军。

两军对阵，交战之前，商鞅致信魏卬："我当年在魏，素与公子交好。如今竟为两国之将，实在不忍相攻。愿与公子相见，立盟欢饮，然后罢兵，秦、魏各得相安。"

魏卬大为欣慰，准备前往秦营。

属下劝阻："秦人乃是西戎，素无信义，必定有诈。公子不可轻往！"

魏卬说："商鞅并非秦人，原是卫人。曾经游魏多年，公叔痤待他不薄，我待他更厚，怎么可能欺骗我？"

魏卬一入秦营，即被甲士击杀。

商鞅挥师掩杀魏军，魏国西部全面失守。

魏惠侯仰天长叹："寡人恨不用公叔痤之言！"

割让部分河西之地，向秦求和。

商鞅凯旋咸阳。

秦孝公大喜，兑现二十年前招贤令的承诺，把商於（今陕西商州）封给五十一岁的商鞅，封号商君。

商鞅破魏受封，感恩图报，立刻伐楚。

楚宣王即位至今，未与诸侯一战，有喜有忧。喜的是强魏连败于齐、秦，已经不能与楚争霸天下。忧的是秦、齐仿效魏、楚，相继变法，迅速崛起，齐国败魏称王，秦国败魏东进。楚国减少了一个劲敌，增加了两个劲敌。

如今楚国未伐齐、秦，秦国竟敢征伐天下霸主楚国。

楚宣王熊良夫忧急之下，暴病而死，在位三十年（前369—前340）。

太子熊商继位，即楚威王。

楚威王决意重振楚威，罢免了一心固位不谋中原的昭奚恤，改命昭阳为相。

魏惠侯认为齐国已经取代楚国，成为第一劲敌，于是在与齐相邻的济阳（今山东济南北部）筑城，预防齐军再伐。

齐威王明白了邹忌诬陷田忌，大为震怒，念其功大，不忍诛杀，罢相夺爵，收回封地，贬为庶民。不再信任布衣士人，改命庶子田婴为相。

邹忌的门客公孙闬，立刻转换门庭，投入田婴门下。

田忌自楚返齐，复任齐将。

宋桓侯被囚禁于苏宫，半夜做梦，有人哭诉："君父，我是你的长子，自幼学儒！君父最初兼用儒墨，所以我让吾弟学墨。后因君父重墨黜儒，免我官职，重用吾弟，我被迫自杀。如今我自杀已有十年，墓上的楸树、柏树都已结出果实，君父为何从不替我扫墓？"

宋桓侯深感不祥，请求戴剔成允许太卜入宫占梦。

太卜得到戴剔成允准，晋见宋桓侯。

宋桓侯告以所梦："此梦吉凶如何？"

太卜说："梦中之人，当为郑缓！主公亲政以后，兼重儒墨，重用儒者郑缓、墨者惠盎，郑缓让弟弟郑翟学墨。后来相国黜儒重墨，罢免郑缓，重用惠盎、郑翟，郑缓愤而自杀。"

宋桓侯说："没想到郑缓自杀已有十年。如今相国专权，国事日非，寡人自身难保，怎能去为郑缓扫墓？寡人想念郑缓，常常想起孔子之言'君不君，臣不臣'，所以做了此梦。"

太卜不敢多言，垂泪而出。

戴剔成得知宋桓侯之梦，与司马熹商议。

司马熹说："相国囚禁主公，引起宋国民众不满。戴盈、戴不胜虽与相国同宗，同样不满相国。然而主公过于软弱，在此天下乱战之世，必将亡国。相国既有魏文侯之志，不如效法田成子。田成子并非姜齐宗室，仅是陈国大夫后裔，如今齐威王已成中原霸主。相国却是宋戴公后裔，一旦正位为君，必能重振殷商之盛。"

戴剔成采纳其策，趁着诸侯相攻，中原大乱，弑杀了宋桓侯。

宋桓侯辟兵，十二岁即位，在位四十一年（前380—前340），实计四十年。第十五年亲政。第二十五年朝魏贬号。第三十八年被戴剔成囚禁。囚禁四年被弑，终年五十二岁（前391—前340）。

戴剔成弑君篡位，史称宋剔成君，不承前统，当年改元。

不许宋桓侯入葬宋君专用的雕陵，草草葬于商丘东郊的东陵。

为了安抚宗室和群臣，重新启用戴盈、戴不胜。

司马熹谋划有功，成为宋相。

庄周三十岁，弟子蔺且生于蒙邑东门。

子綦已老，得知戴剔成弑君篡位，一病不起。

庄周说:"戴剔成果然效法田成子,弑君篡位。夫子并非宋人,为何如此悲伤?"

子綦说:"宋人齐人,有何分别?我不是悲伤宋桓侯被弑,而是悲伤世丧道,道丧世。"

子綦将死,子游、庄周悲伤不已。

子綦说:"道是生生者,物是被生者。生生之道不死,被生之物必死。你们何必悲伤?"

子游说:"弟子尚未尽闻夫子之道。"

子綦说:"以人为师,必囿于师。人难尽知天道,师难尽传天道。"

庄周问:"除了以天为师,夫子有何教诲?"

子綦说:"居于六合之内,不可盲从其俗。"

子綦客死宋国,享年八十余岁。

子游、庄周按照子綦遗命,护送灵柩返齐,葬于泰山之麓,不立墓碑,各自手植一树。

葬毕子綦,庄周诵诗一首:

> 儒墨人道,黥劓众生;
> 名教治心,刑教治身。
> 为人所使,必趋人伪;
> 雕琢真德,失其浑沌。

> 泰皇天道,息黥补劓;
> 老聃舌教,闻悟行成。
> 为天所使,永葆天真;
> 丧我存吾,存己存人。

子游留在泰山,结庐隐居。

庄周返回蒙邑,独对乱世。

第三部
辞吏拒相（前339—前331）

三一　惠施相魏志在偃兵，庄周钓鱼心寄鸿鹄

前339年，岁在壬午。庄周三十一岁。宋剔成君二年。

周显王三十年。秦孝公二十三年。楚威王元年。魏惠王三十一年。韩昭侯二十四年。赵肃侯十一年。齐威王十九年。燕文公二十三年。鲁景公七年。卫平侯四年。越王无疆四年。中山成公十一年。

齐威王取代强魏，成为中原霸主，严惩逢泽之会朝魏的泗上诸侯，伐灭薛国、邳国，合并其地，改名徐州（今山东滕州）。

魏惠侯问策群臣："齐威王两度重创寡人，杀我太子，诛我大将，灭我属国。寡人欲发倾国之兵，伐齐报仇！"

惠施说："主公不可如此！古人有言：'王者必有法度，霸者必知计谋。'主公既无法度，又无计谋，先与赵国结怨，再与齐国决战。如今新败于齐、秦、赵，国内守备尚且不足，再发倾国之兵伐齐，岂是明智之举？主公不如变服折节，朝拜齐威王，尊为天下霸主，楚威王必将怒而伐齐。楚人久逸未战，齐人久战力疲，主公必能借楚破齐。"

公孙衍说："惠施所言甚是！主公不妨公开向齐称臣，暗中与楚修好。齐、楚凭借有魏支持，必将互战。齐若胜楚，主公就能顺势伐楚，攻取方城之外。楚若胜齐，主公就能顺势伐齐，报仇雪耻。"

惠施又说："魏国强盛百年，如今两败于齐，实因三晋不睦，韩、赵不附，附魏之国过于弱小，所以缺乏强援。主公只有亲善韩、赵，与齐偃兵，才能扭转颓势，尽快恢复元气。"

白圭说："主公可在大梁北郭之外，开掘大沟，连通黄、淮。平时可以减少

水患，利于灌溉，增加农业产量。战时可以迅速运送粮草，调动兵马，成为防御齐国的水上屏障。"

魏惠侯六十二岁，任命四十二岁的惠施为相，负责与齐偃兵。任命三十七岁的公孙衍为将，负责防御齐伐。任命老臣白圭为司农，负责开掘鸿沟。

白圭先事魏武侯，后事魏惠侯，公叔痤死后相魏，策动四国朝魏，主持逢泽之会，反被中山成公取代相位。如今中山成公罢相，白圭原本指望复相，竟被年纪轻轻的客卿惠施取代，十分不满。

白圭上朝，当着惠施的面，向魏惠侯进言："新妇初至婆家，宜于安居矜持，烟视媚行，恭敬事奉公婆。如果初至婆家，发现灶火太盛，立刻吩咐小厮：'减少柴火！否则易起火灾。'发现门槛有坎，立刻吩咐小厮：'补好门槛！否则会伤人足。'新妇所言，并非不利夫家，只是操之过急。如今惠施初为相国，立刻尽改主公的既定国策，亲善韩、赵，臣事齐、楚，一如操之过急的新妇。"

魏惠侯问惠施："先生如何自辩？"

惠施说："《诗经》只说'恺悌君子，民之父母'，没说'恺悌君子，民之新妇'。君子身为民众父母，教导民众如同教导子女，白圭怎能把我比做操之过急的新妇？"

魏惠侯接受惠施自辩，仍按惠施之策，与天下偃兵，亲善韩、赵，臣事齐、楚。派遣新太子魏嗣赴齐为质，派遣幼子魏高赴楚为质。

太子魏嗣至齐为质，齐威王准备召见。

朱仓说："大王不宜接受魏嗣为质，不如让相国护送归魏。"

齐威王大为诧异："为何如此？"

朱仓说："魏惠侯年事已高，又有重病，来日无多。大王送归魏嗣，魏惠侯必将感激大王，真心事齐。大王如果留下魏嗣，魏惠侯必将怨恨大王，假意事齐。一旦魏惠侯死去，楚威王送归魏高，立为魏君，大王就会空抱质子，反被天下视为不义。"

齐威王听从其言，命令田婴护送魏嗣归魏。

魏惠侯大悦，认为惠施之策初见成效。

惠施拜见田婴："齐威王送归太子魏嗣，魏惠侯非常感激，愿意取消夏王称号，亲自朝拜齐威王，尊为天下霸主。"

田婴欣喜不已。

门客张丑进言："主公不宜同意魏惠侯朝拜大王！假如齐未胜魏，那么大王得到魏惠侯朝拜，就能与魏联合，击败楚、秦。如今齐已胜魏，灭其二十万大军，杀死大将庞涓和太子魏申，再让万乘之魏向齐称臣，自居天下霸主，必将激怒楚威王。楚威王刚刚即位，年轻气盛，既好用兵，更爱虚名，必将成为齐国大患。"

田婴不听，返齐禀报："魏惠侯愿意取消夏王称号，朝齐称臣，尊奉大王为天下霸主。"

齐威王大喜，命令田婴与惠施共同筹备魏惠侯朝齐大典。

司马熹相宋二年，受到戴盈、戴不胜掣肘。为了大权独揽，献策剔成君："戴驩当年为了固位，重用主公、戴盈、戴不胜等戴氏同宗，最终身死族灭。如今主公大位已定，不宜继续重用戴氏同宗，否则必有后患。"

剔成君采纳其策，再次罢黜戴盈、戴不胜，任命庶弟戴偃为右师，代己执掌兵权。从此高枕无忧，沉溺酒色。

戴偃三十一岁，身高九尺四寸，面阔一尺三寸，目如巨星，面有神光，力能屈伸铁钩。

司马熹不敢与戴偃争权，倾心结纳。

庄周三十一岁，次子庄咸出生。屈原生于楚国。

庄周失去良师子綦，难以排遣担任漆园吏的郁闷。公务之余，前往蒙泽钓鱼。

子桑正在蒙泽漂洗麻絮，询问庄周："为吏虽然俸禄不高，但是油水丰厚，足以养家，你为何还要自己钓鱼？"

庄周说："我为吏数年，越来越难忍受衙门污浊。不愿同流合污，不愿欺压庶民，不愿勒索商家。受到同衙胥吏排挤，常被县令申斥。我来钓鱼，不是为了吃鱼，而是为了散心。"

子桑说："见你钓鱼，我想起一个故事。"

庄周说："愿闻其详。"

子桑说："蒙泽对岸，就是任国，泗上十二诸侯之一。传说任国有个公子，喜好垂钓大鱼，做了巨钩粗绳，以五十头犍牛为钓饵，蹲在会稽山顶，投竿东海深处。天天垂钓，整年未得大鱼。后来有条大鱼吞食了鱼饵，牵着巨钩，潜入水下，奔驰翻腾，狂摆鱼鳍，白波如同高山，海水剧烈震荡，声音如同鬼哭神号，惊吓达于千里之外。任公子钓到大鱼，制成鱼干，分施民众。浙江以东、苍梧以北的人们，无不饱餐。天下人惊闻此事，辗转相告，很多人举着短竿细绳，趋赴灌井田沟，守候鲵鳅鲋鱼，不过只能钓到一些小鱼，不能钓到大鱼。"

庄周说："姜太公钓鱼，钓取一己富贵，受到世人艳羡。任公子钓鱼，惠及天下民众，我很仰慕。"

子桑说："姜太公尽管意在一己富贵，尚有救世济民之心。如今那些自负才学、游说诸侯的士人，修饰小说，干谒县令，只想谋求一己富贵，全无救世济民之心，遑论领悟大道。"

庄周看着水鸟拍击蒙泽湖面，划破水面，升空高举，飞向南方，顿生鸿鹄之志。

三二　孝公死秦商鞅车裂，戴偃逐兄庄周辞吏

前338年，岁在癸未。庄周三十二岁。宋剔成君三年（奔齐）。

周显王三十一年。秦孝公二十四年（卒）。楚威王二年。魏惠王三十二年。韩昭侯二十五年。赵肃侯十二年。齐威王二十年。燕文公二十四年。鲁景公八年。卫平侯五年。越王无疆五年。中山成公十二年。

商鞅献策秦孝公："魏惠侯采纳惠施之策，取消夏王称号，修好韩、赵，臣事齐、楚，仍然不把主公放在眼里，不可不伐！"

秦孝公大怒，发兵伐魏，攻打魏国岸门（今山西河津南），生擒岸门守将魏错。

赵良从赵至秦，通过孟兰皋引荐，拜见商鞅。

商鞅大悦："秦国变法二十多年，今非昔比，气象一新。可惜中原士人大多坚持偏见，仍然不愿仕秦。先生愿意弃暗投明，实在难得，不知愿意担任什么官职？"

赵良说："得到不该得到的官位，叫做贪位。拥有不该拥有的声名，叫做贪名。我来秦国，不为贪图名位，专为劝谏相国。"

商鞅不悦："莫非先生不赞成我对秦国的治理？"

赵良说："相国治理秦国，仅用严刑峻法，违背尧舜之道。"

商鞅说："秦人原是戎狄，君臣没有尊卑，父子没有上下，男女没有分别。我相秦以后，更改其教，君臣有了尊卑，父子有了上下，男女有了分别，已经不异鲁卫，先生怎能说我违背尧舜之道？先生难道不认为，我对秦国的治理已经超过了百里奚？"

赵良说："百里奚治秦之功，相国怎能相比？相国不以百姓利益为事，专以强兵称霸为务，难称有功于秦。轻罪重罚，残害民众，黥劓太子太师公孙贾、太子太傅嬴虔，诛杀秦孝公宠臣祝欢，都是积怨蓄祸之举。相国的处境，可谓危如朝露。如果及时改弦更张，或许还能挽救，否则秦孝公一旦死去，秦国上下想要报复相国之人，还会少吗？相国大祸将至，可以翘足而待。"

商鞅大怒，驱逐赵良。

五个月后，秦孝公嬴渠梁死了。二十一岁即位，在位二十四年（前361—前338）。即位以后，变法图强，日夜勤政，身心长期透支，终于过劳早夭，年仅四十四岁（前381—前338）。

十九岁的太子嬴驷继位，即秦惠君。十三年后叛周称王，史称秦惠王。

秦国虽已变法图强，今非昔比，天下诸侯仍然鄙视夷秦，仅有周显王、魏惠侯、韩昭侯遣使吊贺。

前太子太傅嬴虔，八年前被商鞅先施黥刑，再施劓刑，从此不敢出门。秦孝公一死，嬴虔立刻上朝，诬告商鞅谋反。

前太子太师公孙贾，八年前被商鞅施以黥刑，也怀恨商鞅，于是附和嬴虔："大臣擅权欺主，必将动摇国本。如今秦国民众，甚至妇女小孩，全都仅知商君，不知秦君。商君已成秦国之主，秦君倒像秦国之臣。主公为了自己，为了百姓，均应除此大害！"

秦惠君说："商君前年领兵伐魏，不是堂堂正正战而胜之，而是欺骗诈杀旧友魏卬，导致山东诸侯鄙视秦人无信无义。商君会背叛旧友，必会背叛秦国。"

下令逮捕商鞅。

商鞅闻讯，带着母亲逃出咸阳。

日暮时分，入住客店。

店主要求商鞅出示路引。

商鞅出逃匆忙，没带路引。

店主说："商君之法规定：收留没有路引的客人，店主将以窝藏逃犯的罪名受刑。小店不敢留你！"

商鞅仰天长叹："没想到我竟作法自毙！"

带着母亲，连夜逃往魏国。

魏国边关守将，乃是三年前马陵之役兵败贬官的穰疵。

商鞅请求穰疵："秦孝公死了，秦惠君加罪于我。我曾是魏相公叔痤的门客，愿意归魏，报效魏惠侯。"

穰疵说："先生两年前声称不愿与旧友交战，诈杀魏卬。如今又声称秦惠君加罪，我怎能相信并非骗我启关，趁机攻打魏国？"

商鞅说："所言句句属实！将军如果不信，可以扣留我的母亲作为人质。"

穰疵说："先生会背叛魏国，会背叛旧友，为何不会背叛母亲？即使先生所言属实，也是秦惠君追捕的逃犯。我若放你入魏，秦惠君必将怒而伐魏。"

商鞅不得入魏，逃回封地商於，率领部属逃往韩国。

秦惠君发兵追捕，在韩国渑池（今河南三门峡）诛杀商鞅。尸体运回咸阳，公开车裂。秦惠君收回封地商於，灭其三族。

卫人商鞅，三十二岁离魏入秦，相秦二十二年（前359—前338），车裂灭族，终年五十三岁（前390—前338），遗著《商君书》。

鲁人尸佼，投靠商鞅，害怕受到株连，无颜东归母邦鲁国，于是南逃蜀国，八年后死去（前390—前330），遗著《尸子》。

剔成君篡位三年，荒淫无度，国事尽付相国司马熹、右师戴偃。

司马熹位居戴偃之上，然而没有实权，怨恨剔成君，于是献策戴偃："主公弑君自立，宋民均有怨心。主公罢黜众戴，群臣也有怨心。将军文武双全，贤于主公，而且手握重兵，若能整顿纲纪，必得臣民拥戴。"

戴偃说："主公囚君弑君，臣民视为不臣不仁。我若代之，既是弑君，又是杀兄，岂非更加不臣不仁？"

司马熹说："将军不妨宣布主公罪状，逐而不杀！"

戴偃采纳其策，兵围苏宫，宣布剔成君罪状：弑君篡位，荒淫无度，暴虐宋民，不事仁义，天怒人怨。

宋国臣民怀念宋桓侯，无人支持剔成君。

剔成君祸起萧墙，众叛亲离，逃出商丘，出奔齐国而死，无谥。

戴偃逐兄篡位，即宋君偃。十年后叛周称王，史称宋康王。

司马熹连任宋相，终于大权独揽。

庄周三十二岁，宋君偃逐兄篡位。

庄周告诉家人："昨天夜里，我做了一梦，变成了蝴蝶。振动蝶翼，轻盈飞动，栩栩如生，自适其适，逍遥自在，不知自己原是庄周。正在至乐无极，猛然惊醒，发现自己仍是庄周，并非蝴蝶。为何蝴蝶能够顺道而生，循德而死，我们生而为人，反而不如蝴蝶？"

庄全感叹："是啊！宋桓侯是难得的仁君，我以为在其治下可以躲避战乱，结果三年之内，宋国二次易君，臣弑君，弟逐兄，篡弑如此频仍，一君不如一君，看来宋国再也不是乐土。《鄘风·鹑之奔奔》有言：'人之无良，我以为君。'《王风·兔爰》亦言：'有兔爰爰，雉离于罗。我生之初，尚无为。我生之后，逢此百罹。'"

庄周说："宋桓侯末年，戴剔成专权，我已不堪忍受衙门污浊，有意辞去漆园吏，只是为了养家，延宕至今。如今戴氏又是弑君篡位，又是兄弟相残，我已决意辞去漆园吏。"

庄全说："也好。孔子有言：'有道则现，无道则隐。'"

狶韦氏说："宁可粗茶淡饭，不事不义之君。"

钟离氏也说："天地之藏，本可养人。"

庄周得到家人支持，毅然辞去漆园吏。

三三　不害死韩君偃养虎，庄周羡技庖丁慕道

前337年，岁在甲申。庄周三十三岁。宋康王元年。

周显王三十二年。秦惠王元年。楚威王三年。魏惠王三十三年。韩昭侯二十六年。赵肃侯十三年。齐威王二十一年。燕文公二十五年。鲁景公九年。卫平侯六年。越王无疆六年。中山成公十三年。

秦惠君二十岁，服满除丧，正式即位。

楚威王、韩昭侯、赵肃侯、蜀君遣使祝贺。

秦惠君去年诛杀商鞅，追随商鞅入秦的尸佼等中原士人，大多逃离秦国。如今没有合适的秦相人选，于是任命樛斿为相。

申不害死了。三十五岁相韩，相韩十五年（前351—前337），终年四十九岁（前385—前337）。

韩昭侯启用申不害，主持韩国变法。君臣二人毛病相同，不能专擅一法，不能统一宪令，不能以法治国，好用小术，诡谲其辞。新法虽立，旧礼未废。新令既下，旧命未止。新旧杂用，民众不知所从。变法弊病丛生，未能富国强兵，仅仅免于诸侯征伐十五年。

申不害变法不坚，执法不严，得罪宗室贵族不深，没像吴起、商鞅那样以身殉法，得以善终。

韩昭侯任命张开地（张良祖父）为相。

宋君偃听从司马熹，大肆清洗前朝之臣，继续效法秦国，实行苛政，以严刑峻法治国。

多数墨者离宋往秦，追随巨子腹䵍。

少数墨者离宋往魏，追随魏相惠施。

墨者告子、宋钘，儒生兒说，离宋往齐，游学稷下学宫。

宋国墨者儒生散于天下，士林凋敝，朝野死寂。

宋君偃热衷于斗鸡养虎，荒嬉无度，乐得没有大臣进谏。

司马熹满足于大权独揽，营私舞弊，乐得没有同僚争权。

庄周三十三岁，不再担任漆园吏，全力经营荆园。

庄周前往商丘，贩卖瓜果、木材一毕，去见庖丁："宋君偃为何喜欢斗鸡养虎？"

庖丁说："你是老聃之徒，为何对斗鸡养虎也感兴趣？"

庄周说："魏国的老聃之徒徐无鬼，曾以相马、相狗之技讽谏魏武侯。齐国的老聃之徒轮扁，曾以制轮之技讽谏田齐桓公。你虽不是老聃之徒，也曾以解牛之技讽谏宋桓侯。一切人类之技，无不与道相通，所以我对百工之技都感兴趣。人类之技只要顺应天道，就能臻于大成，立于不败之地。人类之技如果违背天道，只能止于小成，最终一败涂地。"

庖丁说："既然如此，我介绍你认识宋君偃的斗鸡师和驯虎师。"

庄周说："正有此意。"

庄周请教斗鸡师："宋君偃为何喜欢斗鸡？"

斗鸡师说："宋君偃认为宋国民风软弱，难与列强争雄，希望通过斗鸡，激励尚武之风。宋君偃常说：'雄鸡尚且好斗，男人更应尚武。'"

庖丁笑了："看来斗鸡之技，不能进窥天道。"

庄周说："那也未必，或许另有奥秘。"

庄周请教驯虎师："我见过斗鸡，也见过耍猴，但没见过驯虎。"

驯虎师说："驯养老虎，既危险，又费钱，而且全无用处，庶民谁会养虎？只有国君才有财力养虎，你当然没见过。"

三三　不害死韩君偃养虎，庄周羡技庖丁慕道

庄周问："天下诸侯都不养虎，为何宋君偃喜欢养虎？"

驯虎师说："天下诸侯虽有财力，但是害怕大臣批评玩物丧志，所以都不养虎。宗室贵族也有财力，但是驯养百兽之王，容易引起国君疑心，所以不敢养虎。宋君偃不怕大臣批评，听说商纣王曾经养虎，所以热衷养虎。宋君偃常说：'君主是百姓之王，老虎是百兽之王。寡人斗鸡，可以与民同乐。寡人养虎，可以傲视诸侯。'"

庄周问："虎性凶猛，你如何避免被虎伤害？"

驯虎师说："我不用活物喂养老虎，因为老虎一旦杀死活物，就会诱发杀戮之心。我也不用全物喂养老虎，因为老虎一旦撕裂全物，就会激发残忍之性。驯虎师只要顺应天道，因应正确，洞悉老虎的饥饱，驾驭其杀戮之心，控制其残忍之性，老虎就会顺从驯虎师。驯虎师被虎所伤，必是违背天道，因应不当。"

庖丁说："看来养虎之技，确实与道相通。"

庄周问："禽兽天性各不相同，为何人类都能驯养？"

庖丁说："万物分为四等：上首者至高，旁首者次之，下首者又次之，无首者最下。"

庄周问："何为上首者、旁首者、下首者、无首者？"

庖丁说："无生物无首无知，有生物有首有知。人类上首上知，禽兽旁首中知，草木下首下知，所以人类食用禽兽，禽兽食用草木，草木食用无生物。人类凭借上首上知，在万物之中最为尊贵，可以食用禽兽、草木、无生物，可以制服、驾驭、驯养禽兽。"

庄周说："你说人类在万物之中最为尊贵，但你所言之物，都是小物，没有包括至大之物天地。天地也是无生物，同样无首无知。人类不能制服、驾驭、驯养天地，怎能认为在万物之中最为尊贵？"

庖丁说："看来我的话需要修正，人类仅在天地以外的万物之中最为尊贵。"

庄周说："虽经修正，你的话仍然欠妥。有生物除了有首有知，还有生死。无生物除了无首无知，也无生死。如果有生物凭借有首有知，比无首无知的无生物尊贵，那么有生物是否也凭借有生死，而比无生死的无生物尊贵？"

庖丁说:"是的。"

庄周问:"那么有生物是凭借有生,还是凭借有死,才比无生物尊贵?"

庖丁说:"凭借有生,才比无生物尊贵!所以一切有生物,无不爱生怕死。"

庄周问:"既然有生贵于无生,那么长命是否贵于短命?"

庖丁说:"是的。"

庄周说:"人类的生命,至多百年。禽兽的生命,仙鹤上百年,神龟上千年。草木的生命,凡木数百年,神木数千年。那么有生物之中,究竟是长命的禽兽、草木尊贵,还是短命的人类尊贵?"

庖丁苦笑:"你把我问倒了!看来人类在天地之间最为尊贵,不能凭借有生有死,只能凭借上首上知。因为人类凭借上首上知,能够领悟天地之道,然而禽兽只有旁首中知,草木只有下首下知,不能领悟天地之道。道字从首从走,从首就是闻道悟道,从走就是行道成道。"

庄周问:"大多数人或是无缘闻道,或是闻道太迟,少数人有缘闻道,极少数人闻道不迟。即使闻道不迟,闻道未必悟道,悟道未必行道,行道未必成道。可见人类尽管上首,未必均有上知,未必皆能领悟天地之道,所以顺道之人极少,悖道之人极多。然而禽兽尽管旁首中知,草木尽管下首下知,无生物尽管无首无知,却无不顺道,永不悖道。人类怎能凭借上首上知,自诩天地之间最为尊贵?"

庖丁说:"如此看来,人类凭借上首上知,既可能顺应天道,成为天地之间最为尊贵之物,也可能违背天道,成为天地之间最为卑贱之物。"

庄周赞叹:"不愧是以技进道的庖丁,果然透彻!"

三四　宋社崩坏周鼎沉水，魏初朝齐杨朱悲歧

前336年，岁在乙酉。庄周三十四岁。宋康王二年。

周显王三十三年。秦惠王二年。楚威王四年。魏惠王三十四年。韩昭侯二十七年。赵肃侯十四年。齐威王二十二年。燕文公二十六年。鲁景公十年。卫平侯七年。越王无疆七年。中山成公十四年。

宋都商丘的太丘社，突然崩坏。

宋君偃崇信鬼神，视为上天对戴氏篡宋的示警，大为惊恐。

戴盈顺势进谏："孔子有言：'君要像君，臣要像臣，父要像父，子要像子。'如今宋国君不像君，臣不像臣，父不像父，子不像子，所以上天示警。"

宋君偃说："先生是孔子之徒，所以推崇孔子之道。但是孔子颂扬汤武革命，先生为何反对寡人兄弟仿效汤武革命？"

戴盈说："汤武革命，乃是逆取顺守，顺天应人。但是主公之兄剔成君，逆取逆守，不得民心，导致民怨沸腾，所以宋民支持主公逐兄。主公既然愿意仿效汤武革命，应该像汤武一样逆取顺守，顺天应人，方可避免天怒人怨。"

宋君偃问："何为逆取逆守？何为逆取顺守？"

戴盈说："逆取就是以臣逆君，逆守就是以刑逆民，顺守就是以仁利民。三代以来，众多逆取逆守、逆天虐民的乱臣贼子无不失败，仅有逆取顺守、顺天爱民的商汤、周武获得成功。"

宋君偃沉思不语。

惠盎也顺势进谏："主公只有兼爱万民，不好勇力，才能消除灾祸。"

宋君偃说："先生是墨子之徒，所以推崇墨子之道。但是寡人喜欢墨子之道尚武好勇，不喜欢墨子之道兼爱非攻。"

惠盎说:"尚武好勇并非墨子之道,兼爱非攻才是墨子之道。兼爱非攻,能使尚武好勇者刺不入,击不中,主公是否愿闻?"

宋君偃说:"寡人愿闻。"

惠盎说:"尚武好勇者即使刺不入,击不中,但对被刺者、被击者仍是侮辱。兼爱非攻,又能使尚武好勇者不敢刺,不敢击,主公是否愿闻?"

宋君偃说:"寡人愿闻。"

惠盎说:"尚武好勇者即使不敢刺,不敢击,但是仍非不想刺,不想击。兼爱非攻,又能使尚武好勇的诸侯,不想刺宋,不想击宋,主公是否愿闻?"

宋君偃说:"寡人愿闻。"

惠盎说:"尚武好勇的诸侯即使不想刺宋,不想击宋,但是仍非爱宋利宋。兼爱非攻,又能使天下人无不爱宋利宋,主公是否愿闻?"

宋君偃说:"太好了!寡人愿闻。"

惠盎:"主公应该效法孔子、墨子。孔子、墨子没有寸地为君,没有官职为长,天下男女无不延颈举踵,都愿爱之利之。如果主公确有孔、墨之志,那么四境之内均得其利,主公就能远远贤于孔、墨,得到宋民爱戴,不仅足以消除灾祸,而且能够复兴殷商之盛。"

宋君偃说:"太雄辩了!寡人被先生说服了。"

宋君偃深知,宋民怀念宋桓侯,才会支持他驱逐戴剔成。宋民原本希望他立宋桓侯之子为君,对他自立为君大为失望。于是采纳戴盈、惠盎谏言,兼用儒墨,奖励忠孝,废除戴剔成的苛政,恢复宋桓侯的仁政,希望赢得宋民爱戴。

秦惠君把宋国太丘社崩坏,视为殷商难以复兴的征兆,命令史官记入《秦记》。随即兵临洛阳,向周显王索要九鼎。

周显王大惊,问策群臣:"寡人册封秦孝公为伯,希望秦君忠于周室,遏制三晋代周之心。八年前秦惠君身为太子,率领九十二国戎狄之君朝觐寡人,没想到去年刚刚即位,今年竟敢索要九鼎。如何是好?"

颜率说:"陛下不必忧虑,我愿使齐,劝说齐威侯出兵,逼退秦军。"

周显王皱眉:"齐威侯十七年前已经叛周称王,久有代周之心。事已至此,寡人也只能借助乱臣，遏制乱臣。"

颜率到达临淄，晋见齐威王："秦惠君不守臣道，兴兵临周，索取九鼎。天子认为，九鼎与其归于夷秦，不如归于强齐。大王扶持周室，可以赢得美名；得到九鼎，就能号令天下。"

齐威王大喜，命令田忌率领五万大军西救洛阳。

秦惠君不敢与强齐交战，立刻退兵。

田忌驻兵洛阳城外，要求周显王兑现承诺，交出九鼎。

周显王又问颜率："秦军虽退，齐军又索九鼎，如何是好？"

颜率说："陛下不必忧虑，我再使齐，劝说齐威侯自愿放弃九鼎。"

颜率再次至齐，晋见齐威王："天子仰赖大王义师，君臣父子得以相保，愿意兑现承诺。不知九鼎从周至齐，应该取道何国？"

齐威王说："可以取道魏国。"

颜率说："似乎不妥。魏君也想得到九鼎，已在晖台之下图谋很久。九鼎一旦进入魏境，必被截留。"

齐威王说："那就取道楚国。"

颜率说："更加不妥。楚君更想得到九鼎，已在叶庭之中图谋更久。九鼎一旦进入楚境，必被截留。"

齐威王问："九鼎应该取道何国，才能从周至齐？"

颜率说："九鼎不是小壶小瓶，不能手提肩扛。九鼎也不是飞禽走兽，不能自飞自走。当年周武王伐灭殷商，把九鼎从朝歌运往镐京，一鼎需要九万役夫牵挽，共计八十一万役夫，另须相应运送器械，以及护送大军。大王虽然不缺役夫、器械、士卒，但是取道何途，实为难题。"

齐威王不悦："先生此前空口许诺，如今又百般刁难，岂非欺骗戏弄寡人！"

颜率说："怎敢欺骗戏弄大王？天子仅是命我请示大王，九鼎自周至齐的实施方案。"

齐威王无奈，只好命令田忌撤兵。

魏相惠施、齐相田婴精心筹备两年以后,六十五岁的魏惠侯,穿戴臣子冠服,由韩昭侯陪同,前往齐国阿邑(今山东阳谷),第一次朝拜齐威王。

田婴献策齐威王:"魏惠侯已经朝齐称臣,必定不会截留九鼎。"

齐威王大喜,遣使至周,要求周显王取道魏国,运送九鼎至齐。

周显王无奈,只好先运一鼎。

运鼎之舟,先走洛水,转入魏国境内的汴水,再经鸿沟,转入宋国境内的泗水。行至宋国彭城(今江苏徐州),骤遇风浪,倾覆沉没于泗水。

齐威王仰天长叹:"看来天命尚未归齐!"

周鼎沉于泗水,秦惠君视为太史儋预言秦必代周的征兆,命令史官记入《秦记》。

一位秦民晋见秦惠君:"小民去年得子,今年开口说话!特来禀报君侯。"

秦惠君大怒:"婴儿说话,稀松平常。何必禀报寡人?"

秦民拜伏于地:"小民之子开口,说了三个字:'秦将王!'"

秦惠君转怒为喜,重赏百金。

樛斿献策:"中原各国早已不再物物交换,无不发行钱币。主公准备称王,必须发行钱币,与中原各国缩小差距,为称王创造条件。"

秦惠君问:"先君重用商鞅,实行变法,大量仿效中原制度,为何不仿效中原,发行钱币?"

樛斿说:"中原各国发行钱币以后,不仅商业繁荣,国家富强,而且官吏腐败,贪贿公行。商鞅认为钱币虽有小利,却有大弊,所以主张以农为本,以商为末,崇本抑末,不铸钱币。其实钱币仅有小弊,实有大利。没有钱币,只能物物交换,交易极其不便,商业难以繁荣,国家难以富强,很难与中原各国竞争。只要严格执行商鞅之法,官吏不敢贪贿腐败,就能免其小弊,得其大利。"

秦惠君听从其言,发行钱币。

周显王得知秦惠君也准备称王,十分郁闷。

无奈之下，遣使赏赐秦惠君，希望秦惠君不忘周室之恩，打消叛周称王之念。

魏人杨朱，是战国中期影响最大的老聃之徒，身处魏武侯、魏惠侯之世，反对否君好战图霸，抨击痞士臣事悖道之君。拒绝出仕，独善其身。儒墨之徒诬其一毛不拔，自私自利。

杨朱得知魏惠侯称霸不成，反而朝齐称臣，大笑而死。终年六十一岁（前395—前335）。

庄周三十四岁，杨朱死于魏国。

庖丁来访，庄周正在击瓦缶而歌。

庖丁问："今年商社崩坏，周鼎沉没，天下大乱，你为何如此高兴？"

庄周说："杨朱曾来蒙邑拜访吾师子綦，可惜当时我只有四岁，尚未师从子綦，没能当面请教杨朱。后来子綦常常嘉许杨朱弘扬老聃之道，我久有赴魏问道之志，可惜忙于生计，一直未能成行。如今杨朱死于大梁，我无以相送，只好长歌当哭，遥送一程。"

庖丁问："莫非你快乐也唱歌，悲伤也唱歌？"

庄周说："我们老聃之徒，齐一死生！四年前，杨朱的朋友季梁（前395—前340）死去，杨朱也是望着季梁的大门唱歌。当年老聃出关至秦，死于秦国。老聃的朋友秦佚吊丧，也是哭号三声。"

庖丁问："我一直难以明白，杨朱既然是当今天下最为知名的老聃之徒，为何主张一毛不拔？"

庄周说："这是世人的误解！人人不拔一毛以利天下，人人不侵天下以利自己，天下必治。"

庖丁说："我还是不能理解！除了一毛不拔，杨朱有无其他主张？"

庄周说："我讲个故事给你听。"——

杨朱有个邻居，逃掉一只羊。全家出动去找，还是觉得人手不够。又请杨朱的儿子帮忙，仍然没有找到。

杨朱大为困惑："这么多人，找一只羊，竟然没有找到！"

邻居垂头丧气："歧路太多！歧路之中，又有歧路。每到歧路，就分一半人。分到最后，人手还是不够。"

杨朱脸色大变，半天说不出话，整天笑不出来。

弟子孟孙阳十分奇怪："羊是卑贱的牲畜，逃掉的羊也非夫子所有，夫子为何如此？"

杨朱没有回答。

孟孙阳出来，去问师兄心都子。

二人琢磨半天，想不明白，只好一起进去，请教杨朱。

杨朱说："有个魏人，让三个儿子前往鲁国，师从同一儒者。三年以后，三子学成归魏。父亲问：'何为仁义之道？'老大说：'仁义之道就是爱惜自身，轻视功名。'老二说：'仁义之道就是不惜杀身，成就功名。'老三说：'仁义之道就是既爱惜自身，又成就功名。'三子学于一儒，其言互相矛盾，何者属是，何者属非？"

庖丁问："三子学儒与歧路亡羊，有何关系？"

庄周说："杨朱认为，正道之外多有歧路，歧路亡羊事小，歧路亡道事大！老聃之道是正道，儒、墨之术是歧路。歧路之中又有歧路，所以孔子死后，儒分为八，墨子死后，墨离为三。儒、墨各派互相牴牾，争斗不休，全都自称师门正宗，但又不能容忍杨朱的批评，所以共同诋毁杨朱，说他一毛不拔，自私自利。"

三五　魏再朝齐君偃行仁，戴盈相宋庄周拒聘

前335年，岁在丙戌。庄周三十五岁。宋康王三年。

周显王三十四年。秦惠王三年。楚威王五年。魏惠王三十五年。韩昭侯二十八年。赵肃侯十五年。齐威王二十三年。燕文公二十七年。鲁景公十一年。卫平侯八年（卒）。越王无疆八年。中山成公十五年。

魏惠侯六十六岁，仍由韩昭侯陪同，前往齐国甄邑（今山东甄城），头戴平民布冠，自称西藩之臣，第二次朝拜齐威王。

齐威王大惊，几乎不敢接受。

秦惠君二十二岁，举行冠礼。不满去年索取周鼎被齐威王挫败，迁怒于魏惠侯、韩昭侯连续两年朝齐，命令秦军攻打韩国旧都宜阳（今河南宜阳）。

宜阳城墙高大坚固，秦军攻打数月，方才攻下。

西匈奴的义渠部落，得知秦军伐韩，趁机袭击秦国。

秦军的杀敌斩首，对杀敌割耳的中原军队威慑极大，对同样杀敌斩首的义渠威慑有限。

义渠骑兵对秦军步卒，具有高度、速度双重优势，而且斩敌之首挂于马颈，对斩敌之首系于腰际的秦军步卒威慑更大。

秦军步卒恐惧逃遁，在洛水被义渠骑兵击败。

魏惠侯所立的卫平侯公孙南劲死了，在位八年（前342—前335）。

太子继位，即卫孝襄侯。

宋君偃重用戴盈、惠盎，实行仁政，收揽人心。

司马熹大为不满，上朝进言："如今列强争霸中原，无不抛弃孔、墨之道。宋桓侯软弱，才会推行仁政。剔成君贤明，所以变法图强。主公又比剔成君更为贤明，为何听信孔、墨之徒的迂腐说教，废除剔成君的政令，恢复宋桓侯的仁政？主公唯有继续变法图强，才能富国强兵，复兴殷商之盛。"

宋君偃问："相国先辅佐剔成君，后辅佐寡人，效法秦国变法图强多年，宋国为何至今不强？"

司马熹说："商鞅变法，十年大成。主公不能急于求成。"

宋君偃说："商鞅变法大成，自己却被车裂。"

司马熹说："商鞅仅是国相，才会国强而身灭。秦惠君虽杀商鞅之身，仍行商鞅之法，所以秦国越来越强。主公身为国君，必将国强而身安，岂有商鞅之患？"

宋君偃不听，罢免司马熹，贬为右师，改命戴盈为相。

戴盈，又名盈之，字荡，与戴驩、戴剔成、戴偃同宗，是宋国大儒。宋桓侯前期，戴驩专权，启用众戴，戴盈不附戴驩。宋桓侯后期，戴剔成专权，罢黜戴驩，仍用众戴，戴盈不附戴剔成。戴剔成弑君篡位以后，司马熹为相，罢黜众戴。去年太丘社崩坏，宋君偃为了平息天怒人怨，重新启用戴盈、戴不胜、惠盎，今年罢免司马熹，戴盈相宋。

戴盈恢复宋桓侯的兼用儒墨政策，重用儒者戴不胜和墨者惠盎、郑翟，竭力推行仁政，到处寻访贤才。

庖丁向戴盈进言："当年齐国大贤南郭子綦离齐至宋，居于蒙邑。宋桓侯曾经亲往蒙邑拜访，打算聘为国师，可惜未能如愿。"

戴盈说："既然如此，我当亲往蒙邑拜访南郭先生。"

庖丁说："南郭先生已死五年。"

戴盈问："那你何必提及？"

庖丁说："蒙邑人庄周，师从南郭子綦，尽传其道，也是难得的大贤。"

三五 魏再朝齐君偃行仁，戴盈相宋庄周拒聘

庄周三十五岁，安贫乐道，声誉日隆。

戴盈亲往蒙邑，拜见庄周："主公鉴于剔成君专用刑法而民怨沸腾，把国事托付于我，我深感责任重大。听说先生师从南郭子綦，传承老聃之道，愿闻如何治国？"

庄周说："吾师仅仅教我治身之道，未曾教我治国之道！"

戴盈说："先生不必谦逊！"

庄周说："并非谦逊，确实不懂。"

戴盈说："《老子》有言：'治大国若烹小鲜。'先生身为老聃之徒，怎能不懂治国？"

庄周说："相国如此诚恳，我就讲个故事。宋景公之时，孔子弟子、卫人琴牢担任宋卿，曾向老聃之徒长梧封人请教治国之道。长梧封人告诫琴牢：'你管理政事，治理民众，切勿鲁莽轻率。从前我种植禾谷，鲁莽耕地，轻率除草，收成也鲁莽轻率回报我。后来我改变方法，深耕土地，细锄杂草，于是禾苗繁盛生长，我整年饱餐。'"

戴盈问："长梧封人之言，究竟何意？"

庄周说："如今的世人，大多类似长梧封人所言，仅知迎合外境，颐养身形，不知顺应天道，葆养德心。人们逃遁天道，背离德心，就会竞相作伪。人们戕灭真情，亡失心神，嗜欲的杂草就会侵夺德心。嗜欲的杂草一旦萌芽，虽能扶持身形，也会擢拔德心，真德就会变成伪德。伪德居于心中，德心就会失去祥和，身形就会阴阳失调，溃疡痔漏发作，不择孔窍而出。手疮，脸疽，腹疥，背痈，体内虚热，尿泛白沫之类，无不俱来。"

戴盈说："先生以医人之道，言治国之道，深受教诲。敬请先生从政！"

庄周说："我的身心都有暗疾，自治尚且不暇，哪有余暇治人？"

庄全问："你为何拒绝戴盈礼聘？"

庄周说："南伯当年在齐，拒绝田和礼聘，后来离齐至宋，又拒绝宋桓侯礼聘。南伯认为，如今泰道隐微，否术猖獗，士人如果出仕，除了助桀为虐，害己害人，别无可为。否君当道，士人不仅不能造福民众，而且危在旦夕，随时

可能遭受刑戮。何必贪图一时富贵，去做庙堂牺牲？"

庄全说："宋君偃尽管逐兄篡位，但能逆取顺守，从善如流，启用贤臣，重用君子，远离小人，也算难得。"

庄周说："戴氏篡宋，兄未终而弟逐之，乱宋祸民，早已天怒人怨。如今宋君偃推行仁政，仅是收揽人心，掩饰其罪，未必真是仁君。假如被其假相蒙骗，必将追悔莫及！"

庄全说："既然如此，我不勉强你。且看宋君偃将来如何。"

三六　魏三朝齐徐州相王，曹商扮孝庄周劝友

前334年，岁在丁亥。庄周三十六岁。宋康王四年。

周显王三十五年。秦惠王四年。楚威王六年。魏惠王后元元年。韩昭侯二十九年。赵肃侯十六年。齐威王二十四年。燕文公二十八年。鲁景公十二年。卫孝襄侯元年。越王无疆九年。中山成公十六年。

天下大旱，饥民遍地。

魏惠侯六十七岁，又由韩昭侯陪同，前往齐国徐州（今山东滕州），第三次朝拜齐威王。

齐威王与田婴商议："魏惠侯采用惠施之策，连续三年朝拜寡人，一次比一次恭敬。寡人前年十分欣喜，去年转喜为忧，今年由忧而惧。寡人不敢相信魏惠侯竟会忘记杀子之仇，甘愿臣事寡人。或许魏惠侯是效法越王勾践，卧薪尝胆，缓图报仇。古人有言：'持盈保泰，物忌太盛。'《老子》有言：'物壮则老，谓之不道，不道早已。'寡人不愿接受魏惠侯第三次朝拜。"

田婴说："既然如此，大王不如邀请魏惠侯称王。齐、魏平等结盟，然后共同伐楚。"

齐威王大悦，命其与惠施商议。

魏惠侯大悦，应齐威王之请，在徐州叛周称王，史称魏惠王。

原定的朝拜仪式，立刻改为结盟仪式，由齐相田婴、魏相惠施共同主持。

齐威王、魏惠王均戴王冠，分庭抗礼，歃血为盟，相互承认王号。史称徐州相王。

韩昭侯连续三年陪同魏惠侯朝拜齐威王，至此转换角色，代表天下诸侯，承认齐、魏称王。

魏、齐相约，共伐僭窃王号最早、久有代周之志的楚国。

魏惠王把幸臣董庆留在齐国，作为人质，以示决不背盟。

魏惠王从徐州返回大梁，立刻改元。

今年原是魏惠王前元三十六年，改元以后，变成了后元元年。

齐人匡章，此前不满齐威王叛周称王，离齐仕魏。如今同样不满魏惠侯叛周称王，指责惠施："相国一直劝说主公取消夏王称号，尊奉周王。如今相国不仅承认齐威公叛周称王，又支持主公叛周称王，岂非前后颠倒？"

惠施说："假如有人想要击碎先生爱子的脑袋，可以用石头代替爱子的脑袋，先生难道不愿意？墨子有言：'两害相权取其轻，两利相权取其重。'只要齐、魏能够偃兵，我愿意齐、魏称王。"

匡章说："难道尊齐为王，就能阻止齐威王用兵不止，征伐不休？"

惠施说："齐威王用兵不止，征伐不休，乃是为了称霸天下，代周为王。只要周王仍在，天下不会停止征伐。但是如今天下大旱，饥民遍地，齐、魏相王结盟，至少可以暂时偃兵，延长百姓性命，暂免民众死亡，先生难道不愿意？"

匡章无言以对。

徐州相王以后，魏惠王信任惠施达到顶点，命令惠施按照王室法度，重修魏国法律。

惠施按照墨子之道，重订新法，群臣称善。

魏惠王问翟翦："惠施之法如何？"

翟翦说："很好！"

魏惠王又问："可行吗？"

翟翦说："不可行！"

魏惠王诧异："既然很好，为何不可行？"

翟翦说："搬运大树，前面的工人唱起嘿唷嘿唷的号子，后面的工人也应以嘿唷嘿唷的号子。他们为何不唱郑卫之音？因为郑卫之音不适合搬运大树。治理大国，如同搬运大树，不适合运用墨家的五帝之道。五帝之时，邦国疆域狭小，选圣举贤容易，君主禅圣，卿相选贤，不会导致混乱。如今邦国疆域广大，选圣举贤困难，只有君位世袭，卿相世禄，才能避免非分之想，制止争权夺利。惠施希望大王效法墨家的五帝之道，莫非希望大王效法五帝禅让？"

魏惠王疑心大起，召见惠施："先生希望寡人效法五帝之道，寡人十分乐意。尧、舜、禹禅让，都是圣君，所以天下大治。寡人治国三十余年，魏国国力大损，称夏王失败。先生相魏七年，魏国国力大强，称王成功。寡人之贤，远远不如先生，愿意禅位先生！"

惠施大惊："我仅仅希望大王遵循墨子之道，效法五帝，兼爱天下，非攻偃兵，选贤任能。"

魏惠王说："寡人身为万乘之主，禅位圣贤之士，就能制止臣民争权夺利。希望先生听从寡人！"

惠施说："我身为一介布衣，谢绝大王禅位，更能制止臣民争权夺利。恳请大王不要再提！"

惠施头脑清醒，化解了魏惠王试探，躲过了杀身之祸。

韩昭侯听从张开地，陪同魏惠王三朝齐威王，以齐、魏徐州相王告终，自己降为陪衬，大为不悦。

从徐州回到新郑，立刻征调民夫，按照王室规格，扩建新郑城门，高度超过天下诸侯。

屈宜臼逃离楚国，客居韩国四十八年，如今垂垂老矣，拜见张开地："主公僭越礼制，先生身为相国，为何不予阻止？先生是否知道，主公不能出此高门？"

张开地问："先生之言，有何根据？"

屈宜臼说："因为不合时宜！国君做事，必须合于时宜。前几年风调雨顺，国富民足，主公不建高门。去年秦军伐韩，攻取旧都宜阳，已经国贫民穷。今年天下大旱，饥民遍地，诸侯全都停止征伐。主公不能体恤民众急难，反而劳民伤财满足虚荣，这叫时势不利，举措过分。天怒人怨，主公怎能出此高门？"

张开地认为屈宜臼危言耸听，不予理睬。

赵肃侯对魏惠侯、韩昭王三朝齐威王，深以为耻，对齐、魏徐州相王，更加不满。为了排遣郁闷，以祭扫先君陵墓的名义，出城打猎，车队出了邯郸鹿门。

赵相大成午得知，驾着马车追出邯郸数里，拦住车队，谏阻赵肃侯："古人有言：一日不作，百日不食！如今天下大旱，饥民遍地，耕种之事不能耽误，主公怎能耽溺游乐？"

赵肃侯深感羞愧，下车谢罪，命令车队返回邯郸。

周显王得知齐、魏叛周称王，派遣大夫姬辰出使咸阳，致文武胙于秦惠君，希望借助秦国遏制齐、魏对周室的威胁。

秦惠君担心魏、齐结盟以后联合伐秦，请求与魏联姻。

魏惠王大悦，采纳惠施之策，把幼女嫁给秦惠君。

秦惠君大喜，册封魏氏为正夫人。

惠施相魏数年，亲善韩、赵，与齐偃兵，与楚修好，与秦联姻。魏国在马陵惨败、国力大损之后，暂时消除了列强围攻魏国的威胁。

宋君偃得知齐、魏徐州相王，询问惠盎："寡人久闻令弟惠施是田襄子的杰出弟子，十分敬佩。如今惠施身为宋人，竟以布衣之身，成为强魏之相，果然名不虚传！但是惠施为何愿意辅佐魏惠王，不愿辅佐寡人？"

惠盎说："我们兄弟二人，都是田襄子弟子，遵循墨子之道，主张非攻偃兵。惠施不赞成剔成君好战，早在主公即位之前，就已游仕魏国。惠施辅佐魏惠王，与韩、赵、燕亲善，与齐、秦、楚偃兵，必定善待母邦，比辅佐主公更有利于宋国。"

宋君偃又问戴盈："如今周室暗弱，诸侯都想代周为王。寡人也想称王，复兴殷商之盛，相国有何良策？"

戴盈说："天下诸侯为了代周为王，争霸天下，均已废除世卿世禄，孔墨之徒游仕天下，布衣卿相。卫人子夏仕魏，为魏文侯师；卫人吴起仕魏，为魏文侯拓地，魏国因而成为中原最强；卫人商鞅相秦，秦国迅速崛起；宋人惠施相魏，魏国得以称王。如今齐国两败强魏，取代魏国，成为中原最强，乃因齐国招贤最为成功。齐桓公田午建立稷下学宫以来，天下才士汇聚齐国。主公想要复兴殷商之盛，不应效法秦国的严刑峻法，而应效法齐国的大力招贤，同时恢复宋桓侯的兼用儒墨。"

宋君偃听从其言，兼用儒墨，奖励忠孝。重修宋桓侯的东陵，颁布招贤令。

卫人唐鞅，齐人田不礼，闻风至宋，受到宋相戴盈冷遇，投入右师司马熹门下。

庄周三十六岁，曹夏死了。

曹商准备为父大办丧事。

曹母阻止："先是赋税加倍，店里收益大减。随后你为盗事发，又被抄没一半家产。后来你贩卖章甫冠亏本，几乎败光家底。你父亲苦撑数年，操劳过度，最终病死。现在家境困窘，你为何大办丧事？"

曹商说："师兄郑缓，当年为父服丧六年，受到宋桓侯重用，爵为官师，主持太学！如今宋君偃任命大儒戴盈为相，恢复宋桓侯旧政，兼用儒墨，奖励忠孝。"

曹母说："你为何只记得郑缓升官得宠，不记得郑缓罢黜自杀？"

曹商说："真是妇人之见！舍不得孩子，套不到狼！"

曹母说："你父在时，你不过称我之名。为何你父刚死，你又对我如此说话？"

曹商说："孔子之道，妇人在家从父，出嫁从夫，夫死从子。如今我是家主，你必须听从我！"

曹商固执己见，倾家葬父，宣布守丧六年。

庄全、庄周前去参加曹夏丧礼。

庄全怀念老友，老泪纵横。

庄周规劝曹商："儒家主张厚葬久丧，墨家主张薄葬短丧。你虽然学儒，但你父亲学墨，你为何违背父亲意愿，厚葬久丧？难道忘了孔子之言'三年无改于父之道'？"

曹商大怒："你也曾经学儒，难道忘了孔子之言'道不同不相为谋'？你我之道不同，劝你免开尊口。你我最好遵循老聃之言，'鸡犬之声相闻，老死不相往来'。看谁笑到最后！"

三七　楚威伐齐犀首相秦，庄周葬父骷髅托梦

前333年，岁在戊子。庄周三十七岁。宋康王五年。

周显王三十六年。秦惠王五年。楚威王七年。魏惠王后元二年。韩昭侯三十年（卒）。赵肃侯十七年。齐威王二十五年。燕文公二十九年（卒）。鲁景公十三年。卫孝襄侯二年。越王无疆十年。中山成公十七年。

楚威王召见昭阳："寡人伯父楚肃王在位十一年，过于软弱，听凭魏国坐大，容忍魏武侯伐楚榆关，夺楚鲁阳。父王在位三十年，又与中原休战，听凭魏惠侯称霸，齐威公称王，秦孝公伐楚，甚至容忍宋桓侯叛楚亲魏。如今天下诸侯，谁也不把楚国放在眼里。寡人即位以来，早有征伐魏、齐、秦、宋之心。如今齐威公、魏惠侯又在徐州相王，相约共伐寡人。寡人忍无可忍，决定首先伐齐！"

昭阳说："二十年前齐威公在桂陵胜魏以后称王，昭奚恤向先王进言：'春秋初年楚武王称王以后，历代楚王志在代周，决不容忍其他诸侯称王，吴称王则伐吴，越称王则伐越。如今齐威公称王，大王不可不伐！'先王不听，予以姑息，导致如今齐威公、魏惠侯又在徐州相王。大王不能再予姑息，必须征伐徐州！"

楚威王听从其言，伐齐徐州。

鲁景公早已不满齐国叛周称王，助楚伐齐。

张丑奉田婴之命，先使鲁国，通过恐吓，迫使鲁景公退兵。

随后使魏，要求魏惠王遵守去年徐州之盟，救齐击楚。

正在此时，赵肃侯、秦惠君趁着楚威王伐齐徐州，各自伐魏。

赵军攻打魏国东部的黄邑（今河南内黄），秦军攻打魏国西部的雕阴（今陕西甘泉）。

魏惠王采纳惠施之策，三次朝齐，与齐偃兵，正是为了借楚伐齐。如今楚威王果然伐齐，于是以赵、秦伐魏为由，拒绝救齐。

楚军大举征伐徐州，击败徐州守将申缚。

楚威王大喜，宣布大赦。

齐威王怒于魏惠王背盟不救，欲杀魏国质臣董庆。

董庆晋见齐威王："楚威王征伐徐州，取得大胜，却不敢深入齐境，乃因齐、魏结盟，担心魏军趁机袭楚。大王如果诛杀我，齐、魏之盟就会破裂，楚威王就会与魏惠王联合伐齐。大王独抗强楚，尚且大败，怎能抵御强楚、强魏共伐？"

齐威王觉得有理，于是不杀董庆。

秦军未能攻克雕阴。

赵军未能攻克黄邑。

赵肃侯担心魏惠王报复，在赵、魏边界修筑防魏长城。

魏惠王召见群臣："寡人采用相国之策，三次朝齐，果然把魏、齐相攻，转化为楚、齐相攻。楚威王伐齐大胜，寡人终于出了一口恶气！"

公孙衍说："楚威王伐齐大胜，并非大王伐齐大胜。大王只有与楚结盟，共同伐齐，才能报仇雪耻！"

惠施说："大王已与天下诸侯偃兵，不应卷入齐、楚争霸。"

魏惠王说："相国之策甚好，将军过于好战。"

公孙衍说："相国之策，也有失误。三次朝齐，与齐偃兵，固然达到目的，导致楚军伐齐。但是向赵示好，与秦联姻，并未达到目的，今年赵肃侯、秦惠君仍然伐魏。大王如果与楚结盟，不仅可以伐齐报仇，而且可以伐秦、伐赵，重振强魏雄风！"

魏惠王有心无力，不听其言。

公孙衍四十三岁，二十二年前已是魏将，八年前庞涓死后升为大将，渴望领兵打仗，建功立业，失望于魏惠王听信惠施而偃兵，认为商鞅死后秦国无人，于是离魏入秦。

秦惠君二十四岁，苦恼于樛斿相秦四年，无所作为，于是罢免樛斿，改命公孙衍为相。

魏人张仪四十八岁，求仕母邦失败，于是离魏至楚，投入楚相昭阳门下，因其口才无双，受到重用。

其他门客嫉恨张仪，偷窃了昭阳珍爱的一块玉璧，栽赃张仪。

昭阳大怒张仪，鞭笞数百。

张仪遍体鳞伤，逃回魏国。

妻子抱怨："你若听我之劝，安心种地，不要学儒求仕，怎会受此侮辱？"

张仪张开嘴巴："看看我的舌头，是否还在？"

妻子说："还在。"

张仪笑了："这就够了！不出几年，我必轻取卿相，一雪奇耻。"

宋君偃推行仁政，鼓励忠孝，得到宋民称颂，尝到甜头，又大力表彰节妇。

商丘南门，有个士人鲍苏，婚后游仕卫国。

鲍妻在宋，恭敬侍奉公婆。

鲍苏在卫，另娶卫女为妻。

鲍妻之母问女儿："夫婿已有新欢，你为何不回娘家？"

鲍妻说："周礼规定：天子之妻十二人，诸侯之妻九人，卿大夫之妻三人，士人之妻二人。夫婿身为士人，有妻二人，合于礼仪。妇人以专一为贞节，以顺从为美德，怎能有嫉妒之心？妇人有七条理由可以被休，没有一条理由可以离去。七去之条，嫉妒为首，其后才是淫僻、盗窃、长舌、骄侮、无子、恶病。母亲为何不教女儿三从四德，反教女儿离开丈夫？"

从此以后，鲍妻更加恭敬侍奉公婆，不断派人赴卫问候丈夫，又送了很多礼物给卫女。

宋君偃听闻此事，在商丘南门建立牌坊，表彰鲍苏之妻，封号"女宗"。

燕文公死了，在位二十九年（前361—前333）。

太子继位，即燕易公。十年后叛周称王，史称燕易王。

韩昭侯韩武死了，在位三十年（前362—前333）。

太子继位，即韩威侯。八年后叛周称王，史称韩宣王。

韩威侯罢免张开地，改命公仲朋为相。

屈宜臼去年预言韩昭侯不能走出新郑高门，至此果然应验。

屈宜臼痛心于天下失道败德，也很快死去。

庄周三十七岁，屈宜臼死于韩国。

庄全怀念老友，病重将死。

庄周请来早年曾经师事的宋国名医文挚诊治。

文挚说："身病可医，心病难治。你父之心已死，药石无法挽救。"

庄全临终遗命："当年我与屈宜臼共同离楚，相约等待大赦，返楚重聚。今年楚威王伐齐大胜，终于宣布大赦，屈宜臼却已客死韩国，我也只能客死宋国。我死以后，你要把我归葬故国。路过息县之时，可在屈宜臼墓前，替我上一炷香。"

庄全死后不久，狶韦氏也悲伤而死。

庄周护送父母灵柩归葬楚国，驾着马车，沿着夏路南行。

先到屈宜臼故乡息县，没有找到屈宜臼之墓。却在范蠡故乡宛邑郊外，看见一具骷髅，曝于野地。

庄周伸出马鞭，敲敲骷髅："先生是违背天道，贪图富贵而死？还是遭遇战乱，遭遇斧斤而死？还是行为不善，愧疚自杀？还是饥寒将近，患病而死？还是天年已尽，全生而死？"

骷髅张着大嘴，无法回答。

庄周进入宛邑，询问旅店店主："城外的骷髅，为何曝于野地？"

店主说："可能是不久前宋国儒生盗墓所致。"

三七　楚威伐齐犀首相秦，庄周葬父骷髅托梦

庄周问："你怎么知道，盗墓者是宋国儒生？"

店主说："本县捕快，前一阵抓住两个盗墓贼。二贼招认是宋国人，自称儒生，恳求县令念其同为孔子之徒，都是斯文一脉，从轻发落。"

庄周说："愿闻其详。"

店主说："两个宋国儒生，一老一少，不知从何得知，陶朱公范蠡是宛邑人，认为范蠡死后归葬故乡，墓中必有珍宝，就来宛邑大肆盗墓。盗墓之时，老儒站在地上，小儒钻入墓穴。老儒问：'东方天色已亮，事情进展如何？'小儒答：'尚未解开衣裤，嘴里有颗宝珠。'大儒说：'《诗经》有言：青青之麦，生于山麓。生前不肯布施，死后为何含珠？你掀开死者鬓发，拨开胡须，用铜椎撬开嘴巴，慢慢掰下牙齿。不能损坏口中宝珠！'两个小人儒，竟把所学《诗》、《书》知识，用于盗墓！"

庄周问："县令如何处置？"

店主说："县令不敢处罚宋国儒生，把二贼押往郢都，交由楚威王发落。恰好楚威王伐齐大胜，大赦罪人，竟然放了二贼。"

庄周住在旅店，半夜做了一梦——

骷髅说："白天你用马鞭敲我，夸夸其谈，很像辩士。你之所言，都是活人的痛苦，死后全无这些拖累。你是否愿闻死后的快乐？"

庄周说："愿闻其详。"

骷髅说："人死之后，上面没有君主，下面没有臣仆，也无四季事务，泛然与天地同样长寿。即使南面为王的快乐，也无以过之。"

庄周不信："假如我请求司命之神，恢复你的身形，重生你的骨肉肌肤，把你送回父母妻儿邻里熟人之中，你是否愿意？"

骷髅深皱眉额："我怎么愿意放弃胜过南面为王的至乐，重新承受活人的痛苦？"

鸡鸣声中，庄周惊醒。细思骷髅之言，丧亲之悲大减。

庄周继续南行，到达郢都郊外，找到庄生之墓，把父母灵柩葬于其旁。

随后进入郢都，找到同宗，认祖归宗。

庄氏族长把庄全、庄周、庄遍、庄咸之名，添入族谱。又把庄全的神主牌位，列入庄氏宗祠。

庄周进入按照左昭右穆排列的庄氏宗祠，祭拜列祖列宗。

特在庄生的神主牌位之前，焚香为礼。

五服之内的庄氏长辈、叔伯兄弟，争相宴请庄周。

庄周流连楚国，暂不返宋。

三八　齐威攻魏淳于谏止，楚威伐越庄周劝阻

前332年，岁在己丑。庄周三十八岁。宋康王六年。

周显王三十七年。秦惠王六年。楚威王八年。魏惠王后元三年。韩宣王元年。赵肃侯十八年。齐威王二十六年。燕易王元年。鲁景公十四年。卫孝襄侯三年。越王无疆十一年。中山成公十八年。

秦相公孙衍遣使至魏，要求魏惠王把阴晋（今陕西华阴）割让给秦国。

魏惠王问惠施："公孙衍不满寡人与天下偃兵，去年叛魏相秦。如今要求寡人割让阴晋，先生有何良策？"

惠施说："公孙衍的父母宗族，都在故乡阴晋。他背叛故国故主，却不背叛故乡宗亲，也算难得。大王既然与天下偃兵，不如割让阴晋给秦。公孙衍感念大王之德，就会劝阻秦惠君伐魏。"

魏惠王别无良策，只好同意。

秦惠君得到阴晋，改名宁秦。

齐威王怒斥田婴："你轻信惠施花言巧语，前年劝说寡人与魏惠王在徐州相王结盟。去年楚威王怒伐徐州，魏惠王为何违背盟约，拒绝救齐？魏惠王采用惠施之策，三朝寡人，必定意在激楚伐齐，借楚败齐。寡人先伐魏国，再伐楚国！"

田婴既不敢自辩，也不敢谏阻。

齐威王命令田忌伐魏。

齐军来伐，魏惠王大惊。

白圭上朝，攻击惠施："大鼎烹煮小鸡，气派固然很大，但是多放水就淡而

无味，少放水又焦而不熟。惠施之言正是如此，所以相魏以来多有失策。大王听信其言，与赵和解，与秦联姻，去年赵肃侯、秦惠君照样伐魏。大王听信其言，三次朝齐，与齐偃兵，今年齐威王照样伐魏。"

魏惠王强忍怒气，质问惠施："先生能否解释，齐威王为何再次伐魏？"

惠施说："大王朝齐，意在激楚伐齐。前年徐州相王，相约伐楚，已经成功激怒楚威王，所以楚威王去年伐齐徐州，大败齐军。齐威王认为大王拒绝救齐，乃是背盟，所以怒而伐魏。大王不必忧虑，我有办法让齐威王退兵。"

魏惠王怒气大减："有何办法？"

惠施说："去年楚威王伐齐徐州，大王不救，齐威王迁怒于主持徐州相王、齐魏结盟的田婴。如今想让齐威王退兵，不能寄望于田婴，只有寄望于淳于髡。"

魏惠王听从其言，遣使拜见淳于髡："齐国稷下，贤人无数。唯有先生能够劝说齐威王停止伐魏，挽救两国百姓。敬献玉璧一双，文马二乘！"

淳于髡笑纳重礼，晋见齐威王："魏惠王朝齐，与大王结盟；楚威王伐齐，与大王为敌。如今大王伐魏，不仅背盟失信，导致将来无人愿意朝齐，恐怕还会招来楚威王再次伐齐！"

齐威王说："魏惠王与寡人相约伐楚，去年却拒绝救齐击楚，岂非背盟失信在先？"

淳于髡说："去年楚威王伐齐，大王固然可以抱怨魏惠王不救齐。但是去年赵肃侯、秦惠君伐魏，魏惠王是否可以抱怨大王不救魏？"

齐威王："先生言之有理，寡人不再伐魏。"

正在此时，有人禀报齐威王："淳于髡劝阻大王伐魏，乃是接受了魏国重赂。"

齐威王问淳于髡："有无此事？"

淳于髡说："有。"

齐威王不悦："先生如何辩解？"

淳于髡说："魏惠王杀我赏我，都不影响大王伐魏之不利。魏惠王送我礼物，也不影响大王退兵之有利。大王停止伐魏，既能避免背盟失信，又能免除两国兵祸，还能让我顺便得利，何乐不为？"

三八 齐威攻魏淳于谏止，楚威伐越庄周劝阻

齐威王大笑，命令田忌停止伐魏，转而联魏伐赵，围攻邯郸。

惠施成功阻止齐威王伐魏，重获魏惠王信任。

赵肃侯面对强敌，不计后果，掘开漳水堤岸，水淹齐、魏联军。

齐、魏联军被迫退兵。

楚威王去年伐齐大胜，雄心大起，于是今年伐越。

庄周三十八岁，去年受到庄氏同宗热情挽留，留在楚国，直至今年。得知楚军伐越，于是晋见楚威王。

楚威王大悦："令尊遭遇吴起之乱，不幸流亡宋国。寡人去年胜齐大赦，先生立刻返楚，寡人深感欣慰。楚惠王曾拜令祖庄生为国师，先生家学深厚，必能有以教我！"

庄周问："两代先王，已与诸侯休战数十年。大王为何重启战端，去年伐齐，今年伐越？"

楚威王说："春秋以降，周室暗弱，天命在楚。吴称王则伐吴，越称王则伐越。越灭吴后，历代楚王久有灭越之志。寡人即位以后，一直准备伐越。两代先王与诸侯休战，并未遏制诸侯与楚争霸天下。前年齐、魏相王，相约伐楚，所以寡人去年伐齐大胜，今年乘胜伐越。"

庄周说："《老子》有言：'唯兵者，非君子之器也，不祥之器也。不得已而用之，恬淡为上，勿美也。若美之，是乐杀人也。夫乐杀人，不可以得志于天下矣。'大王如此好战乐杀，怎能得志于天下？《老子》又说：'不以兵强天下，其事好还。兵强则不胜。'魏惠王好战乐杀，起初尽管常胜，最终被齐击败。大王尽管去年伐齐大胜，怎能确保今年伐越必胜？"

楚威王说："越人四世弑王，这是政乱；数世未曾胜楚，这是兵弱。如此政乱兵弱，寡人当然必胜！"

庄周说："人类之知，如同眼睛，可以远望百步，不能自见眼睫。庄蹻作乱楚境，大王不能禁止，这是政乱；魏、秦数世伐楚，楚国数世失地，这是兵弱。

楚国政乱兵弱,不在越国之下,大王却认为伐越必胜,岂非可以远望百步,不能自见眼睫?"

楚威王说:"先生不愧为庄生后人,寡人不再伐越!但愿先生不再返宋,辅佐寡人治国。"

庄周说:"大王从善如流,实为楚民之福。不过我葬父祭祖已毕,妻儿仍在宋国,正要返宋。"

庄周离开楚国郢都,返回宋国蒙邑。

庖丁前来探望:"你送亲归葬,认祖归宗,为何不留在楚国,却再次返宋?"

庄周说:"我留楚一年,与庄氏同宗相处,已经身心俱疲。一入庄氏宗祠,看见无数神主,左昭右穆,密密麻麻,我就头晕目眩。除了庄生神主十分亲切,列祖列宗都很陌生。五服之内的无数长辈晚辈,大量叔伯兄弟,见面之时泪汪汪,转身以后如路人。他们大多囿于儒墨,盲从俗见,热衷富贵,不明天道。我与他们相处,苦于应酬,勉强敷衍,实在话不投机,难以沟通。我终于明白了,人们生活在宗法之中,只能适人之适,难以自适其适。我又同时明白了,姬姓诸侯为何仅过数代,就会互相变成敌国,最终又与周天子为敌,争相代周为王。所以决意返宋。"

庖丁深有同感:"是啊!血缘相近,不如心灵相通。交友可以选择,同宗不能选择。除此之外,有无其他见闻?"

庄周又说:"我在楚国宛邑,寻访范蠡之墓,没能找到。结果意外听说,有一老一少两个宋国儒生盗墓。"

庖丁失笑:"你大概不会想到,两个宋国儒生是谁。老儒乃是裘氏,小儒则是曹商。"

庄周大惊:"曹商不是正在为父服丧六年吗?"

庖丁说:"曹商号称为父服丧,在坟墓旁边搭建茅屋,穿麻衣,睡泥地,食长素,戒女色,公开扮演孝子。但在茅屋下面挖了地下室,锦衣玉食,食荤行房。服丧三年,生了两个儿子,仍未得到宋君偃表彰,终于失去耐心,不再扮演孝子。裘氏也对宋君偃大为失望,于是带着曹商游楚求仕。楚威王师事子华子,不喜孔子之徒，裘氏、曹商用尽盘缠，于是在楚国盗墓，结果被捕。楚威王把二人交还宋国，希望宋君偃恢复亲楚。宋君偃大怒，儒者主张厚葬久丧，二人竟然盗墓，而且盗掘楚墓被抓，大损宋人名誉，只是碍于正在崇儒，此事不便张扬，于是悄悄释放了二人。此事知者甚少，我在宫中，才有所闻。"

庄周感叹："宋人愚蠢，楚人聪明。我在郢都街头，看见有个楚人贩卖长矛和盾牌。那人先举起矛说：'我的长矛，无坚不摧！'边说边挥舞长矛，刺破众物。围观众人轰然叫好。那人又举起盾说：'我的盾牌，无锐不挡！'边说边挥舞盾牌，迎挡众物。围观众人又轰然叫好。我忍不住问：'用你的长矛，刺你的盾牌，将会如何？'那人回答不出，众人一哄而散。"

庖丁大笑："宋人固然愚蠢，楚人固然聪明，然而天下人大多上首下知，毫无智慧。"

三九　君偃市恩司马刖足，楚威聘贤庄周辞相

前331年，岁在庚寅。庄周三十九岁。宋康王七年。

周显王三十八年。秦惠王七年。楚威王九年。魏惠王后元四年。韩宣王二年。赵肃侯十九年。齐威王二十七年。燕易王二年。鲁景公十五年。卫孝襄侯四年。越王无疆十二年。中山成公十九年。

西匈奴的义渠部落发生内乱。
秦惠君命令庶长操征伐义渠，报了四年前义渠袭秦之仇。
义渠王被迫向秦惠君称臣。

秦惠君又命公孙衍伐魏，再次攻打魏国西部的雕阴（今陕西甘泉）。
魏国西部守将龙贾，领兵五万，迎战公孙衍。

中原继续大旱，宋国饥荒严重。
宋君偃听从戴盈之言，开仓放粮，赈济饥民。
蒙邑县令按照宋桓侯旧例，发放给支离疏三钟粟和十捆柴。
宋君偃自诩仁君，微服私访，发现宋民无人感恩，于是召问群臣："寡人兼用儒墨，推行仁政，放粮赈饥，救济贫残，已有数年，为何宋民仍不爱戴寡人？"
戴盈说："主公尽管推行仁政数年，却未取消剔成君的重税。赈济只能惠及少数宋民，减税才能惠及所有宋民。"
惠盎附议："主公如果恢复宋桓侯的轻税，必能赢得宋民爱戴。"
宋君偃于是废除戴剔成的什二税，恢复宋桓侯的什一税。
司马熹反对："当今诸侯，无不变法争雄，富国强兵。主公听信儒墨迂阔之

言，降低赋税，必将导致民富而国贫。即使宋民爱戴主公，诸侯一旦伐宋，仍将亡国。"

宋君偃大怒，刖了司马熹一足，罢其右师之职，改命惠盎为右师。

卫人司马熹宁为鸡首，不为牛后，不仕列强，求仕弱宋。先唆使戴剔成弑君篡位，后唆使戴偃逐兄自立，乱宋多年，被刖一足。如今成为刑余之人，更难求仕列强，于是离开宋国，转往中山求仕。

卫人唐鞅，齐人田不礼，原先投靠司马熹，如今失去靠山，只好等待机会。

楚威王召见昭阳："当年楚惠王师从庄生，雄霸中原。庄周乃是庄生之后，其父遭遇吴起之乱，客居宋国。去年庄周送父归葬，寡人有幸得见，实为天下大贤，寡人打算重用。"

昭阳反对："如今天下诸侯无不弃文尚武，废礼崇法，大王怎能重用书生？"

楚威王说："寡人师从子华子，学习《尚书》多年。子华子以史为鉴，教导寡人，武力只能打天下，不能治天下。寡人曾问子华子：'为何古代多有不求富贵、心忧社稷的贤人，当今天下再也没有？'子华子说：'贤人古今都有。大王只要真心寻找，必能找到。'庄周正是今之大贤，寡人打算拜为国师。"

昭阳说："假如庄周是不求富贵的贤人，就不会接受礼聘；假如庄周接受礼聘，就不是不求富贵的贤人。"

楚威王不悦，把昭阳降为上柱国。派遣两位大夫，携带千金赴宋，礼聘庄周为相。

庄周三十九岁，迁居蒙邑东门。

两位楚大夫乘着马车，到达蒙邑，没在南门找到庄周。

邻居说："剔成君实行重税以后，荆园只能勉强维持，早已入不敷出。庄周去年自楚返宋，卖掉了城外的荆园和南门的大宅，迁居东门的小屋，就在蔺氏陶匠铺旁边的窄巷巷底。"

两位楚大夫又往东门，找到堆满陶器的蔺氏陶匠铺。

马车无法进入窄巷，只好下车步行。

两位楚大夫走到巷底，站在门外，躬身行礼："庄周先生是否在家？"

钟离氏开门问："找他何事？"

两位楚大夫说："奉楚威王之命，求见庄周先生！"

钟离氏说："他去东门集市卖草鞋了。明日请早！"

两位楚大夫回到南门，住在日渐破败的曹氏旅店。

第二天一早，两位楚大夫再次来访，庄周仍然不在。

钟离氏说："他大清早出门，在东门外面的濮水岸边钓鱼。"

蔺陶匠的儿子蔺且，已经十岁，听见马车声，过来看热闹，自愿为两位楚大夫带路。

两位楚大夫跟随蔺且，步出东门，走到濮水岸边，远远看见一位渔父的背影。

楚大夫走下泥泞的河滩，趋步上前，站在下风，躬身行礼："奉楚威王之命，敬奉千金，欲以国事劳累夫子！"

庄周坐在岸边，手持钓竿，头也不回："你们见过用于祭祀的牺牛吗？穿上锦绣外衣，饲以草料豆角，养在牢笼之中。等到牵入太庙献祭之时，牺牛宁愿从未享用锦绣外衣和草料豆角，仍旧成为孤苦的牛犊，是否还能如愿？"

两位楚大夫面面相觑，不明其意。

庄周放下钓竿，转身站起："听说楚国有只神龟，已经死了三千年，楚王用丝巾包裹，竹箱装盛，供在庙堂之上。这只神龟是宁愿死去，留下龟甲供奉在尊贵的庙堂呢，还是宁愿活着，摇摆尾巴爬行于泥泞的河滩呢？"

两位楚大夫说："宁愿活着，摇摆尾巴爬行于泥泞的河滩。"

庄周笑了："二位请回！我宁愿活着，摇摆尾巴爬行于泥泞的河滩。"

两位楚大夫归楚复命。

楚威王感叹："正如子华子所言，古今都有不求富贵的贤人！但是今人仅知古之贤人，不知今之贤人。后人却会称道今人不知的贤人，不会称道今人臣服的寡人，更不会称道今人羡慕的你们！"

两位大夫惭愧垂首，不敢答话。

楚威王仍让昭阳担任上柱国，不予复相，以免昭阳像昭奚恤一样狐假虎威。

蔺陶匠带着蔺且，郑重拜见庄周："久闻先生是南伯子綦的高足，一直不敢打扰。今有一疑，特来请教：先生家境贫困，为何拒绝楚威王千金聘相？"

庄周说："我讲个故事，你们就会明白。"——

周景王听信宾孟之言，打算废黜太子姬猛，改立幼子姬朝。

太子太师下门子，太子太傅单穆公，共同反对改立太子。

周景王诛杀下门子，犹豫是否诛杀单穆公，暂缓废立太子。

宾孟苦思良策，到洛阳城外散心，看见一只雄鸡，啄去自己的漂亮尾羽，十分惊奇。

宾孟的侍从说："年关将近，家家都要祭神。这只雄鸡不愿充当牺牲，所以啄去尾羽，因为祭品必须完美无缺。"

宾孟急忙入宫，向周景王进言："禽兽无知，这只雄鸡不明大义，所以不愿为了主人而充当牺牲。人类有知，臣子无不深明大义，全都愿意为了天子而充当牺牲。"

周景王心领神会，命令公卿跟随自己，前往巩县打猎，准备趁机射杀单穆公。

尚未成行，周景王暴病而亡。

蔺陶匠问："先生拒楚聘相，是否与雄鸡去羽用意相同？"

庄周微笑不语。

蔺且说："不仅如此，宾孟之言实在不通。"

庄周问："哪里不通？"

蔺且说："既然臣子无不深明大义，自愿为了天子而充当牺牲，周景王何必把单穆公骗去打猎？可见并非人人愿意为了天子而充当牺牲。如果人类与禽兽的区别，乃是人类自愿充当牺牲，禽兽不愿充当牺牲，人类岂非比禽兽低贱？"

庄周大为惊讶："你小小年纪，竟然如此颖悟。那你是否明白，老聃辞官传道，也与周景王废立太子有关？"

蔺且说："敬请先生赐教！"

庄周说："老聃担任东周史官，正是周景王之时。周景王被宾孟唆使，打算改立幼子姬朝为太子，欲杀单穆公未果而暴死。太子姬猛继位，即周敬王。宾孟仍不死心，又唆使姬朝争位，叛乱长达五年。老聃不愿卷入东周乱政而沦为牺牲，于是辞官归陈。老聃死后百余年，乱政愈演愈烈，道术日益式微。《邶风·式微》有言：'式微式微，胡不归？微君之故，胡为乎中露？式微式微，胡不归？微君之躬，胡为乎泥中？'《邶风·匏有苦叶》亦言：'深则厉，浅则揭。'老聃之徒认为，身处道术式微之世，如果贪图爵禄富贵，必将助桀为虐，残害百姓，同时近刑近名，难以全生。"

蔺陶匠、蔺且受教而退。

第四部
循德达道（前330—前322）

四十　张仪入秦犀首返魏，庄子斥秦蔺且拜师

前330年，岁在辛卯。庄周四十岁。宋康王八年。

周显王三十九年。秦惠王八年。楚威王十年。魏惠王后元五年。韩宣王三年。赵肃侯二十年。齐威王二十八年。燕易王三年。鲁景公十六年。卫孝襄侯五年。越王无疆十三年。中山成公二十年。

秦相公孙衍去年伐魏，围攻雕阴（今陕西甘泉），延至今年，仍未攻破。
秦惠君派遣二十二岁的庶弟樗里疾，增援四十六岁的公孙衍。
公孙衍、樗里疾合兵，终于击败龙贾的五万魏军，攻破雕阴，斩首八万。四万五千是魏国武卒之首，三万五千是魏国平民之首。
秦军乘胜进兵，又围焦邑（今河南三门峡西）、曲沃（今山西闻喜）。
魏惠王向韩威侯求救，遭到拒绝，被迫把河西七百里地，全部割让给秦国。

三年前赵、秦伐魏，去年、今年秦伐魏，韩昭侯、韩威侯全都拒绝救魏。
魏惠王大怒，命令公子魏景贾伐韩，攻打中阳（今山西吕梁）。
韩相公仲朋领兵驰救，击败魏军。
魏景贾被迫撤围中阳，退到圃田泽（今河南中牟）北面。

强魏败于弱韩，魏惠王大为震惊。
匡章上朝，趁机攻击惠施："农夫为何杀死蝗虫？因为危害庄稼。大王败于强齐以后，任命惠施为相，成功与齐偃兵，但是齐、魏徐州相王，激怒天下诸侯，导致楚威王伐齐，赵肃侯、秦惠君伐魏。如今大王虽与强齐和解，但是不仅败于暴秦，甚至败于弱韩。惠施实为危害魏国的蝗虫！"

魏惠王强忍怒气，又问惠施："先生劝说寡人偃兵，起初颇有成效，如今大受挫折。匡章认为先生是危害魏国的蝗虫，先生如何辩解？"

惠施说："比如筑城，既要有人夯土，也要有人运土，更要有人管理；比如治丝，既要有人采桑，也要有人养蚕，更要有人管理；比如治木，既要有人伐木，也要有人加工，更要有人管理；比如治农，既要有人种地，也要有人收割，更要有人管理。我是魏国的管理者，匡章怎能把我比为蝗虫？"

匡章又说："惠施每次自我辩解，都要大打比方，蛊惑大王。如果不打比方，惠施简直不能言语。"

魏惠王又问惠施："先生能否不打比方，直言其事？"

惠施反问："假如有人问我弹弓的形状，我说弹弓的形状如同弹弓，能否让人明白？"

魏惠王说："不能明白。"

惠施又问："我说弹弓的形状如同弓箭，能否让人明白？"

魏惠王说："能够明白。"

惠施说："只有用他人明白之事打比方，他人才能明白原先不明白之事。"

魏惠王心悦诚服："很对！"

匡章见魏惠王又被惠施的比方所蛊惑，失望至极，离魏返齐，师从老聃之徒陈仲子。

魏惠王长期重用惠施，群臣、客卿纷纷离魏，求仕异邦。三年前魏人公孙衍离魏入秦，今年齐人匡章离魏返齐。

魏人张仪三年前求仕于楚相昭阳失败，今年五十一岁，认为商鞅死后秦国无人，于是离魏入秦，途经东周国。

周显王寄居东周国，蛰居洛阳王宫，已有三十七年。苏秦今年二十一岁，在洛阳乡下种地。

东周国相杜赫，向昭文君进言："张仪乃是天下才士，如今离魏游秦，主公若能礼遇，必有厚报。"

昭文君召见张仪，赠以百金："寡人国小，不敢委屈先生。先生游仕秦国，假如秦惠君不能礼遇，敬请先生再至敝国，寡人一定以国相托。"

张仪尚在落魄之中，大受感动，从此终身感激昭文君。后来相秦十九年，从不征伐东周国。

张仪到达咸阳，晋见秦惠君："商鞅变法以来，秦国虽已跻身列强，但还难以与天下为敌。主公收复河西失地容易，继续东进拓地困难。直接进攻中原，必将杀敌一万，自损三千。主公只有挑动中原列强互相进攻，互相削弱，才能坐收渔人之利。"

公孙衍说："主公已经收复河西七百里失地，只有继续征伐魏、韩，才能尽快代周为王。"

秦惠君明白，秦国尽管国力大增，但是无法支撑消耗久战，认为张仪之策更为有利，于是罢免公孙衍。

公孙衍被张仪片言罢相，离秦返魏，从此与张仪终身为敌。

魏惠王认为，公孙衍能为秦拓地，也能为魏拓地，于是不计前嫌，仍命公孙衍为将。

齐威王又命田忌伐赵，围攻平邑（今山东平邑），未能攻克。

宋君偃召见群臣："寡人行仁数年，表彰忠臣、孝子、节妇，赈济贫残，减轻赋税，为何宋民仍不爱戴寡人？"

戴盈说："主公推行仁政，已经大见成效，所以近年诸侯乱战愈演愈烈，但都不敢侵扰宋国。只要持之以恒，宋民必将爱戴主公。"

宋君偃大悦："寡人治国辛苦，多年不得休息，不知近来有何好玩技艺？"

戴不胜说："匠石运斤，如今与庖丁解牛齐名，成为天下闻名的宋国两大绝技。"

宋君偃问："寡人见过庖丁解牛，但没见过匠石运斤，不知有何妙处？"

戴不胜说："二年前，楚威王伐齐徐州大胜，礼聘匠石至楚，建造神坛记功。有个郢人粉刷墙壁，不慎溅污鼻端，小如苍蝇翅膀，请匠石用斧子削掉。匠石抡起斧子,呼呼生风,听从郢人要求,削尽白垩,不伤鼻子。郢人纹丝不动,面不改色。"

宋君偃召见匠石:"试为寡人表演一下运斤成风的绝技。"

匠石说:"我可以用斧子削尽鼻端的白垩,但是那个纹丝不动、面不改色的郢人,已经死了,所以我无法为主公表演!"

宋君偃大为失望。

庄子四十岁,住在蒙邑东门陋巷,天天钓鱼自食,编织草鞋出售。钟离氏养蚕织布,贴补家用。

庄子钓鱼之技高超,每天钓满一桶鱼,自食有余,晒成鱼干,卖给干鱼店。

庄子对钟离氏说:"众人适人之适,不过年年有余。我们自适其适,照样天天有鱼。"

一日,庄子出门钓鱼,路过陶匠铺,看见蔺陶匠父子脚踩旋转的陶均,正在制作人首。

庄子问:"你们一向制作坛罐,为何改为制作人首?"

蔺陶匠说:"秦献公以来,尤其是商鞅变法以来,秦国一再伐魏,魏国军民被大量斩首。魏人下葬无首之尸,都要装上人造之首。贵人以玉代首,富人以金代首,穷人以陶代首。因为人死为鬼,必须全尸,方可庇佑子孙。无首之尸,沦为孤魂野鬼,无法庇佑子孙。魏国每次被秦伐败,都向定陶商家订购大量陶首,定陶商家就要我们烧制。今年龙贾的五万魏军,又被秦军斩首四万五千,我们又要忙上一阵。"

庄子说:"民众一怕早夭而死,二怕死无全尸。死而全尸,谓之好死。死无全尸,谓之不得好死。五马分尸的车裂,因而成为最重之刑。"

蔺且问:"中原之军无不杀敌割耳,秦军为何杀敌斩首?"

庄子说:"秦人原是西戎,自古都是杀敌斩首。春秋时期,秦穆公以百里奚为相,慕效中原文明,放弃杀敌斩首,改为杀敌割耳。魏文侯变法以后,吴起攻取秦国河西七百里地。秦国被迫退守函谷关,数世不能胜魏。秦献公末年,为了收复河西，恢复杀敌斩首，与魏交战有胜有败，但是依旧不能收复河西。秦孝公启用商鞅，实行变法，变成斩首计功，与魏交战变成有胜无败。如今秦惠君终于收复河西。"

蔺且问："为何秦献公杀敌斩首不能收复河西，商鞅斩首计功就能收复河西？"

庄子说："戎狄是游牧民族，春夏之时，水草丰美，羊肥马壮，秋冬之时，水枯草尽，人畜乏食，于是南侵中原，谓之打秋草。戎狄打秋草，不为得地，只为劫掠粮食财宝，杀敌斩首意在吓退中原守军，但是从不滥杀平民，因为杀光中原百姓，明年即无可掠之物。秦献公恢复杀敌斩首，志在得地，但与戎狄一样不杀平民，所以斩首之威有限，不能收复河西。商鞅变法，实行斩首计功，斩敌一首，晋爵一级，称为首级。秦军步卒为了立功晋爵，不仅奋勇杀敌，而且杀光战俘，滥杀平民，斩首之威达于极致。魏军畏惧斩首而未战先怯，临阵而逃；魏民畏惧斩首而不敢助战，弃地而逃。秦军从此胜必得地，迅速收复河西。今年龙贾的五万魏军，四万五千被斩首，五千逃走。秦国宣布斩首八万，其中三万五千实为魏民。魏国宣布被斩首四万五千，则是仅计魏军，不计魏民。"

蔺且问："商鞅之法极其严苛，秦军多斩民首冒充军功，为何不怕治罪？"

庄子说："商鞅实行斩首计功，意在激励每个秦军步卒，为了一己加官晋爵而多斩敌首、民首，实为鼓励秦军滥杀战俘平民，威慑中原军民放弃抵抗。秦人不会满足于收复河西，必将进取河东。秦祸不会限于魏国，必将席卷天下。"

蔺且问："中原诸侯为了战胜秦军，会不会效法斩首计功？"

庄子说："大概不会。斩首计功和割耳计功，乃是夷夏之辨的重要标志。"

蔺且问："那么野蛮的秦国，岂非必将战胜文明的中原？"

庄子说："恐怕正是如此。"

言毕步出东门，前往蒙泽钓鱼。

次日，蔺且来见庄子："我今年十一岁，跟随父亲学习制陶之技，已有三年。还想追随先生，学习老聃之道！"

庄子微笑嘉许："学技只能谋生，学道才能全生。"

蔺且问:"谋生、全生有何不同?"

庄子说:"学技小成,只能维持肉体生存,难免成为行尸走肉。学道大成,可以确保精神健全,避免成为行尸走肉。"

蔺且问:"小成、大成有何不同?"

庄子说:"匠石学技三年,目无全木,止于绝技,未进于道。庖丁学技三年,目无全牛,技进于道,以道御技,游刃有余。朱泙漫向支离益学习屠龙之技,耗尽千金家财,三年技有小成,然而不用其巧。有用之技仅有小用,所以谓之小成;无用之道则有大用,所以谓之大成。"

蔺且说:"弟子谨记!"

四一　秦攻河东魏伐楚丧，孟轲游齐戴盈访庄

前329年，岁在壬辰。庄周四十一岁。宋康王九年。

周显王四十年。秦惠王九年。楚威王十一年（卒）。魏惠王后元六年。韩宣王四年。赵肃侯二十一年。齐威王二十九年。燕易王四年。鲁景公十七年。卫孝襄侯六年。越王无疆十四年。中山成公二十一年。

秦惠君去年收复河西七百里地，今年又命樗里疾东渡黄河，进攻河东魏地。

樗里疾凭借斩首之威，一举攻取了河东三邑：汾阴（今山西万荣西南），皮氏（今山西河津东），焦邑（今河南三门峡西）。

魏惠王采纳惠施之策，再次向秦求和。

正在此时，楚威王熊商死了，在位十一年（前339—前329）。

三十岁的太子熊槐继位，即楚怀王。

昭阳降任上柱国三年，至此复任楚相，仍然兼任上柱国。

公孙衍献策魏惠王："楚威王死了，正是伐楚良机！大王既然失地于秦，不如取地于楚。"

惠施谏阻："伐丧不义！大王既与天下诸侯偃兵，不应趁丧伐楚。何况齐、魏徐州相王，楚威王仅仅伐齐，没有伐魏。"

将相意见不一，魏惠王举棋不定。

秦惠君二十八岁，正夫人魏氏（魏惠王女）生下嫡长子嬴荡（秦武王），立为太子。

张仪献策:"主公的太子,乃是魏惠王的外孙,不如以此为由,暂时与魏罢兵,驱使魏惠王伐楚。魏惠王若是胜楚得地,必将感激主公,不再争夺河西七百里地。魏惠王若是伐楚失败,也无力争夺河西七百里地。"

秦惠君听从张仪之言,亲往魏地应邑(今山西应县)会见魏惠王,许诺派出驻守皮氏的步卒万人,兵车百乘,助魏伐楚。

魏惠王大悦,许诺胜楚之后,再割上洛(今地不详)给秦国。

公孙衍率领魏、秦联军伐楚。

楚怀王正在为父服丧,猝不及防。

楚军在陉山(今河南漯河东)仓促迎战,被魏、秦联军击败。

秦惠君要求魏惠王兑现承诺,割让上洛。

魏惠王听从公孙衍,拒绝兑现承诺。

秦惠君大怒。

管浅献策:"主公可以派人劝说楚怀王:'魏惠王向寡人借兵伐楚,承诺割地给秦,胜楚以后食言。大王何不会见寡人,楚、秦结盟?魏惠王畏惧秦、楚结盟,必将割地给秦,寡人一定报答大王。魏惠王如果仍然拒绝割地给秦,楚、秦共同伐魏,魏国必败。'"

秦惠君听从其言,命其使楚。

楚怀王于是宣布,即将会见秦惠君,准备结盟伐魏。

魏惠王闻讯,被迫割让上洛给秦。

秦惠君感激楚怀王,请求与楚联姻。

楚怀王大悦,选取宗室美女芈八子,嫁给秦惠君。

秦惠君宠爱芈八子,很快生下一女。

齐威王四年前被楚威王伐败于徐州,誓报楚仇,扩建稷下学宫,加大招贤力度。

稷下祭酒淳于髡,以及众多稷下学士,如齐人彭蒙、尹文、田骈、邹衍,赵人慎到,宋人告子、宋钘、兒说,周人苏代等等,均被聘为列大夫,不治而议论。

齐人匡章，一向反对齐威王称王，曾经离齐仕魏，去年离魏返齐，师从老聃之徒陈仲子，拒绝出仕。如今也被齐威王供养于稷下。

邹人孟轲，今年四十四岁，闻齐招贤，摸着门柱，南望齐国，面有忧色，独自叹息。

孟母问："你有何心事？"

孟轲说："我师儒学道，得闻教诲：'君子尽管不求荣誉，不谋爵禄，但是只有处于合乎身份的官位，才能推行孔子之道。诸侯如果不行孔子之道，君子就不求官位。诸侯如果不用孔子之徒，君子就不履其朝。'如今齐威王不用孔子之徒，不行孔子之道，我想往齐进谏，但是母亲年老，必须孝养。孔子有言：'父母在，不远游。'所以孔子等到父母俱亡以后，才周游列国，求仕诸侯。"

孟母说："孔子两岁丧父，十七岁丧母，其言乃是自况。你何必如此迂腐，被孔子之言拘束？《礼经》有言：'在家从父，父死从夫，夫死从子。'妇人没有擅自作主之义，而有三从四德之道。我应该行我的妇人之义，你应该行你的君子之道。"

孟轲于是辞别母亲、妻儿，游学齐国稷下，结交淳于髡，交友匡章，成为稷下学士。

不久，又与墨者告子辩论"人性善恶"，一举成名，轰传天下。万章、陈臻请为弟子。

庄子四十一岁，居于蒙邑东门。

钟离氏问："卖掉荆园，搬来东门，家境大不如前。庄遍已经二十岁，庄咸也已十一岁，他们将来如何安身立命？"

庄子说："学儒学墨，都要出仕，出仕就要适人之适，役人之役。我不愿出仕，也不愿儿子出仕。只要学会一技，足以安身立命。自古以来，都是易子而教。既然蔺且向我学道，不如让庄遍向蔺陶匠学陶。"

钟离氏赞成："陶器乃是民生日用之物，学陶很好。"

庄遍从此师从蔺陶匠，学习制陶之技。

蔺且十二岁，师从庄子学道。

蔺且问："稷下墨者告子，主张'人性无善无恶'。稷下儒者孟轲，主张'人性本善'。夫子以为谁更有理？"

庄子说："儒墨囿于人道，未达天道，各执一端，是其所非，非其所是。儒墨之言，是非无定，均为囿于门户的假是非，而非超越门户的真是非。"

蔺且说："告子、孟轲之言，难道一样错误？"

庄子说："告子主张'人性无善无恶'，认为'性犹湍水，决诸东方则东流，决诸西方则西流'，至少比拟恰当，不失经纬本末。孟轲主张'人性本善'，认为'水无有不下，性无有不善'，比拟不当，自失经纬本末。因为从善如登，上登甚难；从恶如崩，下崩甚易。孟轲既然认为'水无有不下'，就不能主张'性无有不善'，只能主张'性无有不恶'。所以相对而言，告子之言胜于孟轲之言。不过人性不宜用善恶来界定，必须用真伪来界定。人为设立何者为善，何者为恶，然后赏善罚恶，必将扭曲真实人性。人们为了受赏而争相为善，必非真善。人们为了逃刑而不敢为恶，必非真不恶。所以《老子》有言：'天下皆知美之为美，斯恶已；皆知善之为善，斯不善已。'如果擢拔天然真德，标榜人为伪德，民众为了谋求富贵，必将日趋诈伪，骗取名誉，最终失去操守，无恶不作。"

宋相戴盈又到蒙邑，请教庄子："我相宋六年，辅佐主公推行仁政，表彰仁义，奖励忠孝，意在淳厚民风。为何事与愿违，如今宋国反而民风浇薄，日趋诈伪？"

庄子说："当年宋桓侯兼用儒墨，表彰仁义忠孝。蒙邑儒生郑缓，为父服丧六年，受到重用，爵为官师，主持太学，河润九里，泽及三族，获赐戴骥相府，移居商丘崇门。宋民为了谋取富贵爵禄，于是竞相伪装孝子，仅仅商丘崇门一带，每年就有十多人哀毁过度而死。后来戴剔成重墨黜儒，郑缓自杀，伪善之风稍减。如今宋君偃听从相国之言，重新兼用儒墨，表彰仁义忠孝，所以伪善之风重新大炽。"

戴盈问:"为何表彰仁义忠孝,都会导致伪善?"

庄子说:"如果不受表彰,仁义忠孝原本乃是无关富贵爵禄的内心真德。一旦受到表彰,仁义忠孝必将沦为猎取富贵爵禄的外示伪德。因为真正的仁义忠孝者,羞于凭借仁义忠孝,谋取富贵爵禄,于是竭力掩饰自己的仁义忠孝,最终不为人知。而伪装的仁义忠孝者,为了凭借仁义忠孝,谋取富贵爵禄,于是竭力张扬自己的仁义忠孝,最终广为人知。最为不幸的是,民众无不明白:广为人知的仁义忠孝者,必是最为伪善的仁义忠孝者;最为伪善的仁义忠孝者,才能成功猎取富贵爵禄。于是民众为了谋取富贵爵禄,竞相伪装仁义忠孝。淳厚民风,因此破坏殆尽。仁义忠孝,从此荡然无存。"

戴盈说:"真没想到,表彰仁义忠孝,反而丧失仁义忠孝!请问夫子,什么是仁?"

庄子说:"虎狼之德,就是仁。"

戴盈诧异:"虎狼极其凶残,为何夫子竟说虎狼之德是仁?"

庄子说:"相国是孔子之徒,必然明白孔子之道'亲亲之仁'。'亲亲之仁'仅对同宗亲人仁慈,但对民众百姓并不仁慈。虎狼也对小虎小狼仁慈,但对牛羊百兽并不仁慈。孔子之道,实为虎狼之道!仅有'亲亲之仁',怎能自诩至仁?"

戴盈大惊:"何为至仁?"

庄子说:"至仁无亲。不分亲疏,一视同仁。"

戴盈说:"孔子有言:'无亲就不爱,不爱就不孝。'夫子却说至仁无亲。那么至仁是否必须不孝?"

庄子说:"孝亲并非过错,仅是距离至仁尚远。"

戴盈问:"孝亲距离至仁,究竟多远?"

庄子说:"一如南方的郢都和北方的冥山那么遥远!用尊敬双亲来孝事双亲,较为容易;用爱戴双亲来孝事双亲,较为困难。用爱戴双亲来孝事双亲,又较为容易;用忘记亲疏来孝事双亲,又较为困难。自己忘记亲疏而孝事双亲,又较为容易;双亲接受我忘记亲疏,又较为困难。双亲接受我忘记亲疏,又较为容易;我忘记亲疏而平等对待天下人,又较为困难。我忘记亲疏而平等对待天下人,又较为容易；天下人无不忘记亲疏而平等对待天下人，最为困难。天下人无不忘记亲疏而平等对待天下人，才是至仁。"

戴盈问："孝亲距离至仁，竟有如此之远！那么如何治国，才能抵达至仁？"

庄子说："想要抵达至仁，必须抛弃尧舜、文武、周公、孔子的'亲亲之仁'，顺道无为而治，决不悖道妄为。天道至仁，遍及万物，施及万世，然而无人知晓。如果达于至仁之境，怎会自矜自夸仁义忠孝？孝悌仁义，忠信贞廉，只能用于自勉，不可用于治人，只能自然而然发自内心真德，不能拔高表彰逼成外示伪德。所以至贵之人摒弃邦国爵禄，至富之人摒弃官职财富，至显之人摒弃世俗名誉，至仁之道不因亲疏远近而有所改变。"

戴盈受教，返回商丘，上朝进言："主公多次问我，为何推行仁政多年，大力表彰仁义忠孝，宋民仍不爱戴主公。我一直不明白原因，现在终于明白了。"

宋君偃问："是何原因？"

戴盈说："由于真正的仁义忠孝者不谋求表彰而不为人知，伪装的仁义忠孝者谋求表彰而广为人知，因此主公表彰的都是伪装的仁义忠孝者。主公大力表彰仁义忠孝，最终导致举国伪装仁义忠孝，于是倾尽举国财力，也不足以表彰万一。结果仅有极少数伪装仁义忠孝者侥幸得到表彰，于是爱戴主公。大多数伪装仁义忠孝者没能得到表彰，反而怨恨主公。"

宋君偃问："那么寡人应该如何作为，才能赢得民众爱戴？"

戴盈说："主公应该罚恶而不赏善。主公罚恶，民众就不敢为恶。主公不赏善，民众就不会伪善。民风就会淳朴，宋国就会大治。"

唐鞅说："主公推行仁政，乃是为了复兴殷商之盛，代周为王。三代以降，天下没有不行仁政而能称王者。"

宋君偃认为唐鞅知其心志，不听戴盈谏阻，继续推行仁政，准备称王。

四二　张仪相秦孟轲仕宋，君偃称王庄子斥贤

前328年，岁在癸巳。庄周四十二岁。宋康王十年（称王）。

周显王四十一年。秦惠王十年。楚怀王元年。魏惠王后元七年。韩宣王五年。赵肃侯二十二年。齐威王三十年。燕易王五年。鲁景公十八年。卫孝襄侯七年。越王无疆十五年。中山成公二十二年（卒）。

秦惠君二十九岁，鉴于魏人公孙衍先是叛魏仕秦，后又返魏敌秦，打算考验张仪究竟是忠魏更多，还是忠秦更多。于是任命公子嬴华为主将，张仪为副将，继续伐魏，围攻蒲阳（今山西隰县）。

蒲阳守将畏惧秦军斩首屠城，开城投降。

张仪献策秦惠君："主公不如假装把蒲阳还给魏国，再让公子嬴繇至魏为质。我再使魏，劝说魏惠王割让更多魏地。"

秦惠君将信将疑，姑从其策。

张仪护送嬴繇至魏为质，晋见魏惠王："秦惠君厚待大王，归还蒲阳，大王如何投桃报李？"

魏惠王无奈，又把河东的上郡十五县和西部重镇少梁（今陕西韩城），献给秦国。

秦惠君喜出望外，认定张仪比公孙衍更为忠秦，张仪的外交谋略，比公孙衍的征伐好战，代价更小，拓地更多，于是任命五十三岁的张仪为相。

赵肃侯先前不齿于魏惠王三朝齐威王，如今又不齿于魏惠王一再割地事秦。况且秦军收复魏国河西，进割魏国河东，已经逼近赵国西部，于是命令赵疵伐秦。

秦军击败赵疵，乘胜反攻赵国，攻取了赵国西部重镇蔺邑（今山西柳林）、

离石（今山西吕梁）。

中山成公死了，在位二十二年（前349—前328）。

太子魏䰜继位，五年后称王，即中山先王，魏属中山第三代国君。

魏惠王尽管怨恨堂弟当年相魏之时，唆使自己伐赵，而导致马陵惨败，仍然遣使吊唁堂弟之死，祝贺族侄继位。

中山是魏之属国，并非周封诸侯，天下诸侯仍然不吊不贺。

乐池连任相国，乐毅连任大将。

司马熹三年前被宋君偃刖足，离开宋国，来到中山，竭力钻营，未获任用，只好结交权贵，等待机会。苦等三年，中山易君。

中山新君魏䰜宠爱二姬，江姬贤而不美，阴姬美而不贤。二姬争为正夫人，魏䰜欲立江姬。

司马熹闻风而动，拜见阴太公："主公若立江姬为正夫人，太公必将亡身灭家。主公若立阴姬为正夫人，太公必能荣华富贵。"

阴太公说："我正为此发愁，先生有何良策？"

司马熹说："令爱只要把我举荐给主公，必能立为正夫人。"

司马熹得到阴姬举荐，晋见中山君："赵国乃是中山大敌，我能为主公削弱赵国。"

中山君大悦："先生有何良策？"

司马熹说："我愿先往赵国，观其地形险阻、人民贫富、君臣贤愚，做到知己知彼，然后因敌定策。"

中山君应允，命其使赵。

司马熹到达邯郸，晋见赵肃侯："久闻赵人擅长乐舞，多有美貌佳丽。但我穿越赵境，来到邯郸，遍观赵国女子，均为庸俗脂粉。我曾游历天下，只有中山君的宠姬阴氏，美貌天下第一，视之如同神仙，言语无法描绘。阴姬之美貌，堪为天子之后，殊非诸侯之妃。"

赵肃侯大为心动："先生有无良策，让中山君把阴姬献给寡人？"

司马熹佯装大惊："我是直言观感，不敢妄言此事。"

司马熹回报中山君："主公不必担心赵国威胁！赵肃侯不贤，不好道德，独好声色。得知阴姬美貌，竟然打算向主公索要。"

中山君不悦："赵肃侯不贤，确是中山之福。但是索要阴姬，寡人如何应对？"

司马熹说："赵国强于中山，主公不允其请，必将危及社稷。若允其请，又将贻笑天下。自古至今，诸侯互赠歌女舞姬乃是常事，但是从未有过索要诸侯正夫人之事。主公只要册立阴姬为正夫人，赵肃侯必将断绝此念。"

中山君听从其言，册立阴姬为正夫人。

阴姬晚上侍寝，劝说中山君："司马熹曾为宋相，乃是天下大贤。主公命其为相，必无赵国之患！"

中山君说："司马熹被宋君偃刖去一足，寡人命其为相，天下必笑中山无人。"

阴姬说："伊尹是庖厨，傅说是奴隶，吕尚是屠夫，商汤、武丁、周文王拜为相国，得以称王天下。孙膑被庞涓膑去双膝，齐威王拜为国师，得以称霸中原。宋君偃是逐兄篡位的恶君，所以不用贤人，专用奸佞。主公乃是圣明之君，怎能不用贤人？"

中山君于是罢免乐池，改命司马熹为相。

乐池、乐毅离开中山，转仕赵国，誓报此仇。

孟轲去年由邹至齐，与告子一辩成名，成为稷下学士。今年晋见齐威王："五百年必有王者出！西周至今七百余年，早已超过五百年。春秋以降，周室暗弱已久。当今之世，必有代周为王者。如今天下诸侯多行东周霸道，大王只要遵循西周王道，必能代周为王。"

齐威王厌闻空言，不聘孟轲为列大夫。

孟轲萌生去意，得知宋君偃施行仁政，准备称王，于是辞别齐威王，打算赴宋。

齐威王赠以百金，不予挽留。

孟轲拒绝百金，带着弟子万章、陈臻，离齐往宋。

万章问："宋国弱小，宋君偃一旦称王，齐、楚必将伐宋，如何抵抗？"

孟轲说："宋国尽管弱小，却是殷商遗邦。殷商之祖商汤，最初居于亳邑，仅有方圆五十里。毗邻葛国，葛君不行仁政，商汤征伐天下不仁不义之国，即从葛国开始。商汤征伐十一次，无敌于天下。征伐东夷，西戎抱怨；征伐南蛮，北狄抱怨。天下民众都说：'为何不先征伐吾国恶君？'天下民众盼望商汤征伐本国恶君，如同大旱之后盼望下雨。因为除了商汤，天下之君全都不行王政。如今宋君偃推行王政，四海之内无不举首盼望，希望宋君偃成为本国之君。齐、楚尽管强大，宋君偃何必惧怕？"

孟轲到达商丘，晋见宋君偃："君侯治国十年，推行王政，宋民无不收其放心，竞趋仁义忠孝。孔子有言：'名不正则言不顺，言不顺则事不成。'君侯既然推行王政，宜于正名为王，以羞僭窃王号、奉行霸道的楚、齐、魏之君。"

宋君偃大悦，问策群臣。

唐鞅赞成："孟轲先生是天下大儒，如今离齐仕宋，足证主公推行仁政，天下归心。主公称王以后，就能名正言顺征伐天下不仁不义之国！"

戴盈反对："宋国弱小，主公一旦称王，必将招来早已称王的楚、齐、魏三强征伐！"

宋君偃大怒，罢免戴盈，改命唐鞅为相国，礼聘孟轲为客卿。立刻称王，成为齐威王、魏惠王之后第三个叛周称王的战国诸侯，史称宋康王。

魏惠王尽失河西，又割河东，如今自身难保，听凭宋君偃称王。

齐威王、楚怀王不能容忍弱宋竟敢称王，立刻伐宋。

宋康王大惊，只好割地求和，假装取消王号。

齐、楚退兵。

庄子四十二岁，宋君偃叛周称王。

蔺且问："宋君偃称王，遭到齐、楚共伐，立刻取消王号，如此胡闹，岂非儿戏？"

庄子说："宋君偃不自量力，逞强招伐！唐鞅乃是奸佞小人，为了谋取一己富贵，无视宋民安危，逢迎君主好恶，因而拜相。戴盈乃是贤人君子，不愿逢迎君主好恶，因而罢相。如今宋君偃假装取消王号，只能欺骗齐、楚一时。宋国必将卷入诸侯乱战，国无宁日，生灵涂炭。"

蔺且问："戴盈罢相，立刻众叛亲离，被人斥为奸佞小人。唐鞅拜相，立刻士民趋附，被人誉为贤人君子。夫子的评价，为何与世人相反？"

庄子说："如今各国废除世卿世禄，贪图富贵、缺乏操守的士人，不用于母邦，即用于异邦，游仕天下，布衣卿相。当今诸侯多为否君，当今卿相多为痞士。否君痞士无不自居顺道济世的贤人君子，其实却是悖道乱世的奸佞小人。世人仅知贤人君子有利天下，不知奸佞小人必定冒充贤人君子而祸害天下。"

蔺且问："如何才能避免冒充贤人君子的奸佞小人祸害天下？"

庄子说："只有顺应天道，狂热有为的乱世，才能变成清静无为的治世。此即《老子》所言：'孰能浊以静之徐清？'"

四三　张仪诈魏宋王易辙，庄子斥君朝三暮四

前327年，岁在甲午。庄周四十三岁。宋康王十一年。

周显王四十二年。秦惠王十一年。楚怀王二年。魏惠王后元八年。韩宣王六年。赵肃侯二十三年。齐威王三十一年。燕易王六年。鲁景公十九年。卫孝襄侯八年。越王无疆十六年。中山先王元年。

张仪去年相秦，对魏惠王软硬兼施，尽取河西，进割河东。又伐取赵国西部二镇，秦国大强。

义渠王大为恐惧，今年亲赴咸阳，朝拜秦惠君，割地称臣。

秦惠君大悦，把义渠所献之地，设置为县。

张仪进言："义渠乃是夷狄，割地称臣，主公尚不足以称王。主公想要称王，必须让山东诸侯都向主公称臣。"

秦惠君说："义渠被秦人视为夷狄，但是秦人又被山东诸侯视为夷狄，所以秦穆公以来，山东诸侯一向不与秦国会盟。如今山东四国楚、齐、魏、宋均已称王，怎么肯向寡人称臣？"

张仪说："秦孝公已经实现商鞅变法的第一个目标，由侯而霸。主公虽杀商鞅之身，不废商鞅之法，理应实现商鞅变法的第二个目标，由霸而王。但是楚君自春秋初年叛周称王以来，一直不许其他诸侯称王，吴称王则伐吴，越称王则伐越。七年前齐、魏徐州相王，楚威王即伐徐州。去年宋君偃称王，楚怀王、齐威王也立刻伐宋，只有魏惠王由盛转衰而没有伐宋。所以主公如果称王，一要争取山东诸侯承认，二要设法避免楚、齐伐秦。主公不如暂时归还近年攻取的河东魏地，争取魏、韩承认，迫使楚、齐不敢伐秦。主公一旦称王成功，就能重新攻取魏地。"

秦惠君听从其言，把河东魏地焦邑、曲沃、皮氏还给魏国，但不归还河西魏地少梁，而是改名夏阳（今陕西韩城）。

魏国少梁人司马错（司马迁八世祖），从此成为秦国夏阳人，仕秦为将，担任客卿。

秦国主动归还河东三邑，魏惠王大悦，不再防秦，又与齐威王共同伐赵，大败赵军。

中山君问策司马憙："齐、魏伐赵大胜，寡人可否趁机伐赵？"

司马憙说："赵、燕结盟，主公伐赵之前，应该首先伐燕，使赵失去外援。"

中山君听从其言，先伐燕国。

燕易公向赵求救。

赵肃侯仿效孙膑围魏救赵之策，发兵袭击中山国都灵寿。

中山军被迫停止伐燕，回救灵寿。

燕军紧追不舍，欲与赵军夹击中山军。

司马憙分兵御敌，在中山西部的房子（今河北高邑）击败赵军，在中山北部击败燕军，杀死燕将。

中山君大喜，重赏司马憙。

宋康王召问群臣："寡人推行仁政，表彰仁义，奖励忠孝，爱民如子，废除剔成君的什二税，恢复宋桓侯的什一税，宋民为何仍不爱戴寡人？"

唐鞅说："大王君临天下，不应寄望于臣民爱戴，而应迫使臣民畏惧。不应以仁治国，而应以刑治国。"

田不礼说："不仅国内如此，天下同样如此。如今诸侯争雄，不可能凭借仁义得天下，只能凭借武力打天下。大王不能寄望诸侯爱戴宋国，必须迫使诸侯畏惧宋国。大王去年称王，遭到齐、楚征伐，被迫取消王号，足证仁义忠孝不能退敌，只有富国强兵才能退敌。一旦齐、楚知道大王并未取消王号，必将再次伐宋。大王只有恢复剔成君的什二税，先富国，后强兵，才能不惧诸侯征伐。"

宋康王听从其言，废除宋桓侯的什一税，恢复戴剔成的什二税，命令右师惠盎扩军备战。

惠盎进谏："唐鞅、田不礼都是祸国殃民的乱臣，大王不可听信！增加赋税，必将国富民贫；扩军备战，必将招来征伐。"

宋康王大怒，罢免惠盎，改命田不礼为右师。

孟轲不满宋康王易辙，于是拜见戴盈："先生身为孔子之徒，自然明白，什一税是尧舜之道，什二税是桀纣之道。为何不劝谏大王恢复什一税，取消什二税？"

戴盈说："大王听信唐鞅、田不礼，已经决定实行什二税。我去年已经罢相，如今无法劝说大王恢复什一税。能否先劝大王少增一点税，等待来年？"

孟轲说："宋人每天偷一只鸡，邹人予以规劝：'偷鸡不义！'宋人却说：'能否先少偷一点，每月偷一只鸡，等待来年？'这个宋人就是先生！既然知道不义，就该立刻停止，何必等待来年？"

戴盈不悦："先生擅长比拟，可惜总是比拟不当。这个宋人不是我，而是大王。先生应该直接进谏大王，何必对我白费口舌？"

孟轲无言以对。

庄子四十三岁，宋康王放弃仁政，实行暴政。

蔺且说："夫子卖掉荆园，确有先见之明。如今我们烧陶，交纳什二税以后，获利极其微薄。宋君偃称王以前，推行王政，废除什二税，恢复什一税。为何称王以后，反而放弃王政，废除什一税，恢复什二税？"

庄子说："狙公养猴为生，每天让老猴带着众猴到山里采摘果实，全部上交。狙公每天给每只猴子分发两次果实，早上三颗橡子，晚上四颗橡子，结果群猴大怒。狙公于是改为早上四颗橡子，晚上三颗橡子，于是群猴大喜。宋君偃一如狙公，民众一如猴子。朝三暮四也好，朝四暮三也罢，其实换汤不换药。"

蔺且大为疑惑："天下无不认为，什一税是尧舜之道，什二税是桀纣之道。为何夫子视为换汤不换药？"

庄子说："问题首先在于狙公之有无，其次在于狙公之好坏，最后才是赋税之多少。"

四三　张仪诈魏宋王易辙，庄子斥君朝三暮四

蔺且说："弟子仍然不解。"

庄子说："猴子原先处于山林，根本没有赋税，自由摘取果实，想吃多少就吃多少。后来被狙公驯养，关在笼中，戴上镣铐，进山采摘果实，全部上交狙公，任凭狙公分配。后来猴子习惯成自然，放出笼子，解除镣铐，仍把狙公视为主人，再也不想回归山林，仍然进山摘取果实，全部上交狙公，任凭狙公分配，并把分配所得，视为狙公恩赐。直到这时，才有狙公好坏的问题，以及赋税多少的问题。"

蔺且恍然大悟："狙公分配的橡子，均为猴子采摘所得，原本不必交给狙公。"

庄子又说："《老子》有言，'上善若水'、'鱼不可脱于渊'。鱼原本遨游江湖，却被渔夫抓来，置于陆地。渔夫不会把处陆之鱼立刻吃光。为了天天吃鱼，人们有两种对策。尧舜是为处陆之鱼浇点水，让鱼相濡以沫。桀纣是为处陆之鱼撒点盐，把鱼制成鱼干。尧舜与桀纣，本质并无不同，都是使鱼脱离江湖，处于陆地。然而经过尧舜、文武、周公、孔子教化洗脑，处陆之鱼大多相信：鱼不该处于江湖，而该处于陆地。处陆之鱼免于成为鱼干，能够相濡以沫，乃是仁义之君恩赐的无上幸福。"

蔺且大悟："处陆之鱼才会相信，相濡以沫就是无上幸福。处水之鱼一定认为，遨游江湖才是最大幸福。"

庄子叹息："鱼既不愿意成为鱼干，也不愿意处于陆地。人被教化洗脑以后，却会愿意脱离江湖，热爱处于陆地。"

四四　孟轲丧母离宋归邹，曹商献玉庄斥卞和

前326年，岁在乙未。庄周四十四岁。宋康王十二年。

周显王四十三年。秦惠王十二年。楚怀王三年。魏惠王后元九年。韩宣王七年。赵肃侯二十四年（卒）。齐威王三十二年。燕易王七年。鲁景公二十年。卫孝襄侯九年。越王无疆十七年。中山先王二年。

腊月初八，秦惠君采纳张仪之策，前往黄河上游的龙门（今山西河津西北），仿效中原习俗，举行腊祭。

秦惠君此举，意在避免中原诸侯继续视秦为夷，为称王获得承认创造条件。

赵肃侯、韩威侯对魏惠王臣事齐、秦，大为不满。
赵、韩联合伐魏，围攻襄陵（今河南睢县），不胜。

中山君采纳司马熹之策，趁着赵、韩伐魏，又命中山军伐赵，围攻鄗邑（今河北柏乡）。

久攻不下，掘开黄河堤岸，以水淹之。

鄗邑浸水数月，城墙崩塌。

赵肃侯伐魏不胜，又败于中山，含恨而死，在位二十四年（前349—前326）。

太子赵雍继位，即赵武灵侯。三年后叛周称王，史称赵武灵王。

赵武灵侯罢免大成午，改命阳文君赵豹为相。

楚怀王、齐威王、魏惠王、秦惠君、韩威侯、燕易公各命使者，领兵万人，

四四　孟轲丧母离宋归邹，曹商献玉庄斥下和

前往邯郸吊丧，趁机炫耀武力。

中山君、司马熹原本打算趁丧伐赵，得知诸侯各出万人大军吊丧，只好作罢。

宋康王为了预防诸侯再伐，命令右师田不礼加固商丘城墙。

田不礼禀报："旧城墙一角，有个喜鹊巢，巢中小鸟远远大于喜鹊，竟是鹰鸠。天示异兆，吉凶不明！"

宋康王命令太卜占其吉凶。

太卜按照田不礼密嘱，禀报宋康王："小鹊生下大鸠，乃是天示祥瑞，大王必霸天下！"

田不礼说："十年前太丘社崩坏，并非凶兆，实为吉兆，预示除旧开新，大王称王。大王前年称王，如今小鹊生下大鸠，更是吉兆，预示宋国即将由小变大，由弱变强。"

唐鞅说："既然天示吉兆，大王应该更换玉玺，号令天下。"

宋康王大悦，悬赏征集宝玉。

定陶玉商和各地宋民进献美玉无数，宋康王都不满意，最终选定了曹商进献的一块宝玉。

宋康王召见曹商："这块宝玉，有何来历？"

曹商说："这块宝玉，出自楚国宛邑范蠡之墓，名叫结绿。"

田不礼说："祝贺大王得此古玉！陶朱公乃是天下首富，难怪有此宝玉。周王传国之玺，名叫砥厄。楚王传国之玺，名叫和氏。魏王传国之玺，名叫悬黎。如今大王称王，得到传国之玺结绿，远胜三大名玺，必能复兴殷商之盛。"

宋康王大喜，重赏曹商百金。

宋康王去年易辙，孟轲大失所望，又不敢进谏。举目天下，别无诸侯欲行王道，孟轲只好滞留宋国，等待戴盈劝谏宋康王改过迁善。

孟轲苦等一年，见戴盈毫无动静，又去拜见戴不胜："先生是否希望大王改过迁善？"

戴不胜说:"是的。薛居州是好人,我把他举荐给大王,希望他能劝谏大王改过向善。"

孟轲问:"楚人学习齐语,应该拜齐人为师,还是拜楚人为师?"

戴不胜说:"应该拜齐人为师。"

孟轲说:"许多楚人对他说楚语,一个齐人教他学齐语,即使天天打他,强迫他说齐语,他还是学不会齐语。如果他在齐国住几年,即使天天打他,不许他说齐语,他还是会说齐语。"

戴不胜问:"先生绕了半天,究竟何意?"

孟轲说:"如果大王身边都是好人,大王还会学坏吗?如果大王身边都是坏人,大王还能学好吗?如今大王身边仅有薛居州一个好人,怎么可能改过迁善?"

戴不胜说:"原来先生是讽刺我徒劳无功。我毕竟向大王举荐了一个好人,先生又向大王举荐了几个好人?先生有何良策,能让大王身边全是好人?其实按照先生所言人性本善,大王身边不可能有坏人。按照先生所言人皆可以为尧舜,即使大王身边全是坏人,大王也应成为尧舜!"

孟轲无言以对。

滕国是泗上十二诸侯之一。

滕定公担心步莒国、薛国、邾国后尘,被齐威王兼并,派遣太子姬弘使楚。

姬弘从滕往楚,途经商丘,得知大儒孟轲正在宋国,拜见求教:"滕国乃是小国,竭力事奉大国,是否能够免于征伐?"

孟轲说:"这我不敢担保!非要我说,只有一个办法:相信人性本善,遵循尧舜之道。"

姬弘受教而退,使楚以后返滕,又途经商丘,再次拜见孟轲:"上次求教夫子,夫子只说人性本善,言必称尧舜。恕我不敏,滕国如此弱小,怎能实行尧舜之道?"

孟轲说:"正道只有一条。太子为何不信我言?颜回曾说:'舜是普通人,我也是普通人。人生有为,自当如舜。'所以我认为人性本善,人皆可以为尧舜。滕国尽管只有方圆五十里,但是商汤最初只有方圆七十里,周文王最初只有方

四四　孟轲丧母离宋归邹，曹商献玉庄斥卞和

圆百里。只要遵循尧舜之道，必将仁者无敌。"

姬弘大受鼓舞，告辞返滕。

不久，孟轲收到邹国来信，得知母亲死讯，晋见宋康王告辞。

宋康王为示礼贤下士，赠金七十。

孟轲欣然收下，带着弟子万章、陈臻，归邹奔丧。

途经齐国，孟轲拜见齐相田婴。

田婴赠金五十，孟轲也欣然收下。

陈臻说："前年离齐赴宋，齐威王赠金一百，夫子拒绝了。今年离宋经齐归邹，宋康王赠金七十，田婴赠金五十，夫子全都接受了。如果前年拒绝是对的，今年接受就是错的。如果今年接受是对的，前年拒绝就是错的。夫子必居其一！"

孟轲笑了："前年拒绝，今年接受，都是对的。前年我不缺路费，为何接受？今年我正缺路费，为何拒绝？墨子之道，言必信，行必果，墨守成规，不知权变，乃是小人之道。君子之道，言不必信，行不必果，灵活权变，唯义所在。齐威王不尊重我，不聘我为列大夫，送我路费乃是收买我，君子怎能被人收买？"

庄子四十四岁，孟轲离宋归邹，二人未曾相识交往。

蔺且问："小鹊生下大鸠，宋康王为何视为强国吉兆？"

庄子说："《召南·鹊巢》有言：'唯鹊有巢，唯鸠居之。'自古以来，都把鹊巢鸠占视为亡国凶兆。如今痞士迎合否王，竟把鹊巢鸠占，谬解为小鹊生下大鸠，视为强国吉兆。以凶为吉，必将自取其祸。"

蔺且又问："曹商所献古玉，自称出于范蠡之墓，是否可信？"

庄子说："未必可信！倒是透露了曹商盗墓的动机，乃是寻找珍宝进献宋君偃。恰逢宋君偃叛周称王，于是好运来临。当年楚君蚡冒准备叛周称王，楚人卞和敬献宝玉，被刖一足。后来蚡冒之子楚武王正式叛周称王，卞和又献宝玉，又被刖一足。楚武王之子楚文王继位，卞和再献宝玉，终于得到赏识。曹商远比卞和幸运，一献宝玉，立刻得到赏识。可见宋君偃很不简单！"

蔺且又问："孟轲听说宋君偃行仁，于是乘兴而来，唆使宋君偃称王，如今

大失所望，败兴而归。为何孟轲仍然坚持人性本善，鼓吹人皆可以为尧舜？"

庄子说："孟轲对齐威王、宋康王一再失望，仍然自欺欺人，坚持人性本善，鼓吹人皆可以为尧舜，乃是对君主抱有幻想，以便安心食君之禄，不必自食其力。因为孟轲自居劳心者，鄙视劳力者，主张劳心者治人，劳力者治于人。孟轲不会明白，治于人的小人固然被君子奴役，治人的君子同样被君主奴役。"

蔺且说："老聃谆谆教诲侯王，是否也对君主抱有幻想？"

庄子说："老聃之时，儒墨尚未成为显学，否术尚未彻底遮蔽泰道，所以老聃教导君主遵循泰道，希望泰道不被否术彻底遮蔽。如今儒墨已经成为显学，否术已经彻底遮蔽泰道，所以我不再对君主抱有幻想，只愿传承泰道，希望民众遵循泰道，不被否术伤害。"

四五　秦惠称王齐魏伐赵，雕陵射鹊庄子悟道

前325年，岁在丙申。庄周四十五岁。宋康王十三年。

周显王四十四年。秦惠王十三年（称王）。楚怀王四年。魏惠王后元十年。韩宣王八年（称王）。赵武灵王元年。齐威王三十三年。燕易王八年。鲁景公二十一年。卫孝襄侯十年。越王无疆十八年。中山先王三年。

年初，惠施献策魏惠王："大王即位以来，与赵成侯、赵肃侯长期敌对，两围邯郸失利，国力大损。如今赵武灵侯服满除丧，即将正式即位。大王不如与韩威侯同往邯郸，参加赵武灵侯即位典礼，与赵偃兵，重修三晋旧好，共同抵抗齐、秦、楚三强的威胁。"

魏惠王听从其言，带着太子魏嗣，又邀韩威侯带着太子韩仓，同往邯郸信宫，参加赵武灵侯的即位典礼。

赵武灵侯怒于中山连伐赵国，导致父君赵肃侯含恨而死，拒绝与魏和解。

四月戊午（初四），秦惠君于秦都咸阳称王，史称秦惠王，明年更元。

魏惠王、韩威侯应张仪之请，前往咸阳，参加秦惠君称王典礼。中原诸侯视秦为夷，不与会盟的历史，至此终结。

礼毕，三君同乘一辆马车，巡游咸阳全城。

秦惠王三十二岁，站于马车之中，接受秦民欢呼。

魏惠王七十六岁，站于马车之左，屈尊担任驭手。

韩威侯年轻位卑，站于马车之右，受辱充当侍卫。

周显王即位四十四年，一再笼络秦献公、秦孝公、秦惠君，希望秦君像秦

襄公一样扶助东周，遏制中原诸侯对周室的威胁。结果事与愿违，齐威公、魏惠侯、宋君偃接连叛周称王。如今秦惠君也叛周称王，周显王大为恼怒，从此不再寄望秦国。

楚怀王、齐威王鉴于魏、韩已经承认秦惠君称王，不愿树敌太多，均未伐秦。

秦惠君如愿实现了商鞅变法的第二个目标：由霸而王。

册封正夫人魏氏为王后，册立魏后所生、年仅五岁的嫡长子嬴荡为王太子（秦武王）。

册立宠姬芈八子为王妃，把芈八子今年所生庶子，视为称王之年降生、必能奠定社稷的天赐龙种，赐名嬴稷（秦昭王）。

五月，韩威侯按照韩昭侯旧例，前往巫沙（今河南荥阳北）朝拜魏惠王。

魏惠王鉴于国力弱于往昔，不敢接受韩威侯朝拜，转而邀请韩威侯称王，魏、韩平等结盟。

韩威侯大悦，应魏惠王之请，在巫沙叛周称王。史称韩宣王。

原定的朝拜仪式，立刻改为结盟仪式，由魏相惠施、韩相公仲朋共同主持。

魏惠王、韩宣王均戴王冠，分庭抗礼，歃血为盟，相互承认王号，史称巫沙相王。

十月，韩宣王又往大梁，会见魏惠王。

魏惠王问策群臣："寡人与诸侯偃兵多年，如今齐威王、秦惠王、韩宣王都与寡人友好，唯有赵武灵侯不肯与寡人和解，比赵成侯、赵肃侯更为强硬，应该如何对付？"

惠施说："赵武灵侯不肯与大王和解，乃因中山君任命司马熹为相以来，不听大王约束，一再伐赵，去年又水灌鄗邑，导致赵肃侯暴亡。大王只有约束中山，命其不再伐赵，赵武灵侯才会与魏国、中山偃兵。"

公孙衍说："大王年初屈尊亲赴邯郸，参加赵武灵侯即位典礼，赵武灵侯仍然不识抬举。大王一再忍让，已经仁至义尽，不能继续迁就，不如放弃与赵偃兵，邀约齐威王共同伐赵。"

四五　秦惠称王齐魏伐赵，雕陵射鹊庄子悟道

魏惠王自恃国力大为恢复，诸侯多为盟国，于是听从公孙衍，约齐伐赵。

公孙衍率领五万魏军，从南向北伐赵，在桑丘（今山东兖州西北）击败赵军，杀死赵将赵护。

田朌率领五万齐军，从东向西伐赵，在平邑（今山东平邑）击败赵军，又攻取新城（今地不详），擒获赵将韩举。

赵武灵侯刚刚即位，就被齐、魏联合击败，深感耻辱，誓报此仇。

田不礼禀报宋康王："大王为宋桓侯修建的东陵，遭到盗掘！"

宋康王大惊："为何有人胆敢盗掘君主之墓？"

田不礼说："剔成君没把宋桓侯葬于宋国先君专用的雕陵墓区，草草葬于东陵。大王即位以后，下令重修东陵。去年曹商进献盗墓所得宝玉，受到大王重赏，于是宋国境内立刻盗墓成风，难以禁绝。如今达官显贵之墓多被盗掘一空，东陵无人守陵，所以有人铤而走险。"

宋康王大怒："全力搜捕盗墓贼！"

没过多久，田不礼捕获了盗墓贼。

宋康王亲自审问："宋民爱戴宋桓侯，所以寡人下令重修东陵。你身为宋民，为何盗掘东陵？难道既不爱戴宋桓侯，也不害怕寡人诛杀？"

盗墓贼说："我爱戴宋桓侯，更爱戴大王。大王称王三年，尽管已经富国，然而尚未强兵。我认为是宋桓侯作祟，于是希望盗掘东陵，坏其风水，帮助大王复兴殷商之盛。"

宋康王觉得有理，于是释放盗墓贼，转问田不礼："寡人已经富国，如何强兵？"

田不礼说："大王征收重税，足以富国，难以强兵。想要强兵，尚须扩充武备。"

宋康王听从其言，命令田不礼建造武宫。

田不礼征调了二十岁到四十岁的大量宋民，充当建造武宫的役夫。

庄遍二十四岁，无偿服役，自备干粮。

蔺且十六岁，庄咸十五岁，支离疏身有残疾，免于应役。

庄子四十五岁，公孙龙生于赵国。

庄子又往蒙泽钓鱼。

子桑在不远处漂洗麻絮，走过来说："吾友子祀、子舆、子犁、子来，不臣天子，不友诸侯，人称东门四子，仰慕先生，愿请一见！"

庄子大喜："先生之友，必是高士！"

东门四子来到蒙泽岸边，拜识庄子："我们四人，常常互相谈论：谁能把天道视为头脑，把生命视为脊梁，把死亡视为屁股，明白死生存亡同属一体，我们就与他为友。先生安贫乐道，拒楚聘相，正与我们同道，特来拜识！"

庄子说："我物德浅薄，天池太小，虽然闻道已久，然而悟道不深。子桑悟道甚深，我与子桑为友，受益不浅。能与四位交友，必将受益多多！"

六人相视而笑，莫逆于心。

夏日炎炎，庄子拿着弹弓，前往蒙山打猎。

蒙山脚下的雕陵，是历代宋君的专用墓区。胥吏看守陵园，闲人不得入内。

庄子看见一只奇异的大鹊，从南方飞来，翼展七尺，眼大径寸，翼尖扫过庄子的额头，掠过樊篱，飞入雕陵，停栖在一棵栗树的枝头之上。

庄子自言自语："翼展很广，却不远飞。眼睛很大，却不见人。是何异鸟？"

提起衣角，快步跟入雕陵。手执弹弓，准备射它。

却见一只夏蝉，躲在树叶下面，正得美妙树荫，不知身后有只螳螂。

那只螳螂，借助树枝掩护，正要捕捉夏蝉，不知身后有只异鹊。

那只异鹊，利用螳螂分心，正要捕捉螳螂，不知树下有个猎人。

庄子突然想到，自己误闯禁地，处境同样危险："唉！天地万物，原本互相牵累。不同物类，常常互相招杀。"

于是扔掉弹弓，转身向雕陵之外飞跑。

守陵胥吏追上庄子，大声叱问："你偷了何物？"

庄子说："我来打猎，没偷东西！"

胥吏出示弹弓，厉声斥骂："没偷东西！为何远远看见我，扔了弹弓就跑？先君陵墓禁地，闲人不可擅入！东陵被盗以后，大王下令严防盗墓贼。你难道不是假装打猎，先来踩点？”

即对庄子搜身，没有发现赃物，只好放行。

庄子受辱回家，郁闷三天。

蔺且问：“夫子安贫乐道，从不发愁，为何近日心情郁闷？”

庄子说：“我执守外物，流连于人道浊水，迷失了天道清渊。我去蒙山打猎，异鹊之翼扫过我的额头，我不仅忘了身形危殆，而且忘了德心危殆，不慎误入雕陵。去年曹商进献古墓之玉受赏，今年宋人盗墓成风，东陵也被盗掘。所以雕陵胥吏怀疑我为盗墓踩点，对我肆意侮辱。蔺且啊，我郁闷三天，想起了吾师遗言：‘居于六合之内，不可盲从其俗。’终于领悟，如今天下诸侯乱战，正是螳螂捕蝉，异鹊在后。人生在世，同样如此。稍有不慎，身心必有危殆！”

蔺且问：“南伯遗言，如何理解？”

庄子说：“我一直理解不深，如今终于领悟。老聃所言‘为学者日益’，就是盲从伪道俗见的求知。老聃所言‘为道者日损’，就是抛弃伪道俗见的去知。大部分人都是为学者，少数人才是为道者。”

蔺且说：“如何从为学者变成为道者？”

庄子说：“吾师死后，我一再梦见自己变成蝴蝶，一直不懂此梦之义，如今终于领悟：为学求知，必被伪道黥劓洗脑，逐渐习得成心，成为结茧自蔽的蛹虫，不知天地广大；为道去知，是用真道息黥补劓，自觉摒弃成心，变成破茧去蔽的蝴蝶，亲见宇宙神奇。”

四六　孟轲仕滕恢复井田，庄子游魏讽谏惠施

前324年，岁在丁酉。庄周四十六岁。宋康王十四年。

周显王四十五年。秦惠王更元元年。楚怀王五年。魏惠王后元十一年。韩宣王九年。赵武灵王二年。齐威王三十四年。燕易王九年。鲁景公二十二年。卫孝襄侯十一年。越王无疆十九年。中山先王四年。

张仪上朝，献策秦惠王："三年前我建议大王暂停伐魏，归还河东魏地，争取魏惠王、韩宣王承认大王称王。去年大王如愿称王，今年可按既定之策重新伐魏河东，我愿亲自领兵！"

秦惠王大喜。

张仪亲领秦军伐魏河东，攻取了陕邑（今河南三门峡）。驱逐魏民，填入秦民，修筑上郡要塞。

魏国西部的黄河天险，至此全部归秦。

魏惠王没想到秦惠王过河拆桥，与韩宣王同往齐地阿邑（今山东阳谷），会见齐威王，希望联齐抗秦。

秦、齐东西远隔，齐威王乐观秦、魏互战，以便坐收渔利，反应冷淡。

魏惠王问策群臣："秦惠王骗得寡人支持，去年成功称王，今年重新伐魏。如今齐威王不愿助魏抗秦，如何是好？"

惠施说："大王如果去年不伐赵，或许秦惠王今年也不会伐魏。大王不肯与赵偃兵，天下怎能与魏偃兵？"

公孙衍说："如今强齐在东，强楚在南，强秦在西，均为魏国大敌。相国除了偃兵，别无良策，怎能抵御三强威胁？大王只有与三强以外的诸侯重新结盟，

四六　孟轲仕滕恢复井田，庄子游魏讽谏惠施

才能与三强争霸天下。"

魏惠王听信公孙衍，不再信任惠施，命令公孙衍联络诸侯，共赴大梁结盟。

公孙衍派遣二弟公孙喜出使韩、赵，派遣三弟公孙弘出使中山，派遣季真出使燕国。

滕定公（？—前323）死了。

太子姬弘继位，即滕文公。

滕文公召见然友："前年寡人奉先君之命使楚，两次途经宋国，向孟轲请教治国之道，大受教益。如今先君亡故，你去邹国，向孟轲请教治丧之礼。"

孟轲前年归邹，遵循儒家之礼，为母服丧三年，至今两年。其间晋见邹穆公，劝其实行仁政，未获信用。

然友至邹，拜见孟轲。

孟轲说："诸侯的丧礼，我没学过。但我听说，夏商周三代，从天子到庶人，无不服丧三年。"

然友返滕复命。

滕文公召见宗室、百官："孟轲教导寡人，应为父君服丧三年。"

宗室长辈、朝中百官无不反对："孟轲妄托三代，信口雌黄，全无凭据。滕国先君，以及鲁国先君，从不服丧三年。主公不可违背周公之礼，擅行儒家之礼！《志》上有言：'丧祭之礼，遵从先祖。'"

滕文公又命然友："寡人喜好驰马击剑，不好学问，无法引经据典说服宗室百官。你可再去请教孟轲，服丧三年有无经典依据。"

然友第二次往邹。

孟轲说："孔子有言：'旧君死后，只要新君哭泣，百官不敢不哭，因为新君已经先哭。上有所好，下必甚焉。君子之德是风，小人之德是草。风吹草上，草必偃伏。'丧期长短，滕文公有权自行决定，何必征求宗室百官同意？"

然友返滕复命。

滕文公大喜："孟轲言之有理！寡人身为国君，有权决定为父君服丧三年，臣民无权反对。"

为滕定公停棺五月，然后发丧。

周边弱小诸侯遣使吊丧，看见滕文公容颜悲戚，哭泣哀恸，仪式隆重，虽不符合周公之礼，然而符合儒家之礼，无不大悦。

滕文公葬毕父君，又派然友第三次往邹，礼聘孟轲仕滕。

孟轲提前除丧，应聘至滕，住在上宫，担任客卿。

滕文公问："寡人应该如何治国？"

孟轲说："贤君必定恭俭礼下，取财于民，均有定制。夏代是一夫五十亩而贡，商代是一夫七十亩而助，周代是一夫百亩而彻，虽有小异，其实都是什一税。商代之助，就是先耕私田，再助公田。《周诗·小雅·大田》有言：'雨我公田，遂及我私。'可见周代也分公田、私田，也像商代一样助耕公田。《周诗·大雅·文王》亦言：'周虽旧邦，其命维新。'可见周代之彻，类似商代之助、夏代之贡，仅是略有革新。王者兴起，无不师法古代圣王。主公治国，只要恢复西周井田制，滕国必将日新月异。"

滕文公问："滕是小国，是否适合恢复西周井田制？"

孟轲说："以德行仁，必可称王。推行王政，不必大国。商汤最初只有方圆七十里，周文王最初只有方圆百里。师法周文王，恢复井田制，大国只要五年，小国只要七年，必可王天下。"

滕文公问："井田制如何恢复？"

孟轲说："主公欲行仁政，必须划定田亩经界。经界不正，井田必将不均，赋税必将不平，所以暴君贪官总是乱定经界。经界若正，分田定赋就正。滕国虽小，仍有君子、小人。没有君子就不能治理小人，没有小人就不能供养君子。所以乡野宜行九分取一的井田制，市邑宜征十分取一的什一税。方圆一里设一井，一井九百亩，中间百亩为公田，四周八百亩为私田。八家各种私田百亩，共种公田百亩。先种公田，后种私田。这是井田制的大略。"

四六　孟轲仕滕恢复井田，庄子游魏讽谏惠施

滕文公心悦诚服，命令滕相毕战主持，客卿孟轲指导，恢复西周井田制。

田不礼造毕武宫。
宋康王在武宫前面的广场，举行盛大阅兵。
召集画师画图，纪念殷商复兴。
画师们穿上朝服，戴上章甫冠，群集武宫，对宋康王鞠躬行礼。
宋康王尽管骄横，仍循古礼，对画师们作揖还礼。
画师太多，一半画师奉命进入武宫大殿，恭敬侍立，润笔磨墨，拘谨作画。
宋康王很不满意，又命殿外画师入殿。
另一半画师入殿，仍然恭敬侍立，润笔磨墨，拘谨作画。
宋康王仍不满意。
一位画师姗姗来迟，神情散淡，缓步走来，不对宋康王行礼，看完阅兵，径直回家。
宋康王十分奇怪，命令田不礼前往画师家中查探。
田不礼复命："那人回家，立刻脱掉上衣，开始赤膊作画。"
宋康王大喜："这才是真画师！"
这位画师之画，果然最好。
唐鞅说："大王文武双全，真是古今罕见！"
宋康王仰天大笑，得意至极。

庄子四十六岁，带着蔺且前往大梁，拜见五十七岁的子华子。
庄子说："令师杨朱，多年前曾往蒙邑，拜访吾师子綦。当时我年仅四岁，没能当面请教杨朱。等我长大以后，杨朱又已过世。如今天下大乱，特来拜会先生，请教杨朱所传老聃之道。"
子华子说："老聃不反对君主制度，专言君主统治之术，故言君主四境：'太上不知有之，其次亲而誉之，其次畏之，其下侮之。'古代明王，多为民众不知的圣君，民众亲誉的贤君。近代暗主，多为民众畏惧的暴君，民众侮蔑的昏君。所以杨朱反对君主制度，专言民众全生之道，我概括为人生四境：'全生为上，

亏生次之，死次之，迫生为下。'古代天民，多为顺道循德的全生之人，宁愿贫困而不愿亏生，宁愿死亡而不愿迫生。当今臣民，由于贪恋富贵，多为悖道丧德的亏生之臣，由于恐惧死亡，多为役人之役的迫生之民。"

庄子说："孟轲批评杨朱为我，损一毛以利天下而不为。先生如何看待？"

子华子说："杨朱不仅主张'损一毛以利天下而不为'，而且主张'悉天下以奉一身而不取'。前句不是重点，后句才是重点。孟轲只提前句，不提后句，乃是断章取义的恶意诋毁。"

庄子问："杨朱为何主张'损一毛以利天下而不为'？"

子华子说："一毛尽管微于肌肤，肌肤尽管微于一臂，然而积一毛而成肌肤，积肌肤而成一臂。二十年前魏、韩交战，我曾问过韩昭侯，损一臂而得天下，是否愿意？韩昭侯说不愿意。由此可见，今天愿意损一毛以利天下，明天愿意损肌肤以利天下，后天却不愿意损一臂以利天下，足证损一毛以利天下，正是悖道丧德之始。"

庄子问："杨朱为何主张'悉天下以奉一身而不取'？"

子华子说："杨朱反对臣民损一毛以利天下，意在反对悉天下以奉一身，亦即反对君主制度。因为臣民损一毛，不能利天下，只能利君主。君主制度，必然导致悉天下以奉君主一人。所以杨朱说：'人人不自损一毛，人人不利用天下，天下治矣。'"

庄子又问："如今孔子之徒遍天下，墨子之徒不多，老聃之徒更少，为何孟轲却说'天下之言，不归杨，则归墨'？"

子华子说："十人之中，六人归儒，三人归墨，一人归杨。孟轲不言归儒的六人，仅言不归儒的四人，夸大为不归于杨，必归于墨。杨朱从未妄想人人归杨，墨翟也未妄想人人归墨，只有孟轲才会妄想人人归儒，实现一人为君、众人为臣的所谓王道。"

庄子又问："孟轲又说：'杨朱为我，是无君。墨翟兼爱，是无父。无君无父，就是禽兽。'先生如何看待？"

子华子说："杨朱反对君主制度，主张顺道全生，正是无君。墨翟反对君位世袭，主张君位禅圣，正是无父。所以孟轲认为杨朱无君、墨翟无父，确是事实。但是孟轲谩骂杨朱、墨翟是禽兽，则是自诩人类比禽兽高贵。孔丘两岁丧父，孟轲三岁丧父，所以孟轲信奉以君为父的孔子之道。杨朱遵循以天为父的老聃之道，所以受到孟轲谩骂。如果以天为父就是禽兽，以君为父才是人类，那么人类就比禽兽低贱。因为禽兽从不违背天道，从不甘愿成为奴才，唯有人类才会违背天道，心甘情愿成为奴才。"

庄子说："先生之言，可为杨朱洗尽厚诬。"

门客告诫惠施："听说庄子来到大梁，想要谋取相公之位。"

惠施不信："吾兄惠盎告诉我，庄子曾经拒绝楚威王千金聘相，怎会谋取魏相？"

门客说："楚国乃是南蛮，魏国却是诸夏。相公是宋人，不愿仕宋，却愿相魏。庄子也是宋人，可能不愿相楚，却愿相魏。庄子或许听说，大王经不住白圭、匡章、公孙衍一再进谗，对相公的信任大不如前，所以想来碰碰运气。"

惠施近年日益担心罢相，不得不信，于是派人在大梁城中，搜捕庄子三天三夜。

庄子闻讯，去见惠施："先生是否听说，南方有鸟，名叫鹓雏？鹓雏从南海起飞，飞往北海，不是梧桐不栖，不是楝果不食，不是甘泉不饮。鹞鹰得到一只腐烂发臭的死老鼠，看见鹓雏飞过头顶，于是仰头瞪眼大叫：'吓！'如今先生是否想用腐烂发臭的魏国相位吓我？"

惠施大为惭愧："怪我误信人言，以为先生也是谋取富贵的游士。"

竭诚挽留庄子师徒留在相府。

庄子盛情难却，逗留大梁，暂住相府，与惠施纵论天下大事。得闻许多诸侯内幕，对否君痞士加深了认知。

四七　五国相王三强结盟，庄子讽魏蜗角争雄

前323年，岁在戊戌。庄周四十七岁。宋康王十五年。

周显王四十六年。秦惠王更元二年。楚怀王六年。魏惠王后元十二年。韩宣王十年。赵武灵王三年（称王）。齐威王三十五年。燕易王十年（称王）。鲁景公二十三年（卒）。卫孝襄侯十二年。越王无疆二十年。中山先王五年（称王）。

年初，魏、韩、赵、燕、中山五国诸侯应公孙衍之约，齐聚魏都大梁，举行叛周称王的盛大会盟。

魏惠王此前已在齐地徐州叛周称王，韩宣王此前已在魏地巫沙叛周称王。

赵武灵侯、燕易公、中山君魏䯢，此时在魏都大梁叛周称王，史称赵武灵王、燕易王、中山先王。

五国诸侯均戴王冠，分庭抗礼，歃血为盟，相互承认王号，史称五国相王。

魏惠王七十八岁，成为五王盟主，更加倚重公孙衍，又重用其二弟公孙喜（字犀武）、三弟公孙弘。

惠施五十八岁，虽未罢相，已无实权。

公孙衍五十三岁，成功组建了以魏为首的中原五国联盟，广积天下人脉，赚足政治资本。天下仰视，不称其名，敬称其字：犀首。

五国相王一毕，魏惠王立刻召见公孙衍："寡人身为五国盟主，不可不报齐威王破魏杀子之仇。寡人打算派遣勇士，刺杀齐威王！"

公孙衍说："大王身为万乘之君，怎能以匹夫的方式报仇？我愿率领二十万甲兵，邀约韩、赵、燕、中山共同伐齐。掳获齐民，劫掠牛马，让齐威王内热发疮。

攻破临淄，抓住田忌，打断其脊梁。"

魏惠王大悦。

季真进谏："修筑十仞的城墙，已经筑到七仞，却又拆毁，筑城工人必定怨苦。大王与诸侯偃兵七年，已经打下王业根基，足以号令天下，不该重启战端。公孙衍是作乱之人，大王不可听信！"

子华子进谏："公孙衍劝说大王伐齐报仇，确是作乱之人。季真劝说大王号令天下，也是作乱之人。惠施反对公孙衍，支持季真，仍是作乱之人。"

魏惠王问："那么寡人应该如何？"

子华子说："大王应该遵循天道！"

魏惠王瞠目结舌。

庄子四十七岁，去年游魏，逗留大梁至今，住在惠施相府，亲历五国相王。

惠施请求庄子："魏惠王为了称霸中原，争霸天下，两次伐赵，被齐威王连败于桂陵、马陵，国力大损，被迫接受我的偃兵主张。如今偃兵数年，国力小复，重建五国联盟，再起野心，又被好战的公孙衍唆使，打算伐齐报仇。先生曾经谏阻楚威王伐越，能否谏阻魏惠王伐齐？"

庄子慨然允诺。

庄子身穿打着补丁的粗布衣，用麻绳系着草鞋，晋见魏惠王。

魏惠王说："先生乃是天下大贤，为何如此困顿？"

庄子说："士人不能顺道循德而行，才是困顿。衣破鞋烂，仅是贫穷，并非困顿。我如此贫穷，乃是因为不遇有道之世。大王难道没见过腾跃的猿猴吗？猿猴如果栖于高大乔木，身处楠树、梓树、榆树、樟树之间，可以自由腾跃，攀揽树端，成为森林之王，即便后羿、逢蒙也不敢轻视。猿猴一旦栖于多刺灌木，身处柘树、棘树、枳树、枸树之间，只能慎行侧目，惊惶失措，成为虎狼的猎物。猿猴并非筋骨僵硬，不再柔软，而是外境险恶，难以发挥才能。如今我身处昏君乱相之间，怎么可能不贫穷呢？正是由于时势险恶，比干才被商纣剖心！"

魏惠王不悦:"先生是否认为,寡人也是昏君,惠施也是乱相?"

庄子一笑:"大王是否昏君,惠施是否乱相,无须我来评判,后世自有公论。《曹风·候人》有言:'彼其之子,不称其服。'世间常态,正是天之小人沐猴而冠,冒充人之君子;天之君子被褐怀玉,降为人之小人。"

魏惠王默然。

庄子话锋一转:"大王知道蜗牛吗?"

魏惠王面色稍和:"知道。"

庄子说:"蜗牛左角的邦国,名叫触氏。蜗牛右角的邦国,名叫蛮氏。蛮、触之君,时常争地攻战,伏尸数万。追逐败北之敌,十五天才能返回。"

魏惠王失笑:"先生之言,岂非虚妄?"

庄子说:"并不虚妄,可为大王指实。大王认为,四方上下有无穷尽?"

魏惠王说:"无穷尽。"

庄子说:"大王既然能够游心无穷,那么返观天下,岂非渺小得若存若亡?"

魏惠王说:"是的。"

庄子说:"天下之中有魏国,魏国之中有大梁,大梁之中有大王。大王与蛮、触之君,有无分别?"

魏惠王说:"无分别。"

庄子辞出,与蔺且离开大梁,返回蒙邑。

魏惠王对惠施感叹:"庄子真是至人,尧舜不足以相提并论。寡人决定放弃伐齐!"

惠施说:"人吹箫管,其声呜呜;人吹剑环,其声嘘嘘。世人无不称誉尧舜,但在庄子面前称道尧舜,犹如一声嘘嘘。"

赵武灵王、燕易王、中山先王遣使通报天下:"敝国之君,业已称王。今后两国交往,请以王礼相待。"

田婴献策齐威王:"魏惠王举行五国相王,组建五国联盟,不利于齐国西进中原。大王若想瓦解五国联盟,不妨承认赵、燕称王,不承认中山称王,以免魏氏一宗两王,风头重新盖过齐国。"

四七　五国相王三强结盟，庄子讽魏蜗角争雄

齐威王于是拒见中山使者，命人申斥："齐国是万乘之国，中山是千乘之国。中山君怎么敢与寡人同享王号，与寡人分庭抗礼？"

随后接见赵、燕使者："寡人羞与中山君同享王号，愿与赵、燕共伐中山，命其取消王号。伐得中山之地，尽归赵、燕。"

中山先王大为恐惧，问策司马熹："齐威王以中山之地预许赵、燕，赵武灵王、燕易王必将贪地，背叛五国联盟，助齐伐我。寡人称王，反而召来亡国之祸。"

司马熹说："大王不必忧虑！我派张登使齐，必能阻止此事。"

张登奉命秘密使齐，献上重金，拜见田婴："齐威王邀约赵、燕共伐中山，以中山之地预许赵、燕，乃是为赵、燕驱羊。赵、燕瓜分中山之地以后，将比现在强大，不利齐国。"

田婴说："赵、燕、中山同时称王，大王独对中山大怒，乃因赵、燕亲齐，中山亲魏。"

张登说："中山弱小，害怕三国共伐。中山君愿意取消王号，朝拜齐威王，不再亲魏，改为亲齐。"

田婴笑纳重金，献策齐威王："大王邀约赵、燕共伐中山，不仅破费，而且危险。赵、燕瓜分中山之地，不利齐国。何况中山与魏同宗，魏惠王必定不肯坐视。大王不如遣使申斥中山君：'寡人不悦，乃是因为中山亲魏不亲齐。只要中山君来见寡人，寡人愿意承认中山称王。'魏、韩、赵、燕得知中山君朝齐，必将视为背叛五国联盟，而与中山绝交。那时大王再与中山绝交，中山君必将陷入孤立，只能取消王号。"

齐威王听从其言。

张登返回中山复命。

中山先王大悦，立刻前往临淄，朝拜齐威王。

齐威王大喜，允许中山保留王号。

昭阳献策楚怀王："三年前秦惠君称王，韩威侯称王，大王姑息不伐，结果

今年赵、燕、中山又一起称王。魏惠王举行五国相王，组建五国联盟，不利于楚国北进中原。大王不能再予姑息，应该立刻伐魏！"

楚怀王听从其言，命其伐魏。

昭阳领兵伐魏，在襄陵（今河南睢县）大败魏军，攻取了八座城邑。

张仪献策秦惠王："魏惠王举行五国相王，组建五国联盟，不利于秦国东进中原。大王应与齐、楚共商对策。"

秦惠王听从其言，派遣张仪的亲信陈轸出使齐、楚。

陈轸到达临淄，晋见齐威王："秦惠王提议，秦、齐、楚三国之相共赴楚地，会商对付五国联盟之策。"

齐威王欣然同意。

昭阳伐魏，已取八城。得知齐威王承认赵、燕、中山称王，于是移师伐齐。

齐威王问陈轸："秦惠王派遣先生联络齐、楚会盟，如今昭阳竟然伐齐，寡人怎能参加三国会盟？"

陈轸说："我正要使楚，愿为大王劝说昭阳退兵。"

陈轸前往楚营，拜见昭阳："按照楚国之法，武将破敌有何奖赏？"

昭阳说："官位可至上柱国，爵位可至三公。"

陈轸问："有无更高官位？"

昭阳说："只有令尹。令尹是最高文官，上柱国是最高武官。"

陈轸说："我有一个故事，相公是否愿闻？"

昭阳说："愿闻。"

陈轸说："有人赐给全体门客一壶酒。门客们互相商量：'这么多人喝一壶酒，不能尽兴。不如大家在地上画蛇，谁先画完，酒就归谁。'一个门客最先画完，左手拿起酒壶，右手又为蛇添上四足。尚未添完，另一个门客画完，夺过酒壶。相公官位已是令尹兼上柱国，爵位已至三公，仅在楚王一人之下。奉了王命伐魏大胜，已经不能升官晋爵。未奉王命擅自伐齐，实为画蛇添足，取胜不能升官晋爵，战败必将身死夺爵。"

昭阳说："先生言之有理，我立刻退兵！"

陈轸又说："秦惠王命我出使齐、楚，联络三国之相共赴楚地，商议应对五国联盟之策。齐威王已经同意派遣田婴赴会，只等楚怀王同意。"

昭阳于是班师，带着陈轸晋见楚怀王。

楚怀王同意举行三国会盟。

陈轸返秦复命。

秦相张仪、齐相田婴随即共赴楚地啮桑（今江苏沛县），与楚相昭阳会商应对五国联盟之策。

巴国之君，蜀国之君，得知五国相王，也趁乱称王。

鲁景公姬匽，眼见天下诸侯纷纷叛周称王，痛心于周礼彻底崩坏，含恨而死，在位二十三年（前345—前323）。

太子姬叔继位，即鲁平公。

宋康王召见群臣："以前魏国强盛，魏惠王举行四国朝魏、逢泽之会，强迫诸侯朝拜，每次都有宋国。如今魏国衰弱，魏惠王举行五国相王，与诸侯平等结盟，却邀请韩、赵、燕、中山，不邀请寡人。寡人难以容忍！"

唐鞅说："魏惠王举行四国朝魏、逢泽之会之时，魏相均为魏人白圭。如今魏惠王举行五国相王，魏相已是宋人惠施。惠施不邀请大王，乃是背叛母邦，蔑视大王。"

田不礼说："诸侯称王，都有其他诸侯承认。唯有大王称王，没有其他诸侯承认，十分孤立。大王只有扩充武备，强迫诸侯承认！"

宋康王听从唐鞅、田不礼，横征暴敛，扩军备战，欲与天下诸侯一决雌雄。

庄子、蔺且从大梁回到蒙邑，宋康王正在征兵。

宋国境内的陶匠，负责烧制宋国步卒随身携带的陶釜，免服兵役。

庄遍学陶，得以免服兵役。

蔺且、庄咸年幼，免服兵役。

四八　张仪相魏惠施逃楚，射稽合道庄子斥术

前322年，岁在己亥。庄周四十八岁。宋康王十六年。

周显王四十七年。秦惠王更元三年。楚怀王七年。魏惠王后元十三年。韩宣王十一年。赵武灵王四年。齐威王三十六年。燕易王十一年。鲁平公元年。卫孝襄侯十三年。越王无疆二十一年。中山先王六年。

惠施上朝，献策魏惠王："秦、齐、楚三国之相，在楚地啮桑会盟，意在遏制魏国重新崛起。大王只有继续与齐偃兵，才能避免秦、齐、楚联合伐魏。"

魏惠王听从其言，前往齐地甄邑（今山东甄城）会见齐威王。

张仪上朝，献策秦惠王："魏惠王举行五国相王，组建五国联盟，意在重新称霸中原，争霸天下。大王不能坐视，应该设法确保魏惠王不会西伐秦，只会南伐楚、东伐齐。魏惠王如果南伐楚，胜则魏强，败则楚强。楚、魏与秦相邻，无论谁强，都不利于秦。魏惠王如果东伐齐，无论胜负，都会两败俱伤，都有利于秦。如今魏惠王在甄邑会见齐威王，意在联齐伐秦，收复河东、河西。我愿使魏，劝说魏惠王联秦伐齐。"

秦惠王听从其言，命其使魏。

张仪到达大梁，晋见魏惠王："秦惠王满足于收复河西秦地，无意于攻取河东魏地，所以曾经听我之言，把河东魏地归还大王。大王两次伐赵，原本与齐无关，齐威王却两次救赵败魏，杀死大将庞涓和太子魏申。去年大王举行五国相王，同样与齐无关，齐威王却强迫中山叛魏亲齐。秦惠王如此敬重大王，齐威王如此侮辱大王，大王不该联齐伐秦，应该联秦伐齐。"

魏惠王大为心动，恭请张仪入住宾馆，等待回音。

魏惠王问策群臣："寡人违心朝齐，乃是为了等待时机，洗雪桂陵、马陵之耻，报复庞涓、太子之仇。如今张仪劝说寡人联秦伐齐，寡人颇为心动。"

惠施说："大王应该继续与齐偃兵，不可被张仪蛊惑。"

公孙衍说："相国言之有理！秦惠王归还河东魏地，意在诱骗大王亲往咸阳为其驾车，所以称王成功以后，立刻重伐河东。如今秦惠王担心大王率领五国联军伐秦收复河东、河西，又命张仪前来蛊惑大王。不过大王去年举行五国相王以后，秦惠王、齐威王不敢伐魏，唯有楚怀王伐魏攻取八城。如今当务之急，并非伐齐、伐秦，而是伐楚收复八城。"

魏惠王听从其言，命其伐楚。

公孙衍领兵伐楚，攻打去年楚侵八城之一承匡（今河南睢县），被楚军击败。

张仪留在大梁，不见魏惠王同意联秦伐齐，却见公孙衍伐楚，于是命令秦将甘茂伐魏。

甘茂率领秦军伐魏河东，重新攻取了曲沃（今山西闻喜），又攻取了平周（今山西介休）。

张仪又命甘茂停止伐魏，转而伐楚救魏。

公孙衍伐楚失败，得到秦军援救，败归大梁。

张仪再次晋见魏惠王："大王不听我言，拒绝联秦伐齐，导致秦惠王怒而伐魏。其实秦惠王不愿与大王兵戎相见，所以听我之言停止伐魏，转而伐楚救魏。大王只有联秦伐齐，魏国才能重新强大！"

魏惠王无奈，再次问策群臣。

公孙衍伐楚兵败，又被秦军所救，只好假装支持张仪，赞成联秦伐齐。

公孙喜、公孙弘、季真随之转向。

唯有惠施仍然反对联秦伐齐。

四八　张仪相魏惠施逃楚，射稽合道庄子斥术

魏惠王怒斥惠施："群臣无不赞成联秦伐齐，先生为何独自反对？寡人心意已决，先生不必再言！"

惠施说："对于小事，群臣尚且意见不一，常常一半赞成，一半反对。如此大事，群臣一致赞成，必对魏国不利。大王不可不察！"

魏惠王不听。

张仪得知惠施独自反对，再次晋见魏惠王："我是魏人，一心盼望魏国强大。当初我离魏仕秦，乃是因为大王忘记齐威王败魏杀子之仇，听信惠施蛊惑，三次屈尊朝齐。如今我虽然仕秦，仍然不忘母邦，希望借重秦军，帮助大王伐齐报仇！惠施乃是宋人，既不愿意魏国强大而危及宋国，又与齐相田婴暗中勾结狼狈为奸，所以一再阻止大王伐齐报仇。"

魏惠王听信其谗，勃然大怒，下令拘捕惠施。

惠施得到公孙衍通风报信，急出大梁东门，逃往宋国。

魏惠王想起当年未听公叔痤遗言而不杀商鞅，导致商鞅相秦以后反噬魏国，下令通缉惠施。

惠施东逃途中，遭到通缉，立刻变换衣冠，改道南行，逃往楚国。

魏惠王七十九岁，任命五十九岁的张仪为相，派遣太子魏嗣前往咸阳朝拜秦惠王。

韩宣王追随魏惠王，也派太子韩仓前往咸阳朝拜秦惠王。

张仪兼相秦、魏，长驻魏都大梁，筹备秦、魏联合伐齐。

正在此时，魏国发生异事：一个大梁女子，突然变为男子。

张仪祝贺魏惠王："阴化为阳，乃是大王与秦结盟的吉兆。预示魏国不再阴柔而趋弱，重振阳刚而复强。"

魏惠王大悦，坚定了联秦伐齐之心。

子华子感叹："阴化为阳，乃是泰道退隐、否术大盛的凶兆，魏国大祸将临，天下大战将至。"

不愿继续出仕，辞官归隐。

赵武灵王鉴于魏国衰弱以后仍然强于赵国，去年被迫参加五国相王，与中山勉强结盟。

今年前往韩地区鼠（今地不详）会见韩宣王，加强赵、韩之盟，静观各国动向。

楚人许行，既反对儒家效法尧舜、文武，也反对墨家效法大禹，主张效法神农，率领弟子躬耕务农，成为农家祖师。

许行今年六十九岁，失望于楚怀王昏聩无能，得知滕文公重用孟轲，恢复井田制，于是带领弟子数十人，从楚至滕，晋见滕文公："远方之人，听说君侯推行仁政，非常向往。愿受井田，成为君侯治下之民。"

滕文公大悦，每人授田百亩。

宋人陈相、陈辛兄弟，原在宋国躬耕务农，失望于宋康王扩军备战，得知滕文公重用孟轲，恢复井田制，于是带领同宗数十人，从宋至滕，晋见滕文公："听说君侯实行王政，乃是当代圣人。愿受井田，成为圣人治下之民。"

滕文公大悦，每人授田百亩。

陈氏兄弟慕名拜访许行，见其师徒身穿麻衣，亲自耕作，编织草鞋、席子，大为敬佩，于是师从许行。

陈相拜见孟轲："滕文公虽是贤君，但还不是圣人，许行才是圣人。贤者应该与民并耕而食，共食而治。如今滕国却有仓廪府库，这是驱使民众劳苦，用于自养一身，怎能称为圣人？"

孟轲问："许行是自己种粟而食吗？"

陈相说："是。"

"许行是自己织布而衣吗？"

"是。"

"许行戴冠吗？"

"戴冠。"

四八　张仪相魏惠施逃楚，射稽合道庄子斥术

"所戴何冠？"

"素冠。"

"素冠是自己做的吗？"

"不是。用粟交易得来。"

"许行为何自己不做素冠？"

"忙于耕种。"

"许行盛物用不用陶器，耕种用不用铁器？"

"用。"

"陶器、铁器是自己做的吗？"

"不是。也是用粟交易得来。"

"许行为何要与百工交易？"

"百工之事，耕夫难以兼顾。"

孟轲笑了："那么治理天下的君主，怎能兼顾治理和耕种？有大人之事，有小人之事。每人日常所需之物，必待百工，始得完备。如果全都自做自用，天下人必将无物可用。所以说：有人劳心，有人劳力。劳心者治人，劳力者治于人。劳力者供养劳心者，劳心者受供养于劳力者，乃是天下之通义。唐尧之时，洪水横流，泛滥天下，命令大禹治水，然后中国可以得食。大禹在外八年，三过其门而不入，即使想要耕种，哪里还有余暇？农夫受田百亩耕种，只为一己之事忧虑。圣人教育万民尽忠，要为天下之事忧虑。尧舜治理天下，不必亲自耕种，仍是圣人。要找许行那样的农夫非常容易，要找滕文公这样的圣人极为困难！"

四月，齐威王把功勋卓著的庶子田婴，封于薛邑（今山东滕州南），封号靖郭君，世称薛公。

楚怀王大怒："十二年前田婴策动齐、魏徐州相王，父王怒伐徐州。田婴主持齐、魏相王，又引发去年公孙衍策动五国相王。如今称王诸侯遍布天下，王号贬值已极，田婴乃是始作俑者。寡人决意伐齐，阻止齐威王册封田婴！"

齐威王得知，不愿惹怒强楚，考虑撤回对田婴的册封。

田婴愁肠百结。

门客公孙闲请命："主公不必发愁！我愿使楚，让楚怀王比大王更希望册封主公。"

田婴将信将疑，姑从其策。

公孙闲从齐至楚，晋见楚怀王："为何鲁、宋臣事大王，齐国却不臣事大王？因为齐国强大，鲁、宋弱小。为何大王希望鲁、宋弱小，却不希望齐国弱小？"

楚怀王说："寡人非常希望齐国弱小！"

公孙闲问："齐威王裂地分封田婴，必将削弱齐国。大王为何阻止？"

楚怀王说："先生言之有理！寡人不再阻止。"

十月，田婴在薛邑修筑城墙。

张丑、公孙闲等众多门客，纷纷反对。

田婴下令："凡是反对筑城者，不许入见！"

滕文公急召孟轲："滕是小国，夹在齐、楚两强之间，寡人应该事齐，还是应该事楚？"

孟轲说："我不能代替主公作主。非要我说，只有一个办法：凿深城池，筑高城墙，与民同守。齐、楚来攻，誓死固守，那样必将无忧。"

滕文公问："齐相田婴，正在封地薛邑修筑城墙。薛邑紧邻滕国（今山东滕州西南），寡人担心田婴为了扩大封地，准备伐滕，应该如何应对？"

孟轲说："周文王的祖父周太王，当年住在邠地，狄人来侵，周太王离开邠地，移居岐山脚下的周原。大部分邠人说：'真是仁德之人啊！不可失去如此仁君。'纷纷离开邠地，追随太王迁往周原。也有少数邠人说：'周人世居邠地，应该宁死不离。'主公可在两条路中，选择其一。周太王并非不喜欢邠地而喜欢周原，实为不得已。只要一意为善，后世子孙必有王者。君子创业垂统，只愿遵循可以持续之道，至于能否成功，在于天意。主公如果没有比周太王更好的办法，那就只有勉力为善。"

四八　张仪相魏惠施逃楚，射稽合道庄子斥术

宋人兒说二十九岁，游学稷下多年，虽为稷下学士，然而不受重用。听说田婴在薛邑筑城，于是离开临淄，前往薛邑求见："我只说三个字，一旦超过，相国可以烹杀我。"

田婴允许兒说入见。

兒说说了三个字："海大鱼。"转身就走。

田婴说："先生留步！这是何意？"

兒说说："我不敢拿性命当儿戏！"

田婴说："但说无妨。"

兒说说："相国没听说过海大鱼吗？用网捕不了，用箭射不死，然而一旦失水，却为蝼蚁所制。齐国，正是相国的大海。只要齐威王一直信任相国，薛邑何必修筑城墙？如果齐威王不再信任相国，薛邑的城墙即使高与天齐，能够抵御诸侯征伐吗？"

田婴说："先生所言极是。"

下令停止修筑城墙。

兒说从此取代公孙闬、张丑，成为田婴第一门客。

宋康王被天下诸侯孤立，闲得无聊，命令苏贺建造青陵台。

苏贺征调了二十岁到四十岁的大量宋民，充当建造青陵台的役夫。

庄遍二十七岁，无偿服役，自备干粮。

苏贺禀报宋康王："工程浩大，役夫不够。为了加快进度，必须放宽役夫年龄。"

宋康王听从其言。

蔺且十九岁，庄咸十八岁，均未成丁，也被征调服役。

支离疏身有残疾，仍然免于应役。

讴癸带领役夫，夯土筑墙。

讴癸领唱夯歌，工人应和夯歌，随着节奏，一起一落。

讴癸的夯歌，悦耳动听。工人不知疲倦，行人止步欣赏。

宋康王召见讴癸，予以奖赏。

讴癸说："我的夯歌，不及吾师射稽。"

宋康王征召射稽应役。

射稽领唱夯歌，工人应和夯歌，随着节奏，一起一落。

射稽的夯歌，毫不悦耳。工人感觉疲倦，行人都不止步。

宋康王问讴癸："你为何认为自己不及射稽？"

讴癸说："大王不能只听夯歌悦耳与否，要看筑墙效果如何。"

宋康王命令苏贺查验。

苏贺复命："讴癸领唱夯歌，一天筑墙四版，墙体不够坚固，巨木撞击一下，陷入五寸。射稽领唱夯歌，一天筑墙八版，墙体非常坚固，巨木撞击一下，陷入二寸。"

宋康王大悦，重赏射稽。

从此以后，宋康王白天在武宫练兵备战，晚上在青陵台饮酒作乐。

庄子四十八岁，心忧天下大战将至。

蔺且服役归来，请教庄子："讴癸的夯歌悦耳动听，工人不知疲倦，行人止步欣赏，但是筑墙又慢又不坚固。射稽的夯歌毫不悦耳，工人感觉疲倦，行人都不止步，但是筑墙又快又坚固。是何缘故？"

庄子说："讴癸的夯歌，务外不务内，虽然悦耳，但是乱德。由于悦耳，所以行人止步，但是无助于筑墙，只是场面好看。由于乱德，所以工人身倦之时，心不知倦，导致身心分离，作而不息，透支体力。如此以人逆天，逆德悖道，效率必低，所以筑墙既慢，又不坚固。射稽的夯歌，务内不务外，虽不悦耳，也不乱德。由于不悦耳，所以行人不止，场面并不好看。由于不乱德，所以工人身倦之时，心也知倦，因而身心合一，有作有息，循德而筑，量力而行，不必透支体力。如此以人合天，循德顺道，效率必高，所以筑墙既快，又很坚固。"

蔺且问："夫子所言之道，射稽是否明白？"

庄子说："众人不知其然，谓之道。射稽之技，虽然暗合于道，但是未必知其然。庖丁之技，不仅暗合于道，而且技进于道，已经知其然，悟其道。"

蔺且问："假如射稽也未必悟道，那么讴癸就更不可能悟道了？"

庄子说："暂时的高低，不足以决定未来的高低。讴癸虽然暂时不及射稽，但是能够自知不及射稽，假以时日，不仅有望抵达射稽之技，而且有望超越射稽，像庖丁一样技进于道。世人之可悲，并非其道不及庖丁，其技不及射稽，其智不能知人，而是缺乏讴癸的自知之明。所以《老子》有言：'知人者智，自知者明。'"

蔺且问："为何讴癸的自知之明，竟比射稽之技、庖丁之道更加可贵？"

庄子说："人之可贵，在于有知；知之可贵，在于自知；自知之可贵，在于自知无知。所以《老子》有言：'知不知，上；不知知，病。圣人病病，是以不病。'人若能够自知，必能知人，必能知地，必能知天。人若不能自知，必定不能知人，不能知地，不能知天。世人或是不自知仅有小成，反而自居大成，或是明知仅有小成，但是为了富贵爵禄而招摇撞骗，不肯像讴癸那样承认仅有小成，反而自欺欺人地冒充大成。缺乏自知之明者，无不止于小成。"

蔺且问："夫子所言之道，宋康王是否明白？"

庄子说："不可能明白！宋康王重赏射稽，仅是利用天道之力，强化人术之治。"

第五部
庄惠初游（前321—前305）

四九　惠施返宋庄子弃鱼，庄惠辩用天人两行

前321年，岁在庚子。庄周四十九岁。宋康王十七年。

周显王四十八年（卒）。秦惠王更元四年。楚怀王八年。魏惠王后元十四年。韩宣王十二年。赵武灵王五年。齐威王三十七年。燕易王十二年（卒）。鲁平公二年。卫孝襄侯十四年。越王无疆二十二年。中山先王七年。

田婴上朝，向齐威王进言："如今张仪兼相秦、魏，竭力鼓动魏惠王联秦伐齐。九年前张仪离魏入秦，与公孙衍争事秦惠王，结果张仪取代公孙衍成为秦相。公孙衍离秦返魏，与惠施争事魏惠王，前年策动五国相王，意在取代惠施成为魏相，结果又是张仪取代惠施成为魏相。因此公孙衍痛恨张仪至极，竭力阻挠联秦伐齐。公孙衍策动五国相王，受到韩、赵、燕、中山四国敬重，又与韩相公仲朋交好。我愿出使魏、韩，劝说魏惠王驱逐张仪归秦，重用公孙衍。劝说韩宣王、公仲朋向魏惠王施压，务必驱逐张仪归秦。"

齐威王大悦，命其出使魏、韩。

田婴从齐至魏，晋见魏惠王："大王当初采纳惠施之策，与齐偃兵。齐威王敬重大王，才与大王徐州相王，齐、魏已有二十年未曾交兵。秦惠王一直采纳张仪之策，不敬大王，羞辱大王为其驾车，攻取魏国河西、河东之地。如今又命张仪挑唆大王联秦伐齐，意在坐收渔人之利。大王竟然听信张仪，驱逐惠施，导致天下亲魏者、亲齐者寒心。齐威王希望大王驱逐张仪归秦，改命公孙衍为相，联合齐、楚，共伐暴秦。"

魏惠王不听。

田婴又从魏至韩,晋见韩宣王:"魏惠王既畏惧暴秦,又轻信张仪,准备联秦伐齐。秦人是斩首计功的虎狼之国,攻取魏国河西、河东以后,已经逼近韩国,很快就会伐韩。大王与魏惠王交好,应该劝说魏惠王驱逐张仪归秦,改命公孙衍为相,中原诸侯共伐暴秦,这样韩国才能免于秦伐。"

韩宣王说:"君侯言之有理,寡人一定劝说魏惠王!即使魏惠王不听劝告,寡人决不加入秦、魏伐齐。"

魏惠王在内受到公孙衍、公孙喜、公孙弘、季真阻挠,在外受到田婴、韩宣王、公仲朋施压,加上中山叛魏亲齐,只好暂缓联秦伐齐。

赵武灵王按照去年在区鼠与韩宣王的盟约,今年加强赵、韩之盟,迎娶韩宣王之女,立为王后。生子赵章,立为太子。

燕易王死了,在位十二年(前332—前321)。第十年参加五国相王,叛周称王。前十年为公,后二年为王。

太子姬哙继位,即燕王哙。

燕国首次以王礼为国君治丧,丧礼隆重盛大,诸侯无不遣使吊丧。

周显王姬扁死了,在位四十八年(前368—前321)。第二年东周朝分裂为二,此后寄居东周国。在位期间,八大诸侯叛周称王,加上春秋时代叛周称王的楚、越,天下除了周天子,另有十王。东周王朝名存实亡。

太子姬定继位,即周慎靓王。继续寄居东周国,蛰居洛阳王宫。

东周国昭文君,仍以王礼为周显王治丧。

丧礼冷冷清清,诸侯均不遣使吊丧。

惠施六十岁,逃出魏国,到达郢都,晋见楚怀王:"张仪奉秦惠王之命,唆使魏惠王联秦伐齐、联秦伐楚。我主张天下偃兵,反对张仪。魏惠王被张仪蛊惑,将我罢相。我已无处可去,只好投奔大王!"

楚怀王三十八岁,大怒于张仪,准备重用惠施。

四九　惠施返宋庄子弃鱼，庄惠辩用天人两行

冯赫谏阻："如今张仪兼相秦、魏，深得秦惠王、魏惠王信任，秦、魏不是东伐齐，就是南伐楚。大王重用惠施，必将得罪张仪。张仪就会劝说秦惠王、魏惠王先伐楚，后伐齐。"

楚怀王问："惠施相魏十九年，名重天下。如今投奔寡人，寡人应该如何处置？"

冯赫说："宋康王惋惜惠施不仕宋而仕魏，天下无人不知。大王不如赠以厚礼，护送惠施归宋。然后派人告诉张仪：'寡人敬重先生，所以不用惠施。'张仪必将感激大王，秦、魏必将不伐楚，只伐齐。惠施正在穷途末路，大王赠礼送归，也必感激大王。"

楚怀王采纳其策，赠送惠施马车百乘，护送归宋。

庄子四十九岁，正在蒙泽岸边钓鱼。

午后，庄子已经钓了大半桶鱼，听到马车辚辚之声，众人围观之声，回头一看，惠施的盛大车队，正从泽畔经过。

惠施坐在车中，没有看见庄子。车队绕过蒙邑，直往商丘而去。

庄子心如止水，望着湖面。只见鸿鹄击水，划破水面，迎风高举，升至中天，飞向远方，消失于天际。于是倒掉半桶鱼，提前回家。

钟离氏十分奇怪："今天之鱼，为何少于平日？"

庄子说："我倒了半桶鱼。"

钟离氏不解："为什么？"

庄子笑了："我看见了惠施的盛大车队。"

惠施仕魏二十二年，相魏十九年，一直未回宋国。去年罢相，逃离大梁，出奔楚国。今年以马车百乘的盛大仪仗，自楚归宋。

宋康王大喜，立刻召见惠施："寡人即位以前，先生离宋仕魏。相魏十九年，举行五国相王，辅佐魏惠王成为中原盟主。寡人敬慕先生已久，如今先生归宋，必能辅佐寡人富国强兵，复兴殷商之盛。"

惠施说："魏国原为中原最强，由于魏惠王好战，征伐友邦韩、赵，结果由

盛转衰。魏惠王听我之言，与天下偃兵，获得喘息以后，又用公孙衍之策举行五国相王，希望凭借五国联盟，重新争霸天下，必将再遭重创。宋国远比魏国弱小，大王更不应该好战。大王即位十七年，一直置身诸侯征战之外，实为宋民之福。如今大王建造武宫，扩充武备，一旦卷入诸侯征战，必非宋民之福。"

宋康王不悦，犹豫是否重用惠施。

唐鞅说："大王忘了惠施不邀请大王参加五国相王，但是惠施没忘，担心大王责怪，才说五国相王是公孙衍之策。即使确为公孙衍之策，惠施身为魏相，也有襄赞之功。"

田不礼也说："惠施实非大才，相魏十九年，寸功未立。去年被魏惠王罢相，竟然不归宋而奔楚，又被楚怀王弃用，才无可奈何返宋。惠施如此不忠母邦，大王怎能重用？"

宋康王听信谗言，不再理睬惠施。

惠施不愿求仕宋康王，闲居商丘无事，想起了见识非凡的庄子，于是前往蒙邑拜见："先生前年游历大梁，我错怪先生欲谋魏相，特来致歉！"

庄子说："我在大梁劝告先生激流勇退，先生不听，结果不仅被张仪驱逐，又差点送了性命。先生既然不愿助桀为虐，何必同流合污？"

惠施说："我相魏十九年，作用固然有限，毕竟实现了魏、齐偃兵，挽救了两国百姓。先生洁身自好，拒绝出仕，顺道循德，自适其适，立意虽高，但也比我更加无用。魏惠王曾经赐给我一种大葫芦的种籽，我种植而成，果实重达五石。用于盛水，硬度不足以自举其重；剖开做瓢，又忧愁过于阔大，无法舀水。我认为徒有其大，其实无用，因而砸碎了它。"

庄子说："人们行路，仅须脚下的尺寸之地。但是如果认为双脚之外的广大土地无用，还能行走天下吗？"

惠施说："不能。"

庄子说："那么表面看来无用的明道之言，实有大用，不是很明白吗？只有明白无用之道实有大用，方能明白有用之技仅有小用。先生已被魏惠王罢相，还用魏惠王的一时宠信，嘲笑我大而无用。看来先生虽有大才，其实拙于用大。"

四九　惠施返宋庄子弃鱼，庄惠辩用天人两行

惠施问："如何才是善于用大？"

庄子说："春秋末年，有个漂洗麻絮的宋人，配制了一种防治皮肤皲裂的药膏，子孙后代凭借这一祖传秘方，漂洗麻絮至今。当时有个吴人，愿出百金购买秘方。宋人漂洗麻絮，一年不过获利数金，于是卖了秘方。吴人购得秘方，进献吴王夫差，率领涂了药膏的吴军，冬天与越人水战，大败越人，成了封君。先生认为，是宋人善于用大，还是吴人善于用大？"

惠施说："药膏可以防治皮肤皲裂，功能并无不同，用途大为不同。吴人用于水战，成为封君。宋人漂洗麻絮，世世贫穷。宋人一定后悔自己仅知小用，不知大用。"

庄子说："先生错了！宋人及其子孙，从未后悔！"

惠施问："这是何故？"

庄子说："宋人及其子孙认为，吴人凭借这一秘方，杀死很多越人，因而成为封君，实在伤天害理。而且二十年后，越王勾践伐灭吴国，又杀死很多吴人，那个成为封君的吴人也被灭族。贪图爵禄的吴人，没有子孙后代。漂洗麻絮的宋人，子孙繁衍至今。先生虽被魏惠王罢相，但是用世之心不改，才会颠倒大用、小用。如今先生有五石的大葫芦，何不考虑作为大酒樽，系于腰间，浮于江湖，何须忧愁过于阔大，无法舀水？先生的德心，似乎塞满了蓬草！"

惠施语塞，话锋一转："我在大梁相府门前，种了一棵大树，世人称为臭樗。臭樗的大树干，臃肿不合绳墨；臭樗的小树枝，卷曲不合规矩。大树长在路边，木匠看也不看。如今先生的言论，大而无用，一如臭樗，难以立足世间，必被众人抛弃。"

庄子说："香椿、臭樗同种，天道眼中的香椿，在人道眼中却是臭樗。正如天道眼中的君子，在人道眼中却是小人；天道眼中的小人，在人道眼中却是君子。天道、人道，背驰两行。"

惠施问："先生为何认为，天道、人道背驰两行？"

庄子说："如果运用天道标准，张仪是小人，先生是君子。魏惠王运用人道标准评判，张仪就是君子，先生才是小人。先生为何也像魏惠王一样，运用人道标准评判我？难道魏惠王听信张仪，罢免先生，通缉先生，真是先生罪有应得？"

惠施强辩："魏惠王一时糊涂，早晚必将明白，谁是君子，谁是小人！"

庄子大笑："先生执迷不悟，莫非没见过狸猫、牦牛？狸猫低身伏于草丛，守候老鼠出洞，偶尔也有收获。但是东蹿西跳，不避高下，最后还是中了猎人的机关，死于猎人的罗网。牦牛虽比狸猫大得多，但是不能捕捉老鼠，也不会中了猎人的机关，死于猎人的网罗。如今先生拥有大树，不必忧虑无用，可以树立在无何有之乡，广漠的旷野。先生可以顺道无为地在大树周围散步，逍遥自在地在大树下面寝卧。能够不被否君的斧斤诛杀而中道夭亡，能够不被悖道外境奴役伤害，那么无所可用，何必感到苦恼？先生遵循墨子之道，主张非攻偃兵，用意固然不坏，可惜效果一如螳臂挡车，终将归于无用。"

五十　滕文问责孟轲至魏，庄惠辩儒孔子改宗

前320年，岁在辛丑。庄周五十岁。宋康王十八年。

周慎靓王元年。秦惠王更元五年。楚怀王九年。魏惠王后元十五年。韩宣王十三年。赵武灵王六年。齐威王三十八年。燕王哙元年。鲁平公三年。卫孝襄侯十五年。越王无疆二十三年。中山先王八年。

秦惠王三十七岁，巡视黄河北岸。

思量秦军东进之策，等待张仪在魏策动伐齐。

田婴上朝，献策齐威王："张仪兼相秦、魏两年，未能策动秦、魏伐齐，必不死心。大王不如与秦联姻，挫败张仪的阴谋。"

齐威王说："秦人乃是虎狼之国，不受联姻约束。秦惠王的王后乃是魏惠王之女，不是照样伐魏？"

田婴说："秦人虽是虎狼之国，魏人却是礼仪之邦。如今秦、齐远隔，秦惠王想要伐齐，只有假手魏惠王。秦、齐如果联姻，魏惠王就会犹豫是否伐齐。"

齐威王采纳其策，请求与秦联姻。

秦惠王眼见张仪相魏两年未能伐齐，于是把女儿嬴氏嫁给三十二岁的齐国太子田辟疆，立为正夫人。

毕战禀报滕文公："如今列国变法，无不废除井田制，扩大亩制，奖励开荒，以便人尽其力，地尽其材。主公听信孟轲，恢复井田制，实与天下大势背道而驰，只能画虎类犬。滕国仅有方圆五十里，尽管延用小亩制，每人授田百亩，土地也已授完，而且人未尽力，地未尽材，不仅没能国富兵强，反而更加国贫兵弱。"

慕名至滕的楚人许行，早已离滕往齐。慕名至滕的宋人陈相、陈辛，也已离滕返宋。"

滕文公召见孟轲："先生曾说，师法周文王，恢复井田制，必可王天下，大国只要五年，小国只要七年。如今土地授完，难以为继。而且已经实行五年，为何收效甚微？"

孟轲明白，滕文公已对自己失去信任，于是带着弟子公孙丑离开滕国，前往魏国。

魏惠王八十一岁，在大梁宫的人工湖边，兰台之上，召见五十三岁的孟轲："寡人无能，军旅三折于外，太子魏申被杀，大将庞涓战死，国库空虚，国力大损。寡人愧对先君，深感耻辱。老先生不远千里来到敝国，能否有利吾国？"

孟轲说："大王何必言利，为何不言仁义？假如国君仅仅考虑是否有利其国，大夫仅仅考虑是否有利其家，士民仅仅考虑是否有利其身，上下无不追逐利益，那么国家必定危险。万乘之国，弑杀其君的必是千乘之家。千乘之国，弑杀其君的必是百乘之家。人人先利后义，大肆争夺，永远不会满足。仁人不会遗弃亲人，义人不会不事君父。大王一心考虑仁义，才是治国正道，何必仅仅考虑是否有利？"

魏惠王指指湖中的大雁，岸边的麋鹿："老先生虽是贤人，难道面对这些不感到快乐？"

孟轲说："贤人首先考虑仁义，然后因为富贵而快乐。不贤者即使拥有富贵，仍然不会快乐。古代贤君，因为与民同乐，所以快乐。《尚书·汤誓》有言：'时日曷丧？予及汝偕亡。'如果臣民想与君王同归于尽，即使君王拥有台池鸟兽，怎能独自快乐？"

魏惠王说："寡人对于国事，非常尽心。一旦发生饥荒，必定运粮赈济。邻国君主不如寡人尽心，但是邻国民众没有减少，魏国民众没有增加，是何缘故？"

孟轲说："这是因为大王好战！我不如就以战事来打比方。假如魏、秦交战，兵刃相接，两个魏兵害怕秦军斩首，于是逃跑，一人逃了一百步，一人逃了五十步。逃了五十步的人，可以嘲笑逃了一百步的人吗？"

魏惠王说:"不可以。少逃五十步,仍是逃跑。"

孟轲说:"民众不饥不寒,养生送死没有遗憾,君主却不能使天下归服,这种情形从古至今未曾有过。如今魏国民众饿死,大王却说:'与我无关,这是年成不好!'魏国民众战死,大王却说:'与我无关,这是战事不利!'大王只有不再把罪责推托于年成不好、战事不利,天下民众才会奔赴魏国,否则别想指望魏国民众多于邻国民众。"

魏惠王说:"老先生言之有理,寡人愿闻教诲!"

孟轲说:"大王的厨房里有肥肉,马厩里有肥马,魏国的民众却有饥色,野地也有饿死者,这是大王率领野兽吃人!野兽互相残杀,人类尚且厌恶。大王率领野兽吃人,如何成为民之父母?"

魏惠王说:"老先生知道,魏国原为天下最强。但是到了寡人手里,东败于齐,太子战死,西败于秦,丧地七百里,南败于楚,失去八座城邑,寡人深感耻辱,愿为死者报仇雪恨,如何才能做到?"

孟轲说:"国家方圆百里,君主只要奉行王道,就能天下归服。大王如对人民施行仁政,减省刑罚,降低赋税,使民众安心耕作,孝悌忠信,在家侍奉父兄,出门事奉官长。邻国君主一旦夺其农时,使民众不能安心耕作,不能孝养父母,父母冻饿,兄弟不睦,妻离子散,陷溺水火,大王就可以派遣义兵讨伐,即使手持木棒,也能打败秦、楚的坚甲利兵。仁者无敌,大王不必怀疑!"

魏惠王召见白圭:"先生一直劝说寡人遵循老聃之道,降低赋税,无为而治。寡人一直不听。如今孟轲也劝说寡人遵循孔子之道,降低赋税,仁义而治。寡人决定听从!"

白圭说:"我能经商致富,乃是效法老聃弟子范蠡。《老子》有言:'民之饥,以其上食税之多。'又说:'天之道,损有余而补不足;人之道,损不足以奉有余。'我一直告诫大王,老聃之道是天之道,孔子之道是人之道。没想到孟轲身为孔子之徒,竟然也主张降低赋税。"

魏惠王说:"既然全都主张降低赋税,先生就不必强分老聃之道、孔子之道了。先生可与孟轲商定减税方案。"

白圭拜见孟轲:"大王采纳先生之言,命我与先生商定减税方案。我打算废除什一税,改为二十税一,先生是否赞成?"

孟轲说:"这是胡人之道!人口万户的邦国,陶匠只有一人,可以吗?"

白圭说:"不可以,陶器不够用。"

孟轲说:"胡地物产不富,又无城郭、宫室、宗庙、祭祀的礼仪,不必供养封君的爵位,不必支付百官的俸禄,所以二十税一即已足够。中原乃是礼仪之邦,如果废除人伦,不养君子,如何治国?没有陶器,尚且不能治国,何况没有君子?税收比尧舜轻,就是胡人之道。税收比尧舜重,就是桀纣之道。"

白圭大失所望,向魏惠王复命:"八年前,孟轲出仕宋国,认为宋康王的什二税是桀纣之道,劝其遵循尧舜之道,实行什一税。宋康王不听,孟轲离宋归邹。五年前,孟轲出仕滕国,劝说滕文公遵循尧舜之道,恢复井田制,实行什一税。滕文公听从,实施五年失败,孟轲离滕至魏。魏国原本实行什一税,孟轲却劝大王降低赋税。大王采纳其言,命我与他商定减税方案。我主张废除什一税,改为二十税一。孟轲又说,二十税一是胡人之道,不足以供养君子,只有什一税才是尧舜之道,足以供养君子。"

魏惠王大怒:"孟轲身为孔子之徒,为何如此反复无常?先是批评寡人只图有利,不行仁政,结果事到临头,为了让寡人供养他这种君子,竟又反对减税!"

于是打消减税之念,不再理睬孟轲。

庄子五十岁,子华子死于魏国,魏牟(中山王妃江姬之子,庄子再传弟子)生于中山。

庄咸二十岁,也师从蔺陶匠,学习制陶。

庄子带着蔺且,同往商丘,回访惠施。

惠施大悦:"上次与先生谈论有用、无用,大用、小用,令我受益非浅。虽然如今老、孔、墨之道分道扬镳,其实老聃原是孔子之师,墨子原是孔子之徒,三者之间不妨求同存异。"

庄子问:"先生学墨子之道,对老聃之道、孔子之道是否了解?"

五十　滕文问责孟轲至魏，庄惠辩儒孔子改宗

惠施说："老聃主张无为，孔子主张有为。"

庄子问："先生是否知道，孔子六十岁以后，思想发生变化，对其初时所是，最终非之，对其初时所非，最终是之？"

惠施说："因为孔子勤勉励志，服从真知。"

庄子问："你是否明白具体过程和具体原因？"

惠施说："愿闻其详。"

庄子说："孔子早年，曾往周都洛阳，向东周史官老聃问礼，老聃告诉孔子：'失道而后德，失德而后仁，失仁而后义，失义而后礼。夫礼者，忠信之薄，而乱之首。'孔子执迷不悟，仍然只教弟子《诗》、《书》、《礼》、《乐》，不讲无法读懂的《周易》。孔子五十四岁离鲁，六十八岁归鲁，周游列国十四年，思想发生了根本变化。一是孔子在宋国得到《归藏》，始知《周易》难以读懂的原因是违背了《归藏》。二是孔子在陈国出仕两年，又向辞官归陈的老聃问道，老聃告诉孔子：'至阴肃肃出乎天，至阳赫赫发乎地。'孔子终于领悟天地之道，进而领悟君臣之道。"

惠施大惊："天下都说天属阳，地属阴，为何老聃却说'至阴肃肃出乎天，至阳赫赫发乎地'？"

庄子笑了："天属阳，地属阴，乃是否卦之象，大凶。天属阴，地属阳，才是泰卦之象，大吉。孔子闻道于老聃，始悟伏羲所画负阴抱阳的泰卦，亦即天柔地刚、君柔臣刚的泰道，才是天地之道、君臣之道。伏羲所画戴阳履阴的否卦，亦即天尊地卑、君尊臣卑的否术，违背天地之道、君臣之道。孔子始知早年主张天尊地卑、君尊臣卑，实为否术。孔子死前所言'五十知天命'，是说五十四岁周游列国以后，闻道老聃而领悟天道，于是思想发生变化，对其初时所是，最终非之，对其初时所非，最终是之。孔子晚年又说'假我数年，五十以学易，可以无大过矣'，乃是承认早年孔学确有大过，'大过'乃是六十四卦之一。早年孔学的大过，就是不知天柔地刚、君柔臣刚的泰道，鼓吹天尊地卑、君尊臣卑的否术。孔子死前所言'六十而耳顺'，是说六十八岁归鲁以前，又接受了老聃、接舆、长沮、桀溺、晨门等人对其早年主张的批评。晚年孔学，独传随其周游列国的颜回。然而孔子六十八岁归鲁，次年颜回即死，孔子哀叹'天丧我'，

四年后含恨而死。所以如今孔子之徒鼓吹的天尊地卑、君尊臣卑，实为晚年孔子早已否定的早年孔学。"

惠施说："孔子晚年治易，撰写《易传》。我读过《易传》，与早年孔学似乎并无不同。"

庄子说："《易传》多有'子曰'，与《论语》相同，怎么可能是孔子所撰？《易传》实为子夏之徒所撰。子夏小孔子四十四岁，未随孔子周游列国，孔子归鲁以后才入孔门。孔子归鲁五年即死，子夏未能深入孔学堂奥。颜回一死，晚年孔学即失传人。因此子夏之徒所撰《易传》，坚执早年孔学，继续鼓吹晚年孔子早已否定的天尊地卑、君尊臣卑。"

惠施大受启发："如此看来，孔子死后，墨子离宋赴鲁学儒，然后返宋创立墨家，反对儒家所有主张，并非反对颜回死后失传的晚年孔学，而是反对子夏、曾参之徒鼓吹的早年孔学。"

庄子说："正是如此。孔子晚年领悟泰道，颜回死后失传。孔子死前警告子夏：'汝为君子儒，勿为小人儒。'可惜警告无效。如今子夏之徒遍布天下，都是鼓吹否术的小人儒。墨子学儒以后，不满小人儒鼓吹否术，于是推崇泰道，公开叛儒，反对子夏之徒鼓吹的早年孔学。大致而言，老聃之道主张君主师天而尚柔，墨子之道主张臣民师地而尚刚，各重泰道一义。"

惠施说："经你一说，我不仅对老聃之道、孔子之道理解更深，也对自幼所学的墨子之道理解更深。"

二人相视而笑，惺惺相惜。

五一　伐齐大败魏惠愤死，不知鱼乐惠施返魏

前319年，岁在壬寅。庄周五十一岁。宋康王十九年。

周慎靓王二年。秦惠王更元六年。楚怀王十年。魏惠王后元十六年（卒）。韩宣王十四年。赵武灵王七年。齐威王三十九年（卒）＝齐宣王元年。燕王哙二年。鲁平公四年。卫孝襄侯十六年。越王无疆二十四年。中山先王九年。

秦惠王三十八岁，倚仗四位重臣。

魏人张仪六十二岁，担任相国。庶弟樗里疾三十三岁，担任大将。将相不和，明争暗斗。

齐人陈轸为张仪副手，楚人甘茂为樗里疾副将。二人依违于张、樗之间。

张仪在秦之时，陈轸、甘茂逢迎张仪。如今张仪在魏，陈轸、甘茂倒向樗里疾。

樗里疾、陈轸、甘茂三人，全都希望秦惠王不再信任张仪。

樗里疾上朝，率先发难："张仪相魏三年，一再声称即将伐齐，至今毫无动静，显然与公孙衍一样，已经叛秦忠魏。"

秦惠王说："张仪对寡人忠心不二！迟迟不能伐齐，必是公孙衍暗中作梗，公仲朋暗中阻挠，田婴暗中捣鬼。"

陈轸说："大王可派甘茂领兵往魏，逼迫魏惠王伐齐。"

秦惠王采纳其策，命令甘茂驻兵秦、魏边境。

张仪上朝，威胁魏惠王："大王三年不伐齐，秦惠王大为失望，如今驻兵边境，准备伐魏！"

魏惠王说："寡人一直打算伐齐，但是公孙衍一再推托，说是尚未筹备就绪。"

张仪问:"大王乃是国君,为何受制于臣子?"

魏惠王立刻召见公孙衍:"寡人命你筹备伐齐,为何三年仍未准备就绪?"

公孙衍说:"刚刚准备就绪,大王随时可以伐齐!不过相国既然说,秦、魏共同伐齐,乃是为魏,并非为秦,那么伐齐必须秦军为主,魏军为辅。魏军必须穿秦衣,打秦旗。只有这样,才能伐齐得胜,魏收其利,伐齐失败,秦承其咎。"

张仪急于向秦惠王表忠,立刻同意:"全依将军之言!"

魏惠王随即派出使者,要求韩、赵、燕、中山遵守五国盟约,出兵助伐。

四国不愿卷入秦、魏、齐三强大战,拒绝出兵助伐。

甘茂率领秦军东行,越过秦、魏边境,穿越魏国西部,途经上党(今山西东南),借道韩国。

韩宣王采纳敌秦的公叔之言,拒绝向秦借道。

甘茂在鄢邑(今河南鄢陵)击败韩军。秦军到达魏国东部的大梁,与穿秦衣、打秦旗的魏军合兵,开赴魏、齐边境。

陈仲子吩咐弟子匡章:"商鞅变法以来,秦人斩首计功,伐取魏国河西、河东,未曾一败。秦、齐东西远隔,从未交战。我固然反对田因齐称王争霸,然而不愿齐民受到秦军屠戮。如今孙膑已遁,田忌已老,田因齐无人可用,你可请将出战,击败暴秦!"

匡章遵从师命,晋见齐威王:"秦人斩首计功,滥杀无辜!我愿为了齐国百姓和天下万民,击败虎狼之秦!"

齐威王大悦,欲授将印。

田婴谏阻:"陈仲子身为田氏宗室,反对大王称王,隐居於陵(今山东邹平),被天下士人敬称为於陵仲子。匡章身为大王臣民,反对大王称王,离齐仕魏多年,归齐以后虽被大王供养于稷下,仍然师从陈仲子,不断非议大王。此战关系重大,大王怎能任命匡章为将?"

齐威王说:"陈仲子、匡章敢于反对寡人,正是《周易》所言'不事王侯,高尚其事'的贤人。寡人怎能不用贤人?"

仍命匡章为将，郑重许诺："秦惠王去年与齐联姻，今年悍然伐齐，毫无信义，将军不可轻敌！寡人听说，令尊杀死令堂，埋在马厩下面。将军一旦凯旋，寡人必定另选吉地，隆重迁葬令堂。"

匡章断然谢绝："家父杀死家母，自有理由。我身为人子，不能违背家父意愿，迁葬家母。"

匡章领兵迎敌，迟迟不与秦军开战。

田婴派人侦察，连续三人禀报："匡章畏惧秦军，迟迟不敢开战，似乎准备投降！"

齐威王不予理睬，随即传来捷报："匡章大败秦军！"

原来匡章得到仕魏之时交好的公孙衍密报，魏军穿秦衣，打秦旗，于是延迟开战，赶制秦衣秦旗，让齐军也穿秦衣，也打秦旗，另标暗记，然后开战。

秦、魏士兵难辨敌我，阵脚大乱，全军覆没。秦军遭遇商鞅变法以来首次败绩。

秦惠王急派使者至齐，谢罪求和，自称"西藩之臣"。

田婴问齐威王："连续三人都说匡章畏秦欲降，大王为何不疑匡章？"

齐威王说："匡章身为人子，不愿背叛死父。身为人臣，怎会背叛寡人？"

魏惠王未雪桂陵、马陵之耻，未报庞涓、魏申之仇，第三次大败于齐，羞愤而死，终年八十二岁（前400—前319）。三十二岁即位，在位五十一年（前369—前319）。第三十六年称王改元，前元三十五年（前369—前335）为侯，后元十六年（前334—前319）为王。

魏文侯、魏武侯之时雄霸中原的强魏，到了魏惠王末年，已经变成向齐、秦称臣的弱魏。河西七百里地被秦收复，河东大片魏地被秦攻取。东又失地于齐，南又失地于楚。

太子魏嗣继位，即魏襄王。

魏国首次以王礼为国君治丧，诸侯无不遣使吊丧。

中山先王魏䜣离开灵寿（今河北平山），亲赴大梁（今河南开封），吊唁堂伯魏惠王,朝拜堂兄魏襄王。

魏䜣担心,魏惠王一死,中山更难凭借魏国抵御赵国威胁,于是更加亲齐。

孟轲去年离滕至魏,魏惠王先予礼遇,后予冷落。如今魏惠王一死,孟轲又晋见魏襄王。

魏襄王问:"天下如何才能安定?"

孟轲说:"安定于统一天下的王者。"

魏襄王问:"怎样的王者,才能统一天下?"

孟轲说:"不好战嗜杀的王者,必能统一天下。"

魏襄王问:"不好战嗜杀,谁能把天下给予王者?"

孟轲说:"天下人无不愿意把天下给予不好战嗜杀的王者。大王是否知道如何种植禾苗?七八月份,如果大旱,禾苗就会枯槁。一旦天空油然成云,沛然下雨,禾苗立刻从枯槁转为兴盛,谁又能够阻止?当今天下诸侯,无不好战嗜杀。一旦出现不好战嗜杀的王者,天下万民必将伸长脖颈,仰慕归附,如同水之就下,谁又能够阻止?"

魏襄王大笑:"真是书生之见,先生也太想当然了!"

孟轲愤然辞出,告诉弟子公孙丑:"魏襄王远望不像人君,近看无法令人敬畏。魏惠王比我年长二十八岁,仍然非常尊重我,敬称我为老先生。魏襄王与我年纪相仿,竟然对我毫不尊重!"

立刻带着公孙丑,离魏往齐。

途经齐国范邑(今河南范县),远远望见出游打猎的齐国太子田辟疆。

孟轲不禁赞叹:"居处迁移气质,颐养改变体魄。如何居处颐养,真是大事!各国太子的宫室、车马、衣冠并无不同,但是齐国太子气质如此不凡,必是居处颐养与众不同。"

公孙丑受教。

孟轲五十四岁,离魏至齐。一到临淄,齐威王死了。

五一　伐齐大败魏惠愤死，不知鱼乐惠施返魏

齐威王田因齐，破格启用匡章，大胜未曾一败的暴秦，喜极而死。在位三十九年（前357—前319），实计三十八年。前三年不理国政，第三年变法图强，威行三十六年。三败强魏，一败暴秦，跃居中原最强，成为第一个叛周称王的中原诸侯。

三十三岁的太子田辟疆继位，即齐宣王。王后是秦惠王之女。

齐国首次以王礼为国君治丧，诸侯无不遣使吊丧。

齐宣王服丧一月即止，立刻即位，当年改元。

孟轲大失所望："齐宣王极具圣君风范，竟然不知礼仪，服丧如此之短！"

公孙丑附和："是啊！至少应该遵循常例，服丧一年，明年改元。"

孟轲怒斥："服丧一年，仍然太短！你怎能降低标准，盲从常例？假如弟弟殴打哥哥，你难道会劝弟弟打得轻些，不能打得太重？你应该教导弟弟：必须尊敬哥哥，不能殴打哥哥！正如应该教导儿子：必须为父服丧三年，不能盲从常例！"

公孙丑附和老师，反被申斥，深感委屈。

孟轲先去拜见齐威王之时的两位老友，稷下祭酒淳于髡，齐国大将匡章。得到举荐，三次晋见齐宣王，面谀齐宣王气质非凡，有圣君风范。

齐宣王大悦，礼聘孟轲为稷下学士、列大夫，食禄万钟。

公孙丑问："夫子三次晋见齐宣王，为何仅仅称颂气质风范，却不批评服丧太短？"

孟轲说："我先要攻其邪恶之心！邪恶之心乃是大体，服丧太短仅是小端。"

公孙丑说："当年齐威王仅聘夫子为稷下学士，不聘为列大夫，夫子认为不受尊重，于是离齐往宋。如今齐宣王既聘夫子为稷下学士，又聘夫子为列大夫，夫子认为受到尊重，于是不斥其非。既然齐宣王是圣君，应该只有夫子所言恻隐之心、羞恶之心、辞让之心、是非之心，为何竟有邪恶之心？"

孟轲无言以对。

齐威王在位之时，庶子田婴早早参政，取代邹忌为相，功勋卓著，授爵封君。

田辟疆身为太子，长期不能参政，对长期为相的庶兄田婴嫉恨已久。除丧即位以后，立刻罢免田婴。

田婴罢相，带着兒说、公孙闬、张丑等众多门客，回到封地薛邑。

兒说三十二岁，眼见田婴郁郁寡欢，又从薛邑返回临淄，晋见齐宣王："薛公相齐二十三年，尽心辅佐先王，功勋卓著，齐国取代魏国，成为中原最强。大王为何刚刚即位，立刻罢免薛公？"

齐宣王强压怒气："薛公对待先生，是否非常喜爱，言听计从？"

兒说说："喜爱或有，听从则无。先王之时，我曾献策薛公：'太子面相不仁，将来必定不利主公。主公应向大王进言，改立卫姬之子田郊师为太子。'薛公立刻垂泪：'我怎么忍心伤害太子？'假如薛公对我言听计从，如今怎会罢相？"

齐宣王大惊："没想到薛公竟对寡人如此情深义重！寡人年少无知，举措失当。"

即命兒说为使，恭请田婴复相。亲往临淄郊外三十里，迎接田婴返都复相。

庄子五十一岁，魏惠王、齐威王先后死去。

惠施六十二岁，得知魏惠王死讯，离开商丘北行，绕道蒙邑，告别庄子："张仪伐齐大败，魏惠王含恨而死。魏襄王必将罢免张仪，驱逐归秦。我准备重返大梁，特向先生告辞。"

庄子说："先生乃是君子，不是小人的对手。何必重返魏国，再次同流合污？"

惠施不听。

庄子带着蔺且，远送惠施。

三人乘舟，沿着濠水前往大梁。

船夫被惠施催促快行，与对面船只相撞。

双方船夫互相责怪，大起争执。

庄子告诫惠施："先生过于着急，反而欲速不达。"

船行数日，舍舟登岸。

庄子站在濠水桥梁之上，指着水中游鱼："你看那些鲦鱼，出游从容，多么快乐！"

五一　伐齐大败魏惠愤死，不知鱼乐惠施返魏

惠施明白，庄子乃是即景设喻，劝阻自己返魏，于是反问："你不是鱼，如何得知鱼的快乐？"

庄子也反问："你不是我，如何得知我不知鱼的快乐？"

惠施说："我不是你，当然不知你。你不是鱼，同样不知鱼的快乐。"

庄子说："请你回到开头。你问我如何得知鱼的快乐，只有已知我得知鱼的快乐，才能如此问我。我得知鱼的快乐，是在濠水的桥梁之上。"

惠施没有闲心与庄子斗口，匆匆揖别庄子，换乘马车，直奔大梁而去。

庄子站在桥上，目送马车渐行渐远，吟诵《小雅·鹤鸣》：

> 鹤鸣于九皋，声闻于野；鱼潜在渊，或在于渚。
> 乐彼之园，爰有树檀，其下维萚；它山之石，可以为错。
> 鹤鸣于九皋，声闻于天；鱼在于渚，或潜在渊。
> 乐彼之园，爰有树檀，其下维谷；它山之石，可以攻玉。

蔺且问："夫子吟《诗》，是不是说，惠施只求鹤鸣九皋，声闻于天，不愿鱼在于渚，或潜在渊？"

庄子说："惠施既有大才，又很正直，但以墨子之道，劝诫昏君非攻偃兵，肯定无效。他与所有墨者一样，过于急躁。我们来时，惠施用舟急躁，结果发生撞船，双方吵架。驾舟而行，若有空船撞来，船夫即使天性急躁，终究不会发怒。忽见来船有人，船夫就会大喊对方左避，大喊对方右避。一喊对方不听，二喊对方不听，三喊必出恶声。船夫起初以为是空船，所以不怒。后来明白不是空船，才会发怒。人能虚己游世，谁又能够害他？惠施上次相魏，险些丧命。如今返魏谋求复相，恐怕仍然斗不过小人。"

五二　犀首合纵五国伐秦，秦宋结盟曹商骄庄

前318年，岁在癸卯。庄周五十二岁。宋康王二十年。

周慎靓王三年。秦惠王更元七年。楚怀王十一年。魏襄王元年。韩宣王十五年。赵武灵王八年。齐宣王二年。燕王哙三年。鲁平公五年。卫孝襄侯十七年。越王无疆二十五年。中山先王十年。

白圭上朝，向魏襄王进言："先王遗命大王，仍以张仪为相，继续联秦伐齐，以报齐国败魏杀兄之仇。但是张仪虽是魏人，其实一心为秦。大王不该继续重用张仪，不该继续联秦伐齐。因为魏国大敌并非齐、楚，而是暴秦。"

魏襄王确实不愿继续伐齐，若非长兄魏申死于马陵，自己不能继位，闻言正中下怀："父王被张仪蛊惑，第三次败于齐国，饮恨而死。寡人正在考虑罢免张仪，驱逐归秦。但在先生、惠施、公孙衍三人之中，寡人不知命谁为相。"

白圭说："我历仕三朝，已经老了，无意再任相国。大王驱逐张仪归秦，秦惠王必将伐魏。只有联合齐、楚，才能抵御秦伐。大王可命惠施、公孙衍分别出使齐、楚，各带马车百乘，以示对两国同等重视。然后根据两国接待二人的规格高低，判断二人的声望，决定命谁为相。"

魏襄王采纳其策，派遣惠施使楚，公孙衍使齐。

惠施六十三岁，奉魏襄王之命使楚。

先派门客至楚，通报楚相昭阳："魏襄王命我使楚，又命公孙衍使齐，各带马车百乘。根据两国接待魏使的规格高低，决定亲楚还是亲齐。"

昭阳向楚怀王进言："惠施回报大王三年前的礼遇，事先通风报信。大王只要隆重接待惠施，魏襄王就会亲楚。"

五二　犀首合纵五国伐秦，秦宋结盟曹商骄庄

楚怀王听从其言，亲往郢都郊外三十里，隆重迎接惠施。

公孙衍五十八岁，奉魏襄王之命使齐。
齐宣王怒于去年秦、魏伐齐，导致齐威王猝死，拒见公孙衍。
公孙衍使齐失败，返魏途中，得知惠施使楚成功，于是绕道韩国，晋见韩宣王："张仪去年伐齐大败，导致魏惠王含恨而死，担心魏襄王治罪，为了将功补过，献策魏襄王：'魏军进攻韩国南阳，秦军进攻韩国三川，韩国必败！'魏襄王贪图南阳富庶，所以不肯罢免张仪。大王不如主动割让南阳给魏，魏襄王就会废除秦、魏之盟，驱逐张仪归秦，亲善韩国而命我相魏。我一旦相魏，立刻策动中原诸侯合纵伐秦。大王只要加入合纵伐秦，我就劝说魏襄王归还南阳。"
韩宣王听从敌秦的公叔之言，主动把南阳献给魏国。

惠施、公孙衍归魏复命。
魏襄王罢免张仪，改命公孙衍为相，重用其弟公孙喜、公孙弘。礼聘惠施为客卿，负责外交折冲。
公孙衍相魏，立刻策动中原诸侯合纵伐秦。
公孙衍亲自出使楚国，恭请天下霸主楚怀王担任纵长。
楚怀王大悦，同意加入合纵伐秦。
公孙衍派遣二弟公孙喜出使韩、赵、燕。
韩宣王、赵武灵王、燕王哙痛恨秦军斩首计功，同意加入合纵伐秦。
公孙衍派遣三弟公孙弘出使中山。
中山先王近年亲齐，鉴于齐宣王仍然怒魏，拒绝加入魏国发起的合纵伐秦。

公孙衍成功策动五国合纵伐秦，于是劝谏魏襄王："韩宣王加入合纵伐秦，大王应该归还南阳。"
魏襄王贪图南阳富庶，又是战略要地，拒绝归还。

陈轸与门客田莘之商议："张仪相魏四年，大王倚重樗里疾、甘茂和我。如

今张仪伐齐失败,被免魏相,一旦回到咸阳,不敢诋毁樗里疾,必定诋毁甘茂和我。你可去见大王,如此如此。"

田莘之奉命,向秦惠王进言:"商鞅变法至今,秦军征伐中原,四十余年未曾一败。张仪奉大王之命相魏,三年不伐齐,去年终于伐齐,秦军遭遇首败,不仅大损秦威,更有叛秦之嫌。如今张仪归秦,引来五国合纵伐秦,叛秦之迹更明。大王欲败五国合纵伐秦,一要凭借擅长用兵的甘茂,二要凭借擅长用计的陈轸。张仪回来,如果诋毁甘茂、陈轸,即为叛秦铁证,大王不可听信!"

张仪回到咸阳,晋见秦惠王:"我在魏国筹备三年,然后伐齐,竟然失败,恳请大王治罪。我一定戴罪立功,挫败公孙衍策动的五国合纵伐秦。另外,伐齐失败的主要责任固然在我,陈轸在后方决策失误,甘茂在前方指挥不当,大王也应治罪!"

秦惠王大怒,不让张仪复相。

公孙衍立刻发起战国史上第一次中原诸侯合纵伐秦。

魏、韩、赵、燕、楚五国联军,一路西进,势如破竹,得到秦占之地的河东魏民配合,迅速击败驻守河东魏地的秦军。

五国联军攻至河西,直逼函谷关(今河南灵宝东北)。

樗里疾、甘茂领兵攻出函谷关,先败作为联军主力的魏军,后败助魏伐秦的韩、赵、燕、楚之军。

正在此时,义渠王也应公孙衍之约,北面偷袭秦国。

秦国腹背受敌,被迫兵分二路。

甘茂率领秦军步卒,在李帛迎战义渠骑兵,惨败。

樗里疾率领秦军车兵,追击败退东撤的五国联军,重新攻至河东。

匡章向齐宣王进言:"大王虽然恼怒去年魏惠王助秦伐齐,不愿加入魏襄王、公孙衍策动的合纵伐秦。但是魏惠王已死,魏襄王又派公孙衍示好,大王如果听任秦军大败诸侯,联军损失过大,不利于阻止秦祸东来。"

齐宣王听从其言,命其率领齐军,接应五国联军东撤。

五国联军且战且退，缓慢东撤，齐军断后。

秦军去年大败于匡章，心有余悸，不敢猛追联军。

惠施向魏襄王进言："五国合纵伐秦，先胜后败。魏军损失最大，死伤一半。大王不如请纵长楚怀王出面，与秦议和。"

魏襄王听从其言，命其使楚。

惠施至楚，晋见楚怀王："魏襄王希望大王以纵长身份出面，与秦议和。"

楚怀王说："不如就请先生入秦，代表寡人与秦议和。"

东周国昭文君结好张仪，亲附秦国，派遣国相杜赫使楚，献策楚相昭阳："五国合纵伐秦，实为魏相公孙衍策动，大王却贪图虚名而担任纵长。如今伐秦失败，大王如果再派魏使惠施由楚入秦议和，秦惠王必将认定：伐秦主谋是楚国，议和主谋是魏国。这样就会魏国得利，楚国受怨。不如让惠施返魏，另派楚使入秦议和。这样才能楚国得利，魏国受怨。"

昭阳采纳其策，回复惠施："先生由魏至楚，经楚入秦，代表楚国与秦议和，秦惠王必将认定：伐秦主谋是魏国，议和主谋是楚国。这样就会魏国受怨，楚国得利，有失楚国的大国风范。不如先生先回魏国，然后楚国遣使至魏，经魏入秦，代表魏国与秦议和，这样就会魏国得利，楚国受怨，才是楚国的应有担当。"

惠施返魏复命。

魏襄王不悦。

杜赫又向昭阳进言："去年魏惠王伐齐失败，今年魏襄王又伐秦失败，魏国损失惨重。如果楚国阻止魏国与秦议和，魏襄王必将不再亲楚，转而亲齐、亲秦，不利楚国。如今楚国东有越国牵累，假如再与魏国失欢，又与齐、秦交恶，必将陷入孤立。相国必须尽快遣使，经魏入秦，代表魏襄王与秦议和。"

昭阳即命杜赫经魏入秦，代表魏襄王与秦议和。

赵武灵王召见群臣："五国合纵伐秦，又有义渠骑兵配合，仍然大败而归，寡人深感耻辱。寡人没有称王之实,不敢再居称王之名。今后不许再称寡人为王,改称寡人为君。"

赵国群臣奉命,更加爱戴赵武灵王。

八年前,曹商献玉宋康王,受赏百金,重新开张曹氏旅店,重振家业。

曹商不满足于受赏,希望得到重用,苦思良策,等待良机。

五国伐秦失败,曹商抓住机会,向宋康王进言:"宋国夹在魏、齐、楚三强之间,无一盟国,十分孤立。去年魏惠王、齐威王新死,今年楚怀王策动五国伐秦大败,正是大王复兴殷商的天赐良机!"

宋康王不解:"天赐良机何在?"

曹商说:"中原诸侯,不是周室同姓,就是周室功臣,无不鄙视殷商遗邦宋国,所以五国相王也好,五国伐秦也罢,都把大王晾在一边。如今五国伐秦失败,秦国已为天下最强。大王只要与秦结盟,中原诸侯必将再也不敢无视宋国。"

宋康王说:"魏、齐、楚三强,尚且不愿与寡人结盟,如今秦国比魏、齐、楚更强,秦惠王怎么愿意与寡人结盟?"

曹商说:"中原诸侯鄙视秦国,又远远超过鄙视宋国。秦、宋均无盟国,正是同仇敌忾的天然盟友。秦惠王为了避免中原诸侯再次合纵伐秦,必然希望分化、牵制中原诸侯,必定愿与大王结盟。"

宋康王大喜,赐以马车十乘,派遣曹商使秦。

曹商四十六岁,为宋使秦,到了咸阳,先去拜见张仪。

张仪正在苦思戴罪立功之策,喜出望外,立刻晋见秦惠王:"中原诸侯首次合纵伐秦,虽然大败,但是残部得到齐军接应,顺利东撤。如果中原诸侯重振旗鼓,齐宣王也加入伐秦,胜败殊难预料。难得宋康王派遣曹商使秦,愿与大王结盟。宋国虽然弱小,但是大王与宋结盟,可以分化中原诸侯,牵制中原诸侯再次合纵伐秦。"

秦惠王大喜,立刻召见曹商:"寡人久闻宋康王是文武全才的贤君,苦于秦、宋远隔,无缘一见。先生转告宋康王,寡人愿意与宋结盟。如今秦军正在追击东撤的联军残部,希望宋康王配合寡人,出兵狙击联军残部。"

曹商一口答应。

秦惠王大喜,赏赐马车百乘。

曹商使秦成功,返宋复命。

宋康王大喜,任命曹商为大夫。

命令田不礼加紧练兵,准备配合秦军狙击联军残部。

庄子五十二岁,曹商马车百乘,衣锦还乡,回到蒙邑,直奔东门,来见庄子。

曹商洋洋得意:"当年你愿做散木,我愿做文木,如今怎样?住在穷街陋巷,困窘地编织草鞋,脖子枯槁如树枝,耳朵蜡黄像死人,我不擅长。一晤万乘之王,立刻马车百乘,我很擅长。"

庄子放下编织的草鞋,淡淡一笑:"听说秦惠王得了痔疮,召集医生治病。谁能挤破痔疮,赏赐马车一乘。谁愿舔吮痔疮,赏赐马车五乘。治疗方式越下贱,赏赐马车越多。你能受赏马车百乘,莫非正是舔吮痔疮之人?去你的吧!"

曹商大怒而去。

蔺且问:"曹商投机钻营半生,一直失败,为何这次竟能成功?"

庄子说:"拜公孙衍、张仪失策所赐!公孙衍举行五国相王,发动五国伐秦,不拉宋国入伙。张仪无所不用其极,却没想到秦、宋同被诸侯蔑视,均无盟国。天下痞士都没想到利用其失策,唯有聪明的曹商,在五国伐秦之后的第一时间,立刻想到利用其失策,于是投机成功。公孙衍、张仪的大失策,实为宋民的大幸运。曹商的小聪明,却是宋民的大不幸。痞士的聪明,不仅自己会付出代价,还会让别人乃至天下人付出代价。聪明的代价,常常大于愚蠢的代价。所以《老子》有言:'俗人昭昭,我独昏昏;俗人察察,我独闷闷。'"

蔺且又问:"宋康王派遣曹商使秦,仅仅赐车十乘。秦惠王为何如此赏识曹商,竟然赐车百乘?"

庄子说:"宋康王派遣别人使秦求盟,秦惠王同样也会赐车百乘。曹商不知自己仅是张仪外交布局的棋子，才会如此自鸣得意。按照周礼：万乘之王，使者百乘；千乘之侯，使者十乘。宋是千乘之国，宋君偃尽管逞强称王，然而无人承认，主动向秦求盟，又是攀附，不敢僭用使者百乘的王礼，于是降用使者十乘的侯礼。秦是万乘之国，秦惠王对宋国使者赐车百乘，乃是变相承认宋君偃称王，表示强秦与弱宋平等结盟。戴偃受此抬举，必将感恩图报，为秦所用，不惜与中原诸侯为敌。宋国必将卷入天下乱战，宋民再无宁日！"

五三　宋王动武燕哙让国，庄子访友木雁两难

前317年，岁在甲辰。庄周五十三岁。宋康王二十一年。

周慎靓王四年。秦惠王更元八年。楚怀王十二年。魏襄王二年。韩宣王十六年。赵武灵王九年。齐宣王三年。燕王哙四年（禅）。鲁平公六年。卫孝襄侯十八年。越王无疆二十六年。中山先王十一年。

樗里疾追击败退东撤的五国联军残部，追至函谷关以东五百里的韩邑修鱼（今河南原阳），擒获担任联军统帅的韩将申差，击败赵将公子赵渴、韩将公子韩奂，斩首八万二千。八万是士兵之首，二千是平民之首。

张仪大败五国联军，又与宋国成功结盟，重获秦惠王信任，复任秦相。

陈轸已与张仪反目，不愿再居张仪之下，离秦奔楚，投靠赏识自己的楚相昭阳，从此转仕楚国。

宋康王应秦惠王之约，命令田不礼配合秦军，领兵伐魏，袭击败退东撤的伐秦联军残部。

齐宣王眼看秦追宋袭，伐秦联军败局已定，决定落井下石，命令接应联军东撤的匡章反戈一击。

宋军、齐军配合，在魏邑观泽（今河南清丰）痛击伐秦联军残部。

公孙衍发动的第一次五国合纵伐秦，至此彻底失败。

魏襄王收回公孙衍的相印，降任大将。改命齐人田需为相，与齐宣王和解。

田需相魏，拜见惠施讨教："中山成公仅仅相魏两年，张仪仅仅相魏四年，公孙衍仅仅相魏一年。先生却能相魏十九年，有何诀窍？"

惠施说:"善待左右!比如杨树,横插也能活,倒插也能活,折断插入也能活。但是十人种植,一人拔除,最易种植的杨树,仍然无一能活。因为种植困难,拔除容易。如今唯有大王一人愿意种植你,其他人都想拔除你。你若不能善待左右,相魏必难长久!"

田需再拜受教。

戴盈虽已罢相,仍然进谏宋康王:"秦人是斩首计功的虎狼之国,大王不该听信小人之言,与秦结盟。"

宋康王不悦,命令戴盈退休。

惠盎已免右师,也进谏宋康王:"大王重用墨者,应该保境安民,不该出境征伐。袭击败退东撤的伐秦联军,更加违背仁义!宋国一旦卷入诸侯乱战,必将后患无穷!"

宋康王大怒,对惠盎处以刖刑,斩去一足。

士人公文轩,在商丘街头遇见惠盎,觉得面熟:"你为何独足?是天生残疾,还是人君治罪?"

惠盎说:"天道生我,原有双足。但是天道使我德心浅薄,未能知殆而止,所以我被人君治罪,变为独足。"

公文轩惊呼:"原来先生竟是右师惠盎,为何被大王刖足?"

惠盎说:"五国相王、五国伐秦与宋无关,使宋免于战祸,原是宋民之福。大王却视为宋国之辱,听信曹商之言,与虎狼之秦结盟,卷入诸侯乱战。戴盈反对,遭到罢官。我也反对,被刖一足。吾弟惠施一再劝我不要仕宋,我德心浅薄而不听,才会有此结果。不过这样我倒解脱了,从此不必再与小人为伍。"

公文轩说:"令弟惠施差一点被魏惠王杀掉,魏惠王死后又重新返魏。如果先生仕宋是德心浅薄,那么惠施仕魏也是德心浅薄。你们兄弟二人,似乎半斤八两。"

惠盎说:"我们遵循墨子之道,一心救世,不计得失。"

公文轩说:"墨者救世之心,固然可嘉,但是效果如何?与其出仕庙堂同流合污,不如散处江湖洁身自好。江湖野鸡为了葆全真德,宁可十步一啄食,百步一饮水，也不愿囚禁在庙堂樊笼之中。庙堂家禽尽管丰衣足食，荣华富贵，身形如同王者，德心其实不善。"

惠盎默然。

燕王哙在位四年，崇信墨子之道，仿效圣王大禹。不慕女乐，不修台榭，不喜畋猎，亲操农具，躬耕田垄，自苦其身，心忧万民。

燕国臣民额手相庆："上古圣王明君，不过如此！"

东周国洛阳人苏代，齐威王时游于稷下，长期不受重用，如今晋见齐宣王："燕王哙崇信墨子之道，任命墨者子之为相。我愿使燕，劝说燕王哙遵循墨子之道，仿效尧、舜、禹禅让，禅位子之。太子姬平与燕国群臣必将反对，燕国必将陷入内乱。大王就能以戡乱为名，北伐燕国，解除后顾之忧，然后西进中原，代周为王。"

齐宣王大悦，命其使燕。

苏代到达蓟城，晋见燕王哙。

燕王哙问："齐宣王是否明君？"

苏代说："不是能够称霸天下、代周为王的明君。"

燕王哙问："是何缘故？"

苏代说："能够称王称霸的明君，必定用人不疑，疑人不用。秦孝公对商鞅信而不疑，成功称霸。秦惠王对张仪信而不疑，成功称王。齐宣王即位以后，立刻罢免田婴，很快又让田婴复相，然而不予信任，怎能算是明君？"

燕王哙大为自得："寡人不是这样，非常信任子之。"

燕王哙原本信任子之，从此更加信任子之。

子之感激苏代，赠以百金。

苏代笑纳百金，自留五十金，取出五十金，转赠子之的死党鹿毛寿。

鹿毛寿向燕王哙进言："唐尧禅位许由，魏惠王禅位惠施，许由、惠施全都拒绝，唐尧、魏惠王没有禅位之实，而有禅让之名，人称圣王明君，流芳百世，天下颂扬。大王既然崇信墨子之道，应该仿效尧、舜、禹，禅位子之，子之必定会像许由、惠施一样拒绝。大王没有禅位之实，而有禅让之名，必被视为圣王明君，流芳百世，天下颂扬。"

燕王哙听从其言，不愿像魏惠王一样虚情假意，决定假戏真做，认真筹备禅位大典。

苏代返齐复命。

齐宣王重赏苏代千金，静等燕国内乱。

庄子五十三岁，与蔺且同往商丘。

庄子看见沿途农田，收割得寸草不留，于是吟诵《小雅·大田》：

> 彼有不获穉，此有不敛穧。
> 彼有遗秉，此有滞穗，伊寡妇之利。

蔺且问："夫子为何吟诵此诗？"

庄子说："古时赋轻税少，农夫收割，总是留下一些麦穗谷粒，既养寡妇，也养鸟兽，以此感恩上苍。如今赋重税繁，农夫收割，总是颗粒归仓，寸草不留。古时人力耕种，耕具粗陋，耕地少而亩产低，然而赋税低微，宫庙简陋，战事稀少，所以国泰民安，百姓和乐。如今畜力耕种，耕具精进，耕地多而亩产高，然而赋税高涨，宫庙奢华，战事频繁，所以国否民痞，百姓遭殃。"

二人走进蒙山，听见丁丁伐树之声。

伐木工人正在吟唱《魏风·伐檀》：

> 坎坎伐檀兮，置之河之干兮！河水清且涟猗。
> 不稼不穑，胡取禾三百廛兮？
> 不狩不猎，胡瞻尔庭有悬貆兮？
> 彼君子兮，不素餐兮？

庄子问:"那棵枝叶茂盛的大树,为何不伐?"

工人说:"那是不成材的散木,没有用处。"

庄子感叹:"古语有云:'直木先伐,甘井先竭。'此树因为不成材,得以终其天年。"

庄子到达商丘,拜访戴盈:"先生当年在朝为官,曾经两次来访,我不便回访。日前听说,先生谏阻宋康王与秦结盟和对外用兵,被迫退休,特来看望!"

戴盈大感欣慰,吩咐僮仆杀鹅待客。

僮仆问:"两只鹅,一只会叫,一只不会叫,杀哪只?"

戴盈说:"杀不会叫的。"

庄子与戴盈秉烛夜谈,忧虑宋康王卷入诸侯乱战,宋民即将大祸临头。

次日,庄子告辞,返回蒙邑。

蔺且问:"昨天山里的大树,因为不材,免于斧斤。戴盈家里的哑鹅,因为不材,却被先杀。夫子如何抉择?"

庄子说:"老聃主张'大器免成',子綦主张'神人不材',他们所处时代,否术尚未大盛,刑网尚不绵密,只要免于成器,就能逃刑免患。如今否术大盛,刑网绵密,仅仅免于成器,仍难逃刑免患。只有处于材与不材之间,才能免于患累。"

蔺且说:"闻愿其详。"

庄子说:"处于材与不材之间,必须致无赞誉,致无非毁,一时如龙,一时如蛇。因应外境,随时变化,不肯固执行为。一时下行,一时上行,以与外物和谐为量度。这样就能驾驭外物而不被外物驾驭,从而顺道循德,沉浮遨游,免于患累。"

蔺且问:"这与众人的处世方式,有何不同?"

庄子说:"众人的俗情,人伦的传统,就是对于友爱者必予离间,对于有成者必予非毁,对于锋利者必予钝挫,对于尊贵者必予贬损,对于有为者必予物议,对于贤良者必予谋害,对于不肖者必予欺辱。那么成材者与不材者,怎能免于患累呢?"

蔺且说:"弟子谨记!只有顺道循德,才能逃刑免患!"

五四　墨家助秦伐灭巴蜀，宋王骄横强夺民妻

前316年，岁在乙巳。庄周五十四岁。宋康王二十二年。

周慎靓王五年。秦惠王更元九年。楚怀王十三年。魏襄王三年。韩宣王十七年。赵武灵王十年。齐宣王四年。燕王子之元年。鲁平公七年。卫孝襄侯十九年。越王无疆二十七年。中山先王十二年。

年初，燕王哙举行禅位大典，邀请天下诸侯观礼。

燕相子之，受禅为王，入住王宫。

燕王姬哙，禅位为臣，迁出王宫。

天下哗然，诸侯激愤，拒绝遣使观礼。

季真不满田需取代公孙衍，向魏襄王进言："农夫耕地，如果既骑牛，又赶马，即使牛马累死，仍无尺寸之功。大王治魏，却以齐人田需为相，而以魏人公孙衍为将，如同骑牛赶马耕地，怎能有利魏国？"

魏襄王心有所动，犹豫不决。

公孙衍随即晋见魏襄王："我一心要为大王立功，田需处处与我作对，大王却对田需言听计从，我怎能成功？假如大王继续重用田需，我就离开魏国！"

魏襄王说："寡人重用田需，意在联齐抗秦。寡人命他不再与将军作对，如果不听，必定驱逐归齐。"

公孙衍说："田需虽是齐国宗室，却非齐国重臣。大王真想联齐抗秦，不如礼聘田婴之子田文相魏。"

魏襄王听从其言，派遣公孙衍使齐。

五四　墨家助秦伐灭巴蜀，宋王骄横强夺民妻

田婴喜出望外，派遣苏代护送三十岁的田文至魏，担任魏相。

田需罢相，担心被逐归齐，于是夜访苏代，赠以百金："久闻先生足智多谋，乐于为人排忧解难。恳请先生劝说魏襄王，不要把我驱逐归齐。"

苏代笑纳百金，晋见魏襄王："田文是齐相田婴之子，为魏更多，还是为齐更多？"

魏襄王说："为齐更多。"

苏代又问："公孙衍娶妻韩女，又与韩国重臣公叔交好，为魏更多，还是为韩更多？"

魏襄王说："为韩更多。"

苏代说："如果田需时刻窥伺在侧，田文就不敢过于亲齐，公孙衍就不敢过于亲韩。将、相均无外心，有利魏国！"

魏襄王听从其言，不再驱逐田需归齐，聘为客卿。

田需相魏两年期间，遵循惠施之教，善事左右，与魏襄王嬖幸的男宠张寿交好。

公孙衍连仕两朝，三兄弟均为魏国重臣，党羽众多，根基深厚，不屑于结交以色事君的张寿。

国人皆知，田需与张寿交好，公孙衍与张寿交恶。

田需痛恨公孙衍，命人暗杀了张寿。

魏襄王大怒，疑心张寿为公孙衍所杀。

公孙衍惧诛，逃往韩国。

韩宣王听从敌秦的公叔，罢免亲秦的公仲朋，改命公孙衍为相。

秦惠王问策群臣："寡人幸赖先君庇佑，将相辅佐，挫败了山东诸侯首次合纵伐秦。如何阻止山东诸侯再次合纵伐秦？"

张仪说："大王不如伐韩！当年我取代公孙衍而相秦，公孙衍离秦归魏，从此与秦为敌。后来我又取代惠施而相魏，公孙衍未能相魏，从此与我为敌。魏惠王死后，公孙衍终于取代我而相魏，立刻发动合纵伐秦。幸而合纵伐秦大败，

田需取代公孙衍而相魏。田需不愿与秦为敌，公孙衍又唆使魏襄王，让田文取代田需而相魏。如今韩宣王明知大王痛恨公孙衍，竟敢命其为相！大王只有立刻伐韩，才能警告山东诸侯：重用公孙衍者，必遭秦伐！无人敢用公孙衍，山东诸侯就难以发动第二次合纵伐秦！"

司马错说："山东诸侯合纵伐秦，并非系于公孙衍一人。如今秦国地狭财寡，即使山东诸侯不再合纵伐秦，大王仍难进霸中原。大王想要进霸中原，必须首先伐蜀！尽得蜀地，尽取蜀财，国必更富，兵必更强。然后东伐中原，既无后顾之忧，又能粮草丰足，必将战无不胜！"

秦惠王说："二卿所言，都有道理。寡人决定：先伐蜀，后伐韩！"

司马错担任伐蜀主将，墨家巨子唐姑果担任都尉副将，领兵从汉中出发，经石牛道伐蜀。

蜀王亲自领兵，在葭萌（今四川剑阁）迎敌，大败而逃。

秦军追至武阳（今四川彭山），诛杀蜀王，伐灭蜀国。

司马错乘胜进兵，一鼓作气伐灭了苴国、巴国。

蜀国、苴国、巴国，均成秦之属国，巴蜀从此成为秦国粮仓。秦军东进中原，再无粮草之虞，不必春耕秋战，而能连年久战。

秦惠王允许蜀王太子通继位，降为蜀侯。任命陈庄为蜀相。

秦惠王又命甘茂伐赵，攻取了赵国西部边邑西都（今地不详）、中阳（今山西吕梁）。

鹿毛寿奉燕王子之之命，晋见退位的燕王哙："大禹禅位伯益，百官仍是大禹之子夏启的亲信。大禹死后，夏启取代伯益自立。所以后人都说：'大禹名为禅位伯益，实为让夏启取代伯益自立。'如今大王名为禅位子之，百官仍是太子姬平的亲信，岂非与大禹相同？大王莫非是假装崇信墨子之道？"

燕王哙说："寡人是真诚崇信墨子之道，真心禅位子之！"

于是收回百官的官印，全部交给燕王子之。

燕王子之重新任命百官，启用死党，清洗旧臣。

五四　墨家助秦伐灭巴蜀，宋王骄横强夺民妻

滕文公病重将死，遗命毕战："七年前孟轲告诉寡人：'师法周文王，恢复井田制，必可王天下，大国只要五年，小国只要七年。'寡人轻信孟轲大言，如今七年已到，滕国不仅没有富强，反而更加贫弱。寡人死后，相国尽心辅佐太子，废除井田制！"

滕文公姬弘悔恨而死，在位七年（前322—前316）。

太子继位，即滕成公。

滕国弱小，依附齐国，诸侯多不遣使吊丧。

齐宣王召见孟轲："先生教导寡人，遵循孔子之道，以仁义取天下。如今滕文公死了，诸侯不吊，正是寡人显示仁义之时。先生事奉滕文公五年，必定思念故主。寡人特命先生担任正使，王骥担任副使，赐马车百乘，赴滕吊丧！"

孟轲赴滕吊丧，仪仗盛大，心情郁闷。往返齐、滕数月，不与副使王骥交谈一言。

宋康王巡视去年助秦伐魏攻取的封丘（今河南封丘），看见一位美貌女子，一边采桑，一边唱歌。

宋康王问："你是谁家女儿？"

采桑女说："我是封丘舍人韩凭的妻子息露。"

宋康王召来韩凭，命其献出妻子。

韩凭问息露："你是愿意做我妻子，还是愿意侍奉宋王？"

息露以歌作答："南山有鸟，北山张罗；鸟自高飞，罗当奈何？鸟有雌雄，不逐凤凰；妾为庶人，不乐宋王。"

宋康王大怒，留给韩凭百金，把息露强行带回商丘，关在青陵台。

封丘民众纷纷吟诵《召南·鹊巢》：

维鹊有巢，维鸠居之。之子于归，百两御之。

维鹊有巢，维鸠方之。之子于归，百两将之。

维鹊有巢，维鸠盈之。之子于归，百两成之。

韩凭日夜思念妻子，前往商丘，请求放归。

宋康王大怒，拘捕韩凭，罚为修筑城墙的苦役。

息露日夜思念丈夫，请求侍卫送信。

信被截获，侍卫被杀。

宋康王展读息露之信："其雨淫淫，河大水深，日出当心。"不明其意。

苏贺说："其雨淫淫，意为忧悲思念。河大水深，意为不得往来。日出当心，意为心有死志。"

宋康王欺骗息露："韩凭收到信后，跳下城墙而死。你若依从，寡人立你为后。"

息露说："容我沐浴更衣，拜辞故夫亡灵。"

宋康王大喜。

息露沐浴更衣一毕，在青陵台上望空而拜，跃下高台而死。

息露的裙带之中，留下遗书："生虽异室，死愿同穴。乞赐骸骨，与夫合葬。"

宋康王大怒，诛杀韩凭，与息露分葬在濠水两岸。

葬后三天，两墓各生一树。

三月以后，树高三丈。树干越过河面，树枝交抱，树叶相拥，摩娑有声。上栖二鸟，交颈悲鸣。

封丘民众纷纷传言："相思树，连理枝，比翼鸟，均为韩凭夫妇精魂所化。"

庄子五十四岁，惠施从大梁来信。

蔺且问："夫子收到惠施来信，为何摇头叹息？"

庄子说："惠施忧心忡忡，墨家遭遇了墨子以来的最大危机。"

蔺且问："什么危机？"

庄子说："墨子创立墨家至今，历任墨家巨子禽滑釐、孟胜、田襄子、腹䵍，无论在宋、在楚、在秦，全都独立于诸侯，主张非攻，坚持墨守，全力帮助受攻之国防守，震慑天下好战诸侯。田襄子死后，墨家总部移至秦国，成为秦惠王的莫大心病，希望笼络墨家为秦所用。恰好腹䵍之子杀人，秦惠王召见腹䵍：'先生已经年老，仅有一子。先生只要与寡人合作，令郎可以不必抵命。'腹䵍断然拒绝：'墨家之法规定：杀人者死，伤人者刑。禁止杀人伤人，乃是天下大义。大王可以不行秦国之法，我不能不行墨家之法！'亲自处死独子，拒绝为秦所用。但是腹䵍死时，把巨子之位传给唐姑果，墨家终于为秦所用。"

蔺且问："新任巨子唐姑果做了何事？"

庄子说："唐姑果贪图富贵爵禄，接受秦惠王笼络，出任都尉之职。齐国墨者田鸠，东方墨者谢子，入秦劝阻秦军东进，放弃斩首计功，不再滥杀平民。唐姑果为了专宠，不许其他墨者晋见秦惠王。田鸠留秦三年，没能晋见秦惠王，只好离秦往楚。谢子违抗唐姑果之命，晋见秦惠王，然而进谏无效，只好离秦东归。今年秦惠王伐蜀，任命唐姑果为副将。唐姑果放弃墨守，转为墨攻，放弃独立，为秦所用。天下墨者不再承认唐姑果是墨家巨子，墨家分裂为秦国墨者、南方墨者、北方墨者三派，各奉巨子。不属三派的墨者，星散天下，成了行侠仗义的侠客。"

蔺且问："墨家推崇五帝之道，效法尧、舜、禹禅让，实行禅圣让贤。前四任巨子均为圣贤，唐姑果为何不圣不贤？"

庄子说："巨子禅让在唐姑果以后变质，正如五帝禅让在大禹以后变质。后任巨子由前任巨子一人指定，理论上必须是圣贤，事实上未必是圣贤，因为理有必然，事无必至。一旦有墨者伪装圣贤，就能骗取前任巨子信任，窃取权位。"

蔺且又问："世人都说，大禹传位夏启，父死子继，终结了五帝的公天下，开启了三王的家天下。有人替大禹辩护，认为大禹没有传位夏启，而是禅位伯益，不料夏启取代伯益自立。也有人认为，大禹禅位伯益并非真心，实为让夏启取代伯益自立。真相究竟如何？"

庄子说："大禹禅位伯益，是否真心，空论无益。夏启取代伯益，篡位自立，则是史实。大禹嫡长子有扈氏，怒于庶弟夏启背叛父命，于是讨伐夏启，结果兵败而死。"

蔺且大惊："原来有扈氏竟是夏启之兄，为何史书却说有扈氏是叛乱者？"

庄子说："因为历史由胜利者书写！《尚书·甘誓》是夏后启镇压有扈氏的誓辞，所谓'有扈氏威侮五行，怠弃三正'，都是查无实据的空洞之言，罗织罪名的诬陷之辞。后人或是轻信夏后启的诬陷之辞，或是信奉成者为王，败者为寇，于是有扈氏从正义者变成了叛乱者。其实《归藏》开篇就说：'坤曰：不仁者夏后启，筮以登天。帝弗良，而投之渊，寅共工坠启江中。'正是以天帝的名义，批评夏后启背叛大禹遗命，把五帝的公天下，变成了三王的家天下。"

蔺且又问："滕文公重用孟轲，奉行孔子之道，恢复西周井田制，为何失败？"

庄子说："古今如同水陆，各有其宜。西周宜行井田制，如同舟船宜行水中。如今宜行田赋制，如同马车宜行陆地。以为井田制可行于古，必定可行于今，如同以为舟船可行于水，必定可行于陆。推舟行陆，必然劳而无功。所以《老子》有言：'执今之道，以御今之有。'"

五五　张仪连横秦魏攻韩，孟轲恶禅齐宣伐燕

前315年，岁在丙午。庄周五十五岁。宋康王二十三年。

周慎靓王六年（卒）。秦惠王更元十年。楚怀王十四年。魏襄王四年。韩宣王十八年。赵武灵王十一年。齐宣王五年。燕王子之二年。鲁平公八年。卫孝襄侯二十年（卒）。越王无疆二十八年。中山先王十三年。

周慎靓王姬定死了，在位六年（前320—前315）。

太子姬延继位，即周赧王，东周朝末代天子。仍然寄居东周国，蛰居洛阳王宫。

天下诸侯均不遣使吊贺。

卫孝襄侯死了，在位二十年（前334—前315）。

太子继位，即卫嗣侯。

卫国弱小，依附魏国。除了魏国，诸侯均不遣使吊贺。

鲁平公召见群臣："宋君偃逞强称王，任用奸臣唐鞅、田不礼，与虎狼之秦结盟，狐假虎威，与中原为敌，袭击伐秦联军，滥杀无辜，强占民妻。倒行逆施，不智至极！能否予以阻止？"

鲁国大匠说："鲁国弱于宋国，主公不宜直接阻止。不如把我制作的两副连环，送给宋康王。如果宋人不能解开连环，或许宋康王就能明白不自量力，醒悟不智。"

鲁平公大悦，命其使宋。

鲁国大匠从曲阜来到商丘，进献两副连环，请求解开。

宋康王自居文武全才，自解连环，没有成功。于是号令全国："西周以来七百年，天下无不嘲笑宋人愚笨。如今鲁人自恃公输般之巧，送来连环羞辱寡人。谁能解开连环，寡人重赏千金！"

宋人纷纷来解，无一成功，都被宋康王诛杀。再也无人敢解。

兒说三十六岁，早年愤于戴氏篡宋，不愿出仕母邦，游学稷下学宫，成为田婴第一门客。如今在齐，得知此事，不愿母邦蒙羞，派遣弟子返宋。

兒说弟子顺利解开第一副连环，禀报宋康王："第二副连环不能解。不是有人能解而我不能解，而是天下无人能解。"

鲁国大匠说："知道无人能解，即为正解！连环是我做的，所以我知道无人能解。连环不是你做的，竟然知道无人能解，比我更巧！"

宋康王得意至极，重赏兒说弟子千金。

鲁国大匠返鲁复命。

鲁平公叹息："寡人原想阻止宋康王倒行逆施，结果弄巧成拙，反而害死了许多没能解开连环的宋民。宋国智者解开连环，宋康王必将更加骄横。但是寡人不明白，宋国智者既然能解连环，为何不能阻止宋康王倒行逆施？"

鲁国大匠说："当今宋国智者，无一仕宋。惠施仕魏，宋钘、兒说仕齐，大量宋国墨者仕秦，其他大贤隐居不仕。宋康王不用贤人，专用奸人，助秦为虐，必将亡国！"

秦惠王召见群臣："寡人去年采纳司马错之策，南灭巴蜀，解除后顾之忧。今年可以按照张仪之策，东伐韩国，惩罚韩宣王重用公孙衍！"

樗里疾说："三年前五国合纵伐秦，义渠王应公孙衍之约，背后偷袭秦国，大王也不可不伐！"

秦惠王于是命令樗里疾北伐义渠，张仪东伐韩国。

樗里疾北伐义渠，一举攻取二十五城。

五五　张仪连横秦魏攻韩，孟轲恶禅齐宣伐燕

张仪东伐韩国，邀约魏襄王助秦伐韩。

魏襄王庆幸于秦惠王伐韩不伐魏，同意助秦伐韩。

韩宣王问策群臣："魏襄王策动五国合纵伐秦，楚怀王担任纵长。如今秦惠王不伐魏、楚，竟然伐韩，如何是好？"

公孙衍说："魏、赵、楚、燕都是合纵伐秦的盟国，如今齐相田婴之子田文又担任魏相，大王可向五国求救！"

公仲朋反对："楚怀王担任纵长，原已担心秦惠王伐楚报复，不可能救韩。其他诸侯同样担心秦惠王报复，也未必肯救。五国伐秦尚且失败，诸侯即使救韩，也难击败秦军。大王不如向秦求和，与秦联合伐楚。"

韩宣王不听公孙衍，听从公仲朋。

公仲朋先派死党韩珉入秦通报。

楚怀王召见陈轸："公仲朋一旦入秦求和，张仪必将移师伐楚。先生有无良策？"

陈轸说："大王应该立刻救韩，兵车布满夏路，但是缓慢行进。如果韩宣王不再向秦求和，秦惠王就会继续伐韩，不会移师伐楚。即使韩宣王继续向秦求和，仍将感激大王，不会助秦伐楚。如果秦军单独伐楚，楚强于秦，必无大患。"

楚怀王采纳其策，假装出兵救韩，行进缓慢。

韩宣王于是制止公仲朋入秦："五国合纵伐秦，实以魏军为主，楚军极少，所以才会失败。楚国乃是天下最强，必能帮助寡人击败秦军！"

公仲朋说："楚国兵车尽管布满夏路，然而行进缓慢。楚、韩并非兄弟之国，楚怀王声称救韩，必是陈轸欺骗大王的诡计。大王如果轻信，必为天下所笑。况且韩珉先行入秦通报，我若不去，就是欺骗秦惠王，后果不堪设想！"

韩宣王不听，命令公孙衍迎敌。

秦惠王大怒，命令张仪开战。

张仪迅速攻取韩国边邑石章（今地不详），进伐浊泽（今河南长葛），逼近

韩都新郑。

赵武灵王忠于赵、韩之盟，派遣赵泥救韩。

公孙衍、赵泥在浊泽与张仪相持，虽败不退，苦等楚国救兵。

韩宣王又派其弟韩辰使魏，献地河阳（今河南孟州市）、高平（今山西高平），恳请魏襄王停止助秦伐韩。

魏襄王接受献地，撤回助秦伐韩之兵。

韩辰又离魏至齐，向齐求救。

与此同时，燕太子姬平也派使者至齐，晋见齐宣王："燕王哙前年禅位子之，太子姬平失去继位资格，痛恨子之。燕王哙去年又让子之重新任命百官，将军市被遭到罢免，同样痛恨子之。太子姬平得到市被支持，准备诛杀子之，夺回王位。恳请大王出兵，维护君臣大义！"

齐宣王问策群臣："张仪伐韩，寡人痛恨张仪，打算救韩。子之篡燕，寡人更加痛恨子之，打算伐燕。如何抉择？"

老将田忌说："大王不宜救韩，应该伐燕！子之篡位，燕民毫不拥戴，诸侯无不反对。秦、魏伐韩，楚、赵救韩。五国混战于韩，正是上天把燕国赐给齐国的良机！"

储子赞成："燕国陷入内乱，大王必能破燕！"

孟轲附议："大王伐燕，一如周武王伐纣，机不可失！"

田婴力排众议："魏襄王策动五国伐秦大败，秦国已经重创魏国。如果秦国再重创韩国，不利齐国。大王应该救韩，不该伐燕！"

齐宣王不悦，罢免田婴，改命储子为相。

于是假装答应韩辰救韩，又假装答应姬平使者："太子大举义兵，寡人深为敬佩！寡人国力虽弱，也愿尽起倾国之兵，支持太子继位！废除君位禅让的伪道，彰明君位世袭的真道，维护君臣大义，捍卫天地纲常。"

姬平得到齐宣王承诺，命令市被围攻子之窃居的王宫，一时难以攻破。

子之困守王宫，被迫许诺市被，愿意归还将印，升官重用。

市被久等齐军不来，阵前倒戈，接受将印，归顺子之，反攻姬平。

交战数月，姬平、市被死于乱战。

齐宣王眼见燕国内乱双方两败俱伤，即以戡乱为名，命令匡章伐燕，又约中山助伐。

时值孟冬，燕国上下离心，士卒不战，城门不闭。

匡章率领五都之兵，长驱直入燕境。

庄子五十五岁，秦、魏伐韩，楚、赵救韩，齐国伐燕，七雄全部卷入乱战。

蔺且问："燕王哙仿效尧、舜、禹禅让，禅位子之。孟轲言必称尧舜，为何支持齐宣王伐燕？"

庄子说："儒墨虽都称颂尧舜，但是主张截然相反。儒家支持君位世袭，反对君位禅圣，游说诸侯仿效家天下的圣君尧舜。墨家反对君位世袭，主张君位禅圣，游说诸侯仿效公天下的圣君尧舜。孟轲认为，墨家反对君位世袭，主张君位禅圣，乃是目无君父的禽兽，所以反对燕王哙禅位子之，支持齐宣王伐燕。"

蔺且问："尧、舜、禹禅让君位，实为公天下的圣君。儒家为何把尧、舜、禹视为家天下的圣君？"

庄子说："儒家屈从现实，不敢抨击三代以降家天下的罪恶，仅仅寄望家天下的世袭君主能够仁爱臣民，所以强调尧舜的仁爱。墨家富于理想，认为家天下的世袭君主不可能仁爱臣民，只有废除三代以降君位世袭的家天下，恢复五帝时代君位禅让的公天下，君主才会兼爱臣民，所以强调尧舜的禅让。"

蔺且问："儒墨针锋相对，谁将获胜？"

庄子说："当今天下诸侯，都是世袭君主，不可能采信墨家，必然采信儒家。墨家巨子唐姑果审时度势之后，像儒家一样屈从现实，放弃了墨家理想。如今墨家分裂为三，儒家已经胜出。"

蔺且问："那么燕王哙践行墨子之道，是否必将失败？"

庄子说："正是。燕王哙禅让君位，危及君位世袭，已被天下诸侯视为公敌。齐宣王伐燕，诸侯必不救燕。齐强燕弱，燕有亡国之忧。"

五六　齐宣灭燕谋于孟轲，乐毅存燕败于张仪

前314年，岁在丁未。庄周五十六岁。宋康王二十四年。

周赧王元年。秦惠王更元十一年。楚怀王十五年。魏襄王五年。韩宣王十九年。赵武灵王十二年。齐宣王六年（灭燕）。燕王子之三年（诛灭）。鲁平公九年。卫嗣君元年。越王无疆二十九年。中山先王十四年。

燕人以为，齐军乃是戡乱义师。箪食壶浆，迎接齐军入境入都。

齐军兵不血刃，仅用五十天，占领燕国全境。

匡章开进燕都蓟城，诛杀燕王子之，施以醢刑，剁为肉酱。

燕王子之，从燕相变成燕王，仅仅在位三年（前316—前314），被齐诛杀碎尸。

齐宣王召见群臣："寡人应让燕王哙复位，还是兼并燕国？"

储子因主张伐燕而拜相，于是主张灭燕："秦惠王先灭巴蜀，解除后顾之忧，然后再伐韩国，东进中原。大王也应先灭燕国，解除后顾之忧，然后西进中原，与秦争霸。"

田婴因反对伐燕而罢相，于是反对灭燕："当年周武王分封太公姜尚于齐，分封周公姬旦于鲁，分封召公姬奭于燕。如今周赧王尚在，齐、鲁、燕同为周室三公，大王既然不愿灭鲁，怎能灭燕？"

齐宣王左右为难，召见孟轲："齐桓公、晋文公如何成就霸业？"

孟轲说："孔子之徒从来不说齐桓公、晋文公如何成就霸业，只说周文王、周武王如何成就王业。"

五六　齐宣灭燕谋于孟轲，乐毅存燕败于张仪

齐宣王问："周文王、周武王如何成就王业？"

孟轲说："保民为王，天下无敌。"

齐宣王问："寡人可以保民为王吗？"

孟轲说："可以。"

齐宣王大悦："寡人伐燕大胜，有人主张取燕，有人反对取燕。以万乘之齐，征伐万乘之燕，五十天攻取全境，决非人力可致，必是天意所致。天予不取，必遭天谴！先生是否赞成寡人取燕？"

孟轲说："取之而燕民喜悦，大王就取，一如周武王取商。取之而燕民不悦，大王就不取，一如周文王不取商。燕人箪食壶浆，迎接齐师，乃是为了躲避水深火热。大王若是顺天应人，拯救燕民脱离水深火热，即可取燕。"

齐宣王大喜，任命孟轲为上卿，食禄十万钟。听从孟轲之言，下令建造天子号令天下的明堂。命令匡章诛杀燕王哙，焚烧宫室宗庙，夺取礼器重宝，一举兼并燕国。

燕王姬哙，在位四年（前320—前317），禅位燕相子之。禅位三年（前314），被齐灭国杀身。

田婴相齐二十七年（前341—前315），去年因反对伐燕而罢相，今年因反对灭燕而退休。

忧愤于齐威王的霸业必被齐宣王毁于一旦，病死于封地薛邑。

中山先王魏䜣，听从司马熹之言，助齐伐燕。

中山墨者首领，坚决反对。

司马熹问："墨子之道，是否永远主张非攻？"

墨者首领说："是的。"

司马熹问："那么墨家巨子唐姑果，为何率领秦国墨者助秦伐蜀？"

墨者首领说："唐姑果背叛墨子之道，天下墨者早已不再奉为巨子。"

司马熹说："唐姑果居于秦国，服从秦惠王。先生居于中山，也应服从中山王。如今大王决定伐燕，先生不能反对。"

墨者首领问:"相国是否赞成伐燕?"

司马熹说:"是的。"

墨者首领问:"那么相国是否赞成赵武灵王征伐中山?"

司马熹不再理睬,领兵伐燕,攻取了几十座燕国边邑。

中山先王大喜,册封司马熹为蓝诸君,赦免三世死罪。用伐燕所得青铜武器,铸成圆鼎、方壶以纪功。圆鼎铭文,批评燕王哙"迷惑于子之而亡其邦,为天下戮",表彰司马熹"亲率三军之众,以征不义之邦。辟启封疆,列城数十,克敌大邦"。

张仪所率秦军,公孙衍、赵泥所率韩、赵联军,去年相持于浊泽(今河南长葛),延至今年。

秦惠王怒于魏襄王不再助秦伐韩,命令樗里疾伐魏河东,重新攻取了焦邑(今河南三门峡西)、曲沃(今山西闻喜),驱逐魏民,填入秦民。

樗里疾伐魏大胜,移师加入伐韩。驰援浊泽,协助张仪击溃韩、赵联军,追至浊泽西南的韩国岸门(今河南许昌),斩首一万。

赵将赵泥战死,韩相公孙衍逃走。

韩宣王最终没能等到楚国救兵,被迫向秦割地求和,派遣太子韩仓入秦为质。

敌秦的公孙衍罢相,亲秦的公仲朋复相。

十四年前,乐池被司马熹夺去中山相位,与乐毅一起离开中山,转仕赵国。

乐氏兄弟仕赵,一直未受赵肃侯、赵武灵王重用。乐池心灰意懒,不思进取。乐毅必欲报复中山,等待时机。

乐毅得知齐宣王灭燕,向赵武灵王进言:"燕、赵结盟,燕国一向牵制中山。如今中山助齐灭燕,夺取燕国边邑,拓土强国,不利赵国。大王怎能坐视燕国灭亡?"

赵武灵王说:"当年中山弱于赵国,先君尚且不能战胜中山。如今中山助齐灭燕,国力增强。齐宣王灭燕,已经取代楚国,成为天下最强。寡人虽有伐齐存燕之心,无奈国力太弱。"

乐毅说:"大王单独伐齐存燕,当然难以成功。不如先与齐国换地,赵国把河东赵地划归齐国,齐国把河北燕地划归赵国。天下诸侯必被激怒,必将策动伐齐存燕。"

赵武灵王问:"齐宣王为何愿意换地?齐、赵换地为何必能激怒天下诸侯?"

乐毅说:"齐宣王担心天下诸侯怒其灭燕,必定愿意把河北燕地换给赵国。齐、赵、中山三分燕地,齐国可以不必独自承担灭燕罪责。天下诸侯不知换地乃是大王主动,误以为大王担心齐灭燕后伐赵,被迫向齐献地。天下诸侯必将担心齐宣王灭燕割赵以后,继续西进中原,危及自身,就会策动伐齐存燕。"

赵武灵王心悦诚服,派遣赵庄使齐,提议与齐换地。

齐宣王欣然同意。

楚怀王大怒于齐宣王灭燕割赵,派遣昭滑使赵,阻止赵武灵王割地给齐,邀约赵国加入伐齐存燕。

齐宣王闻讯,急召准备返赵的赵庄:"寡人不要河东赵地,愿把河北燕地白给赵国。"

赵庄喜出望外,自居有功,返赵复命。

赵武灵王颇为心动,准备接受河北燕地。

乐毅谏阻:"大王接受河北燕地,就是与齐国、中山分赃,怎能伐齐存燕?"

赵武灵王顿时醒悟,把赵庄贬为西部重镇蔺邑(今山西柳林)的守将。拒绝接受河北燕地,赵、齐换地无疾而终。

齐宣王召见孟轲:"先生支持寡人伐燕取燕,如今天下诸侯策动伐齐存燕,先生有何良策?"

孟轲说:"商汤最初只有方圆七十里,周文王最初只有方圆百里。如今齐国方圆千里,大王何必害怕?《尚书》有言:'商汤的征伐,先从相邻的葛国开始,立刻赢得天下信任。随后征伐东夷,西戎抱怨;征伐南蛮,北狄抱怨。天下民众都说:为何不先征伐吾国恶君?'商汤征伐天下,诛杀恶君,解民倒悬,如同大旱以后下雨,所以民众大悦。如今燕君虐待燕民,大王派出正义之师,征伐不义之君，燕民以为拯救自己脱离水深火热，所以箪食壶浆，迎接大王之师。然而大王之师诛杀燕民父兄，镇压燕民子弟，焚烧宫室宗庙，夺取礼器重宝，燕民怎能拥戴？天下原本畏惧齐国强大，如今大王土地加倍，如果不行仁政，必将引来天下之兵。大王唯有归还燕国宗庙重器，根据燕民意愿，重立燕君，撤兵返齐，才能阻止诸侯联合伐齐。"

齐宣王犹豫不决，不愿轻易放弃燕地。

楚怀王遣使至魏，晋见魏襄王："大王只要加入伐齐存燕，楚怀王愿把九年前伐魏所取八城的六城，还给大王。"

魏襄王颇为心动，问策群臣。

田文反对："大王与齐结盟，所以命我为相，怎能又加入伐齐存燕？"

成陵君支持："八年前，先王曾命公孙衍收复楚侵八城，结果损兵折将。如今大王不费一兵一卒，就能收回六城，应该加入伐齐存燕。"

魏襄王于是罢免田文，驱逐归齐，改命成陵君为相。又派惠施使赵，共商伐齐存燕。

赵武灵王大悦，派遣乐池往韩，把为质于韩的燕王哙幼子姬职接到邯郸，立为燕王，准备送归燕国。

张仪献策秦惠王："齐宣王灭燕，中原诸侯畏惧齐军西进，必将调集重兵防守东境，西境防守随之空虚，有利于秦军东进。中原诸侯如果伐齐存燕成功，不利于秦军东进。我愿再次使魏，劝说魏襄王退出伐齐存燕！"

秦惠王大喜，命其使魏。

张仪到达大梁，晋见魏襄王："秦惠王不希望大王加入伐齐存燕！齐宣王害怕楚、赵、魏三国伐齐存燕，必将归还燕地，重立燕王。楚怀王必将不再归还魏国六城。大王加入伐齐存燕，必被楚、赵欺骗，又与齐、秦结怨，空有贪地之名！"

魏襄王不听。

张仪离魏至韩，拜见亲秦的韩相公仲朋："秦惠王得知韩国饥荒，愿意助韩伐魏，夺回被公孙衍骗去的南阳。南阳富庶，积粮满仓，必能解救韩国饥荒。"

魏襄王得知张仪策动秦、韩伐魏，大为恐慌，派人至韩，求见张仪。

张仪说："秦惠王不希望魏国加入伐齐存燕，韩宣王希望夺回南阳。除非魏国退出伐齐存燕，否则秦惠王必将帮助韩宣王夺回南阳。"

魏襄王无奈，宣布退出伐齐存燕，又把南阳还给韩国。

楚怀王、赵武灵王无奈，只好暂停伐齐存燕。

齐宣王得知张仪阻止了诸侯伐齐存燕，大喜过望，不再考虑撤兵，命令匡章继续占领燕地。

庄子五十六岁，惠施又从大梁来信。

庄子又摇头叹息："如今惠施既非魏相，也非重臣，无权参与国政，已经六十七岁，仍不服老，竟然主动请缨，为魏襄王出使赵国，联络伐齐存燕。"

蔺且问："夫子曾说，燕王哙禅位子之，动摇君位世袭，得罪天下诸侯，必有亡国之忧。齐宣王伐燕，诸侯必定不救。为何如今诸侯打算伐齐存燕？"

庄子说："如果齐宣王仅命匡章诛杀子之，让燕王哙复位，诸侯必定支持。然而齐宣王却命匡章诛杀燕王哙，兼并了燕国。齐军从戡乱的正义之师，变成了灭燕的不义之师。诸侯担心强齐危及自身，于是转而伐齐存燕。"

蔺且问："惠施一向主张偃兵，为何支持伐齐存燕？"

庄子说："惠施认为，燕王哙是践行墨子之道的圣君，子之是践行墨子之道的贤相，燕王哙禅位子之，乃是墨子之道的首次重大胜利。惠施痛恨齐宣王诛杀燕王哙、子之，所以赞成伐齐存燕！"

蔺且说："天下都说子之是篡位奸臣，没想到惠施竟然认为子之是圣贤。"

庄子说："唐姑果先为墨家巨子，后为秦国廷臣，助秦伐蜀，分裂墨家，多有劣迹，确是伪装圣贤，骗取了腹䵍的信任。子之先为燕相，后为燕王，未闻劣迹，难以断言是否伪装圣贤，骗取了燕王哙的信任。或许子之确如惠施所言，真是圣贤，仅因受禅为王，危及君位世袭，才被天下孔子之徒诬为篡位奸臣。不过即使子之受禅之前确是圣贤，受禅之后，为了防止太子姬平夺回王位，也会从圣贤变成否君。任何人一旦涉足庙堂，必将争权夺利，逐渐丧失真德。"

蔺且说："夫子之言，解除了我的一大困惑。灭燕的匡章，正是涉足庙堂以后，逐渐丧失真德的显例。匡章最初反对齐威王、魏惠王称王，师从陈仲子，不臣天子，不友诸侯。后来为了保家卫国，向齐威王请命，击败伐齐秦军。此后又奉齐宣王之命接应伐秦联军东撤，仍然未失真德。但是随后又奉齐宣王之命，对伐秦联军落井下石，前后已经判若两人。如今又奉齐宣王之命，诛杀子之、燕王哙，兼并燕国，滥杀燕民，已经丧尽真德！"

庄子感叹："庙堂争权夺利毫无底线，乃是逆淘汰的大染缸。优败劣胜，你死我活，只有小人才能生存，君子根本无法生存。人在庙堂，身不由己，除了同流合污，别无出路。"

五七　张仪使楚怀王受骗，秦楚将战宋钘偃兵

前313年，岁在戊申。庄周五十七岁。宋康王二十五年。

周赧王二年。秦惠王更元十二年。楚怀王十六年。魏襄王六年。韩宣王二十年。赵武灵王十三年。齐宣王七年。燕属齐一年。鲁平公十年。卫嗣君二年。越王无疆三十年。中山先王十五年。

稷下学士春居，晋见齐宣王："周天子尚在，楚怀王身为周封诸侯，不守周礼，算不算明主？"

齐宣王说："不算明主。"

春居又问："楚国百官都不谏阻楚怀王，算不算忠臣？"

齐宣王说："不算忠臣。"

春居说："大王身为周封诸侯，听信孟轲妄言，建造天子才可拥有的明堂。规模宏大，占地百亩，门户三百，建造三年，仍未完工，不仅违背周礼，而且劳民伤财。齐国百官都不谏阻大王，算不算忠臣？"

齐宣王说："不算忠臣。"

春居说："大王明辨是非，既是齐民之福，也是天下之福！楚怀王不是明主，大王才是明主！正如孟轲不是孔子之徒，我才是孔子之徒。"

言毕辞出。

齐宣王大叫："先生留步，为何进谏如此之晚？寡人立刻下令停建明堂！"

命令史官："记下：寡人妄建明堂，违背周礼。孔子之徒春居，谏止寡人。"

齐宣王召见孟轲："有人根据孔子之道，谏阻寡人建造明堂。寡人应该毁掉明堂，还是暂停建造？"

孟轲说:"周公礼制规定:王者居于明堂,才能施行王政。大王没有明堂,如何施行王政?"

齐宣王顿时醒悟,命令史官删去刚才的记录,继续建造明堂。

魏襄王前年撤回助秦伐韩之兵,去年遭到秦伐,今年采纳成陵君之策,前往秦国东部边关临晋(今陕西大荔),朝拜秦惠王。

秦惠王把魏襄王之子魏政立为魏国太子,又让十七岁的太子嬴荡娶了魏襄王之女,立为正夫人。

秦惠王采纳张仪之策,命令樗里疾伐赵西部,再次进攻被赵收复的蔺邑(今山西柳林)。

赵庄去年使齐换地失败,贬为蔺邑守将,今年战败被俘。

樗里疾攻破蔺邑,滥杀赵民。

赵武灵王被迫向秦惠王称臣。此后十七年,不敢再与秦国交战,苦思御秦之策。

陈轸上朝,向楚怀王进言:"去年岸门之战,秦军大败韩军,韩宣王向秦称臣,太子韩仓入秦为质。年初焦邑之战,秦军大败魏军,魏襄王朝秦称臣,奉秦之命,立魏政为魏太子,与秦联姻,嫁女于秦太子。如今蔺邑之战,秦军又大败赵军,赵武灵王也向秦称臣。三晋均已向秦称臣,秦惠王必将伐楚。大王只有联齐伐秦,才能先发制人。"

楚怀王听从其言,不再策动伐齐存燕,派遣二十七岁的左徒屈原使齐,约齐伐秦。

齐宣王喜出望外,同意助楚伐秦。

楚怀王命令三位楚将,率领九军伐秦,北围曲沃(今山西闻喜,秦侵魏地)、於中(今地不详,秦侵魏地)。齐军助攻,楚军攻取了曲沃。

秦惠王急召张仪:"楚国是天下霸主,齐国是中原霸主,两强联合伐秦,先

五七　张仪使楚怀王受骗，秦楚将战宋钘偃兵

生有何良策？"

张仪说："十年前大王派我使魏，劝说魏惠王联秦伐齐，由于公孙衍与我作对，结果功败垂成。如今三晋均已臣服，只有楚、齐不肯臣服。我愿使楚，劝说楚怀王放弃联齐伐秦，改为联秦伐齐。"

秦惠王说："陈轸离秦仕楚，必与先生作对。如何对付？"

张仪说："楚怀王对陈轸的信任，远远不及魏惠王对公孙衍的信任。况且当年公孙衍执掌魏国兵权，如今陈轸并不执掌楚国兵权，仅是楚相昭阳的门客。这次必能成功！"

秦惠王大悦，命其使楚。

张仪到达郢都，晋见楚怀王："齐宣王不满足于取代魏国成为中原霸主，又想取代楚国成为天下霸主，所以兼并燕国，建造明堂，志在代周为王，天下诸侯均在必伐之列。中山、赵国畏惧齐伐，均已向齐称臣。大王如果畏惧齐伐，也应向齐称臣。否则齐宣王必将伐楚，楚国将与燕国同命！"

楚怀王不悦："寡人固然不肖，怎能有辱历代先王，向齐称臣？"

张仪说："秦惠王同样如此，所以最为敬重大王，宁愿向楚称臣，不肯向齐称臣。大王若能与齐绝交，联秦伐齐，敝国愿献商於之地六百里（今陕西丹凤至河南西峡）。"

楚怀王去年策动伐齐存燕失败，如今既得秦助，又得秦地，大为心动，问策群臣。

楚相昭阳当年冤枉门客张仪偷窃玉璧，鞭笞三百。担心与惠施同命，不敢反对张仪。

上官大夫靳尚说："祝贺大王不出一兵，不伤一卒，得到商於之地六百里。联秦伐齐，必将大胜！"

百官无不祝贺。

楚怀王问陈轸："百官无不祝贺，先生为何不祝贺？"

陈轸说："因为大王不可能得到商於之地，而且必有大患。"

楚怀王问："先生有何凭据？"

陈轸说："秦惠王敢伐三晋，不敢伐楚，乃因楚、齐结盟。如今三晋均已事秦，大王如果轻信张仪，与齐绝交，必将陷入孤立，张仪必定食言。大王不仅不能得到商於之地，还将西有秦患，东有齐患，两国之兵并至。"

楚怀王大怒："不许再言！你看寡人得地。"

宣布与齐绝交，派遣景翠跟随张仪至秦，交割商於之地。

张仪一到咸阳，假装醉酒坠车受伤，三个月不上朝。

靳尚已被张仪买通，于是向楚怀王进言："张仪迟迟不肯交割商於之地，必是认为大王与齐绝交不够彻底。"

楚怀王又派勇士至齐，辱骂齐宣王。

齐宣王大怒，诛杀楚国勇士。楚、齐交恶。

张仪于是假装伤愈，带着景翠上朝，禀报秦惠王："我答应楚怀王，把大王赐给我的封邑六里，献给楚国。"

秦惠王说："可以。"

景翠说："张相国承诺的是商於之地六百里，并非封邑六里。"

秦惠王说："张相国可以作主献出封邑六里，怎能代替寡人作主，擅自割让商於之地六百里？"

景翠返楚复命。

四十六岁的楚怀王，被六十八岁的张仪、四十四岁的秦惠王合伙欺骗，勃然大怒，准备大举伐秦。

陈轸问："我可以说话吗？"

楚怀王说："可以。"

陈轸说："大王既已与齐绝交，与其单独伐秦，不如联秦伐齐。不能得地于秦，仍能取地于齐。如果与齐、秦同时为敌，必将促使齐、秦结盟，楚国大危！"

楚怀王自负天下最强，不听。

宋人宋钘四十八岁，离开齐国稷下，匆匆赶往楚国。走到齐地石丘（今地不详），遇见驾车出游的稷下同事——六十岁的孟轲。

孟轲问："先生行色匆匆，要去哪里？"

宋钘说："楚、秦即将开战，我去劝说楚怀王、秦惠王罢兵，希望至少说服一人。"

孟轲问："先生准备如何劝说？"

宋钘说："我将劝告楚怀王、秦惠王，交战对双方都很不利。"

孟轲说："先生身为墨子之徒，志向固然远大，主张却十分错误！即使楚怀王、秦惠王听从先生劝告，也是为了利益而罢兵。假如人臣都以利益事君，人子都以利益事父，人弟都以利益事兄，那么天下必将鄙弃仁义，崇尚利益，最终因为利益而亡。先生应该劝告楚怀王、秦惠王，为了仁义而罢兵。假如人臣都以仁义事君，人子都以仁义事父，人弟都以仁义事兄，那么天下必将鄙弃利益，崇尚仁义，最终因为仁义而王。先生怎能仅对楚怀王、秦惠王言说利益？"

宋钘说："先生身为孔子之徒，所以自居高尚，坚决不肯言利。先生曾对齐威王、宋康王、邹穆公、滕文公、魏惠王、魏襄王、齐宣王言说仁义，固然貌似高尚，但是有何效果？"

孟轲说："君子正其义，不谋其利；明其道，不计其功！"

宋钘不愿再与孟轲争辩，赶往楚、秦。

楚怀王、秦惠王无不自居必胜，不听宋钘规劝。

张仪向秦惠王进言："春秋时代，楚国是天下最强。战国以来，尽管魏、秦、齐变法崛起，楚国仍是天下最强。中原诸侯乱战不休，只求称霸中原，不敢与楚争霸天下。如今大王收服三晋，齐国兼并燕国，秦、齐均已具备挑战强楚的实力。五年前公孙衍发动五国合纵伐秦，楚怀王尽管担任纵长，伐秦主力却是魏军。上半年楚怀王征伐曲沃、於中，小胜少量秦国守军，必然轻敌，所以决定大举伐秦。这是商鞅变法以后，秦、楚首次单独大战，大王不可轻敌！"

秦惠王听从其言，亲往故都雍城（今陕西凤翔），在分处雍城五方的五畤，分别祭祀五方上帝，祈求五方上帝庇佑秦国战胜天下霸主楚国。

大宗祝邵䵉，主持了五畤的祭祀。每畤祭祀一毕，即把一块《秦诅楚文》

刻石，埋入该畤地下。五块刻石，除了所祭之帝不同，文辞全同。

庄子五十七岁，荀况生于赵国，秦、楚即将大战。

蔺且问："秦、楚大战之前，秦惠王为何要在五畤分祭五帝？"

庄子说："殷商信仰五帝教，商王巡狩天下，都要前往五岳分祭五帝，诸侯不得僭祭。殷商五帝教认为，人死为鬼，王死为帝，所以商王死后无不称帝。周武王灭商以后，废除殷商五帝教，认为天无五帝，仅有一帝，天帝是神，人王非神，王死为鬼，并非为神，所以周王死后无一称帝，全都称谥。周王巡狩天下，仅在东岳泰山独祭东皇泰一，诸侯不得僭祭。西周灭亡，秦襄公护送周平王东迁有功，始封诸侯，首建西畤，僭祭对应于秦国分野的西方白帝。此后历代秦君又增建四畤，分别僭祭东方青帝、北方黑帝、南方赤帝、中央黄帝。如今秦、楚即将大战，信仰西周一神教的楚怀王，仅须在神坛独祭东皇泰一；信仰殷商五帝教的秦惠王，必须在五畤分祭五帝。"

蔺且问："秦君也是周封诸侯，为何不信西周一神教？"

庄子说："西周王室强盛，楚君是西周旧封诸侯，与其他中原诸侯一样改信西周一神教，唯有殷商遗邦宋国仍然信仰殷商五帝教。东周王室衰弱，秦君是东周新封诸侯，所以没有改信西周一神教，仍信殷商五帝教。这是中原鄙视秦人为戎狄的重要原因。"

蔺且问："秦君为何不在一畤合祭五帝，却在五畤分祭五帝？"

庄子说："殷商五帝教认为，五帝分掌五方，互不统辖，合祭必将渎神招祸，分祭才能娱神祈福。"

蔺且问："如果秦国统一天下，代周为王，天下人是否都要改信殷商五帝教？"

庄子说："秦王不仅可能强迫天下人改信殷商五帝教，而且可能像商王一样，死后称帝。这是宗教信仰的重大倒退。"

蔺且问："为何恢复殷商五帝教，是宗教信仰的倒退？"

庄子说："殷商五帝教，乃是多神教，是用五种超自然力量解释世界，遇到解释不通之处，可在多种超自然力量之间变来变去，没有解释难度，毫无解释力。西周泰一教，则是一神教，仅用一种超自然力量解释世界，不能在多种超自然力量之间变来变去，解释难度大增，解释力也随之大增，但是遇到解释不通之处，仍然可用人格神的意志来推托。所以一神教尽管胜于多神教，仍然逊于天道观。老聃完成了从一神教到天道观的飞跃，所以《老子》如此论说天道：'吾不知其名，象帝之先。'"

蔺且问："为何天道观胜于一神教？"

庄子说："一神教认为，主宰天地万物的唯一力量，是超自然、有意志的泰一天帝。尽管比五帝教提高了主观解释力，仍未增进客观理解力。天道观认为，主宰天地万物的唯一力量，是有规律、无意志的自然天道。所以不再满足于提高人类对世界的主观解释力，而是致力于增进人类对世界的客观理解力。此即《老子》所言：'道生一，一生二，二生三，三生万物。人法地，地法天，天法道，道法自然。'"

蔺且问："增进客观理解力，为何胜过提高主观解释力？"

庄子说："信仰宗教，必定降低客观理解力，迷信主观解释力，幻想神灵对自己特别偏心，于是违背天道而胡作非为。信仰天道，必定摒弃主观解释力，增进客观理解力，领悟天道对万物无所亲疏，不会幻想天道对自己特别偏心，于是顺应天道而不敢胡作非为。因为一切胡作非为，必被天道惩罚。此即《老子》所言：'天网恢恢，疏而不失。'"

五八　楚怀伐秦九国混战，燕昭复国孟轲离齐

前312年，岁在己酉。庄周五十八岁。宋康王二十六年。

周赧王三年。秦惠王更元十三年。楚怀王十七年。魏襄王七年。韩宣王二十一年（卒）。赵武灵王十四年。齐宣王八年。燕属齐二年。鲁平公十一年。卫嗣君三年。越王无疆三十一年。中山先王十六年。

年初，秦惠王亲往魏国西部边邑蒲坂（今山西永济），会见魏襄王、韩宣王，商议共同迎击楚军。

开春，楚怀王派出两路楚军。

屈丐率领楚军主力伐秦，进攻张仪食言不献的商於（今陕西商州）。

景翠率领楚军一支伐韩，围攻雍氏（今河南禹州），牵制韩国助秦。

齐宣王虽怒楚怀王与齐绝交，仍把秦国视为最大威胁，邀约宋康王共伐魏国东部的煮枣（今山东东明），牵制魏国助秦。

宋康王尽管与秦结盟，但又畏惧相邻的强齐，不敢不从。

四月，越王无疆认为齐灭燕后如果又败魏国，必将危及越国，于是命令公师隅助魏抗齐。

公师隅率领三百条战船，带着五百万支利箭，沿着吴王夫差开通的邗沟，转入白圭开通的鸿沟，开赴魏国，助魏抗击齐、宋联军。

赵武灵王虽已向秦称臣，仍然不满魏、韩助秦伐楚，命令赵何领兵，伐魏北疆，牵制魏国助秦。

秦惠王采纳张仪之策，派出三路秦军。

张仪死党、魏人魏章担任主帅，率领中路军主力，先在秦地丹阳（今河南

西峡丹水北），迎击伐秦的楚军主力。杀死主将屈丐、偏将逢侯丑等七十余名楚将，斩首八万。

甘茂率领西路军，进攻楚地汉中（楚国汉水中部，并非陕西汉中）。魏章击败屈丐以后，驰援甘茂，攻取了汉中之地六百里，设为汉中郡。

樗里疾率领东路军，首先驰援韩国雍氏，帮助韩军击败景翠的楚军。然后驰援魏国煮枣，帮助魏国武卒和越国水军，击败齐、宋联军。

楚怀王未得商於之地六百里，反失汉中之地六百里，狂怒不已，尽发倾国之兵，亲征秦国。一路挺进，迅速攻至蓝田（今陕西西安蓝田），逼近咸阳（今陕西西安）。

秦惠王大惊，立刻调整部署，命令魏章率领中路军主力回救咸阳，甘茂的西路军留守汉中。

韩国已解雍氏之围，魏国已解煮枣之围，于是合兵南下，袭击楚国后方。一路挺进，迅速攻至邓邑（今河南邓州），逼近郢都（今湖北江陵）。

越军已助魏、秦击败围攻煮枣的齐、宋联军，转而移师伐齐。

齐宣王重兵驻于燕地，国内兵力不足，于是遣使至越，晋见越王无疆："楚国数世伐越，乃是越国大仇宿敌。如今楚怀王率领倾国之兵亲征秦国，深入秦境，后方空虚，正是大王攻破郢都、复兴勾践霸业的良机！"

越王无疆听从其言，停止伐齐，转而移师伐楚。

楚怀王正在蓝田，与回救咸阳的秦军主力决战，得知韩、魏、越袭击后方，逼近郢都，大为惊恐，立刻撤兵回救。

魏章紧追不舍，大破楚军主力。

商鞅变法以后的首次秦、楚大战，以秦军大胜、楚军惨败告终。秦国从此取代楚国，跃居天下最强。

秦惠王四十五岁，大胜强楚，狂喜不已。册封六十九岁的张仪为武信君，册封四十岁的樗里疾为严君。

楚怀王四十七岁，败归郢都，羞见陈轸，罢免昭阳，改命昭鱼为相。

又命二十八岁的左徒屈原使齐，与齐重修旧好。

苏代之弟苏秦，今年三十九岁，愤于暴秦击败强楚，于是离开洛阳乡下，前往楚国郢都，拜见陈轸："先生如果用我之策，不仅有利楚国，更加有利先生。可使魏襄王转而亲楚，韩宣王转而听楚，秦惠王驱逐张仪，秦军不再东进，天下无不事楚，先生大用于楚。"

陈轸问："如何做到？"

苏秦说："先生可以献策楚怀王，献地给韩、秦，让韩相公仲朋劝说秦惠王、韩宣王与楚罢兵。秦、韩不用兵而得地，必定与楚罢兵，魏襄王也不敢单独与楚再战。再让公仲朋告诉秦惠王：'如今秦国，已成张仪之国。张仪及其死党魏章，都是魏人，全都忠魏不忠秦。齐、宋伐魏，张仪派遣樗里疾救魏。魏章寸功未立，却被张仪任命为秦军主帅，位居樗里疾、甘茂之上。魏章用兵不当，导致咸阳险些受兵。'秦惠王必定大怒于张仪，不再伐楚，转而伐魏。这样不仅有利楚国，而且先生也能大用于楚，权倾天下。"

陈轸说："先生大言欺世，视天下之事如此轻易，恕我不敢领教！"

苏秦献策失败，回到洛阳乡下。

苏代之妻说："你大哥苏代，五年前为齐使燕，诱使燕王哙禅位子之，引发燕国内乱，为齐宣王灭燕立下首功，受到重赏。你不肯借光仕齐也罢，竟然不抱张仪粗腿，偏偏去烧陈轸冷灶。你也不想想，陈轸在秦不得秦惠王信任，在楚不得楚怀王信任，在秦、在楚都斗不过张仪，如今靠山昭阳也已罢相，你去投靠陈轸，岂非自讨没趣？"

苏厉之妻说："是啊！你三弟苏厉，托大哥之福仕齐，如今我们母子过得滋润多了。二哥心比天高，害得母亲为你操心，二嫂仍在种地！"

苏秦说："真是妇人之见！大哥为齐立功，虽受重赏，未得重用。三弟借光仕齐，无功受禄，不过勉强混口饭吃。稷下学宫汇聚天下贤才，仕齐难以得到重用。我不求一时富贵，只愿万世留名。大哥、三弟尚且不懂我，何况你们！"

五八　楚怀伐秦九国混战，燕昭复国孟轲离齐

张仪上半年策动秦、魏、韩三国连横，大破楚军。下半年又策动秦、魏、韩、赵四国连横，转而实施自己两年前一手破坏的伐齐存燕。

樗里疾的东路军，与魏、韩合兵，先攻齐国西疆，在濮上击败齐军，杀死齐将赘子。

赵武灵王听从乐毅之言，命令乐池率领赵军，与秦、魏、韩合兵，北伐齐占燕地。

各地燕民立刻叛齐，配合四国之兵，全线击败占领燕地的齐军。

匡章率领齐军残部，撤回齐国。

居赵两年的燕王哙幼子姬职，随同乐池的赵军，归燕即位，史称燕昭王。

齐灭燕两年，燕昭王复国。

张仪向秦惠王进言："楚国元气大伤，已经不足为虑。齐国虽失燕地，元气并未大伤。大王助燕复国，正可与燕结盟，牵制齐国。宋康王与秦结盟，今年竟敢助齐伐魏，我愿使宋，斥责宋康王，命其向秦借道。然后继续伐齐，以竟全功。"

秦惠王听从其言，把宠妃芈八子之女、十七岁的嬴氏嫁给燕昭王，立为王后。又让芈八子之子、十四岁的庶子嬴稷，往燕为质。秦、燕联姻结盟。

张仪亲赴商丘，质问宋康王："宋、魏与秦结盟，齐国与秦敌对，大王为何助齐伐魏？"

宋康王大为惶恐："寡人与秦结盟，并未与魏结盟。如今齐国强大，又与宋国相邻，寡人若不助齐伐魏，齐宣王必将伐宋！"

张仪说："大王只要允许秦军借道伐齐，秦惠王不仅不再追究此事，还会命令魏襄王不报复宋国。"

宋康王庆幸躲过秦伐，答应借道。

齐宣王问策群臣："张仪使宋，准备借道伐齐。如何应对？"

田盼说："秦、宋远隔，齐、宋相邻。宋康王其实不敢得罪大王，只是经不

住张仪恫吓，才会被迫借道。如今宋国饥荒严重，大王只要运粮至宋，宋康王就会拒绝向秦借道。秦军无法越宋伐齐，只能退兵。齐国一旦恢复元气，就能要求宋国归还粮食。如果不还，大王即可伐宋！"

齐宣王听从其言，运粮至宋。

宋康王问策群臣："秦惠王向寡人示威，齐宣王向寡人示好。寡人夹在两强之间，左右为难。"

戴不胜说："今年中原饥荒，宋国最为严重。大王不减赋税，宋民已经饿死不少。齐国送粮，正可解救燃眉之急。大王应该接受齐粮，拒绝向秦借道。"

唐鞅说："商丘有个农夫，因为禾苗长得太慢，拔高禾苗，希望助其成长，结果禾苗全部枯死。宋人拔苗助长，又成天下笑谈。大王既应接受齐粮，也应向秦借道。"

曹商说："五年前秦、魏敌对，魏相公孙衍合纵伐秦失败，所以齐、宋伐魏观泽获胜。今年秦、魏结盟，所以齐、宋伐魏煮枣失利。可见大王与秦一致，就会得利，大王与秦不一致，就会失利。如今秦国大败楚、齐，助燕复国，三晋、燕、宋均已与秦结盟，秦国已是天下最强。大王助齐伐魏，已经得罪秦惠王，若再拒绝借道，必将招来秦伐。大王不能接受齐粮，只能向秦借道！"

宋康王听从曹商之言，允许秦军借道伐齐，诛杀拔苗助长的商丘农夫。退回齐粮，告诉齐使："敝国粮仓满溢，没有饥荒！"

正在此时，韩宣王死了，在位二十一年（前332—前312）。第八年称王，第十年参加五国相王，前八年为韩威侯，后十三年为韩宣王。

在秦为质的太子韩仓，归韩继位，即韩襄王。

韩国首次以王礼为国君治丧，诸侯无不遣使吊丧。

张仪被迫暂缓连横伐齐。

齐宣王四十岁，被张仪策动的连横四国击败，失去燕地，于是怒杀王后嬴氏（秦惠王女），废黜嬴氏之子的太子之位。

五八 楚怀伐秦九国混战，燕昭复国孟轲离齐

田文三十四岁，前年反对魏襄王加入伐齐存燕，被罢免魏相归薛。不久田婴病死，田文袭封，封号孟尝君，仍称薛公。

兒说三十九岁，前事田婴，今事田文，又献一策："主公不妨建言新王后、新太子人选，引起大王注意。大王一旦想起靖郭君曾经反对伐燕灭燕，必将罢免主张伐燕灭燕的储子。大王感念靖郭君强齐之功，必将任命主公为相。"

田文说："立后立储乃是大王私事，怎能妄言？先君仅言国事，一言不合，即被罢相。我若妄言私事，一言不合，必将求相不成，反而招祸！"

兒说说："当然不能妄言，必须巧言。主公可向大王进献十块玉佩，九块成色较逊，一块成色极佳，明言献给十位王子。大王分赐众子，得到最佳玉佩者，必将立为新太子。"

田文心悦诚服，依言而行。

无盐（今山东东平）丑女钟离春，四十未嫁，闯入王宫，怒斥齐宣王："大王南有强楚绝交辱骂之仇，西有暴秦连横伐齐之患，北有弱燕叛齐复国之败，皆因宠信奸臣，不用良臣，所以贤人隐于山林，佞人聚于左右，邪伪立于朝堂，百官不敢进谏，酿成今日之祸，大损先王之威！"

齐宣王大为惭愧："寡人既无良臣之谏，又无贤后之助，确实有辱父王威名！"

田文告诉兒说："大王已把最佳玉佩赐给王子田地，我是否可以劝说大王立田地为太子？"

兒说大摇其头："这样仍然过于危险！因为立太子，重于立王后。主公不如劝说大王立田地之母为王后。"

田文大为疑惑："田地必为太子，田地之母却未必会立为王后。"

兒说说："即使大王立其他嫔妃为王后，田地一旦继位，仍将感激主公议立其母。主公不仅要谋求相位，还要谋求相运久长。"

田文感叹："先生真是深谋远虑！难怪先君如此敬重先生。"

依言而行，向齐宣王进言，立田地之母为王后。

齐宣王立田地为新太子，立钟离春为新王后。

罢免储子，改命田文为相。

田文向齐宣王进言："如今秦、魏连横，不利齐国。去年秦惠王立魏政为魏太子，大王如果不希望魏政继位以后仍然亲秦，不如与魏联姻，嫁女于魏政。"

齐宣王听从其言，把田地之姐嫁给魏政，立为正夫人。

齐宣王召见陈贾："孟轲最初支持寡人伐燕取燕，两年前楚怀王、赵武灵王策动伐齐存燕，孟轲又劝说寡人从燕地撤兵。寡人正准备从燕地撤兵，张仪竟然阻止了诸侯伐齐存燕，于是寡人没从燕地撤兵。没想到今年张仪自己策动诸侯伐齐存燕，燕民趁机叛乱，导致寡人失去燕地。孟轲责怪寡人不听其言，拒绝寡人召见。寡人深感惭愧！"

陈贾说："大王何必惭愧！周公命令管叔监视殷民，管叔却与殷民共同叛乱。如果周公预知管叔可能叛乱，就是不仁。如果周公不知管叔可能叛乱，就是不智。周公乃是孔子之徒称颂的圣人，尚有不仁不智之时，何况大王？我为大王去见孟轲。"

陈贾前往稷下学宫，拜见孟轲："周公是何等人？"

孟轲说："圣人。"

陈贾问："周公命令管叔监视殷民，管叔却与殷民共同叛乱。有无此事？"

孟轲说："有。"

陈贾问："周公是否预知管叔将会发动叛乱？"

孟轲说："不知。"

陈贾问："圣人也有过错吗？"

孟轲说："周公是弟，管叔是兄。弟弟信任哥哥，即使错了，岂非情有可原？古之君子，有了过错如同日食月食，民众无不看见；一知过错必定改正过错，民众无不仰望。今之君子，有了过错仍然坚持过错，一知过错必定文过饰非！"

孟轲辞去上卿，准备归邹。

齐宣王亲往稷下学宫，送别孟轲："先生先是拒见寡人，如今又要归邹。不知今日一别，是否还有相见之日？"

孟轲说:"大王好自为之,或许还有相见之日。"

次日,孟轲向稷下祭酒淳于髡告辞。

淳于髡说:"大王命我挽留先生,留任稷下学士,食禄万钟。"

孟轲说:"我已辞去上卿之禄十万钟,为何留恋学士之禄万钟?"

淳于髡说:"先生一再重申孔子之言'君要像君,臣要像臣',就是要让君之实符合君之名,臣之实符合臣之名。先生身为齐国上卿,既未使君之实符合君之名,也未使臣之实符合臣之名,怎能独善其身离开?忘了曾经发愿兼济天下,怎能算是仁者?"

孟轲说:"孔子曾为鲁司寇,鲁定公不用其言,毅然去国,周游天下。君子所为,众人岂能明白?"

于是带着弟子公孙丑、充虞,离齐归邹。

走到临淄西北的昼邑,停留三天,第四天重新启程。

尹士对高子说:"孟轲如果不知大王并非汤、武,就是不明;如果知道大王并非汤、武,仍然求仕,就是干禄。千里见王,不用而去,却在昼邑停留三天,走得多慢啊!我鄙视孟轲为人!"

高子派人追上孟轲,转告尹士之言。

孟轲说:"尹士怎能明白我的为人?千里见王,确是我的愿望;不用而去,并非我的愿望。我在昼邑停留三天,然后离开,还嫌走得太快,希望大王承认过错,派人来追。大王不追,我才决意归邹。"

充虞说:"夫子曾经教导弟子:'君子不怨天,不尤人。'夫子为何如此不高兴?"

孟轲说:"彼一时,此一时。五百年必有王者兴起,必有辅佐王者的贤人名世。西周至今七百余年,早已超过五百年,该有王者兴起了。上天不希望天下太平则罢,如果希望天下太平,那么辅佐王者的贤人,当今之世,舍我其谁?"

孟轲走到休邑(今山东滕州北),公孙丑问:"夫子在齐担任上卿,是否曾经动心?"

孟轲说:"未曾动心。孔子是四十不惑,我是四十不动心。"

公孙丑说:"那么夫子的贤德,虽未超过孔子,至少超过了夫子先祖孟贲。"

孟轲说:"不动心不难,连告子也能不动心。"

公孙丑问:"不动心有道吗?"

孟轲说:"有。只要不像宋人助长其苗那样,助长其心。"

公孙丑问:"宋人如何助长其苗?"

孟轲说:"宋人嫌禾苗长得太慢,就把禾苗拔高,结果禾苗全部枯死。世人助长其心,一如宋人助长其苗,不仅无益,而且有害。"

孟轲六十一岁,离齐归邹,再未出游求仕。

庄子五十八岁,九国混战,中原饥荒。宋国助齐伐魏,被魏、越、秦击败。

蔺且问:"孟轲嘲笑宋人拔苗助长,夫子反对世人擢拔真德,语言似乎相近,意旨为何相反?"

庄子说:"《老子》有言:'师之所处,荆棘生焉。大军之后,必有凶年。'若非天下饥荒,宋康王又横征暴敛,商丘农夫何必拔苗助长?孟轲仅仅嘲笑拔苗助长的宋国农夫,却不抨击迫使宋国农夫拔苗助长的宋康王。孟轲所言不动心,不助长其心,是说不动邪恶之心,不助长邪恶之心,保留仁义之心,助长仁义之心。孟轲既然把人心分为邪恶之心、仁义之心,怎能坚持人性本善?可见孟轲之言毫无经纬本末,不知仁义并非真德,仅是擢拔助长真德以后的伪德。"

蔺且问:"为何仁义属于伪德?"

庄子说:"《老子》有言:'天地不仁,以万物为刍狗;圣人不仁,以百姓为刍狗。'攻战杀伐违背仁义,然而齐宣王以戡乱为名伐燕灭燕,张仪策动诸侯伐齐存燕,无不号称仁义之师。好战嗜杀的诸侯,无不自居仁义。诸侯有无仁义之名,与其自身有无仁义之实无关,仅仅取决于胜败,胜者即有仁义之名,败者即无仁义之名。可见孔子之徒鼓吹的仁义,并无客观标准,诸侯必将为了自我拔高而窃居仁义,民众必将为了谋取富贵而伪装仁义,因此仁义必成伪德。老聃之徒尊崇的道德,则有客观标准,诸侯无法窃居,民众无法伪装。"

五九　蜀相叛乱秦惠早夭，天下饥荒庄子借粮

前311年，岁在庚戌。庄周五十九岁。宋康王二十七年。

周赧王四年。秦惠王更元十四年（卒）。楚怀王十八年。魏襄王八年。韩襄王元年。赵武灵王十五年。齐宣王九年。燕昭王元年（复国）。鲁平公十二年。卫嗣君四年。越王无疆三十二年。中山先王十七年。

秦惠王继续伐楚，又攻取了召陵（今河南漯河）。

楚怀王不敢与秦再战，向秦求和。

张仪向秦惠王进言："三晋、燕、宋早已臣服，如今楚怀王也已臣服，天下仅剩齐宣王尚未臣服。大王可把汉中一半还给楚国，然后联楚伐齐。齐宣王臣服以后，天下均将听命大王！"

秦惠王听从其言，停止伐楚。遣使至楚，归还汉中一半。

楚怀王说："不必归还汉中，寡人只要张仪！"

张仪向秦惠王请命："我愿赴楚！"

秦惠王说："楚怀王痛恨先生，先生赴楚必有危险。"

张仪说："我是大王重臣，楚怀王如何敢杀？假如我之一命，能使大王尽得汉中，我死而无憾。"

张仪一到郢都，即被楚怀王囚禁，准备烹杀。

门客按照张仪预先嘱咐，重金贿赂靳尚。

靳尚笑纳重金，私见楚怀王宠姬郑袖："夫人是否知道，很快就会失宠？"

郑袖失惊："大夫何出此言？"

靳尚说："秦惠王为救张仪，愿意归还全部汉中，同时进献美女。大王既得

汉中，又得美女，必放张仪。秦国美女一到，夫人必将失宠！"

郑袖急问："是否还能挽救？"

靳尚说："除非秦女至楚之前，夫人说服大王释放张仪。"

郑袖晚上侍寝，哭告楚怀王："人臣各为其主，大王何必深责张仪？大王不杀张仪，既能收回汉中，又能与秦结盟。大王诛杀张仪，秦惠王必将继续伐楚。臣妾和臣妾之子子兰，请求迁居江南，以免兵败受辱。"

楚怀王经受不住枕边风，立刻释放张仪，恭送归秦。

屈原使齐返楚，进谏楚怀王："大王不杀张仪，又将被他戏弄！"

楚怀王大怒，听信靳尚谗言，罢免屈原左徒之职，贬为三闾大夫，掌管昭、屈、景三大公族的内部事务，不得参与国政。

昭滑进言："大王暂时不杀张仪，实为深谋远虑。去年大王伐秦，一路大胜，攻至蓝田，眼看就能兵临咸阳，却因魏军、韩军、越军逼近郢都，终于功败垂成。魏、韩与秦结盟，伐楚情有可原。越王无疆一向臣服楚国，竟敢趁火打劫，不可不伐。大王不如先灭越国，解除后顾之忧，然后再报张仪之仇。"

楚怀王听从其言，命其使越反间。

昭滑至越，成功赢得越王无疆信任，成为越相。

张仪离楚返秦，秦惠王准备遵守承诺，归还汉中一半。

甘茂去年攻取汉中，不愿丧失己功，反对归还。

秦惠王听从其言，不再归还，楚怀王又被戏弄。

正在此时，秦属蜀国发生叛乱。

五年前司马错灭蜀，诛杀蜀王。秦惠王把蜀王太子通降为蜀侯，任命陈庄为蜀相。

今年陈庄伐灭丹、犁部落，野心膨胀，弑杀蜀侯通，叛秦自立，自称蜀王。

秦惠王大怒，派遣张仪、司马错入蜀平叛，诛杀陈庄，另立蜀侯通的太子辉为蜀侯。把蜀国改为蜀郡，郡治成都，不设蜀相，改设太守。

五九　蜀相叛乱秦惠早夭，天下饥荒庄子借粮

樗里疾的东路军，去年救韩败楚、救魏败齐、助燕复国，至今没有返秦。今年又与魏相成陵君相约，共伐叛魏亲齐的卫国。

翟章奉成陵君之命，率领魏军伐卫，攻取了二城。

魏人如耳前往卫都濮阳（今河南濮阳），晋见卫嗣侯："翟章助秦伐卫，并非魏襄王之意，实为成陵君之意。我可以让魏襄王罢免成陵君，命令翟章撤兵。"

卫嗣侯拜谢："先生若能办到，寡人之国世世听命先生！"

如耳返回大梁，献策成陵君："秦、魏共同伐卫，卫嗣侯面临亡国，必将向秦称臣。与其让卫嗣侯向秦称臣，不如相国率先退兵，卫嗣侯就会向魏称臣。"

成陵君说："言之有理！"

如耳随即入宫，晋见魏襄王："卫国尽管弱小，却是周室近亲，国中多有礼器重宝。如今面临亡国，愿献重宝换取退兵。但是卫嗣侯明白，伐卫也好，退兵也罢，均非大王之意，所以不会把重宝献给大王。提议退兵之人，必定接受了卫国重宝。"

次日，成陵君上朝，按照如耳献策，劝说魏襄王退兵。

魏襄王大怒，罢免成陵君，让田需复相。命令翟章退兵。

樗里疾围攻卫地蒲邑（今河南长垣），尚未攻克，匆匆撤围，急归咸阳。

张仪入蜀平定叛乱，留在成都筑城，城未筑完，匆匆停工，急归咸阳。

秦惠王嬴驷，突然暴病而死。二十岁即位，在位二十七年（前337—前311）。第十三年称王更元，前元十三年（前337—前325）为君，更元十四年（前324—前311）为王。即位以后，东进图霸，日夜勤政，身心长期透支，终于过劳早夭，年仅四十六岁（前356—前311）。

十九岁的太子嬴荡继位，即秦武王。生母是魏惠王之女。王后是魏襄王之女。

秦国首次以王礼为国君治丧，丧礼盛大隆重。

秦国已经取代楚、齐，跃居天下最强，天下诸侯无不遣使吊贺。

苏秦四十岁，去年游说陈轸失败，回到洛阳乡下，受到兄嫂、弟媳奚落。闭门不出一年，头悬梁，锥刺股，发愤研读《太公阴符经》，详加揣摩。撰著《鬼

谷子》，谎称著者为其师，是隐居鬼谷的高人，以此自高身价。

准备既毕，苏秦进城，晋见蛰居王宫的周赧王。

周赧王左右近臣，听见苏秦的洛阳乡下口音，无不蔑视苏秦。

苏秦大失所望，认为周赧王不可能重振东周朝，于是又在洛阳城里，晋见东周国昭文君。

昭文君求教苏秦："寡人父君东周惠公开国至今，已有五十七年。西周惠公、西周武公一直与东周国为敌。今年中原大旱，洛水流量变小。西周武公在上游截住洛水，使东周国无法在下游种植水稻。先生有何良策？"

苏秦说："此事不难。我愿为君侯出使西周国，必能劝说西周武公开闸放水。"

昭文君大悦，赠金五十。

苏秦离开洛阳，前往河南，晋见西周武公："君侯截水断流，过于失策！东周国不能种水稻，就会改种麦子。麦子产量高于水稻，东周国将比西周国富强。君侯不如开闸放水，东周国就会仍种水稻，继续贫弱，听命君侯！"

西周武公听从其言，赠金五十，开闸放水。

苏秦眼见东周国、西周国勾心斗角，无意求仕二周。留下百金奉养老母妻儿，追随大哥苏代、三弟苏厉，往仕齐国。

齐宣王失去燕地，苏代乱燕之功，已经事过境迁。

苏秦未得重用，游于稷下学宫，结交稷下祭酒淳于髡，等待时机。

庄子五十九岁，中原继续大旱，天下饥荒加剧。宋康王仍然不减赋税，宋民饿死更多，人与人相食。

庄子家里，去年已经断粮，幸得蔺陶匠接济，勉强熬到今年。今年，蔺家也已断粮。

庄子去向监河侯借粮。

监河侯说："可以！我即将收缴赋税，到时一定借你三百金。"

庄子忿然变色："我昨日来时，半道听到有声音叫我。回头一看，乃是车辙

五九　蜀相叛乱秦惠早夭，天下饥荒庄子借粮

之中的一条鲋鱼。我问：'鲋鱼啊，你为何会在车辙之中？'鲋鱼说：'我原先遨游于东海，却被渔夫置于车辙。贤君能否施予升斗之水，救我活命？'我说：'可以！我即将南游越国，一定劝说越王无疆，引来西江之水迎接你。'鲋鱼忿然变色：'渔夫让我脱离大海，处于陆地。如今仅须升斗之水，我就可以活命。贤君却空口许诺重金，不如趁早到干鱼铺找我！'"

监河侯顿时无言。

庄子又问："君侯是愿为尧舜，还是愿为桀纣？"

监河侯说："愿为尧舜！"

庄子说："泉水干涸以后，鱼类才会处于陆地。与其处于陆地相濡以沫，不如遨游江湖相互丧忘。圣君尧舜也好，暴君桀纣也罢，无不使鱼处陆。与其仰慕尧舜，贬斥桀纣，不如两忘尧舜、桀纣，不再使鱼处陆。"

监河侯觉得莫名其妙。

庄子回到蒙邑，挖掘野菜充饥。

苦熬数月，终于下雨，由小到大，连绵不停。终于山洪暴发，遍地泽国。

子舆匆匆赶来，告诉庄子："子桑死了！"

庄子惊问："怎么死的？"

子舆说："大雨连下十天，子桑生了重病。我带上饭食，去看子桑。走到门前，听见子桑如歌如哭，鼓琴而歌：'天父啊！地母啊！天道啊！人道啊！'声音异常急促，上气不接下气。我问：'你为何如此唱歌？'子桑说：'我要死了，想不明白是谁让我至死不能悟道。父母生我养我，怎么愿意让我物德如此贫薄？天地覆载万物，怎么愿意让我物德如此贫薄？我想来想去，想不明白是谁让我物德如此贫薄。我求道一生，至死不能悟道，岂非天命？'"

庄子叹息不已，与东门四子子祀、子舆、子犁、子来一起，埋葬了子桑。

蔺且告诉庄子："刚刚开始下雨时，大家欢欣异常，感激天道仁慈。虽然我们陶人只盼天晴，不喜下雨，但我也很高兴终于下雨了。现在大雨不止，又从大旱变成大涝，很多人没被饿死，却被淹死了，大家又抱怨天道无情。"

庄子说:"农夫喜欢不旱不涝,风调雨顺。陶匠不怕大旱,就怕大涝。天道无所亲疏,既不会迎合农夫,也不会迎合陶匠,此即《老子》所言'天道无亲'。天道既非有情,也非无情。我讲个故事,你就会明白。"——

每逢大旱,天帝都会分遣云将雨师,前往天下各处,根据不同旱情,行云布雨。

分管宋国的云将,今年恰好生病。天帝就命宋襄公代往,命他用柳枝沾上净瓶的甘露,洒下三滴。

宋襄公担心三滴甘露难救大旱,倾空了净瓶的全部甘露。

天帝勃然大怒:"天上一滴甘露,地上一场透雨。别国旱情较轻,仅需一滴甘露。宋国旱情最重,只需三滴甘露。你不知天道之妙,妄动仁义之心,如今宋国已成泽国,大涝比大旱夺走了更多人命。庶民自居仁义而害人,所害之人有限;君王自居仁义而害人,所害之人无限。"

庄子说:"天地不仁,无所亲疏,天下各处才能风调雨顺,四季如常。天地一仁,有所亲疏,天下各处就会旱涝并至,四季失常。孔子、墨子都是宋襄公后裔,全都未窥天道之常,所以天下被儒墨之徒越救越坏。"

蔺且说:"弟子明白了!君王不能妄动仁义之心,否则必将自居仁义而害人。君王伪装仁义固然害人,君王真心仁义更加害人!人道不能违背天道,也不能干预天道,只要顺应天道,天地就能养育万物。"

六十　金蝉脱壳张仪归魏，示弱保民卫侯贬号

前310年，岁在辛亥。庄周六十岁。宋康王二十八年。

周赧王五年。秦武王元年。楚怀王十九年。魏襄王九年。韩襄王二年。赵武灵王十六年。齐宣王十年。燕昭王二年。鲁平公十三年。卫嗣君五年。越王无疆三十三年。中山先王十八年（辛）。

中原大雨，数月不止。

春洪爆发，洛水决堤，周都洛阳被淹。

秦武王二十岁，服满除丧，正式即位。

王叔樗里疾四十二岁，上朝进言："张仪无信无义，反复无常，卖国求荣，取悦诸侯。先王伐魏，攻取河东，张仪竟然还给魏国，骗得先王和魏惠王信任，兼相秦、魏。先王伐楚，攻取汉中，张仪又想还给楚国，骗得先王和楚怀王信任，受封武信君。大王如果继续重用张仪，天下必怒秦国无信无义，更笑秦国无人！"

樗里疾的死党公孙赫，樗里疾的副将甘茂，纷纷附议。

齐宣王也遣使至秦，要求秦武王诛杀张仪。

秦武王孔武有力，尚武嗜杀，只想用武力堂堂正正征服中原。为太子之时，久已厌恶张仪运用诡计欺骗诸侯，大损秦国威名。内外交逼之下，对张仪动了杀机。

张仪七十一岁，自知命悬一线，献策秦武王："山东诸侯互战，有利秦军东进。如今齐宣王最为恨我，我在何国，必伐何国。大王不如把我免相，驱逐归魏，齐宣王必将伐魏。齐、魏陷入苦战，大王就能乘势伐韩，一举攻取三川，亲临

洛阳，尽得九鼎，代周为王。"

秦武王虽恨其人，仍爱其策，于是罢免张仪及其死党魏章，不予诛杀，赐以马车三十乘，驱逐归魏。

公孙衍六十六岁，四年前被罢免韩相，归魏赋闲。得知张仪罢相，立刻展开活动，游说中原诸侯背叛连横，重新合纵。

义渠、丹、犁得知张仪罢相，立刻叛秦。

秦武王大怒，亲征义渠、丹、犁。

义渠重新向秦称臣，丹、犁被秦伐灭。

张仪罢免秦相，荣归魏都大梁。

魏襄王惊疑不定，既不敢用，也不敢杀。

齐宣王大怒伐魏，魏襄王大恐。

张仪晋见魏襄王："大王不必担心，我能让齐宣王退兵。"

张仪门客冯喜，奉命使齐，晋见齐宣王："大王痛恨张仪，为何抬举张仪？"

齐宣王说："张仪在秦为相，寡人命秦诛杀。张仪罢相归魏，寡人立刻伐魏。何曾抬举张仪？"

冯喜说："秦武王本想诛杀张仪，一如秦惠王诛杀商鞅。张仪献策秦武王：'山东诸侯互战，有利秦军东进。如今齐宣王最为恨我，我在何国，必伐何国。大王不如把我免相，驱逐归魏，齐宣王必将伐魏。齐、魏陷入苦战，大王就能乘势伐韩，一举攻取三川，亲临洛阳，尽得九鼎，代周为王。'秦武王采纳其策，不予诛杀，赐以马车三十乘，驱逐归魏，诱使大王伐魏。大王果然伐魏，乃是受张仪摆布，岂非抬举张仪？"

齐宣王不愿被张仪摆布，立刻停止伐魏。

正在此时，去年复任魏相的田需死了。

张仪、公孙衍立刻展开活动，谋求复任魏相。

六十　金蝉脱壳张仪归魏，示弱保民卫侯贬号

齐宣王命令苏代："张仪罢相归魏，正是中原诸侯合纵伐秦的良机。寡人命你出使楚、魏，邀约楚国、三晋合纵伐秦。田需已死，上策是让薛公相魏，中策是让犀首相魏，下策是让别人相魏。绝对不能让张仪复任魏相！"

苏代从齐至楚，拜见楚相昭鱼："秦武王新立，张仪罢相归魏，三晋正谋背叛连横，重新合纵。相国何不献策楚怀王，重新与齐结盟，邀约三晋共同伐秦？"

昭鱼说："大王愿与齐国重新结盟，但不希望张仪、薛公、犀首相魏。"

苏代问："楚怀王希望何人相魏？"

昭鱼说："希望太子魏政自任魏相。"

苏代说："楚怀王的愿望，与齐宣王不谋而合。我正要使魏，一定让太子魏政自任魏相。"

昭鱼大悦，允诺与齐重新结盟，共同策动第二次合纵伐秦。

苏代离楚至魏，晋见魏襄王："我奉齐宣王之命，出使楚、魏。先到楚国，楚相昭鱼表示，楚怀王不希望张仪、犀首、薛公相魏。我劝昭鱼不必担心，因为大王老成持重，必定明白：张仪相魏，必将亲秦；薛公相魏，必将亲齐；犀首相魏，必将亲韩。三人相魏都不利魏国，大王不可能任命为相！"

魏襄王问："先生以为，寡人会命何人为相？"

苏代说："大王会命太子为相。张仪、薛公、犀首必将认为，太子为相仅是权宜之计，时间必定不长。三人都会竭力劝说秦武王、齐宣王、韩襄王亲魏，希望赢得大王信任，将来接替太子为相。魏国原本强大，加上秦、齐、韩竞相亲魏，必将更加强大！"

魏襄王心悦诚服，即命太子魏政为相。

五月，张仪谋复魏相失败，抑郁而死。五十一岁入秦，五十三岁相秦，相秦十九年（前328—前310），兼任魏相四年（前322—前319），助秦跃居天下最强，终年七十一岁（前380—前310）。

张仪一死，魏襄王立刻诛杀了张仪死党魏章。

中山先王魏𧑒死了，在位十八年（前327—前310）。第五年参加五国相王，称王。前五年为君，后十三年为王。

死后葬于国都灵寿郊外（今河北平山三汲乡），墓中葬入四年前助齐伐燕后所铸圆鼎、方壶，以及太子魏𧍧蛮悼念父王的圆壶。1973年出土。

王后阴姬之子魏𧍧蛮继位，即中山嗣王，魏属中山第四代国君。

王妃江姬之子魏牟，时年十一岁。

司马憙凭借太后阴姬支持，二相中山。

中山首次以王礼为国君治丧，除了魏、齐，诸侯均不遣使吊丧。

魏襄王派遣公孙弘出使中山，吊唁族弟之死，祝贺族侄继位。

公孙弘长驻中山，希望中山重新亲附魏国，不要彻底倒向齐国。

赵武灵王梦游天宫，听见神女鼓琴唱歌："美人荧荧兮，颜若苕之荣。命乎命乎，曾无我嬴！"

梦醒以后，召见群臣："先祖赵简子担任晋定公之相，晚年（晋定公十一年，前501）昏睡七日，醒后告诉董安于：'我梦游天宫，十分快乐。天帝告诉我：晋室将衰，七世而亡。虞舜后裔孟姚，配尔七世之孙。'晋定公以后，经过晋出公、晋敬公、晋幽公、晋烈公、晋桓公、晋悼公、晋静公七世，晋室果然亡国绝祀。赵简子以后，经过赵襄子、赵献侯、赵烈侯、赵敬侯、赵成侯、赵肃侯六世，寡人正是赵简子七世之孙。寡人梦中所见神女，必是虞舜后裔孟姚。寡人若得此女，必将重振赵简子威名！"

吴广闻讯，把女儿吴娃改名娃嬴，献给赵武灵王："赵简子之梦，乃是赵氏开国之吉兆。大王之梦，则是赵氏强国之吉兆！我女儿名叫娃嬴，正应大王之梦。我是吴人，吴人是虞舜后裔，又应赵简子之梦。"

赵武灵王大喜，又把娃嬴改名孟姚，以应赵简子之梦，从此专宠孟姚。

老聃之徒颜斶，晋见卫嗣侯："愿献免于亡国之道，长保卫国百姓安宁。"

卫嗣侯说："愿闻其详。"

颜斶说："春秋末年，卫灵公迷恋宋女南子，引发卫庄公、卫出公父子争位

六十　金蝉脱壳张仪归魏，示弱保民卫侯贬号　　　　　　　　　　　　　　379

之乱，招致诸侯侵伐。此后百余年，卫势日衰，卫土日小。四十六年前，卫成公被迫朝魏贬号，降称为侯，此后常被齐、赵共伐。三十年前，齐威王败魏崛起，卫平侯、卫孝襄侯被迫叛魏亲齐，此后又被魏国所伐。君侯即位以来，不敢得罪任何诸侯，去年仍被秦、魏共伐，仅因秦惠王之死而暂停。君侯迟早仍将亡国！"

卫嗣侯问："先生有何免于亡国之道？"

颜斶说："称王诸侯之中，燕、宋、中山最为弱小，都是逞强称王。燕国被齐宣王伐灭，幸而僻处东北一隅，凭借秦、齐相争而侥幸复国。宋国、中山处于中原，乃是诸侯必争之地，一旦亡国，必将无望复国。卫国同样处于中原，君侯唯有反其道而行之，遵循老聃之道'柔弱胜刚强'，主动示弱，不再称侯，自贬为君，宣布中立，就能免于诸侯征伐，延续宗庙社稷，长保卫民安宁。"

卫嗣侯听从其言，自贬为君，史称卫嗣君。

卫嗣君昭告天下：卫国退出一切征伐，不与任何诸侯结盟，永远保持中立。

此后诸侯不再伐卫，卫民免于战祸百年。

庄子六十岁，张仪被秦武王罢相驱逐，死于魏国。

蔺且问："商鞅得到秦孝公重用，为何却被秦惠王车裂？张仪得到秦惠王重用，为何又被秦武王驱逐？"

庄子说："一朝天子一朝臣，自古皆然。何况商鞅、张仪均非秦人，都是客卿，更加容易失宠于后君。"

蔺且问："秦孝公、秦惠王为何不命秦人为相，均命中原士人为相？"

庄子说："秦国不习中原礼教，自古没有士人，仅有宗室、平民。所以齐国稷下学宫汇聚天下士人，无一秦国士人。秦君想要东进中原，只能重用中原士人。春秋时代秦穆公称霸中原，即以楚人百里奚为相。商鞅变法，竭力尊君，宗室受到严厉打压。秦孝公重用商鞅，秦惠王重用张仪，宗室不能担任秦相。秦国新君为了巩固君位，必须罢免前相，轻则驱逐，重则诛杀，才能得到宗室拥戴，否则觊觎君位的众多嫡庶兄弟，就有可能取而代之。"

蔺且又问："商鞅、张仪有功于秦，竟然如此下场，中原士人是否再也不敢仕秦？"

庄子说："为求一时富贵，中原痞士恐怕无视前车之鉴。商鞅死后的秦国，尚非天下最强，魏人公孙衍、张仪、司马错，齐人陈轸，楚人甘茂，照样争先恐后仕秦。张仪死后的秦国，已是天下最强，必有更多中原痞士仕秦。"

蔺且又问："各国君主，为何有些重用宗室贵族，有些重用本国士人，有些重用异国客卿？"

庄子说："重用宗室贵族，乃是周礼亲亲之仁、世卿世禄的余绪，利小而弊大。各国变法，无不废除世卿世禄，所以本国士人和异国客卿，才有可能游仕天下，布衣卿相。重用本国士人，弊虽不大，利也不大。重用异国客卿，通常利大弊小，偶尔弊大利小。不过利弊仅对君主而言，无关百姓。"

蔺且说："重用宗室贵族，为何利小弊大？"

庄子说："宗室贵族养尊处优，耽于逸乐，逐代衰败，很少德才兼备。大弊是他们把受到重用视为当然，也不担心君主怀疑其忠心，经常玩忽职守，又会为了小宗利益，挑起或卷入立储、争位。小利是与宗室同命，极少出卖国家利益。"

蔺且说："重用本国士人，为何利弊不大？"

庄子说："本国士人，大德大才者和无德无才者不易受到重用，小德大才者最易受到重用。小利是他们人数众多，竞争激烈，不敢玩忽职守。小弊是不太担心君主怀疑其忠心，不会竭尽全力表忠。时刻担心被政敌挫败，一心争宠固位，结党营私，甚至交结异邦，有限出卖母邦利益。为了连仕两朝，他们也会卷入立储、争位。他们宗族就在身边，容易徇私枉法，假公济私，韩相申不害就是显例。"

蔺且说："重用异国客卿，为何通常利大弊小，偶尔弊大利小？"

庄子说："士人无德，母邦易知，异邦难知，所以无德有才者常常游仕异邦。大利是他们时刻担心君主怀疑其忠心，竭尽全力表忠。最佳表忠方式，就是无限损害母邦利益和异邦利益。客卿孤身游仕，全无根基，政敌众多，难以结党营私。他们宗族不在身边，较少徇私枉法，假公济私。他们不敢奢望连仕两朝，极少卷入立储、争位。所以重用客卿，通常利大弊小。"

蔺且说:"难怪齐国创建稷下学宫以来,各国争相重用客卿。"

庄子说:"重用客卿尽管利大弊小,然而无德乃是双刃剑。遭到弃用的客卿,一旦返仕母邦,或者转仕异邦,就会报复弃用之邦,变成弊大利小。魏国弃用吴起、商鞅、孙膑,受到惨重报复,由盛而衰。秦国弃用公孙衍、陈轸,受到极大报复,时进时退。所以君主一旦弃用客卿,通常不愿放归,而是予以诛杀。"

蔺且说:"看来游仕异邦、担任客卿的无德痞士,不仅有才,而且有胆。"

庄子说:"未必有胆,仅是心存侥幸,自作聪明,以为既能获大利,又能逃大弊。布衣卿相,害人利己,确实能获大利。机关算尽,预留退路,未必能逃大弊。人性安土重迁,不为大利,不会远离故土。客卿多为赌徒,久赌必输,少有善终。旧君一死,所有政敌就会暂时放弃纷争,结党抱团,利用新君初立,置客卿于死地。吴起、商鞅车裂灭族,均非偶然。惠施、张仪金蝉脱壳,实为侥幸。"

六一　秦武休兵乐毅谏赵，颜斶斥齐庄子讽宋

前309年，岁在壬子。庄周六十一岁。宋康王二十九年。

周赧王六年。秦武王二年。楚怀王二十年。魏襄王十年。韩襄王三年。赵武灵王十七年。齐宣王十一年。燕昭王三年。鲁平公十四年。卫嗣君六年。越王无疆三十四年。中山嗣王元年。

秦武王问策樗里疾："寡人鉴于孝公受制于卫人商鞅，父王受制于魏人张仪，秦国又无士人，所以去年驱逐张仪以后不设相国。但是寡人治国一年，无人分忧，所以考虑分设左右丞相。叔父多智，号称智囊，自然是右丞相的最佳人选。至于谁任左丞相，寡人难以决断，秦人公孙赫，似乎不如楚人甘茂。"

樗里疾希望独任相国，至少让死党公孙赫担任左丞相，于是献策："甘茂毕竟是楚人，为免客卿专权，或者心向母邦，大王任命之前应予考验。"

秦武王说："三年前秦、楚大战，甘茂攻取汉中。次年张仪打算把汉中还给楚国，甘茂坚决反对。忠秦不忠楚已明，何必再予考验？"

樗里疾说："甘茂虽然最初为张仪提拔，但是后来又与张仪争宠于先王，凡是张仪之策，无不加以反对。所以此事只能证明甘茂不是张仪死党，无法证明甘茂忠秦不忠楚，大王应该再予考验。"

秦武王采纳其策，召见甘茂："寡人即位以来，很多楚使至秦，有些态度强硬，有些态度软弱。寡人与强硬者说话，常落下风，有无良策？"

甘茂说："当年周文王拥有一块珍稀玉版，商纣王想要。先派贤臣胶鬲至周索取，周文王不给。又派佞臣费仲至周索取，周文王才给。周文王如此作为，乃是希望商纣王重用佞臣费仲，远离贤臣胶鬲。商纣王果然中计，结果胶鬲叛

商奔周,最终助周灭商。大王不如效法周文王,拒绝强硬者的要求,满足软弱者的要求,这样必能灭楚!"

甘茂出卖母邦利益,顺利通过考验。

秦武王大悦,任命樗里疾为右丞相,甘茂为左丞相。

秦武王自诩天下第一大力士,减轻政务以后,招募天下大力士。

秦国大力士任鄙、乌获,齐国大力士孟说,均获重用。

楚怀王趁着秦武王休兵,与魏襄王重修旧好。

命令楚将庶章领兵至魏,与魏军在襄陵(今河南睢县)会合,联合操演防秦兵阵。

中山嗣王服满除丧,正式即位。

命令司马熹使赵,缓和两国关系。

乐毅献策赵武灵王:"十八年前司马熹击败燕、赵,次年又伐鄗邑,导致大王父君赵肃侯去世。大王即位以来,一直积蓄实力,不伐中山,甚至取消王号,自贬为君,公开示弱,麻痹中山。如今仍应积蓄实力,麻痹中山,让司马熹继续专权,等待时机。"

赵武灵王采纳其策,接见司马熹:"寡人即位十七年,一直与中山亲善。但愿相国继续辅佐中山嗣王,永结两国之好。"

司马熹返国复命。

中山嗣王大悦,更加重用司马熹,与赵亲善。

中山嗣王乘车出行,司马熹居左驾车,公孙弘居右侍卫。

公孙弘问中山嗣王:"假如大王之臣,借助强国之力,巩固自己权位,大王如何处置?"

中山嗣王说:"寡人一定生吞其肉,不与别人分食。"

司马熹在车辕上叩首:"我的死期到了!"

中山嗣王问:"相国何出此言?"

司马熹说:"有人蓄意陷害,想要加罪于我!"

中山嗣王说:"寡人明白,相国专心驾车!"

从此不再信任公孙弘。

公孙弘离开灵寿,返回大梁,向公孙衍复命:"十四年前,大哥策动五国相王,中山先王害怕齐、赵、燕共伐,被迫亲齐,此后助齐伐燕。九年前,大哥策动五国伐秦,中山先王追随齐宣王,拒绝加入伐秦。如今中山嗣王耽溺享乐,司马熹一心固位,又与赵国亲善。我劝说中山嗣王罢免司马熹,没能成功。我奉大哥之命长驻中山,未能阻止中山与魏国逐渐疏远,只好返魏。"

公孙衍说:"前年秦惠王死去,去年张仪死去,都是重新策动合纵伐秦的良机。可惜三晋畏秦,不敢用我。何况我已六十七岁,既无权力,又无精力,想要策动合纵伐秦,只能寄望于齐相孟尝君。七年前,我曾举荐孟尝君相魏。你不如投入孟尝君门下,劝其策动合纵伐秦。"

公孙弘奉命往齐,成为孟尝君门客,受到重用。

赵武灵王召见乐毅:"先生建议寡人暂时与中山友好,积蓄实力,等待时机,再伐中山。但是寡人即位十七年,赵国实力并未增强,何时才能等到时机?寡人一直不明白,当年晋国远比白狄中山强大,为何不能伐灭白狄中山?如今赵国远比魏属中山强大,为何不能击败魏属中山?先生的先祖乐羊,曾为魏文侯伐灭白狄中山,先生与兄长乐池,又曾出仕魏属中山,一定明白原因。"

乐毅说:"大王不问,我不敢妄言。大王既问,我不敢不言。晋人与狄人异族,不能知己知彼,所以难以伐灭白狄中山。吾祖乐羊是白狄中山人,仕于魏文侯,知己知彼,所以能够伐灭白狄中山。乐羊死后葬于灵寿,子孙均为魏属中山重臣,直到司马熹蛊惑中山先王,取代吾兄乐池为相。我们兄弟离开中山,转仕赵国,意在助赵伐灭中山。但是大王与中山休兵十多年,我虽有必灭中山之策,一直不敢进言。"

赵武灵王问:"既有必灭中山之策,为何不早进言?"

乐毅说:"赵人囿于夷夏大防,鄙视中山为夷狄,不愿效法中山,所以不能伐灭中山。正如诸夏囿于夷夏大防，鄙视秦人为夷狄，不愿效法秦国，所以不能战胜秦国。"

赵武灵王说："寡人当局者迷，敬请先生赐教！"

乐毅说："秦穆公效法中原，废除了夷狄的斩首陋习。此后秦国陷入三世内乱，魏文侯变法崛起，吴起伐取了秦国河西七百里地。秦献公重新振作，恢复了夷狄的斩首陋习，尽管魏武侯时魏国更强，但是秦军已能与魏军相持。秦孝公重用商鞅，实行变法，斩首计功，立刻击败强魏，收复部分河西。秦惠王不仅收复全部河西，而且进取河东，击败合纵伐秦五国，大破天下霸主楚国，跃居天下最强。如今秦武王更为强悍，如果中原诸侯不愿效法秦国，实行斩首计功，必将难以阻止秦祸东来。"

赵武灵王问："除了效法斩首计功，难道再无方法阻止秦军东进？"

乐毅说："另有一个方法，但是恐怕大王不愿实行。"

赵武灵王问："为何？"

乐毅说："说来话长。春秋末年，周室衰弱，漠北白狄趁机南侵中原，别处难以立足，唯有太行山区多山，不便车战，所以白狄伐灭邢国，立国中山两百余年，强晋难以伐灭。乐羊为魏文侯伐灭中山，尽管中山之君变成了魏氏，但是中山之民仍以白狄为主，白狄乃是马背上的游牧民族，弓马娴熟，民风慓悍。中山之地仍是山地，所以魏属中山保留了白狄中山的胡服骑射。中山骑兵，人马一体，无论平原作战还是山地作战，行进迅速，调动灵活。赵国车兵，人马分离，平原作战不够灵活，山地作战更处劣势，即使平原作战获胜，追入山地仍难全胜。步卒对阵骑兵，劣势更为明显，而且行进缓慢，拖累车兵。大王如果效法中山，实行胡服骑射，战胜中山骑兵即非难事，战胜秦国车兵、步卒更是易事。秦国尽管斩首计功，仍然保留秦穆公以来的车兵、步卒，只能常胜中原的车兵、步卒，却又常常败于义渠骑兵。"

赵武灵王恍然大悟："先生之言，真令寡人茅塞顿开。但是三代以来，诸夏歧视夷狄上千年，即使寡人愿意实行胡服骑射，国人恐怕难以赞成。"

乐毅说："所以大王不问，我不敢言。国人既然不愿中山横亘腹心，又不愿听任秦祸东来，只要大王决意除旧布新，必能说服国人。"

赵武灵王说:"先生所言甚是。兹事体大,寡人将会谋定后动。"

赵武灵王在九门(今河北藁城)修筑野台,东望中山,思量如何说服国人赞成胡服骑射。

齐宣王被以秦为首的连横诸侯击败,失去燕地,谋报秦仇,急需贤人辅佐。于是扩建稷下学宫,加大招贤力度。提高学士待遇,食禄万钟。淳于髡、许行、彭蒙、宋钘、尹文、田骈、邹衍、邹奭、接予、慎到、环渊等七十六人,从列大夫升为上大夫,食禄十万钟,各赐宅第。中原士人闻风至齐,稷下学宫臻于极盛,学士上千。

稷下学士生活优裕,授徒讲学,各著其书。宋钘之书为《宋荣子》,尹文之书为《尹文子》,田骈之书为《田子》,邹衍之书为《五德终始》,邹奭之书为《邹奭子》,接予之书为《接子》,慎到之书为《慎子》,许行之书为《神农》,环渊之书为《蜎子》。

稷下祭酒淳于髡,组织稷下学士集体编纂了《管子》。各家各派的稷下学士,分领专题,撰写专章,借用齐相管仲名义,总论治国之道。以黄帝、老子之道为经,以儒墨百家之学为纬,世称"黄老之学"。

《管子》书成,淳于髡进献齐宣王。

《牧民第一》开宗明义:"凡有地牧民者,务在四时,守在仓廪。国多财,则远者来;地辟举,则民留处;仓廪实,则知礼节;衣食足,则知荣辱;上服度,则六亲固;四维张,则君令行。"

齐宣王大悦,重赏参与撰著的稷下学士。

颜斶去年说服卫嗣侯遵循泰道,贬号称君。今年得知齐宣王大力招贤,又至齐国稷下。

齐宣王久闻颜斶精通老聃之道,亲往稷下学宫,召见颜斶:"颜斶,你过来!"

颜斶站着不动:"大王,你过来!"

齐宣王不悦。

侍从怒喝:"大王是人君,你是人臣。大王可以命你过来,你怎么可以让大王过去?"

颜斶说:"大王过来,乃是礼贤下士。我过去,则是趋炎附势。与其士人趋炎附势,不如君王礼贤下士!"

齐宣王怒形于色:"君王尊贵,还是士人尊贵?"

颜斶说:"士人尊贵,君王不尊贵!"

齐宣王大怒:"有无凭据?"

颜斶说:"有!九年前张仪兼相秦、魏,秦、魏联合伐齐。张仪下令:'砍伐柳下惠墓木,杀无赦,夷三族!砍下齐威王首级,赏千金,封万户侯!'由此可见,活王首级,不如死士墓木。《老子》有言:'虽贵,必以贱为本;虽高,必以下为基。是以侯王称孤、寡、不谷,是其贱之本欤?'孤、寡乃是贫贱低下之称,然而侯王用于自称。岂非士人尊贵,君王不尊贵?"

齐宣王上前躬身行礼:"寡人出言无状,得闻先生教诲!愿聘先生为国师,食必太牢,出必乘车,妻儿衣服华美。"

颜斶说:"玉璞生于山中,原本完好,一旦制成器物,就会毁坏,其形不全。士人生于乡野,原本尊贵,一旦求取爵禄,就会卑贱,其神不全。我愿回归乡野,晚食以当肉,安步以当车,无罪以当贵,清静贞正以自娱,确保形神俱全。大王好自为之,我愿返归素朴,终身不再受辱!"

言毕转身离去。

齐宣王怅然若失。

十月,中原连降大雨,黄河之水溢出堤岸。

魏邑酸枣(今河南延津西南)久浸于水,城墙坍塌。

宋国淫雨绵绵,蒙邑东门人兰子,无法在街头卖艺,生计困难,晋见酷好技艺的宋康王。

宋康王问:"你有何技艺?"

兰子拿出两根比身高长出一倍的高跷,踩在脚下,旋转腾跃,左趋右驰。双手轮流抛掷七柄剑,五柄剑悬于空中。

宋康王大惊,赏赐马车十乘。

庄子六十一岁，贫困至极，面有饥色。

兰子回到蒙邑东门，自鸣得意，来见庄子："先生有道无技，才会如此贫困。"

庄子说："河边有户人家，编织芦苇为生。儿子潜入深渊，采得千金宝珠。父亲对儿子说：'拿石头来，砸烂宝珠！千金宝珠，必定藏在九重深渊，含在骊龙嘴下。你能采到宝珠，必定恰逢骊龙睡寐。假使骊龙醒着，你还能侥幸采到吗？'如今宋国的深渊，不是九重深渊可比；宋康王的凶猛，不是骊龙可比。你能侥幸得到马车，必定遭逢宋康王睡寐。假使宋康王醒着，你将粉身碎骨！"

东郭子听说兰子以技受赏，也去晋见宋康王。

宋康王问："你有何技艺？"

东郭子表演了翻跟斗的燕戏，前空翻，后空翻，连翻几十个跟斗。若不叫停，可以一直翻下去。

宋康王大怒，将其下狱，准备诛杀。

曹商问："兰子献技，大王予以重赏。东郭子献技，大王为何不赏？"

宋康王说："兰子技艺精湛，寡人一时高兴，所以重赏。东郭子技艺拙劣，竟敢愚弄寡人！"

曹商说："大王若是杀了东郭子，技艺精湛者也将不敢献技。大王不赏其技，宜赏其心！"

宋康王听从其言，关押东郭子一月，予以释放。

蔺且说："天下大旱数年，继以大涝数年，饥荒不断加剧，各国师劳力疲，今年总算天下休战。我出生至今三十二年，天下只有今年没有战事。"

庄子说："从前的宋臣，或者像庖丁那样以道事君，或者像戴盈、惠盎那样以德事君，而无侥幸求赏之心。如今的宋臣，都像唐鞅、田不礼、曹商那样以术事君，如今的宋民，都像兰子、东郭子那样以技事君，都有侥幸求赏之心。天下各国，大抵相同，都是昏君乱相。所以只要周天子未被取代，逐鹿中原的交战就是常态，休战实为备战。"

六二　秦窥周鼎甘茂伐韩，宋杀唐鞅庄子斥奸

前308年，岁在癸丑。庄周六十二岁。宋康王三十年。

周赧王七年。秦武王三年。楚怀王二十一年。魏襄王十一年。韩襄王四年。赵武灵王十八年。齐宣王十二年。燕昭王四年。鲁平公十五年。卫嗣君七年。越王无疆三十五年。中山嗣王二年。

秦武王在临晋关（今陕西大荔）会见韩襄王，要求借道宜阳，允许秦军开赴周都洛阳。

韩襄王知道孟尝君正在重新策动合纵伐秦，于是拒绝向秦借道。

秦武王返回咸阳，召见左丞相甘茂："父王虽杀商鞅之身，不废商鞅之法，因此由霸而王。寡人虽逐张仪其人，不废张仪之策，决意由王而帝。张仪返魏之时，劝说寡人直取三川，一举伐灭东周朝，这样可以事半功倍，不必一一伐灭诸侯。寡人打算攻取韩国宜阳，兵车直通三川。寡人入周举鼎，由王而帝，虽死不朽！"

甘茂说："宜阳乃是韩国旧都，城高墙厚，方圆八里，易守难攻。我愿出使魏、赵，约其共伐宜阳。"

秦武王大喜，任命向寿为副使，跟随甘茂出使魏、赵。

甘茂、向寿至魏，魏襄王畏惧秦伐，被迫同意助秦伐韩。

甘茂嘱咐向寿："你先回去通报大王，魏襄王虽已同意助秦伐韩，但请大王等我使赵之后，再开始伐韩。事情若成，我为你请功！"

向寿奉命返秦，甘茂独自使赵。

秦武王得报，在秦侵魏地应邑（今山西应县）会见魏襄王，共商伐韩。

韩国太子太师冷向，奉太子韩婴之命，秘访强国："魏襄王畏惧秦伐，被迫同意助秦伐韩。太子担心赵武灵王也助秦伐韩，命你秘密使赵，献地路涉（今地不详）、端氏（今山西沁水），恳请赵武灵王扣押甘茂，然后与秦、齐交涉。齐宣王不愿秦武王灭周，必将兵下狐氏（今地不详），驰救宜阳。甘茂扣押在赵，秦武王或是不伐宜阳，或是改命樗里疾为伐韩主将。樗里疾娶妻韩女，不会全力伐韩，宜阳就能保住。"

强国受命，急使赵国。

赵武灵王不愿与韩为敌，拒绝了甘茂之请。也不愿与秦为敌，拒绝了强国之请。

秦武王亲至息壤（今地不详），迎接自赵返秦的甘茂，命其担任伐韩主将。

甘茂说："宜阳既是韩国旧都，又是三川郡郡治，下辖上党、南阳，积蓄丰厚，粮草储备足够数年之用。如果不能迅速攻破宜阳，而大王又听信谗言，我就会功败垂成。"

秦武王说："寡人一定不听谗言，与你在此盟誓。"

时值秋天，夏粮已收，秦军粮草充足。

甘茂为主将，向寿为副将，领兵伐韩，围攻宜阳。

宜阳原有十万守军。公仲朋又奉韩襄王之命，领兵二十万增援。

楚怀王召见陈轸："公仲朋是才士，又与各国重臣交好，诸侯必定救韩，秦军很难攻破宜阳。寡人打算最先救韩，以使韩国亲楚。"

陈轸说："公仲朋虽是才士，也与各国重臣交好，然而反复无常，狡诈多变。诸侯救韩，必是假救，宜阳恐怕难免攻破。大王如果最先救韩，必将招来秦伐。"

楚怀王于是命令景翠假装救韩，暂不投入战斗，驻军观望。

甘茂围攻宜阳，直到年底，仍未攻破。

魏襄王尚未出兵助秦，楚怀王已经出兵救韩。

秦军粮草将尽，甘茂考虑退兵。

六二　秦窥周鼎甘茂伐韩，宋杀唐鞅庄子斥奸

向寿说："如今内有樗里疾、公孙赫进谗，外与公仲朋交战无功，相国无功而返，必被大王治罪！只有攻下宜阳，才能建立一世奇功！"

甘茂采纳其言，继续苦战。

东郭子听说，蒙泽人不从父命，并未砸烂宝珠，于是倾尽家财购入，进献宋康王。

宋康王大悦，重赏千金。然后夸奖曹商："你劝寡人不杀东郭子，果然不错。"

曹商说："大王若把宝珠嵌入王冠，必将胜过天下一切王冠。"

宋康王听从其言，戴着镶嵌宝珠的王冠，顾盼自雄。

不久王冠被盗，宋康王大怒，诛杀保管王冠的宦官和宫门值夜的侍卫。

曹商说："大王息怒！宋国河泽众多，何愁没有宝珠？只要大王下令，必有更佳的宝珠进献。"

宋康王怒斥唐鞅："诸侯轻视寡人，不承认寡人称王，不与寡人结盟，寡人已难容忍。宋民不惧寡人，以前盗掘东陵，如今偷盗王冠，寡人更难容忍。相国曾说，寡人不应寄望臣民爱戴，而应迫使臣民畏惧。寡人诛杀的臣民已经很多，为何臣民仍不害怕？"

唐鞅说："有罪之人少，无罪之人多。只杀有罪之人，无罪之人不必害怕。只有诛杀无罪之人，臣民才会害怕大王！"

宋康王一怔，不知拿谁开刀。

田不礼献策："大王如果诛杀无罪平民，大臣仍然不怕。只有诛杀无罪重臣，才会人人害怕！"

宋康王大悟，立刻诛杀唐鞅，改命田不礼为相。

田不礼久居唐鞅之下，苦熬多年，终于取代唐鞅，成为宋相。

曹商此前依附唐鞅，此后依附田不礼。

庄子六十二岁，唐鞅教君为恶，作法自毙。

蔺且问："果如夫子所言，秦武王仅仅休战一年，今年又大举伐韩。但是岸

门之战以后，韩国向秦称臣，从未叛秦，所以秦惠王不再伐韩。为何秦武王又重新伐韩？"

庄子说："秦惠王东进中原，只要一国向秦称臣，立刻移师征伐别国，所以先后征伐魏、韩、赵、齐、楚，尽管胜多败少，然而代价惨重。秦武王大概认为，不必一一伐败诸侯，只要一举伐灭东周朝，就能定鼎中原，君临天下。宜阳是秦军入周的必经之路，秦武王必须先拔宜阳，才能灭周。"

蔺且问："魏襄王为何同意助秦伐韩？"

庄子说："魏襄王畏惧秦伐，所以被迫同意助秦伐韩。又凭借其姐是秦武王生母，其女是秦武王王后，希望秦军不再伐魏。其实秦人从来不受政治联姻牵制。秦惠王的王后是魏惠王之女，秦惠王的女儿是齐宣王的前王后，秦惠王照样征伐魏、齐。魏襄王即使助秦伐韩，仍然无法避免秦伐。"

蔺且问："赵武灵王为何不惧秦伐，拒绝助秦伐韩？"

庄子说："赵武灵王一向与韩结盟，王后又是韩宣王之女、韩襄王之姐，所以不肯助秦伐韩。至于赵武灵王为何不惧秦伐，原因不详，尚须观察。"

庄子前往蒙泽钓鱼，空手而归。

钟离氏问："莫非惠施又回宋国了？你不会把钓到的鱼，全部倒回蒙泽吧！"

庄子说："宋康王的王冠被盗，悬赏千金征求宝珠。很多人到江河湖泽寻找宝珠，我已无法钓鱼！伪道遮蔽真道，人道干预天道，必将天地失序，四季淆乱，万物遭劫，人乱于地，鱼乱于水，鸟乱于天，兽乱于林。"

蔺且问："王冠藏于宫墙之内，侍卫众多，为何竟也被盗？"

庄子说："这叫盗亦有道。盗跖的徒属，曾问盗跖：'盗也有道吗？'盗跖说：'当然！凭空臆测积藏，是盗之圣。入室勇于在前，是盗之勇。出室敢于居后，是盗之义。明白可否得手，是盗之知。得财平均分赃，是盗之仁。不具备五者而能成为大盗的，天下从未有过。'可见仁义圣知勇，既可为善人所用，也可为不善人所用。如今伪道猖獗，善人少而不善人多，所以仁义圣知勇多被不善人利用。不善人之中，分为小偷和大盗。小偷隐秘窃物，既被众人视为不仁不义，又被大盗诛杀。大盗公然窃国，既被众人视为大仁大义，又能称王称霸。田氏盗窃齐国而称王，戴氏盗窃宋国而称王，全都自居仁义，自比尧舜。"

蔺且问："唐鞅教唆宋康王诛杀无罪之人，却被宋康王诛杀。唐鞅究竟是无罪被杀，还是有罪被杀？"

庄子说："以人道观之，唐鞅是无罪被杀。以天道观之，唐鞅是有罪被杀。教君为恶，罪莫大焉！"

蔺且问："宋康王倒行逆施，下场将会如何？"

庄子说："《老子》曾言君主四境：'太上不知有之，其次亲而誉之，其次畏之，其下侮之。'宋康王不可能企及至境，而从次境开始。先是逐兄篡位，行仁十年，民众亲而誉之。然后逞强称王，行暴二十年，民众畏而惧之。如今滥杀无辜，走向穷途末路，行否若干年，必将被民众腹诽而心中侮之，诸侯征伐而公开辱之。宋国在劫难逃！"

蔺且说："如果奉行否术在劫难逃，那么奉行否术的中原，为何不能战胜奉行否术的秦国？"

庄子说："秦国否术，重点对外，滥杀异国臣民，但不滥杀本国臣民，有功必赏，有罪必罚。中原否术，重点对内，滥杀本国臣民，无功乱赏，无罪滥杀。对内的否术大失民心，不可能战胜对外的否术，所以中原同样在劫难逃，秦国必将代周为王。不过秦国即使能够代周为王，仍然在劫难逃，因为一切否术必不长久！《老子》有言：'飘风不终朝，骤雨不终日。孰为此者？天地。天地尚不能久，而况于人乎？'"

六三　秦武入周举鼎暴死，赵武变法胡服骑射

前307年，岁在甲寅。庄周六十三岁。宋康王三十一年。

周赧王八年。秦武王四年（卒）。楚怀王二十二年。魏襄王十二年。韩襄王五年。赵武灵王十九年。齐宣王十三年。燕昭王五年。鲁平公十六年。卫嗣君八年。越王无疆三十六年。中山嗣王三年。

赵武灵王专宠孟姚三年，不理国政，生子赵何、赵胜、赵豹。废黜王后韩氏（韩宣王女），改立孟姚为王后，以应三年前所做强国之梦。

赵武灵王召见乐毅：“寡人实行胡服骑射之前，决定亲自领兵征伐中山，了解赵国车兵与中山骑兵交战的优劣得失。”

赵武灵王即位十九年，第一次征伐中山。效法祖父赵敬侯，首先攻打房子（今河北高邑），未能攻克。于是移师北伐，进攻代郡北面的东匈奴无终、林胡、楼烦部落。

甘茂、向寿去年秋天开始伐韩，延至今年春天，仍未攻破宜阳。

樗里疾向秦武王进谗：“甘茂一向善战，用了五个月，竟未攻破宜阳，必有缘故！”

秦武王问：“有何缘故？”

公孙赫帮腔：“甘茂、向寿都是楚人，如今诸侯都不救韩，唯有楚国救韩，大概不愿得罪母邦，不肯尽力攻城！”

秦武王疑心顿起，命令甘茂退兵，准备治罪。

甘茂说：“大王莫非忘了息壤的盟誓？”

秦武王顿时醒悟，不听谗言。命令冯章使楚，以归还汉中为饵，要求楚怀

六三　秦武入周举鼎暴死，赵武变法胡服骑射

王放弃救韩。

楚怀王发现，正如陈轸预见，诸侯都不救韩，于是听从冯章之言，命令景翠撤兵。

甘茂继续围攻宜阳三个月，秦军伤亡惨重。

甘茂鸣鼓三通，士卒畏惧矢石，不敢上攻。

向寿说："相国攻城，全无兵法，必定受困！"

甘茂说："你我都是楚人，原本不易得到信任，幸蒙大王委以重任，我在息壤发誓必破宜阳。猛攻八个月，竟然不能攻破。如今公仲朋死守而败我于外，樗里疾、公孙赫进谗而败我于内，我将死无葬身之地。明天再不攻破宜阳，城外就是我的墓地！"

于是倾尽私财，重赏全体将士。

秦军士卒受到重赏，冒死狂攻，终于攻破宜阳，斩首六万。

又乘胜渡过黄河，攻取了武遂（今山西垣曲东南）。

甘茂、向寿打通入周之路，凯旋咸阳，受到秦武王重赏。

公仲朋逃回新郑，又奉韩襄王之命，入秦求和。

楚怀王遣使至秦，要求秦武王兑现冯章的承诺，归还汉中。

秦武王说："冯章未奉寡人之命，擅自使楚，欺骗大王，已经畏罪逃走！"

五十二岁的楚怀王，又被二十三岁的秦武王欺骗，愤怒至极。

秦武王怒于魏襄王食言，竟不助秦伐韩，命令樗里疾伐魏，围攻皮氏（今山西河津东）。

魏襄王命令翟章驰救皮氏，又把太子魏政免相，命其入秦为质，向秦求和。

翟强接替魏政，担任魏相。

秦武王命令樗里疾停止伐魏，打通入周之路。

樗里疾移师入周，驻军洛阳郊外。自带兵车百乘，前往洛阳。

东周君（昭文君之子）采纳国相杜赫之策，大开洛阳城门，陈列盛大仪仗，迎接樗里疾的兵车进入洛阳。

樗里疾直闯王宫，觐见周赧王："敝国之君，是天下第一大力士，酷好举重，素闻九鼎是天下第一重器，准备率领天下力士，进入洛阳太庙，试举九鼎！"

周赧王大怒："九鼎是大禹铸造的传国重器，夏传于商，商传于周，岂可视为玩闹嬉戏的举重之物？寡人是天下共主，秦侯是周封诸侯，怎敢如此无礼！"

樗里疾大怒，把周赧王逐出王宫，从东周国迁至西周国。

楚怀王大怒："东周君迎接樗里疾兵车进入洛阳，听任樗里疾把周赧王逐至西周国，寡人不能不伐！"

东周君闻讯，派遣游腾使楚，晋见楚怀王："敝国之君假装迎接樗里疾，乃是诱敌深入，准备予以囚禁！"

楚怀王将信将疑，暂时不伐东周国，静观其变。

八月，秦武王带着大力士乌获、任鄙、孟说，取道韩国三川郡，抵达周都洛阳。在东周朝太庙进行举鼎比赛，目标是龙文赤鼎。

秦国大力士乌获、任鄙，甘愿充当秦武王陪衬，故意举鼎失败。

齐国大力士孟说，欲为齐国争光，不愿充当秦武王陪衬，奋力举鼎成功，双目出血。

秦武王最后出场，举起龙文赤鼎，两膑折断，被鼎压死。

秦武王嬴荡猝死于洛阳。二十岁即位，在位四年（前310—前307），终年二十三岁（前329—前307），无子。

秦惠王的王后魏氏，是魏惠王之女，生有三子。长子嬴荡，立为太子。另有次子嬴壮，幼子嬴雍。

秦惠王的王妃芈八子，是楚国宗室之女，生有一女三子。长女嬴氏，是燕昭王后。长子嬴稷，在燕为质。另有次子嬴悝，幼子嬴巿。

秦惠王生前，专宠王妃芈八子。芈八子的异父长弟魏冉、同父幼弟芈戎、

六三　秦武入周举鼎暴死，赵武变法胡服骑射

外甥向寿，均任秦将。王妃芈八子的势力，超过王后魏氏。

秦惠王死后，太子嬴荡继位为秦武王，王后魏氏升为太后。王妃芈八子升为太妃，夫死失势。魏冉、芈戎、向寿仍为秦将。甘茂伐韩宜阳，向寿担任副将。

如今秦武王意外暴死于洛阳，无子。

右丞相樗里疾护驾入周，尚在洛阳料理善后。

太后魏氏遂与身在咸阳的左丞相甘茂商议，另立次子嬴壮为秦王。

嬴壮继位，即秦季君。

周赧王被迫迁至西周国，得知秦武王举鼎暴死，即命西周武公（西周惠公之子）征伐东周国。

西周国太子姬共，领兵出征。

东周国、西周国敌对六十年，首次开战。

楚怀王怒于被东周国欺骗，韩襄王怒于东周国亲秦，出兵支持西周国。

樗里疾尚未离开东周国，率领秦军击败西周国、楚国、韩国联军，然后护送秦武王灵柩返回咸阳。

赵武灵王首伐中山失败，转伐东胡获胜。回到邯郸，召见乐毅："寡人率领车兵、步卒，第一次亲征中山，对先生所言已有亲身体验。中山既有胡人骑兵之速，又有中原城池之固，一旦逃入山地，车兵难以追击。胡人虽有骑兵之速，却无中原城池之固，即使逃入大漠，车兵仍可追击。中山骑兵远比胡人骑兵更难对付，寡人决定实行胡服骑射！"

乐毅说："大王实行胡服骑射，意在先灭中山，再破暴秦。如今秦武王暴死无子，大王应该设法诱使秦国陷入争位之乱。"

赵武灵王采纳其策，命令代郡太守赵固至燕，把在燕为质的秦惠王庶子嬴稷，火速送归秦国。

西周国太子姬共征伐东周国，兵败而死。

昭翦献策楚怀王："西周武公没有其他嫡子，仅有五个庶子。大王不如拥立

亲楚的庶子姬咎，献上一处食邑。姬咎一旦继位，西周国必将听命大王。周赧王如今寄居西周国，也将听命大王。"

司马悍献策齐宣王："西周武公没有其他嫡子，仅有五个庶子。大王不如拥立亲齐的庶子周最，献上一处食邑。周最一旦继位，西周国必将听命大王。周赧王如今寄居西周国，也将听命大王。"

西周武公敬谢齐宣王："并非寡人不从大王之命，而是周最不愿做太子！"

司寇布进谏西周武公："齐远楚近，主公立姬咎为新太子，可以不得罪楚怀王，固然不错。但是齐宣王一定不相信周最不愿做太子，主公只有重用周最，才能不得罪齐宣王。"

西周武公听从其言，任命周最为相。

秦惠王死后，嫡长子嬴荡继位为秦武王，王后魏氏升为王太后。王妃芈八子升为王太妃而失势，尽管不忿，仍无可奈何。

如今秦武王暴死无子，太后魏氏又立嫡次子嬴壮为君。芈八子更加不忿，恰好赵固奉赵武灵王之命，把在燕为质的庶长子嬴稷送回秦国。

芈八子立刻召集魏冉、芈戎、向寿密谋，决定利用右丞相樗里疾、左丞相甘茂的争权，废黜秦季君，让嬴稷继位。

魏冉、向寿欣然领命。

芈戎不愿介入争位之乱，潜出咸阳，逃回楚国。

魏冉、向寿率领所部秦军，东迎护送秦武王灵柩归秦的樗里疾。

魏冉拜见樗里疾："君侯是秦惠王之弟，秦武王之叔，又是右丞相，宗室之中爵位最尊，群臣之中官位最高。秦武王无子，何人继位，应该等待君侯扶柩归秦之后，再作定夺。如今甘茂不等君侯归秦，矫传太后魏氏之命，匆忙拥立太后次子嬴壮为君，妄想凭借拥立之功，跃居君侯之上。君侯一入咸阳，或因护驾不力的罪名，轻则罢相，重则被诛。君侯只有拥立太妃芈八子之子嬴稷，才能诛杀乱臣甘茂，免于杀身之祸。太妃许诺，事成之后，君侯就能独任相国。"

樗里疾闻言大惊，大怒于甘茂，立刻拥立嬴稷，率领叛军杀向咸阳。

六三　秦武入周举鼎暴死，赵武变法胡服骑射

赵武灵王成功引发秦国争位之乱，立刻罢免阳文君赵豹，改命乐毅为相。

说服叔父赵成和老臣肥义，赢得宗室和群臣支持，启动了蓄谋已久的胡服骑射。赵国成为中原变法最迟的一国。

庄子六十三岁，秦武王入周举鼎暴死，赵武灵王实行胡服骑射。

蔺且问："秦武王身为国君，为何亲往洛阳举鼎？"

庄子说："传说大禹治水成功，在会稽举行天下诸侯会盟，图画九州，铸造九鼎。大禹之子夏后启驱逐伯益，诛杀有扈，篡位自立，建立第一个家天下的王朝，九鼎成为天命归属的王权象征。九鼎易主，就是变革天命。商汤灭夏，九鼎归商。周武王灭商，九鼎归周。犬戎伐灭西周，九鼎又随周平王从镐京东迁洛阳。秦襄公护送周平王和九鼎东迁有功，封侯开国。东周王权渐衰，春秋初年楚武王率先叛周称王，随后楚庄王问鼎轻重，显露代周为王之志。春秋五霸的前三霸齐桓公、晋文公、秦穆公，无不尊王攘夷，亦即尊周王，攘楚夷。春秋五霸的后二霸吴王阖闾、越王勾践，不再尊王攘夷，而是效法楚国，叛周称王。春秋时期，仅有中原以外的楚、吴、越叛周称王。战国以来，中原诸侯也纷纷叛周称王。我十七岁时，齐威王称王。我四十七岁时，五国相王。三十年间，我亲历了齐、魏、宋、秦、韩、燕、赵、中山八国称王。称王诸侯，无不志在代周为王。代周为王的标志，就是得到九鼎。秦惠王称王之前，也曾求取九鼎，当时实力不济，被齐威王挫败。五年前秦惠王大败楚怀王，秦国跃居天下最强。今年秦武王入周举鼎，乃是以游戏为名，试探天下诸侯反应，准备一举代周为王，结果一举绝膑而死。"

蔺且又问："秦武王举鼎暴死，赵武灵王为何立刻实行胡服骑射？"

庄子说："商鞅变法以后，秦军凭借斩首计功，迅速东进中原，大败魏、韩、楚、齐，赵国西部也被秦侵，此后必将伐赵本土。赵武灵王实行胡服骑射，首要目标是伐灭中山，最终目标是遏制秦军东进。"

蔺且问："为何胡服骑射既能伐灭中山，又能遏制秦军？"

庄子说："中山之君虽从白狄变成魏氏，但是国人仍是白狄、诸夏杂处，而且地处太行山区，山地不宜车战，所以魏属中山保留白狄中山的胡服骑射。华

服车战的赵国，难以战胜胡服骑射的中山。只有改华服为胡服，改车战为骑战，赵国才能伐灭中山，遏制秦军。"

蔺且问："既然如此，赵人为何反对胡服骑射？"

庄子说："伏羲以后，黄帝以前，中原先民原与夷狄一样，都是一衣蔽体，不分上下。黄帝尧舜始分上衣下裳，从此华服异于胡服。伏羲顺应无为而治的天道，乃是公天下的华夏始祖。黄帝开启有为而治的人道，则是家天下的中原始祖。"

蔺且问："那么稷下学士集体撰著的《管子》，为何认为黄帝的'垂衣裳而天下治'，就是老聃的'无为而治'？"

庄子说："黄帝开启人道，老聃推崇天道，怎能扯在一起？稷下黄老之学，乃是迎合齐君、为齐国代周为王造势的官学，根本不通！黄帝垂衣裳，分上下，定尊卑，立君臣，并非无为，而是有为。黄帝以后，上下分等，亲疏有差，根据尊卑等级，规定衣裳颜色，所以衣裳又称服色。臣民服色异于君主服色，臣民必须听命君主，所以听命又称臣服。后来周公制定周礼，划分五种亲疏，规定五等服色，谓之五服。如今诸侯叛周称王，无不抛弃诸侯衣冠，僭用天子衣冠。战败的称王诸侯向战胜的称王诸侯称臣，无不放弃天子衣冠，改用诸侯衣冠或臣民衣冠。周礼之等级分明，就是服色之等级分明，不可逾制僭越。赵武灵王实行胡服骑射，必须废除中原服色，触犯了夷夏大防。孔子曾说：'微管仲，吾其被发左衽矣。'是说，如果没有管仲尊王攘夷，夷狄就会入主中原，胡服就会取代华服。赵人反对胡服骑射，正是反对用夷变夏。"

蔺且问："既然胡服骑射乃是用夷变夏，为何赵人最后又支持赵武灵王？"

庄子说："因为只有胡服骑射，才能同时打败胡服骑射的中山和斩首计功的秦军。魏国李悝变法，楚国吴起变法，齐国邹忌变法，韩国申不害变法，尽管都是强化否术，但是均未彻底抛弃泰道。只有秦国商鞅变法，彻底抛弃泰道，彻底奉行否术，所以割耳计功的中原之师，无法战胜斩首计功的秦国之师。秦国斩首计功，是强化否术的用夷变夏。赵国胡服骑射，是对抗否术的用夷变夏。赵武灵王也像其他中原诸侯一样，不愿仿效秦国的斩首计功，却能突破其他中原诸侯不敢突破的夷夏大防，仿效中山的胡服骑射，确是雄才大略。"

蔺且问:"夫子对各国诸侯大都评价不高,为何独对赵武灵王评价不低?"

庄子说:"当今称王诸侯,唯有赵武灵王主动取消王号,自贬为君,略存泰道遗意。齐宣王吞并燕国,其他诸侯无不观望,唯有赵武灵王把在韩为质的燕王哙幼子姬职立为燕王,策动诸侯助燕复国,一举弱齐。秦武王举鼎暴死,其他诸侯无不观望,唯有赵武灵王把在燕为质的秦惠王庶子嬴稷送归秦国,引发秦国二子争位,一举乱秦。胡服骑射的赵国骑兵,必将遏制斩首计功的秦国步卒,使中原泰道不被秦国否术彻底取代。"

六四　秦昭篡位甘茂逃齐，楚怀灭越齐宣谋秦

前306年，岁在乙卯。庄周六十四岁。宋康王三十二年。

周赧王九年。秦季君元年＝秦昭王元年。楚怀王二十三年（灭越）。魏襄王十三年。韩襄王六年。赵武灵王二十年。齐宣王十四年。燕昭王六年。鲁平公十七年。卫嗣君九年。越王无疆三十七年（灭）。中山嗣王四年。

樗里疾四十六岁，以王叔之贵，右相之尊，顾命之便，矫传秦武王遗命："先王临终遗命，传位公子嬴稷。遵命者赏上爵，抗命者夷三族！"

樗里疾、魏冉、向寿率领叛军，围攻咸阳。

赵固护送嬴稷归秦，如今又率领赵军助攻。

咸阳城内，宗室大骇，百官大惊，军心动摇，民心惶惶。

甘茂审时度势，明白叛军必胜，于是背叛秦季君，打开咸阳城门，迎接嬴稷入城。

右相叛乱，左相倒戈，秦季君众叛亲离，不得不与同母弟嬴雍一起，率领死党逃出咸阳。

嬴稷二十岁，进入咸阳即位，即秦昭王。未行冠礼，不能亲政。

嬴稷生母芈八子，从太妃升为太后，封号宣太后，临朝摄政，发布政令，论功行赏。

其一，废除秦季君元年，改为秦昭王元年。命令史官记于《秦记》："秦昭王元年，庶长嬴壮、嬴雍叛乱，樗里疾、魏冉平叛。"

其二，秦惠王后魏氏干预国政，违背秦武王遗命，擅立嬴壮，予以废黜，打入冷宫。

其三，左丞相甘茂慑于魏氏僭命，被迫拥立嬴壮，开城归顺秦昭王。功过相抵，不予治罪。免去左丞相，降任客卿。

其四，宗室贵族、群臣百官慑于魏氏僭命，追随左丞相甘茂，被迫拥立嬴壮。均予赦免，各任原职。

其五，右丞相樗里疾按照秦武王遗命，拥立秦昭王，拨乱反正，平叛有功。增益封地，独任相国。秦武王创立的左右丞相制度，容易导致二相争权，立刻废除。

其六，宣太后异父长弟魏冉，宣太后外甥向寿，拥立秦昭王，平叛有功，赏赐有差。继续追剿畏罪出逃的嬴壮、嬴雍残部。

其七，宣太后同父幼弟芈戎，去年拒绝拥立嬴壮，先逃楚国，后逃东周国，今年返回咸阳，拥立秦昭王，仍任秦将。

其八，宣太后次子、秦昭王同母长弟嬴悝，封高陵君；宣太后幼子、秦昭王同母幼弟嬴市，封泾阳君。

宣太后处置既定，遣使通报天下诸侯：秦昭王继位，与天下诸侯休兵。

赵固身在咸阳，最先祝贺秦昭王继位。又奉赵武灵王之命，向宣太后进献养邑。

宣太后大悦，重赏赵固。感激赵武灵王，与赵结为铁盟。

赵武灵王率领车兵、步卒，正在第二次亲征中山，攻至宁葭（今河北获鹿），再次受阻于山地。再次移师北伐林胡，攻至榆中（今甘肃榆中）。

林胡王战败求和，进献大量良马。

赵武灵王凯旋邯郸，把原阳（今河南新乡）设为骑邑，命令牛赞在原阳训练骑兵。

赵武灵王先立燕昭王，后立秦昭王，已与燕、秦结为铁盟。再次采纳乐毅之策，派遣仇赫使韩，王贲使楚，富丁使魏，赵爵使齐，缔结盟约。

赵国与其他六雄，至此全部结盟。中山彻底孤立。

义渠王亲至咸阳，祝贺秦昭王继位。

宣太后担心义渠趁着秦国内乱未平而偷袭，在甘泉宫色诱义渠王。

义渠王迷恋宣太后，留在咸阳，不归义渠。

魏襄王遣使至秦，祝贺秦昭王继位。

趁着秦国与诸侯休兵，修复加固了去年被樗里疾围攻损毁的皮氏城墙。

公仲朋趁着秦国与诸侯休兵，派遣死党韩珉使秦，祝贺秦昭王继位，请求归还韩邑武遂（今山西垣曲东南）。

甘茂说："如今内乱未平，太后既与诸侯休兵，不如暂时归还武遂。一旦内乱平定，我愿再取武遂。"

樗里疾、公孙赫均娶韩女，一向亲韩，甘茂伐韩宜阳之时，曾向秦武王进谗。如今为了反对甘茂，不赞成把武遂归还韩国。

向寿原是甘茂副将，同为楚人，共同反对樗里疾、公孙赫。如今局势大变，于是倒向樗里疾、公孙赫，也反对把武遂归还韩国。

宣太后为了尽快剿灭秦季君残部，急于与诸侯休兵，不顾樗里疾、公孙赫、向寿反对，采纳甘茂之策，归还了武遂。

公仲朋既得武遂，怒于甘茂伐破宜阳，秘遣东周国相杜赫使秦，拜见樗里疾："甘茂已与公仲朋达成秘密协议，秦、韩永不开战。"

樗里疾、公孙赫、向寿立刻群起攻之："甘茂尽管主动开城，归顺大王，但是不满免去左相，仍有二心。力主归还武遂，意在结交诸侯，密谋迎归嬴壮。"

宣太后大疑甘茂。

甘茂惧诛，潜出咸阳，逃往大梁。

秦、齐相距最远，通报的秦使到齐最晚，祝贺的齐使出发也最晚。

苏秦四十五岁，仕齐已经五年，首次得到齐宣王重用，奉命使秦，途经大梁。

甘茂逃到大梁，拜见正要使秦的苏秦："秦武王无子，太后魏氏让王弟嬴壮

六四　秦昭篡位甘茂逃齐，楚怀灭越齐宣谋秦

继位，无可非议。当时右相樗里疾还在洛阳，我身为左相，暂时成为百官之首，无法违抗太后之命。没想到樗里疾回到咸阳，竟然发动叛乱，矫传秦武王遗命，拥立宣太后之子嬴稷。我立刻归顺嬴稷，宣太后仍然把我免相，如今又要对我治罪。我被迫孤身出逃，妻儿尚在咸阳。先生为齐使秦，能否劝说宣太后赦免我的妻儿？"

苏秦一口答应，到达咸阳，先贺秦昭王，后劝宣太后："甘茂是一代良将，为秦征战多年，熟知函谷关内外的山川道路、地形险易。如今逃到大梁，如果投靠公孙衍，助其重新策动诸侯合纵伐秦，秦国必将大危！"

宣太后大惊："有无补救之策？"

苏秦说："太后不如让甘茂复相，诱其返秦，关在槐谷（今陕西兴平），终身不放，必可无忧。"

宣太后听从其言，赠以千金，请求苏秦劝说甘茂归秦复相。

苏秦返回大梁，转达宣太后之命。

甘茂说："我已不可能再获重用，不敢返秦。"

苏秦说："秦是虎狼之国，担心将军不利秦国，才以复相诱你返回。将军一旦轻信返秦，不仅自己必死，还将殃及妻儿！只有不返秦国，妻儿才有一线生机。"

甘茂问："先生既然阻止我返秦，为何劝说宣太后让我复相？"

苏秦笑了："唯有秦国重视将军，齐宣王才会重视将军！"

甘茂五体投地，放弃留魏打算，追随苏秦往齐。

宣太后闻讯，担心甘茂不利秦国，于是厚待甘茂妻儿，只是不许离秦。

苏秦返齐，献策齐宣王："甘茂是一代良将，为秦征战多年，熟知函谷关内外的山川道路、地形险易。仰慕大王之德，拒绝返秦复相，愿为大王之臣。如今秦乱未平，正是大王报复秦仇的良机。甘茂原是楚人，大王不如派他使楚，约楚伐秦。"

齐宣王采纳其策，礼聘甘茂为上卿，命其使楚，邀约楚怀王伐秦。

楚怀王趁着秦国内乱，正在全力伐越。

七年前楚怀王以倾国之兵亲征秦国，攻至紧邻咸阳的蓝田。韩、魏、越三国趁机攻入防守空虚的楚国后方，导致楚怀王惨败于蓝田。楚怀王不恨与秦结盟的韩、魏，深恨向楚称臣的越国趁火打劫，次年派遣昭滑使越反间，赢得越王无疆信任，担任越相。

昭滑相越六年，今年策动章义之乱，配合楚军伐越。

楚军攻破越都吴邑（今江苏苏州）的厉门，伐灭越国，置为江东郡。

越王无疆在位三十七年（前342—前306），身死国灭。

越国宗室后裔，失去吴越故土，散为不同支族，南逃湖泽密布、鸟兽出没、人烟稀少的烟瘴之地。征服当地土著，成为瓯越、闽越、骆越、南越等百越诸王。直到秦汉之际，才被陆续伐灭。

甘茂为齐使楚，晋见楚怀王："大王被张仪欺骗，失去汉中，兵败蓝田，天下无不替大王愤怒。如果大王也像韩、魏、燕、赵一样争事秦国，楚国必将成为秦国郡县。齐宣王愿与大王结盟，策动魏、韩、赵、燕合纵伐秦，必能一举破秦！"

楚怀王犹豫不决，问策群臣："秦昭王生母芈八子，乃是二十三年前寡人即位之时，亲自挑选的宗室美女。秦惠王一向宠幸芈八子，同时宠爱其子嬴稷，重用其弟魏冉、芈戎和外甥向寿。如今嬴稷争位成功，芈八子升为宣太后，感念寡人之恩，愿与母邦休兵。但是齐宣王趁着秦乱未平，派遣甘茂邀约寡人伐秦。寡人不愿联齐伐秦，而愿与秦休兵，打算劝说宣太后让甘茂复相。甘茂也是楚人，寡人助其重新相秦，必定心向母邦，不会像张仪那样欺骗寡人。"

昭鱼赞成："大王英明！"

范环反对："大王不应帮助甘茂重新相秦！"

楚怀王问："这是何故？"

范环说："甘茂当年在楚，师从上蔡（今河南驻马店）监门史举先生。史举上不事君，下不事家，以苛刻闻名天下。以秦惠王之明、张仪之辨，甘茂仕秦以后十次升官，免于治罪，实为贤人。"

六四　秦昭篡位甘茂逃齐，楚怀灭越齐宣谋秦

楚怀王问："甘茂既是贤人，为何不可相秦？"

范环说："昭滑奉大王之命，为楚反间于越，相越六年，帮助大王灭越。但是甘茂即使因大王之助而返秦复相，却不可能为楚反间于秦。甘茂相秦，越贤越不利于楚国。宣太后外甥向寿不贤，大王只有让向寿相秦，才有利于楚国。"

昭雎也反对："大王也不应被宣太后示好迷惑，应该联齐伐秦！"

楚怀王问："为何如此？"

昭雎说："宣太后与天下休兵，向大王示好，乃因秦乱未平。当年秦惠王宠爱芈八子，照样伐楚。秦乱一旦平定，秦军必将重新东进。大王东灭越国，乃是为了伐秦雪耻。如今秦乱未平，正是大王联合诸侯伐秦雪耻的良机。"

楚怀王被范环、昭雎说服，于是罢免昭鱼，改命昭雎为相，决定联齐伐秦。

甘茂使楚成功，返齐复命。

齐宣王大悦，命令孟尝君联络三晋，筹备合纵伐秦。

庄子六十四岁，秦昭王篡位，楚怀王灭越。

蔺且问："楚怀王为何不报秦仇，反而灭越？"

庄子说："越之于楚，如同蜀之于秦。春秋以前的战争，宗室为兵，偶有局部战事，不过兵车百乘，武士数千，小战数日，胜负一分，立刻罢兵。各国变法以后，全民皆兵，年年秋后大战，动辄兵车上千，士卒数万，大战数月，粮草一尽，暂时罢兵，明年秋后再战。秦惠王伐灭巴蜀以后，巴蜀成为秦军粮仓，粮草充足，足以支持连年久战。七年前楚、秦大战一年，楚军粮草储备不如秦军，乃是大败的重要原因。楚怀王又愤怒于越王无疆趁机袭楚，所以先灭越国，作为楚军粮仓，然后再报秦仇。"

蒙邑东门有个农夫，仅有单衣过冬，寒冷难耐。白天下田劳作，中午时分，躺在田垄之上休息，太阳照在身上，十分温暖。

于是告诉妻子："晒太阳可以取暖，为何没人知道？我去禀报大王，必有重赏。"

庄子得知，赶紧劝阻："从前有个农夫，觉得芹菜美味可口，献给宋康王。

宋康王吃了，口涩腹痛，诛杀农夫。你与那个农夫一样，自己贫穷，不知宋康王住着广厦巨宫，穿着狐皮貂裘，进献晒太阳取暖之法，不仅不会受赏，还会遭到严惩。"

农夫不信："我向大王献宝，怎会遭到严惩？"仍然前往商丘，晋见宋康王。

宋康王问："你要进献什么宝物？"

农夫说："连年大旱大涝，大王连年加重赋税，宋民饥寒交迫，无不怨恨大王。我愿进献妙法，确保大王既能加重赋税，又能免于臣民怨恨。"

宋康王大悦："寡人愿闻。"

农夫说："可以告诉宋民，只要晒晒太阳，就能不再寒冷。"

宋康王大怒，以为农夫讽刺戏弄，刖其双足。

庄子闻讯，叹息不已。

六五　秦平内乱赵伐中山，大梁盛会施龙辩名

前305年，岁在丙辰。庄周六十五岁。宋康王三十三年。

周赧王十年。秦昭王二年（弑秦季君）。楚怀王二十四年。魏襄王十四年。韩襄王七年。赵武灵王二十一年。齐宣王十五年。燕昭王七年。鲁平公十八年。卫嗣君十年。中山嗣王五年。

秦昭王二十一岁，宣太后继续摄政。

魏冉剿灭秦季君残部，诛杀秦季君嬴壮及其同母弟嬴雍。

宣太后大悦，诛灭秦季君三族，鸩杀其生母秦惠王后，又驱逐秦武王后归魏。

魏冉献策："去年甘茂叛秦仕齐，为齐使楚。齐宣王、楚怀王结盟，趁着秦乱未平，准备策动第二次合纵伐秦。由于魏、韩畏秦，赵、燕亲秦，未能迅速发动。如今秦乱已平，当务之急是破坏齐、楚之盟，挑唆齐、楚互伐。太后身为楚国宗室，只要与楚联姻，就能达到目的。"

宣太后采纳其策，请求与楚联姻。

楚怀王问策昭滑："寡人去年答应甘茂，同意与齐宣王合纵伐秦。如今宣太后欲与寡人联姻，如何应对？"

昭滑说："去年秦乱未平，确是伐秦良机，可惜齐宣王策动伐秦太慢，如今秦乱已平，伐秦良机已失。秦、楚相邻，秦、齐相远，一旦合纵伐秦失败，楚国必将先受秦兵。大王不如退出伐秦，暂与秦国联姻，另觅伐秦良机。"

楚怀王采纳其策，同意与秦联姻。

秦昭王迎娶了楚女，楚怀王迎娶了秦女。

齐宣王大怒楚怀王背盟，迁怒于去年为齐使楚、缔结盟约的甘茂，疑心甘茂逃秦奔齐有诈，不再信任甘茂。

甘茂不安于齐，逃到魏国，正好魏相翟强死去，于是派遣门客至楚，献策楚怀王："魏相翟强死了，假如亲秦的公子魏劲相魏，魏襄王必将重新亲秦，不利楚国。大王不如举荐甘茂相魏，甘茂深恨樗里疾，相魏以后必劝魏襄王加入合纵伐秦，大王就能破秦报仇。"

楚怀王已经与秦联姻，拒绝其请。

魏襄王任命亲秦的魏劲为相，拒绝任用甘茂。

甘茂客居大梁，心忧妻儿安危，很快病死。

赵武灵王趁着诸侯合纵连横未定，第三次亲征中山，派出五路大军。

赵武灵王亲率三路车兵、步卒，太子赵章分领中军，赵袑分领右军，许钧分领左军。从邯郸出发，由西向东攻，攻取了鄗邑（今河北柏乡）、石邑（今河北鹿泉南）、封龙（今河北石家庄西南）、东垣（今河北真定）。

牛翦率领原阳的一路骑兵新军，赵希率领代郡的一路骑兵新军，从曲阳（今河北曲阳）出发，由北向南攻，攻取了丹丘（今地不详）、华阳（今地不详）、鸱邑（今地不详）。

中山嗣王、司马熹没想到赵国竟有骑兵，猝不及防，全面溃败。割让四邑，向赵求和。

赵武灵王鉴于骑兵数量不足，接受求和。再次移师北伐，大破林胡、楼烦部落，命令他们献出更多良马。

楼烦王献出良马，派遣族中贤人楼缓，协助赵国训练骑兵。

赵武灵王暂时休兵，修筑了从代郡到阴山的长城，在高阙（今内蒙古乌拉特后旗）建立要塞。设置云中郡（郡治今内蒙古托克托）、雁门郡（郡治今山西代县）、代郡（郡治今河北蔚县），防御东胡南侵。

去年年初，宣太后色诱朝秦的义渠王，留其在秦两年，已生二子。

今年年底，魏冉献策宣太后："如今楚怀王畏秦而与秦联姻，魏襄王畏秦而重新亲秦，赵武灵王与秦结盟而一心征伐中山，燕昭王则是太后女婿，所以齐宣王、孟尝君无法策动诸侯合纵伐秦。太后只要伐灭义渠，解除后顾之忧，就能重新伐韩。"

宣太后采纳其策，在甘泉宫诛杀义渠王，同时诛杀与其所生的二子。

魏冉领兵突袭义渠，一举伐灭义渠，设为北地郡。

秦国尽有陇西、北地、上郡，又修筑长城，防备逃往漠北的义渠残部南侵。

惠施七十六岁，趁着秦国与中原休兵，在大梁公布了名学总纲"历物十事"。

九年前齐宣王灭燕，惠施为魏使赵，联络伐齐存燕。此后惠施年老体衰，不再为魏出使，潜心九年，重拾早年师从田襄子之学，总结毕生践行墨子之道积累的丰富政治经验。运用名学逻辑，把墨子所创三表法加以系统化，开创了墨家名学。

"历物十事"的宗旨，就是论证"兼爱天下"的墨学，胜过"亲亲之仁"的儒学。第一事"至大无外，谓之大一；至小无内，谓之小一"，至第九事"我知天之中央，燕之北、越之南是也"，是与墨学相关的名辩之题。第十事"泛爱万物，天地一体也"，总论墨学宗旨"兼爱"、"非攻"。

"历物十事"一经公布，立刻轰传天下。

百家之徒纷纷赶赴大梁，与惠施和其他辩者激烈辩论。

惠施说："墨子学儒而反儒，主张'言必立仪'。儒家好言礼仪，然而囿于三王之礼，不知礼之本原。欲言礼仪，必立三表：有本之者，有原之者，有用之者。五帝之仪为本，百姓之用为原，三王之礼为用。欲证墨子之道为天地真道，必须遍历天地万物，以示放之四海皆准。历物十事，正是论证墨家兼爱万物的名学总纲。"

赵人公孙龙说："我也是墨子之徒，墨家兼爱万物，确为天地真道，但是墨子主张'言必立仪'，乃是为言立仪，并非为物立仪。惠施错误地把言等同于物，因而错误地把合万物之名，等同于爱万物之实，所以错误主张'合同异，盈坚白'。其实言不能等同于物，除了遍历天地万物之实，更应遍析天地万物之名，才能真正为言立仪，兼爱万物，所以应该'别同异，离坚白'。"

公孙龙针对惠施"历物十事"，提出针锋相对的"二十一事"，诸如"卵有毛"，"鸡三足"，"指不至，至不绝"，"飞鸟之影，未尝动也"，等等。公孙龙仅仅反对惠施前九事的名辨方法，但不反对惠施第十事的墨学宗旨。

韩人桓团和众多三晋辩者，反对惠施，支持公孙龙。

公孙龙二十岁，一举成名，轰动天下，受到魏襄王召见。

孔子六世孙孔穿，既反对惠施，也反对公孙龙，认为两者名辨方法固然相反，然而均以墨子之道反对孔子之道，非常错误。

中山公子魏牟，今年十五岁，正在大梁。二十三年前，中山先王受惑于司马熹，立阴姬为王后，封江姬为王妃。江姬之子魏牟，师从中山墨者，反对司马熹专权。如今父王已死五年，阴姬之子继位为中山嗣王，司马熹专权更甚，赵武灵王又连伐中山，于是魏牟离开中山国都灵寿，游历宗主国都大梁，参与大梁辩论，支持公孙龙，与之交友。反对惠施的名辨方式，更反对孔穿的孔子之道。

魏人乐正子舆，支持孔穿，嘲笑魏牟服膺公孙龙。

魏牟问："先生为何笑我服膺公孙龙？"

子舆说："公孙龙为人，出行无师，学习无友，能言善辩而不能命中，博学散漫而没有系统，喜好离奇古怪的妄言，意在迷惑众人之心，只求驳倒众人之口。与桓团等人放肆议论，不合先王制度。"

魏牟大为生气："先生为何诋毁公孙龙？"

子舆说："公孙龙对孔穿所言，十分可笑：'善于射箭之人，能令后箭的箭镞，射中前箭的箭羽。发发相接，箭箭相连。最前之箭，射中箭靶，最后之箭，衔于弓弦，如同一条直线。'孔穿听了大为惊骇。公孙龙又说：'这还不算最妙。逢蒙的弟子鸿超，为了吓唬妻子，张弓搭箭，射其眼睛。箭到眼眶前面，没碰睫毛而坠落于地，尘土也未扬起。'这是智者之言吗？"

魏牟说："智者之言，愚人当然不能明白。后箭的箭镞，射中前箭的箭羽，乃是箭术高超。箭到眼眶前面，没碰睫毛而坠落于地，乃是箭势已尽。此即所谓强弩之末，不能穿透鲁缟。先生何必怀疑？"

子舆说："公子与公孙龙交游，怎会不为其圆谎？我还能举出他更为过分的言论。公孙龙哄骗魏襄王：'人心有意，必不能同。言有所指，必不能至。天下之物，人类无法穷尽。飞鸟之影，从未移动。一根头发，能引千钧。白马非马。孤犊未尝有母。'这种违背类别、不顾伦理的谬论，真是无穷无尽！"

魏牟说："先生不能领悟至人之言，才会以为过分。真正过分的实为先生！人心无意，就能同心。言无所指，意始能至。唯有恒常的天道，才能穷尽天下之物。鸟飞在天，投影常改，错觉为移，实未移动。头发能引千钧，因为力量均衡。白马非马，因为白是可视不可触之色，马是可触不可视之形，形、色互相分离。孤犊未尝有母，因为有母即非孤犊。"

子舆说："假如这些言论，并非出于公孙龙之口，而是出于我口，公子还会认为有理吗？"

魏牟沉默良久，行礼告退："请待他日，再与先生辩论。"

楚人黄缭问惠施："先生遍历万物，可否告知：天为何不会坠落，地为何不会下陷？"

惠施说："天地开辟之前，浑沌之气如同鸡子。天地开辟之后，轻清的阳气，上扬为天，所以不会坠落；重浊的阴气，下沉为地，所以不会下陷。先生与杞人一样，不知天地本质，才会担忧天坠地陷。"

黄缭说："杞人担忧天坠地陷，我并不担忧天坠地陷。先生自以为明白天地本质，自以为明白天不坠、地不陷的原因。那么请问：天地开辟之后，天之阳气为何不再继续上扬，地之阴气为何不再继续下沉，天地之间为何没有越来越远？"

惠施说："自古至今，从未有人问过原因，从未有人知其原因。"

黄缭说："并非如此，伏羲所画泰卦、否卦，早已明其原因。天居阳上之位，而有阴柔之质，所以覆盖万物而永不下坠。地居阴下之位，而有阳刚之质，所以承载万物而永不下陷。天质阴柔而阴气下行，地质阳刚而阳气上行，因此天地之气相交，上下交通成和，万物生气盎然。这就是伏羲泰卦所示泰道。如果天居阳上之位，又有阳刚之质，必将因其轻清而继续上扬；如果地居阴下之位，又有阴柔之质，必将因其重浊而继续下沉；那么天地之间必将越来越远。如果天质阳刚而阳气上行，地质阴柔而阴气下行，必将天地之气不交，上下不通而败，万物死气弥漫。这就是伏羲否卦所斥否术。"

惠施大为窘迫："先生所言，我曾听宋国的老聃之徒庄子说过，莫非先生也是老聃之徒？"

黄缭说："正是。我们老聃之徒，全都主张天柔地刚、君柔臣刚的泰道，全都反对你们孔子之徒、墨子之徒鼓吹天尊地卑、君尊臣卑的否术，因为人道必须效法天道！只有君主居于阳上而阴柔，臣子居于阴下而阳刚，才能君臣相交，上下通气，言路大畅，上无所蔽，下无所隐，君爱其民，民戴其君，最终国泰民安。如果君主居于阳上又阳刚独裁，臣子居于阴下又阴柔谄媚，必将君臣不交，上下不通，言路大塞，上有所蔽，下有所隐，君虐其民，民仇其君，最终国否民痞。当今天下，唯有我们老聃之徒崇尚泰道。你们孔子之徒、墨子之徒，遍布天下，出将入相，迎合否君，鼓吹否术，所以天下大否，战祸不断。"

惠施说："我们墨子之徒，同样反对孔子之徒，而且主张非攻偃兵。"

黄缭说："孔子之徒尊崇三代以降的世袭之君，对于不圣不贤的世袭之君，仍然要尊要讳。墨子之徒尊崇五帝以前的禅让之君，对于世袭之君、不圣不贤之君，尽管不尊不讳，但是对于禅让之君、圣贤之君，仍然主张'上之所是，下必是之，上之所非，下必非之'。所以墨子之徒尽管反对孔子之徒，鼓吹否术并无不同。君主奉行儒墨否术，怎能兼爱万物？墨家禅圣让贤，禅到不圣不贤的唐姑果，分崩离析，变成三派，各奉巨子，互相攻击为别墨。墨家内部尚且互攻，怎能非攻偃兵？"

惠施哑口无言。

庄子六十五岁，惠施从大梁来信。

蔺且问："惠施与公孙龙，究竟辩论什么？"

庄子说："辩论的是名相与万物的关系。惠施主张用名相合同万物，公孙龙主张用名相离析万物。"

蔺且问："二人谁更近道？"

庄子说："惠施辨析名实，偏于万物之实。公孙龙辨析名实，偏于万物之名。二人各有相对之理，然而均未抵达超越万物名实的天道。相对而言，惠施合万物，同万名，离道稍近；公孙龙离万物，析万名，离道稍远。"

蔺且问："二人有无相同之处？"

庄子说："辩者的相同之处，就是雕饰他人的德心，改易他人的命意。只能战胜他人之口，不能说服他人之心。"

蔺且问："黄缭与惠施，又是辩论什么？"

庄子说："辩论的是天地之道与万物名实的关系。黄缭问的是天地之道，惠施囿于万物名实，尚未明白黄缭之问，就不加推辞而应对，不加思虑而回答，遍及万物一一解说。说而不停，多而不止，仍然以为说得太少，于是添加各种怪论。辩者的实质，仅是反对他人而抬高自己，只求胜过他人而猎取声名，因此与众人不能调适。惠施弱于葆全内德，强于博通外物，实为误入歧途。以天地之道，观照惠施的博物之技，一如蚊虻的徒劳飞舞，对于万物有何用处？惠施的名学，充当众技之一，尚可称为杰出，然而未达天道。惠施不能凭其大才而自我安宁，散于万物而不知厌倦，最终以善辩闻名，辜负了天赋大才！惠施放纵其才，不得正道，追逐万物，迷途不返，如同用发声制止回响，让身形与影子赛跑。"

第六部
庄惠再游（前304—前295）

六六　燕昭招贤谋报齐仇，惠施归宋与庄为邻

前304年，岁在丁巳。庄周六十六岁。宋康王三十四年。

周赧王十一年。秦昭王三年。楚怀王二十五年。魏襄王十五年。韩襄王八年。赵武灵王二十二年。齐宣王十六年。燕昭王八年。鲁平公十九年。卫嗣君十一年。中山嗣王六年。

秦昭王二十二岁，冠礼以后亲政。采纳魏冉之策，把上庸（今湖北竹山）六县归还楚国，并邀请楚怀王在黄棘（今河南南阳）结盟。

楚怀王五十五岁，带着太子熊横，前往黄棘会见秦昭王。

秦、楚随即共同伐韩，围攻纶氏（今河南伊川、登封之间）。

魏襄王派遣翟章救韩，行至南屈（今地不详），秦、楚闻讯退兵。

齐宣王四十八岁，闻讯大怒，召见孟尝君："楚怀王去年背叛齐盟，与秦联姻，今年又与秦结盟，助秦伐韩。你可暂停策动诸侯合纵伐秦，改为策动诸侯合纵伐楚。"

赵武灵王鉴于去年征伐中山初见成效，但是骑兵仅占赵军五分之二，未竟全功。今年暂停征伐，训练更多骑兵。

中山嗣王、司马熹虽知赵武灵王必将再伐，苦无良策。

白圭年事已高，眼见魏势日衰，于是心灰意懒，退出政坛，游历天下。

弟子问："夫子游历中山，中山嗣王聘相；游历齐国，齐宣王聘相。为何全都拒绝？"

白圭说:"两国快要灭亡了!"

弟子问:"夫子为何如此断言?"

白圭说:"邦国若有五尽,必将灭亡:没人自愿忠诚,言路已尽;没人自愿称颂,名誉已尽;没人自愿爱戴,亲近已尽;出行者没有干粮,居家者缺乏食物,财富已尽;既不任用本国贤人,又不任用异国贤人,功业已尽。假如国君得闻五尽,立刻改弦更张,未必一定亡国。可惜言路已尽,国君不能得闻五尽,难逃亡国之祸。如今中山和齐国,正是如此。"

燕昭王复国八年,与民同甘共苦,凭吊死于齐伐的民众,抚恤死者家人。

如今燕国元气小复,燕昭王于是拜见贤人郭隗:"齐宣王诱使父王禅位子之,挑起燕国内乱,再以救燕为名,行其灭燕之实,杀我父兄,焚我宗庙,夺我重宝,此仇不可不报。寡人国小力薄,愿与贤士共治燕国,报齐破燕杀父之仇!"

郭隗说:"君主分为四种,士人也分四种。每种君主,都把一种士人视为贤士。不知大王是哪种君主,又把哪种士人视为贤士?"

燕昭王说:"愿闻四种君主和四种士人。"

郭隗说:"帝者以士为师,把可以为师的士人视为贤士;王者以士为友,把可以为友的士人视为贤士;霸者以士为仆,把愿意为仆的士人视为贤士;亡者以士为奴,把愿意为奴的士人视为贤士。大王是希望南面临朝,得到奴仆,还是希望北面受教,得到师友?"

燕昭王说:"寡人希望北面受教,得到师友。不知当今天下,有无如此贤士?"

郭隗说:"从前有位国君,悬赏千金,寻求千里马,三年未得。于是派遣近臣,携带千金,遍访天下。近臣外出三月,找到一匹千里马,可惜刚刚死去,于是出五百金,买下死马而归。国君大怒:'寡人要活的千里马,你买来死的千里马又有何用?'近臣说:'天下已经尽知,死的千里马,君侯也愿出五百金,何况活的千里马?'不出一年,得到了三匹千里马。大王真想得到师友,不妨从我开始。我并非大贤,大王尚且敬重,天下贤士必将不远千里,争赴燕国。"

燕昭王于是北面受教,师事郭隗。修筑黄金台,招纳天下贤士。

六六　燕昭招贤谋报齐仇，惠施归宋与庄为邻

庄子六十六岁，七十七岁的惠施离魏归宋，马车五乘，直奔蒙邑。

惠施说："我上次返宋，马车百乘，先生批评我骄矜自得。我这次归宋，马车五乘，不是炫耀威仪，而是装载《惠子》竹简。"

庄子问："先生为何不先回商丘，而是直接来到蒙邑？"

惠施说："吾兄惠盎已被宋康王刖足，我不愿再居商丘，只愿与你为邻。"

庄子大喜："先生脸皮不厚，心术不黑，不是痞士对手。我以为先生谋复魏相不成，很快就会返宋，没想到濠水一别，至今十五年。"

惠施说："尽管魏襄王不如魏惠王，然而宋康王又不如魏襄王，所以我虽未复相，仍然愿为魏襄王出使诸侯，劝解天下偃兵。近年天下愈战愈烈，我已无能为力。眼看老之将至，我并非不想返宋，但是宋康王倒行逆施也愈演愈烈，我只好准备在魏终老。我能够在魏弘扬墨子之道，与天下辩者辩论，倒也不失乐趣。"

庄子说："既然如此，先生为何返宋？"

惠施说："去年我在大梁公布历物十事，引来孔子之徒、墨子之徒、杨朱之徒、公孙龙之徒与我辩论，不分胜负。但是楚国的老聃之徒黄缭，问我天为何不坠，地为何不陷，言及天地之道和泰道、否术，令我十分困惑。我想起你曾对我说过泰道、否术，写信问你。你回信以后，我仍不明白，决定回来向你当面请教，顺便叶落归根。"

庄子说："大梁名辩轰传天下，先生来信之前，我已有所耳闻。先生来信，使我知之更详。恕我直言，先生辨析名学，又与四家辩论，其实毫无价值！"

惠施说："辨名可以明道析理，辩论可以明其是非，为何毫无价值？"

庄子说："假如射箭者不先设定统一目标，各自射箭，人人自称射中，自诩后羿，可以吗？"

惠施说："可以。"

庄子说："假如天下人不先设定公认标准，各自立言，人人自以为是，自居尧舜，可以吗？"

惠施说："可以。"

庄子说："那么孔子之学、墨子之学、杨朱之学、公孙龙之学，加上先生之学，

五家互相辩论，究竟谁是谁非？你没听说过鲁遽之言吗？"

惠施问："鲁遽如何言说？"

庄子说："我当年曾向鲁遽学习三代之乐。有位师兄师从鲁遽学道，学了一年，告诉鲁遽：'我已学会冬日烧鼎，夏日造冰，尽得夫子之道！'鲁遽说：'这是以阳强阳、以阴弱阴、不合时令、违背天道的否术，不是以阴补阳、以阳滋阴、不违时令、合于天道的泰道。我为你演示一下泰道。'于是鲁遽调准两瑟之弦，使之合于五音，一瑟置于外堂，一瑟置于内室。弹拨外堂之瑟的宫弦，内室之瑟的宫弦也振动发声。弹拨外堂之瑟的角弦，内室之瑟的角弦也振动发声。因为两瑟之弦，音律相同，产生了共鸣。然后鲁遽又改调外堂之瑟的一弦，使之不合五音，弹拨此弦，内室之瑟的二十五弦，一起振动，共鸣发声。此弦之声，实为众音之君。你们五家之言，不过如同五音，均非众音之君。"

惠施说："孔子之徒、墨子之徒、杨朱之徒、公孙龙之徒与我辩论，相互用言辞批评，相互用声名压制，没有一家自以为非，全都自居众音之君。结果将会如何？"

庄子说："齐人的儿子离家出走，逃往宋国。齐人对看门人不予责备，求得钟型酒器却精心包裹，为找儿子却不肯走出齐国疆域，岂非丧失了同类之爱呢？楚人寄宿旅店，却责骂旅店看门人，半夜无人之时乘船，又与船夫争斗，船未离岸，已与船夫结怨，预伏自身灾祸。"

惠施说："我问五家辩论的结果如何，你却讲了两个令人费解的故事，究竟何意？"

庄子说："你们五家都自居绝对之是，都把对方视为绝对之非，未悟天道是非才是绝对是非，怎能明白人间是非仅是相对是非？"

惠施说："即使人间是非仅是相对是非，至少可以辩明谁相对是，谁相对非。"

庄子说："未必。假如你我辩论，你胜我，我不胜你，你果真是，我果真非吗？倘若我胜你，你不胜我，我果真是，你果真非吗？难道必有一是，必有一非？抑或彼此皆是，彼此皆非？你我不能相互理解，可见人之物德，不仅有限，而且昏暗。我们请谁公正裁断呢？请支持你的人裁断，既然支持你，怎能公正裁断？请支持我的人裁断，既然支持我，怎能公正裁断？请不支持你也不支我的人裁断，既然不支持你，也不支持我，怎能公正裁断？请支持你又支持我的人裁断，既然支持你，又支持我，怎能公正裁断？可见囿于此岸有限物德的你、我、他，全都不能相互理解，全都不能公正裁断，只能独待不囿于有限物德的彼岸天道！"

惠施问："如何独待彼岸天道？"

庄子说："万物为天道所造化，所以只能倚待天道。然而天道无形，万物很难倚待。所以人类只能以天道的绝对是非，和合万物的相对是非，因任天道，蔓衍推移，以此穷尽个体小年。唯有丧忘个体小年，丧忘人间小义，才能振拔于无形天道的至高之境，寄身于丧我致无的求道过程。"

惠施问："如何以天道的绝对是非，和合万物的相对是非？"

庄子说："就是以天道之是，是人道之不是，以天道之然，然人道之不然。倘若你之所是，果真合于天道所是，那么你之所是，必定异于天道所不是，你我就无须辩论。倘若你之所然，果真合于天道所然，那么你之所然，必定异于天道所不然，你我也无须辩论。"

六七　孟尝伐楚宋王射天，庄子言鸡惠施闻道

前303年，岁在戊午。庄周六十七岁。宋康王三十五年。

周赧王十二年。秦昭王四年。楚怀王二十六年。魏襄王十六年。韩襄王九年。赵武灵王二十三年。齐宣王十七年。燕昭王九年。鲁平公二十年（卒）。卫嗣君十二年。中山嗣王七年。

秦昭王再次伐韩，重新攻取了三年前归还的武遂（今山西垣曲东南）。

韩襄王忍无可忍："寡人决意响应齐宣王、孟尝君策动的合纵伐秦！"

亲秦的公仲朋及其死党韩珉反对，敌秦的公叔支持。

公仲朋罢相，公叔相韩。

秦昭王怒于去年魏襄王救韩，又移师伐魏，攻取了蒲坂（今山西永济）、晋阳（今山西太原）、封陵（今山西永济西南）。

魏襄王也忍无可忍："寡人决意响应齐宣王、孟尝君策动的合纵伐秦！"

公孙弘六年前奉公孙衍之命，投入孟尝君门下，劝其策动合纵伐秦，受到重用，取代皃说成为第一门客。

如今孟尝君取代公孙衍，成为策动中原诸侯合纵伐秦的盟主。

孟尝君问策公孙弘："齐、魏、韩三国合纵已成，大王打算先伐楚，后伐秦，魏襄王、韩襄王希望先伐秦，后伐楚。如何决断？"

公孙弘说："我愿为主公使秦，观察一下秦昭王为人。假如秦昭王是贤明之君，主公就按照大王意愿，先伐楚，后伐秦。假如秦昭王是不肖之君，主公就按照魏襄王、韩襄王意愿，先伐秦，后伐楚。"

六七　孟尝伐楚宋王射天，庄子言鸡惠施闻道　　　　　　　　　　　　　425

孟尝君深以为然，命其使秦。

公孙弘以马车十乘使秦，晋见秦昭王："孟尝君命我向大王致意！"

秦昭王说："寡人听说，孟尝君不自量力，正在策动合纵伐秦。请问先生，孟尝君的薛邑多大？"

公孙弘说："方圆百里。"

秦昭王大笑："寡人之地，方圆数千里，尚且不敢伐薛。如今孟尝君之地，不过方圆百里，怎敢为难寡人？"

公孙弘说："孟尝君养士，大王不养士。"

秦昭王问："孟尝君所养之士，有何能耐，敢对寡人发难？"

公孙弘说："孟尝君养士三千。上士三人，不臣天子，不友诸侯，得志不愿为君，失意不愿为臣，孟尝君拜之为师。中士五人，可为管仲、商鞅之师，孟尝君视之为友，悦慕其义，听从其言。下士如我十人，为孟尝君出使诸侯，如果受到万乘之君侮辱，立刻拔剑自刎，用自己的颈血，溅污万乘之君的衣服！"

言毕拔剑，挺身而起。

秦昭王强笑谢罪："先生何必动怒，寡人只是戏言！寡人一向敬慕孟尝君，敬请先生转达寡人之意！"

公孙弘返齐复命："秦昭王尽管年仅二十三岁，但是不易对付！"

孟尝君于是说服魏襄王、韩襄王，按照齐宣王意愿，首先发动齐、魏、韩三国合纵伐楚。

楚怀王派遣太子熊横入秦为质，向秦求救。

秦昭王大悦，命令客卿通领兵救楚，三国联军被迫退兵。

赵武灵王趁着三国合纵伐楚，第四次亲征中山，全弃车兵。骑兵为主，步卒为辅。

中山嗣王采纳司马熹之策，再次割地求和。

赵武灵王发现骑兵仍然不足，再次接受求和。

鲁平公姬叔死了，在位二十年（前322—前303）。

太子姬贾继位，即鲁湣公。

田不礼禀报宋康王："大王滥杀无辜，大见成效，如今宋民无不畏惧大王！"

宋康王大喜："唐鞅尽忠寡人，死得很值！"

曹商说："如今宋民都在吟诵《小雅·雨无正》：'舍彼有罪，既伏其辜；若此无罪，沦胥以铺。凡百君子，各敬尔身。胡不相畏？不畏于天！'"

宋康王大怒："这是讽刺寡人！寡人天命在身，何必畏天！"

曹商说："大王文武双全，前无古人，后无来者，天不怕地不怕！"

宋康王得意至极，命人鞭笞大地。

田不礼禀报："大地受到大王鞭笞，不敢有言。宋国土地更加肥沃富饶，今年丰收过于往年！"

宋康王问："寡人已经征服大地，如何征服上天？"

田不礼说："大王可以制作天帝神象，以箭射之。"

宋康王于是用革囊制作天帝神象，内盛牛血，悬挂高处，以箭射之，囊破血出。

田不礼、曹商率领群臣，伏地拜贺："大王之贤，远胜汤、武！汤、武只能战胜人类，大王却能战胜天地，威服鬼神。大王万岁！万岁！万万岁！"

宋康王喜不自禁，仰天大笑。

庄子六十七岁，惠施七十八岁，同在宋国蒙邑，比邻而居。

蔺且说："今年七国混战，宋康王又被合纵连横的天下诸侯晾在一边，闲得无聊，被田不礼、曹商唆使，先是射天笞地，如今又迷恋斗鸡。各地纷纷举行斗鸡比赛，选拔优胜斗鸡进献宋康王。宋康王又让各地进献的优胜斗鸡进行比赛，结果羊沟斗鸡常胜。于是宋国全境都到羊沟购买斗鸡，一鸡价值十金。"

惠施说："如今天下征战，宋国面临生死存亡，宋康王竟然如此荒唐！"

庄子说："射天笞地，固然荒唐。但是宋康王迷恋斗鸡，胜过诸侯迷恋战争。宋民玩玩斗鸡，胜过上阵厮杀。"

六七　孟尝伐楚宋王射天，庄子言鸡惠施闻道

惠施说："那倒也是！听说羊沟斗鸡长到三岁，鸡冠高大威风，其状如株，普通斗鸡未斗先怯。"

庄子说："我有一个朋友，以斗鸡为生。他说羊沟斗鸡，并非最佳斗鸡。之所以常胜，乃是因为鸡冠之上涂了狐狸油膏。"

惠施笑了："你不臣天子，不友诸侯，狐朋狗友倒是不少！鸡都害怕狐狸，难怪羊沟斗鸡必胜。看来斗鸡一如打仗，也是兵不厌诈！"

庄子说："不过狐狸夜入鸡窝，公鸡全部逃散，只有母鸡为了保护小鸡，舍命反抗狐狸。所以母鸡固然害怕狐狸，狐狸同样害怕母鸡。斗鸡都是公鸡，才会害怕涂了狐狸油膏的羊沟斗鸡。羊沟斗鸡如果不涂狐狸油膏，可以打败母鸡，一旦涂了狐狸油膏，反而打不过母鸡！因为兵不厌诈仅是人道，母鸡天性才是天道，人道永远不能战胜天道！当今天下，秦国如同羊沟斗鸡，诸侯如同普通斗鸡。人道固然无法击败秦国，但是天道必将击败秦国。"

惠施感叹："你的见解，总是出人意表。假如不涂狐狸油膏，哪种斗鸡最佳？"

庄子说："当年周宣王也喜欢斗鸡，礼聘纪渻子为驯鸡师。十天以后，周宣王问：'鸡可以斗了吗？'纪渻子说：'还不行。正在虚骄自得而恃气自雄。'十天以后，周宣王又问。纪渻子说：'还不行。仍然回应声响和影子。'十天以后，周宣王又问。纪渻子说：'还不行。仍然怒目疾视而盛气临人。'十天以后，周宣王又问。纪渻子说：'已能葆全真德，差不多了。即使听闻鸡鸣，也能不为所动，一如木鸡。其它斗鸡全都不敢应战，转身就逃。'"

蔺且说："夫子曾说，人有无知、小知、大知、至知四境，没想到斗鸡也有！"

庄子说："道生万物，均有四境。"

惠施大感兴趣："愿闻四境之义。"

庄子说："无知众人，因其无名无功而自卑，不敢因循内德，自适其适，而是迎合外境，适人之适，以便求取功名。适人而无技，必定无功无名，仍为无知众人。适人而有技，必有小功小名，于是成为小知。适人而有术，必有大功大名，于是成为大知。小知之学技，大知之学术，都是老聃所言'为学者日益'，因而自矜其知，自矜功名，对下则自得而役人，对上则自卑而适人，仍是终身

迎合外境而适人役人，不能尽其所受乎天，只能亏生、迫生，乃至受刑早夭。至知之学道，则是老聃所言'为道者日损'，因而自知无知，丧忘功名，既不对下自得而役人，也不对上自卑而适人，永不迎合外境而适人之适，终生因应外境而自适其适，于是得以全生尽年，尽其所受乎天。"

惠施大为惭愧："看来我是始于无知，经由小知，止于大知，未达至知。"

六八　苏秦易主离齐仕燕，庄子丧妻鼓盆而歌

前302年，岁在己未。庄周六十八岁。宋康王三十六年。

周赧王十三年。秦昭王五年。楚怀王二十七年。魏襄王十七年。韩襄王十年。赵武灵王二十四年。齐宣王十八年。燕昭王十年。鲁湣公元年。卫嗣君十三年。中山嗣王八年。

孟尝君问策公孙弘："去年三国合纵伐楚，由于秦军救楚，无功而返。今年再次合纵伐楚，能否阻止秦军再次救楚？"

公孙弘说："主公不妨派人劝说楚怀王：'大王只要遵守前盟，加入合纵伐秦，就能收复汉中故地。孟尝君立刻停止三国合纵伐楚，追随大王发动四国合纵伐秦。'无论楚怀王是否同意，秦昭王必定不再救楚。"

孟尝君采纳其策，命其使楚。

楚怀王畏惧三国再伐，同意加入合纵伐秦。
孟尝君立刻发动齐、魏、韩三国第二次合纵伐楚。
楚怀王被孟尝君欺骗，再次向秦求救。
秦昭王已闻楚怀王同意加入合纵伐秦，拒绝再救。
楚军陷于苦战。

楚太子熊横在秦为质，怒于秦昭王不再救楚，杀死监视质子的秦国大夫，逃回楚国。

秦昭王大怒，准备归还韩、魏故地，加入伐楚，于是邀约魏襄王、韩襄王在临晋关外的应亭会见。

韩襄王问策公叔："秦人一向无信无义，秦昭王又是篡弑之君，更无信义。寡人若去应亭，担心被扣，不去又担心被伐。"

公叔说："大王不如称病，派遣太子韩婴赴会。"

楚怀王担心秦昭王加入三国伐楚，派遣景鲤至韩，拜见太子太傅冷向："太子如果入秦，楚怀王将把在楚为质的公子几瑟送回韩国，立为新太子。先生未来仕途堪忧！"

冷向于是劝说太子韩婴："殿下如果入秦，万一被秦扣留，楚怀王就会送归殿下之弟几瑟，逼迫大王立为太子。"

韩婴说："父王之命，不敢有违！"

韩婴陪同魏襄王，同往应亭，会见秦昭王。

秦昭王说："寡人愿与齐、魏、韩和解，加入三国伐楚！"

魏襄王说："三国伐楚，由孟尝君发起。大王的意愿，寡人一定转告孟尝君。"

秦昭王大悦，把蒲坂（今山西永济）归还魏国。怒于韩襄王拒绝赴会，于是不还韩地。'

魏襄王、韩婴安全返国。

孟尝君早已决定先合纵伐楚，再合纵伐秦，拒绝秦昭王加入伐楚。

赵武灵王继续置身诸侯乱战之外，命令并非骑兵的将军、步卒、大夫，都穿胡服。又把官吏、大夫、奴隶迁到九原（今内蒙古包头西北），继续训练骑兵，对中山形成合围。

苏秦四十九岁，与三弟苏厉商议："大哥苏代，已经告老归周。我仕齐十年，仅仅五年前为齐使秦一次，把叛秦奔魏的甘茂诱至齐国。刚有起色，没想到甘茂为齐使楚以后，楚怀王叛齐亲秦，齐宣王不再信任甘茂，也不再用我。稷下学宫养士千人，孟尝君养士三千，国强士多。甘茂曾经贵为秦相，能征善战，尚且不受重用，何况你我？你仕齐比我还早，至今沉沦下僚。年华易逝，你我

六八　苏秦易主离齐仕燕，庄子丧妻鼓盆而歌

如果继续蹉跎岁月，永无出头之日，怎能建功立业？"

苏厉问："二哥有何打算？"

苏秦说："前年燕昭王师事郭隗，筑黄金台招贤，天下才士争趋燕国。我犹豫两年，决意离齐往燕。唯有出仕国弱士少的燕国，助其由弱变强，才能建立不世奇功。"

苏厉说："当年大哥曾经乱燕，燕昭王或许会有戒心，很难重用你我兄弟。我愿留在齐国，静候二哥佳音。"

苏秦离齐往燕，晋见燕昭王："鄙人在洛阳乡下种地，得闻大王高义，不揣鄙陋，放下锄头来见大王。路过赵都邯郸，听人称道大王，比我在洛阳所闻更为杰出，于是身负大志，远赴燕国。我观察了大王重用的群臣百官，确信大王远比古之明君更为贤明！"

燕昭王问："先生所言古之明君，德行如何？"

苏秦说："古之明君，拒绝臣子颂其长处，希望臣子言其过错。我愿直言大王过错：大王臣事杀父仇人齐宣王，不谋报仇雪耻，乃是最大过错。群臣不谏大王，均非忠臣。"

燕昭王说："寡人并无伐齐报仇之心。"

苏秦说："大王若无伐齐报仇之心，却不能制止众人怀疑大王有伐齐报仇之心，必定凶险。大王若有伐齐报仇之心，却让众人知晓大王有伐齐报仇之心，必定笨拙。大王谋虑尚未周全，却已泄谋于外，危在旦夕。我在洛阳乡下就已听说，大王亲自刻削甲胄的木板，又命后妃穿连甲胄的皮条，寝卧不安，饮食不甘，时常念叨天命在燕，时刻准备伐齐报仇。不知是否属实？"

燕昭王说："先生既已尽知，寡人不必相瞒。寡人对齐确有深怨积怒，图谋报仇已有两年。齐国是寡人的仇敌，寡人天天都想伐齐，无奈国弱力小。先生若能帮助弱燕战胜强齐，寡人愿把国政托付先生！"

从此以后，苏秦得到燕昭王重用，密谋伐齐报仇之策。

庄子六十八岁，钟离氏病死，棺木置于前庭。

庄子十分悲伤，想起妻子一向爱听自己鼓盆，于是岔开双腿，坐在地上，一边鼓盆，一边唱歌。

惠施前来慰问，见状大加责备："妻子与你同居，为你养大儿子，相伴到老，如今死了，你不哭也就罢了，竟然鼓盆而歌，岂非太过分了？"

庄子说："不是这样。她刚死之时，我怎能独异于人，毫无感伤？然而细察她的初始，原本没有生命；不仅没有生命，而且没有物形；不仅没有物形，而且没有气息。杂于恍惚元气之间，阴阳相交使她有了气息，气息合和使她有了物形，物形渐变使她有了生命，如今她又物化突变而抵达死亡，一如春夏秋冬的四季循环，乃是永恒天道的必然运行。她正安然寝卧在天地之间的巨室，而我竟然嗷嗷大哭，自以为不通达天命，所以停止了哭泣。"

惠施问："顺道循德的至人，可以没有众人之情吗？"

庄子说："可以。"

惠施问："既然没有众人之情，为何称之为人？"

庄子反问："天道赋予至人以人的容貌身形，为何不可称之为人？"

惠施又问："既然称之为人，怎能没有众人之情？"

庄子说："你所言之情，并非我所言之情。至人没有众人之情，就是不以人道好恶内伤其身，仅仅因任天道自然，不求增益其生。"

惠施问："不求增益其生，如何保有其身？"

庄子说："天道赋予至人以人的容貌身形，所以至人不以人道好恶内伤其身。如今你外驰你的心神，劳顿你的精力，背靠大树而与人争辩，身据梧桐而德心昏睡。天道赋予你大才，乃是选中你来明道，你却以坚白之辩闻名于世。"

惠施走后，蔺且问："至人应该如何对待丧事？"

庄子说："发自内心真德，无所增减伪饰，不做世俗表演。世俗表演，共有两种：一是表演出来的俗情，超过内心真情；一是表演出来的俗情，不及内心真情。"

蔺且说："夫子说过前一种表演。商丘崇门的人们，因为羡慕郑缓扮演孝子而富贵，于是父母死后纷纷扮演孝子，很多人哀毁过度而死。曹商为父守丧六年，也是扮演孝子。后一种表演，没听夫子说过。"

庄子说："后一种表演，确实较为少见。当年鲁国的公父文伯死了，其母早上为丈夫公父穆伯而哭，晚上为儿子公父文伯而哭，又告诫公父文伯的妻妾：'君子重色轻友，死后妻妾就会痛哭。君子重友轻色，死后朋友就会痛哭。丧礼之上，你们不要捶胸嚎哭，悲伤流泪，我儿子就能赢得重友轻色的美名，不会留下重色轻友的污名。'孔子大加嘉许：'这个妇人不仅深知礼仪，哭泣能够分清上下先后，而且很有智慧，能为儿子赢得身后美名！'"

蔺且说："公父文伯如果没有美德，其母通过刻意安排，为其博得身后美名，岂非欺世盗名？丈夫已死多年，儿子刚死不久，竟然刻意安排不同时间表演哭泣，岂非丧德悖情？如此欺世盗名、丧德悖情，孔子竟然大为嘉许！"

庄子说："世人出于世俗利益，大多盲从伪道俗见，于是扭曲真德而迎合观瞻，掩饰真情而刻意表演，丧德悖情而欺世盗名！惠施虽是墨子之徒，而且身负大才，然而同样深中伪道俗见之毒，看见我鼓盆而歌，立刻妄加指责，不知钟离氏最爱听我鼓盆吹箫。"

言毕吹起排箫，其声呜呜，弥漫天地之间。

六九　四国伐楚宋取淮北，赵破中山苏秦使齐

前301年，岁在庚申。庄周六十九岁。宋康王三十七年。

周赧王十四年。秦昭王六年。楚怀王二十八年。魏襄王十八年。韩襄王十一年。赵武灵王二十五年。齐宣王十九年（卒）。燕昭王十一年。鲁湣公二年。卫嗣君十四年。中山嗣王九年（奔齐卒）。

蜀侯通之子蜀侯辉，诛杀蜀郡太守，叛秦自立。
秦昭王命令司马错入蜀平叛，又命术视领兵伐韩，惩罚韩襄王去年拒绝赴会。
术视迅速攻取穰邑（今河南邓州北）。
韩襄王向孟尝君求救。

公孙弘献策孟尝君："秦昭王伐韩，表面上是惩罚韩襄王去年拒绝赴会，其实是逼迫主公同意秦国加入伐楚。主公不如暂时与秦和解，允许秦昭王加入伐楚。这样既能破坏秦、楚之盟，又能消耗秦国实力，有利于伐楚以后伐秦。"
孟尝君采纳其策，邀请秦昭王加入伐楚。
秦昭王大悦，命令术视停止伐韩，移师伐楚。

孟尝君随即发动第三次合纵伐楚。
齐将匡章，担任齐、魏、韩三国联军主帅。
魏将公孙喜、韩将暴鸢，各率本国之军。

齐、魏、韩、秦四国大军，分为两路，大举伐楚。
楚怀王大恐，派出两路大军迎敌。

六九　四国伐楚宋取淮北，赵破中山苏秦使齐

昭雎率领十万楚军，开赴汉中，迎击术视的秦军，先在楚地重丘（今河南新野）小胜。

秦昭王又派庶长奂增援术视，在楚地重丘大败楚军，斩首二万，进围楚邑新城（今河南方城）。

同时按照秦、宋盟约，遣使至宋，要求宋康王加入伐楚。

唐眜率领二十万楚军，开赴沘水（今河南泌阳西），迎击齐、魏、韩三国联军。

连降大雨，沘水暴涨。

三国联军每次乘舟渡河，均被对岸楚军的箭雨逼退。

隔岸对峙六个月，三国联军未能渡河。

匡章派出密探，询问楚民："何处水浅，何处水深？"

楚民说："楚军重兵防守之处，水浅；楚军防守薄弱之处，水深。"

匡章集中兵力，猛攻楚军重兵防守之处，一举突破楚军防线，涉过沘水，攻入方城，攻取宛邑（今河南南阳）、叶县（今河南叶县）。追击楚军直至陉山（今河南漯河东）、垂沙（今河南唐河），杀死唐眜。

宛邑、叶县与齐不相邻，孟尝君全部分给韩、魏。

秦昭王约宋伐楚，宋康王大喜，趁着四国伐楚大胜，命令田不礼伐楚，攻取了淮北。

楚国大盗庄蹻，楚威王时开始叛乱，至今未被剿灭，趁乱攻入郢都，大肆掠劫。

楚国太子熊横的太师，死于战乱，葬于湖北荆门郭店。墓中葬入一只漆器耳杯，上刻"东宫之师"四字。墓中另有《老子》、《太一生水》等道家著作，《唐虞之道》、《忠信之道》等儒家著作，1993年出土。

楚怀王继十一年前伐秦大败之后，再次惨败。

楚国外战内乱，四分五裂，面临亡国。

正在此时，孟尝君命令匡章停止伐楚。

齐宣王田辟疆死了。三十三岁即位，在位十九年（前319—前301），终年五十一岁（前351—前301）。

太子田地继位，即齐湣王。

孟尝君四十五岁，连任齐相。

诸侯遣使至齐，吊唁齐宣王，晋见齐湣王，拜见孟尝君。

苏秦献策燕昭王："大王即位十一年，尽管与齐休兵，但是一直图谋伐齐报仇，不肯臣服齐宣王。大王心志外露，弱燕怎能战胜强齐？当年吴王夫差破越，越王勾践采用范蠡之策，佯装臣服夫差，卧薪尝胆，促使夫差放心用兵中原，终于灭吴报仇。如今齐宣王已死，齐湣王新立，正是大王效法勾践的良机。大王不如佯装臣服齐湣王，促使齐湣王放心用兵中原，才能战胜强齐。我愿为大王使齐吊贺，长驻临淄，离间齐国君臣，设法弱齐强燕，创造伐齐良机！"

燕昭王大喜，即命苏秦使齐。

苏秦五十岁，为燕使齐。先去拜见稷下祭酒淳于髡："有人在市场卖千里马，三天无人光顾。他去拜见伯乐：'我有一匹千里马，无人赏识。恳请先生一顾，敬献马价一成。'伯乐于是前往市场，路过此马，返身细看，离去之时，假装恋恋不舍，一再回头。众人立刻争购此马，卖者获利十倍，伯乐也得重谢。如今我为燕使齐，永结燕、齐之好，价值胜过千里马。恳请先生一顾，敬献白璧一双。"

淳于髡笑纳白璧，向齐湣王进言："苏代、苏秦、苏厉三兄弟，原先均仕于齐，如今苏代告老归周，苏厉仍然仕齐。苏秦曾奉先王之命使秦，诱使甘茂叛秦仕齐。先王又命甘茂使楚，约楚共同伐秦。后来楚怀王叛齐亲秦，先王疑心甘茂，冷落苏秦。苏秦去年离齐仕燕，今年说服燕昭王臣事大王，永结燕、齐之好。大王与燕结盟，再无后顾之忧，必能大破楚、秦，称霸天下。"

齐湣王听从淳于髡之言，召见苏秦，大为赏识，欣然缔结燕、齐之盟。

苏秦从此长驻临淄，开始了十八年反间生涯。

赵武灵王趁着四国重创楚国，第五次亲征中山。

六九　四国伐楚宋取淮北，赵破中山苏秦使齐

赵国骑兵长驱直入，一举攻破中山国都灵寿（今河北平山）。

不料连降大雨，赵军粮草运输中断。

正在此时，赵武灵王得知王后孟姚病危，被迫休兵，急归邯郸。

孟姚临死泣告："大王把我视为强国吉兆，果然大破中山。大王若能立赵何为太子，必能伐灭中山，击破暴秦。我将死而无憾！"

赵武灵王大恸，听从孟姚遗愿，废黜二十岁的太子赵章，改立九岁的赵何为太子。

乐毅谏阻："大王先立韩宣王之女为王后，生子赵章，立为太子。后来废黜韩氏，改立孟姚为王后，生子赵何、赵胜、赵豹。废立王后，乃是大王私事，我不敢谏。但是废立太子，关乎国本，并非大王私事。太子赵章追随大王五伐中山，执掌中军，屡建战功，百官拥戴，将士效命，无罪不应废黜。赵何年幼无功，不宜立为太子！"

赵武灵王不听，任命番吾（今河北磁县）孝子周袑为太子太傅，身穿胡服，辅佐太子赵何。

至此，赵国男子无不胡服。

中山嗣王魏𡨥盗逃离中山，出奔齐国而死，在位九年（前309—前301）。

司马熹趁着赵武灵王休兵，纠集中山残部，收复了灵寿。

太子魏尚继位，即中山后王，魏属中山第五代国君。

司马熹凭借太王太后阴姬支持，三相中山。

太王太妃江姬之子魏牟，时年二十岁。中山嗣王继位以后，逐渐疏远庶弟魏牟。如今中山后王继位，更加冷落叔父魏牟。

魏襄王追随孟尝君连年伐楚，又不敢与急速崛起的赵国为敌，听任中山自生自灭。

庄子六十九岁，惠施八十岁，仍在蒙邑东门比邻而居。

惠施说："宋康王利令智昏，竟然加入伐楚，攻取淮北。楚怀王一旦恢复元

气，必将报复宋国，宋民又将大祸临头。"

庄子说："泰道退隐，否术猖獗，天下都将大祸临头。"

惠施问："怎样才能避免天下大祸临头？"

庄子说："唯有君主、臣民全都遵循泰道，天下才能避免人祸。"

惠施问："假如君主不愿遵循泰道，而是奉行否术，臣民如何避免被否术伤害？"

庄子说："君主奉行否术，臣民避免被否术伤害的方法，大多仍是奉行否术，很少遵循泰道。然而奉行刚强胜柔弱的否术，只能侥幸得逞一时，最终仍将趋死近刑。唯有遵循柔弱胜刚强的泰道，才能立于不败之地，真正做到逃刑免患。"

惠施说："为何大多数臣民不肯遵循泰道，而是奉行否术？"

庄子说："我给你打个比方吧！君主奉行否术，如同食肉的猛虎。臣民臣服君主，如同食草的绵羊。为了逃避被虎所食，食草的绵羊大多愿意丧失真德，习染伪德，争做食肉的恶狼。然而仅有少数绵羊能够成为恶狼，充当猛虎的帮凶，虽然可以食羊，仍然不免被虎所食。大多数绵羊欲做恶狼而不得，多被虎狼所食，仍然至死渴望做狼，不愿做羊。刚强胜柔弱的否术，于是席卷天下。"

惠施问："绵羊除了成为恶狼，如何逃避被虎狼所食的厄运？"

庄子说："食草的绵羊，不应丧失真德，不应习染伪德，不应争做食肉的恶狼，而应永葆真德，顺应天道，自强不息，变成食素的大象。恶狼充当猛虎的帮凶，仍然不免被虎所食。大象拒绝成为猛虎的帮凶，却比恶狼更能免于被虎所食。因为食素的大象，遵循大象无形的泰道，已经成了柔弱胜刚强的素王！"

惠施感叹："我终于明白了孔子晚年为何会说'朝闻道，夕死可矣'。可惜我一生误入歧途，比孔子闻道更晚！"

庄子说："闻道不论早晚，死前闻道，至少可以不做糊涂鬼！"

七十　太子死韩列强争储，惠施殁宋庄子悼友

前300年，岁在辛酉。庄周七十岁。宋康王三十八年。

周赧王十五年。秦昭王七年。楚怀王二十九年。魏襄王十九年。韩襄王十二年。赵武灵王二十六年。齐湣王元年。燕昭王十二年。鲁湣公三年。卫嗣君十五年。中山后王元年。

韩国太子韩婴病死。

韩襄王，韩相公叔，欲立韩婴长弟韩咎为新太子，得到齐湣王、魏襄王支持。

公仲朋及其死党韩珉，以及韩婴的太傅冷向，欲立在楚为质的韩婴幼弟几瑟为新太子，得到楚怀王支持。

公仲朋派遣胡衍使楚，献策楚怀王："假如韩襄王立韩咎为太子，大王必将空抱质子。大王不如送归几瑟，立为太子。几瑟继位以后，韩国必将听命大王。"

楚怀王即命郑强使韩，晋见韩襄王："大王只要立几瑟为太子，楚国愿献新城。"

公叔谏阻："去年四国伐楚大胜，仅因齐宣王死去，楚怀王幸免亡国。如今楚怀王竟然干涉大王册立太子，大王不可听从。"

韩襄王听从其言，拒绝郑强之请。

楚怀王大怒："寡人尽管小败，仍为天下最强。韩襄王竟敢藐视寡人！"

命令景翠率领十万大军伐韩，再次围攻雍氏（今河南州县）。

又命昭献率领兵车百乘，把几瑟送至阳翟（今河南禹州旁），等待景翠攻破雍氏，立为韩国太子。

冷向献策韩珉:"楚军再围雍氏,准备送归几瑟。大王必命先生迎敌。先生不如佯败于楚,迫使大王立几瑟为太子。"

韩珉采纳其策,坚守雍氏五个月,然后佯败于楚。

雍氏告急,韩襄王向齐、魏、秦求救。

齐湣王、魏襄王立刻发兵救韩。

秦昭王亲政以来,宣太后畏惧王叔樗里疾,不敢继续干政。

今年樗里疾病重,宣太后重新干政,拒绝救韩。

韩襄王又命尚靳使秦求救。

宣太后说:"我侍奉先王之时,先王把双腿压在我身上,我不感到疲倦。先王把全身压在我身上,我也不感到沉重。是何缘故?因为对我有利!秦军如果救韩,不仅损伤士卒,而且耗费粮草,韩襄王能否让我有利可图?"

尚靳复命,韩襄王又命张翠使秦求救。

张翠抱病使秦。

宣太后说:"先生正在生病,韩襄王还派你来,韩国告急了吧?"

张翠说:"韩国不告急,秦国告急!韩国如果告急,不会向秦求救,而是向楚投降。楚、韩同心,魏襄王不敢不听。楚怀王必将发动楚、魏、韩三国合纵伐秦!"

宣太后大惊,任命同母弟芈戎为主将,庶长奂为副将,立刻救韩。

楚怀王得知秦军救韩,又派郑强携带八百金使秦,劝说秦军放弃救韩,助楚伐韩。

冷向奉韩珉之命,追上郑强:"先生携带区区八百金,就想劝说秦昭王征伐盟国,必定失败。若想成功,必须让秦昭王不满韩相公叔。"

郑强问:"如何做到?"

冷向说:"先生不妨告诉宣太后:'公叔并非真心立韩咎为太子,因为把几瑟送到阳翟的昭献,乃是公叔好友,必受公叔支使。'宣太后必将认为,公叔也想立几瑟为太子。那么秦军如果救韩,不仅得罪楚国,而且得罪韩国。"

七十　太子死韩列强争储，惠施殁宋庄子悼友

郑强受教至秦。

宣太后不信郑强之言，得知齐、魏救韩雍氏，景翠已经退兵，于是命令芈戎、庶长奂移师伐楚，再攻新城（今河南方城）。

楚国再围雍氏又告失败，昭献没能送归几瑟。

韩襄王担心楚怀王再伐，暂时不立韩咎为太子。

楚怀王担心孟尝君再次发动四国伐楚，急命景翠使齐，把东地六城（越地北部）献给齐国，又命昭应护送太子熊横至齐为质，请求齐、楚结盟，共同伐秦。

熊横至齐为质，读了稷下学士慎到之书《慎子》，大为敬佩，于是礼聘五十一岁的赵人慎到为太傅。

正在此时，樗里疾病死。任右丞相三年（前309—前307），独任秦相七年（前306—前300），终年五十二岁（前351—前300）。

宣太后担心齐、楚结盟以后共同伐秦，也派幼子泾阳君嬴市至齐为质，同时礼聘孟尝君入秦为相。

孟尝君知道齐湣王对自己日益不满，打算接受秦聘。

公孙弘、兒说反对，孟尝君不听。

公孙弘拜见苏秦："当年张仪，自负口才天下无双。唯有令兄苏代与之齐名，世称西张东苏。如今先生的口才，远胜令兄和张仪，天下无人可及。孟尝君打算入秦为相，我和兒说劝阻无效。恳请先生出马！"

苏秦欣然受命，拜见孟尝君："今天我从外面来，路上听见木偶与土偶说话。木偶说：'雨若不停，你将毁坏。'土偶说：'我生于土，坏则归土，并无损失。积水不退，你若浮起，不知漂流何方？'秦人是虎狼之性，相公如果入秦为相，万一不能归来，必被土偶人嘲笑！"

孟尝君顿时醒悟，谢绝秦聘，与楚和解。

宣太后计策失败，任命异父弟魏冉为相。

魏襄王准备配合秦军，继续伐楚。

赵武灵王不愿楚国过弱，以免秦祸及赵，派遣楼缓使魏，劝说魏襄王："大王无论是助秦伐楚，还是助楚伐秦，全都不利魏国。只有听凭秦、楚互战，才能有利魏国。"

魏襄王听从楼缓之言，在釜丘（今地不详）会见孟尝君，商定停止伐楚。

芈戎、庶长奂率领秦军，围攻楚国新城。

景翠使齐归来，新城告急，楚怀王命其驰救新城。

新城失守，景翠战死。

秦军乘胜攻取楚国八城，斩首三万，二万是楚兵之首，一万是楚民之首。

芈戎凯旋，被宣太后封为华阳君，封地新城。

赵武灵王仍然置身诸侯混战之外，由于中山死灰复燃，东胡也趁机叛赵，于是第六次亲征中山，兼伐东胡。

赵国骑兵大获全胜，拓地千里，北至燕、代边境，西至云中（今内蒙古托克托）、九原（今内蒙古包头西北）。

庄子七十岁，惠施死了。

宋人惠施，墨子之徒，名家始祖。少年成名，不仕母邦恶君。三十八岁仕魏，四十二岁相魏。相魏十九年（前340—前322），罢相逃楚。六十岁由楚返宋，与庄子为友三年（前321—前319）。六十二岁返魏谋复魏相失败，留任客卿五年（前318—前314）。六十七岁告老居魏，研究墨家名学九年（前313—前305），公布"历物十事"，在大梁与天下辩者辩论。七十七岁离魏归宋，与庄子为邻五年（前304—前300）。闻道而死，终年八十一岁（前380—前300）。遗著《惠子》，汉后亡佚。

庄子感慨伤怀，击缶而歌。

蔺且无以慰之，吹箫伴奏。

不久，庖丁也死了。

庄子与蔺且为庖丁送葬，路过惠施之墓。

庄子告诉蔺且:"当年有个郢人粉刷墙壁,石灰溅上鼻尖,如同苍蝇翅膀,要求匠石用斧子削掉。匠石抡起斧子,呼呼生风,削尽鼻尖石灰,丝毫未伤鼻子。郢人站着,纹丝不动,面不改色。宋康王得知以后,要求匠石表演。匠石说:'我虽然还能用斧子削掉鼻尖的石灰,但是那个能够纹丝不动、面不改色的郢人,已经死了。'"

蔺且问:"夫子是把那个郢人,比做惠施吧?"

庄子说:"是啊!惠施死后,我已无人可以交谈,看来只能著书了。"

不久,庄子写了一篇寓言——

南伯子葵问乎女偊曰:"子之年长矣,而色若孺子,何也?"

曰:"吾闻道矣。"

南伯子葵曰:"道可得学邪?"

曰:"恶!恶可!子非其人也。夫卜梁倚有圣人之才而无圣人之道,我有圣人之道而无圣人之才,吾欲以教之,庶几其果为圣人乎?不然。以圣人之道告圣人之才,亦易矣。吾犹告而守之,参日而后能外天下;已外天下矣,吾又守之,七日而后能外物;已外物矣,吾又守之,九日而后能外生;已外生矣,而后能朝彻;朝彻而后能见独,见独而后能无古今,无古今而后能入于不死不生。故杀生者不死,生生者不生。其为物,无不将也,无不迎也,无不毁也,无不成也,其名为撄宁。撄宁也者,撄而后成者也。"

南伯子葵曰:"子独恶乎闻之?"

曰:"闻诸副墨之子,副墨之子闻诸洛诵之孙,洛诵之孙闻之瞻明,瞻明闻之聂许,聂许闻之需役,需役闻之於讴,於讴闻之玄冥,玄冥闻之参寥,参寥闻之疑始。"

蔺且问:"南伯子葵,显然是南伯子綦的化身。女偊和卜梁倚,又是谁的化身?"

庄子说:"女偊是泰道的化身,卜梁倚是惠施的化身。惠施不肯仕宋,卜君于梁,成为梁相,希望倚待梁王,实现天下偃兵,最终失败。"

蔺且问："惠施死前闻道，是否悟道？"

庄子说："没有。惠施拙于用大，有圣人之才，无圣人之道。浪费大才，糊里糊涂过完了一生。"

蔺且问："那么夫子为何说卜梁倚最终悟道？"

庄子说："一是告慰惠施在天之灵，二是阐明闻道、悟道各有九阶。闻道九阶是：副墨之子，络诵之孙，瞻明，聂许，需役，於讴，玄冥，参寥，拟始。悟道九阶是：外天下，外物，外生，朝彻，见独，无古今，入于不死不生，撄宁，撄而后成。"

蔺且问："夫子常言的四境，与九阶有何关系？"

庄子说："九阶专言闻道、悟道，不包括行道、成道。人之学道，当历四境：始于闻道，继以悟道，证以行道，终于成道。"

蔺且问："闻悟行成，如何达至？"

庄子说："闻道依外力，悟道靠自力，行道凭定力，成道非人力。所以闻道易，悟道难，行道更难，成道难于登天。关键在于，时刻铭记道体、道术之异同。"

蔺且问："何为道体、道术之异？"

庄子说："人是万物之一，尽管独具领悟道体之德心，仍然不能尽知道体，只能领悟道术。此即道体、道术之异！"

蔺且问："何为道体、道术之同？"

庄子说："道术仿效道体，所以道体无为无不为，道术也无为无不为。

蔺且问："道体如何无为无不为？"

庄子说："道体之无为，就是永恒循环，不受天地万物影响，又对天地万物无所亲疏。道体之无不为，就是遍在永在，既造化万物，又主宰万物。此即《老子》所言'道常无为，而无不为'。"

蔺且问："道术如何无为无不为？"

庄子说："道术之无为，就是顺应天道，永不违背天道。道术之无不为，就是因循真德，自适其适，永不适人之适。此即《老子》所言'为道者日损，损之又损，以至于无为，无为而无不为'。"

七一　秦劫楚怀赵禅幼主，屈原见放庄子著书

前299年，岁在壬戌。庄周七十一岁。宋康王三十九年。

周赧王十六年。秦昭王八年。楚怀王三十年（囚秦）。魏襄王二十年。韩襄王十三年。赵武灵王二十七年（禅）。齐湣王二年。燕昭王十三年。鲁湣公四年。卫嗣君十六年。中山后王二年。

齐湣王、魏襄王鉴于去年秦国救韩伐楚，担心韩襄王重新亲秦，于是共赴韩都新郑，册立韩咎为太子。

去年韩国立储风波，引发诸侯混战，今年尘埃落定。

魏冉献策秦昭王："齐、魏、韩合纵伐楚三年，去年齐、魏救韩以后停止伐楚，今年齐湣王、魏襄王亲赴新郑立韩咎为太子，策动者都是孟尝君，目的都是阻止秦军东进。楚怀王原本与秦结盟，如今转而与齐结盟。楚太子原本为质于秦，如今转而为质于齐。所以能否阻止孟尝君策动合纵伐秦，关键仍在楚国。"

秦昭王听从其言，致书楚怀王："五年前寡人与大王约为兄弟，盟于黄棘。四年前大王让太子为质于秦，至为欢愉。三年前太子杀死寡人重臣，不向寡人谢罪就亡归郢都，寡人确实非常震怒，所以前年、去年出兵侵扰大王边邑，不料大王竟命太子为质于齐。秦、楚边境接壤，互通婚姻，相亲已久，如今骤然失欢，难以号令诸侯。寡人愿把去年攻取的新城还给大王，与大王在武关会见，恢复旧盟。"

楚怀王问策群臣："寡人若去武关，担心被扣，不去又担心被伐。"
昭雎说："虎狼之秦，久有兼并诸侯之心，一向无信无义，大王不可赴会！"

屈原说:"大王被张仪、秦惠王、秦武王一再欺骗戏弄,怎能再次轻信秦昭王?"

郑袖之子子兰觊觎王位,劝说父王赴会:"七年前屈原妄议国事,大王免其左徒,贬为三闾大夫,掌管昭、屈、景三大公族内部事务,不许妄议国事。如今屈原不听大王之命,仍然妄议国事,必须严惩!秦昭王主动示好,大王不应绝秦欢心!"

楚怀王听从子兰之言,决定前往武关,并把四十一岁的屈原逐出郢都,流放江北。

孟尝君得知楚怀王准备入秦,亲自使赵,晋见赵武灵王:"三晋齐心,秦国必弱。三晋离心,秦国必强。大王亲秦多年,疏远韩、魏,不问中原之事,一心征伐中山,难道不知秦军击破韩、魏、楚之后,必将伐赵?秦昭王加入伐楚,拓地千里,如今却欺骗楚怀王:'假如大王来见寡人,约为兄弟之国,寡人必助大王反攻韩、魏,夺回楚国失地。'秦、楚一旦重新结盟,诸侯必将有祸,事态紧急!大王不如在楚怀王入秦以前,派出精锐骑兵,协助韩、魏守卫西疆。楚怀王得知三晋坚盟反秦,必定不敢入秦。秦昭王必将怒而伐楚,秦祸不离楚境,有利三晋。即使楚怀王仍然入秦,秦昭王得知三晋坚盟反秦,必定不放楚怀王,要求楚国多割土地,秦祸仍然不离楚境,仍然有利三晋。诚愿大王熟虑深计,事态紧急!"

赵武灵王听从其言,派出骑兵,协助韩、魏守卫西疆。

秦昭王按照魏冉之策,命人假扮自己,伏兵武关(今陕西丹凤)。

楚怀王一到武关,即被劫持,押往咸阳。

秦昭王在章台宫召见楚怀王,待以接见藩臣之礼:"大王只要割让巫郡、黔中郡,寡人立刻恭送大王返国!"

楚怀王说:"大王先按书信所约,与寡人分庭抗礼,平等结盟,再说其它。"

秦昭王说:"大王先同意割地,寡人再按书信所约,与大王分庭抗礼,平等结盟。"

楚怀王大怒："大王欺骗寡人入秦，劫持寡人为质，强迫寡人割地，如此无信无义，天下如何心服？寡人不受要挟！"

秦昭王大怒，囚禁楚怀王。遣使至楚，要求楚国割让巫郡、黔中郡，再放楚怀王。

六十岁的楚怀王，又被二十七岁的秦昭王欺骗，成了囚徒，后悔莫及。

赵武灵王召见群臣："楚国被诸侯连年征伐，实力已经大损。如今楚怀王又被劫持在秦，楚国一旦臣服秦国，秦祸必将及赵。唯有速灭中山，才能全力抗秦。寡人既要治理国政，又要亲征中山，难以兼顾，打算禅位太子，尽快伐灭中山，然后转而伐秦。"

乐毅谏阻："大王前年废长立幼，已欠慎重。若再禅位幼主，必将不利于国。"

赵武灵王不悦："孟姚是先祖赵简子预言的强赵神女，先生前年阻止寡人改立太子，如今又非议寡人禅位太子，是否怀有二心，不愿寡人伐灭故国中山？"

立刻罢免乐毅，改命肥义为相。

赵武灵王担心时机稍纵即逝，不愿遵循常例等到明年年初，于五月戊申（二十六日）举行禅位大典。

新太子赵何十一岁，受禅继位，即赵惠文王。

前太子赵章二十二岁，执礼称臣。

赵武灵王改称"主父"。

赵武灵王遣使通报天下诸侯赵王禅位，自己冒充赵使，亲自使秦，欲观秦昭王之为人。

沿途观察山川地形，军事险要，为伐秦预做准备。

一入咸阳，看见街面清洁如洗，秦民恭肃守法，深感震惊。

赵使身穿胡服，晋见秦昭王："赵武灵王禅位太子赵何，改称主父。命我使秦，永结秦、赵之盟！"

秦昭王说："赵武灵王九年前拥立寡人，寡人感激至今。可惜未谋一面，竟已禅位。"

赵使离去以后，秦昭王自言自语："赵使状貌奇伟，气度不像人臣。"

越想越疑，命人追回赵使。

赵使纵马疾驰，已出函谷关东归。

秦昭王稍后得报，赵使竟是赵武灵王本人，深感震惊。

魏冉说："赵武灵王今年协防韩、魏，禅位太子，冒名使秦，必与孟尝君使赵有关。大王如果放归楚怀王，孟尝君必将策动齐、楚、三晋合纵伐秦。"

秦昭王惊疑不定，不敢放归楚怀王。

楚相昭雎，召集群臣商议："秦昭王劫持大王，勒索割地。如何是好？"

群臣激愤："秦人背信弃义，不能任其摆布。不如让太子继位，断绝秦昭王勒索之念！"

靳尚说："如今大王在秦为囚，太子在齐为质，假如秦、齐共同伐楚，楚国必亡！不如立子兰为王，可免秦人勒索。"

昭雎说："大王没死，怎能违背大王意愿，不立太子而改立庶子？不过齐湣王一旦知道大王被秦劫持，也有可能勒索太子。使者往齐，可称大王病死。"

群臣反对靳尚，支持昭雎。

楚使至齐，谎称楚怀王病死，请求放归太子熊横。

齐湣王问策群臣："楚怀王病死，楚使请求放归太子熊横，如何应对？"

苏秦献策："去年景翠进献上东国（越地北部）。如今大王可让熊横答应进献下东国（越地南部），然后放归。"

孟尝君反对："不行！万一熊横不肯答应，大王不肯放归，楚人必将另立子兰。熊横是南后之子，一向敌秦。子兰是郑袖之子，一向亲秦。大王一旦勒索不成，必将空抱质子，反被天下斥为不义，而且不利于遏制秦国。"

苏秦说："相国不必担心！万一楚人另立楚王，仍可要挟新王：'献出下东国，就为大王杀掉熊横。否则就与秦、魏、韩联合出兵，强立熊横为楚王。'这样必得下东国！"

齐湣王听从苏秦，召见熊横："太子只要割让下东国，寡人立刻护送太子返国！"

熊横采纳太傅慎到之策，假装答应割让下东国。

齐湣王大悦，赐以马车五十乘，护送熊横归楚。

熊横回到郢都继位，即楚顷襄王。

子兰怒于昭雎不肯立己为王，向楚顷襄王进谗。

楚顷襄王听信其谗，罢免昭雎，改命子兰为相。

遣使入秦，拒绝割地："幸赖神灵庇佑社稷，楚国已有新王。"

齐使晋见楚顷襄王："恭贺大王继位！请大王兑现承诺，割让下东国。"

楚顷襄王问策慎到："太傅劝说寡人答应割让下东国，如今怎么办？"

慎到说："我有三策。其一，君无戏言，大王可命上柱国子良使齐献地；其二，要盟不守，大王可命大司马昭常往守东地；其三，以敌制敌，大王可命大夫景鲤使秦求救。三策并行，下东国可保！"

楚顷襄王问："秦昭王劫持父王，如何肯发救兵？"

慎到说："秦昭王劫持大王父君，意在勒索割地，如今勒索未成，必不甘心秦负恶名而齐得楚地，必将救楚击齐。"

楚顷襄王尽从三策。

子良至齐献地。

齐湣王大悦，派人接收下东国。

昭常领兵三十万，驻守下东国，拒绝交割："我奉王命驻守东地，人在地在！"

齐湣王质问子良："你奉王命献地，他奉王命守地。寡人应该信谁？"

子良说："我来献地，乃是亲奉王命。昭常守地，必是矫称王命。大王可命齐军进攻昭常！"

齐湣王即命齐军南攻，尚未涉过泗水（淮河支流），秦昭王已应景鲤之请，派遣舅父芈戎率领秦军五十万，借道韩、魏、宋，横贯中原，直抵齐国西境。

芈戎怒斥齐将："齐国要挟楚太子，是为不仁。齐国勒索下东国，是为不义。立刻退兵便罢，否则秦国就要主持正义，助楚击齐！"

齐将无奈，只好退兵。

秦昭王勒索楚地未成，再次礼聘孟尝君入秦为相。

孟尝君与门客商议："赵武灵王为了知己知彼，敢于冒险使秦。我为了知己知彼，也决定冒险相秦。"

兒说反对："秦昭王礼聘主公，决无诚意。主公一旦入秦，必与楚怀王一样，有去无回。"

孟尝君说："我用先生之策，先王死后得以连相。但是大王如今听信苏秦，不听我劝，勒索楚地未成，对我非常不满。我若离齐相秦，既能为伐秦做准备，又能打消大王疑忌。"

公孙弘支持："主公既然决意入秦为相，不如送归在齐为质的泾阳君，以示相信秦昭王。"

孟尝君听从公孙弘，带领泾阳君嬴市和众多门客，浩浩荡荡入秦任相。

孟尝君途中绕道郢都，晋见楚顷襄王："我反对勒索下东国，希望齐、楚亲善。"

楚顷襄王大为感激，赠送象牙床为谢。

公孙弘进谏："主公不应接受象牙床。"

孟尝君问："这是为何？"

公孙弘说："天下诸侯听命主公，乃是因为主公素有存亡继绝之义。四方豪杰追随主公，乃是因为主公素有济贫赈穷之廉。主公一旦接受楚国重礼，其他诸侯必将纷纷进献奇珍异宝。主公如果继续接受，必失廉义之名；如果不再接受，必失诸侯之心。"

孟尝君欣然听从，告诫门客："田文若有过错，必须尽快入谏！"

七一　秦劫楚怀赵禅幼主，屈原见放庄子著书

秦昭王二十七岁，假装罢免舅父魏冉，礼聘四十七岁的孟尝君为相。

孟尝君兼相齐、秦，暂停策动合纵伐秦，同时阻止秦军东进中原。

魏襄王、韩襄王惊闻孟尝君相秦，认为合纵伐秦已无可能，畏惧秦伐，争相讨好秦昭王。

魏襄王册立亲秦的公子魏劲为封君。

韩襄王册立亲秦的公子韩辰为封君。

秦昭王大悦，命令史官记入《秦记》。

赵人荀况自幼学儒，今年十五岁，禀承孔子之教"十五志于学"，东行入齐，游学稷下学宫。

威、宣二朝的稷下盛况，早已风光不再。邹忌、告子、季梁、许行、彭蒙等人，早已死去。魏人季真、邹人孟轲、周人苏代、宋人宋钘等人，各归母邦。邹衍离齐往燕，匡章已任齐将，稷下祭酒淳于髡已老。邹奭、尹文、田骈、田巴之徒，人数不多，年纪又轻，身为稷下学士，渴望成为孟尝君门客。

孟尝君禀承父风，大力招揽门客，养士三千，人数三倍于全盛时期的稷下学士。

兒说五十二岁，既不愿追随孟尝君入秦，也不愿重返稷下，于是告老还乡，离齐归宋。

兒说乘着白马驾驶的马车，到了齐、宋边关，被关吏拦住："马是战略物资，不得随意出境。先生虽是薛公贵客，仍须遵守齐国之法，交纳马税！"

兒说问："你没听说过'白马非马'吗？白马不是马，不必交纳马税。"

关吏不予理睬，兒说只好交税。

稷下学士闻讯大笑："六年前公孙龙在大梁提出'白马非马'，天下无不斥为谬论。只有兒说为公孙龙辩护，我们都辩不过他。如今兒说过关，仍须为白马交纳马税。可见虚言辩名可以战胜一国，考实按形不能诓骗一人。"

荀况说："坚白同异、白马非马之类奇谈怪论，不懂仍是君子，懂了仍是小人！"

庄子七十一岁，去年惠施死后，无人可以交谈，开始著书。

蔺且问："夫子的言语，弟子都能明白。夫子的文章，弟子为何难以明白？"

庄子说："言语仅及小年，不妨直白。文章关涉大年，不能直白。"

蔺且问："为何必须如此？"

庄子说："今世之君多为否王，多行否术，全悖泰道。儒墨百家都对君主进言，多为君王谋划，仍然常被诛戮。我不对君主进言，不为君王谋划，更难得到容忍。宋康王猛如骊龙，无罪尚要诛戮，何况直言贬斥？我被否君诛戮事小，伏羲泰道失传事大。老聃尽管也对君主进言，但是不为君王谋划，而为天下谋划，预知否君不能容忍伏羲泰道，所以隐晦其言，恍惚其旨，从不点明泰道、否术。即便如此，老聃之书仍被痞士大肆篡改。为免后世痞士篡改吾书，我只能更加隐晦其言，恍惚其旨。"

七二　孟尝返齐三国伐秦，仇赫相宋庄子疑赵

前298年，岁在癸亥。庄周七十二岁。宋康王四十年。

周赧王十七年。秦昭王九年。楚顷襄王元年。魏襄王二十一年。韩襄王十四年。赵惠文王元年。齐湣王三年。燕昭王十四年。鲁湣公五年。卫嗣君十七年。中山后王三年。

秦昭王去年劫持楚怀王，勒索楚地未成，反被天下不齿。今年恼羞成怒，再次伐楚。

秦军大败楚军，斩首五万，攻取了析邑（今河南淅川）等十五城。

赵武灵王召见金受："孟尝君去年上半年劝说寡人抗秦，下半年竟然入秦为相，令人费解。为免秦、齐联合，寡人命你使秦，劝说秦昭王罢免孟尝君。"

金受奉命使秦，晋见秦昭王："孟尝君是齐国宗室，父子两代相齐，封地薛邑也在齐国。如今兼相齐、秦，必定先齐后秦，不利秦国。"

魏冉附议："孟尝君相秦，固然不会策动合纵伐秦，但也不会赞成秦军东进。孟尝君去年使赵以后，赵武灵王协防韩魏、禅位幼子、冒名使秦，无不令人费解。赵武灵王胡服骑射以后，连破中山，国力大强，将来必为秦国大敌。为免赵武灵王背叛秦国，大王不如送个顺水人情，罢免孟尝君。"

秦昭王于是让魏冉复相，同意金受之请，囚禁孟尝君，准备诛杀。

公孙弘按照预定之策，拜见秦昭王宠姬，进献重礼，恳请营救孟尝君。

宠姬说："其他礼物，我不稀罕！孟尝君有一件狐白裘，价值千金，天下无双。若能送给我，我就向大王求情。"

宠姬不知，孟尝君的狐白裘已经进献秦昭王。

孟尝君有个门客擅长狗盗，夜入章台宫，偷出狐白裘，献给宠姬。

宠姬晚上侍寝，劝说秦昭王："大王去年邀约楚怀王会盟，而予囚禁，已被天下诟病。如今礼聘孟尝君相秦，再予诛杀，必将失信天下。合纵伐秦不系于一人，公孙衍之后有孟尝君，孟尝君之后必有他人。"

秦昭王听信其言，半夜传命，释放孟尝君。

孟尝君连夜出发，从咸阳赶到函谷关，天还没亮，尚未启关。

孟尝君大为发愁："等到鸡鸣启关，秦昭王一旦后悔，必将派兵追赶！"

孟尝君有个门客擅长鸡鸣，引得群鸡半夜齐鸣，函谷关吏提前启关。

秦昭王晨起后悔，派兵追赶。

追兵赶到函谷关，孟尝君刚刚出关东归。

孟尝君逃回齐国，即以秦昭王背信弃义劫持楚怀王为罪名，立刻发动齐、魏、韩三国合纵伐秦，要求秦昭王释放楚怀王。

二十一年前张仪兼相秦、魏，连横伐齐大败，秦军遭遇商鞅变法以后第一次大败，败于齐境，并未失地。次年魏相公孙衍策动第一次合纵伐秦，魏、韩、赵、燕、楚五国加入，楚怀王担任纵长，结果大败。

今年齐相孟尝君策动第二次合纵伐秦，齐、魏、韩三国加入。齐湣王担任纵长，匡章担任联军统帅。

楚怀王被囚于秦都咸阳，楚顷襄王投鼠忌器，不敢加入伐秦。

赵武灵王全力征伐中山，继续假装亲秦，拒绝加入伐秦。

三国联军士气旺盛，愤怒于秦昭王诱捕楚怀王，大失君王之德，无信无义达于极致。

秦国守军士气低落，不满于秦昭王篡位败德，无信无义，尤其不满宣太后秽乱宫廷，干政乱国。

双方士气一消一长，强弱顿时易势，秦军斩首之威消于无形。

匡章率领三国联军，势如破竹，迅速收复商鞅变法以后四世秦君攻取的魏、

七二　孟尝返齐三国伐秦，仇赫相宋庄子疑赵

韩河东之地。秦军遭遇商鞅变法以后第二次大败，丧师失地，打回原形。

联军收复的魏、韩河东之地，与齐不相邻，孟尝君全部还给魏、韩。

三国联军攻至函谷关外，粮草告急。

中原大涝数年之后，今年再次大旱，黄河、渭水断流。天下缺粮，饥民遍地。

孟尝君决定先筹粮草，然后攻入函谷关，于是就近向敌秦的西周国借粮。

西周武公九年前怒伐东周国，被樗里疾击败，太子姬共战死。如今不愿卷入伐秦，于是派遣韩庆为使，拜见孟尝君："君侯策动齐、魏、韩合纵伐楚五年，大败楚军，攻取宛邑、叶县以北大片土地，全都分给魏、韩。如今策动齐、魏、韩合纵伐秦，大败秦军，攻取函谷关以东大片土地，全都还给魏、韩。魏、韩南无楚忧，西无秦患，地广国重，齐国必轻。本末的轻重，不断更改；强弱的消长，随时变异。君侯继续破秦，必定不利齐国。不如驻军函谷关外，不再攻入秦国本土，也就不必再向敝国借粮。敝国愿意出面调停，告诉秦昭王：'薛公无意伐灭秦国而张大韩、魏，只要大王释放楚怀王，要求楚怀王把下东国割让给齐国，薛公立刻退兵。'秦昭王感念君侯以德报怨，为了免于亡国，必将释放楚怀王。楚怀王感念君侯伐秦救己，为了能够返国，必将割让下东国。齐湣王得到下东国，必将重赏君侯。秦国不被过度削弱，就能从西面牵制三晋，三晋必定更加亲齐。"

孟尝君认为，函谷关以东的秦侵之地，易攻难守，收复较易。函谷关以西的秦国本土，易守难攻，攻入较难。攻破函谷关，齐国仍然不能得到寸土。得到下东国，必将重获齐湣王信任。于是采纳韩庆之策，命令匡章不再攻入函谷关，也不再向西周国借粮。

韩庆为孟尝君使秦，晋见秦昭王："孟尝君命我为使，要求大王保证以函谷关为界，秦军不再东进。大王只要释放楚怀王，要求楚怀王割让下东国给齐，联军立刻退兵！"

赵武灵王趁着三国伐秦，第七次亲征中山，已经攻取了扶柳（今河北冀州市）。得知孟尝君与秦议和，急召群臣商议："孟尝君伐秦大胜，不再攻入函谷关，正在与秦议和。议和一旦成功，齐、魏必将腾出手来，阻止寡人伐灭中山。寡

人打算阻止议和，可有二策：一是继续假装亲秦，促使秦昭王拒绝议和。二是加入合纵伐秦，促使孟尝君放弃议和。何策更佳？"

富丁说："暴秦无信无义，不能姑息养奸。大王应该加入伐秦！"

楼缓说："秦国仅失河东侵地，未失河西本土，元气未伤，仍然强大，所以孟尝君不敢攻入函谷关。大王此时加入伐秦，即使能够破秦，也将损失惨重，伐灭中山又将遥遥无期。唯有继续假装亲秦，让秦昭王以为能得赵援，拒绝议和。双方苦战函谷关，大王就能伐灭中山。"

司马浅说："楼缓之言不妥，富丁之言可取！孟尝君不知大王是假装亲秦，破秦以后必将策动合纵伐赵。"

赵武灵王问："寡人如果加入伐秦，何时能灭中山？"

司马浅说："大王仅须分出少量赵军加入伐秦，即可阻止议和。双方苦战函谷关，赵军主力就能伐灭中山。伐灭中山以后，赵军主力再移师伐秦，必能击破暴秦。"

楼缓又说："加入伐秦必须分兵，难以速灭中山。假装亲秦无须分兵，就能速灭中山。大王假装亲秦，不必担忧孟尝君识破，但要避免秦昭王识破。去年大王协防魏韩、禅位太子、冒名使秦，秦昭王必定有所警觉。大王只有既结秦，又连宋，才能打消秦昭王疑心。因为中原诸侯时而合纵，时而连横，摇摆不定。唯有宋康王一向亲秦，从未加入合纵。"

赵武灵王采纳楼缓之策，决定结秦连宋，派遣楼缓使秦，仇赫使宋。

赵、宋相邻，仇赫先到商丘，晋见宋康王："三国联军叩关，秦国告急！赵武灵王拥立秦昭王，与秦结盟已有九年。大王与秦结盟最久，所以赵武灵王决定结秦连宋，与大王共同出兵，袭击三国联军后路，牵制孟尝君伐秦。"

宋康王问策群臣。

田不礼说："秦国已被孟尝君打回原形，此时与赵结盟，袭击三国联军后路，不利宋国。"

曹商说："二十年前大王命我使秦，与秦惠王结盟。此后秦军战无不胜，诸侯尽管畏秦，仍然无视大王。九年前赵武灵王胡服骑射，为了孤立中山，又派

七二　孟尝返齐三国伐秦，仇赫相宋庄子疑赵

赵固使秦，仇赫使韩，王贲使楚，富丁使魏，赵爵使齐，仍然无视大王。近年孟尝君发动合纵伐楚、合纵伐秦，仍与公孙衍一样无视大王。如今赵国之强，仅次于秦，赵武灵王主动求盟，大王不应拒绝。大王与秦、赵两强结盟，必将击败三国联军，天下诸侯再也不敢无视大王。"

宋康王听从曹商之言，罢免田不礼，改命仇赫为相。

田不礼罢相，降任右师，深恨仇赫、曹商，更恨宋康王、赵武灵王。

赵、秦相远，楼缓后到咸阳，晋见秦昭王："赵武灵王去年被孟尝君蛊惑，隐名使秦，观察大王为人，敬佩大王是古今罕有的贤君，因此决意结秦连宋。命令仇赫使宋，与宋结盟。宋康王欣然从命，已命仇赫为相。赵、宋相约，联合袭击三国联军后路，帮助大王击败孟尝君！"

秦昭王被孟尝君打回原形，怒杀宠姬，正在考虑忍辱议和。意外得到赵、宋强援，于是拒绝议和，再次罢免魏冉，改命楼缓为相。

秦、赵、宋连横，齐、魏、韩合纵，天下形成均势。

庄子七十二岁，孟尝君合纵伐秦大胜，赵、宋结盟。

蔺且问："当年秦强宋弱，所以宋康王主动与秦结盟。如今赵强宋弱，赵武灵王为何主动与宋结盟？"

庄子说："赵武灵王行事，常常出人意表。拥立燕昭王、秦昭王，胡服骑射，禅位幼主，冒名使秦，全都具有长远谋略，此举恐怕也不例外。诸侯时而合纵，时而连横，时而亲秦，时而叛秦，都是相互利用。比如孟尝君合纵伐楚，允许秦国加入，只是利用秦国，并非亲秦。孟尝君入秦为相，仅是假装亲秦，所以返齐以后，立刻发动合纵伐秦。如今赵武灵王结秦连宋，连宋仅是手段，结秦才是目的。不过结秦可能也是假相，意在避免齐、魏腾出手来，阻止赵国伐灭中山。秦昭王能够识破孟尝君并非真心亲秦，也能识破赵武灵王并非真心亲秦，所以任命楼缓为相，可能也是将计就计，假装相信赵武灵王是真心亲秦，可以促使孟尝君担心赵、宋袭击三国联军后路，不敢冒险攻入函谷关。庙堂人道就是如此，永远没有真德，只有利益得失，永远没有诚信，只有尔虞我诈。"

七三　纵横待赵齐湣听竽，魏牟隐楚东郭问道

前297年，岁在甲子。庄周七十三岁。宋康王四十一年。

周赧王十八年。秦昭王十年。楚顷襄王二年。魏襄王二十二年。韩襄王十五年。赵惠文王二年。齐湣王四年。燕昭王十五年。鲁湣公六年。卫嗣君十八年。中山后王四年。

孟尝君发动齐、魏、韩三国合纵伐秦，进入第二年。

双方对峙于函谷关，联军无法攻入，秦军无法攻出。

孟尝君认为，赵武灵王结秦连宋可能是假相，意在等待双方消耗实力，然后以生力军加入伐秦。

秦昭王认为，赵武灵王结秦连宋可能是真心，意在等待双方消耗实力，然后以生力军袭击联军。

双方都在等待赵军增援。苦等一年，赵军没有出现，僵局仍未打破。

宋康王也在等待，询问仇赫："先生奉赵武灵王之命，与寡人结盟，约定共同袭击三国联军后路，为何至今毫无动静？"

仇赫说："函谷关易守难攻，秦国暂无大碍。三国联军一举收复魏、韩失地，士气正盛，难以一举击溃。赵武灵王准备先伐中山，迫使齐、魏停止伐秦，回救中山。即使齐、魏不救中山，继续伐秦，也必久战力疲，粮草耗尽，那时赵、宋再袭联军后路，必将大胜。大王不如先助赵国征伐中山，然后赵、宋再袭三国联军后路。大王与秦、赵两强结盟，必能复兴殷商之盛！"

宋康王听信其言，命令田不礼率领宋军往赵，助伐中山。

田不礼暗喜，决意利用这一机会，报复赵武灵王夺相、宋康王罢相之仇。

七三　纵横待赵齐湣听竽，魏牟隐楚东郭问道

楚怀王也在等待。囚秦两年，先等楚臣营救，得知太子熊横继位，又惊又怒。随后得知孟尝君伐秦大胜，转忧为喜。如今得知双方僵持于函谷关，转喜为愁。于是趁着秦军前方吃紧，后方松懈，冒险逃出咸阳。

秦昭王立刻派兵追捕，封锁通往楚国的南路。

楚怀王改走北路，逃往赵国。

赵武灵王领兵在外，不在邯郸。赵惠文王年仅十三岁，尚未亲政。肥义留守邯郸，按照结秦连宋之策，拒绝楚怀王入赵。

楚怀王再改东路，逃往魏国，却被秦兵追到，重新押回咸阳，忧愤而病。

赵武灵王北赴代郡，巡行近年攻取的中山新地，又出代郡西行，在河西会见楼烦王，收编东胡骑兵为雇佣军，增强赵国军力。

又把田不礼的宋军，编入赵国中军，归前太子赵章指挥。准备发动伐灭中山的最后一战。

三年前，中山后王魏尚于赵军大破中山之后继位。此后第一年赵军又伐，不敢懈怠。第二第三年赵军未伐，于是懈怠下来，听凭司马熹专权，宠信佞臣魏义、偃长，广选美女，沉湎于酒色。

王叔魏牟进谏："大王不应听凭司马熹继续专权，更不应亲近魏义、偃长。赵武灵王必将再伐，齐、魏正在全力伐秦，无暇援救中山！"

中山后王不听。

魏牟眼看中山将亡，离开灵寿，南游楚国。

孟尝君策动诸侯伐楚伐秦多年，齐湣王即位以后无所事事，沉湎于乐舞。

齐宣王喜欢听竽，由于忙于国事，只能偶尔听竽，喜欢让宫廷乐队的三百乐师合奏。

齐湣王禀承父风，同样喜欢听竽，由于国事不必自己操心，为了消磨时光，命令宫廷乐队的三百乐师，一一独奏。

宫廷乐师原本个个技艺卓绝，因为齐宣王爱听合奏，很多人混迹其中，技

艺逐渐荒废。

齐湣王突然要求——独奏，许多人荒腔走板，轻则受刑，重则被诛。

南郭先生惧诛，连夜逃走。

魏牟至楚，拜见老聃之徒詹何："江湖传闻，先生隐居山中，道行高深，能够未卜先知，与老聃、田子方齐名。特来求教！"

詹何说："我怎能与老聃、田子方相比！如今否术大行，天下乱战，只要不是利欲熏心，没有利令智昏，人人可以未卜先知。楚怀王当国三十年，举措失当，由强转弱，国破民叛，四分五裂。所以我远离庙堂，归隐江湖。"

魏牟问："我虽然身形流落于江湖之上，德心仍然牵挂于庙堂之下，如之奈何？"

詹何说："重视生命！只要重视生命，必能淡泊名利，轻视爵禄。"

魏牟说："尽管知晓此理，然而不能战胜俗念。"

詹何说："不能战胜俗念，只能顺从俗念。顺从俗念，你的心神不厌恶吗？既不能战胜俗念，又勉强自己不从俗念，必受双重伤害。受到双重伤害，必难尽其天年。"

魏牟说："我已厌倦庙堂人道，愿随先生学习江湖天道。"

詹何说："你是万乘之王的公子，隐居山岩洞穴，难度大于布衣。若能发此大愿，即使不能领悟天道，也已难能可贵。"

魏牟二十四岁，师从五十四岁的詹何学道。

庄子七十三岁，继续著书，弘扬天道。

东郭子闻讯，质问庄子："天下大旱，诸侯大战，饥民遍地，仁义不存，人与人相食。先生所言天道，究竟何在？"

庄子说："无所不在。"

东郭子说："先生必须指实天道所在，我才愿意认可。"

庄子说："天道在于蝼蛄、蚂蚁。"

东郭子问："为何如此卑下？"

庄子说："天道在于稊米、稗草。"

东郭子问:"为何愈加卑下?"

庄子说:"天道在于瓦片、砖头。"

东郭子问:"为何更为卑下?"

庄子说:"天道在于屎粪、尿液。"

东郭子不再说话,神色不以为然。

庄子说:"你的问题,原本没有涉及本质。刚才我去东门,看见市场小吏正获,向屠夫询问猪的肥瘦。屠夫仅仅捏捏猪脚,即已明白猪的肥瘦,因为猪脚的肥瘦最为明显。除非你不要我指实天道所在,否则我的回答无法离开具体之物。天道既然在于小物,也必然在于大物。我名周,我儿子名遍、名咸,三名取义相同,都是表示天道遍在万物。不过天下万物,包括我们人类,难以尽知天道。天道造化万物,主宰万物,与万物没有界限,所以天道没有局限。万物被天道造化,被天道主宰,所以万物均有界限,万物均有局限。天道遍在万物,呈现于万物的盈亏生杀。万物均有盈亏、生杀、本末、积散,无时不变。天道没有盈亏、生杀、本末、积散,古今不变。"

东郭子走后,蔺且问:"为何世人大多不信天道遍在万物?"

庄子说:"《老子》如此论道:'视之不见名曰微,听之不闻名曰希,搏之不得名曰夷。是谓无状之状,无物之象。'人们不相信看不见摸不着的天道,只相信看得见摸得着的万物。然而万物又有生死,不能长存,所以人们又无法真正相信万物,只能追逐万物,终身不返。惠施尚且如此,众人更是如此,所以毫无信仰,全无特操!"

七四　赵灭中山五国破秦，宋并滕国庄子怜民

前296年，岁在乙丑。庄周七十四岁。宋康王四十二年。

周赧王十九年。秦昭王十一年。楚顷襄王三年。魏襄王二十三年（卒）。韩襄王十六年（卒）。赵惠文王三年（灭中山）。齐湣王五年。燕昭王十六年。鲁湣公七年。卫嗣君十九年。中山后王五年（灭）。

孟尝君发动齐、魏、韩三国合纵伐秦，进入第三年。

双方对峙于函谷关，仍在苦等赵国援军。

赵武灵王一切准备就绪，率领倾国之兵，第八次亲征中山。

楼烦王的东胡雇佣军，田不礼的宋国增援军，助赵征伐中山。

赵军攻破灵寿（今河北平山），中山后王魏尚立刻诛杀专权三十三年（前328—前296）的司马熹，又杀佞臣魏义、偃长，然后纳土降赵，被赵武灵王贬为庶民，迁至肤施（今陕西榆林）。

中山亡国，君臣离散，民众流亡。

魏属中山，共历六君：中山武公魏击（前405—前403，后为魏武侯），中山桓公魏挚（前402—前350），中山成公魏某（前349—前328），中山先王魏䁥（前327—前310），中山嗣王魏妠䗪（前309—前301），中山后王魏尚（前300—前296）。国祚一百十年（前405—前296）。

赵武灵王凯旋邯郸，大宴五日，论功行赏。

执掌中军的前太子赵章二十五岁，封为安阳君，封地代郡。既是随父征战的奖赏，也是储位被废的补偿。

七四　赵灭中山五国破秦，宋并滕国庄子怜民　　　　　　　　　　　　　　　　　　　463

赵武灵王询问群臣："谁愿辅佐安阳君？"

赵国群臣均愿辅佐赵惠文王，不愿辅佐前太子，无人应命。

田不礼说："我愿辅佐安阳君！更愿率领宋军，追随大王伐秦！"

赵武灵王大悦，任命田不礼为代郡之相。

赵章怒于储位被废，耻于臣事幼弟，愤于群臣势利，从此与田不礼密谋叛乱，决意夺回王位。

赵武灵王庆功封赏既毕，立刻亲率赵国骑兵、田不礼宋军、中山降军，开赴函谷关，驰援三国联军。

正在此时，楚怀王熊槐死了。三十一岁即位，在位三十年（前328—前299）。被秦昭王诱捕囚禁三年（前298—前296），客死秦都咸阳，终年六十三岁（前358—前296）。

消息传出，秦人怀惭，楚人悲愤。天下鄙视虎狼之秦。

楚国境内，盛传民谣："楚虽三户，亡秦必楚！"

屈原在流放地，忧愤不已，撰写了《离骚》、《九辨》、《九歌》、《国殇》等辞赋。

孟尝君把楚怀王之死，视为打破僵局的良机，命令匡章发动猛攻，一举攻破了函谷关。

秦昭王苦撑两年，仍未等到赵、宋联军袭击三国联军后路，被迫割地求和。

孟尝君不允求和，命令联军深入秦境，务必攻破咸阳，伐灭暴秦。

宋突奉宋康王之命，拜见仇赫："赵武灵王伐灭中山，齐、魏不救，未能阻止孟尝君伐秦。大王希望相国劝说赵武灵王，归还中山之地，派人通报孟尝君：'秦、赵、宋、中山四国，正在密谋借道卫国，阻断匡章后路。'必能迫使孟尝君停止伐秦。"

仇赫大笑："赵武灵王并非真心亲秦。拥立秦昭王，意在使秦内乱。结秦连宋，意在伐灭中山。如今中山已灭，赵武灵王正率赵国骑兵、田不礼宋军、中山降军，西行加入伐秦。"

宋康王大惊，急召仇赫质问："赵武灵王结秦连宋，寡人才命先生为相，又命田不礼助伐中山。如今赵武灵王突然叛盟伐秦，又胁迫田不礼以寡人名义叛盟伐秦，岂非陷害寡人？"

仇赫说："大王不必担心秦昭王报复！孟尝君发动三国伐秦，已把秦国打回原形。赵国北驱东胡，东灭中山，拓地千里，已经取代秦国跃居天下最强。秦国步卒虽以斩首之威，长胜中原步卒，却不能战胜义渠骑兵，仅凭宣太后色诱劫杀义渠王，才把义渠逼回漠北。赵国骑兵远比义渠骑兵强大，横扫东胡骑兵、中山骑兵不费吹灰之力，击败秦国步卒更加轻而易举。如今赵、宋加入伐秦，五国联军必破暴秦。大王叛秦亲赵，必无后患。"

宋康王惊疑不定，不敢斥责仇赫欺骗自己。

曹商说："大王不妨静观五国伐秦结果如何，然后再作决定。如今诸侯全力伐秦，中原空虚，正是大王伐滕的良机。"

宋康王采纳其策，一举伐灭了夹在宋、齐、楚之间的滕国（今山东滕州西南）。

滕成公在位二十年（前315—前296），身死国灭。

孟尝君发动齐、魏、韩三国合纵伐秦三年，第一年攻至函谷关，第二年相持函谷关，第三年攻破函谷关。随后赵武灵王亲率赵国骑兵、田不礼宋军、中山降军加入伐秦，变成齐、魏、韩、赵、宋五国合纵伐秦。

赵武灵王十七年前向秦惠王称臣，此后不敢与秦交战，苦思破秦之策。胡服骑射以后，北驱东胡，东灭中山，拓地千里，赵国强势崛起，威震天下。

斩首计功的秦国步卒，首次遭遇胡服骑射的赵国铁骑，不堪一击，一触即溃。

赵武灵王一举收复被秦侵占的西部重镇蔺邑（今山西柳林）、离石（今山西吕梁）。

伐秦联军得到赵国骑兵之助，攻至盐氏（今山西运城）。

正在此时，魏襄王魏嗣羞愤于中山被赵伐灭，愧对父祖，惊惧而死，在位二十三年（前318—前296）。

太子魏政继位，即魏昭王。王后是齐宣王之女。

魏襄王葬于汲郡（今河南卫辉），墓中葬入《归藏》、《竹书纪年》、《穆天子传》等书，于西晋咸宁五年（279年）出土。《归藏》为孔子得之于宋，子夏携带至魏。唐宋以后，《归藏》、《竹书纪年》亡佚，《穆天子传》独存至今。

事有凑巧，韩襄王韩仓也暴病而亡，在位十六年（前311—前296）。
太子韩咎继位，即韩釐王。

秦昭王面临亡国，趁着魏、韩两国易君治丧，急忙求和，把封陵（今山西永济西南）还给魏国，把武遂（今山西垣曲东南）还给韩国，把楚怀王遗体送归楚国。

魏昭王、韩釐王急于罢兵，孟尝君被迫改变主意，接受秦国求和，失去了灭秦的唯一机会。

秦昭王三十岁，遭遇重创，幸免亡国，对天发誓："孟尝君策动伐秦，赵武灵王、宋康王叛盟伐秦，寡人必报大仇！"

宋康王被赵武灵王欺骗，慑于赵武灵王之威，不敢罢免仇赫。又担心秦昭王报复，立刻召见曹商："孟尝君未能灭秦，即与秦国休兵。寡人担心秦昭王报复，命你再次使秦，向秦昭王说明，田不礼叛盟伐秦，乃被赵武灵王胁迫，未奉寡人之命。"

曹商至秦，晋见秦昭王："赵武灵王结秦连宋，宋康王受到欺骗，任命仇赫相宋，又命田不礼助赵征伐中山，希望齐、魏停止伐秦，还救中山。没想到齐、魏一心伐秦，竟然不救中山，也没想到赵武灵王伐灭中山以后，竟然叛盟伐秦，更没想到田不礼不满被宋康王罢相，竟然叛宋仕赵，出任代相。田不礼助赵叛秦，意在陷害宋康王，破坏秦、宋之盟。大王不能责怪宋康王轻信赵武灵王，因为大王也被赵武灵王欺骗，任命楼缓相秦！"

秦昭王大悦："先生所言甚是！宋康王和寡人均被赵武灵王欺骗，寡人不怪宋康王，愿意永结秦、宋之好！"

秦昭王同样慑于赵武灵王之威，不敢罢免楼缓。

曹商返宋复命。

宋康王如释重负，重赏曹商。

孟轲七十七岁，离齐归邹已有十六年，得知宋康王灭滕，感慨万千。自己先后寄望宋康王、滕文公、齐宣王成为圣王，如今滕文公已死二十一年，齐宣王已死六年，唯有宋康王仍在倒行逆施，于是发愤著书。

庄子七十四岁，孟尝君破秦，赵武灵王叛秦。

蔺且问："秦人虽是虎狼之性，一向无信无义，但是宣太后原是楚国宗室，秦昭王为何竟然诱捕楚怀王，囚禁至死？"

庄子叹息："秦昭王弑兄篡位，大肆清洗宗室。宣太后又弑杀正后，大肆清洗旧臣、客卿，重用其弟魏冉、芈戎和外甥向寿。外戚干政专权，秦国宗室、群臣、客卿必然不满，疑其心向母邦，心向中原。宣太后、魏冉为了固位止谤，必须做出超常之举，最大限度出卖楚国和损害中原，因而激起中原诸侯同仇敌忾，追随孟尝君伐秦。"

蔺且问："孟尝君破秦，夫子如何评价？"

庄子说："当年齐威王礼贤下士，礼敬不臣天子、不友诸侯的陈仲子、匡章。孟尝君颇有齐威王之风，同样礼贤下士，礼敬不臣天子、不友诸侯的高士，十分难得。孟尝君伐楚五年大胜，伐秦三年大胜，诸侯听命，成为天下第一权相，已经功高震主，如果不循泰道，不知持盈保泰，必有后患。"

蔺且问："赵武灵王背叛与秦十年之盟，帮助孟尝君破秦，夫子如何评价？"

庄子说："赵武灵王拥立秦昭王乱秦以后，实行胡服骑射，北驱东胡，东灭中山；结秦连宋，叛盟伐秦，西破暴秦。可谓全局在胸，谋定后动，动必成功，功业赫赫。十年之间，赵国骑兵战无不胜，拓地数千里，取代秦国跃居天下最强。赵武灵王如今天下无敌，如果不循泰道，不知持盈保泰，也有后患。"

蔺且说："孟尝君仅是相国，功高震主而有后患。赵武灵王乃是君主，没有功高震主之忧，为何也有后患？"

庄子说："《老子》有言：'祸莫大于无敌，无敌近亡吾宝。'赵武灵王天下无敌之后，举措失当，废长立幼，另封前太子赵章于代郡，重用宋国乱臣田不礼，全都埋下了重大隐患。宋康王尽管短于任用贤臣，然而长于培植乱臣。司马熹已经先乱宋国，后乱中山。田不礼也将先乱宋国，后乱赵国。"

蔺且说："天下局势，今后又将如何变化？"

庄子说："秦昭王囚死楚怀王，丧尽道义，遭遇重创，丧失了商鞅变法以来四世秦君东进中原所取之地。秦国一旦恢复元气，必将疯狂报复，重新东进中原。战争规模必将继续扩大，战争时间必将旷日持久，中原军民必将遭遇残暴屠戮。斩首计功的秦军步卒，天下无敌的赵国骑兵，必将进入新一轮厮杀对决。"

七五　主父饿死孟尝伐燕，苏秦相燕庄子哀宋

前295年，岁在丙寅。庄周七十五岁。宋康王四十三年。

周赧王二十年。秦昭王十二年。楚顷襄王四年。魏昭王元年。韩釐王元年。赵惠文王四年。齐湣王六年。燕昭王十七年。鲁湣公八年。卫嗣君二十年。

年初，安阳君赵章离开封地代郡，前往邯郸参加岁首朝会。

赵武灵王看见二十六岁的赵章北面为臣，朝拜十五岁的赵何，心生愧疚，考虑分赵为二，把北部的云中郡（郡治今内蒙古托克托）、九原郡（郡治今内蒙古包头西北）增封给善战的赵章，让赵章在北部新地裂土称王，作为防御东胡南侵赵国的屏障。

赵章不知主父打算，受到田不礼唆使，正以防御东胡南侵为名，加紧扩充军备，密谋夺回王位。

李兑拜见赵相肥义："安阳君为人强悍骄横，田不礼为人残忍嗜杀，如今扩军防胡，是否另有图谋？二人物以类聚，相互推助，必将意存侥幸，密谋叛乱。田不礼目光短浅，为了满足私欲，必定徒见其利，无视其害，不惜把安阳君拖入祸门。相国任重权大，一旦祸乱骤起，必将最先遭殃。仁者泛爱万物，智者止祸未形。不仁不智，怎能治国？相国如果既仁且智，应该防患未然，不如称病辞相，让主父的叔父赵成担任相国。"

肥义说："不行！主父命我辅佐幼主，我已发愿以死报国，怎能畏惧灾祸而逃避责任？国家若有祸乱，贞臣立其节操，忠臣彰其德行。你虽忠告于前，我也有言在先，不敢食言偷生！"

李兑洒泪告辞："祸乱不出今年，相国多多保重！"

肥义得到李兑提醒，与赵成秘密商定防备赵章、田不礼之策。

嘱咐属下信期："安阳君、田不礼令人担忧。名誉虽好，心术险恶，为人行事，不子不臣。我朝夕忧虑，夜而忘寐，饥而忘食，不可不备。如果今后有人以主父名义召见大王，必须亲见我面。我将先见主父，若无异常，大王才可入见。"

赵武灵王带着赵惠文王，巡游中山新地，住在沙丘（今河北巨鹿）行宫，各居一宫。

赵章采纳田不礼之策，前往沙丘晋见主父，再以主父名义召见赵惠文王。

肥义先入主父之宫，立刻被杀。

信期不见肥义出来，不让赵惠文王进入主父之宫。

赵章即命高信围攻赵惠文王之宫，遭到侍卫拼死抵抗。

赵成、李兑闻讯，率领四邑骑兵，迅速赶来平叛。

高信兵败战死，赵章、田不礼逃入主父之宫。

赵成下令包围主父之宫，要求主父交出赵章、田不礼。

主父交出田不礼，恳请叔父赵成赦免赵章。

赵成采纳李兑之言，诛杀田不礼，拒绝赦免赵章。

主父被迫诛杀赵章，命令赵成撤围。

李兑提醒赵成："公子包围主父之宫，不允其请，迫其诛杀赵章。一旦撤围，公子必被灭族。"

赵成大惧，不敢撤围，向主父宫中喊话："先出者生，后出者死。"

主父侍从，纷纷出宫。

主父明白，叔父赵成既敢抗命，自己出宫必将被囚，不愿出宫受辱。

不久宫中粮尽，主父准备出宫。

赵成采纳李兑之言，封死宫门，不让主父出宫。

主父以麻雀窝里的雀蛋、雏雀为食，三个月后饿死于沙丘行宫。

赵武灵王赵雍，在位二十七年（前325—前299）。第三年参加五国相王，称王。第八年加入魏相公孙衍策动的第一次合纵伐秦，失败以后取消王号，自贬为君,韬光养晦。第十二年发起伐齐存燕,立燕昭王,牵制中山。第十四年助燕复国,谋伐中山。第十九年首次亲征中山,立秦昭王乱秦,胡服骑射。第二十七年禅位新太子赵何,冒名使秦,谋破暴秦。禅位当年,结秦连宋,阻止孟尝君与秦议和。禅位第三年,第八次亲征中山灭之,背叛与秦十年之盟,加入齐相孟尝君策动的第二次合纵伐秦,击破暴秦。禅位第四年,因宋国叛臣田不礼唆使前太子赵章叛乱,饿死。

赵国首次以王礼为国君治丧,丧礼隆重盛大。

诸侯畏惧跃居天下最强的赵国,无不遣使吊丧。

赵惠文王十五岁,未行冠礼,不能亲政。生母孟姚已死,叔祖赵成摄政。

赵惠文王厚葬肥义,重赏信期。任命赵成为相国,封安平君,主持国政。任命李兑为司寇,封奉阳君,执掌赵军。

赵成年老体衰,名为相国,一直在家养老。

李兑年富力强,独掌大权,天下仰其鼻息。

赵武灵王一死,天下局势大变。

秦昭王得知赵武灵王死讯,又惊又喜,立刻罢免楼缓,魏冉复相。

魏冉伏地请罪:"大王听我之言,劫持楚怀王,聘相孟尝君,导致三国伐秦,尽失河东。幸蒙大王赦罪,我必戴罪立功,尽快收复失地!"

秦昭王说:"寡人得以正位,舅父功劳最大,所以最受母后器重。此次受挫,不能全怪舅父!放归孟尝君,也是寡人失策。寡人更没想到,赵武灵王拥立寡人,结秦连宋,亲秦十年,竟会叛秦。幸亏去年魏襄王、韩襄王及时死去,今年赵武灵王又死于内乱,足证天不亡秦。舅父辅佐寡人,必能重振秦威!"

魏冉说:"魏襄王、韩襄王、赵武灵王虽死,孟尝君仍在,大仇不可不报!大王不妨先与楚国修复旧盟,然后击破魏、韩,报复赵、齐。楚国连年旱涝,饥荒严重,饥民越来越多,庄蹻叛乱规模越来越大。大王不妨赠送楚国五万石粮食,与楚复盟联姻。"

秦昭王听从其言。

楚顷襄王鉴于饥荒严重,被迫接受秦粮,然而难忘父仇,拒绝复盟联姻。

七五　主父饿死孟尝伐燕，苏秦相燕庄子哀宋

孟尝君得知赵武灵王死讯，向齐湣王进言："秦国与齐相远，被大王征伐三年，尽失河东，国力大损，对齐已无威胁。赵武灵王胡服骑射十年，拓地千里，国力大强，对齐威胁极大。何况中山一灭，赵、齐之间再无缓冲。如今赵武灵王已死，大王固然不宜立刻伐赵，但是可以趁机伐燕，削弱赵国势力。"

齐湣王说："燕昭王为赵武灵王所立，固然亲赵，但也亲齐，派遣苏秦长驻临淄，维护燕、齐之盟，一向恭顺寡人。寡人征伐盟国，岂非与暴秦一样？"

孟尝君说："燕昭王亲赵是真，亲齐是假。仿效越王勾践卧薪尝胆，时刻准备报复先王破燕之仇。苏秦固然忠于大王，燕昭王未必忠于大王。大王伐楚五年，伐秦三年，魏、韩始终响应。赵、宋尽管与秦结盟，也最终加入伐秦。唯有燕昭王既不响应伐楚，也不响应伐秦，岂非怀有二心，并非真心亲齐？"

齐湣王无奈，只好同意伐燕。

孟尝君鉴于匡章上次伐燕失败，改命司马穰苴伐燕。

苏秦为燕使齐，维持齐、燕之交五年。齐军突然伐燕，燕昭王猝不及防。

燕军在权城（今河北正定）匆忙迎敌，初战失利。

魏冉闻讯，立刻亲自使赵，拜见李兑："赵武灵王不幸早夭，秦昭王愿意不计前嫌，重修秦、赵旧盟。如今孟尝君竟敢征伐与赵结盟的燕国，君侯手握强赵之兵，何不救燕击齐？"

孟尝君闻讯，派遣魏处使赵，拜见李兑："君侯假如救燕击齐，齐湣王必将与燕休兵，移师伐赵。君侯不如按兵不动，旁观齐、燕再战。齐军若胜，必将师劳国疲，君侯就能伐取齐地唐邑（今山东唐邑）、曲逆（今河北顺平）。齐军若败，必将命悬于赵。君侯只要中立，既能割取齐地，又能劳顿燕师。齐、燕两国，均将听命君侯！"

正在此时，中山后王魏尚得知赵武灵王死讯，立刻纠集中山残部叛赵。

李兑于是拒绝魏冉之请，听从魏处之言，全力平定中山叛乱。

孟尝君投桃报李，出兵助赵平叛。

司马穰苴率领齐军深入燕境，又在桓曲（今地不详）击破十万燕军，杀死

二将，攻取十城。

无终部落趁机袭燕，突入燕军助赵伐胡之时攻取的楼烦数县，掠走大量牛马。

李兑得齐之助，迅速平定中山叛乱，转而助齐伐燕，攻取了鄚邑（今河北任丘）、易邑（今河北易县）。

燕昭王急遣陈翠使齐求和，郑重嘱咐："至齐之后，一切听命苏秦！"

苏秦在齐，无力阻止孟尝君伐燕，正在苦思对策。

陈翠至齐，苏秦立刻晋见齐湣王："祝贺大王伐燕大胜！吊唁大王伐燕大胜！"

齐湣王大为诧异："先生为何又贺又吊？"

苏秦说："饿汉肚子再饿，也不吃乌鸦嘴巴，因为虽能充饥，必被毒死。燕国尽管弱小，燕昭王的王后却是秦惠王、宣太后长女，秦昭王胞姐。秦昭王继位之前，曾经在燕为质五年，与燕昭王朝夕相处，情谊深厚。如今大王取燕十城，万一秦昭王、燕昭王共同策动诸侯伐齐，大王岂非贪吃乌鸦嘴巴？"

齐湣王大惊失色："薛公只说燕昭王不助寡人伐秦，并非真心亲齐，没说燕昭王是秦昭王姐夫、宣太后女婿。寡人错怪燕昭王，有无补救之策？"

苏秦说："贤明之君，无不善于处事，必能因祸为福。大王只要归还燕国十城，燕、秦必将共同事齐。大王号令天下，诸侯不敢不听，必能奠定霸业！"

齐湣王后悔误听孟尝君，命令司马穰苴退兵，归还燕国十城。

陈翠归燕复命。

燕昭王喜出望外，准备重赏苏秦。

田代、孙去疾纷纷反对："苏秦卖国求荣，反复无常，实为乱臣。使齐五年，未能阻止齐伐。齐湣王先取十城，然后归还，居心叵测，必有阴谋。"

燕昭王听信谗言，免去苏秦官职。

苏秦立刻返燕，面见燕昭王："我是东周国乡下人，七年前寸功未立，尚且得到大王信任。如今我为大王吓退齐军，索回十城，理应更获信任，却被免去官职，必有左右进谗，说我无信无义。我若有信有义，只对自己有利，却对大王不利。我离开老母,不是想用有信有义为自己谋取私利,而是想用无信无义为大王进取齐地。莫非大王要我孝如曾参,信如尾生,廉如伯夷,才肯信任?"

燕昭王说:"正是!"

苏秦问:"我若孝如曾参,就不会离开老母,怎能成为燕臣?我若信如尾生,就不会欺骗齐湣王,怎能事奉大王?我若廉如伯夷,就无法买通齐臣,怎能弱齐强燕?"

燕昭王问:"难道做人不该有信有义?"

苏秦说:"人若无信,必不通达;国若无义,必难称王。但我只能对大王有信有义,不能对齐国有信有义,否则怎能为大王进取齐地?我是进取之臣,不事无为之君。假如大王满足于收复失地,请允许我返回洛阳种地,不再有辱大王之廷。"

燕昭王问:"寡人不该满足于收复失地吗?"

苏秦说:"假如满足于收复失地,秦军就出不了函谷关,齐军就出不了临淄,楚军就出不了沮漳。如今齐湣王、孟尝君南破楚国,西屈秦国,驱使韩、魏之兵,燕、赵之众,如同鞭赶牛羊,五个燕国也难抵挡。大王只有绝对信任我在齐反间,才有机会击败强齐,洗雪齐宣王破燕之耻、杀父之仇。"

燕昭王问:"齐国如此强大,凭你一人在齐反间,弱燕怎能战胜强齐?"

苏秦说:"齐国固然强大,但我已获齐湣王信任。我已通过离间孟尝君,收买齐臣,安插同党,让齐湣王独信燕国,不信诸侯,与天下为敌。我还会让齐湣王西劳于宋,南疲于楚,得罪天下诸侯。大王就能进取齐地,报仇雪耻!"

燕昭王大悦:"寡人信任先生,愿给先生五年时间!"

苏秦说:"五年不够,至少还要十年!"

燕昭王说:"只要先生能让寡人报仇雪耻,全依先生!"

苏秦说:"但是大王如果继续听信左右谗言,我还会因为尽忠大王而获罪。"

燕昭王问:"先生尽忠寡人,怎会获罪?"

苏秦说:"我讲个故事,大王就会明白。我在东周国,有个邻居。丈夫外出做官,三年不归,其妻有了情夫。情夫问:'你丈夫回来怎么办?'妇人说:'不必担心!我已备好毒酒。'丈夫回来,妇人命令小妾送上毒酒。小妾知是毒酒,既不愿毒杀主人，又不敢得罪主母，于是假装摔倒，泼掉毒酒。妇人大怒：'良人远行归来，我特备美酒，却被这贱人泼了！'丈夫于是鞭打小妾。小妾正因尽忠主人，才会遭到鞭打。如今我为燕使齐反间，大王若是听信谗言，我必功败垂成。古人有言：万乘之君，不受制于左右；匹夫之士，不受制于妻妾。大王乃是当世明君，只有不受制于左右，我才能安心使齐反间！"

燕昭王说："寡人知错了！愿与先生盟誓，永不怀疑先生！"

任命苏秦为上卿，授予相印，封武安君。

苏秦以马车五十乘返齐，燕昭王之弟襄安君同行，为质于齐。

乐毅与乐池商议："大哥当年被司马熹夺去中山相位，我们兄弟转仕赵国，至今三十四年。最初十几年，赵武灵王无所作为，后来用我之策，策动伐齐存燕，派遣大哥拥立燕昭王，助燕复国。十二年前秦武王暴死，赵武灵王命我为相，用我之策，立秦昭王以乱秦，胡服骑射以强赵。可惜赵国强大以后，赵武灵王开始刚愎自用，因我反对废立太子和禅位幼主，将我免相，不听我劝。结果去年伐灭中山，今年内乱而死。如今大王必定对我怀恨，亲政以后必将对我报复。我已无法重返故国中山，打算离赵往魏。"

乐池说："我没得罪大王，只求终老于赵。兄弟避祸往魏，好自为之。"

乐毅洒泪辞别乐池，南行往魏。

尽管魏冉未能挑唆赵、齐开战，秦昭王仍然决定重出函谷关，先伐魏国河东，报复魏国追随孟尝君伐秦。

老将司马错领兵，一举攻取了襄城（今地不详）。

魏昭王服满除丧，刚刚即位，即遭秦伐。正在发愁如何抵御秦军，刚好乐毅离赵至魏。于是罢免亲秦的魏劲，改命乐毅为相。

曹商得知赵武灵王死讯，献策宋康王："大王被赵武灵王欺骗，任命仇赫为相。秦昭王也被赵武灵王欺骗，任命楼缓为相。去年赵武灵王雄视天下，大王和秦昭王都不便罢免仇赫、楼缓。如今赵武灵王一死，秦昭王立刻罢免楼缓，大王也应罢免仇赫。否则秦昭王很难相信，田不礼助赵伐秦未奉大王之命。"

宋康王说："赵武灵王虽死，赵国仍是天下最强。如果罢免仇赫，李兑一旦不悦，必将伐宋。"

曹商说："大王罢免仇赫，并非与赵绝交。仇赫乃是赵武灵王旧臣，李兑专权于赵，正在清洗赵国旧臣，不会因为大王罢免仇赫而伐宋。"

宋康王说："先生言之有理！仇赫欺骗寡人，寡人早想罢免，只是不愿得罪赵武灵王，又没有合适人选。先生是否愿为寡人分忧？"

曹商窃喜，刚要拜谢，突然想起子綦教诲，鉴于司马熹、唐鞅、田不礼均无善终，于是改口："我愿为大王分忧，但是德薄才小，不敢觊觎相位。大王先后任命司马熹、戴盈、唐鞅、田不礼为相，四人均非善类。不如效法魏襄王，任命太子为相。"

宋康王大悦："先生对寡人如此忠心，竟不贪图富贵爵禄，真是难得的贤人！"

于是罢免仇赫，重赏曹商，任命太子为相。

庄子七十五岁，赵武灵王死于内乱，秦昭王重新东进。

蔺且说："夫子去年曾说，如果孟尝君、赵武灵王不循泰道，不知持盈保泰，必有后患。没想到赵武灵王后患如此之快，下场如此之惨！"

庄子说："《孙子兵法·谋攻》曾言战争四境：'上兵伐谋，其次伐交，其次伐兵，其下攻城。'纵横家如张仪、公孙衍，擅长伐谋伐交，短于伐兵攻城。兵家如吴起、孙膑，擅长伐兵攻城，短于伐谋伐交。赵武灵王兼有两者之长，而无两者之短，既能立燕昭王而得燕，立秦昭王而乱秦，又能北驱东胡，东灭中山，西破暴秦。但是赵武灵王自负雄才大略，刚愎自用，不善用人，所以事必躬亲，亲自使秦，亲自出征。赵武灵王能强国而不善治国，能破敌而不善治家，所以改立太子，禅位幼主，分封赵章，重用田不礼。最终自致内乱，自食其果。"

蔺且问："孟尝君伐楚伐秦，都是为了遏制暴秦，为何今年转而伐燕？"

庄子说："去年魏襄王、韩襄王一死，孟尝君立刻停止伐秦，我已十分疑惑。今年孟尝君转而伐燕，我才明白他不愿灭秦，希望秦国牵制迅速崛起的赵国，减轻赵国对齐国的威胁。但是孟尝君不顾齐湣王反对而伐燕，又证明他不循泰道，不知持盈保泰。齐湣王把孟尝君伐燕攻取的十城归还燕国，看来孟尝君也后患将至。"

蔺且问："赵武灵王已死，如果孟尝君再出意外，秦军是否又将卷土重来？"

庄子说："正是。去年五国破秦，秦昭王割地求和。今年赵武灵王一死，秦军立刻重出函谷关，又伐魏国河东。不仅中原将会再受秦军屠戮，宋国也将承受秦祸。"

蔺且问："宋国与秦结盟之前，秦军也从未伐宋。如今宋国已经与秦结盟，难道秦军反会伐宋？"

庄子说："去年田不礼率领宋军助赵破秦，秦昭王必将怀恨宋康王。田不礼虽已死于赵国，宋民仍将受其余殃。宋、卫、中山三个千乘之国，乃是七雄争霸天下的三枚棋子。如今卫国示弱贬号而存，中山逞强称王而亡。逞强称王的宋国，已是七雄博弈的最后一枚棋子。"

第七部
宋灭庄殁（前294—前286）

第七編

宋及遼金（前 204～西 283）

七六　田甲乱齐孟尝罢相，鲲鱼化鹏逍遥南溟

前294年，岁在丁卯。庄周七十六岁。宋康王四十四年。

周赧王二十一年。秦昭王十三年。楚顷襄王五年。魏昭王二年。韩釐王二年。赵惠文王五年。齐湣王七年。燕昭王十八年。鲁湣公九年。卫嗣君二十一年。

李兑清洗旧臣，培植党羽，专擅赵政，一手遮天。得知齐湣王归还燕国十城，也把去年助齐伐燕攻取的鄚邑（今河北任丘）、易邑（今河北易县）还给燕国，恢复赵、燕之盟。

赵惠文王十六岁，无所事事，养了三百剑士，沉迷剑术。

同母长弟赵胜十五岁，同母幼弟赵豹十四岁，也是少年心性，同样沉迷剑术。

秦昭王与魏冉商议："山东诸侯第二次合纵伐秦，寡人尽失河东，罪魁祸首是策动伐秦的孟尝君和欺骗寡人的赵武灵王。赵武灵王去年自取灭亡，赵仇将来再报不迟。如今当务之急，就是尽快除掉孟尝君，以免山东诸侯第三次合纵伐秦。"

魏冉说："《孙子兵法·用间》有言：'昔殷之兴也，伊挚在夏；周之兴也，吕牙在殷。故明君贤将，能以上智为间者，必成大功。此兵之要，三军之所恃而动也。'楚怀王派遣昭滑使越反间，骗取越王无疆信任而相越，帮助楚怀王灭越成功。赵武灵王派遣楼缓使秦反间，谎称结秦连宋，骗取大王信任而相秦，帮助孟尝君伐秦得逞。大王想要报复孟尝君，阻止山东诸侯第三次合纵伐秦，不妨派人使齐反间，促使齐湣王罢免孟尝君。"

秦昭王感叹："秦国之人愚直，只会真刀真枪，上阵厮杀。山东之人狡猾，一人反间，胜过十万雄兵。既然如此，听凭舅父安排。"

魏冉于是假装欲杀客卿吕礼。

吕礼逃离秦国，途经魏国，出奔齐国。

吕礼至齐，晋见齐湣王："魏冉怒于大王破秦，因为我是齐人，打算予以诛杀。我侥幸逃回，愿为大王之臣。"

齐湣王大悦："当年甘茂叛秦仕齐，父王不予信任，错失破秦良机，直到寡人才艰难破秦。可惜前年魏襄王、韩襄王同时死去，寡人被迫听从薛公而暂停伐秦。去年秦军重出函谷关，寡人正要再伐。你既仕秦多年，必定熟知秦国内幕，了解山川地形，可助寡人竟其全功！"

吕礼说："大王伐楚伐秦伐燕，尽管无不大胜，然而未获实利，徒有虚名。甚至虚名也非大王所有，尽归薛公。"

齐湣王不悦："何以见得？"

吕礼说："天下都说孟尝君伐楚伐秦伐燕，不说大王伐楚伐秦伐燕。天下又说，伐楚伐秦伐燕，乃至停止伐楚伐秦伐燕，均非大王的命令，均为孟尝君的命令。"

齐湣王面有怒色。

吕礼说："大王息怒，容我直言！靖郭君、孟尝君父子两代相齐，势力盘根错节，实非齐国之福。当年靖郭君相齐，伐燕大胜，导致诸侯伐齐存燕，齐国不强反弱。如今孟尝君相齐，伐楚大胜，方城以北的楚地宛邑、叶县尽归韩、魏；伐秦大胜，函谷关以东的河东之地尽归韩、魏；伐燕大胜，十城又还给燕国。孟尝君连年征伐，无不大胜，然而大王一再损兵耗粮，竟然未得寸地。大王只有不再伐秦，转伐邻国，才能胜必得地。"

齐湣王似有醒悟。

吕礼又说："威、宣二朝，稷下学宫人才鼎盛，天下贤士汇聚齐国，魏惠王、韩昭侯三次朝齐。如今稷下学宫人才凋零，孟尝君私养门客三千，天下士人不奔稷下，争趋薛邑。大王重用孟尝君，既无实利，又失虚名，只让孟尝君扬威秦、楚，市恩魏、韩，驱遣赵、燕。如今孟尝君权倾天下，楚、秦执礼聘相，魏、韩、赵、燕听命。天下敬畏强齐，仅是敬畏孟尝君，并非敬畏大王。大王只有罢免孟尝君，天下才会敬畏大王！"

齐湣王十分为难："父王遗命寡人，务必重用孟尝君。如今天下诸侯、齐国群臣，无不听命于孟尝君。寡人久有罢免孟尝君之心，一是群臣反对，二是没有罪名。"

吕礼说："这有何难？宗室、群臣并非忠于孟尝君，仅是敢怒不敢言。宗室田甲和大臣成骚，全都忠于大王，痛恨孟尝君欺君专权。"

齐湣王说："他们人微言轻，又有何用？"

吕礼说："大王只须如此如此，必能罢免孟尝君。"

齐湣王大悦，采纳其策，秘召田甲、成骚，面授机宜。

田甲假装发动叛乱，劫持了齐湣王。

孟尝君迅速平定叛乱，救出了齐湣王。

成骚上朝，当着孟尝君之面，向齐湣王进言："田文欺君专权，久有弑君篡位之心。田甲劫持大王，必定受其指使。大王对田文仁义，就是对齐民不仁不义。大王对田文仁慈，就是对先王不忠不孝。田文如果继续专权，齐国必将兵弱于外，政乱于内，父兄犯法，有亡国之忧！"

齐湣王佯装大怒："大胆妄言！薛公若有叛乱篡弑之心，何必救出寡人？"

于是诛杀田甲、成骚，假装安慰孟尝君："相国功高盖世，破楚破秦，辅佐寡人跃居天下最强。寡人决不听信谗言！当年先王因为张仪连横而失去燕地，怒杀王后嬴氏，废黜嬴氏之子，相国议立寡人生母为后，寡人感念至今。不过寡人不敢以先王之臣为臣，相国年事已高，不如归薛颐养天年。"

孟尝君连相宣、湣二朝，相齐十九年罢相。

齐湣王改命韩人韩珉为相。

苏厉询问苏秦："为何吕礼一来，田甲立刻叛乱，成骚竟敢诬告？齐湣王不信诬告，为何仍然罢免孟尝君？"

苏秦说："吕礼是姜齐始祖姜尚的后裔，怒于田齐取代姜齐，于是离齐仕秦。

如今必是为秦反间，假装逃秦奔齐，唆使齐湣王，利用田甲、成驩不满孟尝君专权，设局陷害孟尝君。如今孟尝君罢相，无人策动合纵伐秦，为我带来极大麻烦！"

苏厉说："孟尝君去年伐燕，为二哥带来极大麻烦，我以为二哥希望孟尝君罢相。孟尝君继续相齐，齐国必将日益强大，二哥怎能帮助燕昭王伐齐报仇？"

苏秦说："智者谋事，善于因祸为福，转败为功。若非孟尝君去年伐燕，我怎能相燕封君？只要齐湣王信任我，齐军就不会再次伐燕。只要孟尝君相齐，齐军就会连年征伐，损兵耗粮，师劳国疲。所以孟尝君罢相，不利于我为燕弱齐。我为燕弱齐，与燕昭王订约十年，谋定后动，立于不败之地。吕礼为秦弱齐，目光短浅，急于求成，迟早必将失败。"

苏厉又问："齐湣王罢免孟尝君以后，为何不命吕礼为相，却命韩珉为相？"

苏秦说："吕礼今年刚刚离秦奔齐，齐湣王不敢深信。六年前韩太子韩婴死去，公仲朋、韩珉、冷向欲立几瑟为太子而失败，次年韩襄王立韩咎为太子。前年韩咎继位为韩釐王，韩珉、冷向担心报复，于是离韩仕齐。韩珉原是亲秦的公仲朋死党，在韩反对公叔敌秦，在齐反对孟尝君伐秦。如今齐湣王听信吕礼而停止伐秦，于是改命亲秦的韩珉为相，以此示好秦昭王。冷向不受齐湣王重用，已经投入我的门下。你要替我约束冷向、宋郭、盛庆、辛谒、韩山等所有门客，没有我的命令，不可轻举妄动。我将顺水推舟，鼓动齐湣王伐宋。"

苏厉心悦诚服，欣然领命。

秦昭王嘉奖魏冉："舅父妙计，果然厉害！吕礼奔齐反间，收效如此神速！孟尝君既已罢相，寡人立刻伐韩，尽快收复被孟尝君夺回的河东。"

魏冉即命向寿为主将，白起为副将，兵分两路，伐韩河东。

向寿领兵五万，攻打洛阳西面的武始（今地不详）。

白起领兵五万，攻打洛阳南面的伊阙（今河南伊川）。

向寿迅速攻克武始，与白起合兵，指挥十万秦军猛攻伊阙。

伊阙告急，韩釐王向魏昭王、西周国求救。

七六　田甲乱齐孟尝罢相，鲲鱼化鹏逍遥南溟

魏昭王听从敌秦的公孙衍之言，命其二弟公孙喜，率领魏军驰救伊阙。

西周武公听从敌秦的周最之言，追随魏国，驰救伊阙。

公孙喜统帅魏、韩、西周联军二十四万，死守伊阙。

孟尝君五十二岁，被罢免齐相，回到封地薛邑。

门客冯谖请命使魏，晋见魏昭王："齐湣王听信谗言，罢免了破秦强齐的孟尝君。大王如果礼聘孟尝君相魏，必能击退秦军！"

魏昭王大喜，让乐毅降任上将军，虚其相位。连派三位使者至薛，以黄金千斤，马车百乘，礼聘孟尝君相魏。

冯谖返薛，禀报孟尝君："魏昭王三聘主公，大王必已得知。大王如果悔悟，必请主公复相！"

孟尝君于是谢绝魏昭王礼聘，静观齐湣王反应。

齐湣王毫无反应。

乐毅于两年前赵武灵王死后离赵相魏，如今被罢免魏相，于是离魏往燕，晋见燕昭王："久闻大王乃是当世明君，竭诚招贤，特来报效。"

燕昭王喜出望外："寡人当年国破父丧，幸赖先生与令兄乐池之助，得以复国，铭记于心多年，无缘报答厚恩。先生辅佐赵武灵王实行胡服骑射，北驱东胡，东灭中山，西破暴秦，赵国迅速崛起。寡人仰慕先生已久，愿请先生治军，同样实行胡服骑射。"

即命乐毅为亚卿，暂摄相事，负责训练燕国骑兵。

赵人剧辛，赵武灵王时与乐毅交好。如今在赵不受李兑重用，于是离赵往燕，协助乐毅治军。

燕昭王外有苏秦、苏厉在齐反间，内有乐毅、剧辛在燕练兵。于是继续韬光养晦，等待破齐良机。

庄子七十六岁，著书数年，反复修改，完成了第一篇《逍遥游》。

蔺且问："夫子所言逍遥，究竟何意？"

庄子说："逍遥名相，古已有之。《小雅·白驹》有言：'皎皎白驹，食我场苗。絷之维之，以永今朝。所谓伊人，于焉逍遥。'屈原《离骚》亦言：'路漫漫其修远兮，吾将上下而求索。饮余马于咸池兮，总余辔乎扶桑。折若木以拂日兮，聊逍遥以徜徉。'"

蔺且问："夫子所言逍遥，难道与《诗经》《离骚》一样，也是徜徉徘徊之义？"

庄子说："当然不同。我所言逍遥，乃是顺道循德，自适其适。逍又训消，就是自消己德，永不自得。遥又训达，就是求索天道，遥达彼道。"

蔺且说："屈原心系庙堂，为何向往逍遥？"

庄子说："屈原不为庙堂所容，遭到贬官放逐，乃是被迫远离庙堂，并非主动逍遥，所以身在江湖，心系庙堂，仍是陷溺北溟之鲲。我不愿成为陷溺北溟之鲲，而愿化为心系南溟之鹏，所以自觉远离庙堂，主动逍遥江湖，徜徉于藐姑射之山，无何有之乡。"

蔺且说："弟子明白了！被迫远离庙堂者，不可能逍遥江湖。只有自觉远离庙堂者，才能逍遥江湖。"

庄子说："屈原被逐，惠施罢相，都是被迫远离庙堂。他们用意不坏，都是顺道大知，仅因陷溺人道，未悟天道，所以成为陷溺北溟之鲲，结果收效甚微，代价惨重。至于张仪、公孙衍之类悖道大知，靳尚、曹商之类悖道小知，则是翱翔蓬蒿之间的蜩鸠、尺鴳，自负知效一官，行比一乡，德合一君，能征一国，无法理解北溟之鲲，更不理解南溟之鹏。故曰：'小知不及大知，小年不及大年；朝菌不知晦朔，蟪蛄不知春秋。'"

蔺且说："朝菌、蟪蛄、冥灵、大椿，是否隐喻生命四境：无知，小知，大知，至知？"

庄子说："正是。生命四境，是我四十岁时在雕陵的重要领悟，也与《老子》君主四境、《孙子》战争四境、《子华子》养生四境，略有相通。无知、小知、大知囿于肉身小年，屈从小年人道，所以适人之适，役人之役。至知至人超越肉身小年，顺应大年天道，所以乘物游心，自适其适，尽其所受乎天。"

七七　白起屠韩楚宋伐薛，天道真宰齐一万物

前293年，岁在戊辰。庄周七十七岁。宋康王四十五年。

周赧王二十二年。秦昭王十四年。楚顷襄王六年。魏昭王三年。韩釐王三年。赵惠文王六年。齐湣王八年。燕昭王十九年。鲁湣公十年。卫嗣君二十二年。

向寿、白起率领十万秦军，围攻伊阙，从去年延至今年。

公孙喜率领二十四万魏、韩、西周联军，仍然死守伊阙。

向寿苦于秦军太少，请求秦昭王增兵。

秦昭王不悦。

魏冉说："向寿担任甘茂副将多年，实非良将。因其官爵高于白起，又是太后外甥，所以担任主将，导致副将白起无法施展。白起出身农民，杀敌勇猛，累积军功，凭借斩首计功的二十等爵制度，被我从步卒逐渐提拔为什夫长、百夫长、千夫长，实为不可多得的良将。大王只要改命白起为主将，无须增兵，伊阙必破！"

秦昭王听从其言，拒绝增兵，命令向寿返秦待罪，提拔白起担任主将。

白起成为从步卒升至主将的第一人，感恩图报，身先士卒，一举攻克伊阙，诛杀公孙喜，斩首二十四万，垒起了商鞅变法以来的最大首冢。

秦昭王在孟尝君破秦以后，凭借白起的残暴屠杀，迅速卷土重来。

韩釐王战败，被迫罢免敌秦的公叔，改命亲秦的成阳君韩辰为相。

韩辰奉韩釐王之命，公孙衍奉魏昭王之命，周足奉西周武公之命，共同入秦朝拜秦昭王，自称"东藩之臣"。

公孙衍曾在秦惠王早年短暂相秦，后被张仪夺相返魏，此后毕生反秦。如

今使秦求和，不堪屈辱，返魏以后含恨而死。相秦二年（前332—前331），相魏二年（前318—前317），相韩三年（前316—前314）。五十三岁策动五国相王（前323）成功，五十八岁策动五国伐秦（前318）失败，终年八十三岁（前375—前293）。

秦昭王重新收服魏、韩、二周，于是致书楚顷襄王："大王当年身为太子，在秦为质，杀死秦国大夫，背叛寡人在先。寡人不计前嫌，前年送粮五万石，恳请复盟联姻。大王收下粮食，不肯复盟联姻，不与寡人和解。寡人将率诸侯伐楚，不惜抵死拼命，只求比大王多活一天。但愿大王整备士卒，乐于一战！"

楚顷襄王大惧，愿意和解。

秦昭王说："孟尝君策动诸侯征伐楚、秦，乃是楚、秦共同大仇，如今罢相归薛。大王愿与寡人和解，何不伐薛？"

楚顷襄王为免秦伐，立刻伐薛。

魏冉献策秦昭王："孟尝君伐秦第三年，赵武灵王率领赵、宋联军加入伐秦。休兵以后，宋康王才命曹商使秦，辩解田不礼率领宋军随赵伐秦，非奉其命。大王很难确知，宋康王究竟是被赵武灵王所骗，被田不礼所卖，还是墙倒众人推，对秦落井下石。如今楚顷襄王已奉大王之命伐薛，大王可命宋康王助楚伐薛，既能惩罚孟尝君，又能明白宋康王是否忠秦。"

秦昭王采纳其策，遣使至宋，命令宋康王助楚伐薛。

宋康王欣然从命。

楚顷襄王、宋康王被秦昭王驱使，为其报仇，共同伐薛。

孟尝君向齐湣王求救。

淳于髡、苏秦主张救薛，韩珉、吕礼反对救薛。

齐湣王深恨孟尝君，拒绝救薛。

楚军攻取了薛地大部。

宋军攻取了薛地五城。

七七　白起屠韩楚宋伐薛，天道真宰齐一万物

孟尝君去年罢相归薛，三拒魏昭王聘相，希望齐湣王悔悟。如今齐湣王拒绝救薛，孟尝君终于明白，田甲叛乱和成驩诬陷，均为齐湣王、吕礼所设之局。

如今楚、宋瓜分薛邑，孟尝君被迫逃往大梁。

魏昭王大喜："寡人去年罢免乐毅，虚其相位，三聘君侯。君侯不肯屈驾，导致今年秦军大屠伊阙，寡人被迫向秦称臣。商鞅变法以来，天下仅有君侯一人能够挫败暴秦，逼其退入函谷关。如今秦军重出函谷关，唯有君侯能够阻止暴秦卷土重来，帮助寡人转危为安。"

孟尝君说："齐湣王不念我父子两代相齐强国之功，设局陷害，免我相位，拒绝救薛。大王要我相魏抗秦，必须废黜王后田氏，解我心头之恨。"

魏昭王病急乱投医，废黜王后田氏（齐湣王妹），驱逐归齐。

孟尝君五十三岁，第二次相魏。立刻分遣门客，策动诸侯合纵伐齐，必欲报仇雪恨。

魏昭王说："寡人虽聘君侯执政，也想与闻国事。"

孟尝君说："大王想要处理国事，必须熟读李悝《法经》。"

魏昭王读了十余枚竹简，直打瞌睡："寡人读不下去。"

从此听任孟尝君专擅魏政，不闻不问。

齐相韩珉派遣韩春秘密使秦，献策秦昭王："孟尝君乃是大王仇人，如今被罢免齐相，失去薛邑，沦为丧家之犬。魏昭王竟对大王阳奉阴违，既向大王称臣，又聘孟尝君为相。甚至听命孟尝君，废黜王后田氏。大王如果迎娶田氏，齐湣王必定大悦，秦、齐就能共同伐魏，驱逐孟尝君，立田氏之子魏负刍为魏太子。将来魏负刍继位，生母在秦，就会终身事秦，魏国全境必为秦国郡县。魏昭王如果畏惧秦、齐共伐，就会迎归田氏，罢免孟尝君。"

秦昭王正为魏昭王拜相孟尝君而大怒，于是听从韩珉，迎娶田氏。

齐湣王正为魏昭王驱逐妹妹田氏而大怒，于是与秦和解，共谋伐魏。

李兑担心秦、齐和解以后共同伐赵，以赵惠文王的名义，把武城（今河北

磁县，魏名邺城）封给孟尝君，以免魏、韩加入伐赵。

孟尝君派遣门客接收封地，郑重嘱咐："我曾听说：'借得他人马车，日日奔驰；借得他人衣服，夜夜当被。'有无此言？"

门客说："确有这一民间谚语。"

孟尝君说："我以为很不可取！愿意出借衣服、马车，必是亲友兄弟。滥用亲友马车，糟蹋兄弟衣服，岂非缺德？赵惠文王认为我德行高尚，所以赐封武城。先生替我管理武城，不可辜负赵惠文王信赖，切勿滥伐树木，乱拆房屋！"

宋康王问策群臣："孟尝君离薛相魏，天下格局大变。诸侯重新合纵连横，正在酝酿新一轮大战。寡人应该如何应对？"

曹商说："宋国土地肥沃，国富民丰，定陶居于天下之中，汇通天下商贸，税收冠于天下。然而大王即位之时，兵弱不强，屡受楚、魏征伐。当时天下有楚、魏、齐、秦、韩、赵、燕七个万乘之国，宋、卫、中山三个千乘之国，另有百乘小国数十。经过大王四十五年励精图治，巧妙借力，宋国已经由弱变强。二十四年前公孙衍合纵伐秦大败，大王与秦结盟，助齐伐魏，攻取观泽。八年前孟尝君合纵伐楚大胜，大王助秦伐楚，尽取淮北。三年前孟尝君合纵伐秦大胜，大王与赵结盟，助赵伐灭中山，吞并滕国。今年楚顷襄王伐薛，大王助楚伐薛，又攻取五城。大王称王以来，蚕食周边列强，战无不胜，拓地三百里。如今百乘小国数十，均已亡国。千乘之国，中山已灭，卫国雌伏。唯有宋国在大王治下，不再是千乘之弱宋，已经变成五千乘之劲宋，不比魏、韩、燕三雄弱小，可与秦、赵、齐、楚四强比肩。强秦、强赵又与大王结盟，天下再也无人胆敢伐宋。"

群臣拜贺："大王文武全才，已经复兴殷商之盛，必将建成万乘之强宋，称霸天下！"

宋康王喜不自禁，野心膨胀，把秦、赵以外的所有诸侯雕成木人，伸开双臂，放在厕所门口，作为箭靶。

下令铸造一千架编钟，纪念殷商复兴。

庄子七十七岁，改定第二篇《齐物论》。

七七　白起屠韩楚宋伐薛，天道真宰齐一万物

蔺且问："何为'吾丧我'？"

庄子说："'吾'不与外物对待，'我'与外物对待。'吾丧我'就是保持独立人格，不与外物对待。所以说：'天地与我并生，万物与我为一。'达于齐物之观，首先可以领悟，万物均为天道所生，均有天道分施的真德。进而可以领悟，他人的相对是非，亦据天赋真德。最终可以领悟，只有天道的是非，才是绝对是非。这样就能消泯人间相对是非的无谓争执，然其然，不然其不然。"

蔺且问："子綦所言天籁、地籁、人籁，究竟何意？"

庄子说："人籁之言无定，正如儒墨之言，常常是其所非，非其所是，把一己相对之是，拔高为天下绝对之是，强求统一天下之言，因而导致永无休止的纷争攻战。地籁之音有定，正如众窍之音，仅仅自是其是，但不非人之是，不把一己相对之是，拔高为天下绝对之是，不强求统一天下之音，因而形成吹万不同的美妙和声。可见强求齐一的人籁违背天籁，吹万不同的地籁符合天籁，所以人籁应该效法地籁。《老子》有言：'人法地，地法天，天法道，道法自然。'"

蔺且问："何为真宰，何为真君？"

庄子说："天道是万物的真宰真君，人道是万物的假宰假君。俗君一旦自居真君，就是违背天道的僭主，必将代司杀者杀，祸害天下万民，殃及鸟兽虫鱼。《老子》有言：'夫代司杀者杀，是谓代大匠斫。夫代大匠斫者，希有不伤其手矣。'"

蔺且问："夫子赞扬十日并出，是否暗示十王并存，从而停止战争？"

庄子说："正是！传说盘古开天辟地，天有十日，万物皆照。唐尧自居真君，自命天下独尊，于是命令后羿射落九日。从此泰道式微，否术大行，俗君僭主无不坚信'天无二日，国无二主'，战争再也无法避免。国内战争，乃是争为唯一的国君。国际战争，乃是争为唯一的天子。天尊地卑、君尊臣卑的否术，导致万物不齐，人类分等；民众倚待百官，如同魍魉倚待影子；百官倚待俗君，如同影子倚待主人。"

蔺且问："既然万物均应倚待天道，泰道又是天道显证，夫子为何又说'天下莫大于秋毫之末，而泰山为小'？"

庄子说："人类认知天道永无止境，泰道仅是人类已经认知的部分天道，并非全部天道。人类一旦把目前认知的部分天道视为全部天道，必将停止探索天

道，进而违背天道。"

蔺且问："既然万物形貌有异而本质齐一，不能坚执此是彼非，为何篇末结于'周与蝴蝶，则必有分矣，此之谓物化'？"

庄子说："不能领悟万物形貌有异而本质齐一，就会盲从人道视角，认为庄周、蝴蝶乃是异类，必有绝对分别和绝对是非。领悟万物形貌有异而本质齐一，就会采用天道视角，认为庄周、蝴蝶均为一气所化，没有绝对分别和绝对是非。万物的产生，乃是天道主宰的造化。万物的变迁，乃是天道主宰的物化。达于此旨，可泯相对是非之争，可免蜗角蛮触之战。"

七八　苏秦重齐屈原自沉，丧我存吾养生有主

前292年，岁在己巳。庄周七十八岁。宋康王四十六年。

周赧王二十三年。秦昭王十五年。楚顷襄王七年。魏昭王四年。韩釐王四年。赵惠文王七年。齐湣王九年。燕昭王二十年。鲁湣公十一年。卫嗣君二十三年。

孟尝君破秦以后，魏冉殚精竭虑，戴罪立功。四年之中，赵武灵王饿死于赵，孟尝君被逐于齐。魏冉破格启用白起，秦军重新东进，获得伊阙大胜，垒起了商鞅变法以来的最大首冢。

魏冉操劳过度，身心交瘁，今年终于病倒，于是辞去相位。

秦昭王念其功大，封魏冉为穰侯，封地穰邑（今河南邓州北）。

魏冉超越了仅为封君的商鞅、张仪、樗里疾，成为首位封侯的秦相。

客卿寿烛继任秦相，向秦昭王进言："当年公孙衍合纵伐秦失败，罢免魏相，转任韩相，秦惠王立刻伐韩，迫使天下诸侯不敢再用公孙衍。如今孟尝君合纵伐秦得逞，罢免齐相，转任魏相，大王也应立刻伐魏，迫使天下诸侯不敢再用孟尝君。"

秦昭王听从其言，命令司马错、白起领兵伐魏，重新攻取了垣邑（今山西垣曲）。

孟尝君劝说魏昭王："大王不如向秦求和，邀秦加入合纵伐齐。"

魏昭王说："寡人只愿向秦求和，不愿邀秦加入合纵伐齐。"

魏使至秦求和。

寿烛向秦昭王进言："大王不妨把垣邑还给魏国，要求魏昭王罢免孟尝君。"

秦昭王听从其言，把垣邑还给魏国。

魏昭王佯装答应罢免孟尝君。

司马错、白起于是移师伐楚，攻取了宛邑（今河南南阳）、叶县（今河南叶县）。

楚顷襄王问子兰："寡人去年为秦昭王伐薛报仇，为何秦军今年仍然伐楚？"

子兰说："三年前秦昭王送粮五万石，请求复盟联姻。大王收下粮食，却拒绝复盟联姻。大王只有与秦复盟联姻，秦军才会停止伐楚。"

楚顷襄王听从其言，请求与秦复盟联姻。

屈原在流放地，闻讯再次上书，痛斥楚顷襄王轻忘父仇，偷安事敌。

子兰、靳尚纷纷进谗："屈原当年一再不敬先王，先被贬官，后被流放，仍然不思悔改，撰写辞赋讪谤先王，声称'虽九死其犹未悔'。如今仍然不敬大王，再次妄议国事！"

楚顷襄王大怒，又把屈原从江北流放江南，投于烟瘴之地。

苏秦返燕，参加年初的岁首朝会，与燕昭王重新商定使齐反间的具体方略。

苏秦离燕返齐之前，致信齐湣王："前年燕昭王命我护送其弟襄安君赴齐为质，我不愿赴齐而勉强赴齐，乃因大王尽管信任我，但仍然视我为燕臣，不让我为大王分忧。如今孟尝君离齐相魏，正与诸侯密谋伐齐，我怎能不尽快赴齐，为大王分忧？密谋伐齐的天下诸侯，不愿事齐的部分燕臣，都在劝说燕昭王加入伐齐联盟。燕昭王面对内外压力，未必听我规劝。但我宁愿失去燕昭王信任，决意尽快赴齐，为大王分忧。我赴齐之时，若能得到大王超常礼敬，天下诸侯必将轰传：'燕昭王仍命燕相苏秦使齐，必不加入伐齐联盟。齐湣王竟命齐相韩珉为燕相苏秦驾车，齐、燕仍为铁盟！'大王如果允准，我将以一百五十乘使齐。大王如果不允，我将以五十乘使齐。管仲不谋私利，一心为齐，得到齐桓公信任，因而九合诸侯，一匡天下。大王远比齐桓公贤明，我虽不如管仲之贤，但像管仲一样忠于齐国，也愿大王像齐桓公信任管仲那样信任我！"

齐湣王正为孟尝君策动合纵伐齐而发愁，尽从苏秦之请。

苏秦十年前第一次为燕使齐，前年第二次为燕使齐，均为五十乘。今年第三次为燕使齐，却是一百五十乘，超过了百乘的最高规格。

齐相韩珉奉齐湣王之命，前往临淄北面百里的高间（今地不详），迎接燕相苏秦，为其驾车，超过了郊迎三十里的最高规格。

此事轰传天下，诸侯认为齐、燕一心，于是都不响应孟尝君策动的合纵伐齐。

齐湣王大喜，从此自居齐桓公，视苏秦为管仲，信任倚重超过韩珉。

苏秦向齐湣王进言："大王南破强楚，西屈强秦，驱使韩、魏之兵，燕、赵之众，如同鞭赶牛羊。大王想要代周为王，必须诛暴正乱，征伐无道之国，诛灭不义之君。如今宋康王射天笞地，把秦、赵以外的天下诸侯做成木人，伸开双臂，放在厕所门口，作为箭靶。宋国是天下最为无道之国，宋康王是天下最为不义之君，天下称为'桀宋'。大王若不伐宋，难以号令天下。况且宋国是中原最为肥沃之地，又与齐境相邻。去年宋康王凭借与秦、赵结盟，竟敢助楚伐薛。薛邑虽是孟尝君封地，仍是齐国之地。大王与其得百里于燕，不如得十里于宋。大王伐宋，论名合于大义，论实则有大利，大王何不伐宋？"

齐湣王问："寡人如果伐宋，秦、赵是否会救？"

苏秦说："秦远赵近，大王不必担心秦军救宋，只须担心赵军救宋。我愿使赵，说服奉阳君李兑同意大王伐宋，决不救宋。"

齐湣王大悦，派遣苏秦使赵。

苏秦从齐至赵，致信求见李兑："洛阳乘轩里苏秦，家境贫寒，母亲老迈，没有劣车驽马，唯有书简行囊。日行百里，一路风尘，顶霜冒雪，渡过漳水，双足重茧，赶到邯郸。立于外阙，求见君侯，愿言天下大事。"

李兑命人传话："人事我已尽知，除非先生谈论鬼事，方许入见。"

苏秦说："保证只言鬼事，不谈人事。"

李兑准其入见。

苏秦进言："我赴赵途中，遇上大雨，露宿田间，夜半听见木偶与土偶对话。土偶对木偶说：'你不如我！我是泥土，如今大雨滂沱，不过复归泥土。你是木头，一旦漂入漳水，东流至海，必将漫无所归。'如今君侯执掌强赵权柄，固然天下侧目，诸侯听命，但是君侯饿杀主父，凌驾幼主，其实危如累卵。听我之言则生，不听我言则死！"

李兑大为惶恐："敬请先生指明生路！"

苏秦说："各国权相，诸如吴起、商鞅、张仪、惠施、田婴、公孙衍、甘茂，无不得到君王倚重，然而旧君一死，即被新君罢免、放逐、诛杀、灭族。唯有孟尝君连相二君，齐宣王死后，齐湣王不仅未予罢免、放逐、诛杀、灭族，反而更加倚重，是何缘故？因为暴秦是中原公敌，孟尝君是伐秦盟主！孟尝君破秦以后，尽管因故罢相，齐湣王仍然不敢诛杀，又被魏昭王聘为魏相。如今赵惠文王已经十八岁，两年以后就会亲政，君侯大祸将至。齐湣王命我奉劝君侯：放弃结秦连宋，君侯策动伐秦，齐国负责伐宋。君侯一旦取代孟尝君，成为伐秦盟主，必将受到天下礼敬，永无后患。"

李兑受教拜谢。

苏秦返齐复命。

齐湣王大悦，不顾韩珉反对，着手筹备伐宋。

屈原被流放江南，披散头发，面色憔悴，形容枯槁，行吟泽畔。

渔父问："先生不是三闾大夫吗？为何不居郢都，来到此地？"

屈原说："举世皆浊我独清，众人皆醉我独醒。所以受到放逐。"

渔父问："世人皆浊，先生为何不肯搅其淤泥，扬其浊波？众人皆醉，先生为何不肯食其糟粕，饮其劣酒？为何深思高举，自取放逐？"

屈原说："沐浴之人，弹冠振衣，意在洁净。怎能以洁净之身，承受外物之污？宁赴湘水，葬于鱼腹。不愿以洁白之身，蒙受世俗之尘！"

渔父说："圣人不凝滞于外物，而能与世推移。庙堂有道，用世济民。庙堂无道，归隐江湖。"

划桨而去，自吟其歌："沧浪之水清洌，自当洗濯冠缨；沧浪之水浑浊，自当洗濯双足。"

屈原一腔热血，无以报国，负石自沉于汨罗江，终年四十八岁（前339—前292）。

庄子七十八岁，改定第三篇《养生主》。

蔺且说："东郭子问我，渔父身为老聃之徒，为何劝说屈原与靳尚、子兰同流合污？"

庄子说："东郭子对渔父的误解，也是人们对老聃之徒的误解。渔父如果主张同流合污，怎么还是渔父？"

蔺且说："我也告诉东郭子，渔父只是问屈原为何不肯同流合污，并非主张同流合污。屈原以沐浴为喻，说明自己尽管涉足污浊的庙堂，但是不肯同流合污，所以受到放逐。渔父就以洗濯为喻，说明任何人一旦涉足污浊的庙堂，除了同流合污别无出路。沧浪之水清洌，可以洁其冠缨，乃喻庙堂有道可以出仕。沧浪之水浑浊，可以洁其双足，乃喻庙堂无道不可出仕。屈原涉足庙堂，已经失足污足，最后自沉江湖，仅是洁足自赎。渔父远离庙堂，未曾失足污足，所以逍遥江湖，无须洁足自赎。"

庄子问："东郭子明白没有？"

蔺且说："没有明白。他说我为渔父辩护，乃因渔父与夫子一样，都是失败者。"

庄子说："世俗之人，羡慕庙堂成功者，鄙弃庙堂失败者，又把远离庙堂者，全都视为失败者。其实寄生于庙堂，才是人生的最大失败。"

蔺且问："屈原如此大才，为何不愿遵循泰道，远离庙堂？"

庄子说："《九歌》首章《东皇泰一》，说明屈原已闻泰道。但是屈原不能丧忘宗室身份，所以不愿远离庙堂，宁可玉石俱焚。"

蔺且说："屈原如果读过《养生主》，是否可能远离庙堂，逍遥江湖？"

庄子说："恐怕不能。《离骚》首句'帝高阳之苗裔兮'，说明屈原未能丧我，怎能存吾？"

蔺且说:"《养生主》三寓言,弟子还有许多不明之处。比如第一寓言的庖丁,乃是夫子之友,文惠君又是隐喻何人?"

庄子说:"文惠君就是被戴剔成囚禁弑杀的宋桓侯,如今戴剔成之弟戴偃为君,不便直言。宋桓侯被囚以后,痛不欲生,看见庖丁解牛之技,得闻养生之主。"

蔺且问:"司马熹、惠盎均曾担任右师,均被宋康王刖足。第二寓言的右师,是否惠盎?"

庄子说:"正是惠盎。这一寓言抨击宋康王滥杀无辜,同样不便直言。"

蔺且问:"第三寓言,为何不言老聃之道,仅言老聃之死?"

庄子说:"世人盛传老聃是长生不死的仙人,不利于理解老聃之道。挑明老聃死于秦国,意在破除世俗妄传。人生价值不在生命长短,而在勘破死生循环,领悟物化,顺应造化。"

七九　秦再伐魏孟尝借兵，免刑全生至人间世

前291年，岁在庚午。庄周七十九岁。宋康王四十七年。

周赧王二十四年。秦昭王十六年。楚顷襄王八年。魏昭王五年。韩釐王五年。赵惠文王八年。齐湣王十年。燕昭王二十一年。鲁湣公十二年。卫嗣君二十四年。

秦昭王怒斥寿烛："你去年劝说寡人把垣邑还给魏国，要求魏昭王罢免孟尝君。为何魏昭王至今阳奉阴违，仍不罢免孟尝君？"

寿烛大恐，主动辞相。

魏冉病愈复相，派出两路秦军。

白起担任主将，率领主力，继续伐魏。

司马错担任副将，领兵伐韩，配合白起伐魏。

魏昭王连夜召见孟尝君："寡人不听秦命，不肯罢免君侯。如今秦军又伐，君侯有何良策？"

孟尝君说："大王不必忧虑！我已派遣门客向诸侯求救。"

魏昭王说："君侯门客，未必能够请来救兵。唯有君侯亲自出使，诸侯才肯来救！"

孟尝君以马车百乘使赵，晋见赵惠文王："秦军伐魏，请大王救魏击秦。"

赵惠文王十九岁，尚未亲政，不敢作主："结秦连宋是父王定下的国策，寡人不能救魏击秦。"

孟尝君说："我请大王救魏击秦，并非为魏，而是为赵。"

赵惠文王说："寡人不明君侯之意。"

孟尝君说："魏、赵均与秦国歃血为盟，但是魏地年年被秦所割，魏民岁岁被秦斩首，赵国却无此祸，是何缘故？因为魏国与秦相邻，年年岁岁代替赵国承受秦祸。魏国一旦被秦伐灭，赵国就会与秦相邻，赵地也将年年被秦所割，赵民也将岁岁被秦斩首。"

赵惠文王转问李兑："先生以为如何？"

李兑说："先王五年前加入薛公策动的合纵伐秦，即已终止结秦连宋。大王应该救魏击秦！"

赵惠文王听从其言。

李兑派出十万骑兵救魏击秦。又在南行唐（今河北行唐）修筑城墙，预防秦国报复赵国。

孟尝君又离赵至燕，晋见燕昭王："秦军伐魏，请大王救魏击秦。"

燕昭王说："敝国遭遇灾荒，连年歉收。寡人无力行军数千里救魏。"

孟尝君说："如今魏昭王不出国门，就能看见秦军，想要行军数千里救人之国，也不可得。能够行军数千里救魏，实为大王之福！"

燕昭王说："秦惠王帮助寡人复国，又嫁女于寡人。秦昭王不仅是寡人王后之弟，而且在燕为质五年，未曾不敬寡人。即位至今十六年，也未为难寡人。寡人怎能救魏击秦？"

孟尝君说："既然如此，请允许我告辞！天下一旦大变，大王切勿后悔！"

燕昭王问："敢问君侯，天下有何大变？"

孟尝君说："大王不肯救魏，魏国一旦告急，魏昭王就会割地求和，然后西借秦军步卒，东合赵国骑兵，策动秦、赵、魏、韩四国联合伐燕。四国伐燕之时，燕军无须劳师远征，运送粮草更加方便。大王不愿行军数千里救魏，莫非是希望在国门之外迎敌？"

燕昭王深知孟尝君确有能力策动四国伐燕，被迫起兵八万救魏。

白起伐魏，攻取了轵邑（今河南济源）、邓邑（今河南邓州）。

司马错伐韩，攻取了宛邑（今河南南阳）。

七九　秦再伐魏孟尝借兵，免刑全生至人间世

赵、燕救兵先后到达，帮助魏国收复轵邑。

魏昭王大喜，重赏孟尝君。

秦昭王担心孟尝君再次策动合纵伐秦，被迫退兵。把邓邑增封给长弟高陵君嬴悝，把宛邑增封给幼弟泾阳君嬴市。

苏秦催促齐湣王："去年我奉大王之命，劝说奉阳君放弃结秦连宋，担任伐秦盟主。奉阳君听我之言，今年果然救魏击秦。大王最好加紧筹备，尽快开始伐宋，以免坐失良机。"

齐湣王听从其言，不顾韩珉反对，加紧筹备伐宋。

宋康王召见曹商："宋国已从千乘之国变成五千乘之国，如何成为万乘之国，与七雄平起平坐？"

曹商说："大王只要奖励多生男丁，就能扩充兵源，成为万乘之国。"

宋康王采纳其言，发布命令：宋民生育男丁，免除三年口赋。

蒙邑丁氏，与庖丁同宗，家中无井，每天要有一个男人外出挑水。

丁氏在院子里打了一口井，高兴地告诉邻居："打井以后，省出一个男丁！"

邻家妇人，又转告邻家妇人。

一传十，十传百，传为异闻："丁氏打井，挖出一个男丁！"

曹商禀报宋康王："蒙邑丁氏生了一个男丁，县令登记在册，丁氏竟予否认。丁氏瞒报男丁，必是逃避兵役。为免宋民仿效，大王应予严惩！"

宋康王大怒，命令蒙邑县令拘捕丁氏，押送商丘，亲自审问。

丁氏说："传言有误！我家原先无井，需要一个男丁天天外出挑水。打井以后省出一个男丁，并非生育男丁。"

曹商说："即使传言确实有误，大王仍然不宜轻饶！否则不明真相的宋民，仍会因为大王仁慈而瞒报男丁，逃避兵役，宋国怎能成为万乘之国？"

宋康王听从其言，诛杀丁氏。

庄子七十九岁，改定第四篇《人间世》。

蔺且问："孟尝君离薛相魏，天下大战又起。夫子一向敬佩墨子止楚攻宋，为何反对颜回进谏卫庄公？"

庄子说："颜回进谏卫庄公，乃是寓言。颜回跟随孔子周游天下十四年，其时卫灵公、卫出公祖孙在位。颜回死后一年，卫灵公之子卫庄公逐子即位，暴虐卫民。这一寓言的寓意是：老聃、孔子所处的春秋末年，泰道未隐，否术未盛，但是大多数君主已像卫庄公一样，不肯听取颜回规劝。墨子所处的战国初年，泰道大隐，否术大盛，仍有极少数君主能像楚惠王那样，愿意听取墨子规劝而罢兵。如今泰道极隐，否术极盛，所有君主都与卫庄公一样，不愿听取惠施、宋钘规劝而偃兵。士人不应往刑亏生，而应逃刑全生。故曰：'方今之时，仅免刑焉。'"

蔺且问："楚威王不是也曾听从夫子规劝而放弃伐越吗？魏惠王不是也曾听从夫子规劝而放弃伐齐吗？"

庄子说："那是假装礼贤下士，楚威王、魏惠王终究仍是好战嗜杀的否君。如今天下乱战，尚未一统，各国否君唯有假装礼贤下士，才能击败敌国。一旦否王一统天下，必将不再礼贤下士。"

蔺且问："如今否君好战，否术猖獗，世人如何处世，才能顺道全生？"

庄子说："《人间世》写了八则寓言。前四则寓言，是说身在庙堂的士人，如何因应否君否术。后四则寓言，是说身在江湖的士人，如何因应悖道外境。无论身处庙堂，还是身处江湖，均应免刑全生，丧我存吾。行有余力，兼济天下。故曰：'古之至人，先存诸己，而后存诸人。'"

蔺且问："夫子所言'天子之与己，皆天之所子'，与孟尝君所养上士'不臣天子，不友诸侯'，是否相同？"

庄子说："略有相关，但不全同。'不臣天子，不友诸侯'，源于《周易》'不事王侯，高尚其事'，仅是士人遵循泰道的个人选择，尚未齐一万物。只有天下人全都齐一万物，领悟'天子之与己，皆天之所子'，领悟万物均为天道所生，人人都是天道之子，才能普遍遵循泰道，不再好战嗜杀。"

蔺且问："匠石、支离疏均为夫子之友，夫子为何贬斥匠石，褒扬支离疏？"

庄子说:"匠石原先认为文木有用,散木无用,后经吾师子綦教诲而领悟:文木用于庙堂,必将害己害人;散木用于江湖,才能存己存人。吾师子綦主张神人不材,但我主张至人间世,因为入世成为文木,固然难免雕琢,出世成为散木,仍然难免刑戮。唯有间世,处乎材与不材之间,才能免此两难。支离疏天生畸形,乃是不自觉的支离其形,尚且能够免刑全生。间世至人则是自觉地支离其德,既能葆全真德,又不张扬真德而招刑。故曰:'夫支离其形者,犹足以养其身,终其天年,又况支离其德者乎?'"

蔺且问:"为何最后要写接舆讽刺孔子?"

庄子说:"老聃曾以泰道教导孔子,可惜当时孔子没有领悟。孔子游楚之时,接舆又以老聃之道讽刺孔子,讥其'临人以德,画地而趋'。晚年孔子得读《归藏》,终于领悟泰道,感叹'朝闻道,夕死可矣'。可惜如今的子夏之徒,并非真正的孔子之徒,仅知早年孔学,未闻晚年孔学,为了功名富贵,不惜雕琢自己成为文木,不惜黥劓天下助长否术,唆使否君好战嗜杀,代大匠斫。故曰:'已乎已乎,临人以德;殆乎殆乎,画地而趋。'"

八十　孟尝使诈借秦伐齐，不事王侯德充之符

前290年，岁在辛未。庄周八十岁。宋康王四十八年。

周赧王二十五年。秦昭王十七年。楚顷襄王九年。魏昭王六年。韩釐王六年。赵惠文王九年。齐湣王十一年。燕昭王二十二年。鲁湣公十三年。卫嗣君二十五年。

秦昭王伐魏两年，见魏昭王仍不罢免孟尝君，恼怒至极，今年继续伐魏。白起、司马错又伐垣邑（今山西垣曲）、轵邑（今河南济源），未能攻克。

秦昭王召见魏冉："寡人伐魏三年，韩国助魏，赵、燕救魏，魏昭王仍不罢免孟尝君。寡人担心孟尝君再次发动合纵伐秦，舅父有何良策？"

魏冉说："韩珉在韩之时，与公仲朋、韩辰共同亲秦。如今韩珉相齐，韩辰相韩，必能说服韩釐王背叛纵约。只要韩釐王率先背叛纵约，山东诸侯就会分崩离析，孟尝君再也无法策动合纵伐秦。"

秦昭王听从其言，遣使至齐，秘密拜见齐相韩珉。

韩珉奉秦昭王之命，派人至韩，秘密拜见韩相韩辰。

韩辰采纳韩珉之策，向韩釐王进言："去年秦军兵分两路，同时征伐魏、韩。赵、燕为何救魏不救韩？因为孟尝君相魏。今年秦军又兵分两路，伐魏二城，仍然无功，必将移师伐韩。大王只有背叛纵约，献地事秦，才能确保秦祸不离魏境。"

韩釐王听从其言，派遣韩辰入秦献地。

魏昭王闻讯，问策老臣白圭："先生有无良策，阻止成阳君韩辰入秦献地？"

白圭说："大王不妨派人劝说成阳君：'楚怀王入秦被扣，由于楚顷襄王不肯献地，终于被囚至死。相国入秦献地，万一韩釐王反悔而不肯献地，也将被扣，被囚至死。'这样成阳君必定不敢入秦。"

魏昭王听从其言，派人恐吓韩辰。

韩辰不为所动，仍然离开新郑，动身西行。

公畴竖闻讯，献策楚顷襄王："成阳君入秦献地，秦、韩一旦结盟，必将不利楚国。"

楚顷襄王问："成阳君已经动身西行，如何阻止？"

公畴竖说："成阳君必将途经西周国，大王可命西周武公予以扣留。"

楚顷襄王采纳其言，命其出使西周国。

公畴竖到达河南，晋见西周武公："十七年前，秦军攻取韩邑宜阳，西周国失去一道屏障，秦武王顺利入周举鼎。三年前，秦军攻取韩邑伊阙，西周国又失去一道屏障，秦军入周更为容易。如今成阳君入秦献地，西周国必将失去所有屏障，秦军入周再无障碍。君侯唯有扣留成阳君，西周国才不会像东周国一样沦为秦国附庸。"

西周武公采纳其言，扣留了过境往秦的韩辰。

齐相韩珉闻讯，派遣门客怒斥西周武公，命其释放韩相韩辰，驱逐楚使公畴竖。

西周武公既担心得罪韩珉招来齐伐，更担心扣留韩辰招来秦、韩共伐，只得被迫释放韩辰，陪同韩辰入秦请罪。

周最谏阻父君入秦无效，愤而辞相，离开西周国，转仕魏国。

韩辰入秦，割让武遂（今山西垣曲东南）以西二百里地。

魏冉祝贺秦昭王："孟尝君夺回的河东韩地，已经重归大王。我愿亲自领兵收复孟尝君夺回的河东魏地,重振秦威!"

秦昭王大悦,亲临咸阳东门劳军,为魏冉出师壮行。

秦相魏冉亲率秦军,大举伐魏,分兵三路,同时围攻河东三邑:垣邑(今山西垣曲)、蒲坂(今山西永济)、皮氏(今山西河津东)。

韩釐王听从韩辰之言,助秦伐魏。

苏秦向齐湣王进言:"韩釐王不仅率先叛纵事秦,而且助秦伐魏。大王应该约赵伐韩,以免其他诸侯也叛纵事秦!"

齐湣王不知韩釐王献地事秦、助秦伐魏均为韩珉唆使,听从苏秦,准备约赵伐韩。

韩珉谏阻:"秦国与齐相远,楚国已经大破,对齐均无威胁。韩、魏则有秦患,燕国与齐亲善,宋、鲁十分贫弱,所以赵国乃是齐国的最大威胁。大王应该约秦伐赵,怎能约赵伐韩?"

齐湣王不听,派遣苏秦率领齐军至赵。

赵惠文王二十岁,冠礼以后亲政,仍然迷恋剑术。李兑继续独掌大权。

苏秦领兵至赵,约赵伐韩。

李兑即命赵梁率领赵、齐联军伐韩,攻至鲁关(今河南鲁山鲁阳关)。

魏昭王又连夜召见孟尝君:"秦、韩共同伐魏,君侯可否再请赵、燕救魏?"

孟尝君说:"去年魏、韩同心,共同抗秦,所以赵、燕肯救。如今韩釐王献地事秦,助秦伐魏,赵、燕未必肯救。大王难以独力抗击秦、韩联军,不如像韩釐王一样献地事秦。"

魏昭王说:"君侯之言甚是!不过成阳君使秦,可以安全返回。君侯如果使秦,难以安全返回。寡人当遣何人使秦献地?"

孟尝君说:"芒卯。"

魏昭王听从其言,派遣芒卯入秦献地。

八十　孟尝使诈借秦伐齐，不事王侯德充之符

芒卯至秦，割让绛邑（今山西翼城）、汾邑（今山西汾阳）等河东四百里地。

秦昭王大喜，命令秦、韩联军停止伐魏，嘉奖魏冉："韩珉让韩辰入秦献地，寡人一举收复被孟尝君夺回的河东韩地。魏昭王不敢与寡人再战，也命芒卯入秦献地，寡人又一举收复被孟尝君夺回的河东魏地。孟尝君伐秦三年夺回的魏、韩河东之地，舅父仅仅巧施妙计，即已兵不血刃重归寡人！"

李兑得知魏昭王也献地事秦，急命赵梁退兵，赵、齐联军停止了伐韩。

芒卯返魏之前，辞别秦昭王："魏国没有亲秦大臣，不利大王东进。大王如果能让魏昭王任命我为司徒，我就劝说魏昭王再献河东三邑长羊、王屋、洛林。"

秦昭王不敢相信竟有此事，疑心有诈。

芒卯私见魏冉，呈上孟尝君密信："门客向我密报，吕礼逃秦奔齐，乃是为秦反间。齐、秦一旦交好，吕礼必被秦昭王所重，君侯必为秦昭王所轻。君侯不如劝说秦昭王伐齐，破齐之后，我将返齐复相，必请齐湣王分封君侯。"

魏冉大悦，向秦昭王进言："孟尝君被齐湣王罢相，又失封地薛邑，陷入穷途末路，从仇秦变成亲秦，从忠齐变成仇齐，必欲报复齐湣王，所以派遣芒卯使秦，背着魏昭王卖魏事秦，希望大王助其伐齐。大王不必疑心芒卯，应该利用魏昭王信任孟尝君，孟尝君仇恨齐湣王，推助山东诸侯内耗，秦军就能加速东进。"

秦昭王不再疑心芒卯，派遣御史大夫起贾，陪同芒卯返魏，替芒卯请功。

起贾至魏，晋见魏昭王："芒卯使秦有功，秦昭王希望大王任命他为司徒。"

魏昭王不悦："寡人宁可让奴隶担任司徒，也不让芒卯担任司徒！"

起贾只好告退。

孟尝君入见："起贾有何冒犯，惹得大王如此不悦？"

魏昭王说："秦昭王要求寡人任命芒卯为司徒。寡人说：宁用奴隶，不用芒卯！"

孟尝君问："大王为何如此鄙视芒卯？"

魏昭王说:"芒卯私通兄嫂,连生五子。寡人命其担任司徒,必被天下耻笑!"

孟尝君叹息:"难怪大王受制于秦!牛若驮书至秦,也称善牛。芒卯即使私德有亏,难道还不如牛?大王既然命他使秦,当然宜为重臣!"

魏昭王犹豫三天,终于听从孟尝君,任命芒卯为司徒,执掌魏军。

芒卯担任司徒,上朝进言:"秦昭王对我许诺,只要大王再献河东三邑长羊、王屋、洛林,秦军永不再攻魏国先君陵墓所在的旧都安邑。立刻出兵助魏伐齐,所得齐地尽归大王。"

魏昭王问孟尝君:"君侯以为如何?"

孟尝君说:"大王若是不允,秦昭王必将继续伐魏,河东三邑仍然不保。大王如果允准,秦昭王就会停止伐魏,大王就能失地于秦,得地于齐。"

魏昭王无奈,又向秦国再献河东三邑。

过了数月,秦军不出。

魏昭王质问芒卯:"秦军为何至今不出?"

芒卯说:"大王赦我死罪!我立刻入秦,请求秦昭王兑现承诺。"

芒卯从魏至秦,责备秦昭王:"大王亲口许诺,只要我劝魏昭王割让长羊、王屋、洛林,必定出兵助魏伐齐。如今魏昭王献地已有数月,大王却不派秦军至魏。如果我被魏昭王诛杀,今后山东各国谁还愿意事秦?"

秦昭王醒悟,行礼告罪:"寡人决不失信于先生!正在筹措粮草,数日即可出兵。"

十天之后,秦军至魏。与魏合兵,准备伐齐。

周最去年辞去西周国相,转仕魏国,此时进谏魏昭王、孟尝君:"芒卯割魏事秦,联秦伐齐,有利虎狼之秦,有损魏国之义。大王、君侯不可听信!"

孟尝君不予理睬,魏昭王无可奈何。

芒卯统帅魏、秦联军,东伐齐国,攻取了二十二县。

周最怒于芒卯卖魏事秦,不肯与之同座。

八十　孟尝使诈借秦伐齐，不事王侯德充之符

公孙弘夜访周最："我们兄弟三人，毕生反秦。四年前，二哥在伊阙被秦杀害，大哥也被迫入秦求和，含恨而死。我奉大哥之命，追随孟尝君二十年，一心阻止秦祸东来。然而孟尝君四年前失薛相魏以后，因为痛恨齐湣王，竟然背叛母邦，与齐为敌，与秦为友，不再策动合纵伐秦，转而策动合纵伐齐。由于中原诸侯均不响应，今年孟尝君利用魏昭王信任，幕后操纵芒卯，不惜卖魏事秦，不顾靖郭君丘墓仍在齐国，竟然联秦伐齐，加剧秦祸东来！孟尝君为泄私愤，不顾公义，一意孤行，不再像以前那样从善如流。我不愿继续追随孟尝君，决定离魏往齐，特来拜辞公子！"

周最问："先生有何赐教？"

公孙弘说："公子反秦，天下无人不知，士人无不敬仰。但是如今公子不与芒卯同座，徒然激怒秦昭王，无助于阻止秦祸东来。魏昭王固然敬重公子，然而更加信任孟尝君。公子不如献策魏昭王、孟尝君：'恳请大王、君侯允许我离魏仕齐！如果联秦伐齐顺利，我在齐国可为内应。一旦联秦伐齐失利，我在齐国可以修复魏、齐之交。'秦昭王深知公子反秦，一旦得知公子奉魏昭王、孟尝君之命离魏仕齐，必将疑心魏昭王、孟尝君并非真心事秦，秦、魏之盟就会破裂。"

周最拜谢受教。

公孙弘离魏往齐，不愿投靠亲秦的韩珉，于是投靠敌秦的苏秦。

庄子八十岁，改定第五篇《德充符》。

蔺且问："《德充符》上篇，为何连写王骀、申徒嘉、叔山无趾三兀者？"

庄子说："《养生主》已言，养身是养生之次，养心是养生之主。身心兼养为全生，遭受身刑为亏生，遭受心刑为迫生，迫生不如死亡。《人间世》已言，必须善于因应悖道外境，才能免刑全生。《德充符》进而阐明，免刑全生固然最佳，万一不能免刑全生，那么宁受身刑，不受心刑，宁愿亏生，不能迫生。三兀者正是如此。"

蔺且问："《德充符》下篇，为何又连写哀骀它、支离无脣、瓮㼜大瘿三恶人？"

庄子说："三兀者不善于因应悖道外境，因而遭受身刑而亏生。三恶人善于因应悖道外境，因而免刑全生。三恶人实为三善人、三美人、三真人，仅因庙

堂伪道颠倒善恶，颠倒美丑，颠倒真假，才会视善为恶，视美为丑，视真为假。"

蔺且问："叔山无趾批评孔子'天刑之，安可解'，为何鲁哀公却赞扬孔子是'至人'？"

庄子说："我曾告诉惠施，孔子六十岁以后，否定了五十九岁以前的主张。"

蔺且说："弟子记得此事，但是仍不明白此篇为何对孔子先贬后褒。"

庄子说："吾师子綦认为，孔子至死未悟泰道。但我认为，孔子死前已经领悟泰道，仅是来不及把泰道传授给颜回以外的晚年弟子，所以我抉发了孔子晚年改宗的秘史。"

蔺且问："夫子所言孔子晚年改宗，与世人所知完全相反，世人怎能相信？"

庄子说："说不说在我，信不信由人。孔子晚年是否改宗，其实并不重要，因为孔子早已死了。重要的是，世人能否闻道改宗，能否得意忘言。"

蔺且问："何为得意忘言？"

庄子说："渔父以笼捕鱼，得鱼以后忘笼。猎户以网捕兔，得兔以后忘网。我以言寓意，达意以后忘言。世人读我之文，必须得我之意，忘我之言。"

八一　孟尝技穷魏韩朝赵，葆德日进宗师天道

前289年，岁在壬申。庄周八十一岁。宋康王四十九年。

周赧王二十六年。秦昭王十八年。楚顷襄王十年。魏昭王七年。韩釐王七年。赵惠文王十年。齐湣王十二年。燕昭王二十三年。鲁湣公十四年。卫嗣君二十六年。

周最按照公孙弘之教，先命门客向魏昭王进言："秦昭王痛恨赵武灵王叛盟伐秦，必将策动秦、魏、韩连横伐赵。赵惠文王为了抗衡三国，必将与齐结盟。秦昭王不愿赵、齐结盟，也将与齐结盟。秦、赵争相与齐结盟，大王在齐却无内应，不利魏国。大王不如派遣周最仕齐，作为内应。"

魏昭王说："寡人将与孟尝君商议此事。"

周最上朝，向魏昭王、孟尝君进言："大王、君侯去年联秦伐齐大胜，如果打算继续联秦伐齐，请允许我离魏仕齐。如果联秦伐齐顺利，我在齐国可为内应。一旦联秦伐齐失利，我在齐国可以修复魏、齐之交。"

魏昭王希望周最修复魏、齐之交，孟尝君希望周最作为伐齐内应，各有图谋，全都同意。

周最奉命，离魏仕齐。

秦昭王闻讯大怒，命令长驻大梁的起贾质问魏昭王："周最反秦，天下皆知！周最反对大王联秦伐齐，大王却派周最离魏仕齐。大王是否打算背叛秦、魏之盟，暗通齐国？"

魏昭王担心秦军再伐，一口否认："周最反秦亲齐，不满寡人联秦伐齐，把寡人与秦结盟的机密通报齐湣王。如今周最背叛寡人逃往齐国，齐湣王再也不

能知道寡人的机密。寡人事奉大王，今后也不用担心有人泄秘。大王不应伐魏，而应伐赵！"

秦昭王大怒魏昭王撒谎，立刻伐魏。

白起、司马错再次攻取了垣邑（今山西垣曲），又在孟津（今河南孟津）搭建浮桥，渡过黄河，攻取河阳（今河南孟州市），改名河雍。

魏国军民畏惧屠夫白起，六十一座河东魏邑闻风而降。

魏昭王急召孟尝君问策。

孟尝君说："大王一再割地事秦，秦人言而无信，再次背盟伐魏，如今唯有拼死一战。去年大王联秦伐齐，已经得罪齐国。如今大王唯有借助强赵，才能击败暴秦。赵惠文王虽已亲政，奉阳君仍然专权。大王不如亲自朝拜赵惠文王、奉阳君！"

魏昭王听从其言，邀约韩釐王共同朝赵。

韩釐王召见韩辰："继续割地事秦，寡人必将亡国。如今唯有强赵可以遏制暴秦，但是寡人若随魏昭王朝赵，必招秦伐。不如相国陪同魏昭王朝赵，那样秦昭王就会只伐魏不伐韩。"

孟尝君率领魏昭王、韩辰，前往邯郸朝拜赵惠文王、李兑。

魏昭王把魏地阴成（今地不详）、负蒿（今地不详）、葛孽（今河北肥乡），献给赵国。

魏君、韩相朝赵，三晋重建联盟。胡服骑射的赵国，取代雄霸百年的魏国，成为三晋盟主。

三晋君臣，从此分为两派。

主流派主张，以赵为首的三晋，应该联齐伐秦。主谋者是齐湣王倚重的燕相苏秦，追随者是离魏仕齐的周最，支持者是齐湣王、赵惠文王、魏昭王、韩釐王。

反对派主张，以赵为首的三晋，应该联秦伐齐。主谋者是痛恨齐湣王的魏相孟尝君，追随者是魏将芒卯、韩相韩辰、赵将韩徐为。

八一 孟尝技穷魏韩朝赵，葆德日进宗师天道

天下局势取决于三晋，三晋两派取决于李兑，于是天下君臣争事李兑。

李兑三年前被苏秦说服，决意取代孟尝君，成为伐秦盟主。去年赵惠文王亲政，李兑大为恐慌，欲借伐秦固位免祸。于是，秦伐魏，李兑即救魏。韩亲秦，李兑即伐韩。不过李兑尚未公开反秦，仍在等待时机。如今孟尝君率领魏、韩朝赵，李兑认为时机已到，立刻公开反秦，收回赵武灵王当年献给宣太后的养邑，故意挑衅秦昭王。

秦昭王大怒，与魏冉商议，欲让亲秦的齐相韩珉，说服齐湣王共同伐赵。

三晋、秦、齐五国君臣，忙于合纵连横。

燕昭王听命苏秦，等待时机。

楚顷襄王置身事外，静观其变。

孟轲离齐归邹二十三年，死于邹国，终年八十四岁（前372—前289）。

弟子万章等人，编纂了《孟子》内外篇。

孟轲亲撰的内篇有七：《梁惠王》、《公孙丑》、《滕文公》、《离娄》、《万章》、《告子》、《尽心》。后人注疏章句，每篇分为上、下。

弟子万章等人所撰的外篇有四：《性善》、《辩文》、《说孝经》、《为政》。后人视为伪作，东汉以后亡佚。

孟轲如此评论自己所处时代——

圣王不作，诸侯放恣，处士横议。杨朱、墨翟之言盈天下。天下之言，不归杨，则归墨。杨氏为我，是无君也。墨氏兼爱，是无父也。无父无君，是禽兽也。

杨墨之道不息，孔子之道不著，是邪说诬民、充塞仁义也。仁义充塞，则率兽食人，人将相食。吾为此惧，闲先圣之道，距杨墨，放淫辞，邪说者不得作。作于其心，害于其事；作于其事，害于其政。圣人复起，不易吾言矣。

庄子八十一岁，改定第六篇《大宗师》。

蔺且问："何为知天，何为知人？何为真知，何为真人？"

庄子说："知天就是知晓天道永恒不变，知人就是知晓人道无时不变。丧忘

人道伪知，就能破茧化蝶。直面天地万物，就能获得真知。顺应天地真道，因循天赋真德，飞翔天地之间，就能成为真人。"

蔺且问："何为役人之役，适人之适？何为自适其适，以德为循？"

庄子说："以君为父者，把君主之役视为命定之役，把君主之适视为自己之适，以人道遮蔽天道，以伪德戕害真德。以天为父者，把自己之适视为命定之适，把天赋真德视为立身之本，以天道鄙弃人道，以真德鄙弃伪德。故曰：'不以心损道，不以人助天，是之谓真人。'"

蔺且问："为何适人之适就是违背天道，自适其适就是顺应天道？"

庄子说："此时此刻勉强自己适人之适，彼时彼刻就会强迫别人适己之适，最终违背真德，变成假人。己若适人，己必不适。人若适己，人必不适。人人适人，必定人人不能自适，人人役于他人，人人亏生迫生。勉强自己适人之适，实为伪善，却被伪道视为真善。役人就是强迫他人适己，实为真恶，却被伪道视为不恶。没人愿意仅仅适人，人们之所以被迫适人，都是为了役人。役人之真恶，植根于适人之伪善。"

蔺且问："很多人把适人之伪道，奉为自古而然的真道，甚至以适人为自适。该如何区分伪自适与真自适？"

庄子说："适人者必须倚待外物，谨小慎微，既不可能丧忘伪道之雷池，也不可能丧忘适人之不适，可见以适人为自适，实为自欺欺人。自适者无须自欺欺人，不必倚待外物，不会谨小慎微，自由遨游真道之天池，抵达丧忘自适之至适。"

蔺且问："何为丧忘自适之至适？"

庄子说："鞋子合脚，脚处于至适，就会丧忘脚和鞋子；鞋子不合脚，脚处于不适，就会扭曲脚，努力适应鞋子，不可能丧忘脚和鞋子。腰带合腰，腰处于至适，就会丧忘腰和腰带；腰带不合腰，腰处于不适，就会扭曲腰，努力适应腰带，不可能丧忘腰和腰带。真德合于心，心处于至适，就会丧忘伪道之是非；伪德不合于心，心处于不适，就会扭曲真德，努力适应伪道之是非，不可能丧忘伪道之是非。扭曲真德，努力适应伪德，无法消灭真德，仍须每时每刻强迫真德屈从伪德，所以每时每刻都不可能丧忘伪德。只有顺应天道，因循真德，不变迁内德，不盲从外境，才能无往不适，不仅能抵达丧忘适人的自适，而且能抵达丧忘自适的至适。"

蔺且问："君尊臣卑的人道，核心乃是礼仪。很多人遵守礼仪早已习惯成自然，认为遵守礼仪并非适人，而是自适，因为遵守礼仪不仅他人舒适，自己也很舒适。这又该如何看待？"

庄子说："《老子》有言：'失道而后德，失德而后仁，失仁而后义，失义而后礼。夫礼者，忠信之薄，而乱之首也。'此言不易理解，不妨打个比方。如果你踩了路人的脚，必须卑辞道歉。如果你踩了兄长的脚，只须弯一弯腰。如果你踩了父母的脚，无须任何表示。所以说，至高之礼，不把他人视为外人。至高之义，不把万物视为外物。至高之知，不对外境揣测迎合。至高之仁，不对万物有所亲疏。至高之信，不用金钱做出担保。一切礼仪，都把他人视为外人，都把万物视为外物，都对万物有所亲疏，所以不仅违背道德，而且违背仁义忠信。遵守君尊臣卑的礼仪，就是适人。强迫他人遵守君尊臣卑的礼仪，就是役人。君尊臣卑的礼仪，正是祸乱之首！如今天下大战，正是为了争夺至尊君权，以便奴役天下，强迫他人适己尊己，强迫天下卑躬屈膝。以君为父，以人为师，必将适人之适，役人之役。只有以天为父，以道为师，才能顺道循德，自适其适。"

八二　秦王僭帝齐湣伐宋，息黥补劓因应伪帝

前288年，岁在癸酉。庄周八十二岁。宋康王五十年。

周赧王二十七年。秦昭王十九年（称西帝）。楚顷襄王十一年。魏昭王八年。韩釐王八年。赵惠文王十一年。齐湣王十三年（称东帝）。燕昭王二十四年。鲁湣公十五年。卫嗣君二十七年。

年初，秦昭王与魏冉商议："去年孟尝君率领魏君、韩相朝赵，奉阳君又收回赵武灵王献给母后的养邑，成为山东诸侯合纵反秦的最新盟主。如今奉阳君正在策动第三次诸侯合纵伐秦，怎样才能阻止？"

魏冉说："魏之公孙衍，齐之孟尝君，赵之奉阳君，敢于一而再、再而三地反秦，乃因天下列强均已叛周称王，名号相同，分庭抗礼，平起平坐。大王唯有称帝，才能名正言顺威服诸王。"

秦昭王大惊："帝为天神！人王受命于天，只能祭祀天帝，怎能僭用天帝之号？"

魏冉说："当年秦孝公采纳商鞅的帝道、王道、霸道，设定了以秦代周的三大目标：由侯而霸，由霸而王，由王而帝。秦孝公实现了由侯而霸，秦惠王实现了由霸而王。秦武王攻取宜阳，入周举鼎，准备由王而帝，不幸举鼎夭亡。天命注定，由王而帝的乃是大王。"

秦昭王问："寡人如何由王而帝？"

魏冉说："自古改朝换代，无不重定正朔。夏之岁首为一月，一月为正月，一月一日为朔日。商代夏，岁首前移一个月，改为十二月；十二月为正月，十二月一日为朔日。周代商，岁首再前移一个月，改为十一月；十一月为正月，十一月一日为朔日。如今秦代周，岁首也应前移一个月，改为十月；十月为正月，十

八二 秦王僭帝齐湣伐宋，息黥补劓因应伪帝

月一日为朔日。大王入主中原，不可僻处西鄙，必须迁都中原。可按秦武王既定之策，定都宜阳。十月一日称帝，重定天下正朔。命令天下来朝，不朝者伐！"

秦昭王大悦，遣使通报天下：今年十月一日，秦昭王在宜阳进号称帝，举行天下朝会。来朝者赏，不朝者伐。

李兑闻讯大怒，加紧策动合纵伐秦。

秦昭王急召魏冉问策。

魏冉说："山东诸侯囿于三代旧礼，认为人君只可称王，不可称帝。好在吕礼密报，齐湣王仅是不愿名号低于大王。大王不如暂时放弃独自称帝，改称西帝，邀请齐湣王进称东帝，使齐退出合纵伐秦。秦、齐称帝以后，就能联合伐赵。破赵之后，大王再伐齐国，天下可定！"

秦昭王听从其言，命其使齐。

魏冉至齐，晋见齐湣王："殷人信仰五帝教，周人信仰泰一教。周灭商，泰一教取代五帝教。如今东周将亡，五帝教又将取代泰一教。天有五帝，就是东帝、西帝、南帝、北帝、中帝。当今天下，秦、齐最强，理应二分天下。秦王进号西帝，分治楚王、魏王、韩王。齐王进号东帝，分治赵王、燕王、宋王。赵国是秦、齐称帝的唯一障碍，秦、齐称帝，联合伐赵，天下可定！"

齐湣王大喜，苦于苏秦返燕参加岁首朝会，不在齐国，只好问策群臣："秦相魏冉与寡人相约：秦昭王进号西帝，寡人进号东帝，然后共同伐赵。是否可行？"

韩珉说："赵国是齐之大敌，大王应该联秦伐赵，但是人王不应僭用天帝之号。"

周最说："秦国是中原大敌，大王不应联秦伐赵，更不能僭用天帝之号。秦是虎狼之国，一向无信无义。大王一旦助秦破赵，秦军必将伐齐！"

吕礼说："大王进号东帝，齐、秦就能平起平坐。大王联秦破赵，齐、秦就能二分天下！"

祝弗附议，支持吕礼。

齐湣王说："韩珉、周最，拘于虚名。吕礼、祝弗，明于实利。"

罢免韩珉，驱逐周最，改命吕礼为相，重用祝弗。

遣使通报天下：明年正月一日，齐湣王在临淄进号东帝，举行天下朝会。来朝者赏，不朝者伐。

苏秦在燕闻讯，立刻离燕往魏，晋见魏昭王："大王身为天下明主，不仅事秦称臣，而且在宜阳助秦建造帝宫，我为大王深感羞耻！大王若能听我之言，加入合纵伐秦，必将永无秦患！"

魏昭王原本准备参加西帝大典，听了苏秦之言，改变了主意。

苏秦又拜见孟尝君："周最一向反秦亲齐，如今因反对秦、齐称帝伐赵，已被齐湣王驱逐。韩珉一向亲秦反赵，如今支持秦、齐伐赵，反对秦、齐称帝，也被齐湣王罢相。齐湣王改命吕礼为相，重用祝弗，意在取悦秦昭王。八年前君侯破秦，随后吕礼假装亡秦奔齐，诱使齐湣王设局，唆使田甲假装叛乱，鼓动成驩诬陷君侯，导致君侯罢相失薛。假如秦、齐称帝成功，吕礼必将长期相齐，君侯必将无望返齐复相。君侯何不联合三晋，迫使齐湣王罢免吕礼，驱逐祝弗？事成之后，齐湣王必将迎接君侯返齐复相，君侯必能收复薛邑。"

孟尝君听从其言，鼓动三晋反对齐湣王僭称东帝。

苏秦随即离魏至齐，从章华门进入临淄。

齐湣王大喜："寡人终于盼来了先生！魏冉邀请寡人进号东帝，寡人已经答应。如今国内群臣，天下诸侯，无不反对。寡人骑虎难下，先生有何良策？"

苏秦说："秦昭王原先宣布独自称帝，因为天下反对人王僭窃天帝之号，才拉大王垫背，以便分担罪责。大王拒绝魏冉，必将得罪秦国。大王听从魏冉，又将得罪天下。如今大王虽已答应魏冉，仍有回旋余地。如果秦昭王十月一日进号西帝成功，天下无人反对，大王不妨明年正月一日进号东帝。如果秦昭王进号西帝失败，天下无不反对，大王可以取消进号东帝，收揽天下之心。"

齐湣王心悦诚服，静观秦昭王称帝成败。

十月一日，秦昭王在宜阳帝宫，举行西帝大典。

天下各大诸侯，均不遣使观礼。

仅有东周国派遣公子姬启，西周国派遣公子姬佼，出席观礼。

西帝大典冷冷清清，秦昭王大为郁闷，魏冉惴惴不安。

李兑加紧策动合纵伐秦，同时静观齐湣王是否僭称东帝。

苏秦问齐湣王："秦昭王进号西帝，大王进号东帝，天下尊秦还是尊齐？"

齐湣王说："尊秦而卑齐！"

苏秦问："秦昭王僭称西帝，大王取消僭称东帝，天下爱齐还是爱秦？"

齐湣王说："爱齐而憎秦！"

苏秦问："秦、齐共伐强赵，齐国独伐弱宋，哪个有利？"

齐湣王说："独伐弱宋有利！"

苏秦问："那么大王如果取消进号东帝，加入奉阳君策动的诸侯合纵伐秦，必能伐灭宋国，成就汤、武之业！"

齐湣王听从其言，宣布取消进号东帝，致信秦昭王："应当先有西帝、东帝之实，再立西帝、东帝之名。"

苏秦又问齐湣王："大王是否想过，既然魏冉欲杀吕礼，吕礼亡秦奔齐，为何魏冉邀请大王称帝，劝说大王伐赵，吕礼无不赞成？"

齐湣王恍然大悟："莫非魏冉、吕礼联手设局，欺骗寡人？"

苏秦说："无论是否设局，吕礼、祝弗鼓动大王僭称东帝，欲陷大王于不义，招来天下公愤，罪不可赦！"

齐湣王大怒，罢免吕礼，驱逐归秦，诛杀祝弗。韩珉复相。

公孙弘前年不满孟尝君放弃伐秦而联秦伐齐，离魏至齐，投靠力主伐秦的苏秦。今年奉苏秦之命使赵，拜见李兑："赵惠文王亲政已有三年，君侯年事渐高，即将归政，宜于早定封地。君侯的封地，若在韩、魏，过于近秦；若在燕、楚，过于偏僻；若在中山，过于贫瘠；若在宋国，既不近秦，又不偏僻，也不贫瘠，最为理想。君侯反对秦、齐称帝，齐湣王非常敬佩，所以取消称帝，愿与君侯会盟，共商合纵伐秦，逼迫秦昭王撤销帝号。愿仍按苏秦与君侯先前约定：君侯主持合纵伐秦，齐国负责伐灭宋国。齐灭宋后，即把宋国定陶封给君侯。"

李兑大为心动，欣然同意。

公孙弘返报苏秦。

苏秦禀报齐湣王："奉阳君已经同意担任第三次合纵伐秦盟主，愿与大王在阿邑会盟。"

齐湣王大喜，准备赴会。

韩珉反对："大王应该联秦伐赵，不应联赵伐秦。"

齐湣王大怒，再次罢免韩珉，驱逐归韩。改命苏秦为相，与燕一样封为武安君。

苏秦兼相燕、齐。

李兑陪同赵惠文王，前往齐地阿邑（今山东阳谷），与齐湣王、苏秦会盟，盟约有二。

其一，赵国主持合纵伐秦，强迫秦昭王撤销西帝僭号。

其二，齐国负责伐灭宋国，惩罚宋康王与暴秦结盟而与中原为敌。

魏昭王不顾孟尝君、芒卯反对，立刻响应李兑发起的合纵伐秦。把去年被秦攻占的河阳（今河南孟县）、姑密（孟县附近），预封给李兑之子，以坚李兑伐秦之志。

韩釐王不顾韩辰、韩珉反对，立刻响应李兑发起的合纵伐秦。罢免亲秦的韩辰，让敌秦的公叔复相。韩珉惧诛，离韩奔楚。

燕昭王听命苏秦，为了取悦齐湣王，不顾王后嬴氏反对，立刻响应李兑发起的合纵伐秦。命张魁领兵二万，自备粮食，南下至齐，助齐伐宋。

李兑为了确保得到定陶，也命董叔率领赵、魏联军，助齐伐宋。

齐湣王听从苏秦，弃用孟尝君重用的匡章、司马穰苴，任命苏秦门客冷向为伐宋主将，率领齐、燕联军伐宋。

八二　秦王僭帝齐湣伐宋，息黥补剿因应伪帝

秦昭王既怒于齐湣王取消称帝，导致自己称帝引起公愤，又怒于齐湣王征伐与秦结盟的宋国，更怒于李兑策动伐秦、助齐伐宋，遂命起贾离魏使赵，斥责李兑背叛赵武灵王结秦连宋之策，命其停止助齐伐宋。

李兑已受齐、魏预封，不予理睬。

秦昭王大怒，立刻伐赵，攻取了梗阳（今山西太原西南）。

李兑大怒，加紧筹备合纵伐秦。

魏冉献策秦昭王："大王应该奖赏参加西帝大典的二周使者，以便今后山东诸侯之臣争相事秦。西周国对秦称臣未久，可予实赏。东周国对秦称臣已久，可予虚赏。"

秦昭王听从其言，把梗阳封给参加西帝大典的西周国公子姬佼。把赵惠文王之弟平原君赵胜的封地平原（今山东武城），预封给参加西帝大典的东周国公子姬启。

宋国边吏急报："齐国大军压境，宋民人心惶恐！"

宋康王不信："寡人知道天下反对秦昭王称帝，所以拒绝参加西帝大典，齐湣王为何伐宋？"

左右都说："宋国如此强大，齐国如此弱小，齐湣王怎敢伐宋？边吏必为齐国奸细，乱我民心。"

宋康王怒杀报信者，另派二探三探。回报如前，又予诛杀。再派四探。

第四个探者出宫，遇到哥哥。

哥哥问："国有大难，你去哪里？"

探者说："大王派人打探齐军消息。三个探者禀报齐军来伐，都被诛杀。我若实报，也必被诛。我若谎报，齐军一到仍将被诛。"

哥哥说："实报死得快，谎报死得慢。"

探者于是回报："根本没有齐军，国人毫不恐慌！"

宋康王大喜，重赏探者。

齐军旋即攻宋，宋康王大惊，派人追究探者。

探者及其哥哥，早已举家出逃。

宋康王急命曹商使秦求救。

苏秦献策齐湣王："大王不妨派人使秦，以宋地预封秦昭王之弟泾阳君，让秦昭王不救宋国。"

齐湣王听从其言，派遣苏秦门客宋郭使秦。

秦昭王痛恨齐湣王、苏秦，拒绝宋郭之请。

曹商至秦求救。

秦昭王说："宋康王不赴西帝大典，寡人为何救宋？何况奉阳君正在策动诸侯合纵伐秦，寡人如今自顾不暇！"

曹商返宋复命。

宋康王大怒："你鼓动寡人与秦国结盟，与诸侯为敌，一再保证诸侯畏秦，不敢伐宋。如今诸侯伐宋，你为何请不来秦国救兵？"

立刻诛杀曹商，转命臧孙子使楚求救。

臧孙子至楚求救。

楚顷襄王大喜："寡人不会忘记宋康王助楚伐薛，帮助寡人报了孟尝君破楚之仇，立刻发兵救宋！"

臧孙子返宋途中，忧心如焚。

御者问："楚王答应救宋，先生为何发愁？"

臧孙子说："救弱宋，敌强齐，楚王应该大忧，不该大喜。楚王只说大王曾经助楚伐薛，不提大王曾经助齐伐楚攻取淮北，轻易许诺相救，必是虚言相欺，希望宋、齐恶战，两败俱伤。"

齐军攻取了宋国五城，楚国救兵不至。

宋康王只好再命臧孙子使齐，割地求和。

八二　秦王僭帝齐湣伐宋，息黥补剶因应伪帝

臧孙子至齐，晋见齐湣王："宋康王愿意割让淮北，请求大王退兵！楚军即将救宋，大王若不退兵，那么伐宋师疲以后，再与强楚交战，必定不利！"

齐湣王不听。

苏秦说："楚顷襄王即位十三年，因为畏惧秦伐，一直臣事秦国。大王不如暂停伐宋，既可避免与楚交战，又可避免楚国更加亲秦敌齐。"

齐湣王听从其言，命令冷向暂停伐宋，改命赵信接收淮北。

齐伐宋第一年，以宋割淮北告终。

十二月，秦昭王为使诸侯失去伐秦理由，在僭称"西帝"两个月之后，被迫撤销僭号。同时把秦侵魏地温邑（今河南温县）、轵邑（今河南济源）、高平（今山西高平）还给魏国，把秦侵赵地王公（今地不详）、符逾（今地不详）还给赵国。

庄子八十二岁，改定第七篇《应帝王》。齐湣王第一次伐宋。

蔺且问："齐湣王为何伐宋？"

庄子说："我五岁之时，魏惠王曾经伐宋。此后七十多年，诸侯再未伐宋。然而宋康王奉行否术，逞强称王，凭借与秦、赵结盟，不断投机取巧，征伐魏、楚、齐，拓地三百里。诸侯尽管畏惧秦、赵而不敢伐宋，但都敌视宋国。宋康王原先动兵境外，宋军虽有伤亡，宋民却未遭屠戮。秦昭王在孟尝君破秦之后，迅速卷土东来，于是得意忘形，僭窃帝号，激怒了天下诸侯。如今宋国成了唯一与秦结盟之国，所以大难临头。曹商唆使宋康王与暴秦结盟，与中原为敌，暂得一时富贵，最终害己害人，祸及宋民。"

蔺且问："帝是天神之号，人王不可僭窃，秦昭王为何敢冒天下之大不韪？"

庄子说："众多称王诸侯，都想代周为王。秦昭王为了名正言顺威服诸王，于是僭窃帝号。自古人君称帝，都在死后。五帝生前均不称帝，全都称后。所以后人所撰《尚书·尧典》，记录禹对舜言，使用生称，称之为后；仅在客观叙述时，撰者才对尧舜使用死称，称之为帝。殷商五帝教认为，人王死后成神，可以称帝，所以商王生前称王，死后称帝。西周一神教认为，人王死后成鬼，不可称帝，所以周王生前称王，死后称谥。此即《周书·吕刑》所言'绝地天通，

罔有降格。群后之逮在下，明明棐常，鳏寡不盖'，意为人神不扰，各得其序，天帝之号不可降格用于人王。西周一神教通行天下七百多年，所以诸侯无不反对人王僭用帝号。何况秦昭王生前僭窃帝号，不仅违背西周一神教，而且违背商代五帝教。商王死后，已从祭祀者变成被祭者，称帝仅是有限悖道。秦王生前，尚未从祭祀者变成被祭者，称帝乃是终极悖道。"

蔺且说："难怪秦昭王称帝失败。"

庄子说："这次尽管失败，以后未必失败。一旦秦国一统天下，称帝就会成功，伪帝僭主就会君临天下。不过秦昭王僭窃帝号，倒是启发我改定了《应帝王》。"

蔺且问："夫子早已草定七篇，为何今年秦昭王僭窃帝号，有助于改定《应帝王》？"

庄子说："《应帝王》篇名，原本意为'顺应天帝的王德之人'，如今又增加了第二个寓意'因应僭窃帝号的俗王'。否王僭窃帝号，乃是终极否术，彻底违背泰道，故曰：'有虞氏不如泰氏。'神巫季咸，隐喻僭窃帝号的俗王僭主。至人壶子，隐喻顺应天帝的王德之人。壶子四应季咸，隐喻王德之人因应俗王僭主的四境。"

蔺且问："篇末所言浑沌凿窍，又寓何意？"

庄子说："中央之帝，隐喻天道真帝。南海之帝、北海之帝，隐喻僭窃帝号的僭主伪帝。人王僭代天帝，伪道遮蔽真道，伪德黥劓真德，真帝、真道、真德即被凿破浑沌而死。天下人必将不知真帝而膜拜伪帝，不知真道而盲从伪道，丧失真德而竞趋伪德，不再以德为循，自适其适，而是适人之适，役人之役。假人必将遍布庙堂，真人只能隐于江湖。"

蔺且问："真人不能阻止浑沌之死，不能阻止伪道立于庙堂，仅仅隐于江湖，有何价值？"

庄子说："真人隐于江湖，旨在秘传日渐式微的真道，避免真道在伪道猖獗之世彻底失传。天道永恒循环，无往不复，否极泰来。庙堂伪道的小年必将终结，江湖真道的大年必将来临。"

蔺且大受鼓舞，喃喃念诵《应帝王》："至人之用心若镜，不将不迎，应而不藏，故能胜物而不伤。"

八三　五国谋秦齐再伐宋，悲民疾苦庄哀为臣

前287年，岁在甲戌。庄周八十三岁。宋康王五十一年。

周赧王二十八年。秦昭王二十年。楚顷襄王十二年。魏昭王九年。韩釐王九年。赵惠文王十二年。齐湣王十四年。燕昭王二十五年。鲁湣公十六年。卫嗣君二十八年。

赵惠文王二十三岁，亲政已有四年。李兑仍不归政，今年自任纵长，发动了第三次合纵伐秦，赵、齐、燕、魏、韩加入。

两万燕军，自备粮草，南行往齐，到达齐都临淄，与数万齐军会合。

两国之军西行往赵，到达赵都邯郸，与十万赵军会合。

三国之军南行往魏，到达魏都大梁，等待魏军加入。

秦使起贾长驻大梁，劝说魏昭王："秦昭王希望大王罢免孟尝君，让魏劲复相，退出合纵伐秦，恢复秦、魏之盟。"

魏昭王不听，执意加入伐秦。

孟尝君只想伐齐，不愿伐秦，于是唆使芒卯，以正在调集魏军为借口，迫使三国之军滞留魏国观泽（今河南清丰）数月。

魏昭王不断催促孟尝君、芒卯，魏军终于加入联军。

四国之军西行往韩，到达荥阳，等待韩军加入。

起贾又离魏至韩，劝说魏釐王："秦昭王希望大王罢免公叔，让韩辰复相，退出合纵伐秦，恢复秦、韩之盟。"

韩釐王不听，韩军加入联军。

孟尝君又以魏军正在筹措粮草为借口，迫使五国联军滞留韩国荥阳（今河南荥阳）数月。

齐湣王、苏秦不断催促李兑尽快伐秦，李兑却对孟尝君的拖延阻挠无可奈何。

秦昭王问策魏冉："五国联军正在西进途中，起贾无法阻止魏、韩。如今尚有何策？"

魏冉说："五国伐秦虽由李兑策动，背后推手却是齐湣王、苏秦。如今只有楚国没有加入伐秦，韩珉因为反对韩釐王加入伐秦而逃到楚国。大王不妨双管齐下，一请韩珉劝说齐湣王，二请楚顷襄王出面调停。"

秦昭王听从其言，遣使至楚，分别授意韩珉和楚顷襄王。

韩珉奉秦昭王之命，致信齐湣王："秦昭王后悔不听大王良言，应该先有西帝、东帝之实，再立西帝、东帝之名。秦昭王愿意等待三四年，再与大王共同称帝。若没有大王支持，秦昭王怎能收服三晋？秦昭王希望大王让我返齐复相，恢复秦、齐之盟。大王伐宋，秦昭王将命楚、魏不与大王争夺宋地。齐国尽取宋地，秦国尽取魏、韩上党。收服魏、韩以后，秦、齐共同伐赵，秦国尽取河西赵地，齐国尽取河东赵地。收服赵国以后，秦国再取韩国上地，齐国再取燕国阳地。收服三晋以后，秦、齐再共同伐楚，秦国尽取鄢田、云梦，齐国尽取东国、下蔡。瓜分诸侯之地以后，秦、齐分治天下，然后再进帝号，天下谁能禁止？"

齐湣王听从苏秦，不予理睬。

楚顷襄王奉秦昭王之命，派遣苏修使齐，晋见齐湣王："楚顷襄王愿意会见大王，劝说大王退出伐秦，恢复秦、齐之盟，罢免苏秦，让韩珉返齐复相。"

齐湣王不听，但是为免楚军救宋，礼遇楚使苏修。

魏昭王派遣韦非使齐，质问齐湣王："大王礼遇苏修，是否准备接受楚国调停，与秦私下和解，让韩珉返齐复相？"

齐湣王说："寡人无意与秦和解，倒是魏昭王听任孟尝君一再阻挠联军西行，导致伐秦迟迟不能开始。"

韦非说:"大王把宋国定陶预封给奉阳君,使之发动伐秦。魏昭王恳请大王再把宋国平陵(今地不详)预封给孟尝君,使之支持伐秦。"

齐湣王假装同意。

韦非返魏复命。

魏昭王大喜,劝说孟尝君不再阻挠联军西行。

孟尝君不听,命令芒卯伐宋,进攻原属薛地的菑邑(今山东滕州菑川,宋康王伐薛所取五城之一)。

秦昭王眼见韩珉、苏修无法说服齐湣王退出伐秦,只好遣使至赵,劝说李兑:"秦昭王愿把魏昭王预封给君侯之子的河阳(秦侵魏地,秦名河雍)献给君侯,希望君侯停止伐秦。"

李兑不予理睬。

韩徐为说:"齐湣王一旦与秦和解,必将与秦共同伐赵。君侯不如抢先与秦和解,然后与秦共同伐齐。"

李兑内有韩徐为阻挠,外有孟尝君阻挠,又疑心齐湣王准备与秦和解,于是考虑与秦和解,命令联军驻守成皋(今河南荥阳汜水镇,位于洛阳以东),暂停西进。

苏秦向齐湣王进言:"大王去年不愿与楚交战而暂停伐宋,奉阳君疑心不能得到定陶。如今苏修在齐,奉阳君又疑心大王接受楚国调停而与秦和解,所以驻军成皋,暂停西进。"

齐湣王问:"如何打消奉阳君疑心?"

苏秦说:"最好双管齐下!大王立刻调兵,准备伐宋。我再使赵,劝说奉阳君尽快伐秦。"

齐湣王听从其言,撤空齐、燕边境的齐军,调往齐、宋边境,准备再次伐宋。

苏秦为齐使赵,拜见李兑:"齐湣王之所以考虑与秦和解,原因有四:其一,伐秦对魏最为有利，孟尝君却迟迟不让魏军加入，迫使联军滞留魏地观泽数月。其二，孟尝君又迟迟不让联军西行，迫使联军滞留韩地荥阳、成皋数月。其三，去年孟尝君不肯断绝魏、宋之交，迫使齐国暂停伐宋。其四，如今孟尝君又命魏军进攻宋国蒯邑，与齐争地。另外，齐湣王又听说，孟尝君两次派人入秦。齐湣王担心孟尝君背叛纵约，单方面与秦和解，才被迫考虑与秦和解。但是齐湣王认为，尽快伐秦才是上策，与秦和解乃是下策。孟尝君却倒打一耙，到处造谣：'齐湣王打算接受楚使苏修调停，打算与秦和解，准备让韩珉返齐复相。'其实齐湣王拒见楚使苏修，接见魏使韦非，并明确告诉韦非，不会接受楚国调停，不会与秦和解，不会让韩珉复相。齐湣王又同意魏昭王之请，把宋国平陵预封给孟尝君。君侯不必担心孟尝君继续阻挠伐秦。"

李兑说："很好！既然五国合纵伐秦，那么哪国先与秦国和解，另外四国必将共伐！"

苏秦又说："伐秦如果无功而退，诸侯必将争事秦国，秦军必将驰救宋国，魏冉必将嫉妒君侯得到定陶。君侯即使因为孟尝君阻挠而暂缓伐秦，至少不能与秦和解。联军即使不能西行，只要留在成皋，秦军就难以救宋。仅须数月，齐军必能伐灭宋国，君侯就能得到定陶。"

李兑于是不再考虑与秦和解，命令联军留在成皋，等待齐军伐宋。

韩徐为受孟尝君指使，派遣周纳向李兑进谗："苏秦一直挑唆齐湣王不信任君侯，去年劝说齐湣王停止伐宋，背叛纵约，今年又劝说齐湣王联秦伐赵，囚禁赵国质子。因为君侯反对秦、齐称帝，而苏秦支持秦、齐称帝，所以一再破坏齐、赵之交！"

李兑大怒，立刻囚禁苏秦，并派遣周纳使燕，请示燕昭王："苏秦破坏赵、齐之交，已经被我囚禁。苏秦所为，是否大王授意？若非大王授意，请问如何处置？"

苏秦虽被囚禁，自恃兼相燕、齐，必无危险。于是派遣公孙弘返燕，密报燕昭王："我被奉阳君囚禁，大王不必担心我的安危。我为齐使赵，预知有此危险。如果我之牺牲，能使赵、齐绝交，能助大王联赵破齐，我将死而无憾！"

燕昭王听命苏秦，于是告诉周纳："苏秦破坏赵、齐之交，并非寡人授意。寡人不再信任苏秦，听凭奉阳君处置！"

李兑又派周纳使齐，请示齐湣王："苏秦破坏齐、赵之交，已经被我囚禁。燕昭王不再信任苏秦，请问如何处置？"

苏秦始知危险，急派盛庆返燕，向燕昭王求救："齐湣王已派宋窍告诉我，不信周纳谗言。奉阳君被孟尝君、韩徐为蛊惑，准备停止伐秦，转而伐齐。大王不可过早加入伐齐，否则齐湣王必将怀疑我，奉阳君必将诛杀我！我若死去，齐湣王必将重用他人，不利大王。即使奉阳君不杀我，我被囚禁在赵，仍然不利大王。"

几天后，苏秦又派辛谒返燕，再向燕昭王求救："盛庆走后，韩徐为又威胁要诛杀我。我并不怕死，只是不愿在帮助大王破燕报仇之前死去，恳请大王尽快派人营救。我一旦脱困，不愿再往齐国，恳请大王允许我返燕。"

燕昭王急派孙去疾、公孙弘使赵，面见李兑、韩徐为："囚禁寡人重臣苏秦，犹如免去寡人的王冠！"

李兑、韩徐为不敢得罪燕昭王，把苏秦从囚禁改为软禁，但仍不释放。

燕昭王又命盛庆返赵，安慰苏秦："先生已无性命之忧，不久必定获释。先生一旦脱困，仍当冒险返齐。否则先生就会前功尽弃，如何实施预定计划？"

齐湣王大怒于李兑囚禁苏秦，派遣李终使赵，斥责李兑："君侯为何背叛盟约，先听信孟尝君造谣而停止伐秦，后听信周纳谗言而囚禁寡人重臣苏秦？再不释放苏秦，寡人将与秦、宋和解，共同伐赵！"

李兑大怒，派遣门客赵足质问苏秦："先生是否使用调虎离山之计，先让齐湣王假装伐宋，诱骗赵军离境伐秦，滞留成皋。然后趁着赵国空虚，准备齐、秦、宋联合伐赵？"

苏秦说："韩珉一向主张齐、秦联合伐赵，我一向主张齐、赵联合伐秦，所以齐湣王才会罢免韩珉，命我为相。孟尝君一心伐齐报仇，我一心伐秦去帝，所以公孙弘才会离开孟尝君，成为我的门客。我若劝说齐湣王联秦伐赵，齐湣王就会罢免我，而让韩珉返齐复相，对我有何好处？"

李兑觉得有理，解除苏秦软禁，但是不许离赵。同时静观齐湣王是否与秦和解，是否继续伐宋，再决定是否伐秦。

韩徐为发现李兑又被苏秦蛊惑，于是擅自命令赵梁伐齐。

孟尝君大喜，立刻邀请燕昭王加入伐齐。

燕昭王大喜，命令助齐伐宋的张魁在齐内应。

齐湣王大怒，诛杀张魁。遣使至燕，怒斥燕昭王叛齐助赵。遣使至赵，怒斥李兑背盟伐齐。

李兑大怒于韩徐为，命令赵梁立刻退兵。遣使至齐，向齐湣王解释："赵梁伐齐，乃是韩徐为受孟尝君指使，背着我擅自发动。如今我已明白周纳也是受孟尝君、韩徐为指使，意在诬陷苏秦，破坏赵、齐之盟。我愿与大王消除误会，仍遵前约：联军继续伐秦，齐军继续伐宋。"

苏秦又派韩山返燕，通报燕昭王："奉阳君已经对我解除软禁，只是不许离赵。恳请大王继续营救，让我尽快离赵。但我一旦离赵，不能往齐，只能返燕。因为大王不听我言，过早加入伐齐，命令张魁在齐配合赵梁伐齐，导致齐湣王不仅怀疑大王不忠，而且怀疑我不忠。"

燕昭王命令韩山返赵，向苏秦认错："寡人被孟尝君、韩徐为欺骗，误以为赵梁伐齐是奉阳君的命令，所以命令张魁在齐内应。寡人已经遣使向齐湣王解释，张魁非奉寡人之命，已被孟尝君、韩徐为收买。寡人还会派人使赵，恳请奉阳君允许先生离赵。先生一旦离赵，不能返燕，仍应往齐，尽力挽回燕、齐之交。"

公玉丹奉齐湣王之命使赵，拜见李兑："君侯释放苏秦，命令赵梁撤兵。齐湣王非常感谢，相信君侯确实是被孟尝君、韩徐为蒙骗，愿意再把宋地蒙邑增封给君侯，希望君侯允许苏秦离赵返齐。"

公孙弘奉燕昭王之命使赵，拜见李兑："君侯促使燕昭王不亲赵而亲齐，很不明智！"

李兑十分诧异："我何曾促使燕昭王不亲赵而亲齐？"

公孙弘说："燕国弱于赵、齐，不亲赵，必亲齐。如今燕昭王听命于苏秦，君侯却囚禁苏秦，软禁苏秦，不放苏秦，岂非促使燕昭王不亲赵而亲齐？君侯信任苏秦也好，不信任苏秦也罢，均应善待苏秦，燕昭王才会不亲齐而亲赵。"

李兑听从其言，授予苏秦相印，与燕、齐一样封苏秦为武安君。

苏秦被拘数月，九死一生，终于离赵返齐。

齐湣王大悦，设宴为苏秦压惊："周纳进谗，张魁作乱，寡人都不怀疑先生。但是寡人怀疑张魁作乱，并非被孟尝君、韩徐为收买，而是燕昭王的命令。"

苏秦说："燕昭王不顾燕臣反对，派遣二万燕军，自备粮草，助齐伐宋；又不顾王后嬴氏求情，毅然与秦绝交，派遣二万燕军，自备粮草，加入伐秦。韩、魏可能如此忠于大王吗？燕昭王如此忠于大王，还被大王怀疑，十分苦恼！燕昭王让我感谢大王诛杀张魁，另派良将助齐伐宋。但愿大王因为我之忠心，也让燕昭王安心。"

齐湣王说："难道燕昭王果真忘了先王伐燕之仇，毫无卧薪尝胆之心？或许先生也被燕昭王蒙骗了。"

苏秦说："先王若不伐燕，继任燕王的就是太子姬平，而非燕昭王。所以我不敢担保个别燕臣没有谋齐之心，却敢以死担保燕昭王决无谋齐之心。如果燕昭王不听我言，而听个别燕臣之言，大王可以诛杀我。如今我兼相燕、齐，只要大王像燕昭王一样信任我，燕、齐一心，大王必得天下。"

齐湣王说："寡人当然信任先生，也愿因为先生而相信燕昭王。但是为何燕、齐一心，寡人必得天下？"

苏秦说："孟尝君当年专擅齐政，破楚破秦，但是所取之地均归魏、韩。于是伐宋淮北，打算扩充薛邑，结果未能破宋，未得淮北，只好率领魏昭王、成阳君到邯郸朝拜奉阳君，劝说魏昭王、韩釐王献地给奉阳君，仍然不得奉阳君欢心。大王罢免孟尝君以来，不再受制于人，于是想称东帝，想要伐秦，想与奉阳君结盟，想要破宋攻取淮北，无不心想事成，可见大王的贤明远远超过齐桓公！尽管如此，大王应该明白：大王能够心想事成，没有其它原因，仅仅因为燕昭王听我之言忠于大王，解除了大王的后顾之忧。只要燕昭王继续听我之言忠于大王，三晋必定不敢变心，诸侯必将继续伐秦。大王必能伐灭宋国，击破秦、赵，代周为王！"

齐湣王心悦诚服，不再怀疑燕昭王。

田代、孙去疾向燕昭王进谗："张魁作乱，齐湣王仅仅怀疑大王，毫不怀疑苏秦，足证苏秦已经叛燕忠齐。"

张魁作乱之后，燕昭王强命苏秦自赵返齐，挽救燕、齐之交，仅是死马当活马医，打算牺牲苏秦，并不真抱希望。如今齐湣王竟然毫不怀疑苏秦，燕昭王深感匪夷所思，不得不信谗言，怀疑苏秦或许果真叛燕忠齐。于是派遣韩山至齐，命令苏秦返燕。

苏秦早有防备，翻出精心保存的众多原始记录，撰写一封长信，详尽回顾了为燕反间十五年的完整过程，力辩自己一心强燕弱齐，从未叛燕忠齐。

燕昭王读毕韩山带回的苏秦自辩长信，彻底打消疑心，再也不信谗言。

齐湣王问策苏秦："奉阳君虽与寡人达成谅解，但是孟尝君仍在阻挠伐秦，又与寡人争夺宋地，先生有何良策？"

苏秦说："大王不必忧虑，我愿使魏，劝说孟尝君支持伐秦，不争宋地。使魏之前，我先去燕国，劝说燕昭王罢黜敌齐的田代、孙去疾，以免出现第二个张魁。"

齐湣王大喜。

苏秦从齐返燕，告诫燕昭王："八年前大王给我五年，我说至少需要十年。如今伐齐时机仍未成熟，大王如果不想前功尽弃，就再也不能轻举妄动，必须静待齐国伐宋师疲，得罪天下诸侯。"

燕昭王说："寡人操之过急，打乱了先生部署。寡人再也不会轻举妄动，一切听命先生！"

八三　五国谋秦齐再伐宋，悲民疾苦庄哀为臣

苏秦又从燕往魏，途经赵国，询问李兑："君侯既与齐湣王达成谅解，为何联军至今滞留成皋，仍不西行伐秦？"

李兑说："连日大雨，不宜行军。魏、韩均已承诺，决不与秦和解。我正调集上党赵军开赴成皋，很快就能西行伐秦。"

苏秦又从赵往魏，途中派人返齐，禀报齐湣王："我先从齐至燕，告诉燕昭王：'只要齐湣王信任我一天，必定不会怀疑大王！'燕昭王感激大王信任，向我保证：'只要齐湣王信任先生一天，无论齐国是与三晋结盟，还是与秦、楚结盟，寡人永远听命先生，追随齐国！'随后我从燕往魏，途经赵国，奉阳君向我保证：'正在调集上党赵军开赴成皋，只要齐湣王不与楚顷襄王会见，不让韩珉返齐复相，伐秦再无变数。'我正在往魏途中，大王静候佳音！"

苏秦到达大梁，尚未晋见魏昭王。
孟尝君痛恨苏秦一再破坏合纵伐齐，不顾魏昭王反对，立刻囚禁苏秦。
苏秦急遣门客返齐求救。
齐湣王急命苏厉使魏营救。

苏厉至魏，晋见魏昭王、孟尝君："去年齐湣王把宋地预封给秦昭王之弟泾阳君，请求秦昭王与宋断交，允许齐国伐宋，遭到拒绝。秦昭王并非不愿与齐和解，也非不想得到宋地，而是不信任苏秦。如今秦昭王得知魏国囚禁苏秦，必将与齐和解，伐秦必将失败，秦军必将伐魏。只有释放苏秦，不让秦、齐和解，伐秦才能启动，魏国才能收复秦侵之地。"

魏昭王说："薛公也有苦衷，父子两代忠齐，使齐跃居天下最强，齐湣王却听信吕礼谗言，诬陷薛公谋反，使之罢相归薛。楚、宋伐薛之时，又拒绝救薛，使之失去封地。"

苏厉劝说孟尝君："齐湣王听从苏秦规劝，早已后悔听信吕礼谗言而错怪君侯，所以罢免吕礼驱逐归秦。齐湣王又听从苏秦规劝，让韦非转告大王和君侯：'灭宋以后，必把宋侵薛地还给薛公，再把宋地平陵增封薛公。'何况君侯无论相齐还是相魏，苏秦一向敬重君侯，十多年来从未冒犯。"

魏昭王也劝说孟尝君："寡人礼聘君侯相魏，意在抗秦，并非伐齐。君侯何不接受苏秦好意，与齐湣王尽释前嫌？"

孟尝君只好释放苏秦，假装同意与齐湣王和解。

苏秦获释，继续驻守大梁，防止孟尝君再次阻挠伐秦。

苏厉返齐，禀报齐湣王："孟尝君已经释放苏秦，愿与大王尽释前嫌。奉阳君即将发动伐秦，大王可以放心伐宋！"

苏秦经过大半年舍死忘生的艰苦折冲，终于排除了伐秦、伐宋的一切障碍。

李兑命令联军西行伐秦，齐湣王也命赵信继续伐宋。

齐军再次伐宋，宋康王大急，拜见六十四岁的兒说："去年齐湣王伐宋，楚顷襄王答应相救而不救，寡人被迫割让淮北，与齐和解。齐湣王既得淮北，竟然再次伐宋。二十八年前，鲁平公送来连环刁难寡人，先生在齐，派遣弟子返宋破解连环，寡人感念至今。十二年前，先生离齐归宋，不肯接受寡人礼聘，寡人遗憾至今。如今齐军压境，恳请先生为了宋民，再次解救寡人！"

兒说说："如今齐强楚弱，楚顷襄王若无好处，怎肯救弱宋，击强齐？既然大王割让淮北以后，齐湣王仍然伐宋，大王不如把淮北还给楚国，诱使齐、楚交战。"

宋康王如梦初醒，命令臧孙子使楚，把淮北还给楚国。

楚顷襄王大喜，命令公畴竖领兵至宋，与赵信争夺淮北。

楚、齐对峙于淮北，楚将公畴竖、齐将赵信全都要求宋国助战。

宋康王宣布中立，两不相助。

楚、齐开战，齐军大胜，赵信杀死公畴竖。

楚顷襄王大怒，准备伐齐报仇。

齐湣王又命苏厉至魏，向苏秦问策。

苏秦先命苏厉返齐，献策齐湣王："我劝说大王把定陶预封给奉阳君，把平陵预封给孟尝君，使他们不再反对大王伐宋。我留在魏国敦促三晋伐秦，使秦军不能救宋。如今万事俱备，赵信却节外生枝，杀死公畴竖，惹怒了楚顷襄王，打乱了破秦灭宋大局。大王只有诛杀赵信，楚顷襄王才会息怒。大王听我之言，三月必成霸业，否则我愿请死。我被赵、魏囚禁，甘愿冒死从事，除了帮助大王成就霸业，另有一点私心，就是希望万世留名！"

齐湣王深受感动，立刻诛杀赵信。又命苏厉使楚，晋见楚顷襄王："宋国割让淮北，与齐和解，大王却派公畴竖争夺淮北，进攻赵信。齐湣王不怪大王争地，反怪赵信杀死公畴竖而冒犯大王，立刻诛杀赵信。大王怎能辜负齐湣王好意？"

楚顷襄王并不愿意与齐决战，于是就坡下驴，放弃伐齐。

正在此时，齐湣王又派宋窍、侯催至魏，问策苏秦："寡人听从先生，倾力伐宋，乃是凭借燕昭王忠齐。如今寡人得到密报，燕昭王趁着齐、燕边境空虚，准备偷袭齐国。无论伐宋结果如何，寡人将于八月撤兵。"

苏秦急遣盛庆返燕，通报燕昭王："田代、孙去疾与孟尝君、韩徐为密谋伐齐，不慎泄露消息，齐湣王再次怀疑大王，紧急从宋撤兵。我将立刻冒死返齐，挽救燕、齐之交。大王只有诛杀田代、孙去疾，我才能免于被齐湣王诛杀！"

燕昭王为了保全苏秦，立刻诛杀田代、孙去疾。

苏秦火速离魏返齐，劝说齐湣王："田代、孙去疾因为被燕昭王罢黜，才与孟尝君、韩徐为密谋伐齐，大王怎能再次怀疑燕昭王？燕昭王得知田代、孙去疾抗命谋齐，大为震怒，立刻诛杀二人。大王如果仍然怀疑燕昭王，可以立刻诛杀我！"

齐湣王再次听信苏秦，重新相信燕昭王。

赵信已被诛杀，伐宋齐军仍于八月撤回。

齐伐宋第二年，无功而返。

韩徐为质问李兑："齐湣王再次停止伐宋，君侯怎能继续轻信齐湣王、苏秦？"李兑听从其言，与秦和解，命令驻守成皋的伐秦联军，撤兵东归，各归本国。苏秦幕后推动，李兑担任纵长的第三次合纵伐秦，未曾与秦交兵，无疾而终。

正在此时，秦国又发生异事：一匹公马，生下一只马驹。

秦昭王视为吉兆，立刻伐魏，攻取了魏邑新垣（今地不详）、曲阳（今河北曲阳），又攻下三年前承诺永不再攻的魏国旧都安邑。

宋康王被齐连伐两年，明白自己得罪诸侯太深，担心再遭齐伐，假装禅位太子。

宋民痛恨宋康王，爱戴宋太子，上下一心，坚守宋地，宋国暂安。

庄子八十三岁，齐湣王第二次伐宋。

蔺且问："去年齐湣王首次伐宋，宋康王割让淮北，齐军退兵。今年齐湣王再次伐宋，宋康王诱使楚、齐争夺淮北，齐军获胜以后，不知何故再次退兵。齐湣王会不会第三次伐宋？"

庄子说："宋康王好战逞强，投机取巧，得罪诸侯太多，即使禅位太子，恐怕仍难阻止齐伐。宋国已成秦、赵、齐、楚四强角逐的共同猎物，恐怕亡国在即。"

蔺且问："夫子是否悲宋之亡？"

庄子说："不悲宋国之亡，仅悲宋民之苦。"

蔺且问："难道宋国之亡，并非宋民之苦？"

庄子说："我讲个故事，你就会明白。"——

周文王的祖父亶父，当年住在邠地，狄人来侵。亶父献上皮毛布帛，献上狗马牲畜，献上珍珠玉器，狄人都不肯退兵，想要的是土地。

亶父不愿打仗，于是告诫族人："与人的哥哥同住，却让弟弟打仗而死，与人的父亲同住，却让儿子打仗而死，我不忍心。我曾听说：'不以养生之物，危害所养生命。'我将离开邠地，你们好好住在这里！做我的臣民，与做狄人的臣民，有何不同？"

于是拄着手杖，离开邠地。

民众相连于途，追随亶父，于是周人在岐山脚下的周原建国。

蔺且问:"亶父为何如此爱惜民众生命?"

庄子说:"亶父乃是殷民,遵循《归藏》泰道,深知民为邦本,所以爱惜民众生命。亶父之孙周文王编纂《周易》以后,周武王伐灭殷商,周公制定周礼,从此泰道式微,否术大行,否君痞士不再爱惜臣民生命。"

蔺且问:"亶父为何认为,成为任何君主的臣民,均无不同?"

庄子说:"因为一为臣民,必将适人之适,役人之役。唯有不做任何君主的臣民,才能自适其适,以德为循。古人为了自适其适,以德为循,宁可终生贫贱,不愿为了身外之物而害身,不愿为了利生之物而丧生。今人不惜适人之适,役人之役,贪图一时富贵,愿意为了身外之物而害身,愿意为了利生之物而丧生。"

八四　齐湣灭宋康王死魏，复归鸿蒙庄子化蝶

前286年，岁在乙亥。庄周八十四岁。宋康王五十二年（灭）。

周赧王二十九年。秦昭王二十一年。楚顷襄王十三年。魏昭王十年。韩釐王十年。赵惠文王十三年。齐湣王十五年（灭宋）。燕昭王二十六年。鲁湣公十七年。卫嗣君二十九年。

齐湣王得知李兑放弃伐秦，与秦和解，勃然大怒："奉阳君与寡人约定，由他主持合纵伐秦，寡人负责伐灭宋国。寡人遵守约定，连续伐宋两年。奉阳君却策动一年，折腾一年，未曾与秦交兵，即命联军东归，真是无信无义的小人！"

苏秦说："奉阳君前年策动合纵伐秦，去年发动合纵伐秦，虽未与秦交兵，至少牵制秦国无暇救宋。如今奉阳君既然放弃伐秦，大王也应与秦和解，再让韩珉返齐复相，才能继续伐宋，又使秦昭王仍不救宋。"

齐湣王听从其言，与秦和解，让韩珉返齐复相，准备继续伐宋。

秦昭王大惑不解："齐湣王已与寡人和解，明知宋国与秦结盟，为何仍然伐宋？韩珉返齐复相，明知寡人最爱宋国，为何不阻止齐湣王伐宋？"

魏冉说："看来齐湣王虽让韩珉复相，仍不信任韩珉，依然听信苏秦。"

秦昭王大怒，派遣公子嬴他使赵，拜见李兑："齐湣王与赵结盟，与秦和解，竟然无视秦、赵与宋结盟，继续伐宋。寡人愿派四万秦军至赵，协助君侯救宋击齐。"

孟尝君、韩徐为趁机劝说李兑联秦伐齐。

李兑仍对得到定陶抱有幻想，命令韩徐为率领赵军，驻守与齐相邻的井陉关（今河北井陉西），静观齐湣王反应。

八四　齐湣灭宋康王死魏，复归鸿蒙庄子化蝶

齐湣王急召苏秦："寡人已与秦国和解，又让韩珉返齐复相。秦昭王仍约奉阳君伐齐救宋，先生有何良策？"

苏秦说："大王不必担心！奉阳君若想得到定陶，必定不会听命于秦。大王可派匡章带领庶子田顺，为质于赵，稳住奉阳君。另派宋郭使秦，劝说秦昭王放弃救宋击齐，继续伐魏驱逐孟尝君！"

齐湣王尽从其策。

匡章带领公子田顺，为质于赵，拜见李兑："君侯虽然放弃伐秦，只要不联秦救宋，齐湣王仍将信守承诺，把定陶、蒙邑封给君侯。"

李兑将信将疑，听从门客朱谨、赵足劝告，命令韩徐为继续驻兵井陉关，暂不伐齐。

苏秦派遣宋郭使秦，行前面授机宜："你前年使秦，把宋地预封给泾阳君，要求秦昭王允许齐国伐宋，结果使秦失败，乃是我的失策，因为泾阳君不能影响秦昭王决策。你这次使秦，先去拜见魏冉，把定陶预封给魏冉。魏冉必能影响秦昭王决策，助你使秦成功。"

宋郭惊问："相公已把定陶预封给李兑，如今再把定陶预封给魏冉，将来如何收场？"

苏秦大笑："我对宋国毫无仇恨，劝说齐湣王伐宋，一是为了让齐师疲弊，二是为了让齐国得罪天下。定陶预封给赵、秦二相，齐湣王必将无法收场，至少激怒其中一人。赵、秦二强，如今无敌天下。只要二人之一策动天下诸侯伐齐，我就可以助燕破齐。"

宋郭又问："那么去年赵信伐宋，相公为何又劝齐湣王予以诛杀？"

苏秦说："前年我劝齐湣王暂停伐宋，乃因李兑尚未开始伐秦。不料齐湣王另派赵信接收淮北，去年又命赵信继续伐宋，打乱了我的计划。赵信不是我的人，如果灭宋之功归于赵信，我就不能实施后面的计划。为何灭宋之功必须归于冷向，你不必细问，事至即明。"

宋郭不敢再问，领命而去。

宋郭至秦，先去拜见魏冉，呈上苏秦密信："天下传言，秦国即将出兵四万，助赵伐齐。齐湣王十分忧虑，我劝告齐湣王：'秦昭王如此英明，穰侯如此睿智，必定不会助赵伐齐，理由有五。其一，三晋多次叛秦欺秦，赵武灵王叛秦欺秦更是秦国大恨。破齐肥赵，非秦所愿。其二，没有齐国从东面牵制，秦国难以击破三晋和楚国。其三，秦国如果出兵太少，赵国必定不敢伐齐。秦国如果出兵太多，三晋和楚国必将趁机袭秦。其四，秦军助赵伐齐，必将促使齐、赵恢复旧盟，重新策动合纵伐秦。秦国联赵伐齐不成，反被齐、赵共伐。其五，秦昭王和穰侯不可能如此愚蠢，让赵国先借秦军破齐，再借齐军破秦。'齐湣王于是不信传言。"

魏冉读毕苏秦密信，心悦诚服。

宋郭又说："宋康王大大得罪齐国，齐湣王痛恨之极，必欲灭之。君侯为秦国屡立大功，封地仅有小小的穰邑，远远不及寸功未立的泾阳君、高陵君，齐湣王不平之极。只要君侯劝说秦昭王放弃助赵伐齐，转而支持齐国灭宋，齐湣王愿把宋国定陶封给君侯。"

魏冉怦然心动，欣然答应。

宋郭随后晋见秦昭王："韩珉返齐复相，明知大王爱宋，为何不阻止齐湣王伐宋？因为齐国原本强大，再灭宋国，楚、魏必将恐惧，从而西向事秦。大王不折一兵，不损一卒，就能让魏昭王割让安邑。这就是韩珉对大王的报答！"

秦昭王问："寡人不懂齐湣王的心思，时而合纵伐秦，时而连横亲秦，是何缘故？"

宋郭说："齐湣王的心思，一点也不难懂。齐国伐宋，宋康王必将更加亲秦。中原诸侯都想离间秦、齐之交，不愿秦、齐结盟，所以既劝说大王敌齐，又劝说齐湣王敌秦。齐湣王认为，秦、齐不能听凭中原诸侯摆布，应该恢复旧盟。敬请大王明断！"

秦昭王犹豫不决，询问魏冉："相国意下如何？"

魏冉说："大王欲伐安邑，不愿齐军救魏。齐湣王欲伐宋国，不愿秦军救宋。不如大王允许齐湣王伐宋，齐湣王允许大王伐魏安邑。"

八四　齐湣灭宋康王死魏，复归鸿蒙庄子化蝶

秦昭王改变主意，告诉宋郭："宋康王与秦结盟，竟派田不礼率领宋军加入孟尝君发动的合纵伐秦。又把寡人做成木人，伸开双臂，放在厕所门口，作为箭靶。寡人久有伐宋之心，苦于地隔兵远，欲伐不能。齐湣王伐宋，一如寡人自伐。楚、魏若与齐国争夺宋地，寡人必将制止，确保齐国独得宋地。宋康王如此无道，欺侮不算逆天，伐灭无人报仇。齐湣王不要再次允许宋康王割地求和，务必一举灭宋。"

宋郭返齐复命。

齐湣王大喜，听从苏秦，又命冷向担任伐宋主将，开始第三次伐宋。

秦昭王命令司马错伐魏，围攻安邑。

魏昭王不敢抗秦，割让安邑求和。

秦昭王驱逐安邑魏民，填入秦民，加赐一爵，填入罪人，赦免其罪。

司马错又移师伐韩，攻取了夏山（今地不详）。

冷向率领齐国大军伐宋，势如破竹。

楚顷襄王、魏昭王得知秦、赵不再击齐救宋，出兵与齐争夺宋地。

宋国三面临敌，全无救兵，军民丧失斗志。

数月之间，冷向灭宋，占领大部分宋地。

楚军、魏军夺得部分边邑。

齐军攻破商丘，宋康王戴偃化装出逃。逃到魏国温邑（今河南温县），国灭身死。

三十二岁逐兄篡位，在位五十二年（前337—前286）。第十年称王，前十年（前337—前328）为君，后四十二年（前327—前286）为王，终年八十四岁（前369—前286）。

齐湣王恼怒李兑，听从苏秦，把定陶封给魏冉。

设宴庆功，重赏灭宋功臣苏秦、冷向、苏厉、宋郭。

苏秦把所得赏赐，分赏门客公孙弘、盛庆、辛谒、韩山。

李兑得知定陶封给魏冉，愤怒至极，告诉门客朱谨、赵足："齐湣王让公玉丹向我承诺'必不召回韩珉'，如今召回了；又向我承诺'必不重用苏秦'，如今封君拜相了；又向我承诺'必不与燕结盟'，如今与燕结为上交。齐湣王之子田顺，为质于赵，我以为其言可信。如今田顺竟也抵赖先前之言，比其父王更加过分。田顺曾经声称痛恨苏秦，视如厉鬼，如今却称颂苏秦为天下大贤。罢了罢了，我再也不相信齐湣王了！"

命令驻兵井陉关的韩徐为立刻伐齐。

苏秦派人返燕，通报燕昭王："奉阳君未得定陶，大怒伐齐。齐湣王认为奉阳君是小人，齐、赵之交已经大恶！只要齐、赵能够相攻，我愿勉力求死！有生之物，无不有死。如果我之一命，能助大王破齐，我将死而无憾！"

庄子八十四岁，天年将终，静卧在床。听见门外人喊马嘶，狗吠鸡跳。

蔺且说："齐军攻破商丘，蒙邑县令已经开城投降！"

庄子感叹："我父亲离楚至宋，一直都想返楚，最终未能如愿。我送父母归葬楚国，然后重新返宋，没想到临死之前成了齐民。"

蔺且说："听说前年齐湣王为了让李兑同意伐宋，曾把定陶预封给李兑。去年齐湣王为了让李兑发动伐秦，又把蒙邑增封给李兑。假如齐湣王兑现承诺，难道夫子又成赵民？"

庄子笑了："听说今年齐湣王为了让秦昭王同意伐宋，又把定陶预封给魏冉。假如齐湣王也把蒙邑增封给魏冉，我岂非又成秦民？无论宋国亡于何国，蒙邑封给何人，我都是不臣天子、不友诸侯的天民。"

庄子将死，吟诵《小雅·黄鸟》：

黄鸟黄鸟，无集于榖，无啄我粟。
此邦之人，不我肯谷。言旋言归，复我邦族。
黄鸟黄鸟，无集于桑，无啄我粱。
此邦之人，不可与明。言旋言归，复我诸兄。

> 黄鸟黄鸟，无集于栩，无啄我黍。
>
> 此邦之人，不可与处。言旋言归，复我诸父。

蔺且忍不住哭泣。

庄子说："你忘了安时处顺吗？我如今死去，并非早夭。即使再活百年，与天地相比，仍是短命。既然难免一死，何必贪求须臾？"

蔺且说："弟子准备厚葬夫子！"

庄子笑了："我以天地为棺椁，以日月为连璧，以星辰为珠玑，以万物为赍送。葬具如此完备，何以复加？"

蔺且说："恐怕乌鸦老鹰，将会争食夫子遗体。"

庄子说："葬于地面之上，会被乌鸦老鹰所食。葬于地面之下，会被蝼蛄蚂蚁所食。剥夺乌鸦老鹰的食物，转为蝼蛄蚂蚁的食物，岂非过于偏心？把不公平视为公平，所谓公平实非公平；把没有凭证视为凭证，所谓凭证实非凭证。明显的表象均被天道驱使，神妙的本质才是天道凭证。明显的表象，永远不能战胜神妙的本质。世人惑于所见，陷溺人道，只求功效止于表象，岂不可悲？"

庄子终其天年，享年八十四岁（前369—前286）。

遗著七篇：《逍遥游》、《齐物论》、《养生主》、《人间世》、《德充符》、《大宗师》、《应帝王》。

庄遍、庄咸、蔺且，把庄子葬于蒙泽之畔。

庄子入土之时，一只蝴蝶翩翩飞起，倏忽隐入天地之间。

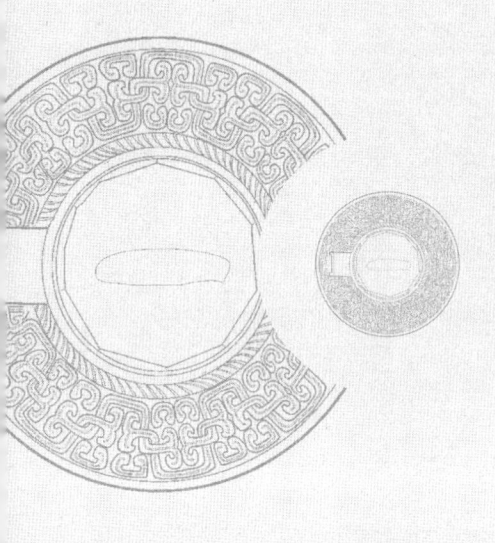

尾声
蔺魏弘庄（前285—前282）

一　苏秦谋齐诈立三帝，蔺且释庄撰文五篇

前285年，岁在丙子。庄殁一年。

周赧王三十年。秦昭王二十二年。楚顷襄王十四年。魏昭王十一年。韩釐王十一年。赵惠文王十四年。齐湣王十六年。燕昭王二十七年。鲁湣公十八年。卫嗣君三十年。

苏秦派遣盛庆返燕，通报燕昭王："齐湣王伐灭宋国，占领宋国所侵的楚地淮北，兼并泗上十二诸侯、吴越九夷之地，齐国疆域已达原先三倍。一个齐国，燕国尚且不能抵御，三个齐国，燕国更难抵御。然而智者谋事，善于因祸为福，转败为功。当年勾践先败于吴，然后灭吴称霸，正是如此。大王想要因祸为福，转败为功，必须继续尊齐为霸。秦昭王不甘心居于齐湣王之下，必将策动诸侯连横伐齐。大王不妨派人劝说秦昭王：'秦称西帝，赵称中帝，燕称北帝，就能策动诸侯连横伐齐，迫使齐湣王让宋复国，把淮北还给楚国。'三年前秦昭王被迫撤消西帝之号，乃是刺心之痛。大王投其所好，秦昭王必将策动诸侯连横伐齐。奉阳君没能得到定陶、蒙邑，孟尝君没能得到薛邑、平陵，必将劝说赵惠文王、魏昭王响应秦昭王。不过诸侯连横伐齐之初，大王不可公开叛齐，必须等待齐师疲弊之后，再予最后一击。"

燕昭王大喜，召见乐毅："武安君建议寡人明尊齐湣王为霸主，暗尊秦昭王为西帝，策动诸侯连横伐齐。先生以为如何？"

乐毅说："齐国久霸中原，地广人众，国富兵强，大王难以独攻。武安君之策甚佳！"

燕昭王于是派遣赵嚼使秦，郑重嘱咐："你以私人身份至秦，劝说秦昭王策动诸侯连横伐齐。不可泄露是奉寡人之命。"

赵嚍从燕至秦，晋见秦昭王："齐湣王伐灭与秦结盟的宋国，大王若不伐齐存宋，今后诸侯必将不愿与秦结盟。秦、齐远隔，大王不便单独伐齐，不如策动山东诸侯连横伐齐，诸侯必将响应！"

秦昭王问："山东诸侯无不敌视秦国，为何响应寡人？"

赵嚍说："齐湣王伐宋三年，不仅师疲国贫，而且得罪天下诸侯。齐湣王灭宋之前，把定陶、蒙邑预封给奉阳君，又把薛邑、平陵预封给孟尝君，诱使他们支持齐国伐宋。然而齐湣王灭宋之后，竟然食言，奉阳君、孟尝君均被激怒。赵惠文王听命于奉阳君，魏昭王听命于孟尝君，赵、魏必将响应大王。韩釐王与魏结盟，燕昭王与赵结盟，韩、燕也必随之响应大王。楚国淮北被宋康王攻取，如今归于齐国，楚顷襄王也必响应大王。"

秦昭王说："魏、韩、楚皆弱，赵惠文王未必听命于奉阳君，燕昭王又听命于苏秦而亲齐。"

赵嚍说："大王只要进号西帝，邀请赵惠文王进号中帝，邀请燕昭王进号北帝，就能确保赵、燕响应。秦、赵率领魏、韩、楚正面伐齐，燕军背后袭齐，齐国必破！"

秦昭王大为心动，转问魏冉："相国以为如何？"

魏冉担心连横伐齐一旦失败，齐湣王可能收回定陶，于是反对："大王如果采纳三帝之策，赵惠文王受制于反对称帝的奉阳君，燕昭王听命于反对称帝的苏秦，必定不会响应。齐灭宋后，气势正盛，大王暂时不宜连横伐齐。"

秦昭王既听从魏冉，不取三帝之策，又听从赵嚍，决意连横伐齐，遂遣使通报天下诸侯："齐湣王与寡人四次结盟，四次欺骗寡人，三次挑起诸侯合纵伐秦，如今又伐灭与秦结盟的宋国，罪大恶极！寡人发誓：有齐无秦，有秦无齐！"

秦昭王亲往泾阳君的封地宛邑（今河南南阳）会见楚顷襄王，邀约加入连横伐齐。

楚顷襄王拒绝。

秦昭王又亲往赵地中阳（今山西吕梁）会见赵惠文王，邀约加入连横伐齐。

赵惠文王拒绝。

长驻大梁的秦使起贾，奉秦昭王之命，邀约魏昭王加入连横伐齐。

孟尝君大悦，劝说魏昭王："赵相奉阳君、赵将韩徐为，全都愿意伐齐。秦、赵两强共同伐齐，必能破齐。大王应该加入伐齐！"

魏昭王不听："奉阳君、韩徐为固然愿意伐齐，赵惠文王未必愿意伐齐。魏国西有秦祸，东有齐患，唯有依靠赵国，才能抵御秦、齐威胁。寡人愿与赵惠文王同进退！"

孟尝君于是亲自使赵，与李兑、韩徐为一起劝说赵惠文王加入连横伐齐。

赵惠文王二十五岁，亲政已经六年，仍然受制于李兑，被迫同意加入连横伐齐。

孟尝君又亲自使燕，晋见燕昭王："大王对于齐宣王破燕杀父，忍辱负重。对于齐湣王诛杀张魁，表示感谢。对于力主伐齐的忠臣田代、孙去疾，罢黜诛杀。大王如此忍耻事齐，乃是畏惧齐国强大。如今秦昭王策动诸侯连横伐齐，赵惠文王已经响应。大王追随秦、赵两强，必能报仇雪耻。"

燕昭王牢记苏秦秘嘱，拒绝加入连横伐齐。

齐湣王急召苏秦："秦昭王策动诸侯连横伐齐，奉阳君已经说服赵惠文王加入，孟尝君已经说服魏昭王加入，如今又去劝说燕昭王加入。寡人十分忧虑！"

苏秦说："燕昭王忠于大王，大王不必忧虑！秦国太远，魏国太弱，同样不足为虑！赵国强大，与齐相邻，才是可虑之事。但是奉阳君固然愿意伐齐，赵惠文王未必愿意伐齐。赵惠文王亲政六年，必对奉阳君不肯归政极度不满。我只要修书一封，必能说服赵惠文王退出连横伐齐。"

齐湣王仍然忧心忡忡。

苏秦派遣公孙弘使赵，致信赵惠文王："个别赵国大臣鼓动大王亲秦敌齐，我劝大王切勿听从！秦昭王意在伐灭韩国，吞并二周，才以瓜分齐地为诱饵，引诱中原诸侯加入伐齐。天下有识之士无不明白，秦国一旦灭韩吞周，必将灭魏，祸将及赵。况且天下固有处势虽异，所患相同者。三年前秦、齐相约称帝伐赵，诸侯伐赵之兵已在途中，齐湣王却与大王会于阿邑，相约伐秦去帝，于是秦昭王被迫听命，撤销帝号，把温邑、轵邑、高平还给魏国，把王公、符逾还给赵国。此事天下无人不知！齐国如此厚待赵国，假如大王反而联秦伐齐，将来哪个诸侯还敢厚待赵国？大王只有同样厚待齐国，天下诸侯才会认为大王深明大义，敬畏并且听命大王。但愿大王听我良言，三思后行，不要被个别大臣蛊惑！"

赵惠文王听从苏秦，立刻罢免李兑，驱逐李兑死党韩徐为，宣布退出连横伐齐。

公孙弘返齐复命。
齐湣王大悦。
苏秦说："大王如果仍不放心燕昭王，我再返燕一趟。"
随即往燕，与燕昭王商定破齐方略。
燕昭王按照苏秦所定方略，假装驱逐乐毅至赵。
赵惠文王大喜，任命乐毅为相，廉颇为将。

苏秦返齐复命："我告诉燕昭王：'孟尝君谎称赵国加入连横伐齐，其实仅是奉阳君、韩徐为愿意伐齐。赵惠文王已经听我之言，罢免了奉阳君，驱逐了韩徐为，大王不要被孟尝君欺骗！'燕昭王向我保证，决不加入伐齐，又罢免了主张伐齐的乐毅，驱逐归赵。如今仅剩秦、魏决意伐齐，大王只要派遣苏厉使魏，劝说魏昭王罢免孟尝君，退出伐齐，秦昭王策动的连横伐齐即告失败。"

齐湣王大喜，即命苏厉使魏。

苏厉至魏，晋见魏昭王："齐湣王灭宋，跃居天下最强，赵、燕、韩、楚都不敢加入伐齐。秦、齐远隔，大王如果单独助秦伐齐，齐湣王必将报复魏国。大王不如罢免孟尝君，退出伐齐。"

魏昭王说："寡人既不响应伐齐，也不罢免孟尝君，听凭秦、齐相攻。"

苏厉又拜见长驻大梁的秦使起贾："秦昭王策动诸侯连横伐齐，诸侯时而响应，时而退出，乃因各怀私心。魏昭王一向不愿伐齐，勉强听从孟尝君，必将消极观望。如今乐毅兼相燕、赵，燕、赵一心，都已退出连横伐齐。先生的上策，乃是劝说秦昭王放弃伐齐，听凭孟尝君率领魏军伐齐。因为齐、秦交战，唯有魏国得利，只有听凭齐、魏交战，秦国才能得利。齐、魏两败俱伤，魏昭王必将听命秦国，罢免孟尝君。我二哥武安君苏秦，为了避免齐湣王责怪，只想免祸存身，希望先生劝说秦昭王放弃伐齐，至少不再鼓动魏昭王加入伐齐。先生若能如此，一定重谢先生！"

起贾说："我只是御史大夫，人微言轻，怎能说服秦昭王改变决策？"

苏厉返齐复命："魏昭王也已退出伐齐，中原诸侯无一响应秦昭王。"

齐湣王大悦，怒于秦昭王策动连横伐齐，再次罢免亲秦的韩珉，让苏秦复相。

苏秦台前幕后的两套动作，导致秦昭王策动的连横伐齐，诸侯时而响应，时而退出，迷雾重重，纷扰不休。

秦昭王失去耐心，决定单独伐齐。由于魏冉反对伐齐，于是不用白起，任命蒙骜为伐齐主将。

蒙骜出身农民，凭借斩首计功，成为白起之后从步卒升至主将的第二人。感恩图报，身先士卒，一举攻取了齐国河东九县。

乐毅献策赵惠文王："齐湣王野心极大，灭宋以后，必将伐赵。大王西有秦祸，东有齐患，唯有利用秦、齐相攻，首先借秦破齐，然后率领诸侯破秦，才能避免两面受敌。燕昭王为报齐宣王破燕杀父之仇，一直假装亲齐，齐湣王已经撤空了齐、燕边境的驻军。如今齐湣王只防西境，不防北境。燕昭王为助大王破齐，假装把我免相，命我至赵，劝说大王助秦伐齐。一旦齐军全部开赴西境，燕军就会袭击齐国北境，必可破齐。"

赵惠文王大喜，命令乐毅率领赵军助秦伐齐，攻取了灵丘（今山东高唐南）。

齐湣王大惑不解："赵惠文王已经罢免奉阳君，驱逐韩徐为，为何又命乐毅伐齐？"

苏秦说："乐毅在赵惠文王继位以前，相赵多年，辅佐赵武灵王实行胡服骑射，伐灭中山，屡立大功，在赵根基深厚。奉阳君饿杀主父以后，乐毅离赵相魏。孟尝君失薛相魏以后，乐毅又离魏仕燕。我是燕国上卿，乐毅是燕国亚卿，位居我下，所以燕昭王一直听我之言忠于大王，不听乐毅之言。如今秦昭王策动伐齐，乐毅劝说燕昭王响应，被燕昭王驱逐奔赵。恰巧赵惠文王听我之言罢免李兑，于是又命乐毅相赵，希望借助乐毅在赵的威望，肃清李兑党羽。赵惠文王仅有二十五岁，已经听任奉阳君专权十一年，所以无法阻止乐毅擅自伐齐。好在如今仅有秦、赵两国伐齐，齐国如此强大，大王如此贤明，只要击败暴秦强赵，就能一统天下！"

齐湣王感叹："寡人远远不如齐桓公贤明，先生远比管仲贤明，必能挫败一切来犯之敌！"

庄殁一年，蔺且反复阅读庄子遗著，不断加深理解。

鉴于庄子遗著支离其言，晦藏其旨，后人很难理解，蔺且撰写了五篇释庄之文：《寓言》、《山木》、《达生》、《至乐》、《曹商》。

蔺且师从庄子半生，亲见亲闻许多庄子言行，以及庄子、惠施对话，一部分著录于五篇释庄之文，大部分记录于零散札记。

二　乐毅破齐苏秦车裂，魏牟慕庄师事蔺且

前284年，岁在丁丑。庄殁二年。

周赧王三十一年。秦昭王二十三年。楚顷襄王十五年。魏昭王十二年。韩釐王十二年。赵惠文王十五年。齐湣王十七年（卒）。燕昭王二十八年。鲁湣公十九年。卫嗣君三十一年。

苏秦派遣秘使返燕，通报燕昭王："去年秦、赵伐齐，我已成功离间齐、赵。如今诸侯伐齐形势明朗，齐国陷入孤立。大王报仇雪耻时机成熟，可以公开伐齐！我将按照既定方略，确保燕军必胜，齐军必败！"

燕昭王大喜，亲率燕军前往邯郸，会见赵惠文王："齐灭宋后，空前强大。寡人愿命燕军，为大王之师充当前驱！"

赵惠文王忌惮强齐，大喜从命。

乐毅率领燕、赵联军伐齐，燕军居前，赵军押后，直逼济水西岸。

齐湣王大怒："燕昭王忠齐二十八年，竟敢公然背叛寡人！"

宋郭向齐湣王进言："大王已经撤空了齐、燕边境的驻军，燕军不从齐、燕边境直接偷袭，反而绕道赵国，可见燕昭王仅是受到秦、赵胁迫而无奈伐齐，计策游疑未定，并非真心背叛大王和武安君。大王为何不让武安君领兵御敌？以武安君之贤，率领强齐之兵，迎战弱燕之师，必定大获全胜。燕军一破，赵军必定听命。大王破燕服赵，就能号令天下！"

齐湣王听从其言，调集倾国之兵，任命苏秦为主将，准备一举击溃赵、燕联军。

苏秦假装推辞："我不擅长兵事，恳请大王另命主将。"

齐湣王说："去吧！寡人相信先生无所不能！"

苏秦率领齐军，开赴济水，迎战燕军。故意战败，损兵二万人。

苏秦派遣苏厉赶回临淄，向齐湣王请罪："大王强行命我担任主将，如今战败，损兵二万人，恳请大王治罪！"

齐湣王说："这是寡人之过，武安君无罪！"

宋郭又说："昨日之战，燕军乃是侥幸获胜，大王可命武安君明日再战。武安君初战小败，明日必以大胜报答大王信任！"

齐湣王正在考虑是否换将，听了宋郭之言，打消换将之念。

苏秦坚辞，齐湣王不听。

次日再战，苏秦又故意战败，损兵三万人。

苏秦兵败，回到临淄，请求治罪。

齐湣王不听。

赵惠文王眼见弱燕二败强齐，命令赵军加入伐齐。

魏昭王与赵惠文王同进退，终于听从孟尝君，也命魏军加入伐齐。

韩釐王与魏、赵同进退，也命韩军加入伐齐。

秦昭王大喜，命令秦军也加入伐齐。

乐毅兼相燕、赵，统帅燕、赵、魏、韩、秦五国联军，陈兵济水西岸，要与齐军决战。

苏秦二战皆败，齐湣王考虑改命匡章、司马穰苴为主将。

苏秦向齐湣王进言："大王三年灭宋，其实仅用两年。第一年命令冷向伐宋，攻取淮北；第二年转命赵信伐宋，无功而返；第三年再命冷向伐宋，一举灭宋。宋国远比中山强大，但是号称天下第一良将的赵武灵王，用了十多年才伐灭中山，冷向仅用两年就伐灭了宋国。可见冷向远胜赵武灵王，实为天下第一良将。大王不如改命冷向为主将，必可大破五国之兵！"

齐湣王听从其言，不用匡章、司马穰苴，改命冷向为主将，达子为副将，率领五十万齐军,在济水西岸与五国联军决战。

  两军对垒,擂响战鼓,兵锋将合。
  冷向按照苏秦预定方略,突然鸣金,齐军转为撤退。
  乐毅尽知苏秦预定方略,继续擂鼓,联军立刻冲锋。
  冷向独驾一车先逃,从此不知所终。
  齐军正在撤退,突然失去主将,阵脚大乱,自相践踏,折损大半。

  副将达子收拾残部,准备再战。齐军士气低落。
  达子派人返回临淄,恳请齐湣王犒赏三军,激励士气。
  齐湣王大怒:"败军之将,怎能要求犒赏?"
  达子勉力再战,奋勇战死,齐军残部覆灭。
  燕昭王大喜,亲临济水前线,犒赏三军,封乐毅为昌国君。

  齐军主力瞬间尽灭,齐湣王难以置信。
  宗室陈举冒死进谏:"大王宠信苏秦,不知苏秦误国。苏秦二战皆败,大王不予治罪!冷向离韩奔齐,大王不用,苏秦用之!冷向身为主将,鸣金动摇军心,临阵一乘先逃!苏秦用人不当,大王理应治罪!"
  齐湣王大怒:"胜败乃兵家常事,武安君对寡人忠心不二!"
  司马穰苴冒死进谏:"十一年前,我奉大王之命伐燕,攻取十城,杀死二将。大王听信苏秦之言,归还十城,从此被他蛊惑!苏秦为燕谋齐,在齐反间,骗得大王信任,先让大王得罪天下,再让大王一败涂地!"
  齐湣王大怒:"命你伐燕的并非寡人,而是孟尝君!你先得孟尝君重用,后被寡人弃用,难怪怨恨寡人!你明知孟尝君离齐相魏以后,背叛寡人,处心积虑策动诸侯伐齐,被武安君一再挫败,竟敢诬陷武安君背叛寡人!"
  齐民狐援冒死进谏:"周武王灭商以后,仅把殷商的九鼎陈列于周廷,但是不许殷商的社稷立于天下,不许殷商的乐舞奏于宗庙,乃是为了引以为戒。大王千万不要让齐国的大吕陈列于诸侯的朝廷,不要让太公的社稷不得立于天下,不要让齐国的乐舞不得奏于宗庙。"

齐湣王大怒："庶民怎敢妄议国事,诅咒寡人！"

立刻在东闾公开诛杀陈举、司马穰苴、狐援,宣布："胆敢诽谤寡人,谗言苏秦,杀无赦！"

从此宗室离心,大臣不亲,百姓不附。

齐国群臣不再进谏,秘密商议："苏秦不死,齐国必亡！"

派遣勇士,刺杀苏秦。

苏秦被刺,伤重将死。

齐湣王大怒："寡人必将缉捕刺客,为先生报仇！"

苏秦临死,进献最后一策："大王远胜齐桓公,我却不如管仲,不能继续辅佐大王,亲见大王成就汤、武之业！大王可把我的尸体,车裂于东闾,发布公告：'苏秦乱齐,为燕反间！刺客忠齐,寡人有赏！'刺客必来请功领赏,大王就能为我报仇！"

齐湣王大恸,依计而行。

刺客中计现身,晋见齐湣王："我刺杀苏秦,乃是为国除害,不愿请功领赏。愿为大王领兵御敌！"

齐湣王怒杀刺客,车裂于东闾。

东周国洛阳人苏秦,三十九岁游楚,四十岁仕齐,四十五岁为齐使秦,四十九岁离齐仕燕。五十岁为燕使齐,反间十八年（前301—前284）,助齐灭宋,助燕破齐,被刺身亡,终年六十七岁（前350—前284）。死前自请车裂,诱引刺客现身,成功复仇。

苏秦既死,门客宋郭、盛庆、辛谒、韩山,纷纷携带细软,逃离临淄,不知所终。

公孙弘不知苏秦为燕反间,被其利用,未能破秦,反而破齐,愧对九泉之下的公孙衍、公孙喜,也逃离临淄,不知所终。

苏厉护送苏秦遗体归葬洛阳，盛大车队到达洛阳郊外。

苏代带领苏氏宗族，远迎苏秦灵柩。

苏代之妻，苏厉之妻，跪伏道旁，不敢抬头。

苏厉说："你们当年奚落二哥无能，如今二哥已死，为何如此恭敬？"

二人说："我们都是妇人之见，有眼无珠，不知二哥竟是左右天下的不朽伟人！"

苏厉以其余生，把苏秦亲撰的反间记录，编纂成册，藏诸名山。1973年出土于长沙马王堆汉墓，整理者命名为《战国纵横家书》。

苏代读毕，衷心叹服："二弟真是有心人！竟然每事必有记录，每信必留底稿。"

苏厉说："二哥保存这些即时记录，一是预防燕昭王听信田代、孙去疾之流的谗言，怀疑二哥叛燕忠齐。二是确保二哥只手操纵天下，帮助弱燕击破强齐的旷世奇功，不因极度隐秘而彻底湮灭。"

乐毅击破齐军主力，遣返秦军、韩军，任凭魏军、赵军瓜分宋地。

魏军占领了与魏相邻的宋地商丘（今河南商丘）、陈留（今河南陈留）。

赵军占领了与赵相邻的宋地河间（今河北河间）。

魏相孟尝君，收复了封地薛邑。

秦相魏冉，保留齐封之地定陶。

乐毅、剧辛率领燕军独攻齐国，一举攻破临淄，尽取珍宝重器，烧毁宫室宗庙。

燕军乘胜深入齐境，用了半年时间，攻取七十余城，占领齐国大部。

齐国全境，仅剩四座孤城，未被燕军攻克：莒邑（今山东莒县）、聊城（今山东聊城）、阳晋（今山东郓城）、即墨（今山东平度）。

齐湣王逃出临淄，流亡中立多年的卫国，大感不解："寡人想不明白，寡人五年破楚，三年破秦，三年灭宋，辟地千里，战无不胜，雄霸天下，为何竟会突然亡国？"

公玉丹说："我以为大王已经明白，没想到还不明白！大王之所以亡国，乃是因为过于贤明。当今天下诸侯，均为不肖之主，无不嫉恨大王贤明，因此联合伐齐，导致大王亡国。"

齐湣王仰天长叹："贤明之君，为何竟有如此磨难？"

公玉丹说："传说远古贤君，失去天下而无恨色。我以前不敢相信，如今亲见于大王。大王曾经号称东帝，雄霸天下，如今失去齐国，仍然容光焕发，神态自若，视天下为身外之物，一如远古贤君，岂是不肖之主可比！"

齐湣王叹息："苏秦死后，只有你最了解寡人了！寡人客居卫国数月，腰带已经放宽了三次！"

楚顷襄王没有加入伐齐，召见淖齿："齐弱有利于楚，齐强不利于楚。但是齐亡更不利于楚，因为齐亡之后，秦必伐楚。寡人不愿齐亡，你可领兵救齐！"

淖齿奉命救齐，先趁乱收复淮北，然后把齐湣王接到莒邑。

齐湣王把莒邑东庙设为行宫，任命淖齿为相，准备复国。

淖齿相齐不久，听说齐湣王怀念苏秦，厌恶自己。

于是命人假扮秦使，晋见齐湣王："大王以燕臣苏秦为相而亡国，为何又命楚臣淖齿为相？"

齐湣王说："淖齿怎能与苏秦相提并论！"

淖齿大怒，抽了齐湣王的筋，吊在莒邑东庙的横梁之上。

齐湣王田地，被吊一夕咽气。在位十七年（前300—前284），国破身死。

太子田法章闻讯，连夜化装逃走。

莒邑少年王孙贾，年仅十五岁，新近成为齐湣王侍卫。

值夜过后，清晨回家，告诉母亲："大王不见影踪！"

母亲说："你有幸事奉大王，晨出暮归，暮出晨归，我都高兴。既然大王失踪，你怎么有空回家？"

王孙贾冲出家门，当街大喊："奸贼淖齿祸乱齐国，弑杀大王！愿意随我杀贼的齐人，袒露右肩！"

很快招募了四百多名莒邑少年，突入东庙，杀死淖齿。

楚国山中，魏牟请教詹何："燕昭王破齐报仇，是否可算贤君？"

詹何说："燕昭王复国以后，仿效越王勾践，卧薪尝胆，誓报齐仇。勾践被吴击败之后，十年生聚，十年教训，用了二十年时间，终于灭吴报仇。燕昭王即位第八年招贤，同样用了二十年时间，终于破齐报仇。勾践和燕昭王，从庙堂利害来看，可谓难得的贤君，从江湖祸福来看，则是民众的灾星。从世道变迁来看，勾践之时既有范蠡，也有文种，燕昭王之时没有范蠡，仅有文种。看来你十分仰慕勾践、燕昭王，尽管身居江湖，仍然心系庙堂，没忘赵灭中山之仇。"

魏牟大为羞愧："公孙龙的名学极为难懂，我十五岁时一听就懂。我二十四岁师从夫子，闻道至今，已有十三年，为何至今仍未悟道？"

詹何说："宋人庄子，师从文子弟子南郭子綦，尽得老聃之道！你在我处不能悟道，何不北行拜见庄子？"

庄殁二年，三十七岁的魏牟来到蒙邑，叩开庄子家门。

庄遍说："父亲已死两年。"

魏牟怅然若失："莫非我今生无缘悟道？"

庄咸说："蔺且先生师从父亲半生，尽传其道。"

魏牟恳请庄遍、庄咸引见，拜见蔺且。

蔺且说："吾师留有遗著七篇，你既有心学道，不妨读之。"

魏牟喜出望外，留在蒙邑，师从蔺且学道。

魏牟说："我早年遍读百家之书，以为名家之言最为高深难懂。后来在詹何处得读《老子》，发现老聃之道更为高深难懂。如今在先生处得读《庄子》，始知庄子之道最为高深难懂。"

蔺且说:"庄子之道是否高深,姑且不论。你觉得何处难懂?"

魏牟说:"老聃之书,固然隐晦其言,恍惚其旨,毕竟直言其事,直言其理,尽管难以悟透,多读仍有所悟。庄子之书,极少直言其事,直言其理,多为故事,故事虽然极为有趣,但是其中人物各言其事,各言其理,难明庄子真意为何。"

蔺且说:"如今泰道式微,否术猖獗,不宜明褒泰道,明斥否术,所以庄子不得不支离其言,晦藏其旨。庄子之书,共有三言。"

魏牟说:"愿闻三言之义。"

蔺且说:"故事之言,谓之寓言。重复之言,谓之重言。支离之言,谓之卮言。寓言乃是借事言道的案例,便于阅者举一反三。由于寓言晦藏其旨,阅者难明其旨,所以又用重言、卮言,点明寓言晦藏之旨。"

魏牟问:"老聃隐晦其言,恍惚其旨,能够领悟之人已经极少。庄子进而支离其言,晦藏其旨,能够领悟之人岂非更少?"

蔺且说:"上士闻道,勤而行之。中士闻道,若存若亡。下士闻道,必定大笑。痞士闻道,必将篡改。可见传道之言,如果浅显易懂,益处不大,害处不小。老聃隐晦其言,恍惚其旨,由于直言其事,直言其理,其书仍然多被痞士篡改,而且极易篡改,仅改一字,意思全反。庄子有鉴于此,不仅支离其言,晦藏其旨,而且不再直言其事,直言其理,并不影响上士莫逆于心,勤而行之,却使中士、下士、痞士难明其义,不易篡改。只有这样,庄子之道才能传之久远。"

魏牟说:"原来庄子三言,用意如此深远。不过弟子以为,庄子是以卮言为蔓衍,以重言为真,以寓言为广。卮言至关重要,所以蔓衍各处。重言则是真言,可免理解有误。寓言则是譬解,用于广演其道。"

蔺且大悦:"你迟迟不能领悟老聃之道,竟能迅速领悟庄子之道。我追随庄子半生,根据亲见亲闻,写了五篇释庄之文,或许有助于理解。另有一些记录庄子言行的零散札记,你也可以参考。"

魏牟读毕蔺且释庄之文,大为叹服:"经过先生解说,结合庄子言行,庄子三言果然易懂多了。"

三　李兑诛赵孟尝死薛，魏牟改宗尽弃方术

前283年，岁在戊寅。庄殁三年。

周赧王三十二年。秦昭王二十四年。楚顷襄王十六年。魏昭王十三年。韩釐王十三年。赵惠文王十六年。齐襄王元年（在莒）。燕昭王二十九年。鲁湣公二十年。卫嗣君三十二年。

赵惠文王二十七岁，其弟平原君赵胜二十六岁。

平原君向赵惠文王进言："李兑饿杀父王，专权乱国，私欲熏心，愚蠢无谋。为了得到宋地定陶作为封地，助齐伐宋无功，受到苏秦愚弄；为了得到魏地河阳作为其子封地，策动伐秦无功，受到孟尝君愚弄。大王亲政八年，李兑仍然专擅国政，自命三晋盟主和纵约之长。李兑权倾天下十一年，诸侯仰其鼻息，最终徒逞其威，不仅寸功未立，反而加剧秦祸东来。大王前年仅予罢相，不足以惩治乱臣！"

赵惠文王听从其言，诛杀李兑，改命平原君为相。乐毅仍然兼相燕、赵。

赵惠文王受制于李兑之时，无所事事，沉迷剑术。诛杀李兑之后，积习难改，仍然沉迷剑术。

平原君进谏："父王死后，李兑无能，未能遏制秦军卷土重来。大王继续沉迷剑术，怎能阻止秦祸及赵？"

赵惠文王不听，命令廉颇率领赵军，配合乐毅继续伐齐。

乐毅率领燕军，攻取了聊城（今山东聊城）。

廉颇率领赵军，攻取了阳晋（今山东郓城）。

齐国全境，仅剩莒邑（今山东莒县）、即墨（今山东平度）两座孤城。

齐国太子田法章，躲入民间，改名换姓，做了莒邑太史敫的家仆。

太史敫之女发现，新来男仆状貌气度异于常人，心生爱慕，偷施衣食，与之私通。

齐国群臣在莒邑城内，到处寻访太子。

田法章担心危险，躲藏很久才敢现身。

得到齐臣拥立，在莒邑东庙即位，即齐襄王。

遣使通报天下诸侯："幸赖神灵庇佑社稷，齐国已有新王。"

齐襄王把太史敫之女立为王后，封号君王后。生子田建，立为太子。

秦昭王四十三岁，不愿齐国死灰复燃，多次邀约赵惠文王共同灭齐。

平原君向赵惠文王进言："父王实行胡服骑射，一是为了伐灭中山，二是为了遏制暴秦。大王如果助秦灭齐，不利于遏制暴秦。"

赵惠文王听从其言，拒绝助秦灭齐。

魏冉向秦昭王进言："齐国已破，乐毅仍在追剿齐国残部。赵惠文王不愿助秦灭齐，秦军难以劳师远征。如今胆敢对抗秦国的赵武灵王、齐湣王、苏秦、李兑，都已先后死去，唯有孟尝君仍为魏昭王重用。孟尝君伐齐报仇已毕，又已收复薛邑，极有可能重新策动合纵伐秦，大王应该继续伐魏。"

秦昭王听从其言，为免楚国救魏，亲往楚地鄢邑（今河南鄢陵）会见楚顷襄王。

楚顷襄王庆幸齐破以后，秦昭王不谋伐楚而谋伐魏，承诺决不救魏。

秦昭王又约韩釐王共同伐魏。

韩釐王畏惧秦伐，于是罢免敌秦的公叔，让亲秦的韩辰复相，同意助秦伐魏。

秦、韩联军伐魏，攻取安城（今河南原阳），进围魏都大梁。

孟尝君又向赵、燕求救。

赵惠文王不愿齐破以后，秦再灭魏，又与燕昭王共同救魏。

三 李兑诛赵孟尝死薛，魏牟改宗尽弃方术

秦、韩联军忌惮赵、燕骑兵，立刻退兵。

魏都大梁首次遭到秦军围攻，虽得赵、燕之救而幸免陷落，魏昭王仍然十分后怕，终于明白，只要孟尝君相魏一日，秦昭王不可能停止伐魏。于是罢免孟尝君，改命庶子魏无忌为相，封为信陵君。

又把信陵君之姐魏氏，嫁给赵相平原君，希望借赵抗秦。

孟尝君被罢免魏相，重归薛邑。

回想自己为泄私愤，放弃合纵伐秦，转而合纵伐齐，本意是薄惩齐湣王，然后返齐复相，继续合纵伐秦。不料合纵伐齐一旦启动，自己再难掌控，竟为苏秦作嫁，导致弱燕击破强齐，齐湣王惨死莒邑。尽管薛邑失而复得，但是自己失去强齐后盾，即被魏昭王抛弃。

孟尝君痛悔一念之差，铸下大错。一世英名，尽付流水。如今身为齐国宗室，却从齐国功臣变成齐国罪人。自伤自嗟，很快病死，终年六十三岁（前345—前283）。

魏昭王闻讯，出兵灭薛。

孟尝君田文，先相魏三年（前316—前314），再相齐十九年（前312—前294），兼任秦相一年（前299），后相魏十一年（前293—前283）。伐楚五年（前303—前299），伐秦三年（前298—前296），伐燕一年（前295），伐齐十年（前293—前284），无不大胜。然而伐破母邦，自毁长城。身死薛灭，子孙绝祀。

秋天，秦昭王亲往魏冉新得封地定陶，再次会见楚顷襄王，商议共同伐赵。

秦昭王一到定陶，发现定陶作为天下第一商都，税赋冠绝天下，富丽奢华超过七雄国都。如今魏冉之富，已经超过秦国王室。终于明白，魏冉前年反对伐齐，去年五国破齐以后，听凭诸侯瓜分宋地，不为秦国争得寸地，都是为了保住自己的封地定陶。

于是大为不快，立刻罢免魏冉。

楚顷襄王为了预防秦伐，罢免了亲秦的庶弟子兰，改命宗室公子黄歇为相，封为春申君。

春申君相楚，上朝进言："如今齐国大破，魏、韩臣服秦国，燕国远离秦国，楚、赵成了秦军征伐的两大目标，秦昭王不伐赵，必伐楚。大王想要避免秦伐，不如把秦昭王垂涎已久的和氏璧献给赵惠文王，诱使秦、赵两强互战。"

楚顷襄王说："和氏璧乃是传国重宝，怎能拱手献出？"

春申君说："大王如果不能借助赵国削弱秦国，必将与魏、韩、齐同命，怎能保住和氏璧？献出区区玉璧，诱使秦、赵互战，岂非舍轻得重？"

楚顷襄王听从其言，忍痛割爱，派遣庄辛使赵献璧。

庄辛到达邯郸，晋见赵惠文王："赵武灵王雄才大略，北驱东胡，东灭中山，西破暴秦，跃居天下最强。大王承父之威，年轻有为。如今赵、燕一体，兼并齐、宋，疆域超过天下一半，声势盖过战国以来所有强国。敝国大王认为，天下重宝和氏璧，不该属楚，应该归赵。"

赵惠文王接过和氏璧，看见上刻"天子宝玺"四字，喜出望外，重赏庄辛。

平原君拜见庄辛："大王沉迷剑术，无心国事，我屡谏无效。如今大王赏识先生，先生能否劝说大王不再迷恋剑术，尽心国事，率领中原诸侯合力抗秦？"

庄辛欣然承诺："我将以剑术进言，劝说大王不再沉迷剑术。"

平原君说："大王自幼身穿胡服，喜欢身穿胡服的剑士，不喜欢身穿儒服的儒士。先生身穿儒服，大王必不相信先生精通剑术。"

庄辛于是改穿胡服，再次晋见赵惠文王。

赵惠文王问："先生原先身穿儒服，如今改穿胡服，莫非精通剑术？"

庄辛说："即使十步一人阻挡，我照样仗剑横行千里。"

赵惠文王大惊："先生的剑术，可谓天下无敌！请问先生之剑，长短多少？"

庄辛说："我有三柄剑，分别是天子之剑、诸侯之剑、庶人之剑。听凭大王挑选！"

赵惠文王问："天子之剑如何？"

庄辛说:"天子之剑,以燕溪、石城为剑锋,以齐地、泰山为剑刃,以晋地、卫地为剑脊,以二周、宋地为剑环,以韩地、魏地为剑柄,以四夷、四季为剑鞘,以渤海、恒山为剑穗。此剑一出,匡正诸侯,威服天下。"

赵惠文王问:"诸侯之剑如何?"

庄辛说:"诸侯之剑,以智勇之士为剑锋,以清廉之士为剑刃,以贤良之士为剑脊,以忠圣之士为剑环,以豪杰之士为剑柄。此剑一出,国人听命,百姓臣服。"

赵惠文王问:"庶人之剑如何?"

庄辛说:"庶人之剑,身穿胡服,对面击刺,上斩颈脖,下刺肺肝,如同斗鸡。一旦命丧剑下,再也无益于国。如今大王身为万乘之主,竟然喜好庶人之剑,我为大王深感羞愧。"

赵惠文王茫然若失。

庄辛告辞。

平原君随即进言:"齐国之所以取代强魏,称霸中原,乃因田齐桓公、齐威王、齐宣王在稷下大力招贤。齐国之所以三世无敌,雄霸天下,乃因靖郭君田婴、孟尝君田文父子两代在薛邑大量养士。孟尝君之所以破楚破秦,号令诸侯,乃因养士三千。弱燕之所以大破强齐,乃因燕昭王仿效齐国,修筑黄金台招贤。可见得天下之士,必得天下之土。父王实行胡服骑射以来,赵国骑兵已对秦军步卒取得优势。大王只要仿效齐、燕,招揽天下贤士,必能击破暴秦,代周为王。"

赵惠文王听从其言,驱逐剑士,招纳贤士。

平原君酷爱名家之学,尊崇离魏返赵的名学巨子公孙龙。不喜儒家之学,冷遇离齐返赵的儒学大师荀况。

去年乐毅破齐,稷下学士离齐,多归平原君门下。

今年孟尝君死去,门客星散天下,多被平原君收揽。

平原君仿效孟尝君,也养士三千,成为中原诸侯合纵反秦的最新策动者。

庄殁三年,魏牟师从蔺且,阅读庄子遗著七篇,蔺且释庄五篇和零散札记,迅速领悟庄学。

尾声　蔺魏弘庄（前285—前282）

魏牟说："我终于明白，早年迷恋的公孙龙名学，尽管极为精微，然而仅是方术，并非道术，无益于顺道循德，全生尽年。"

蔺且说："我一生师从庄子，略知庄子道术，很少涉猎杂学，不通百家方术。你转益多师，精通百家方术，既有其利，也有其弊。能去成心则利，不去成心则弊。"

魏牟说："弟子明白了！只有损之又损之，才能从为学增知，变成为道去知，息黥补劓，破茧化蝶，鲲化为鹏，抵达南溟。"

魏牟遵循师教，撰写了不朽名篇《秋水》，贬斥儒墨方术，畅论老庄道术。其中化入不少蔺且散记的庄子言行和庄惠对话。

蔺且读毕《秋水》，大为欣喜："我零散杂录的庄子言行，原本朴素无华，被你巧妙化入文章，文采远胜于我。所论庄学精微，义理不逊于我。如此看来，司马熹虽有大罪，也有大功！"

魏牟不解："先生何出此言？"

蔺且微笑："司马熹先乱宋国，唆使宋康王逐兄篡位，导致庄子辞去漆园吏，终生不仕，成了道术宗师。司马熹后乱中山，唆使中山先王册立阴姬为后，导致你没能被立为中山太子，而是远离庙堂，成了庄学传人。"

魏牟恍然大悟："先生一言，洗尽我郁积半生的俗念。从此以后，我对庙堂再无任何留恋。我的兄长魏𡚇䰞成为中山嗣王，我的侄子魏尚成为中山后王，均已亏生早夭。我却因祸得福，得以全生尽年。有幸传承庄子之道，更是不负此生！"

蔺且大为嘉许："《老子》有言：'祸兮福之所倚，福兮祸之所伏，孰知其极？'"

魏牟接口吟诵："'其无正也！正复为奇，善复为妖。人之迷也，其日固久矣。是以圣人方而不割，廉而不刿，直而不肆，光而不耀。'"

蔺且正色告诫："你的才华，不逊庄子。你的悟性，远胜于我。唯当谨记老聃之言'光而不耀'，庄子之言'内葆之而外不荡'，不可好胜逞才，恃才傲物，才能做到'至人之用心若镜，不将不迎，应而不藏，故能胜物而不伤'。"

魏牟躬身受教："弟子谨记！"

四　公孙偃兵游说赵燕，魏牟弘庄编纂《庄子》

前282年，岁在己卯。庄殁四年。

周赧王三十三年。秦昭王二十五年。楚顷襄王十七年。魏昭王十四年。韩釐王十四年。赵惠文王十七年。齐襄王二年。燕昭王三十年。鲁湣公二十一年。卫嗣君三十三年。

秦昭王四十四岁，眼看齐国已破，奉阳君、孟尝君已死，又生称帝之念。鉴于六年前在宜阳称帝失败，决定先不称帝，而是再次前往宜阳帝宫，命令诸侯朝拜，试探天下反应。

魏昭王、韩釐王、东周君、西周君畏惧秦伐，均往宜阳帝宫，朝拜秦昭王。

赵惠文王二十八岁，不满魏昭王朝秦，命令廉颇率领赵军伐魏，围攻伯阳（今河南安阳）。

魏昭王向秦求救。

秦昭王忌惮赵国骑兵，犹豫是否救魏，先命使者至赵，试探虚实。

秦使至赵，晋见赵惠文王："秦昭王听说大王得到了天下重宝和氏璧，愿用十五座城池交换。"

赵惠文王问策群臣。

平原君说："秦昭王以礼软求，大王不宜拒绝。不如派人带着和氏璧使秦，见机行事。"

赵惠文王问："谁能胜任使秦？"

宦官缪贤说："我的门客蔺相如，可以胜任！"

赵惠文王问："为何能够胜任？"

缪贤说："大王去年诛杀李兑，我害怕受到牵连，准备投奔燕昭王。蔺相如问：'先生为何认为，燕昭王愿意收留先生？'我说：'燕昭王至赵会见大王，曾经对我私下示好。'蔺相如说：'赵强燕弱，先生得到大王信任，燕昭王才对先生示好。如今先生得罪大王而逃亡，燕昭王必定不敢收留。先生只有向大王主动请罪，大王才有可能赦罪！'我听从其言，果然得到大王赦罪。我从此知道他有勇有谋！"

赵惠文王大悦，派遣蔺相如奉璧使秦。

蔺相如到达咸阳，晋见秦昭王，献上和氏璧。

秦昭王看见"天子宝玺"四字，大为得意，赏玩赞叹，传示美人嬖臣。

群臣高呼万岁。

蔺相如上前一步："玉璧实有瑕疵，我指给大王看。"

秦昭王递还玉璧。

蔺相如持璧急退三步，背靠殿柱，怒发冲冠："大王遣使至赵，许诺用十五城交换玉璧。赵国群臣都说，秦国空口许诺，恐怕不会献城。我说布衣之交尚不可欺，何况大国之交？赵惠文王听我之言，相信大王不会食言，于是斋戒五日，命我使秦献璧。如今大王对我礼节倨傲，得到玉璧之后，传示美人左右，无意交割十五城，所以我取回玉璧。大王如果相逼，我将以头颅和玉璧一起撞碎于此柱！"

秦昭王被迫招来大臣，展开秦国地图，佯装割让十五城。

蔺相如说："赵惠文王敬重大王，确有献璧诚意，所以斋戒五日，然后命我使秦。大王如果敬重赵惠文王，确有割地诚意，也应斋戒五日，然后我再献璧。"

秦昭王被迫答应。

五天以后，秦昭王召见蔺相如："寡人斋戒已毕，先生可否献璧？"

蔺相如说："秦穆公之后二十多位秦君，一向无信无义。我担心被大王欺骗，已命属下把玉璧送回邯郸。大王只要先交割十五城，赵惠文王岂能无信无义？

四　公孙偃兵游说赵燕，魏牟弘庄编纂《庄子》

大王如果动怒，我愿引颈就戮！"

秦昭王无奈，只好放归蔺相如。

蔺相如不辱使命，完璧归赵，受到赵惠文王破格提拔，与廉颇同列上卿。

秦昭王召见白起："赵惠文王去年拒绝帮助寡人灭齐，今年又因魏昭王朝拜寡人而伐魏，如今更以和氏璧戏弄寡人。不管赵国骑兵如何强大，寡人决意伐赵！"

白起奉命伐赵，一举攻取了赵国西部三镇：蔺邑（今山西柳林）、离石（今山西吕梁）、祁邑（今山西祁县）。

赵惠文王忧心如焚，身穿丧服。派遣公子赵郚为质于秦，愿献焦邑（今河南三门峡西）、黎邑（今河南黎阳）、牛狐（今地不详）三邑，换回三镇。

秦昭王尽管小胜，仍然忌惮强赵，见好就收，同意换地。

赵惠文王得到三镇，听从平原君，不献三邑。

秦昭王大怒，派遣公子嬴缯至赵，斥责赵惠文王无信无义。

赵惠文王拒见嬴缯，命令郑朱转告嬴缯："蔺邑、离石、祁邑三镇，远离邯郸，近于贵国。幸赖先王贤明，先臣得力，才能为赵所有。如今寡人无能，无力收复三镇，所以愿以三邑换回三镇。但是三邑守将不听寡人命令，寡人也没办法！"

秦昭王愤怒至极："山东诸侯尽管认为寡人无信无义，但是从来不敢对寡人无信无义。只有赵武灵王、赵惠文王、平原君父子，胆敢一再欺骗戏弄寡人。寡人不报此仇，誓不为人！"

终因忌惮赵国骑兵，不敢与赵决战，只好暂时隐忍，打消了再次称帝之念。

赵惠文王召见公孙龙："寡人即位十多年，一直准备采纳先生之言，遵循墨子之道，实现天下偃兵，然而天下大战愈演愈烈，永无休止。如今楚破、齐残、魏弱、韩小、燕远，全都不能帮助寡人阻止秦军东进，秦、赵迟早必将决战。先生所言天下偃兵，是否永无实现之日？"

公孙龙说："大王真想实现天下偃兵，必须兼爱天下。兼爱天下，不能务其虚名，而应有其实质。今年秦军攻取蔺邑、离石、祁邑三镇，大王爱护赵民，于是身穿丧服。但是前年大王破齐,为何不爱齐民,反而宴饮庆贺?大王不能兼爱天下,怎能实现天下偃兵?"

赵惠文王无言以对。

公孙龙今年四十四岁,二十三年前在大梁与惠施辩论,以"白马非马"一举成名。返赵以后潜心研究名学,著述《公孙龙子》数万言,尤以《白马论》惊世骇俗。公孙龙的名学,虽与惠施的墨辩学派大异其趣,但是惠施、公孙龙都是墨子之徒,全都主张兼爱非攻,天下偃兵。

公孙龙叹息:"大王不肯与秦偃兵,天下大战何时方休?"

弟子说:"乐毅已经攻取了大部分齐地,仍在继续围攻莒邑、即墨,必欲伐灭齐国。如今乐毅兼相燕、赵,先生只要说服燕昭王与齐偃兵,大王就会与秦偃兵。"

公孙龙听从其言,准备往燕。

正在此时,一位青年士子求见:"我敬慕先生,愿为弟子!"

公孙龙说:"只有具备一技之长,我才愿意收为弟子。"

士子说:"我别无所长,只是嗓门很大。"

公孙龙问弟子:"门下弟子,有无大嗓门?"

弟子说:"没有。"

公孙龙说:"把他列入弟子名籍,一起往燕!"

公孙龙带着弟子往燕,到达黄河。

岸边无船,河心有船。

众弟子大喊数声,船夫毫无反应。

新弟子大喊一声,船夫立刻靠岸。

公孙龙大笑:"道无弃物,天无弃人。人有一技之长,就能立于世间。"

公孙龙到达蓟城,晋见燕昭王:"当年齐宣王破燕,不肯及时偃兵,燕民不悦,最终齐师大败,大王得以复国。如今大王破齐,齐民不悦,大王何不吸取齐宣王教训而及时偃兵?"

燕昭王说:"先生言之有理!寡人将与群臣商议偃兵。"

公孙龙说:"大王若与群臣商议,必定不能偃兵!"

燕昭王问:"先生何出此言?"

公孙龙说:"大王复国以来,处心积虑灭齐报仇,修筑黄金台,招纳天下才士。愿意帮助大王破齐之士,只要了解齐国险阻要塞、政事内幕,大王无不重用。不愿帮助大王破齐之士,即使德行更高,才能更大,大王均不重用。如今大王破齐,已经攻取七十余城,仅剩莒邑、即墨两座孤城,灭齐指日可待。大王重用的各国才士,必将反对大王偃兵。因此大王若与群臣商议,必定不能偃兵!"

燕昭王无言以对。

荀况三十二岁,不受赵惠文王、平原君礼遇,愤而著书。

愤于儒分为八,导致孔子之道分裂,于是撰写多篇文章,痛斥各种小人儒。《劝学》痛斥陋儒、散儒。《非相》痛斥腐儒。《非十二子》痛斥子张氏之贱儒、子夏氏之贱儒、子游氏之贱儒。《儒效》痛斥俗儒、小儒,推崇雅儒、大儒。

愤于孟轲主张性善,违背孔子之道真义,于是撰写《性恶》,痛斥孟轲。其言曰:"人之性恶,其善者伪也。孟子曰:'人之学者,其性善。'曰:是不然!是不及知人之性,而不察乎人之性伪之分者也。"

愤于天下违背孔子之道,君臣失其纲纪,于是撰写《君道》、《臣道》。前者颂扬古之明主,贬斥今之暗主。其言曰:"主暗于上,臣诈于下,灭亡无日。"后者推崇古之圣臣伊尹、姜尚,颂扬古之功臣管仲、孙叔敖,怒斥今之态臣张仪、苏秦,痛斥今之篡臣奉阳君、孟尝君。其言曰:"用圣臣者王,用功臣者强,用篡臣者危,用态臣者亡。"

庄殁四年,蔺且五十九岁,魏牟三十九岁,继续研究庄学。

魏牟痛悔自己早年误入名家歧途,于是撰写《惠施》,痛诋惠施、公孙龙之学。庆幸自己没有成为中山王,于是撰写《让王》,感念詹何接引自己入门之恩。

全面阐释庄学义理，于是撰写《田子方》、《知北游》、《庚桑楚》、《徐无鬼》、《管仲》、《则阳》、《外物》、《盗跖》、《列御寇》等篇，大量化入蔺且记述的庄子言行。

最后，魏牟撰写了不朽名篇《天下》，全面论述庄子道术远胜百家方术，批评儒家方术、墨家方术、法家方术，斥为不赅不遍的一曲之学，极言庄子道术博大精深——

寂漠无形，变化无常。死欤生欤？天地并欤？神明往欤？芒乎何之？惚乎何适？万物毕罗，莫足以归；古之道术有在于是者，庄周闻其风而悦之。

以谬悠之说，荒唐之言，无端崖之辞，时恣纵而傥，不以觭见之也。以天下为沉浊，不可与庄语。以卮言为曼衍，以重言为真，以寓言为广。独与天地精神往来，而不傲睨于万物。不谴是非，以与世俗处。

其书虽瑰玮，而连抃无伤也。其辞虽参差，而諔诡可观。彼其充实不可以已，上与造物者游，而下与外死生、无终始者为友。

其于本也，弘大而辟，深闳而肆；其于宗也，可谓调适而上遂者矣。虽然，其应于化而解于物也，其理不竭，其来不蜕，芒乎昧乎，未之尽者。

煞尾
庄后略史

庄殁七年（前279）：燕昭王死，燕惠王立，以骑劫替换仍在伐齐的乐毅，乐毅惧诛奔赵。田单击败骑劫，齐襄王复国，从莒邑回到临淄。赵人荀况重返临淄，担任稷下祭酒。

庄殁十三年（前273）：秦将白起在华阳大败魏军，杀死芒卯，斩首十五万。

庄殁十七年（前269）：赵将赵奢在阏与大败秦军，封马服君。

庄殁二十二年（前264）：秦将白起在陉城大败韩军，斩首五万。

庄殁二十六年（前260）：庄子弟子蔺且（前340—前260）死。魏牟离开蒙邑，周游天下，传播庄学。

庄殁二十八年（前258）：秦将白起在长平大败赵军，坑杀赵军降卒四十五万。

庄殁三十年（前256）：秦昭王灭东周朝、西周国，秦围邯郸失败。楚考烈王灭鲁。

庄殁三十七年（前249）：秦庄襄王灭东周国。

庄殁三十九年（前247）：魏相信陵君发动第四次中原诸侯合纵伐秦，小胜。

庄殁四十五年（前241）：楚相春申君发动第五次中原诸侯合纵伐秦，大败。

庄殁四十六年（前240）：庄子再传弟子魏牟（前320—前240）死。遗编《庄子》初始本，包括内篇七（庄子亲撰），外篇二十二（弟子所撰）。总计二十九篇，六万余言。

庄殁四十八年（前238）：赵人荀况死。遗著《荀子》大量抄引魏牟版《庄子》初始本。

庄殁五十一年（前235）：秦相吕不韦死。遗编《吕氏春秋》大量抄引魏牟版《庄子》初始本。

庄殁五十三年（前233）：韩人韩非死。遗著《韩非子》大量抄引魏牟版《庄子》初始本。

庄殁五十六年（前230）：秦王嬴政灭韩。

庄殁五十八年（前228）：秦王嬴政灭赵。

庄殁六十一年（前225）：秦王嬴政灭魏。

庄殁六十三年（前223）：秦王嬴政灭楚。

庄殁六十四年（前222）：秦王嬴政灭燕。

庄殁六十五年（前221）：秦王嬴政灭齐。统一天下，不灭卫国。把秦昭王僭称"西帝"之后仅行于秦国的秦历颁行天下,十月为岁首,九月为岁末。僭称"皇帝",实现商鞅变法的终极目标——由王而帝。

庄殁六十七年(前219):秦始皇首次东巡天下,特至彭城,命令上千役夫潜入泗水,寻找齐威王二十二年(前336)运齐途中沉没的周鼎,未能找到。

庄殁七十三年(前213):秦始皇采纳大儒荀况弟子李斯献策,焚烧了痛斥秦人无信无义、斩首计功的六国史、百家书。战国史事湮灭,各国纪年淆乱。

庄殁七十六年(前210):秦始皇再次东巡天下,猝死于赵武灵王的沙丘行宫。秦二世胡亥弑兄篡位。

庄殁七十七年(前209):秦二世胡亥废黜卫君角,贬为庶民。百年前(前310)卫嗣侯遵循泰道,贬号称君。经卫嗣君、卫怀君、卫元君、卫君角四世,卫民免于战祸百年,卫国成为亡国最晚的周封诸侯国。

楚人陈胜、吴广率领九百刑徒,在楚地大泽乡斩木为兵,揭竿而起。楚将项梁、项羽把楚怀王熊槐之孙熊心,立为"楚怀王",唤醒楚人耻辱记忆。天下反秦。

庄殁七十九年(前207):楚人刘邦攻破咸阳,秦帝国十四年(前220—前207)而亡。楚地民谣"楚虽三户,亡秦必楚"应验。

庄殁一百五十二年(前134):刘邦重孙汉武帝刘彻采纳大儒董仲舒之策,"罢黜百家,独尊儒术"。汉初重出的先秦百家著作,非亡即残,百不存一。

庄殁一百六十四年(前122):刘邦之孙淮南王刘安(前179—前122)死。遗编《庄子》大全本,以魏年版《庄子》初始本为基础,新增二十三篇(新外篇六、杂篇十四、解说三),四万余言。包括内篇七(庄子亲撰),外篇二十八(弟子所撰），杂篇十四（后学所撰），解说三（刘安所撰）。总计五十二篇，十余万言。

庄殁一百八十二年（前104）：汉武帝废除通行天下一百十六年（前220—前104）的秦历，恢复夏历，一月为岁首，十二月为岁末，沿用至今。

庄殁五百九十八年（312）：西晋儒生郭象（252—312）死。遗著郭象版《庄子》删改本，删去刘安版《庄子》大全本之十九篇（外篇四，杂篇十二，解说三），四万余言，仅剩内篇七，外篇十五，杂篇十一（九篇为魏牟版、刘安版外篇）。总计三十三篇，六万余言。又全面篡改三十三篇原文，以郭义反注庄义，导致庄书面目全非，庄义全面反转。

唐宋以后，魏牟版《庄子》初始本、刘安版《庄子》大全本亡佚，郭象版《庄子》删改本独存，反庄学的郭象伪庄学黥劓天下。

庄殁两千一百九十七年（1911）：辛亥革命终结以王僭帝的悖道政体，中华否极泰来。

庄殁两千三百年：张远山完成《庄子奥义》、《庄子复原本注译》、《庄子传》，庄学重出江湖。

后记
知人论世，鉴往知来

庄子生平史料，仅有二十余条，为之立传极其困难。如果强凑篇幅，只能写成评传，简述庄子生平，详析庄子思想，这样既与《庄子奥义》、《庄子复原本注译》重复过多，又在庄子思想内部继续打转，而我希望展示庄子思想得以产生的特殊外部环境，于是反复权衡之后，决定写成庄子传暨战国纪。

战国两百余年，贯穿着缠绕纠结、难解难分的两条主线。一是天下诸侯的战场决胜，结果是野蛮的秦国战胜了文明的中原，决定了此后两千年的中国政治走向。一是诸子百家的思想博弈，结果是周秦的否术遮蔽了夏商的泰道，决定了此后两千年的中国思想走向。

后人欲知野蛮如何战胜文明，否术如何遮蔽泰道，困难之大，甚于登天，因为秦始皇焚烧了六国史书，汉武帝罢黜了诸子百家。

商鞅变法以后，六世秦君凭借野蛮残忍的斩首计功，厚颜无耻的无信无义，屠杀了战国两千万人口的十分之一以上，费时一百多年，伐灭中原各国。同时代中原各国的官方史书，以及中原民间的百家著作，详尽记录秦军野蛮残忍，愤怒控诉秦君厚颜无耻。因此秦始皇统一天下之后，尽烧六国史书和百家著作。

中原各国的官方史书均为孤本，秦火之后，彻底消失。中原民间的百家著作，多有弟子传承，秦灭之后，汉初重出。然而躲过秦火的百家著作好景不长，不久汉武帝采纳儒生董仲舒献策，"罢黜百家，独尊儒术"，百家著作遭遇灭顶之灾。

秦火汉黜之后，秦国史基本完整，六国史缺失殆尽，儒家书基本完整，百家书非亡即残。辉煌灿烂的先秦文明，被秦汉否术一统天下，飞流直下三千尺，持续衰退两千年，百代皆行秦政制，万民均诵儒家经。国人难以诊断中华政治的病灶，难以探明中华思想的源头。

秦始皇尽烧六国史书之后百年，西汉早期的司马迁撰著《史记》，其战国史部分，除了依据《秦记》的秦国史事基本完整，其他各国史事大量残缺，所记少量史事不仅错讹无穷，而且拆散分记于各国编年史。因而《史记》的各国历史，仅有残缺断裂的历时性纵向罗列，缺乏天下互动的共时性横向关联，沦为秦汉僭主破坏犯罪现场之后残存的断烂朝报。

秦始皇尽烧六国史书之后两百年，西汉晚期的刘向编纂《战国策》，可以略补《史记》战国史的严重残缺，然而这些战国史残片均无系年。后世学者凭借《史记》的错讹纪年，对《战国策》史料予以系年，仍然错讹无穷。因而《战国策》的史事残片，仅有天下互动的共时性横向关联，缺乏定位精准的历时性纵向逻辑，沦为秦汉僭主谋杀先秦巨人之后残存的零余尸块。

战国史之残缺错讹，除了秦火汉黜两大浩劫，尚有诸多其他原因，姑举九例。

其一，君主多妻制度，导致各国君主时常废立太子，众多同父异母的嫡庶兄弟激烈争位，频繁篡弑。由于胜者为王，败者为寇，因此争位胜利者和篡弑成功者，常常抹去争位失败者和被篡弑之君。

比如田齐太公田和死后，嫡长子田剡继位，庶幼子田午（田齐桓公）弑兄篡位，于是抹去田侯剡。又如秦武王嬴荡死后无子，同母弟嬴壮（秦季君）继位，异母弟嬴稷（秦昭王）弑兄篡位，于是抹去秦季君。各国官方史书，原本讳言丑史秽史，自隐其恶，文过饰非，不尽真实。

其二，官方史书失真，加上秦火汉黜，导致后世史家常常误少误多君主，误减误增君主在位年数。

比如秦国史误少秦季君，田齐史误少田悼子、田侯剡，姜齐史误少齐幽公，晋国史误少晋悼公，卫国史误少卫孝襄侯；秦国史误多秦敬公，赵国史误多赵武公，魏国史误多魏哀侯。

又如魏文侯在位五十年，误减至三十八年；魏武侯在位二十六年，误减至十六年；魏惠王在位五十一年，误减至三十六年；魏襄王在位二十三年，误减至十六年。韩哀侯在位三年，误增至六年；韩昭侯在位三十年，误减至二十六年。燕献公在位二十二年，误增至二十八年；燕闵公在位二十四年，误增至三十一年；

燕简公在位四十三年，误减至三十年。田齐太公在位二十二年，误增至二十六年；田侯剡在位四年，误增至九年、十年；田齐桓公在位十八年，误减至六年；齐威王在位三十九年，误减至三十六年；齐湣王在位十七年，误增至四十年。晋出公、晋哀公、晋烈公均在位二十三年，晋出公误减至十七年、十八年，晋哀公误减至十八年、十九年，晋烈公误增至二十七年。姜齐宣公在位五十五年，误减至五十一年。宋景公在位四十八年，误增至六十四年、六十六年；宋悼公在位十八年，误减至八年；宋桓侯在位四十一年，宋剔成君在位三年，误将年数互换；宋康王在位五十二年，误减至四十七年、四十三年。

易君治丧，既是一国重大史事，又是影响各国战局变动的重要原因。君主在位年数一误，丧期随之而误，天下战局变动的原因随之不明。君主在位年数的基础性讹误，不仅导致一国一君一事有误，前君之事误为后君之事，后君之事误为前君之事，进而导致史家增减别君而强合年数，牵连别事而整体搬移，波及别国而强求一致，于是不误之国之君之事也随之而误。战国史终于真伪杂陈，因果难明。

其三，战国时代的中原，魏国变法先强，稍后齐国变法继起，最后赵国变法崛起。中原以外，楚国在战国中期之前为天下最强，秦国在战国中期之前弱于六国。战国中期商鞅变法之后，秦国逐渐由弱变强，因此东进中原时间长达百余年，过程并非直线推进，而是反复拉锯，时进时退，攻占之地常被收复，乃至被迫或主动归还。尤其是孟尝君发动的第二次合纵伐秦，一举收复四世秦君东侵之地，把秦国打回函谷关以西。因此秦军常对同一城池一拔再拔，甚至三拔四拔。由于史料残缺不全，史家不明某地曾被收复或归还，尤其不明孟尝君曾把秦国打回原形，于是看见秦军二攻三攻已拔之地，即把真史视为讹史，进而妄改真史。

史家的有意妄改，加上传抄的无意错讹，导致残存史料的错讹程度雪上加霜，难以厘正复原。

其四，秦灭六国之前一百四十六年（前367），东周王朝分裂为西周、东周二公国。由于秦昭王在秦灭六国之前三十五年（前256）伐灭了东周朝、西周国，秦庄襄王又在秦灭六国之前二十六年（前247）伐灭了东周国，因此秦始皇尽烧六国史书之前,西周国史、东周国史早已亡佚殆尽。

战国诸侯为了代周为王而混战两百年,周分为二是极其关键的重大事变,然而《史记》失记这一重大史实,导致《战国策》之"东周(国)与西周(国)战",如同"关公战秦琼"的笑谈,进而导致后世学者混淆东周朝之王、东周国之君,难以明白秦昭王"灭东周(朝)"之后,秦庄襄王为何又"灭东周(国)"。

其五,秦灭六国之前七十五年(前296),赵武灵王伐灭魏属中山。因此秦始皇尽烧六国史书之前,魏属中山史早已亡佚殆尽,所以《史记》没有《中山世家》。《战国策》虽有《中山策》,然而后世学者多把赵武灵王伐灭的魏属中山,误视为魏文侯伐灭以后复国的白狄中山,因而难以明白魏、赵敌对百年的真实原因,难以明白魏惠王两次伐赵大败而由盛转衰的重大转折,难以明白魏文侯变法而启动两百年混战的最初动因。

1973年,河北平山(即魏属中山国都灵寿)魏属中山王墓出土了青铜圆鼎、方壶、圆壶。三器铭文,足以证明白狄中山(国都顾邑,即河北定县)被魏文侯伐灭之后从未复国,中山文公即魏文侯魏斯,中山武公即魏文侯长子魏击(后为魏武侯),中山桓公即魏文侯幼子魏挚;足以解释中山成公(魏挚之子)为何任命乐池(乐羊后裔)为中山相,魏惠王为何任命中山成公(魏惠王堂弟)为魏相,魏惠王为何邀请中山先王(魏惠王族侄)参加五国相王,中山公子魏牟(中山先王之子)为何姓魏;足以正确解读《战国策·中山策》等一切残存的中山史料。然而众多学者囿于成心,仍把魏属中山王墓误读为白狄中山王墓,致使重大考古发现迟迟不能兑现重大价值。

其六,秦灭六国之前六十五年(前286),齐湣王伐灭宋国。因此秦始皇尽烧六国史书之前,宋国史早已亡佚殆尽。《史记》虽有《宋世家》,但其春秋阶段可以参考儒书《春秋》、《左传》而基本完整,其战国阶段由于史料不足而残缺错讹。《战国策》虽有《宋卫策》,然而后世学者大多凭借《史记》的错讹纪年,予以错误系年。六国史的残缺错讹尚且乏人厘正复原,不属七雄的宋国史更加无人厘正复原。

其实宋国是七雄之外的最大千乘之国,宋康王拓地三百里,号称"五千乘劲宋",又是居于天下之中的前朝遗邦。东之强齐,南之强楚,西之强秦,北之强魏和强赵,为了代周为王而分从四方问鼎中原,无法绕开宋国。只要深入疏理残存史料,宋国史就能大致厘正复原。

其七,战国中期的合纵连横,导致反间之事频繁。比如楚怀王派遣昭滑使越反间而相越,最终灭越。赵武灵王派遣楼缓使秦反间而相秦,最终破秦。秦昭王派遣吕礼奔齐反间,导致孟尝君罢免齐相而转任魏相,放弃合纵伐秦而转为合纵伐齐。燕昭王派遣苏秦使齐反间而相齐,最终灭宋破齐。反间之事,原本极端隐秘,当时已经知者极少,秦火汉黜之后更加鲜为人知。苏秦为燕使齐反间,则是最为隐秘又最为重大的战国秘史,司马迁、刘向全然不知,因此《史记》、《战国策》误将苏秦移前三十年,变成张仪师弟,共同师从子虚乌有的鬼谷子。

1973年,湖南长沙马王堆汉墓出土了《战国纵横家书》。全书二十七篇,除了九篇附录,十八篇是苏秦遗稿,均为苏秦游说陈轸、燕昭王、齐湣王、魏昭王、秦昭王、赵惠文王、齐相孟尝君田文、赵相奉阳君李兑、秦相穰侯魏冉的对话记录和信件底稿。第四篇是齐伐宋第二年(前287),苏秦在齐致燕昭王的密信,详尽回顾了为燕反间至此十五年(前301—前287)的过程细节,力辩自己从未叛燕忠齐。苏秦遗稿足以纠正《史记》、《战国策》关于苏代、苏秦、苏厉三兄弟的种种谬误(误以苏秦为兄,苏代为弟),足以揭破苏秦为燕反间十八年(前301—前284)的惊人秘史。然而整理者囿于《史记》的错讹纪年,未能对《战国纵横家书》做出正确排序、精确系年和合理解读。至今四十年,其他学者也未深入研究,致使重大考古发现迟迟不能兑现重大价值。

其八,汉武帝"罢黜百家,独尊儒术",导致百家著作亡佚残缺,道家著作也不例外。因此《关尹子》、《列子》、《子华子》亡佚(或许包括杨朱之书),《文子》真伪杂陈。儒家官学仅对《老子》、《庄子》难以剿灭,只能先篡改到面目全非,再反注到反转宗旨。传承泰道、反对权谋的真《老子》,于是变成了鼓吹否术、宣扬权谋的伪《老子》。拒绝臣服、反对混世的真《庄子》,于是变成了鼓吹臣服、宣扬混世的伪《庄子》。

1973年,湖南长沙马王堆汉墓出土了《老子》帛书。1993年,湖北荆门郭店战国墓出土了《老子》竹简。出土文献足以证明今本《老子》的关键字句,多被后儒篡改。然而众多学者囿于窃居权威两千年的伪老学成心，未能深入研究马王堆、郭店《老子》，致使重大考古发现迟迟不能兑现重大价值。伪老学、伪庄学至今窃居权威，毒害天下。

其九，伏羲画六十四卦，并予命名，乃是华夏文明黎明时期的初始史实，中华民族"开天辟地"（认知天地本质，确立天地之道）的根本史实，因而夏代《连山》、商代《归藏》、周代《周易》均有六十四卦及其卦名。周之灭商、孔子从周、独尊儒术等等一系列重大历史事变，无不导致《周易》取代《连山》、《归藏》，因此秦火汉黜之后《连山》、《归藏》亡佚。西晋咸宁五年（279年），汲郡魏襄王墓出土了《归藏》（孔子得之于宋，子夏携之至魏），包括六十四卦及其卦名。因其危及《周易》、《易传》权威，唐宋以后再次亡佚（同时出土的魏史《竹书纪年》，因其危及《史记》权威，也在唐宋以后亡佚。仅有价值最小的小说《穆天子传》，因其不会危及官学权威，独存至今）。此后国人仍然盲信积非成是的权威谎言，以为编纂《周易》的周文王始叠八卦为六十四卦，始定六十四卦卦名；不知中华第一圣山泰山之名，取自伏羲泰卦；不知儒家官学以《周易》、《易传》为权威依据而鼓吹的庙堂否术"天尊地卑，君尊臣卑"，违背《连山》、《归藏》、《老子》、《庄子》一脉相承的伏羲泰道"天柔地刚，君柔臣刚"。

1993年，湖北荆州王家台秦墓出土了《归藏》竹简，包括六十四卦及其卦名。至今二十年，仍未整理出版，遑论深入研究，致使重大考古发现迟迟不能兑现重大价值。国人仍把《周易》视为中华真道的至高宝典，不知《周易》实为中华伪道的终极依据，不知《周易》打开了两千年庙堂黑暗的潘多拉之盒。正如鼓吹《周易》伪道的《易传》所言，"形而上者谓之道，形而下者谓之器"，形而上的两千年悖道"道统"，导致了形而下的两千年悖道"政统"。中华民族失典忘祖两千年，无法认祖归宗，只能认贼作父，盲信"孔子登泰山而小天下"，盲信"皇帝封泰山而得天下"，有眼不识泰山。

独一无二的战国时代，奠定了此后两千年中国文化的一切独特性，催生了作为中国思想根源的诸子百家，造就了高居先秦绝顶的庄子，所以我把研究战国视为研究百家的前提，又把研究百家视为研究庄子的前提。由于战国史残缺错讹，疑难重重，因此我研究战国史的时间精力，超过研究百家书和《老子》、《庄子》。潜心战国史三十年，反复研究了无数历史疑案，只要新见不能验于所有战国史残片、百家书残片，立刻推倒重来。积累多年而不敢轻率发表的大量笔记，成了撰写本书的重要准备。

战国二百六十一年（前481—前221）。庄子之前百余年（前481—前370），是序盘布局阶段。庄子一生八十四年（前369—前286），是中盘决胜阶段。庄子之后六十五年（前285—前221），是收官残局阶段。庄子一生，恰好处于历史改道、鉴往知来的战国中期。前可统观战国为何如此布局，回眸此前两千余年的伏羲泰道为何逐渐式微，后可展望战国为何如此收官，预判此后两千余年的庙堂否术为何逐渐强化。

全书采用编年史体例，逐年叙述战国史事和庄子生平，每年一章，共计百章。庄子生前十二年为引子，庄子在世八十四年为本传，庄子殁后四年为尾声。前后各加略史，以观中华全史。

每章前半为战国纪，按时间先后叙述一年之中的天下各国史事，略做合理连缀，揭破天下互动的共时性横向关联。百章之间，略做因果勾连，揭破战国进程的历时性纵向逻辑。

每章后半为庄子传，按时间先后叙述庄子与诸子、诸侯互动的相关史迹。二十余条庄子生平史料，植入相关年份，仅占四分之一章节。其余四分之三章节，缺乏庄子生平史料，为免凭空虚构庄子史事而导致失真，因而立足道家立场，根据其他史料，虚拟庄子与其本师子綦、友人庖丁、弟子蔺且等人的对话，评议天下时事，抉发先秦秘史，演绎庄学义理，揭破庄子与诸子、诸侯互动的共时性横向关联。百章之间，穿插诸侯与诸子、否君与痞士的互动，重点展开老子之后的道家发展，孔子之后的儒分为八，墨子之后的墨离为三，揭破道、儒、墨互动博弈的历时性纵向逻辑。

概而言之，每章前半叙述形而下的诸侯之战，展示野蛮为何战胜了文明；每章后半叙述形而上的诸子之争，展示否术为何遮蔽了泰道。

全书没有凭空虚构一人一事，所有内容均有史料依据，少量内容是史料残片的逻辑延伸。书稿原有大量注释，乃是史料原文及其考证辨析，因其数倍于正文，付梓之前全部删去。有心学术的专家不难按图索骥，无意追究的读者不妨得意忘言。

本书篇幅，战国纪远远超过庄子传，似有颠倒主次之嫌。其实庄子毕生自觉边缘化，力求"无用之大用"，亦即无用于庙堂，大用于江湖，无用于小年，大用于大年。假如把庄子从时代边缘移至舞台中心，反失历史之真。只要诸侯、诸子的百年互动，有助于读者理解庄子思想和百家思想得以产生的时代背景，以及后来遭到否君痞士焚毁、罢黜、剿灭、篡改、反注、遮蔽的历史成因，本书即已达到目的。

禅门有言："千年暗室，一灯即明。"禅学乃是秦火汉黜之后，庄学因应悖道外境的特殊变体，庄学正是照亮两千年庙堂黑暗的江湖明灯。久处陆地之鱼，大多变成鱼干，不知江湖浩淼无际。久处暗室之人，大多变成盲瞽，不知庄学烛照千年。近世盲瞽，常喜援引西哲伊拉斯谟之言："盲瞽国度，独眼为王。"于是欲保庙堂国粹者，膜拜独眼俗王，欲破庙堂国粹者，宗奉欧西大哲。不知双目如炬的先秦至人庄子，早已藐视俗君僭主，超越欧西大哲。

庄子主张"至知忘知，自知无知"，"吾生有涯，知也无涯"，略同于苏格拉底的"认识你自己"、"我只知道自己一无所知"。庄子主张"自适其适，以德为循"，反对"适人之适，役人之役"，略同于尼采的"不要跟随我，跟随你自己"。尽管高居庙堂的儒学伪道，与欧西自由精神大异其趣，然而隐于江湖的庄学真道，却与欧西古今大哲莫逆于心。

天道遍在永在，然而人难尽知。每个人的思想言行和祸福命运，均为内德、外境互动所致。

适人之适、役人之役者，失身六合之内，内化而外不化，于是违背天道，丧失内德，迎合外境。外境成为人生选择的决定力量，必然悖天而事人，逆命而卜运，拒福而求幸，沦为悖道外境的牺牲品。内德被伪道洗脑、伪德压抑而终生潜藏心底，仅在生命将终的垂暮之年，撒手人寰的临终之前，才有痛悔平生的回光返照。

自适其适、以德为循者，游心六合之外，外化而内不化，于是顺应天道，因循内德，因应外境。内德成为人生选择的决定力量，必然应天而因人，安命而顺运，祈福而拒幸，尽其所受乎天，纵浪大化之中，与天地万物共舞。外境仅是调整顺道循德之具体路径的非决定力量，因而超越悖道外境，不再沦为悖道外境的牺牲品。

身处秦火汉黜之后两千年，我准备半生，写作八年，终于在年届五十之时，凭借残存历史文献和新出考古材料，尽己所能完成了纪念庄子化蝶两千三百周年（前286—2014）的庄学三书：《庄子奥义》抉发庄学真义，《庄子复原本》复原庄书真貌，《庄子传》[①]还原战国真史。唯愿庄学三书的文史哲全息图景，有助于颠覆秦火汉黜伪造的历史谎言，有助于治疗庙堂伪道导致的民族内伤，有助于接续江湖真道传承的先秦元气。

---

① 本书初版书名《庄子传：战国纵横百年纪》，江苏文艺出版社2013。

凡有皆到文学，分享人生阅读

天喜文化